INDEX TO THE ARKANSAS GENERAL LAND OFFICE 1820-1907

Covering the Counties of: Hempstead, Howard, Nevada and Little River

Sherida K. Eddlemon

VOLUME 6

HERITAGE BOOKS
2008

HERITAGE BOOKS
AN IMPRINT OF HERITAGE BOOKS, INC.

Books, CDs, and more—Worldwide

For our listing of thousands of titles see our website
at
www.HeritageBooks.com

Published 2008 by
HERITAGE BOOKS, INC.
Publishing Division
100 Railroad Ave. #104
Westminster, Maryland 21157

Copyright © 2000 Sherida K. Eddlemon

All rights reserved. No part of this book may be reproduced or transmitted in any form or by any means, electronic or mechanical, including photocopying, recording or by any information storage and retrieval system without written permission from the author, except for the inclusion of brief quotations in a review.

International Standard Book Numbers
Paperbound: 978-0-7884-1533-3
Clothbound: 978-0-7884-7548-1

Dedication

To my grandmother, Hazel Irene Chatham Pike, whose love and memory is still cherished by her family. Born on September 28, 1916 at Crocketts Bluff, Arkansas Co., AR. She was the wife of Everett Pike and the daughter of Annie Gordon and William Alexander Chatham. Grandma Hazel passed away on December 17, 1995. Her sweetness and love touched us all.

PREFACE

Hernando DeSoto explored the Arkansas area in 1541 and was followed in 1673 by French explorers, Louis Joliet and Jacques Marquette. LaSalle in 1682 also explored this wilderness and claimed it for France. LaSalle named the area Louisiana There were many Native American tribes living in this region: the Osage, Caddo, Akansa and the Quapaw. Spain became the owners of the region in 1762 when France ceded the area to them. Spain permitted Americans to settle in the Arkansas area in 1783. In 1801 Spain returned the Louisiana area back to France and in 1803 the United States regained this region. Residents in the area had to file claims with the United State government proving legal ownership of the land. Until legal ownership was established the entire region was the property of the federal government. These claims appear in the American States Papers.

While the property disputes were being settled, the Arkansas Territory was formed in 1819 when their sister area, Missouri, applied for statehood. At that time the Arkansas Territory also contained parts of Oklahoma. On June 15, 1836, Arkansas lost this Oklahoma area when it became a state.

Arkansas is one of thirty public land states excluding the thirteen original states, Hawaii, Kentucky, Maine, Tennessee, West Virginia and Texas. This index is of the public land of the eastern area of the state known today as the counties of Hempstead, Little River, Nevada and Howard that was dispersed through the General land Office (GLO) between the years 1820 to 1906. There were over 15,000 entries filed in these counties alone. In the beginning the GLO as under the supervision of the Treasury Department, but was later transferred to the Department of the Interior. This index is for land transactions of the GLO beginning in 1820 after statehood.

Entrymen went to the local General Land Office to file their claim or their intent to purchase a parcel. Depending upon the act in force at the time, this public land could be purchased outright for as little as $1.25 per acre, or a bid could be filed. The Land Office surveyors did their work earlier in the southern areas of the country. Land in the South was available for public entry at an earlier date than some of the other regions of the United States. By 1854 the United States still had over 31 million acres that had remained unsold for over twenty five years most of which was in the South. The Graduation Act of 1854 dramatically reduced the price of land below the prior asking price of $1.25 per acre in an effort to sale more land.

Most GLO transactions fell under the Cash Sale Act of April 24, 1820 in most public land states. The cash sale entries did not really have qualifying conditions as later acts such as the Homestead Act of May 20, 1862. These entries contain basic information such as the name of the purchaser, legal description of the land, the purchase price, date of sale and sale of purchase.

Sometimes if a purchaser could not meet a condition of sale such as improvements that may have been required under a later act the entry was converted to a cash transaction.

Transaction of the Pre-emption Act of 1841 in addition to the basic information also had statements from witnesses and each entryman had to file an affidavit to establish his residence subsequent to making his application.

The land surveyed for the General Land Office (GLO) was laid out in a six mile by six mile grid containing 35 sections. Each section contained 640 acres. These section could be divided into quarter or half sections.

Most of the original tract books held at the local GLO office are housed at the National Archives. The duplicate tract books for Arkansas that were maintained for the GLO are at the Eastern States Office. Their address is:

> Bureau of Land Management
> Eastern States Office
> 7450 Boston Blvd.
> Springfield, VA 22153

The Family History Library of the Latter Day Saints of Jesus Christ has microfilmed many of these tract books except for Missouri and Alaska. This microfilm may be ordered for a small fee at one of the local Family History Centers. Please remember that these Family History Centers are staffed by volunteers.

Topographical maps can be useful at times in your search when you have a general idea of the physical location. These can ordered through the U.S. Geological Survey. Their address is:

> Map Distribution Center
> U. S. Geological Survey
> Box 25285, Federal Center
> Denver, CO 80225

The county abbreviations used in this volume are:

County	Abbreviation
Hempstead	Hem
Howard	Howa
Nevada	Neva
Little River	LRiv

Good luck for your search for your ancestor. I hope he or she appears within this index.

Last Name	First Name	Int.	Section No.	Twp.	Ran	Acres	Date			Co.
Aaron	George	W.	30	14S	24W	39.93	1	Oct.	1860	Hem
Abbey	Richard		17	11S	27W	80	15	Apr.	1837	Howa
Abbey	Richard		21	11S	27W	320	15	Apr.	1837	Howa
Abbott	Lewis	C.	33	8S	28W	160	1	Jun.	1888	Howa
Able	Barbara	O.	7	12S	25W	63.92	13	Jun.	1889	Hem
Able	Martin		7	12S	25W	40	2	Apr.	1860	Hem
Adair	Alfred	N.	25	17N	21W	120.66	20	Oct.	1882	Neva
Adair	James		6	16N	20W	57.37	1	Jun.	1860	Neva
Adair	James		7	16N	20W	39.92	1	Jul.	1859	Neva
Adair	John		3	16N	21W	40	10	Jul.	1848	Neva
Adair	John		3	16N	21W	40	15	Nov.	1854	Neva
Adair	John		3	16N	21W	40	1	Jun.	1860	Neva
Adair	John		10	16N	21W	40	15	Nov.	1854	Neva
Adair	John		10	16N	21W	40	1	Jun.	1860	Neva
Adair	John		10	16N	21W	40	1	Jun.	1860	Neva
Adair	John		11	16N	21W	40	15	Nov.	1854	Neva
Adair	Margaret		7	16N	20W	39.92	13	Feb.	1891	Neva
Adair	William		3	16N	21W	40	15	Nov.	1854	Neva
Adams	Andrew	J.	6	14N	19W	84.19	10	Mar.	1883	Neva
Adams	Charles	S.	9	12S	26W	160	14	Jul.	1891	Hem
Adams	Charley		1	13N	20W	-	30	Aug.	1904	Neva
Adams	Charley		36	14N	20W	135.75	30	Aug.	1904	Neva
Adams	Enoch		5	16N	20W	160	1	Jun.	1875	Neva
Adams	George	U.	10	13N	21W	160	1	Mar.	1904	Neva
Adams	John	L.	33	17N	21W	-	24	Nov.	1890	Neva
Adams	John	M.	22	13N	21W	160	20	Feb.	1901	Neva
Adams	Joseph	H.	4	11S	32W	160	13	Jul.	1885	LRiv
Adams	Martin		4	13S	23W	40	1	Jul.	1859	Hem
Adams	Martin		4	13S	23W	80	15	Jun.	1855	Hem
Adams	Martin		8	12S	25W	80	10	Aug.	1837	Hem
Adams	Mathew		33	14N	21W	80	12	Aug.	1919	Neva
Adams	Sam	M.	33	14N	21W	40	10	Apr.	1907	Neva
Adams	Samuel	C.	21	14N	20W	160	8	Oct.	1901	Neva
Adams	Samuel	M.	32	14N	21W	120	11	Apr.	1898	Neva
Adams	William	M.	23	13N	22W	160	10	Apr.	1907	Neva
Adams	William	M.	23	13N	22W	-	10	Apr.	1907	Neva
Adams	William		34	14N	21W	160	26	Mar.	1900	Neva
Adamson	Wiley		22	8S	28W	40	2	Oct.	1896	Howa
Adcock	Mary	A.	34	12S	29W	40	1	Jun.	1888	LRiv
Addington	Calvin	L.	24	10S	33W	-	28	Aug.	1893	LRiv
Addington	Jason		4	16N	19W	47.9	1	Feb.	1860	Neva
Adington	Jason		24	17N	19W	40	15	Nov.	1854	Neva
Adkinson	Mary		27	8S	28W	80	28	Dec.	1893	Howa
Adles	Iry		11	15N	21W	160.27	19	Oct.	1905	Neva
Agee	John	W.	25	16N	20W	160	4	May	1885	Neva
Ainsworth	Levin		14	12S	27W	40	1	Mar.	1855	Hem
Albert	William		20	13S	23W	80	1	Jul.	1859	Hem
Albert	William		21	13S	23W	40	1	Mar.	1855	Hem
Alexander	Charles	D.	31	8S	28W	40	6	Dec.	1905	Howa
Alexander	Daniel	E.	25	11S	25W	40	1	Mar.	1855	Hem
Alexander	Elizabeth		13	11S	26W	40	1	Aug.	1837	Hem
Alexander	Hannah		6	11S	25W	80	15	Apr.	1837	Hem
Alexander	James	H.	25	9S	27W	40	2	Apr.	1860	Howa
Alexander	James		7	11S	25W	40	10	Apr.	1837	Hem
Alexander	James		7	11S	25W	80	10	May	1827	Hem
Alexander	James		7	11S	25W	132.67	1	Apr.	1828	Hem

Last Name	First Name	Int.	Section No.	Twp.	Ran	Acres	Date			Co.
Alexander	Joseph		6	10S	25W	123.89	2	Apr.	1860	Hem
Alexander	Joseph		8	6S	28W	80	16	Sep.	1904	Howa
Alexander	Reese		12	11S	26W	80	10	Dec.	1827	Hem
Alexander	Richard	R.	2	16N	20W	80	15	Nov.	1854	Neva
Alexander	Richard	R.	21	17N	20W	40	15	Nov.	1854	Neva
Alexander	Richard	R.	21	17N	20W	160	2	Apr.	1857	Neva
Allan	William	T.	1	15N	22W	39.96	19	Jan.	1905	Neva
Allen	Aaron		12	12S	33W	40	1	Dec.	1857	LRiv
Allen	Adam		2	13N	24W	-	11	Sep.	1894	Neva
Allen	Adam		34	14N	24W	-	11	Sep.	1894	Neva
Allen	Adam		35	14N	24W	179.05	11	Sep.	1894	Neva
Allen	Alvin	T.	35	11S	31W	-	31	May	1899	LRiv
Allen	Alvin	T.	36	11S	31W	80	31	May	1899	LRiv
Allen	Beauford	G.	22	17N	20W	40	3	May	1858	Neva
Allen	Beauford	G.	34	17N	20W	40	1	Feb.	1860	Neva
Allen	Charlie	C.	22	6S	30W	160	8	Mar.	1907	Howa
Allen	Frederick		22	8S	28W	160	1	Mar.	1877	Howa
Allen	George	F.	25	15N	21W	160	8	Jun.	1901	Neva
Allen	John	B.	1	13N	24W	156.13	6	Jul.	1889	Neva
Allen	John	B.	6	13N	23W	-	6	Jul.	1889	Neva
Allen	John	B.	7	13N	23W	-	6	Jul.	1889	Neva
Allen	John	W.	12	8S	29W	40	2	Jul.	1860	Howa
Allen	Joseph		13	13N	24W	40	23	Nov.	1891	Neva
Allen	Joseph		18	13N	23W	-	20	Jul.	1891	Neva
Allen	Joseph		19	13N	23W	132.58	20	Jul.	1891	Neva
Allen	Reddick		5	9S	26W	285.03	2	Apr.	1860	Hem
Allen	Reddick		5	9S	26W	-	2	Apr.	1860	Hem
Allen	Sam	T.	36	5S	29W	40	1	Dec.	1857	Howa
Allen	William	B.	10	13N	20W	-	28	Mar.	1906	Neva
Allen	William	B.	14	13N	20W	160	28	Mar.	1906	Neva
Allen	William	S.	31	16N	21W	65.31	1	Feb.	1901	Neva
Allen	William		3	8S	28W	160.6	11	Sep.	1905	Howa
Allen	William		23	15N	21W	-	31	Dec.	1904	Neva
Allen	William		24	15N	21W	160	31	Dec.	1904	Neva
Allis	Robert	E.	23	11S	31W	-	28	Dec.	1893	LRiv
Allis	Robert	E.	24	11S	31W	160	28	Dec.	1893	LRiv
Allison	William	H.	22	16N	21W	160	4	Jun.	1906	Neva
Allman	Thomas	S.	27	12S	32W	80	10	Dec.	1874	LRiv
Allman	Thomas	S.	34	12S	32W	120	10	Dec.	1874	LRiv
Allred	Aaron	A.	2	16N	23W	-	28	Nov.	1906	Neva
Allred	Aaron	A.	36	17N	23W	119.32	28	Nov.	1906	Neva
Allred	David	W.	19	17N	22W	160	1	Feb.	1901	Neva
Allred	David	W.	19	17N	22W	-	1	Feb.	1901	Neva
Allred	David	W.	20	17N	22W	-	1	Feb.	1901	Neva
Allred	John	H.	19	17N	22W	-	8	Feb.	1897	Neva
Allred	John	S.	26	17N	23W	-	8	Apr.	1903	Neva
Allred	John	S.	27	17N	23W	80	20	Oct.	1884	Neva
Allred	John	S.	35	17N	23W	80	8	Apr.	1903	Neva
Allred	Jonathan	W.	35	17N	23W	40	May	Aug.	1905	Neva
Allred	Jonathan		35	17N	23W	40	1	Jun.	1861	Neva
Allred	Jonathan		35	17N	23W	80	20	Mar.	1877	Neva
Almand	Peter	B.	1	11S	24W	35.6	27	Apr.	1885	Hem
Almand	Peter	J.	35	10S	24W	160	31	Jan.	1889	Hem
Almand	Peter	J.	35	10S	24W	-	31	Jan.	1889	Hem
Almand	Thomas	D.	1	11S	24W	80	27	Apr.	1885	Hem
Ambler	William	P.	6	10S	28W	-	1	Dec.	1857	Howa

Last Name	First Name	Int.	Section No.	Twp.	Ran	Acres	Date			Co.
Ambler	William	P.	6	10S	28W	239.04	1	Dec.	1857	Howa
Ambrose	George	W.	17	12S	25W	40	1	Mar.	1843	Hem
Ambrose	Lewis		8	12S	25W	40	1	May	1845	Hem
Ambrose	Lewis		17	12S	25W	80	1	Aug.	1837	Hem
Ames	Delila		17	11S	24W	40	1	Jun.	1875	Hem
Ames	Delilah		17	11S	24W	40	20	Dec.	1890	Hem
Ammons	Benjamin	M.	8	15N	20W	160	15	Feb.	1884	Neva
Anderson	Adolphus		33	12S	24W	80	15	Jun.	1875	Hem
Anderson	Currin		29	11S	30W	40	2	Jul.	1860	LRiv
Anderson	Currin		29	11S	30W	80	2	Apr.	1860	LRiv
Anderson	Elija		24	9S	27W	80	1	Jul.	1859	Howa
Anderson	Eliza		24	9S	27W	40	1	Mar.	1855	Howa
Anderson	Eliza		24	9S	27W	40	1	May	1856	Howa
Anderson	Francis	A.	5	13S	24W	79.22	1	Aug.	1883	Hem
Anderson	James	M.	35	11S	31W	40	2	Jul.	1860	LRiv
Anderson	James	S.	24	11S	32W	-	30	Jun.	1882	LRiv
Anderson	James	S.	24	11S	32W	160	30	Jun.	1882	LRiv
Anderson	James		9	8S	27W	-	1	Dec.	1857	Howa
Anderson	James		9	8S	27W	80	1	Dec.	1857	Howa
Anderson	James		21	12S	25W	80	1	Aug.	1837	Hem
Anderson	James		30	10S	32W	40	2	Jul.	1860	LRiv
Anderson	John		25	12S	26W	80	10	Apr.	1837	Hem
Anderson	John		26	12S	26W	40	10	Apr.	1837	Hem
Anderson	John		26	12S	26W	40	10	Apr.	1837	Hem
Anderson	John		26	12S	26W	80	1	Aug.	1837	Hem
Anderson	John		26	12S	26W	80	1	Mar.	1843	Hem
Anderson	John		26	12S	26W	80	15	Apr.	1837	Hem
Anderson	Joseph	H.	2	9S	29W	91.38	2	Jul.	1860	Howa
Anderson	Joseph	H.	3	9S	28W	40	1	Mar.	1855	Howa
Anderson	Joseph	H.	8	6S	29W	-	27	Jun.	1889	Howa
Anderson	Joseph	H.	8	6S	29W	160	27	Jun.	1889	Howa
Anderson	Joseph	H.	11	9S	28W	-	1	Jul.	1859	Howa
Anderson	Joseph	H.	11	9S	28W	40	1	Mar.	1855	Howa
Anderson	Joseph	H.	11	9S	28W	40	1	Jul.	1859	Howa
Anderson	Joseph	H.	11	9S	28W	40	27	Jun.	1898	Howa
Anderson	Joseph	H.	11	9S	28W	40	27	Jun.	1898	Howa
Anderson	Joseph	H.	11	9S	28W	80	1	Jul.	1859	Howa
Anderson	Joseph	H.	34	5S	30W	41.04	4	Aug.	1880	Howa
Anderson	Joseph		9	13S	24W	40	30	Aug.	1882	Hem
Anderson	Joseph		25	12S	26W	40	10	Jul.	1844	Hem
Anderson	Joseph		25	12S	26W	120	10	Dec.	1874	Hem
Anderson	Joshua		11	11S	33W	63.88	1	Nov.	1848	LRiv
Anderson	Joshua		29	13S	32W	78.5	1	Mar.	1843	LRiv
Anderson	Mary		31	12S	25W	80	26	May	1890	Hem
Anderson	Reuben		12	14S	25W	40	2	Apr.	1860	Hem
Anderson	Samuel	L.	19	11S	30W	160	24	Apr.	1890	LRiv
Anderson	Thomas	J.	24	11S	32W	-	30	Jun.	1882	LRiv
Anderson	Thomas	J.	24	11S	32W	160	30	Jun.	1882	LRiv
Anderson	Thomas	W.	2	13S	26W	40	10	Apr.	1837	Hem
Anderson	Thomas	W.	2	13S	26W	40	15	Apr.	1837	Hem
Anderson	Thomas	W.	31	12S	25W	80	15	Jun.	1855	Hem
Anderson	William	F.	14	12S	32W	120	25	Feb.	1890	LRiv
Anderson	Wyatt		32	13S	32W	80	1	May	1845	LRiv
Andrews	James		22	15N	19W	160	6	Oct.	1894	Neva
Andrews	Joseph		32	9S	24W	40	1	Nov.	1848	Hem
Andrews	William	A.	10	11S	32W	-	18	Feb.	1898	LRiv

Last Name	First Name	Int.	Section No.	Twp.	Ran	Acres	Date			Co.
Andrews	William	A.	15	11S	32W	160	18	Feb.	1898	LRiv
Andrews	William	W.	17	10S	27W	40	1	Mar.	1855	Howa
Andrews	Willie	R.	11	12S	32W	40	1	May	1856	LRiv
Andrews	Willie	R.	11	12S	32W	80	10	Oct.	1856	LRiv
Anthony	James	H.	17	15N	19W	160	1	Feb.	1901	Neva
Anthony	James	W.	36	11S	31W	80	1	Jul.	1859	LRiv
Anthony	John	H.	1	12S	31W	41.26	2	Apr.	1860	LRiv
Anthony	John	W.	8	14N	19W	80	20	Oct.	1882	Neva
Anthony	John	W.	8	14N	19W	-	20	Oct.	1882	Neva
Anthony	John	W.	10	16N	21W	40	17	Jun.	1895	Neva
Antoine	Bayless		1	13S	27W	80	24	Jun.	1889	Hem
Antoine	Nicholas		1	13S	27W	40	13	Jun.	1889	Hem
Appleton	John	B.	32	8S	27W	40	1	Jul.	1859	Howa
Appleton	Royal	J.	10	9S	28W	80	1	Jul.	1859	Howa
Arbaugh	Albert	L.	14	13N	24W	40	30	Mar.	1882	Neva
Arbaugh	Albert	L.	14	13N	24W	40	30	Sep.	1884	Neva
Arbaugh	Albert	L.	14	13N	24W	80	4	Dec.	1896	Neva
Arbaugh	David	B.	14	13N	24W	-	30	Mar.	1905	Neva
Arbaugh	Ervin	S.	10	16N	22W	40	10	Apr.	1907	Neva
Arbaugh	Francis	A.	10	16N	22W	-	20	Oct.	1882	Neva
Arbaugh	Francis	A.	11	16N	22W	160	20	Oct.	1882	Neva
Arbaugh	John	F.	24	14N	24W	160	26	Aug.	1904	Neva
Arbaugh	John		30	16N	22W	67.34	1	Sep.	1849	Neva
Arbaugh	Marcellus	M.	14	13N	24W	-	11	Jun.	1897	Neva
Arbaugh	Marcellus	M.	23	13N	24W	160	11	Jun.	1897	Neva
Arbaugh	William		11	16N	22W	-	21	Mar.	1896	Neva
Arbaugh	William		14	16N	22W	-	21	Mar.	1896	Neva
Arbaugh	William		15	16N	22W	160	21	Mar.	1896	Neva
Archer	Cornelius		9	12S	23W	40	1	Mar.	1855	Hem
Archer	Isaac	P.	28	13S	23W	40	1	Jul.	1859	Hem
Archer	Isaac	P.	28	13S	23W	40	1	Oct.	1860	Hem
Archer	Isaac	P.	29	13S	23W	120	1	Jul.	1859	Hem
Archer	James	M.	14	15N	22W	40	15	Nov.	1854	Neva
Arendell	William		24	14S	24W	240	1	Jul.	1859	Hem
Armer	John		22	17N	22W	160	19	Jul.	1897	Neva
Armer	William	N.	33	17N	22W	160	31	Oct.	1906	Neva
Armitage	Robert	S.	29	17N	20W	80	3	Mar.	1888	Neva
Armstrong	Andrew	I.	32	13S	28W	80	1	Mar.	1843	LRiv
Armstrong	Andrew	J.	22	13S	27W	40	1	Nov.	1849	LRiv
Armstrong	Andrew	J.	22	13S	27W	40	1	Nov.	1849	LRiv
Armstrong	Andrew	J.	22	13S	27W	40	1	Nov.	1849	LRiv
Armstrong	Andrew	J.	23	13S	27W	40	1	Nov.	1849	LRiv
Armstrong	Andrew	J.	23	13S	27W	40	1	Nov.	1849	LRiv
Armstrong	Andrew	J.	29	13S	27W	110.21	10	Jul.	1844	LRiv
Armstrong	Andrew	J.	31	13S	27W	7.5	1	Sep.	1846	LRiv
Armstrong	Andrew	J.	31	13S	27W	133.14	10	Jul.	1844	LRiv
Armstrong	Andrew	J.	32	13S	27W	124.55	10	Jul.	1844	LRiv
Armstrong	Andrew	J.	32	13S	27W	136.8	10	Jul.	1844	LRiv
Armstrong	Andrew	J.	32	13S	28W	160	1	Sep.	1846	LRiv
Armstrong	Henry	C.	34	16N	20W	-	15	Dec.	1882	Neva
Armstrong	Henry	C.	35	16N	20W	120	15	Dec.	1882	Neva
Armstrong	James		27	16N	20W	-	1	Feb.	1901	Neva
Armstrong	James		34	16N	20W	160	1	Feb.	1901	Neva
Armstrong	Meridith	T.	33	17N	19W	160	30	Jul.	1875	Neva
Armstrong	Nathan		3	16N	20W	-	25	Aug.	1903	Neva
Armstrong	Nathan		10	16N	20W	160	25	Aug.	1903	Neva

Last Name	First Name	Int.	Section No.	Twp.	Ran	Acres	Date			Co.
Armstrong	Silas		3	11S	24W	31.88	13	Jun.	1889	Hem
Arnett	Henry		15	12S	26W	80	20	Dec.	1890	Hem
Arnett	John		10	12S	25W	40	10	Jul.	1844	Hem
Arnett	William	W.	22	17N	23W	40	1	Jun.	1861	Neva
Arnett	William		35	11S	25W	40	1	Aug.	1837	Hem
Arnold	Andrew	J.	30	8S	28W	165.19	1	Apr.	1876	Howa
Arnold	Benjamin	W.	22	11S	24W	80	1	May	1856	Hem
Arnold	Darling	F.	13	8S	28W	80	1	Mar.	1877	Howa
Arnold	James	T.	31	8S	28W	-	3	Feb.	1883	Howa
Arnold	James	T.	32	8S	28W	160	3	Feb.	1883	Howa
Arnold	Margaret	B.	15	11S	24W	80	31	Jan.	1889	Hem
Arnold	Margaret		7	11S	23W	40	10	Mar.	1883	Hem
Arnold	Mary	E.	32	15N	23W	160	13	Feb.	1891	Neva
Arnold	Samuel	W.	1	11S	24W	40	15	Jun.	1875	Hem
Arnold	Thomas	H.	21	11S	24W	40	1	Mar.	1855	Hem
Arnold	Thomas	H.	24	11S	24W	40	1	Aug.	1837	Hem
Arnold	Thomas	H.	24	11S	24W	160	1	Aug.	1837	Hem
Arnold	Thomas	H.	34	12S	24W	160	1	Aug.	1837	Hem
Arnold	Thomas	H.	34	12S	24W	-	1	Aug.	1837	Hem
Arnold	William	B.	20	11S	23W	80	1	Nov.	1839	Hem
Arnold	William	B.	21	11S	23W	40	1	Nov.	1839	Hem
Arnold	William	B.	28	11S	23W	40	1	Nov.	1839	Hem
Arnold	William		36	11S	27W	-	1	Feb.	1893	Howa
Arnold	William		36	11S	27W	120	1	Feb.	1893	Howa
Arnold	Young		21	11S	24W	40	15	Jan.	1877	Hem
Arrendal	William		23	12S	33W	65.16	17	Mar.	1888	LRiv
Arrendoll	William		23	12S	33W	65.16	9	Sep.	1882	LRiv
Arrington	Elmira		9	16N	22W	80	15	May	1876	Neva
Arrington	Horace		17	16N	22W	40	15	Dec.	1882	Neva
Arrington	John		17	16N	22W	40	3	May	1858	Neva
Arrington	John		17	16N	22W	40	1	Jun.	1875	Neva
Arrington	John		17	16N	22W	80	2	May	1905	Neva
Arrington	John		30	16N	22W	68.19	15	Nov.	1854	Neva
Ash	John	L.	22	11S	32W	40	2	Apr.	1860	LRiv
Ash	Robert	E.	17	11S	31W	320	4	Oct.	1898	LRiv
Ashbrook	John		35	7S	27W	40	1	Jul.	1859	Howa
Ashbrooks	Aron		34	7S	27W	80	1	Jul.	1857	Howa
Asher	Elizabeth		31	15N	19W	160	11	Sep.	1894	Neva
Asher	John		1	13N	24W	156.75	23	Jan.	1897	Neva
Ashlock	Alvin	C.	18	14N	22W	159.32	13	Feb.	1899	Neva
Ashlock	James	L.	2	13N	22W	-	28	Jun.	1905	Neva
Ashlock	James	L.	3	13N	22W	159.21	28	Jun.	1905	Neva
Askew	George	W.	19	9S	25W	41.49	2	Jul.	1860	Hem
Askew	Hezekiah		2	10S	25W	40	2	Apr.	1860	Hem
Askew	Hezekiah		2	10S	25W	40	2	Apr.	1860	Hem
Askew	Hezekiah		2	10S	25W	40	2	Jul.	1860	Hem
Askew	Hezekiah		11	10S	25W	160	1	Dec.	1857	Hem
Askew	Hezekiah		14	9S	25W	40	1	Nov.	1848	Hem
Askew	James	P.	2	10S	25W	80	2	Apr.	1860	Hem
Askew	James	P.	2	10S	25W	80	2	Apr.	1860	Hem
Askew	John	C.	2	10S	25W	80	2	Apr.	1860	Hem
Askew	John	C.	2	10S	25W	80	2	Apr.	1860	Hem
Askew	William	H.	10	10S	25W	120	2	Apr.	1860	Hem
Atchley	Jane		1	16N	21W	-	30	Jun.	1882	Neva
Atchley	Jane		12	16N	21W	160	30	Jun.	1882	Neva
Atchley	Mary	E.	12	16N	21W	40	1	Nov.	1884	Neva

Last Name	First Name	Int.	Section No.	Twp.	Ran	Acres	Date			Co.
Atchley	Sarah	E.	1	6S	29W	-	26	Oct.	1903	Howa
Atchley	Sarah	E.	12	6S	29W	149.69	26	Oct.	1903	Howa
Atchley	William	N.	7	16N	20W	36.12	1	Jul.	1859	Neva
Atkins	Charles	A.	17	11S	24W	80	9	Sep.	1882	Hem
Atkins	John	B.	11	13N	24W	40	30	Aug.	1888	Neva
Atkins	John	B.	11	13N	24W	80	27	Dec.	1888	Neva
Atkins	John	B.	11	13N	24W	80	4	Dec.	1896	Neva
Atkinson	Henry		11	13N	22W	40	1	Feb.	1860	Neva
Atkinson	Melcena	F.	4	15N	21W	80	31	Dec.	1889	Neva
Atkinson	Melcena	F.	31	15N	20W	55.94	28	Jun.	1905	Neva
Atkinson	William	H.	10	15N	20W	160	24	Nov.	1890	Neva
Atkinson	William	L.	36	11S	27W	120	2	Apr.	1860	Howa
Aubrey	Will		28	13S	29W	160	16	Jul	1904	LRiv
Aubrey	William	A.	21	12S	29W	40	30	Aug.	1899	LRiv
Austin	Benjamin	D.	24	12S	29W	40	2	Jul.	1860	LRiv
Austin	Virginia		32	11S	30W	120	23	Jan.	1891	LRiv
Austin	William	E.	25	10S	24W	80	17	Jun.	1895	Hem
Averitt	George	F.	30	10S	32W	40	1	Jun.	1898	LRiv
Aydelotte	Clarence	B.	25	11S	33W	-	26	Jun.	1906	LRiv
Aydelotte	Clarence	B.	36	11S	33W	160	26	Aug	1906	LRiv
Ayers	William	C.	36	13N	22W	119.49	1	Jun.	1860	Neva
Ayres	William	C.	13	13N	22W	40	1	Jun.	1860	Neva
Babb	Bassel	C.	22	13S	27W	40	1	Nov.	1849	LRiv
Babcock	James	M.	22	12S	30W	-	2	Jan.	1895	LRiv
Babcock	James	M.	22	12S	30W	120	2	Jan.	1895	LRiv
Baber	Robert	H.	24	5S	29W	-	13	Jun.	1889	Howa
Baber	Robert	H.	24	5S	29W	-	13	Jun.	1889	Howa
Baber	Robert	H.	25	5S	29W	160	13	Jun.	1889	Howa
Baber	Robert		9	11S	27W	40	15	Apr.	1837	Howa
Baber	Robert		9	11S	27W	40	1	Aug.	1837	Howa
Baber	Robert		10	11S	27W	40	10	Apr.	1837	Howa
Baber	William	R.	8	5S	28W	-	10	Aug.	1906	Howa
Baber	William	R.	9	5S	28W	-	10	Aug.	1906	Howa
Bacchus	John	H.	29	17N	20W	40	1	Nov.	1884	Neva
Bacchus	Louisa	L.	19	17N	20W	-	12	Aug.	1919	Neva
Bacchus	Louisa	L.	24	17N	21W	160.03	12	Aug.	1919	Neva
Bacon	Elizabeth		13	8S	27W	80	1	Apr.	1875	Howa
Bacon	William	T.	13	8S	27W	40	1	May	1856	Howa
Bacon	William	T.	13	8S	27W	40	2	Jul.	1860	Howa
Baggarly	Benjamin		35	11S	29W	107.1	1	May	1845	LRiv
Baggarly	Benjamin		36	11S	29W	80	1	Mar.	1843	LRiv
Baggarly	Benjamin		36	11S	29W	142.93	1	Mar.	1843	LRiv
Baggett	Joel	L.	10	6S	29W	40	24	Nov.	1903	Howa
Baggett	Simon		35	5S	29W	80	16	Sep.	1904	Howa
Baggett	William	S.	10	6S	29W	160	16	Sep.	1904	Howa
Baggs	Robert		21	11S	27W	40	10	Apr.	1837	Howa
Bagley	Mary		23	7S	28W	80	26	Jun.	1906	Howa
Bagley	Richard	H.	33	8S	27W	40	2	Jul.	1860	Howa
Bail	Hiram		20	12S	28W	40	1	Mar.	1855	LRiv
Bailey	David		5	12S	27W	82.78	1	Nov.	1849	Hem
Bailey	David		5	12S	27W	83.74	1	Sep.	1846	Hem
Bailey	Green		31	11S	30W	137.49	2	Jul.	1860	LRiv
Bailey	Isaac	S.	27	13N	19W	160	6	Jun.	1890	Neva
Bailey	James	M.	9	13N	23W	40	30	Mar.	1882	Neva
Bailey	James	M.	32	11S	27W	40	10	Apr.	1837	Howa
Bailey	Jonathan		32	12S	28W	40	1	Mar.	1855	LRiv

Last Name	First Name	Int.	Section No.	Twp.	Ran	Acres	Date			Co.
Bailey	Joseph		28	16N	19W	40	16	Feb.	1888	Neva
Bailey	Louisa	J.	30	13N	23W	-	28	Jun.	1890	Neva
Bailey	Louisa	J.	30	13N	23W	-	28	Jun.	1890	Neva
Bailey	Louisa	J.	31	13N	23W	160	28	Jun.	1890	Neva
Bailey	Marion		6	12S	30W	40	2	Apr.	1860	LRiv
Bailey	Robert	M.	33	11S	27W	40	10	Apr.	1837	Howa
Bailey	Thomas	K.	35	14N	23W	160	3	May	1897	Neva
Bailey	William	F.	28	12S	28W	40	2	Jul.	1860	LRiv
Bailey	William		19	12S	27W	45.15	1	May	1845	Hem
Bailey	Wyatt		9	13N	23W	40	8	Jan.	1895	Neva
Baird	David	C.	21	10S	28W	160	1	Jul.	1857	Howa
Baird	John		4	11S	25W	80	10	May	1827	Hem
Baird	John		5	11S	25W	40	3	Sep.	1835	Hem
Baird	John		5	11S	25W	40	10	Feb.	1834	Hem
Baird	John		9	11S	25W	80	10	May	1827	Hem
Baird	Sally		9	11S	25W	40	1	Aug.	1837	Hem
Baird	Simon		5	12S	27W	-	1	Sep.	1846	Hem
Baird	Simon		8	12S	27W	120	1	Jul.	1859	Hem
Baird	Simon		8	12S	27W	160	1	Sep.	1846	Hem
Baird	Simon		8	12S	27W	-	1	Jul.	1859	Hem
Baird	Simon		30	11S	26W	40	15	Apr.	1837	Hem
Baker	Cicero	M.	31	6S	29W	-	17	Apr.	1905	Howa
Baker	Cicero	M.	31	6S	29W	168.37	17	Apr.	1905	Howa
Baker	Cinthean		7	6S	30W	-	14	Nov.	1905	Howa
Baker	Cinthean		7	6S	30W	-	14	Nov.	1905	Howa
Baker	Dillard	D.	7	6S	30W	158.44	16	Sep.	1904	Howa
Baker	English	J.	6	6S	30W	153.2	19	Oct.	1888	Howa
Baker	Esaias		4	13S	23W	80	1	Jul.	1859	Hem
Baker	Esaias		4	13S	23W	80	1	Jul.	1859	Hem
Baker	Esais		4	13S	23W	80	1	Oct.	1850	Hem
Baker	James	B.	19	6S	30W	39.5	2	Apr.	1860	Howa
Baker	John		19	11S	30W	49.91	10	May	1861	LRiv
Baker	John		26	12S	29W	160	1	Jul.	1875	LRiv
Baker	Joshua	C.	5	14N	19W	120	20	Oct.	1882	Neva
Baker	Joshua	C.	32	14N	19W	-	20	Oct.	1882	Neva
Baker	Malcom		25	11S	31W	40	2	Jul.	1860	LRiv
Baker	Thomas		1	15N	19W	39.77	15	Nov.	1854	Neva
Baker	Thomas		18	13S	23W	160	1	May	1856	Hem
Baker	William	L.	7	6S	30W	-	26	Aug.	1905	Howa
Baker	William	L.	7	6S	30W	-	26	Aug.	1905	Howa
Baker	William	L.	7	6S	30W	160	26	Aug.	1905	Howa
Balch	Thomas	W.	11	6S	29W	80	2	Jul.	1860	Howa
Baldwin	Samuel		33	12S	24W	40	1	Mar.	1843	Hem
Baldwin	Samuel		34	12S	24W	80	1	Nov.	1839	Hem
Balew	John		31	9S	23W	45.14	1	Nov.	1839	Hem
Balfour	John	H.	27	14N	24W	160	3	May	1897	Neva
Ball	Albert	N.	5	11S	32W	160	1	Jan.	1905	LRiv
Ballard	Thomas	B.	36	16N	23W	40	1	Jun.	1860	Neva
Balls	David		18	9S	25W	123.84	20	Dec.	1890	Hem
Balls	David		18	9S	25W	-	20	Dec.	1890	Hem
Bandy	Greenberry	C.	4	7S	27W	-	9	Jan.	1886	Howa
Bandy	Greenberry	C.	4	7S	27W	160.1	9	Jan.	1886	Howa
Bankhead	Thomas	M.	21	13S	29W	80	1	Mar.	1843	LRiv
Bankhead	Thomas	M.	21	13S	29W	80	1	Mar.	1843	LRiv
Bankhead	Thomas	M.	27	13S	29W	48.56	1	Mar.	1843	LRiv
Bankhead	Thomas	M.	27	13S	29W	52.04	1	Mar.	1843	LRiv

Last Name	First Name	Int.	Section No.	Twp.	Ran	Acres	Date			Co.
Bankhead	Thomas	M.	29	13S	29W	80	1	Mar.	1843	LRiv
Bankhead	Thomas	M.	29	13S	29W	80	1	Mar.	1843	LRiv
Banks	Alexander	R.	35	13S	25W	40	1	Nov.	1839	Hem
Banks	Willis		1	11S	26W	614.48	10	Apr.	1837	Hem
Banks	Willis		2	11S	26W	40	10	Apr.	1837	Hem
Banks	Willis		2	11S	26W	80	10	Apr.	1837	Hem
Banks	Willis		2	11S	26W	152.43	10	Apr.	1837	Hem
Banks	Willis		2	11S	26W	160	10	Apr.	1837	Hem
Banks	Willis		6	11S	25W	252.9	10	Apr.	1837	Hem
Banks	Willis		11	11S	26W	40	10	Apr.	1837	Hem
Banks	Willis		11	11S	26W	40	10	Apr.	1837	Hem
Banks	Willis		12	11S	26W	80	10	Apr.	1837	Hem
Banks	Willis		21	10S	25W	80	10	Apr.	1837	Hem
Banks	Willis		22	10S	25W	320	10	Apr.	1837	Hem
Banks	Willis		27	10S	25W	160	10	Apr.	1837	Hem
Banks	Willis		28	10S	25W	40	10	Apr.	1837	Hem
Banks	Willis		28	10S	25W	80	10	Apr.	1837	Hem
Banks	Willis		28	10S	25W	160	1	Aug.	1837	Hem
Banks	Willis		28	10S	25W	320	10	Apr.	1837	Hem
Banks	Willis		33	10S	26W	80	10	Apr.	1837	Hem
Banks	Willis		34	10S	26W	160	10	Apr.	1837	Hem
Banks	Willis		34	10S	26W	320	10	Apr.	1837	Hem
Banks	Willis		35	10S	26W	80	10	Apr.	1837	Hem
Banks	Willis		35	10S	26W	160	10	Apr.	1837	Hem
Banks	Willis		35	10S	26W	160	10	Apr.	1837	Hem
Bankston	William	M.	24	11S	31W	80	27	Dec.	1905	LRiv
Bankston	William	M.	25	11S	31W	-	27	Dec.	1905	LRiv
Barbee	William	H.	21	17N	20W	80	18	Aug.	1891	Neva
Barber	James	C.	29	14N	21W	160	28	May	1895	Neva
Barber	James	C.	32	14N	21W	160	28	May	1895	Neva
Bard	Mary	C.	11	6S	29W	40	7	Aug.	1906	Howa
Barefoot	John	T.	19	6S	28W	-	26	Aug.	1895	Howa
Barefoot	John	T.	19	6S	28W	79.42	26	Aug.	1895	Howa
Barefoot	John	T.	25	6S	29W	40	10	May	1861	Howa
Barefoot	Richard	K.	13	8S	28W	-	1	Jul.	1859	Howa
Barefoot	Richard	K.	14	8S	28W	80	1	Jul.	1859	Howa
Barefoot	Richard	K.	17	8S	28W	40	10	Oct.	1856	Howa
Barger	Wiley		26	17N	19W	40	15	Nov.	1854	Neva
Barker	John	C.	8	15N	21W	40	19	Jul.	1897	Neva
Barkman	Jas.	H.	6	12S	29W	160	3	Mar.	1893	LRiv
Barnard	Peter	P.	25	15N	23W	158.93	17	Dec.	1894	Neva
Barnard	Peter	P.	30	15N	22W	-	17	Dec.	1894	Neva
Barnard	William	T.	31	15N	22W	159.8	11	Oct.	1902	Neva
Barnard	William	T.	31	15N	22W	-	11	Oct.	1902	Neva
Barnes	Alfred		25	7S	27W	40	2	Apr.	1860	Howa
Barnes	Daniel	W.	8	13S	28W	40	12	Nov.	1906	LRiv
Barnes	Ira	S.	34	17N	22W	160	1	Feb.	1901	Neva
Barnes	Ira	S.	34	17N	22W	-	1	Feb.	1901	Neva
Barnes	Isaac	T.	21	10S	32W	80	20	May	1885	LRiv
Barnes	James	H.	31	8S	28W	45.02	2	Jul.	1860	Howa
Barnes	Jennetta		17	10S	32W	-	30	Aug.	1882	LRiv
Barnes	Jennetta		17	10S	32W	80	30	Aug.	1882	LRiv
Barnes	John		12	15N	20W	80	14	Dec.	1895	Neva
Barnes	John		13	15N	20W	80	28	Jun.	1905	Neva
Barnes	Jonathan		9	16N	21W	-	19	Oct.	1893	Neva
Barnes	Jonathan		10	16N	21W	160	19	Oct.	1893	Neva

Last Name	First Name	Int.	Section No.	Twp.	Ran	Acres	Date			Co.
Barnes	Joseph	C.	22	6S	30W	-	12	Dec.	1904	Howa
Barnes	Joseph	C.	22	6S	30W	160	12	Dec.	1904	Howa
Barnes	Joseph		22	7S	30W	-	17	Dec.	1901	Howa
Barnes	Joseph		27	7S	30W	-	17	Dec.	1901	Howa
Barnes	Joseph		27	7S	30W	160	17	Dec.	1901	Howa
Barnes	Thomas	H.	22	7S	30W	-	30	Dec.	1901	Howa
Barnes	Thomas	H.	22	7S	30W	-	30	Dec.	1901	Howa
Barnes	Thomas	J.	22	7S	30W	-	30	Dec.	1901	Howa
Barnes	Thomas	J.	23	7S	30W	160	30	Dec.	1901	Howa
Barnes	William		17	10S	32W	40	2	Jul.	1860	LRiv
Barnett	Andrew	N.	18	11S	31W	-	13	Jun.	1889	LRiv
Barnett	Andrew	N.	18	11S	31W	174.8	13	Jun.	1889	LRiv
Barnett	Ledru	R.	31	12S	31W	160	1	Jul.	1903	LRiv
Barr	Emma		26	16N	22W	-	28	Mar.	1906	Neva
Barr	Emma		35	16N	22W	160	28	Mar.	1906	Neva
Barron	James	A.	5	12S	25W	170.62	1	Dec.	1857	Hem
Barrow	Bennet	J.	3	13S	25W	80	10	Aug.	1837	Hem
Bartell	Emmett	F.	20	16N	21W	160	14	Feb.	1900	Neva
Bartell	Emmett	F.	20	16N	21W	-	14	Feb.	1900	Neva
Bartlett	James	M.	31	17N	22W	-	5	May	1904	Neva
Bartlett	James	M.	32	17N	22W	80	May	May	1904	Neva
Bartlett	William	T.	29	17N	22W	160	20	Oct.	1884	Neva
Bartlett	William	T.	29	17N	22W	-	20	Oct.	1884	Neva
Bartlett	William	T.	30	17N	22W	-	20	Oct.	1884	Neva
Bartlett	William		29	13S	25W	160	10	Sep.	1890	Hem
Bartlett	William		29	13S	25W	-	10	Sep.	1890	Hem
Bartlett	William		30	17N	22W	160	May	May	1904	Neva
Bartlett	William		30	17N	22W	-	5	May	1904	Neva
Barton	George	W.	34	5S	28W	-	17	Mar.	1888	Howa
Barton	George	W.	34	5S	28W	160	17	Mar.	1888	Howa
Barton	James	A.	11	6S	28W	160	3	Feb.	1883	Howa
Barton	James	A.	14	6S	28W	-	3	Feb.	1883	Howa
Barton	James	A.	14	6S	28W	-	3	Feb.	1883	Howa
Barton	James	M.	3	10S	26W	120.46	2	Apr.	1860	Hem
Barton	John	T.	10	10S	26W	160	2	Apr.	1860	Hem
Basore	Abraham	D.	23	17N	22W	-	12	Feb.	1892	Neva
Basore	Abraham	D.	27	17N	22W	160	12	Feb.	1892	Neva
Basore	Abraham	D.	27	17N	22W	-	12	Feb.	1892	Neva
Basore	Ezra	W.	21	17N	22W	-	11	Sep.	1894	Neva
Basore	Ezra	W.	28	17N	22W	160	11	Sep.	1894	Neva
Batchelor	Stephen	R.	7	9S	25W	122.75	2	Jul.	1860	Hem
Batchelor	Stephen	R.	7	9S	25W	-	2	Jul.	1860	Hem
Bateman	James		31	9S	26W	160	10	Dec.	1861	Hem
Bateman	William		29	9S	26W	80	2	Apr.	1860	Hem
Bateman	William		32	9S	26W	160	1	Jul.	1859	Hem
Bates	Elijah	A.	8	14S	23W	40	1	Mar.	1855	Hem
Bates	Elijah	A.	8	14S	23W	40	1	Sep.	1856	Hem
Bates	Elijah	A.	17	14S	23W	40	1	Mar.	1855	Hem
Bates	Harry	M.	29	12S	30W	80	2	Jun.	1904	LRiv
Bates	Milton		15	5S	28W	40	1	May	1856	Howa
Baucom	Alta	Z.	20	15N	21W	160	25	Aug.	1903	Neva
Baucom	Dennis		5	13N	21W	120.32	1	Jul.	1890	Neva
Baucom	James	A.	25	14N	22W	119.31	7	Sep.	1900	Neva
Baucom	James	A.	30	14N	21W	-	7	Sep.	1900	Neva
Baucom	John	C.	5	13N	21W	-	28	Jun.	1905	Neva
Baucom	John	C.	8	13N	21W	80	28	Jun.	1905	Neva

Last Name	First Name	Int.	Section No.	Twp.	Ran	Acres	Date			Co.
Baucom	John	C.	8	13N	21W	80	9	Aug.	1919	Neva
Baucom	Thomas	A.	2	13N	21W	-	27	Jan.	1900	Neva
Baucom	Thomas	A.	3	13N	21W	155.32	27	Jan.	1900	Neva
Baughman	Joseph		25	16N	22W	80	15	May	1896	Neva
Baughman	Joseph		25	16N	22W	80	26	Aug.	1896	Neva
Baughman	Joseph		25	16N	22W	-	15	May	1896	Neva
Baughman	Joseph		25	16N	22W	-	26	Aug.	1896	Neva
Baughman	William	H.	2	16N	23W	-	1	Mar.	1904	Neva
Baughman	William	H.	3	16N	23W	-	1	Mar.	1904	Neva
Baughman	William	H.	10	16N	23W	160	1	Mar.	1904	Neva
Baxter	Eli	B.	34	13N	23W	160	7	Sep.	1900	Neva
Baxter	Eli	B.	34	13N	23W	-	7	Sep.	1900	Neva
Baxter	William	B.	29	8S	27W	40	1	Mar.	1855	Howa
Baxter	William	B.	29	8S	27W	40	1	Mar.	1855	Howa
Bayless	Cecilius	C.	8	12S	29W	80	2	Jul.	1860	LRiv
Bayless	Cecilius	C.	18	12S	32W	102.66	2	Apr.	1860	LRiv
Beam	William	M.	8	6S	30W	-	31	Dec.	1904	Howa
Beam	William	M.	8	6S	30W	-	31	Dec.	1904	Howa
Beam	William	M.	9	6S	30W	160	31	Dec.	1904	Howa
Bean	John	E.	6	8S	28W	-	7	May	1897	Howa
Bean	John	E.	6	8S	28W	-	7	May	1897	Howa
Bean	John	E.	6	8S	28W	160	7	May	1897	Howa
Bean	Mary	J.	35	7S	28W	80	12	Aug.	1901	Howa
Bean	Rufus	M.	21	8S	28W	40	25	Nov.	1879	Howa
Bean	William	J.	3	14N	22W	160.07	19	Oct.	1905	Neva
Beard	David	C.	21	10S	28W	80	2	Apr.	1860	Howa
Beard	Jacob	C.	20	11S	23W	160	2	Apr.	1860	Hem
Beard	Samuel	J.	22	13N	23W	160	10	Apr.	1907	Neva
Beard	Samuel	J.	22	13N	23W	-	10	Apr.	1907	Neva
Bearden	James	M.	6	7S	28W	-	24	Sep.	1905	Howa
Bearden	James	M.	6	7S	28W	123.12	24	Sep.	1905	Howa
Bearden	James	M.	31	6S	28W	-	24	Sep.	1905	Howa
Bearden	John	W.	4	5S	29W	80	10	Aug.	1906	Howa
Bearden	William	B.	24	6S	29W	80	31	Dec.	1904	Howa
Bearden	William	B.	25	6S	29W	-	18	Oct.	1906	Howa
Bearden	William	B.	36	6S	29W	80	18	Oct.	1906	Howa
Beardin	William	C.	4	5S	29W	-	24	Aug.	1901	Howa
Beardin	William	C.	5	5S	29W	162.06	24	Aug.	1901	Howa
Beardon	John		21	11S	24W	40	30	Aug.	1882	Hem
Beasley	Robert	F.	11	12S	32W	40	8	May	1901	LRiv
Beasley	William	A.	32	14N	22W	160	20	Jul.	1891	Neva
Beatie	Joseph		4	6S	30W	41.49	15	Aug.	1876	Howa
Beaty	Lemuel		19	11S	23W	49	2	Jul.	1860	Hem
Beaty	William		19	11S	23W	80	1	Nov.	1839	Hem
Beaty	William		19	11S	23W	80	1	Mar.	1843	Hem
Beaty	William		19	11S	23W	80	10	Jul.	1844	Hem
Beaty	William		19	11S	23W	89.36	20	Jul.	1825	Hem
Beaty	William		29	11S	23W	40	1	Aug.	1837	Hem
Beaty	William		29	11S	23W	40	1	Nov.	1848	Hem
Beaty	William		29	11S	23W	80	1	Aug.	1837	Hem
Beaty	William		29	11S	23W	80	10	Apr.	1837	Hem
Beaty	William		29	11S	23W	80	1	Mar.	1843	Hem
Beaty	William		30	11S	23W	80	15	Apr.	1837	Hem
Beaty	William		30	11S	23W	89.76	10	Jul.	1826	Hem
Beaty	William		32	11S	23W	80	10	Apr.	1837	Hem
Beaver	Thomas		11	9S	28W	40	10	Jul.	1848	Howa

Last Name	First Name	Int.	Section No.	Twp.	Ran	Acres	Date			Co.
Beaver	William	E.	14	7S	30W	-	8	Jun.	1901	Howa
Beaver	William	E.	14	7S	30W	-	8	Jun.	1901	Howa
Beaver	William	E.	23	7S	30W	160	8	Jun.	1901	Howa
Beavers	John	T.	20	14S	24W	40	1	Feb.	1893	Hem
Beck	Thomas	J.	21	14N	20W	-	17	Mar.	1899	Neva
Beck	Thomas	J.	22	14N	20W	160	17	Mar.	1899	Neva
Beck	William	K.	20	10S	25W	-	1	Aug.	1837	Hem
Beck	William	K.	21	10S	25W	-	1	Aug.	1837	Hem
Beck	William	K.	21	10S	25W	-	1	Aug.	1837	Hem
Beck	William	K.	22	10S	25W	520	1	Aug.	1837	Hem
Beck	William	R.	18	10S	25W	159.62	1	Aug.	1837	Hem
Beckem	Thomas		6	14S	23W	43.35	1	Mar.	1855	Hem
Beckham	Silas	M.	8	13N	19W	160	8	Jun.	1901	Neva
Beckham	William	B.	5	13N	22W	147.98	26	Jun.	1889	Neva
Beckham	Zachariah		22	15N	22W	40	1	Aug.	1857	Neva
Beckham	Zechariah		22	15N	22W	40	1	Feb.	1860	Neva
Beckham	Zechariah		28	15N	22W	40	15	Nov.	1854	Neva
Bedwell	James	M.	5	7S	28W	-	25	Jun.	1901	Howa
Bedwell	James	M.	8	7S	28W	-	25	Jun.	1901	Howa
Bedwell	James	M.	8	7S	28W	160	25	Jun.	1901	Howa
Bedwell	Jesse	L.	2	5S	29W	-	17	Dec.	1900	Howa
Bedwell	Jesse	L.	3	5S	29W	-	17	Dec.	1900	Howa
Bedwell	Jesse	L.	11	5S	29W	160	17	Dec.	1900	Howa
Bedwell	John	F.	18	7S	28W	-	26	Jun.	1906	Howa
Bedwell	John	F.	18	7S	28W	-	26	Jun.	1906	Howa
Bedwell	Nathan	Z.	36	8S	29W	120	4	Oct.	1900	Howa
Bedwell	Nathaniel	M.	1	9S	29W	40	2	Apr.	1860	Howa
Bedwell	Nathaniel		1	9S	29W	40	2	Apr.	1860	Howa
Bedwell	Nathaniel		1	9S	29W	41.12	29	May	1896	Howa
Bedwell	Nathaniel		1	9S	29W	80	1	Jul.	1854	Howa
Bedwell	Nathaniel		1	9S	29W	80	29	May	1896	Howa
Bedwell	Walter	S.	6	7S	28W	-	16	Sep.	1904	Howa
Bedwell	Walter	S.	7	7S	28W	79.85	16	Sep.	1904	Howa
Beebe	Roswell		2	14S	26W	80	10	Apr.	1837	Hem
Beebe	Roswell		3	14S	26W	78.83	10	Apr.	1837	Hem
Beebe	Roswell		3	14S	26W	80	10	Apr.	1837	Hem
Beebe	Roswell		3	14S	26W	80	10	Apr.	1837	Hem
Beebe	Roswell		4	12S	27W	165.41	1	Mar.	1843	Hem
Beebe	Roswell		4	14S	26W	49.73	10	Apr.	1837	Hem
Beebe	Roswell		4	14S	26W	54.92	10	Apr.	1837	Hem
Beebe	Roswell		4	14S	26W	68.24	10	Apr.	1837	Hem
Beebe	Roswell		4	14S	26W	80	10	Apr.	1837	Hem
Beebe	Roswell		9	14S	26W	2.61	10	Apr.	1837	Hem
Beebe	Roswell		11	14S	26W	80	10	Apr.	1837	Hem
Beebe	Roswell		11	14S	26W	80	10	Apr.	1837	Hem
Beebe	Roswell		11	14S	26W	80	10	Apr.	1837	Hem
Beebe	Roswell		11	14S	26W	80	10	Apr.	1837	Hem
Beebe	Roswell		14	14S	26W	31.06	10	Apr.	1837	Hem
Beebe	Roswell		14	14S	26W	160	10	Apr.	1837	Hem
Beebe	Roswell		15	14S	26W	30.19	10	Apr.	1837	Hem
Beebe	Roswell		15	14S	26W	47.14	10	Apr.	1837	Hem
Beebe	Roswell		15	14S	26W	160	10	Apr.	1837	Hem
Beebe	Roswell		15	14S	26W	160	10	Apr.	1837	Hem
Beebe	Roswell		17	13S	26W	148.03	10	Apr.	1837	Hem
Beebe	Roswell		17	14S	25W	80	10	Apr.	1837	Hem
Beebe	Roswell		17	14S	25W	80	10	Apr.	1837	Hem

Last Name	First Name	Int.	Section No.	Twp.	Ran	Acres	Date			Co.
Beebe	Roswell		17	14S	25W	160	10	Apr.	1837	Hem
Beebe	Roswell		18	14S	25W	80	10	Apr.	1837	Hem
Beebe	Roswell		18	14S	25W	80	10	Apr.	1837	Hem
Beebe	Roswell		21	13S	26W	24.65	10	Apr.	1837	Hem
Beebe	Roswell		21	13S	26W	49.52	10	Apr.	1837	Hem
Beebe	Roswell		21	13S	26W	80	10	Apr.	1837	Hem
Beebe	Roswell		21	13S	26W	80	10	Apr.	1837	Hem
Beebe	Roswell		21	13S	26W	80	10	Apr.	1837	Hem
Beebe	Roswell		21	13S	26W	80	10	Apr.	1837	Hem
Beebe	Roswell		21	13S	26W	97.65	10	Apr.	1837	Hem
Beebe	Roswell		22	13S	26W	80	3	May	1839	Hem
Beebe	Roswell		22	13S	26W	160	16	May	1839	Hem
Beebe	Roswell		22	13S	26W	-	16	May	1839	Hem
Beebe	Roswell		27	11S	27W	80	10	Apr.	1837	Howa
Beebe	Roswell		27	13S	26W	80	3	May	1839	Hem
Beebe	Roswell		32	11S	27W	40	10	Apr.	1837	Howa
Beebe	Roswell		32	11S	27W	40	10	Apr.	1837	Howa
Beebe	Roswell		34	14S	25W	160	10	Apr.	1837	Hem
Been	Oliver		6	10S	25W	40.2	2	Apr.	1860	Hem
Beene	Jacob	W.	34	9S	26W	80	2	Apr.	1860	Hem
Beene	Jesse		30	9S	25W	161.16	2	Apr.	1860	Hem
Beene	Jesse		30	9S	25W	-	2	Apr.	1860	Hem
Beene	Jesse		30	9S	25W	-	2	Apr.	1860	Hem
Beene	Jessee		19	9S	25W	-	2	Apr.	1860	Hem
Beene	Jessee		24	9S	26W	-	2	Apr.	1860	Hem
Beene	Jessee		30	9S	25W	203.29	2	Apr.	1860	Hem
Beene	John	H.	2	10S	26W	81.37	3	Feb.	1883	Hem
Beene	Lemuel	D.	3	10S	26W	322	2	Jul.	1860	Hem
Beene	Leroy		6	10S	25W	120	2	Apr.	1860	Hem
Beene	Leroy		6	10S	25W	-	2	Apr.	1860	Hem
Beene	Oliver		6	10S	25W	40.84	2	Apr.	1860	Hem
Beene	Oliver		19	9S	25W	-	2	Jul.	1860	Hem
Beene	Oliver		19	9S	25W	-	2	Jul.	1860	Hem
Beene	Oliver		19	9S	25W	-	2	Jul.	1860	Hem
Beene	Oliver		25	9S	26W	200	2	Jul.	1860	Hem
Beene	William	F.	21	8S	28W	80	16	May	1868	Howa
Beene	Willis		36	9S	26W	160	2	Apr.	1860	Hem
Beers	Charles	G.	9	15N	23W	80	1	Dec.	1891	Neva
Beers	Charles	G.	9	15N	23W	-	1	Dec.	1891	Neva
Beers	Charles	G.	21	15N	23W	-	1	Dec.	1891	Neva
Beers	Charles	G.	26	15N	23W	-	1	Dec.	1891	Neva
Beers	Charles	G.	27	15N	23W	120	1	Dec.	1891	Neva
Beggs	Robert		1	11S	28W	80	1	Sep.	1846	Howa
Beggs	Robert		7	11S	27W	40	1	Mar.	1855	Howa
Beggs	Robert		12	11S	28W	-	1	Jul.	1859	Howa
Beggs	Robert		12	11S	28W	40	1	Mar.	1843	Howa
Beggs	Robert		12	11S	28W	40	1	Mar.	1855	Howa
Beggs	Robert		12	11S	28W	80	1	Jul.	1859	Howa
Beggs	William		6	11S	27W	41.06	1	Mar.	1843	Howa
Begley	John	J.	13	14N	24W	160	1	Jul.	1890	Neva
Begley	John	J.	13	14N	24W	-	1	Jul.	1890	Neva
Begley	John	J.	14	14N	24W	-	1	Jul.	1890	Neva
Belcher	Harday		6	11S	27W	40	31	Dec.	1904	Howa
Belcher	Mattie		2	11S	28W	74.99	15	Mar.	1894	Howa
Belk	Griffen	H.	36	10S	26W	160	22	Nov.	1889	Hem
Bell	Celia		19	10S	23W	40	10	Apr.	1897	Hem

Last Name	First Name	Int.	Section No.	Twp.	Ran	Acres	Date			Co.
Bell	Frank		25	13S	26W	160	12	Jan.	1898	Hem
Bell	James	M.	10	16N	20W	-	26	Mar.	1900	Neva
Bell	James	M.	15	16N	20W	160	26	Mar.	1900	Neva
Bell	John		26	9S	26W	40	2	Apr.	1860	Hem
Bell	John		26	9S	26W	160	2	Apr.	1860	Hem
Bell	Joseph	M.	14	7S	30W	160	19	Feb.	1890	Howa
Bell	Joseph	M.	15	7S	30W	-	19	Feb.	1890	Howa
Bell	Joseph	M.	15	7S	30W	-	19	Feb.	1890	Howa
Bell	Joseph		22	13S	28W	160	3	Apr.	1896	LRiv
Bell	Tom		9	10S	23W	80	13	Oct.	1891	Hem
Bell	William		13	11S	24W	80	9	Sep.	1882	Hem
Bellah	Allen		34	16N	21W	40	10	Jul.	1848	Neva
Bellah	John	D.	4	12S	30W	-	2	Jul.	1860	LRiv
Bellah	John	D.	5	12S	30W	320	2	Jul.	1860	LRiv
Bellah	John	D.	26	13S	31W	40	1	May	1856	LRiv
Bellah	John	D.	26	13S	31W	160	1	May	1856	LRiv
Bellah	John	D.	35	13S	31W	40	1	May	1856	LRiv
Bellah	John	D.	35	13S	31W	40	1	May	1856	LRiv
Bellah	William	E.	10	13S	30W	80	2	Apr.	1860	LRiv
Bellah	William	E.	12	13S	30W	80	1	Mar.	1855	LRiv
Bellah	William	E.	13	13S	30W	40	1	Mar.	1855	LRiv
Bellah	William	E.	15	13S	30W	40	2	Apr.	1860	LRiv
Bellar	Peter		20	17N	20W	80	10	Mar.	1843	Neva
Bellar	William		23	17N	20W	40	1	Aug.	1844	Neva
Bem	Herman	R.	32	10S	31W	127.41	31	May	1899	LRiv
Bemis	William	N.	22	10S	24W	40	6	May	1896	Hem
Benegar	James	J.	11	14N	22W	-	6	May	1907	Neva
Benegar	James	J.	14	14N	22W	80	6	May	1907	Neva
Bennett	Alfred		23	13N	22W	-	15	Dec.	1897	Neva
Bennett	Alfred		24	13N	22W	160	15	Dec.	1897	Neva
Bennett	Cordelia		23	13N	22W	80	16	Aug.	1906	Neva
Bennett	Henry	A.	32	9S	26W	-	2	Oct.	1860	Hem
Bennett	Henry	A.	32	9S	26W	-	2	Apr.	1860	Hem
Bennett	Henry	A.	33	9S	26W	160	2	Oct.	1860	Hem
Bennett	Henry	A.	33	9S	26W	160	2	Apr.	1860	Hem
Bennett	Henry	L.	10	9S	26W	80	1	Mar.	1843	Hem
Bennett	Henry	S.	9	9S	26W	80	1	Mar.	1843	Hem
Bennett	John	T.	6	8S	28W	40	2	Jul.	1860	Howa
Bennett	Sanford		3	7S	28W	-	17	Aug.	1894	Howa
Bennett	Sanford		4	7S	28W	-	17	Aug.	1894	Howa
Bennett	Sanford		34	6S	28W	167.49	17	Aug.	1894	Howa
Bennett	Theodoric	A.	2	13S	25W	160.53	1	Nov.	1839	Hem
Bennett	Theodorick	A.	2	13S	25W	160.53	1	Mar.	1843	Hem
Bennett	Theodorick	A.	3	13S	25W	315.33	1	Aug.	1837	Hem
Bennett	Theodorick	A.	34	12S	25W	160	1	Aug.	1837	Hem
Bennett	Theodorick	A.	34	12S	25W	-	1	Aug.	1837	Hem
Bennett	Theodorick	A.	35	13S	25W	80	1	Aug.	1837	Hem
Bennett	Theodorick	A.	36	13S	25W	40	1	Aug.	1837	Hem
Bennett	Theodorick	A.	36	13S	25W	40	1	Aug.	1837	Hem
Bennett	Theodrick	A.	26	13S	25W	40	1	Aug.	1837	Hem
Bennie	James	W.	19	13N	22W	-	3	May	1897	Neva
Bennie	James	W.	20	13N	22W	160	3	May	1897	Neva
Bennight	Joseph		32	12S	23W	160	1	Dec.	1857	Hem
Benningfield	John	F.	12	13S	28W	40	2	Apr.	1860	LRiv
Benningfield	John	F.	12	13S	28W	40	1	Jul.	1859	LRiv
Benningfield	John	F.	12	13S	28W	78.01	1	Jul.	1859	LRiv

Last Name	First Name	Int.	Section No.	Twp.	Ran	Acres	Date			Co.
Benningfield	Polly		2	12S	27W	161.78	1	Mar.	1843	Hem
Benningfield	Polly		26	11S	30W	40	1	May	1845	LRiv
Benson	Elliott		1	8S	29W	160.71	17	Dec.	1901	Howa
Benson	Turner		22	8S	28W	-	8	Jul.	1895	Howa
Benson	Turner		22	8S	28W	80	8	Jul.	1895	Howa
Bentley	James	F.	12	11S	32W	160	28	Jun.	1895	LRiv
Bentley	Thomas	J.	21	17N	19W	160	3	Feb.	1883	Neva
Bentley	Turner		11	8S	28W	40	1	Feb.	1861	Howa
Benton	James	T.	2	13N	20W	160.33	12	Jan.	1898	Neva
Berry	Green		20	12S	28W	40	2	Apr.	1860	LRiv
Berry	Rufus	C.	26	11S	25W	40	1	Aug.	1837	Hem
Berry	Rufus	C.	36	11S	25W	80	1	Mar.	1843	Hem
Bert	Hewit		4	11S	25W	80	10	May	1827	Hem
Bert	Hewit		4	11S	25W	80	10	May	1827	Hem
Bert	Huit		22	11S	25W	160	10	May	1827	Hem
Bethany	Charles	H.	33	17N	19W	-	4	Dec.	1896	Neva
Bethany	Charles	H.	34	17N	19W	120	4	Dec.	1896	Neva
Bethany	Francis	M.	3	16N	19W	85.84	31	Dec.	1904	Neva
Bethany	Francis	M.	3	16N	19W	-	31	Dec.	1904	Neva
Bethany	George	W.	27	16N	19W	-	16	Mar.	1906	Neva
Bethany	George	W.	28	16N	19W	160	16	Mar.	1906	Neva
Bethard	William	J.	28	6S	30W	-	31	Jan.	1890	Howa
Bethard	William	J.	32	6S	30W	280	31	Jan.	1890	Howa
Bethell	Thomas	C.	18	13N	21W	80	5	Feb.	1884	Neva
Betts	Chauncy	J.	30	14S	23W	80	1	Feb.	1861	Hem
Bickel	Arthur	F.	5	15N	22W	-	26	Jun.	1905	Neva
Bickel	Arthur	F.	6	15N	22W	160	26	Jun.	1905	Neva
Biddie	Daniel		33	10S	25W	120	1	Jul.	1859	Hem
Biddie	Daniel		33	10S	25W	-	1	Jul.	1859	Hem
Biddie	Polly		31	10S	25W	160	1	Jul.	1861	Hem
Billings	Benjamin	F.	1	8S	27W	-	10	Aug.	1875	Howa
Billings	Benjamin	F.	12	8S	27W	80	10	Aug.	1875	Howa
Billings	Benjamin	F.	31	7S	27W	-	8	May	1901	Howa
Billings	Benjamin	F.	31	7S	27W	79.95	8	May	1901	Howa
Billings	David	C.	8	9S	27W	40	1	Nov.	1849	Howa
Billings	David	C.	8	9S	27W	40	1	Mar.	1855	Howa
Billings	David	C.	12	8S	27W	-	2	Jul.	1860	Howa
Billings	David	C.	13	8S	27W	80	2	Jul.	1860	Howa
Billings	David	C.	14	8S	27W	40	2	Jul.	1860	Howa
Billings	Davis	C.	13	8S	27W	-	10	Dec.	1877	Howa
Billings	Davis	C.	13	8S	27W	80	10	Dec.	1877	Howa
Billings	George	H.	10	8S	27W	-	28	Feb.	1890	Howa
Billings	George	H.	10	8S	27W	-	28	Feb.	1890	Howa
Billings	George	H.	10	8S	27W	160	28	Feb.	1890	Howa
Billings	Mary	A.	31	7S	27W	-	24	Nov.	1903	Howa
Billings	Mary	A.	31	7S	27W	-	24	Nov.	1903	Howa
Billings	Mary	A.	32	7S	27W	160	24	Nov.	1903	Howa
Billingsley	Austin		23	12S	32W	80	1	Mar.	1877	LRiv
Billingsley	Edward	M.	18	12S	32W	51.3	1	Mar.	1855	LRiv
Billingsley	Jerome		20	10S	32W	40	2	Jul.	1860	LRiv
Billingsley	Jesse	G.	29	10S	32W	40	2	Jul.	1860	LRiv
Billingsley	John	C.	13	12S	33W	40	1	Dec.	1857	LRiv
Billingsley	John	C.	19	10S	32W	40.18	2	Apr.	1860	LRiv
Billingsley	John	D.	14	12S	33W	62.03	1	May	1856	LRiv
Billingsley	Nathaniel		3	12S	31W	80	2	Apr.	1860	LRiv
Billingsley	Nathaniel		4	12S	31W	40	1	May	1861	LRiv

Last Name	First Name	Int.	Section No.	Twp.	Ran	Acres	Date			Co.
Billingsley	Nathaniel		4	12S	31W	80	1	Oct.	1860	LRiv
Billingsley	Nathaniel		4	13S	32W	40	1	Mar.	1855	LRiv
Billingsley	Nathaniel		4	13S	32W	80	1	Mar.	1855	LRiv
Billingsley	Nathaniel		9	12S	31W	40	1	May	1861	LRiv
Billingsley	Nathaniel		33	12S	32W	80	1	Jul.	1859	LRiv
Billingsley	Nathaniel		35	12S	32W	40	1	Nov.	1849	LRiv
Billingsley	Nathaniel		35	12S	32W	80	1	Jul.	1859	LRiv
Billingsley	Thomas	J.	23	12S	32W	-	2	Apr.	1860	LRiv
Billingsley	Thomas	J.	23	12S	32W	40	2	Apr.	1860	LRiv
Billingsley	Thomas	J.	24	12S	33W	40	1	Dec.	1857	LRiv
Billingsley	Thomas	J.	25	10S	33W	81.32	30	Jun.	1882	LRiv
Billingsley	Thomas	J.	26	12S	32W	120	2	Apr.	1860	LRiv
Billingsley	Thomas	J.	30	10S	32W	-	30	Jun.	1882	LRiv
Billingsly	Edward		8	12S	31W	80	2	Apr.	1860	LRiv
Billingsly	Jesse	G.	30	10S	32W	160	30	Jun.	1882	LRiv
Billingsly	Nathaniel		19	12S	32W	40	1	Jul.	1857	LRiv
Billingsly	Nathaniel		19	12S	32W	80	1	Nov.	1849	LRiv
Billingsly	Nathaniel		35	12S	32W	-	10	Oct.	1856	LRiv
Billingsly	Nathaniel		35	12S	32W	80	10	Oct.	1856	LRiv
Binford	Richard	H.	30	14S	25W	163.32	1	May	1845	Hem
Binnie	James	W.	18	13N	22W	160	16	Feb.	1888	Neva
Binnie	James	W.	18	13N	22W	-	16	Feb.	1888	Neva
Binnie	James	W.	18	13N	22W	-	16	Feb.	1888	Neva
Bird	James		6	12S	31W	170.71	2	Apr.	1860	LRiv
Bird	James		31	11S	31W	46.55	1	Dec.	1897	LRiv
Bird	James		31	11S	31W	95.33	1	Oct.	1860	LRiv
Bird	James		34	12S	32W	80	1	Mar.	1877	LRiv
Birge	William	H.	3	13N	22W	136.19	23	May	1905	Neva
Birge	William	H.	3	13N	22W	-	23	May	1905	Neva
Bishop	Alexander	M.	20	12S	30W	-	2	Jul.	1860	LRiv
Bishop	Alexander	M.	20	12S	30W	-	2	Jul.	1860	LRiv
Bishop	Alexander	M.	20	12S	30W	120	2	Jul.	1860	LRiv
Bishop	Harmon		4	10S	27W	-	1	Jul.	1859	Howa
Bishop	Nathan		3	9S	28W	39.13	1	Jul.	1859	Hem
Bishop	Nathan		20	10S	26W	80	1	Aug.	1837	Hem
Bishop	Nathan		20	10S	26W	80	1	Aug.	1837	Hem
Bishop	Nathan		20	10S	26W	80	15	Apr.	1837	Hem
Bishop	Nathan		21	10S	26W	40	10	Apr.	1837	Hem
Bishop	Nathan		21	10S	26W	40	15	Apr.	1837	Hem
Bishop	Nathan		24	10S	27W	80	1	Aug.	1837	Howa
Bishop	Nathan		24	10S	27W	80	10	Aug.	1837	Howa
Bishop	Nathan		24	10S	27W	80	1	Nov.	1839	Howa
Bishop	Nathan		24	10S	27W	80	1	Mar.	1843	Howa
Bishop	Nathan		25	10S	27W	40	1	Aug.	1837	Howa
Bishop	Pleas		3	11S	24W	80	13	Jun.	1889	Hem
Bishop	Wiley		15	9S	26W	-	1	Jul.	1859	Hem
Bishop	Wiley		22	9S	26W	-	1	Jul.	1859	Hem
Bishop	Wiley		23	9S	26W	320	1	Jul.	1859	Hem
Bishop	Wiley		23	9S	26W	-	1	Jul.	1859	Hem
Bishop	Wiley		23	9S	26W	-	1	Jul.	1859	Hem
Bishop	Wiley		25	9S	27W	40	1	Mar.	1855	Howa
Bishop	William	H.	32	9S	27W	80	1	Jul.	1859	Howa
Bishop	William	W.	5	10S	27W	80	1	Jul.	1859	Howa
Bishop	William	W.	5	10S	27W	159.95	1	Dec.	1857	Howa
Bishop	William	W.	32	9S	27W	80	1	Mar.	1855	Howa
Bishop	William	W.	33	9S	27W	40	1	Mar.	1855	Howa

Last Name	First Name	Int.	Section No.	Twp.	Ran	Acres	Date			Co.
Bishop	William	W.	33	9S	27W	160	1	Mar.	1855	Howa
Bissell	Alfred		12	6S	28W	80	2	Jul.	1860	Howa
Bissell	Alfred		12	6S	28W	200	2	Jul.	1860	Howa
Bissell	Ella		1	8S	28W	161.18	29	Apr.	1893	Howa
Bissell	Ella		36	7S	28W	-	29	Apr.	1893	Howa
Bissell	Henry		11	6S	28W	-	15	Aug.	1904	Howa
Bissell	Henry		11	6S	28W	-	15	Aug.	1904	Howa
Bissell	Henry		11	6S	28W	80	15	May	1876	Howa
Bissell	Henry		12	6S	28W	160	15	Aug.	1904	Howa
Bissell	Henry		25	5S	28W	-	2	Jul.	1860	Howa
Bissell	Henry		25	5S	28W	40	2	Jul.	1860	Howa
Bissell	John		13	6S	28W	-	2	Jul.	1860	Howa
Bissell	John		13	6S	28W	-	2	Jul.	1860	Howa
Bissell	John		13	6S	28W	-	2	Jul.	1860	Howa
Bissell	John		13	6S	28W	-	2	Jul.	1860	Howa
Bissell	John		13	6S	28W	200	2	Jul.	1860	Howa
Bissell	John		13	6S	28W	200	2	Jul.	1860	Howa
Bittick	John	W.	14	10S	24W	80	2	Apr.	1860	Hem
Bivins	Richard	M.	18	12S	31W	-	17	Aug.	1894	LRiv
Bivins	Richard	M.	18	12S	31W	-	17	Aug.	1894	LRiv
Bivins	Richard	M.	18	12S	31W	-	17	Aug.	1894	LRiv
Bivins	Richard	M.	18	12S	31W	160.17	17	Aug.	1894	LRiv
Bivins	Sarah		9	14N	19W	40	28	Dec.	1888	Neva
Bizzell	Thomas	B.	20	13S	30W	40	1	Sep.	1856	LRiv
Bizzell	Van		12	13S	30W	80	9	Jan.	1896	LRiv
Black	Carey	A.	10	10S	25W	40	2	Apr.	1860	Hem
Black	Carey	A.	10	10S	25W	40	2	Apr.	1860	Hem
Black	Carey	A.	10	10S	25W	120	2	Apr.	1860	Hem
Black	Henny		35	7S	28W	40	1	Nov.	1848	Hem
Black	James	H.	33	10S	26W	40	10	Apr.	1837	Hem
Black	James	H.	34	11S	27W	40	1	Aug.	1837	Howa
Black	James	H.	34	11S	27W	40	1	Mar.	1843	Howa
Black	James		6	12S	25W	40	10	Aug.	1837	Hem
Black	James		23	11S	25W	40	1	Aug.	1837	Hem
Black	Jonathan		4	12S	27W	165.12	1	Mar.	1843	Hem
Black	Jonathan		4	12S	27W	165.12	1	Mar.	1843	Hem
Black	Jonathan		19	11S	27W	40	1	Aug.	1837	Howa
Black	Jonathan		19	11S	27W	40	1	Mar.	1843	Howa
Black	Jonathan		28	11S	23W	40	10	Jul.	1844	Hem
Black	Jonathan		30	11S	27W	40	10	Apr.	1837	Howa
Black	Jonathan		30	11S	27W	160	10	Apr.	1837	Howa
Black	Jonathan		34	11S	27W	80	1	Aug.	1837	Howa
Black	Jonathan		34	11S	27W	80	1	Mar.	1843	Howa
Black	Lee	R.	23	16N	23W	160	13	Aug.	1896	Neva
Black	Lee	R.	23	16N	23W	-	13	Aug.	1896	Neva
Black	Nancy		25	16N	23W	80	15	Aug.	1882	Neva
Black	Samuel	H.	35	12S	25W	40	25	Apr.	1873	Hem
Blackburn	James	C.	34	5S	29W	-	17	Jun.	1895	Howa
Blackburn	James	C.	34	5S	29W	120	17	Jun.	1895	Howa
Blackstone	George	W.	2	16N	22W	-	3	Nov.	1891	Neva
Blackstone	George	W.	3	16N	22W	131.32	3	Nov.	1891	Neva
Blackwell	Patrick		13	11S	33W	40	2	Jul.	1860	LRiv
Blackwell	Patrick		14	11S	33W	63.3	1	Jul.	1859	LRiv
Blackwell	Patrick		14	11S	33W	63.3	15	Dec.	1860	LRiv
Blackwell	Patrick		30	10S	31W	39.79	1	Mar.	1855	LRiv
Blackwood	Andrew	J.	1	7S	28W	-	7	Aug.	1906	Howa

Last Name	First Name	Int.	Section No.	Twp.	Ran	Acres	Date			Co.
Blackwood	Andrew	J.	2	7S	28W	160	7	Aug.	1906	Howa
Blackwood	Andrew	J.	20	7S	27W	-	1	Mar.	1877	Howa
Blackwood	Andrew	J.	21	7S	27W	80	1	Mar.	1877	Howa
Blackwood	Andrew		17	7S	27W	40	1	Mar.	1855	Howa
Blackwood	Andrew		30	7S	27W	40	2	Apr.	1860	Howa
Blackwood	Bradscott		17	7S	27W	-	4	Jun.	1906	Howa
Blackwood	Bradscott		17	7S	27W	-	4	Jun.	1906	Howa
Blackwood	Bradscott		17	7S	27W	160	4	Jun.	1906	Howa
Blackwood	John		4	7S	27W	40	2	Jul.	1860	Howa
Blackwood	Johnson	W.	17	7S	27W	-	12	Feb.	1902	Howa
Blackwood	Johnson	W.	17	7S	27W	80	12	Feb.	1902	Howa
Blackwood	Louisa		1	7S	27W	152.27	13	Feb.	1905	Howa
Blackwood	Milton	E.	7	13N	21W	-	26	Aug.	1904	Neva
Blackwood	Milton	E.	12	13N	22W	136.8	26	Aug.	1904	Neva
Blackwood	Mollie		35	13N	20W	160	10	Oct.	1904	Neva
Blackwood	Mollie		35	13N	20W	-	10	Oct.	1904	Neva
Blackwood	William	B.	17	7S	27W	-	26	Aug.	1905	Howa
Blackwood	William	B.	17	7S	27W	-	30	Dec.	1905	Howa
Blackwood	William	B.	17	7S	27W	-	30	Dec.	1905	Howa
Blackwood	William	B.	17	7S	27W	-	10	Jul.	1883	Howa
Blackwood	William	B.	17	7S	27W	160	30	Dec.	1905	Howa
Blackwood	William	B.	20	7S	27W	80	26	Aug.	1905	Howa
Blackwood	William	B.	20	7S	27W	80	10	Jul.	1883	Howa
Blackwood	William		36	6S	28W	40	1	Aug.	1883	Howa
Blair	Elias	B.	2	13S	31W	71.06	1	Mar.	1855	LRiv
Blair	Elias	B.	3	13S	31W	40.06	1	Mar.	1855	LRiv
Blair	Rachel		22	14N	23W	160	4	May	1885	Neva
Blair	Rachel		27	14N	23W	-	4	May	1885	Neva
Blalock	Irena		31	12S	30W	50.3	1	Mar.	1855	LRiv
Blanchard	John	H.	6	10S	23W	253	2	Apr.	1860	Hem
Blanchard	John	H.	6	10S	23W	-	2	Apr.	1860	Hem
Bland	Benjamin		14	8S	29W	40	1	Nov.	1849	Howa
Bland	Benjamin		14	8S	29W	40	1	Sep.	1850	Howa
Blankenship	Thomas	C.	14	10S	28W	80	1	Jul.	1857	Howa
Blanks	James		6	9S	28W	-	2	Apr.	1860	Howa
Blanks	James		6	9S	28W	40	2	Apr.	1860	Howa
Blanks	James		6	9S	28W	80	2	Apr.	1860	Howa
Blanks	James		15	8S	29W	40	2	Jul.	1860	Howa
Blanton	Jalie	A.	29	5S	29W	-	30	Dec.	1901	Howa
Blanton	Jalie	A.	29	5S	29W	160	30	Dec.	1901	Howa
Blanton	William	D.	21	6S	29W	-	21	Sep.	1905	Howa
Blanton	William	D.	21	6S	29W	-	21	Sep.	1905	Howa
Blanton	William	D.	21	6S	29W	160	21	Sep.	1905	Howa
Blanton	William	J.	10	10S	24W	40	9	Jan.	1896	Hem
Blanton	William	W.	31	5S	29W	-	27	Dec.	1905	Howa
Blanton	William	W.	32	5S	29W	160	27	Dec.	1905	Howa
Blanton	William	W.	32	5S	29W	160	27	Dec.	1905	Howa
Blasingame	Woodson		11	9S	27W	40	1	Mar.	1855	Howa
Blasingame	Woodson		11	9S	27W	40	1	Mar.	1855	Howa
Blasingame	Woodson		14	9S	27W	40	1	Mar.	1855	Howa
Bleakley	William	C.	21	14S	23W	40	1	Mar.	1855	Hem
Bleakley	William	C.	21	14S	23W	40	1	Sep.	1856	Hem
Blevins	Carter		17	10S	24W	40	10	Apr.	1837	Hem
Blevins	Dillen		8	10S	24W	-	1	Aug.	1837	Hem
Blevins	Dillen		8	10S	24W	-	1	Aug.	1837	Hem
Blevins	Dillen		8	10S	24W	-	1	Aug.	1837	Hem

Last Name	First Name	Int.	Section No.	Twp.	Ran	Acres	Date		Co.
Blevins	Dillen		17	10S	24W	-	1 Aug.	1837	Hem
Blevins	Dillen		17	10S	24W	-	1 Aug.	1837	Hem
Blevins	Dillen		20	10S	24W	360	1 Aug.	1837	Hem
Blevins	Hugh	A.	3	12S	24W	82.32	15 Apr.	1837	Hem
Blevins	Hugh	A.	4	12S	24W	80	1 Aug.	1837	Hem
Blevins	Hugh	A.	4	12S	24W	81.07	1 Mar.	1855	Hem
Blevins	Hugh	A.	4	12S	24W	82.13	15 Apr.	1837	Hem
Blevins	Hugh	A.	17	10S	24W	40	15 Apr.	1837	Hem
Blevins	Hugh	A.	18	10S	24W	40	10 Apr.	1837	Hem
Blevins	Hugh	A.	18	10S	24W	80	10 Apr.	1837	Hem
Blevins	Hugh	A.	20	10S	24W	40	15 Apr.	1837	Hem
Blevins	Hugh	A.	20	10S	24W	80	1 Mar.	1855	Hem
Blevins	Hugh	A.	29	13S	29W	80	1 Mar.	1843	LRiv
Blevins	Hugh	A.	29	13S	29W	80	1 Mar.	1843	LRiv
Blevins	Hugh	A.	33	11S	24W	160	15 Apr.	1837	Hem
Blevins	Hugh	A.	34	11S	24W	80	1 Aug.	1837	Hem
Blevins	Hugh	A.	34	11S	24W	80	1 Nov.	1839	Hem
Blevins	John	C.	9	10S	23W	40	9 Sep.	1882	Hem
Blevins	Rebecca		11	8S	27W	-	15 Jan.	1883	Howa
Blevins	Rebecca		11	8S	27W	120	15 Jan.	1883	Howa
Blewett	William	L.	28	12S	28W	40	1 Mar.	1855	LRiv
Blewett	William	L.	28	12S	28W	80	1 Mar.	1855	LRiv
Block	Abraham		3	11S	25W	75.26	1 Mar.	1855	Hem
Block	Abraham		32	12S	32W	80	1 May	1845	LRiv
Block	Augustus		21	11S	25W	40	15 Apr.	1837	Hem
Block	David		4	10S	26W	40.61	1 Jul.	1859	Hem
Block	David		6	11S	26W	3.65	2 Apr.	1860	Hem
Block	David		14	9S	27W	40	10 Oct.	1856	Howa
Block	David		32	11S	25W	40	1 Mar.	1855	Hem
Block	David		32	9S	25W	40	1 Jul.	1859	Hem
Block	David		32	9S	25W	80	1 Jul.	1859	Hem
Block	David		34	10S	25W	160	1 Mar.	1855	Hem
Block	Henry		20	13S	28W	-	18 Oct.	1888	LRiv
Block	Henry		20	13S	28W	160	18 Oct.	1888	LRiv
Block	Henry		35	9S	28W	40	1 Mar.	1855	Howa
Block	Virginius		4	9S	27W	40	1 Mar.	1855	Howa
Bloomfield	James		27	11S	32W	-	14 Nov.	1906	LRiv
Bloomfield	James		27	11S	32W	80	14 Nov.	1906	LRiv
Boen	Albert	L.	24	13N	24W	160	10 Apr.	1894	Neva
Boen	Andrew	J.	14	15N	22W	40	15 Nov.	1854	Neva
Boen	Andrew	J.	18	15N	21W	40	1 Sep.	1848	Neva
Boen	Calvin	A.	17	14N	22W	120	8 Feb.	1900	Neva
Boen	Calvin	A.	17	14N	22W	-	8 Feb.	1900	Neva
Boen	Carroll		17	15N	21W	40	1 Aug.	1857	Neva
Boen	Christopher	C.	24	13N	24W	-	17 Apr.	1899	Neva
Boen	Christopher	C.	25	13N	24W	160	17 Apr.	1899	Neva
Boen	James	F.	17	15N	21W	40	15 Nov.	1854	Neva
Boen	John	M.	1	14N	23W	-	10 Feb.	1897	Neva
Boen	John	M.	6	14N	22W	-	10 Feb.	1897	Neva
Boen	John	M.	31	15N	22W	-	10 Feb.	1897	Neva
Boen	John	M.	36	15N	23W	157.63	10 Feb.	1897	Neva
Boen	Robert		15	14N	23W	160	6 Oct.	1894	Neva
Boen	Robert		15	14N	23W	-	6 Oct.	1894	Neva
Boen	William	R.	17	13N	23W	160	20 Jul.	1891	Neva
Boen	William	S.	24	13N	24W	80	20 Oct.	1884	Neva
Bogan	John		19	12S	31W	-	10 Jun.	1882	LRiv

Last Name	First Name	Int.	Section No.	Twp.	Ran	Acres	Date			Co.
Bogan	John		19	12S	31W	160.24	10	Jun.	1882	LRiv
Bogan	Sam		20	12S	31W	-	18	Feb.	1898	LRiv
Bogan	Sam		20	12S	31W	160	18	Feb.	1898	LRiv
Bogan	William	R.	18	12S	31W	40.18	10	Sep.	1898	LRiv
Boggs	Jefferson	D.	8	8S	28W	-	16	Sep.	1904	Howa
Boggs	Jefferson	D.	8	8S	28W	-	16	Sep.	1904	Howa
Boggs	Jefferson	D.	9	8S	28W	160	16	Sep.	1904	Howa
Bohannon	John	L.	7	13N	21W	153.16	9	May	1905	Neva
Bohannon	Nathaniel	J.	17	13N	21W	-	8	May	1901	Neva
Bohannon	Nathaniel	J.	20	13N	21W	80	8	May	1901	Neva
Boland	James	H.	9	11S	32W	-	25	Feb.	1890	LRiv
Boland	James	H.	9	11S	32W	160	25	Feb.	1890	LRiv
Boland	James	T.	14	11S	32W	-	18	Feb.	1898	LRiv
Boland	James	T.	14	11S	32W	160	18	Feb.	1898	LRiv
Boles	George		35	16N	19W	160	31	Dec.	1904	Neva
Bolin	William	J.	14	14N	19W	-	12	Feb.	1892	Neva
Bolin	William	J.	23	14N	19W	160	12	Feb.	1892	Neva
Bolin	William	R.	2	15N	20W	160	8	May	1901	Neva
Bolin	William	R.	2	15N	20W	-	8	May	1901	Neva
Boling	George	W.	8	13N	23W	40	5	Feb.	1884	Neva
Boling	George	W.	8	13N	23W	40	8	Mar.	1890	Neva
Boling	George	W.	8	13N	23W	160	16	Jan.	1889	Neva
Boling	George	W.	8	13N	23W	-	16	Jan.	1889	Neva
Boling	John	E.	10	15N	20W	-	10	Jan.	1896	Neva
Boling	John	E.	15	15N	20W	160	10	Jan.	1896	Neva
Boling	John	H.	5	13N	23W	-	10	Apr.	1894	Neva
Boling	John	H.	8	13N	23W	160	10	Apr.	1894	Neva
Boling	John	H.	8	13N	23W	-	10	Apr.	1894	Neva
Boling	Thomas		7	13N	23W	-	6	Jun.	1892	Neva
Boling	Thomas		8	13N	23W	160	6	Jun.	1892	Neva
Boling	William	M.	15	13N	23W	-	10	Feb.	1897	Neva
Boling	William	M.	22	13N	23W	160	10	Feb.	1897	Neva
Bolland	Thomas	H.	21	8S	28W	-	23	Jun.	1889	Howa
Bolland	Thomas	H.	21	8S	28W	-	23	Jun.	1889	Howa
Bolland	Thomas	H.	21	8S	28W	160	23	Jun.	1889	Howa
Bolling	Abner		33	14N	23W	160	19	Feb.	1890	Neva
Bollond	Phillip	E.	20	8S	28W	40	20	Jan.	1883	Howa
Bolt	James		33	10S	23W	40	30	Jun.	1873	Hem
Boman	Della		7	15N	19W	-	5	May	1904	Neva
Boman	Della		18	15N	19W	138.43	5	May	1904	Neva
Bonett	Theodrick	A.	27	13S	25W	80	15	Apr.	1837	Hem
Booker	Dock		24	11S	28W	80	10	Aug.	1906	Howa
Booker	Richard		15	12S	25W	40	1	Jun.	1875	Hem
Booker	Thomas	J.	26	10S	27W	40	1	Jul.	1859	Howa
Bookout	Henry		11	12S	26W	40	30	Jun.	1882	Hem
Bookout	Marmaduke	D.	32	10S	25W	80	1	Jul.	1859	Hem
Bookout	Marmaduke		32	10S	25W	40	2	Apr.	1860	Hem
Boomer	Albert	W.	12	15N	21W	160	1	Mar.	1904	Neva
Boomer	Frederick	O.	33	16N	21W	-	8	Feb.	1897	Neva
Boomer	Frederick	O.	34	16N	21W	160	8	Feb.	1897	Neva
Boomer	Fredrick	A.	25	16N	21W	80	28	Feb.	1906	Neva
Boomer	Sarah	F.	27	16N	21W	-	28	Feb.	1906	Neva
Boomer	Sarah	F.	28	16N	21W	160	28	Feb.	1906	Neva
Boomer	Sarah	F.	28	16N	21W	-	28	Feb.	1906	Neva
Boone	Benjamin	F.	29	15N	20W	-	2	Apr.	1857	Neva
Booth	Purley	M.	5	9S	25W	-	2	Jul.	1860	Hem

Last Name	First Name	Int.	Section No.	Twp.	Ran	Acres	Date			Co.
Booth	Purley	M.	6	9S	25W	-	2	Jul.	1860	Hem
Booth	Purley	M.	7	9S	25W	320	2	Jul.	1860	Hem
Boren	James		15	10S	27W	-	1	Jul.	1859	Howa
Boren	James		15	10S	27W	-	1	Jul.	1859	Howa
Boren	James		15	10S	27W	80	1	Jul.	1859	Howa
Boren	James		15	10S	27W	160	1	Jul.	1859	Howa
Boren	James		33	10S	27W	40	10	Apr.	1837	Howa
Boren	James		34	10S	27W	40	10	Apr.	1837	Howa
Boren	Michael		32	10S	27W	80	10	Dec.	1827	Howa
Boren	Robert	C.	11	10S	27W	240	1	Jul.	1859	Howa
Boren	Robert	C.	14	10S	27W	-	1	Jul.	1859	Howa
Boren	Stephen		2	10S	27W	-	1	Jul.	1859	Howa
Boren	Stephen		11	10S	27W	-	1	Jul.	1859	Howa
Boren	Stephen		12	10S	27W	280	1	Jul.	1859	Howa
Boren	William		36	10S	27W	80	10	Dec.	1827	Howa
Boring	Andrew		33	10S	24W	40	30	Aug.	1882	Hem
Boring	James	J.	12	13S	33W	-	2	Jun.	1848	LRiv
Boring	James	J.	12	13S	33W	160	2	Jun.	1848	LRiv
Bost	John	R.	4	5S	29W	-	10	Aug.	1894	Howa
Bost	John	R.	5	5S	29W	-	10	Aug.	1894	Howa
Bost	John	R.	9	5S	29W	160	10	Aug.	1894	Howa
Bouldin	Benjamin	L.	12	13S	24W	320	1	Nov.	1839	Hem
Bowden	James	M.	31	12S	24W	40	6	Sep.	1876	Hem
Bowden	Jesse		25	12S	25W	40	15	Jun.	1875	Hem
Bowden	John	C.	25	12S	25W	40	30	Jun.	1882	Hem
Bowden	William	J.	25	12S	25W	40	13	Dec.	1876	Hem
Bowen	Ambrose	R.	27	15N	23W	160	5	May	1904	Neva
Bowen	Charles	H.	12	11S	32W	-	19	Mar.	1904	LRiv
Bowen	Charles	H.	12	11S	32W	120	19	Mar.	1904	LRiv
Bowen	Christopher	C.	34	15N	23W	-	5	May	1904	Neva
Bowen	Christopher	C.	35	15N	23W	160	5	May	1904	Neva
Bowen	Elias	A.	2	11S	32W	-	2	May	1905	LRiv
Bowen	Elias	A.	3	11S	32W	155.4	2	May	1905	LRiv
Bowen	George	L.	21	15N	22W	80	16	Jun.	1905	Neva
Bowen	John	A.	19	14N	23W	78.08	6	Dec.	1890	Neva
Bowen	John	A.	21	14N	23W	80	16	Jun.	1905	Neva
Bowen	John	A.	21	14N	23W	-	16	Jun.	1905	Neva
Bowen	Mahala	E.	18	16N	20W	120	15	Dec.	1882	Neva
Bowen	Mahala	E.	18	16N	20W	-	15	Dec.	1882	Neva
Bowers	James	G.	8	14N	23W	-	19	Oct.	1905	Neva
Bowers	James	G.	17	14N	23W	160	19	Oct.	1905	Neva
Bowers	James	G.	17	14N	23W	-	19	Oct.	1905	Neva
Bowers	William	H.	1	9S	28W	-	1	Aug.	1837	Howa
Bowers	William	H.	2	10S	26W	725.73	1	Nov.	1848	Hem
Bowers	William	H.	3	10S	27W	-	1	Nov.	1848	Howa
Bowers	William	H.	6	9S	27W	-	1	Aug.	1837	Howa
Bowers	William	H.	7	10S	28W	80	1	Nov.	1839	Howa
Bowers	William	H.	7	9S	27W	-	1	Aug.	1837	Howa
Bowers	William	H.	12	9S	28W	-	1	Aug.	1837	Howa
Bowers	William	H.	13	9S	28W	-	1	Aug.	1837	Howa
Bowers	William	H.	18	9S	27W	1636.7	1	Aug.	1837	Howa
Bowers	William	H.	25	9S	28W	-	1	Aug.	1837	Howa
Bowers	William	H.	30	9S	27W	-	1	Nov.	1848	Howa
Bowers	William	H.	31	9S	27W	692.3	1	Nov.	1848	Howa
Bowers	William	H.	36	9S	28W	2559.2	1	Aug.	1837	Howa
Bowles	Ann		21	8S	28W	80	1	Feb.	1894	Howa

Last Name	First Name	Int.	Section No.	Twp.	Ran	Acres	Date			Co.
Bowlin	Edward	L.	17	13N	23W	120	28	Mar.	1906	Neva
Bowman	James	E.	7	12S	30W	-	16	Jul.	1890	LRiv
Bowman	James	E.	7	12S	30W	135.49	16	Jul.	1890	LRiv
Bowman	Luke	C.	17	12S	25W	80	18	Oct.	1888	Hem
Bowman	Margaret	A.	36	12S	31W	80	18	Oct.	1888	LRiv
Bowman	Margaret	A.	36	12S	31W	80	4	Oct.	1900	LRiv
Box	Emily		31	15N	19W	-	10	Aug.	1906	Neva
Box	Emily		36	15N	20W	134.59	10	Aug.	1906	Neva
Box	Henry		3	15N	20W	-	19	Oct.	1905	Neva
Box	Henry		10	15N	20W	160	19	Oct.	1905	Neva
Box	Henry		10	15N	20W	-	19	Oct.	1905	Neva
Box	Joshua		2	10S	25W	157.41	2	Apr.	1860	Hem
Boyce	George	W.	24	10S	33W	80	18	Oct.	1888	LRiv
Boyce	Mason	H.	35	11S	26W	40	25	Mar.	1896	Hem
Boyce	Robert	W.	33	10S	23W	80	30	Aug.	1882	Hem
Boyd	Francis	W.	7	13S	25W	160	1	Aug.	1837	Hem
Boyd	Francis	W.	8	13S	24W	80	15	Apr.	1837	Hem
Boyd	Francis	W.	8	13S	24W	160	15	Apr.	1837	Hem
Boyd	Francis	W.	9	13S	25W	80	1	Aug.	1837	Hem
Boyd	Francis	W.	9	13S	25W	80	1	Aug.	1837	Hem
Boyd	Francis	W.	21	11S	26W	40	15	Apr.	1837	Hem
Boyd	Francis	W.	21	11S	26W	40	15	Apr.	1837	Hem
Boyd	Francis	W.	22	11S	26W	40	15	Apr.	1837	Hem
Boyd	Francis	W.	22	11S	26W	40	15	Apr.	1837	Hem
Boyd	Francis	W.	22	11S	26W	40	15	Apr.	1837	Hem
Boyd	Francis	W.	22	11S	26W	40	15	Apr.	1837	Hem
Boyd	Francis	W.	26	11S	26W	80	15	Apr.	1837	Hem
Boyd	Francis	W.	27	11S	26W	80	15	Apr.	1837	Hem
Boyd	Francis	W.	28	11S	26W	80	15	Apr.	1837	Hem
Boyd	Henry	C.	19	13S	24W	80	1	Nov.	1839	Hem
Boyd	Henry	C.	30	12S	24W	160	1	May	1845	Hem
Boyd	Henry	C.	31	12S	24W	80	10	Aug.	1837	Hem
Boyd	James		7	13S	32W	181.44	10	Nov.	1841	LRiv
Boyd	James		15	10S	27W	-	1	Jun.	1859	Howa
Boyd	James		15	10S	27W	-	1	Jun.	1859	Howa
Boyd	James		22	10S	27W	200	1	Jun.	1859	Howa
Boyd	John	M.	22	13N	19W	-	26	Aug.	1904	Neva
Boyd	John	M.	23	13N	19W	160	26	Aug.	1904	Neva
Boyd	Robert		12	13S	33W	160	10	Jul.	1848	LRiv
Bradberry	James		28	10S	26W	40	2	Apr.	1860	Hem
Bradberry	Robert	F.	8	12S	26W	160	1	Jul.	1859	Hem
Bradberry	Samuel		26	12S	26W	40	10	Apr.	1837	Hem
Braden	James	M.	6	16N	19W	144.85	19	Feb.	1890	Neva
Braden	Thomas	L.	1	16N	20W	-	10	Mar.	1883	Neva
Braden	Thomas	L.	6	16N	19W	128.1	10	Mar.	1883	Neva
Bradley	Edward		26	10S	28W	80	2	Apr.	1860	Howa
Bradley	Joe		21	11S	24W	40	3	Feb.	1883	Hem
Bradley	Macener	T.	9	6S	30W	-	1	May	1906	Howa
Bradley	Macener	T.	10	6S	30W	160	1	May	1906	Howa
Bradley	Manuel		21	11S	24W	40	20	Jun.	1885	Hem
Bradley	Marshall		27	11S	24W	40	1	Jun.	1875	Hem
Bradley	Martha		35	12S	24W	40	15	Jan.	1885	Hem
Bradley	Mary	E.	24	10S	28W	240	1	Jul.	1857	Howa
Bradley	Mary	E.	25	10S	28W	-	1	Jul.	1857	Howa
Bradley	Nathan	F.	34	15N	22W	120	8	Apr.	1903	Neva
Bradley	Nathan	F.	34	15N	22W	-	8	Apr.	1903	Neva

21

Last Name	First Name	Int.	Section No.	Twp.	Ran	Acres	Date			Co.
Bradley	Rachael		27	11S	24W	40	1	Jun.	1875	Hem
Bradley	Skelton		20	10S	27W	40	1	Nov.	1839	Howa
Bradley	Skelton		20	10S	27W	40	1	Nov.	1839	Howa
Bradley	Thomas	R.	12	13S	25W	80	1	Nov.	1839	Hem
Bradley	William	F.	12	9S	26W	120	2	Jul.	1860	Hem
Bradon	Alexander		15	13S	30W	40	1	Mar.	1855	LRiv
Bradon	Alexander		15	13S	30W	40	1	May	1856	LRiv
Bradon	James	T.	34	10S	32W	40	10	Apr.	1882	LRiv
Bradon	Temple	C.	15	12S	30W	80	25	Apr.	1873	LRiv
Bradon	Temple	C.	22	12S	30W	40	2	Apr.	1860	LRiv
Bradon	Temple	C.	22	12S	30W	80	2	Jul.	1860	LRiv
Bradshaw	Alfred		6	13S	31W	80	1	May	1845	LRiv
Bradshaw	Needham	D.	34	12S	31W	40	15	May	1875	LRiv
Bradshaw	Needham	D.	34	12S	31W	40	1	Jul.	1859	LRiv
Brake	Andrew	J.	29	12S	25W	40	3	Feb.	1883	Hem
Brake	Andrew	J.	29	12S	25W	40	21	Jun.	1892	Hem
Branch	Burrell		12	9S	29W	160	1	Jul.	1857	Howa
Branch	Burrell		22	10S	27W	-	1	Jul.	1859	Howa
Branch	Burrell		23	10S	27W	80	1	Jul.	1859	Howa
Brandon	Green	V.	32	8S	28W	-	22	Nov.	1889	Howa
Brandon	Green	V.	32	8S	28W	160	22	Nov.	1889	Howa
Branson	John	S.	19	15N	19W	135.95	17	Mar.	1903	Neva
Branson	John	S.	19	15N	19W	-	17	Mar.	1903	Neva
Branson	John	S.	19	15N	19W	-	17	Mar.	1903	Neva
Branton	Jim		27	12S	32W	80	1	Mar.	1877	LRiv
Brasel	Alta	M.	33	16N	21W	160	23	Oct.	1901	Neva
Brasel	Alta	M.	33	16N	21W	-	23	Oct.	1901	Neva
Brasel	Henry		15	15N	21W	120	28	Mar.	1906	Neva
Brasel	Henry		15	15N	21W	-	28	Mar.	1906	Neva
Brasel	James	A.	3	15N	21W	160	25	Feb.	1899	Neva
Brasel	James	A.	9	15N	21W	-	25	Feb.	1899	Neva
Brasel	James	A.	10	15N	21W	-	25	Feb.	1899	Neva
Brasel	Lewis		3	15N	21W	80	28	Mar.	1906	Neva
Brasel	William	M.	30	16N	20W	159.98	21	Feb.	1893	Neva
Brasel	William	M.	30	16N	20W	-	21	Feb.	1893	Neva
Brassfield	Aaron	F.	28	13N	20W	160	10	Apr.	1907	Neva
Braswell	John		4	15N	21W	80	30	Aug.	1882	Neva
Braswell	John		9	15N	21W	-	30	Aug.	1882	Neva
Braswell	Mathies		9	15N	21W	120	10	Dec.	1885	Neva
Braswell	Mathies		9	15N	21W	-	10	Dec.	1885	Neva
Braudrick	Thomas	J.	22	16N	21W	80	23	Aug.	1904	Neva
Braudrick	Thomas	J.	22	16N	21W	-	23	Aug.	1904	Neva
Braziel	Julia	A.	19	17N	19W	79.3	11	Sep.	1894	Neva
Brazil	George	W.	19	10S	32W	-	29	Aug.	1901	LRiv
Brazil	George	W.	20	10S	32W	-	29	Aug.	1901	LRiv
Brazil	George	W.	30	10S	32W	120	29	Aug.	1901	LRiv
Breed	Larkin		13	11S	24W	80	1	Mar.	1877	Hem
Breed	Larkin		13	11S	24W	-	1	Mar.	1877	Hem
Breed	Thomas	J.	13	11S	24W	80	1	Mar.	1877	Hem
Breed	Thomas	J.	13	11S	24W	-	1	Mar.	1877	Hem
Breed	William	J.	13	11S	24W	80	1	Mar.	1877	Hem
Breed	William	N.	15	11S	24W	80	10	Jun.	1876	Hem
Breedlove	Andrew	M.	3	13N	21W	136.82	10	Apr.	1907	Neva
Breedlove	Charley	F.	9	14N	21W	80	26	Aug.	1904	Neva
Breedlove	Joseph	M.	13	12S	31W	136.34	1	Oct.	1860	LRiv
Breedlove	Joseph	M.	18	12S	30W	-	1	Oct.	1860	LRiv

Last Name	First Name	Int.	Section No.	Twp.	Ran	Acres	Date			Co.
Breedlove	Joseph	M.	18	12S	30W	-	1	Oct.	1860	LRiv
Breedlove	Levi		1	13N	21W	-	10	Apr.	1907	Neva
Breedlove	Levi		1	13N	21W	-	10	Apr.	1907	Neva
Breedlove	Levi		12	13N	21W	160	10	Apr.	1907	Neva
Breedlove	William	R.	4	14N	21W	-	9	Aug.	1919	Neva
Breedlove	William	R.	9	14N	21W	160	9	Aug.	1919	Neva
Breedlove	William	R.	27	14N	21W	-	30	Dec.	1901	Neva
Breedlove	William	R.	34	14N	21W	160	30	Dec.	1901	Neva
Breedlove	William	R.	34	14N	21W	-	30	Dec.	1901	Neva
Brewer	Alexander		15	12S	25W	40	20	Feb.	1875	Hem
Brewer	Andrew		15	12S	25W	40	20	Feb.	1875	Hem
Brewer	Calvin		15	12S	25W	40	20	Feb.	1875	Hem
Brewer	David		15	12S	25W	40	20	Feb.	1875	Hem
Brewer	George	W.	22	6S	30W	-	15	Oct.	1906	Howa
Brewer	George	W.	23	6S	30W	-	15	Oct.	1906	Howa
Brewer	George	W.	23	6S	30W	160	15	Oct.	1906	Howa
Brewer	Henderson		24	8S	27W	80	1	May	1845	Howa
Brewer	Henderson		24	8S	27W	80	1	May	1845	Howa
Brewer	Henry		14	13N	19W	40	1	Jun.	1860	Neva
Brewer	Jacob		17	12S	25W	80	30	Jun.	1882	Hem
Brewer	James	W.	21	6S	28W	80	13	Dec.	1876	Howa
Brewer	James	W.	28	6S	28W	-	9	Jan.	1896	Howa
Brewer	James	W.	28	6S	28W	80	9	Jan.	1896	Howa
Brewer	James	W.	29	6S	28W	40	24	Apr.	1889	Howa
Brewer	James	W.	32	6S	28W	40	20	Jan.	1883	Howa
Brewer	John	D.	36	7S	27W	40	1	Mar.	1855	Howa
Brewer	John	D.	36	7S	27W	40	1	Mar.	1855	Howa
Brewer	John	F.	28	6S	28W	40	13	Oct.	1905	Howa
Brewer	John	W.	12	8S	27W	-	24	Nov.	1903	Howa
Brewer	John	W.	12	8S	27W	120	24	Nov.	1903	Howa
Brewer	John		17	12S	25W	80	7	Mar.	1892	Hem
Brewer	Louis	M.	27	6S	30W	-	4	Oct.	1900	Howa
Brewer	Louis	M.	27	6S	30W	160	4	Oct.	1900	Howa
Brewer	Martha	A.	35	5S	29W	-	1	Jun.	1875	Howa
Brewer	Martha	A.	36	5S	29W	80	1	Jun.	1875	Howa
Brewer	Thomas	H.	4	6S	29W	-	26	May	1890	Howa
Brewer	Thomas	H.	10	6S	29W	164.68	26	May	1890	Howa
Brewer	William	J.	10	9S	27W	80	1	Mar.	1855	Howa
Brewer	William	J.	24	6S	28W	160	10	Oct.	1904	Howa
Brewer	William		10	9S	27W	40	1	Mar.	1855	Howa
Brewer	William		10	9S	27W	40	1	Mar.	1855	Howa
Brewer	William		15	9S	27W	40	1	Mar.	1855	Howa
Briant	William		7	9S	26W	91.38	13	Dec.	1876	Hem
Bridgeman	John		33	10S	27W	40	1	Aug.	1837	Howa
Bridgeman	John		33	10S	27W	80	15	Apr.	1837	Howa
Bridgeman	John		34	10S	27W	80	1	Mar.	1843	Howa
Bridgeman	Nathaniel		12	12S	27W	40	1	May	1861	Hem
Bridgman	John		8	11S	27W	40	10	Apr.	1837	Howa
Bridgman	John		27	10S	27W	40	10	Apr.	1837	Howa
Briggs	Alex		12	12S	30W	80	13	Jun.	1889	LRiv
Briggs	Ben		30	9S	24W	157.83	25	Feb.	1890	Hem
Briggs	Ben		30	9S	24W	-	25	Feb.	1890	Hem
Briggs	Ben		30	9S	24W	-	25	Feb.	1890	Hem
Briggs	Chana		5	10S	27W	120	1	Jul.	1859	Howa
Briggs	Chana		8	10S	27W	-	1	Jul.	1859	Howa
Briggs	Emma		30	11S	29W	160	15	Nov.	1904	LRiv

Last Name	First Name	Int.	Section No.	Twp.	Ran	Acres	Date			Co.
Briggs	George		30	9S	24W	80.2	27	Apr.	1896	Hem
Briggs	George		30	9S	24W	-	27	Apr.	1896	Hem
Briggs	Jake		15	12S	25W	40	20	Feb.	1875	Hem
Briggs	Rass		30	9S	24W	78.25	16	May	1888	Hem
Briggs	Robert		24	12S	30W	40	20	Jul.	1892	LRiv
Briggs	William	H.	7	12S	31W	91.66	5	Apr.	1890	LRiv
Briggs	William	H.	36	11S	32W	80	5	Apr.	1890	LRiv
Brigham	Willie	B.	14	11S	25W	40	1	Aug.	1837	Hem
Brigham	Willie	B.	14	11S	25W	40	1	Aug.	1837	Hem
Brigham	Willie	B.	14	11S	25W	40	1	Aug.	1837	Hem
Brigham	Willie	B.	15	11S	25W	40	1	Aug.	1837	Hem
Brimmage	Frank		8	13N	19W	160	31	Dec.	1889	Neva
Brimmage	Frank		8	13N	19W	-	31	Dec.	1889	Neva
Brinkley	William	R.	20	9S	27W	40	1	Mar.	1855	Howa
Brinkley	William	R.	20	9S	27W	40	1	Jul.	1859	Howa
Brisco	Elisha	A.	11	16N	21W	-	15	Feb.	1884	Neva
Brisco	Elisha	A.	12	16N	21W	160	15	Feb.	1884	Neva
Brisco	Isham		11	16N	21W	160	20	Aug.	1875	Neva
Brisco	Isham		11	16N	21W	-	20	Aug.	1875	Neva
Brisco	James	I.	5	16N	20W	124.62	16	May	1898	Neva
Brisco	James		2	16N	21W	-	3	Nov.	1905	Neva
Brisco	James		3	16N	21W	-	3	Nov.	1905	Neva
Brisco	James		35	17N	21W	162.46	3	Nov.	1905	Neva
Brisco	William	N.	11	16N	21W	80	15	Feb.	1884	Neva
Brisco	William	N.	11	16N	21W	80	6	Jun.	1890	Neva
Briscoe	James	W.	10	8S	28W	-	2	Apr.	1860	Howa
Briscoe	James	W.	10	8S	28W	80	2	Apr.	1860	Howa
Briscoe	William	G.	18	6S	28W	-	9	Aug.	1895	Howa
Briscoe	William	G.	18	6S	28W	80.03	9	Aug.	1895	Howa
Brism	James	F.	15	13N	24W	40	30	Aug.	1888	Neva
Brison	James	F.	23	13N	23W	-	28	Jun.	1905	Neva
Brison	James	F.	24	13N	23W	80	28	Jun.	1905	Neva
Briston	John	N.	3	13N	20W	-	28	Jun.	1905	Neva
Briston	John	N.	10	13N	20W	160	28	Jun.	1905	Neva
Briston	John	N.	10	13N	20W	-	28	Jun.	1905	Neva
Briston	Sidney	L.	11	13N	22W	40	6	May	1907	Neva
Bristow	Sydney	L.	6	13N	21W	-	10	May	1907	Neva
Bristow			6	13N	21W	135.58				Neva
Britt	George	O.	4	13S	31W	80	1	Jul.	1859	LRiv
Britt	George	O.	4	13S	31W	134.87	1	Jul.	1859	LRiv
Britt	George	O.	5	13S	31W	-	1	Jul.	1859	LRiv
Britt	George	O.	5	13S	31W	40.1	1	Mar.	1855	LRiv
Britt	Jefferson	P.	5	13S	30W	40	1	Jul.	1859	LRiv
Britt	Jefferson	P.	7	13S	30W	40	2	Jul.	1860	LRiv
Britt	John	H.	6	10S	28W	-	1	Jul.	1857	Howa
Britt	John	H.	6	10S	28W	160	1	Jul.	1857	Howa
Britt	John	H.	7	10S	28W	-	1	Jul.	1857	Howa
Britt	John	H.	7	10S	28W	-	1	Dec.	1857	Howa
Britt	John	H.	7	10S	28W	-	1	Dec.	1857	Howa
Britt	John	H.	7	10S	28W	161.49	1	Dec.	1857	Howa
Britt	John	H.	18	10S	28W	42.41	1	Oct.	1860	Howa
Britt	Laurence		14	9S	25W	120	2	Apr.	1860	Hem
Britt	Laurence		14	9S	25W	-	2	Apr.	1860	Hem
Britt	Laurence		14	9S	25W	-	2	Apr.	1860	Hem
Britt	Simon	T.	7	10S	28W	40	1	Jul.	1859	Howa
Britt	Simon	T.	7	10S	28W	120	1	Jul.	1859	Howa

Last Name	First Name	Int.	Section No.	Twp.	Ran	Acres	Date			Co.
Britt	Simon	T.	17	10S	28W	40	2	Apr.	1860	Howa
Britt	Simon	T.	18	10S	28W	-	1	Jul.	1859	Howa
Britt	Simon	T.	18	10S	28W	40	1	May	1856	Howa
Britt	Simon	T.	18	10S	28W	80	1	Jul.	1857	Howa
Britt	Simon	T.	32	9S	28W	40	1	Mar.	1855	Howa
Brittian	Robert	N.	30	10S	31W	122.65	30	Aug.	1882	LRiv
Brittin	Benjamin	L.	5	8S	27W	80	2	Jul.	1860	Howa
Brittin	Benjamin	L.	10	9S	28W	40	1	Oct.	1850	Howa
Brittin	Benjamin	L.	11	11S	28W	80	1	Mar.	1855	Howa
Brittin	Benjamin	L.	13	8S	28W	80	1	Mar.	1855	Howa
Brittin	Benjamin	L.	15	9S	28W	40	1	Oct.	1850	Howa
Brittin	Benjamin	L.	22	11S	27W	160	10	Nov.	1841	Howa
Brittin	Benjamin	L.	23	11S	27W	40	10	Apr.	1837	Howa
Brittin	Benjamin	L.	29	10S	25W	80	1	Sep.	1856	Hem
Brooks	Abraham	W.	29	12S	23W	160	1	Jul.	1859	Hem
Brooks	Elizabeth		4	14N	19W	40	28	Dec.	1888	Neva
Brooks	Henry	C.	13	8S	29W	80	27	Jun.	1889	Howa
Brooks	Hiram	W.	18	13S	29W	40	10	Dec.	1861	LRiv
Brooks	Jane		1	11S	24W	36.84	15	Jun.	1875	Hem
Brooks	Jeremiah		26	15N	19W	-	1	Feb.	1860	Neva
Brooks	Jeremiah		35	15N	19W	40	1	Feb.	1860	Neva
Brooks	Jeremiah		35	15N	19W	-	1	Feb.	1860	Neva
Brooks	Jeremiah		36	15N	19W	120	1	Feb.	1860	Neva
Brooks	John	R.	8	14N	19W	80	25	Sep.	1876	Neva
Brooks	John		6	10S	25W	120	2	Apr.	1860	Hem
Brooks	John		6	10S	25W	-	2	Apr.	1860	Hem
Brooks	John		6	10S	25W	-	2	Apr.	1860	Hem
Brooks	Lorenzo	D.	22	15N	20W	-	3	May	1897	Neva
Brooks	Lorenzo	D.	22	15N	20W	-	3	May	1897	Neva
Brooks	Lorenzo	D.	23	15N	20W	160	3	May	1897	Neva
Brooks	Priscilla		8	14N	19W	-	25	Sep.	1876	Neva
Brooks	Priscilla		9	14N	19W	80	25	Sep.	1876	Neva
Brooks	Richard		8	14N	19W	-	1	Apr.	1857	Neva
Brooks	Richard		9	14N	19W	80	1	Apr.	1857	Neva
Brooks	Samuel		25	9S	26W	119.72	2	Jul.	1860	Hem
Brooks	Samuel		30	9S	25W	-	2	Jul.	1860	Hem
Brooks	Willis		24	8S	28W	80	28	Feb.	1890	Howa
Broomfield	Albert	S.	27	11S	32W	-	19	May	1903	LRiv
Broomfield	Albert	S.	27	11S	32W	80	19	May	1903	LRiv
Broomfield	Albert		27	11S	32W	40	10	Aug.	1906	LRiv
Brown	A.	P.	26	12S	31W	40	5	Apr.	1890	LRiv
Brown	Callaway	M.	28	15N	21W	160	28	May	1895	Neva
Brown	Charles	J.	8	12S	31W	40	26	Aug.	1896	LRiv
Brown	Elmer	D.	3	13N	21W	-	19	Oct.	1905	Neva
Brown	Elmer	D.	4	13N	21W	160	19	Oct.	1905	Neva
Brown	Fannie		4	12S	32W	118.89	31	Dec.	1904	LRiv
Brown	Gabriel		24	8S	27W	80	1	May	1845	Howa
Brown	George	C.	32	14N	22W	160	11	Oct.	1902	Neva
Brown	George	C.	32	14N	22W	-	11	Oct.	1902	Neva
Brown	George	C.	32	14N	22W	-	11	Oct.	1902	Neva
Brown	Henry	K.	8	13S	32W	80	10	Jul.	1844	LRiv
Brown	Henry	K.	8	13S	32W	80	10	Jul.	1844	LRiv
Brown	Henry	K.	8	13S	32W	80	10	Jul.	1844	LRiv
Brown	Henry	K.	9	13S	32W	80	10	Jul.	1844	LRiv
Brown	Henry	K.	23	11S	29W	40	10	Jul.	1844	LRiv
Brown	Henry	K.	23	11S	29W	80	1	Mar.	1843	LRiv

Last Name	First Name	Int.	Section No.	Twp.	Ran	Acres	Date			Co.
Brown	Henry	K.	23	11S	29W	80	1	Mar.	1843	LRiv
Brown	Henry	K.	23	11S	29W	160	1	Mar.	1843	LRiv
Brown	Henry	K.	24	11S	29W	80	1	Mar.	1843	LRiv
Brown	Henry	K.	33	13S	32W	80	10	Jul.	1844	LRiv
Brown	Hiram	K.	3	13N	22W	-	7	Jun.	1883	Neva
Brown	Hiram	K.	4	13N	22W	120	7	Jun.	1883	Neva
Brown	Jacob		28	9S	25W	80	2	Apr.	1860	Hem
Brown	Jacob		28	9S	25W	-	2	Apr.	1860	Hem
Brown	James	A.	18	13N	21W	40	15	Nov.	1854	Neva
Brown	James	A.	36	14N	22W	160	12	Aug.	1919	Neva
Brown	James	I.	11	16N	21W	80	20	Aug.	1875	Neva
Brown	James	S.	25	15N	19W	-	30	Sep.	1884	Neva
Brown	James	S.	26	15N	19W	40	5	Feb.	1884	Neva
Brown	James	S.	26	15N	19W	-	30	Sep.	1884	Neva
Brown	James	S.	26	15N	19W	-	30	Sep.	1884	Neva
Brown	James	S.	35	14N	22W	80	12	Aug.	1919	Neva
Brown	James	S.	35	15N	19W	-	30	Sep.	1884	Neva
Brown	James	S.	36	15N	19W	320	30	Sep.	1884	Neva
Brown	James	S.	36	15N	19W	-	30	Sep.	1884	Neva
Brown	James	W.	19	5S	28W	-	16	Sep.	1904	Howa
Brown	James	W.	19	5S	28W	-	16	Sep.	1904	Howa
Brown	James	W.	19	5S	28W	160.1	16	Sep.	1904	Howa
Brown	Jefferson	W.	5	11S	27W	40	15	Apr.	1837	Howa
Brown	Jerry		22	16N	21W	80	9	Aug.	1919	Neva
Brown	Jerry		22	16N	21W	-	9	Aug.	1919	Neva
Brown	Jesse	M.	15	12S	32W	160	30	Jun.	1882	LRiv
Brown	John	A.	17	10S	23W	40	10	Oct.	1894	Hem
Brown	John	A.	17	10S	23W	80	13	Jun.	1889	Hem
Brown	John	A.	17	10S	23W	80	30	Jun.	1882	Hem
Brown	John	H.	22	16N	21W	40	10	Jun.	1904	Neva
Brown	John	O.	32	9S	23W	160	15	May	1876	Hem
Brown	John	O.	32	9S	23W	-	15	May	1876	Hem
Brown	John	W.	21	12S	30W	40	2	Apr.	1860	LRiv
Brown	Joseph		31	9S	28W	-	1	Dec.	1857	Howa
Brown	Joseph		31	9S	28W	-	1	Dec.	1857	Howa
Brown	Joseph		31	9S	28W	320	1	Dec.	1857	Howa
Brown	Lanson	P.	35	15N	24W	160	1	Feb.	1901	Neva
Brown	Lanson	P.	35	15N	24W	-	1	Feb.	1901	Neva
Brown	Mary	E.	8	13S	28W	160	15	Jul.	1899	LRiv
Brown	Morgan		24	14S	25W	80	1	Oct.	1860	Hem
Brown	Solomon	F.	1	12S	33W	170.39	2	Jun.	1904	LRiv
Brown	Solomon	F.	6	12S	32W	-	2	Jun.	1904	LRiv
Brown	Thomas	A.	5	13S	31W	40	1	Mar.	1855	LRiv
Brown	Thomas	A.	23	12S	31W	40	2	Apr.	1860	LRiv
Brown	Thomas	A.	24	12S	31W	40	2	Apr.	1860	LRiv
Brown	Thomas	A.	24	12S	31W	80	2	Apr.	1860	LRiv
Brown	Thomas	A.	26	12S	31W	40	2	Apr.	1860	LRiv
Brown	Thomas	A.	27	12S	32W	40	10	Oct.	1856	LRiv
Brown	Thomas	A.	35	12S	31W	40	13	Aug.	1896	LRiv
Brown	Thomas	A.	35	12S	31W	40	1	Dec.	1857	LRiv
Brown	Thomas	A.	35	12S	31W	40	1	Jul.	1859	LRiv
Brown	Thomas	H.	10	13S	28W	160	24	Jul.	1895	LRiv
Brown	William	B.	23	13N	24W	160	3	Jul.	1902	Neva
Brown	William	B.	23	13N	24W	-	3	Jul.	1902	Neva
Brown	William	J.	5	11S	27W	40	15	Apr.	1837	Howa
Brown	William		8	13S	28W	160	3	Apr.	1896	LRiv

Last Name	First Name	Int.	Section No.	Twp.	Ran	Acres	Date			Co.
Brown	William		8	16N	21W	-	1	Feb.	1901	Neva
Brown	William		17	16N	21W	160	1	Feb.	1901	Neva
Brown	William		17	16N	21W	-	1	Feb.	1901	Neva
Brown	William		23	14N	19W	160	1	Feb.	1901	Neva
Brown	William		25	14N	19W	-	1	Feb.	1901	Neva
Brown	William		26	14N	19W	-	1	Feb.	1901	Neva
Browning	Jack		33	12S	31W	80	28	Feb.	1890	LRiv
Bruce	Charles	E.	8	10S	24W	40	1	Mar.	1877	Hem
Bruce	Mariah		30	13S	28W	88.8	18	Jan.	1893	LRiv
Bruce	Robert	H.	32	9S	25W	160	15	Jun.	1855	Hem
Brunson	Robert	A.	10	11S	26W	80	1	Mar.	1855	Hem
Brunson	Robert	A.	10	11S	26W	160	1	Mar.	1855	Hem
Bruton	William	H.	14	16N	20W	40	30	Sep.	1884	Neva
Bruton	William	H.	15	16N	20W	160	18	Apr.	1905	Neva
Bruton	William	H.	15	16N	20W	-	18	Apr.	1905	Neva
Bruton	William	H.	15	16N	20W	-	18	Apr.	1905	Neva
Bruton	William	H.	15	16N	20W	-	18	Apr.	1905	Neva
Bryant	Elias	E.	4	13N	23W	135.66	19	Oct.	1905	Neva
Bryant	Elias		22	14N	24W	-	3	Apr.	1896	Neva
Bryant	Elias		23	14N	24W	160	3	Apr.	1896	Neva
Bryant	Elias		23	14N	24W	-	3	Apr.	1896	Neva
Bryant	George	W.	13	6S	28W	-	9	Sep.	1882	Howa
Bryant	George	W.	14	6S	28W	-	9	Sep.	1882	Howa
Bryant	George	W.	14	6S	28W	160	9	Sep.	1882	Howa
Bryant	James	E.	23	17N	23W	-	5	May	1904	Neva
Bryant	James	E.	24	17N	23W	-	5	May	1904	Neva
Bryant	James	E.	25	17N	23W	160	May	May	1904	Neva
Bryant	James	F.	23	14N	24W	160	26	Mar.	1900	Neva
Bryant	James	F.	23	14N	24W	-	26	Mar.	1900	Neva
Bryant	James		4	14N	23W	-	7	Sep.	1900	Neva
Bryant	James		5	14N	23W	161.55	7	Sep.	1900	Neva
Bryant	John		2	13N	20W	-	16	Apr.	1892	Neva
Bryant	John		3	13N	20W	-	16	Apr.	1892	Neva
Bryant	John		35	14N	20W	133.72	16	Apr.	1892	Neva
Bryant	Solomon		6	13N	23W	153.24	11	Jun.	1897	Neva
Bryant	Solomon		6	13N	23W	-	11	Jun.	1897	Neva
Bryant	Solomon		6	13N	23W	-	11	Jun.	1897	Neva
Bryant	Solomon		6	13N	23W	-	11	Jun.	1897	Neva
Bryant	William		26	14N	24W	160	3	Apr.	1896	Neva
Bryant	William		26	14N	24W	-	3	Apr.	1896	Neva
Bryant	William		26	14N	24W	-	3	Apr.	1896	Neva
Bryson	William		11	13N	24W	-	22	Apr.	1899	Neva
Bryson	William		12	13N	24W	160	22	Apr.	1899	Neva
Buchanan	Allen	V.	14	12S	32W	40	26	Sep.	1902	LRiv
Buchanan	Benjamin	F.	13	14N	23W	160	23	Oct.	1901	Neva
Buchanan	Benjamin	F.	14	14N	23W	-	23	Oct.	1901	Neva
Buchanan	Benjamin	F.	14	14N	23W	-	23	Oct.	1901	Neva
Buchanan	Clayton	Y.	12	12S	33W	40	4	Aug.	1880	LRiv
Buchanan	Joseph		33	17N	21W	40	1	Jun.	1861	Neva
Buchanan	Richard	L.	12	12S	33W	40	2	May	1905	LRiv
Buchanan	William	F.	25	10S	33W	80	19	Oct.	1888	LRiv
Buckhanan	James	W.	5	16N	21W	-	30	Jul.	1875	Neva
Buckhanon	James	W.	33	17N	21W	124.25	30	Jul.	1875	Neva
Buggerly	Benjamin		36	11S	29W	40	1	Nov.	1848	LRiv
Buler	Reginold	F.	26	15N	19W	-	20	Apr.	1883	Neva
Buler	Reginold	F.	26	15N	19W	-	20	Apr.	1883	Neva

Last Name	First Name	Int.	Section No.	Twp.	Ran	Acres	Date		Co.
Buler	Reginold	F.	35	15N	19W	80	20 Apr.	1883	Neva
Buler	Reginold	F.	35	15N	19W	-	20 Apr.	1883	Neva
Buler	Reginold	F.	36	15N	19W	160	20 Apr.	1883	Neva
Bullock	Blount		13	7S	27W	40	10 Apr.	1882	Howa
Bullock	Blount		27	7S	27W	40	1 Jun.	1875	Howa
Bullock	Robert		21	12S	25W	40	20 Feb.	1875	Hem
Bullock	William	G.	22	16N	22W	160	7 Sep.	1900	Neva
Bullock	William	G.	22	16N	22W	-	7 Sep.	1900	Neva
Bunch	Charles	F.	31	17N	23W	-	30 Jul.	1875	Neva
Bunch	Charles		19	17N	23W	-	1 Feb.	1860	Neva
Bunch	Charles		30	17N	23W	40.46	30 Dec.	1878	Neva
Bunch	Charles		30	17N	23W	120.91	1 Feb.	1860	Neva
Bunch	Larkin		19	17N	23W	40	1 Jun.	1860	Neva
Bunch	Lewis	C.	27	17N	23W	120	20 Oct.	1884	Neva
Bunch	Lewis	C.	27	17N	23W	-	20 Oct.	1884	Neva
Bunch	Nathaniel	F.	9	16N	23W	160	9 May	1905	Neva
Bunch	Nathaniel	F.	9	16N	23W	-	9 May	1905	Neva
Bunch	Nathaniel	F.	9	16N	23W	-	9 May	1905	Neva
Bunch	Nathaniel		19	17N	23W	39.42	15 Nov.	1854	Neva
Bunch	Nathaniel		19	17N	23W	40	30 Jul.	1875	Neva
Bunch	Nathaniel		30	17N	23W	40	1 Feb.	1860	Neva
Bunch	Stephen	S.	9	16N	23W	160	31 Dec.	1889	Neva
Bunch	Stephen	S.	9	16N	23W	-	31 Dec.	1889	Neva
Bunch	Stephen	S.	9	16N	23W	-	31 Dec.	1889	Neva
Bunch	William	H.	27	17N	23W	-	30 Jul.	1875	Neva
Bunch	William	H.	28	17N	23W	160	30 Jul.	1875	Neva
Buntin	James	W.	27	10S	24W	80	26 May	1890	Hem
Buntin	James	W.	27	10S	24W	-	26 May	1890	Hem
Burdine	James	F.	20	15N	20W	160	26 Aug.	1904	Neva
Burdine	James	F.	20	15N	20W	-	26 Aug.	1904	Neva
Burdine	James		20	15N	20W	-	20 Oct.	1882	Neva
Burdine	James		21	15N	20W	80	20 Oct.	1882	Neva
Burdine	John	L.	7	14N	20W	159.55	30 Mar.	1905	Neva
Burdine	John	L.	7	14N	20W	-	30 Mar.	1905	Neva
Burdine	John	L.	7	14N	20W	-	30 Mar.	1905	Neva
Burdine	Nathaniel		21	15N	20W	160	20 Oct.	1882	Neva
Burdine	Nathaniel		21	15N	20W	-	20 Oct.	1882	Neva
Burdine	Nathaniel		21	15N	20W	-	20 Oct.	1882	Neva
Burdine	William	H.	17	15N	20W	-	1 Feb.	1901	Neva
Burdine	William	H.	18	15N	20W	-	1 Feb.	1901	Neva
Burdine	William	H.	19	15N	20W	160	1 Feb.	1901	Neva
Burdine	William	N.	7	14N	20W	-	14 Jun.	1904	Neva
Burdine	William	N.	17	14N	20W	-	14 Jun.	1904	Neva
Burdine	William	N.	18	14N	20W	160	14 Jun.	1904	Neva
Burge	Jeremiah		10	9S	27W	40	1 May	1845	Howa
Burgess	Franklin	A.	5	6S	28W	115.71	31 Dec.	1904	Howa
Burgess	Franklin	A.	32	5S	28W	-	31 Dec.	1904	Howa
Burgess	George	G.	2	8S	29W	79.88	1 Jul.	1859	Howa
Burgess	James		31	5S	28W	-	24 Jun.	1889	Howa
Burgess	James		31	5S	28W	-	24 Jun.	1889	Howa
Burgess	James		31	5S	28W	160	24 Jun.	1889	Howa
Burgess	John	F.	14	6S	29W	-	16 Sep.	1904	Howa
Burgess	John	F.	14	6S	29W	-	16 Sep.	1904	Howa
Burgess	John	F.	14	6S	29W	160	16 Sep.	1904	Howa
Burgess	Joseph	C.	13	6S	29W	-	8 May	1901	Howa
Burgess	Joseph	C.	13	6S	29W	-	8 May	1901	Howa

Last Name	First Name	Int.	Section No.	Twp.	Ran	Acres	Date			Co.
Burgess	Joseph	C.	14	6S	29W	160	8	May	1901	Howa
Burgess	Joseph	M.	6	6S	28W	78.01	1	Jun.	1875	Howa
Burgess	Joseph	R.	11	6S	29W	-	27	Dec.	1905	Howa
Burgess	Joseph	R.	14	6S	29W	80	27	Dec.	1905	Howa
Burgess	Ruthey		29	8S	28W	80	1	Apr.	1876	Howa
Burgess	Thomas		31	5S	28W	160	10	Dec.	1883	Howa
Burgess	Thomas		32	5S	28W	-	10	Dec.	1883	Howa
Burgess	Thomas		32	5S	28W	-	10	Dec.	1883	Howa
Burgess	William	D.	18	6S	29W	-	31	Jul.	1903	Howa
Burgess	William	D.	18	6S	29W	-	31	Jul.	1903	Howa
Burgess	William	D.	18	6S	29W	160	31	Jul.	1903	Howa
Burgess	William	M.	12	6S	29W	-	27	Dec.	1905	Howa
Burgess	William	M.	12	6S	29W	80	27	Dec.	1905	Howa
Burk	Thomas	F.	11	6S	28W	40	10	Aug.	1906	Howa
Burke	Francis	M.	17	12S	30W	80	2	Jul.	1860	LRiv
Burke	George	M.	9	12S	30W	40	2	Jul.	1860	LRiv
Burke	Jesse		36	11S	31W	-	2	Jul.	1860	LRiv
Burke	Jesse		36	11S	31W	-	2	Jul.	1860	LRiv
Burke	Jesse		36	11S	31W	200	2	Jul.	1860	LRiv
Burke	John	W.	27	10S	24W	120	25	Feb.	1890	Hem
Burke	John	W.	27	10S	24W	-	25	Feb.	1890	Hem
Burnett	Charles	R.	28	12S	30W	-	23	Jan.	1899	LRiv
Burnett	Charles	R.	28	12S	30W	-	23	Jan.	1899	LRiv
Burnett	Charles	R.	28	12S	30W	160	23	Jan.	1899	LRiv
Burnett	Mary	J.	29	10S	32W	-	8	Jun.	1896	LRiv
Burnett	Mary	J.	29	10S	32W	160	8	Jun.	1896	LRiv
Burney	James	W.	18	16N	22W	67.54	1	Jun.	1869	Neva
Burney	Thomas	J.	13	16N	23W	160	5	Mar.	1880	Neva
Burns	Amanda		6	14S	23W	164	1	May	1875	Hem
Burns	Benjamin	C.	12	14S	24W	320	1	Jul.	1859	Hem
Burns	Benjamin	F.	10	14S	24W	320	1	Jul.	1859	Hem
Burns	Calvin	A.	18	13N	20W	-	26	Mar.	1900	Neva
Burns	Calvin	A.	19	13N	20W	158.36	26	Mar.	1900	Neva
Burns	George	W.	12	13N	24W	160	3	Oct.	1892	Neva
Burns	George	W.	12	13N	24W	-	3	Oct.	1892	Neva
Burns	George	W.	12	13N	24W	-	3	Oct.	1892	Neva
Burns	Henry	E.	10	14S	24W	320	1	Jul.	1859	Hem
Burns	James	S.	1	13N	24W	-	24	Oct.	1894	Neva
Burns	James	S.	12	13N	24W	160	24	Oct.	1894	Neva
Burns	James	S.	12	13N	24W	-	24	Oct.	1894	Neva
Burns	John	A.	36	13S	24W	120	1	Jul.	1859	Hem
Burns	John	A.	36	13S	24W	160	1	Jul.	1859	Hem
Burns	John	M.	33	13N	20W	160	19	Oct.	1905	Neva
Burns	John	M.	33	13N	20W	-	19	Oct.	1905	Neva
Burns	Nathan	T.	26	13S	24W	200	1	Jul.	1859	Hem
Burns	Nathan	T.	26	13S	24W	-	1	Jul.	1859	Hem
Burrell	Josiah		29	12S	26W	80	1	Feb.	1894	Hem
Burt	Hewett		4	11S	25W	36.95	1	Aug.	1837	Hem
Burt	Hewett		4	11S	25W	36.95	1	Mar.	1843	Hem
Burt	Hewett		10	11S	25W	80	15	Apr.	1837	Hem
Burt	Hewit		9	11S	25W	-	10	Aug.	1837	Hem
Burt	Hewit		10	11S	25W	160	10	Aug.	1837	Hem
Burt	Hewitt	E.	2	12S	27W	40.2	2	Apr.	1860	Hem
Burt	Hewitt		4	11S	25W	36.84	10	Apr.	1837	Hem
Burt	Hewitt		9	11S	25W	40	1	Aug.	1837	Hem
Burt	Hewitt		10	11S	25W	80	1	Jul.	1859	Hem

Last Name	First Name	Int.	Section No.	Twp.	Ran	Acres	Date			Co.
Burt	Hewitt		15	11S	25W	40	10	Aug.	1837	Hem
Burt	John	S.	3	9S	28W	40	1	Mar.	1855	Howa
Burt	John	S.	3	9S	28W	40	1	Mar.	1855	Howa
Burt	John	S.	3	9S	28W	40	1	Mar.	1855	Howa
Burt	John	S.	3	9S	28W	40	1	Mar.	1855	Howa
Burt	John	S.	4	9S	28W	40	1	Mar.	1854	Howa
Burt	John	S.	4	9S	28W	160	1	Jul.	1859	Howa
Burt	Rufus	J.	35	5S	28W	-	16	Sep.	1904	Howa
Burt	Rufus	J.	35	5S	28W	-	16	Sep.	1904	Howa
Burt	Rufus	J.	35	5S	28W	160	16	Sep.	1904	Howa
Burt	William		27	8S	28W	40	2	Jul.	1860	Howa
Burton	Alexander		1	14S	32W	80	10	Nov.	1841	LRiv
Burton	Alexander		5	14S	32W	61.07	10	Nov.	1841	LRiv
Burton	Edmund		24	9S	29W	40	1	Mar.	1843	Howa
Burton	Ellen		23	13S	26W	160	24	Apr.	1890	Hem
Burton	Felix		5	14N	22W	-	9	Aug.	1897	Neva
Burton	Felix		32	15N	22W	79.99	9	Aug.	1897	Neva
Burton	Harrison		26	14S	25W	80	30	Jun.	1882	Hem
Burton	James	M.	24	10S	33W	40	2	Jul.	1860	LRiv
Burton	James		5	15N	21W	80	15	Aug.	1898	Neva
Burton	James		6	15N	21W	-	15	Aug.	1898	Neva
Burton	James		6	15N	21W	-	10	Aug.	1906	Neva
Burton	James		7	15N	21W	80	10	Aug.	1906	Neva
Burton	John	R.	4	14N	22W	-	19	Oct.	1905	Neva
Burton	John	R.	33	15N	22W	80	19	Oct.	1905	Neva
Burton	John	R.	33	15N	22W	80.02	19	Oct.	1905	Neva
Burton	Pleasant	H.	10	11S	27W	80	10	Apr.	1837	Howa
Burton	Pleasant	H.	10	11S	27W	80	10	Apr.	1837	Howa
Burton	Pleasant	H.	10	11S	27W	160	10	Apr.	1837	Howa
Burton	Pleasant	H.	24	9S	29W	-	1	Aug.	1837	Howa
Burton	Pleasant	H.	24	9S	29W	-	1	Aug.	1837	Howa
Burton	Pleasant	H.	24	9S	29W	40	1	Mar.	1843	Howa
Burton	Pleasant	H.	24	9S	29W	80	1	Aug.	1837	Howa
Burton	Pleasant	H.	24	9S	29W	160	1	Aug.	1837	Howa
Burton	Pleasant	H.	24	9S	29W	240	1	Aug.	1837	Howa
Burton	Pleasant	H.	25	9S	29W	80	1	Mar.	1843	Howa
Burton	Pleasant	H.	32	11S	27W	40	10	Feb.	1834	Howa
Burton	Pleasant	H.	32	11S	27W	40	10	Feb.	1834	Howa
Burton	Pleasant	H.	32	11S	27W	80	1	Nov.	1833	Howa
Burton	Pleasant	H.	33	11S	27W	40	10	Feb.	1834	Howa
Burton	William	M.	13	13S	25W	40	10	Apr.	1837	Hem
Burton	William	M.	24	13S	25W	40	10	Apr.	1837	Hem
Burton	William	M.	31	14S	25W	62.47	1	May	1845	Hem
Burton	William	M.	36	13S	25W	80	1	Aug.	1837	Hem
Burton	William	M.	36	13S	25W	160	1	Aug.	1837	Hem
Busby	Burel		12	16N	20W	160	7	Jun.	1883	Neva
Busby	James	M.	10	7S	30W	-	7	Sep.	1894	Howa
Busby	James	M.	10	7S	30W	160	7	Sep.	1894	Howa
Busby	Robert	P.	13	16N	22W	-	10	Aug.	1906	Neva
Busby	Robert	P.	14	16N	22W	-	10	Aug.	1906	Neva
Busby	Robert	P.	23	16N	22W	160	10	Aug.	1906	Neva
Busby	Stephen		15	16N	20W	-	9	Feb.	1898	Neva
Busby	Stephen		22	16N	20W	120	9	Feb.	1898	Neva
Busby	Stephen		22	16N	20W	-	9	Feb.	1898	Neva
Bush	George	W.	23	11S	32W	-	8	May	1901	LRiv
Bush	George	W.	26	11S	32W	80	8	May	1901	LRiv

Last Name	First Name	Int.	Section No.	Twp.	Ran	Acres	Date			Co.
Bussell	William	R.	7	9S	25W	80	2	Jul.	1860	Hem
Bussell	William	R.	8	9S	25W	-	2	Jul.	1860	Hem
Buster	Jasper	M.	5	13S	27W	40	9	Sep.	1882	LRiv
Buster	Samuel	W.	12	12S	27W	160	2	Jul.	1860	Hem
Buster	Samuel	W.	25	11S	27W	40	10	Apr.	1837	Howa
Butcher	Thomas	J.	10	10S	25W	280	2	Apr.	1860	Hem
Butcher	Thomas	J.	10	10S	25W	-	2	Apr.	1860	Hem
Butcher	Thomas	J.	10	10S	25W	-	2	Apr.	1860	Hem
Butler	John	D.	28	12S	29W	-	10	Apr.	1897	LRiv
Butler	John	D.	28	12S	29W	120	10	Apr.	1897	LRiv
Butler	Perry	C.	34	12S	29W	-	4	Aug.	1891	LRiv
Butler	Perry	C.	34	12S	29W	120	4	Aug.	1891	LRiv
Butler	Robert	W.	24	15N	23W	160	1	Feb.	1901	Neva
Butler	Robert	W.	24	15N	23W	-	1	Feb.	1901	Neva
Butler	Robert	W.	24	15N	23W	-	1	Feb.	1901	Neva
Byers	Francis	M.	29	16N	23W	-	10	Apr.	1885	Neva
Byers	Francis	M.	29	16N	23W	-	10	Apr.	1885	Neva
Byers	William	A.	17	16N	23W	160	May	May	1904	Neva
Byrd	James		33	16N	19W	40	1	Jul.	1859	Neva
Byrd	Leander	G.	21	12S	30W	40	2	Jul.	1860	LRiv
Byrd	Leander	G.	23	12S	30W	40	2	Jul.	1860	LRiv
Byrd	Leander		21	12S	30W	40	2	Jul.	1860	LRiv
Cabaniss	George		20	9S	26W	40	28	Feb.	1890	Hem
Cadison	James		9	10S	27W	40	1	Mar.	1843	Howa
Caffey	Thomas		10	13S	25W	80	15	Apr.	1837	Hem
Caffey	Thomas		11	13S	25W	160	15	Apr.	1837	Hem
Cagle	Henry		36	13N	20W	40	1	Jun.	1860	Neva
Cagle	James	W.	25	8S	29W	80	30	Dec.	1905	Howa
Cagle	Martin	G.	19	13S	26W	-	1	May	1845	LRiv
Cain	Demprey	G.	29	9S	26W	40	2	Apr.	1860	Hem
Cain	Dempsey	C.	29	9S	26W	40	2	Apr.	1860	Hem
Cain	Dempsey	G.	29	9S	26W	120	2	Apr.	1860	Hem
Cain	Dempsey	G.	29	9S	26W	-	2	Apr.	1860	Hem
Cain	Dempsey	G.	29	9S	26W	-	2	Apr.	1860	Hem
Cain	James		36	17N	20W	40	15	Nov.	1854	Neva
Cain	Milly	M.	19	11S	24W	40	3	Feb.	1883	Hem
Calahan	William		23	13N	23W	160	20	Oct.	1884	Neva
Calahan	William		23	13N	23W	-	20	Oct.	1884	Neva
Calahan	William		23	13N	23W	-	20	Oct.	1884	Neva
Calderhead	John	B.	21	16N	23W	160	10	Apr.	1894	Neva
Calderhead	John	B.	21	16N	23W	-	10	Apr.	1894	Neva
Caldwell	Andrew		21	11S	26W	80	1	Aug.	1837	Hem
Caldwell	Andrew		21	11S	26W	80	1	Mar.	1843	Hem
Caldwell	Andrew		21	11S	26W	80	15	Apr.	1837	Hem
Caldwell	Andrew		21	11S	26W	80	15	Apr.	1837	Hem
Caldwell	Andrew		22	11S	26W	40	1	Aug.	1837	Hem
Caldwell	Andrew		22	11S	26W	40	15	Apr.	1837	Hem
Caldwell	Andrew		22	11S	26W	40	1	Mar.	1843	Hem
Caldwell	Andrew		22	11S	26W	200	1	Aug.	1837	Hem
Caldwell	Andrew		22	11S	26W	-	1	Aug.	1837	Hem
Caldwell	Andrew		28	11S	26W	160	1	Aug.	1837	Hem
Caldwell	George	H.	18	14S	24W	40	1	Jul.	1859	Hem
Caldwell	George	H.	18	14S	24W	200	1	Jul.	1859	Hem
Caldwell	George	H.	18	14S	24W	-	1	Jul.	1859	Hem
Caldwell	James	C.	10	14S	25W	40	10	Aug.	1837	Hem
Caldwell	James	C.	10	14S	25W	40	10	Aug.	1837	Hem

Last Name	First Name	Int.	Section No.	Twp.	Ran	Acres	Date			Co.
Caldwell	James	C.	10	14S	25W	40	15	Apr.	1837	Hem
Caldwell	James	C.	10	14S	25W	80	10	Aug.	1837	Hem
Caldwell	James	C.	11	14S	25W	80	10	Aug.	1837	Hem
Caldwell	James	D.	10	10S	28W	40	1	May	1845	Howa
Caldwell	Joseph		21	11S	26W	40	15	Apr.	1837	Hem
Caldwell	Joseph		26	11S	28W	40	10	Dec.	1861	Howa
Caldwell	Robert		1	10S	27W	80	2	Jul.	1860	Howa
Caldwell	Thomas	J.	20	11S	26W	40	15	Apr.	1837	Hem
Caldwell	Thomas	J.	21	11S	26W	40	1	Aug.	1837	Hem
Caldwell	Thomas	J.	21	11S	26W	40	1	Mar.	1843	Hem
Caldwell	William		21	11S	26W	80	1	Apr.	1828	Hem
Caldwell	William		25	12S	27W	160	1	Mar.	1843	Hem
Caldwell	William		32	11S	26W	40	1	Aug.	1837	Hem
Caldwell	William		32	11S	26W	160	15	Apr.	1837	Hem
Caldwell	William		32	13S	24W	40	1	Jul.	1859	Hem
Caldwell	William		32	13S	24W	160	1	Jul.	1859	Hem
Calhoun	David		11	12S	26W	40	1	Jul.	1875	Hem
Callaham	Francis	M.	10	6S	30W	-	16	Oct.	1896	Howa
Callaham	Francis	M.	10	6S	30W	155.73	16	Oct.	1896	Howa
Callaham	John	E.	28	8S	28W	-	18	Oct.	1888	Howa
Callaham	John	E.	28	8S	28W	120	18	Oct.	1888	Howa
Callaham	Robert	C.	17	8S	27W	-	29	Dec.	1904	Howa
Callaham	Robert	C.	18	8S	27W	-	29	Dec.	1904	Howa
Callaham	Robert	C.	19	8S	27W	-	29	Dec.	1904	Howa
Callaham	Robert	C.	20	8S	27W	160	29	Dec.	1904	Howa
Callahan	Daniel	R.	7	14N	22W	-	22	Apr.	1899	Neva
Callahan	Daniel	R.	7	14N	22W	-	22	Apr.	1899	Neva
Callahan	Daniel	R.	12	14N	23W	158.89	22	Apr.	1899	Neva
Callahan	Ellen	A.	29	8S	28W	160	1	Apr.	1876	Howa
Callahan	Francis	M.	3	6S	30W	-	16	Oct.	1896	Howa
Callahan	Jane		1	14N	23W	160	2	Mar.	1897	Neva
Callahan	Stephen	W.	4	15N	21W	39.78	15	Nov.	1854	Neva
Calloway	Joshua		23	12S	26W	80	15	Apr.	1837	Hem
Cameron	Newton		1	10S	27W	40	2	Jul.	1860	Howa
Cameron	Newton		12	10S	27W	-	2	Apr.	1860	Howa
Cameron	Newton		12	10S	27W	120	2	Apr.	1860	Howa
Cameron	William		7	10S	26W	75.48	1	Jul.	1859	Hem
Cameron	William		12	10S	27W	40	2	Apr.	1860	Howa
Cameron	William		12	10S	27W	80	1	Jul.	1857	Howa
Camp	Byrd		26	7S	27W	-	2	Apr.	1860	Howa
Camp	Byrd		26	7S	27W	-	2	Jul.	1860	Howa
Camp	Byrd		26	7S	27W	80	2	Jul.	1860	Howa
Camp	Byrd		36	7S	27W	120	2	Apr.	1860	Howa
Campbell	Arthur		35	8S	27W	80	2	Apr.	1860	Howa
Campbell	Charles	E.	27	15N	20W	160	11	Jun.	1897	Neva
Campbell	Charles	E.	27	15N	20W	-	11	Jun.	1897	Neva
Campbell	Charles	E.	27	15N	20W	-	11	Jun.	1897	Neva
Campbell	Cyrus	A.	23	13N	24W	40	30	Mar.	1882	Neva
Campbell	David	R.	17	11S	25W	40	10	Aug.	1837	Hem
Campbell	Eli	B.	23	17N	20W	40	1	Feb.	1860	Neva
Campbell	George	W.	11	13N	19W	40	15	Nov.	1856	Neva
Campbell	James	E.	8	12S	31W	-	21	Nov.	1896	LRiv
Campbell	James	E.	9	12S	31W	-	21	Nov.	1896	LRiv
Campbell	James	E.	9	12S	31W	280	21	Nov.	1896	LRiv
Campbell	James	H.	28	12S	23W	160	1	Jul.	1859	Hem
Campbell	James	W.	11	16N	20W	-	7	Sep.	1900	Neva

Last Name	First Name	Int.	Section No.	Twp.	Ran	Acres	Date		Co.
Campbell	James	W.	11	16N	20W	-	7 Sep.	1900	Neva
Campbell	James	W.	14	16N	20W	160	7 Sep.	1900	Neva
Campbell	Jerome	A.	32	10S	25W	80	2 Apr.	1860	Hem
Campbell	Jerome	A.	32	10S	25W	160	1 Jul.	1859	Hem
Campbell	Jerryamiah		22	15N	20W	160	9 Aug.	1919	Neva
Campbell	Jerryamiah		26	15N	20W	-	9 Aug.	1919	Neva
Campbell	Jerryamiah		27	15N	20W	-	9 Aug.	1919	Neva
Campbell	John	M.	23	17N	20W	120	1 Jun.	1861	Neva
Campbell	John	M.	23	17N	20W	-	1 Jun.	1861	Neva
Campbell	John	R.	36	13S	25W	120	10 Aug.	1837	Hem
Campbell	John	R.	36	13S	25W	-	10 Aug.	1837	Hem
Campbell	John		1	11S	25W	59.8	1 Aug.	1837	Hem
Campbell	John		1	11S	25W	138.57	15 Apr.	1837	Hem
Campbell	John		6	11S	24W	141.18	1 Aug.	1837	Hem
Campbell	John		35	10S	25W	80	10 Sep.	1827	Hem
Campbell	John		35	10S	25W	80	10 Sep.	1827	Hem
Campbell	Mary		35	15N	24W	80	14 Feb.	1900	Neva
Campbell	Oron	R.	28	12S	30W	-	10 Sep.	1890	LRiv
Campbell	Oron	R.	28	12S	30W	160	10 Sep.	1890	LRiv
Campbell	Peter	C.	22	17N	20W	40	1 Sep.	1857	Neva
Campbell	Peter	C.	26	15N	20W	40	30 Jul.	1875	Neva
Campbell	William	L.	1	7S	28W	161.2	30 Dec.	1905	Howa
Campbell	William	L.	36	6S	28W	-	30 Dec.	1905	Howa
Campbell	William	R.	8	6S	28W	40	2 Apr.	1860	Howa
Campbell	William		35	8S	27W	-	15 Jun.	1875	Howa
Campbell	William		35	8S	27W	40	2 Jul.	1860	Howa
Campbell	William		35	8S	27W	80	1 Dec.	1857	Howa
Campbell	William		35	8S	27W	80	15 Jun.	1875	Howa
Camron	William		12	10S	27W	40	1 Jul.	1859	Howa
Camron	William		12	10S	27W	80	1 Jul.	1859	Howa
Can	Thomas		21	9S	27W	-	1 Nov.	1839	Howa
Can	Thomas		21	9S	27W	240	1 Nov.	1839	Howa
Canaday	Thomas	H.	25	6S	28W	-	26 Jun.	1906	Howa
Canaday	Thomas	H.	26	6S	28W	120	26 Jun.	1906	Howa
Canaday	William	H.	34	6S	28W	160	26 Jun.	1906	Howa
Canady	Barsheba		23	16N	19W	160	20 Oct.	1882	Neva
Canady	Elias		24	16N	19W	-	11 Nov.	1892	Neva
Canady	Reuben		7	8S	27W	42.73	2 Apr.	1860	Howa
Cannaday	William	A.	26	6S	28W	160	26 May	1890	Howa
Cannon	James	W.	34	8S	27W	40	1 Mar.	1855	Howa
Cannon	James	W.	34	8S	27W	80	1 Mar.	1855	Howa
Cannon	John	S.	17	10S	26W	320	1 Nov.	1839	Hem
Cannon	John	S.	17	10S	26W	320	1 Mar.	1843	Hem
Cannon	John	S.	21	10S	26W	200	10 Aug.	1837	Hem
Cannon	John	S.	21	10S	26W	-	10 Aug.	1837	Hem
Cannon	John	S.	21	10S	26W	-	10 Aug.	1837	Hem
Cannon	John	S.	30	11S	26W	2.61	2 Apr.	1860	Hem
Cannon	Richardson	W.	19	8S	27W	80	1 Mar.	1855	Howa
Cannon	Richardson	W.	20	8S	27W	40	1 Mar.	1855	Howa
Cannon	Richardson	W.	28	8S	27W	40	1 Mar.	1855	Howa
Cannon	Richardson	W.	28	8S	27W	40	1 Mar.	1855	Howa
Cannon	Richardson	W.	28	8S	27W	40	2 Jul.	1860	Howa
Cannon	Richardson	W.	30	8S	27W	40	1 Nov.	1849	Howa
Cannon	Richardson	W.	30	8S	27W	40	1 Mar.	1855	Howa
Cannon	Richardson	W.	30	8S	27W	40	1 Mar.	1855	Howa
Cannon	Richardson	W.	32	8S	27W	40	1 Mar.	1855	Howa

Last Name	First Name	Int.	Section No.	Twp.	Ran	Acres	Date		Co.
Cannon	Richardson	W.	36	8S	28W	40	1 Mar.	1855	Howa
Cannon	Robert	W.	29	8S	27W	40	1 Mar.	1855	Howa
Cantby	James		19	12S	23W	40	1 Aug.	1837	Hem
Cantley	James		19	12S	23W	40	2 Jul.	1860	Hem
Cantley	James		24	12S	24W	80	10 Jul.	1844	Hem
Cantley	James		24	12S	24W	160	1 Aug.	1837	Hem
Cantley	John		26	9S	24W	120	1 Feb.	1861	Hem
Cantley	John		26	9S	24W	-	1 Feb.	1861	Hem
Cantley	John		34	9S	24W	40	1 Feb.	1861	Hem
Cantrell	James	M.	24	16N	21W	80	1 Mar.	1904	Neva
Caplinger	Henry	S.	4	12S	30W	-	28 Dec.	1893	LRiv
Caplinger	Henry	S.	4	12S	30W	158.68	28 Dec.	1893	LRiv
Caplinger	Thomas	S.	5	12S	30W	118.39	26 Mar.	1892	LRiv
Capps	Robert		30	16N	19W	146.48	1 Jul.	1890	Neva
Carbell	Josiah		4	9S	27W	80	2 Apr.	1860	Howa
Carey	Daniel		28	9S	26W	40	1 Jul.	1861	Hem
Carey	Daniel		33	9S	26W	40	1 Mar.	1855	Hem
Carey	Elijah		34	9S	26W	40	10 Oct.	1856	Hem
Carey	Elijah		34	9S	26W	320	1 Jul.	1859	Hem
Carey	Elijah		34	9S	26W	-	1 Jul.	1859	Hem
Carey	Elijah		34	9S	26W	-	1 Jul.	1859	Hem
Carey	Elijah		34	9S	26W	-	1 Jul.	1859	Hem
Carey	Elijah		34	9S	26W	-	1 Jul.	1859	Hem
Carey	Moses		31	9S	26W	132.67	2 Apr.	1860	Hem
Carey	Moses		31	9S	26W	-	2 Apr.	1860	Hem
Carey	Stephen		35	8S	27W	40	2 Apr.	1860	Howa
Carlile	Nathaniel	B.	4	11S	32W	-	17 Apr.	1899	LRiv
Carlile	Nathaniel	B.	5	11S	32W	158.4	17 Apr.	1899	LRiv
Carlisle	Coleman		15	12S	32W	80	18 Oct.	1888	LRiv
Carlton	Anderson		13	15N	22W	80	25 Jul.	1882	Neva
Carlton	Anderson		13	15N	22W	-	12 Nov.	1894	Neva
Carlton	Anderson		14	15N	22W	40	30 Jun.	1876	Neva
Carlton	Anderson		14	15N	22W	40	25 Jul.	1882	Neva
Carlton	Anderson		14	15N	22W	120	12 Nov.	1894	Neva
Carlton	Columbus	F.	3	15N	22W	80	10 Apr.	1907	Neva
Carlton	James	W.	11	16N	22W	120	6 Jun.	1890	Neva
Carlton	James	W.	11	16N	22W	-	6 Jun.	1890	Neva
Carlton	John		5	16N	21W	80	15 May	1876	Neva
Carlton	Joseph	I.	19	15N	21W	-	11 Sep.	1894	Neva
Carlton	Joseph	I.	24	15N	22W	145.7	11 Sep.	1894	Neva
Carlton	Joseph	I.	24	15N	22W	-	11 Sep.	1894	Neva
Carlton	Lowry		13	15N	22W	120	30 Jul.	1875	Neva
Carlton	Lowry		27	15N	22W	40	25 Jul.	1882	Neva
Carlton	Lowry		28	15N	22W	-	30 Jul.	1875	Neva
Carlton	Lowry		28	15N	22W	-	30 Jul.	1875	Neva
Carlton	Malcolm		20	14N	22W	-	13 Feb.	1899	Neva
Carlton	Malcolm		20	14N	22W	-	13 Feb.	1899	Neva
Carlton	Malcolm		21	14N	22W	-	13 Feb.	1899	Neva
Carlton	Malcolm		21	14N	22W	-	13 Feb.	1899	Neva
Carlton	Malcolm		28	14N	22W	160	13 Feb.	1899	Neva
Carlton	Malcolm		28	14N	22W	160	13 Feb.	1899	Neva
Carlton	Marion		24	13N	22W	80	15 Dec.	1882	Neva
Carlton	Marion		24	13N	22W	-	15 Dec.	1882	Neva
Carlton	Nancy		9	15N	22W	160	11 Jun.	1897	Neva
Carlton	Nancy		9	15N	22W	-	11 Jun.	1897	Neva
Carlton	Nancy		9	15N	22W	-	11 Jun.	1897	Neva

Last Name	First Name	Int.	Section No.	Twp.	Ran	Acres	Date		Co.
Carlton	Samuel	W.	7	15N	21W	-	10 Apr.	1907	Neva
Carlton	Samuel	W.	7	15N	21W	-	10 Apr.	1907	Neva
Carlton	Samuel	W.	8	15N	21W	160	10 Apr.	1907	Neva
Carlton	William	C.	33	15N	22W	160	3 Feb.	1883	Neva
Carlton	William	C.	33	15N	22W	-	3 Feb.	1883	Neva
Carlton	William	C.	33	15N	22W	-	3 Feb.	1883	Neva
Carman	John	W.	19	10S	23W	80.95	13 Jan.	1894	Hem
Carmichael	Elijah	C.	14	9S	26W	-	1 Jul.	1859	Hem
Carmichael	Elijah	C.	14	9S	26W	-	24 Jun.	1895	Hem
Carmichael	Elijah	C.	23	9S	26W	160	1 Jul.	1859	Hem
Carmichael	Elijah	C.	23	9S	26W	160	24 Jun.	1895	Hem
Carmon	Avra		25	16N	19W	40	15 Jun.	1875	Neva
Carnahan	Samuel	H.	26	17N	19W	-	13 Jun.	1878	Neva
Carnahan	Samuel	H.	26	17N	19W	-	13 Jun.	1878	Neva
Carnahan	Samuel	H.	27	17N	19W	160	13 Jun.	1878	Neva
Carolan	Johnathan	H.	31	12S	30W	40	1 Jul.	1859	LRiv
Carolan	William	B.	31	12S	30W	40	2 Apr.	1860	LRiv
Carpenter	Amanuel		24	6S	28W	-	26 May	1890	Howa
Carpenter	Amanuel		24	6S	28W	-	26 May	1890	Howa
Carpenter	Amanuel		25	6S	28W	160	26 May	1890	Howa
Carpenter	Dennis		26	6S	28W	-	13 Dec.	1876	Howa
Carpenter	Dennis		35	6S	28W	160	13 Dec.	1876	Howa
Carpenter	John	W.	20	6S	28W	-	12 Aug.	1901	Howa
Carpenter	John	W.	20	6S	28W	-	12 Aug.	1901	Howa
Carpenter	John	W.	29	6S	28W	160	12 Aug.	1901	Howa
Carr	John	H.	22	9S	27W	40	1 Mar.	1843	Howa
Carr	Thomas	H.	15	9S	27W	80	1 Mar.	1855	Howa
Carr	Thomas	H.	22	9S	27W	40	1 Mar.	1855	Howa
Carr	Thomas	H.	22	9S	27W	40	1 Mar.	1855	Howa
Carr	Thomas	H.	22	9S	27W	40	1 Mar.	1855	Howa
Carr	Thomas	H.	27	9S	28W	40	1 Mar.	1855	Howa
Carr	Thomas	H.	27	9S	28W	40	1 Mar.	1855	Howa
Carr	Thomas		2	11S	26W	150.5	1 Aug.	1837	Hem
Carr	Thomas		27	9S	27W	40	1 Nov.	1839	Howa
Carr	Thomas		27	9S	27W	80	1 Aug.	1837	Howa
Carrell	Christopher	C.	36	11S	33W	-	26 Aug.	1905	LRiv
Carrell	Christopher	C.	36	11S	33W	120	26 Aug.	1905	LRiv
Carrigan	William	M.	11	12S	26W	40	1 Jul.	1859	Hem
Carrigan	William	M.	13	12S	26W	40	1 Jul.	1859	Hem
Carrigan	William	M.	14	12S	26W	160	1 Feb.	1861	Hem
Carrington	John	B.	1	8S	28W	131.49	28 Feb.	1890	Howa
Carrington	John	B.	6	8S	27W	-	28 Feb.	1890	Howa
Carrington	Paul	S.	4	13S	23W	80	10 Aug.	1837	Hem
Carrington	Paul	S.	5	13S	23W	320	10 Aug.	1837	Hem
Carrington	Paul	S.	6	13S	23W	160	10 Aug.	1837	Hem
Carrington	Paul	S.	8	13S	23W	320	10 Aug.	1837	Hem
Carrington	Paul	S.	9	13S	23W	80	10 Aug.	1837	Hem
Carrington	Robert		1	12S	24W	80	1 Aug.	1837	Hem
Carrington	Robert		1	12S	24W	160	1 Aug.	1837	Hem
Carrington	Robert		1	13S	24W	160.6	10 Aug.	1837	Hem
Carrington	Robert		2	12S	24W	80	1 Aug.	1837	Hem
Carrington	Robert		6	13S	23W	177.34	10 Aug.	1837	Hem
Carrington	Robert		11	12S	24W	80	1 Aug.	1837	Hem
Carrington	Robert		12	12S	24W	80	1 Aug.	1837	Hem
Carrington	Robert		12	12S	24W	160	1 Aug.	1837	Hem
Carrington	Robert		13	12S	24W	80	10 Aug.	1837	Hem

Last Name	First Name	Int.	Section No.	Twp.	Ran	Acres	Date			Co.
Carrington	Robert		13	12S	24W	160	15	Apr.	1837	Hem
Carrington	Robert		13	12S	24W	320	15	Apr.	1837	Hem
Carrington	Robert		13	13S	25W	40	10	Apr.	1837	Hem
Carrington	Robert		13	13S	25W	40	10	Apr.	1837	Hem
Carrington	Robert		14	12S	24W	160	15	Apr.	1837	Hem
Carrington	Robert		14	12S	24W	320	15	Apr.	1837	Hem
Carrington	Robert		15	12S	24W	80	1	Aug.	1837	Hem
Carrington	Robert		19	13S	24W	76.72	1	Nov.	1839	Hem
Carrington	Robert		24	12S	24W	80	1	Aug.	1837	Hem
Carrington	Robert		31	12S	23W	176.64	1	Nov.	1839	Hem
Carrington	Robert		36	12S	24W	160	10	Aug.	1837	Hem
Carson	Ambrose	W.	9	10S	23W	40	25	Feb.	1890	Hem
Carson	Ambrose	W.	9	10S	23W	40	30	Jun.	1873	Hem
Carson	John	F.	35	6S	30W	-	19	Mar.	1904	Howa
Carson	Sophronia	J.	9	10S	23W	80	1	Jun.	1875	Hem
Carter	Caroline	M.	15	9S	27W	40	1	Sep.	1856	Howa
Carter	Caroline	M.	22	9S	27W	40	1	Mar.	1855	Howa
Carter	George	B.	30	6S	28W	-	10	Aug.	1906	Howa
Carter	George	B.	30	6S	28W	-	10	Aug.	1906	Howa
Carter	George	B.	30	6S	28W	-	10	Aug.	1906	Howa
Carter	George	B.	30	6S	28W	160	10	Aug.	1906	Howa
Carter	George	W.	13	6S	29W	-	15	Mar.	1888	Howa
Carter	George	W.	14	6S	29W	40	15	Mar.	1888	Howa
Carter	George	W.	14	6S	29W	80	15	Mar.	1888	Howa
Carter	George	W.	19	6S	28W	40	10	May	1882	Howa
Carter	George		20	6S	28W	40	2	Apr.	1860	Howa
Carter	Giles	J.	21	16N	23W	-	28	Nov.	1894	Neva
Carter	Giles	J.	21	16N	23W	-	28	Nov.	1894	Neva
Carter	Giles	J.	22	16N	23W	160	28	Nov.	1894	Neva
Carter	Giles	J.	22	16N	23W	-	28	Nov.	1894	Neva
Carter	Hamilton		7	13S	26W	75	10	Mar.	1883	Hem
Carter	Harvey	N.	23	6S	29W	-	15	Oct.	1906	Howa
Carter	Harvey	N.	23	6S	29W	-	15	Oct.	1906	Howa
Carter	Harvey	N.	23	6S	29W	160	15	Oct.	1906	Howa
Carter	Henry		1	15N	21W	160	4	Dec.	1896	Neva
Carter	Isaac	H.	22	16N	23W	160	May	May	1904	Neva
Carter	Isaac	H.	22	16N	23W	-	5	May	1904	Neva
Carter	Meridieth		34	17N	19W	-	1	Jun.	1882	Neva
Carter	Meridieth		35	17N	19W	80	1	Jun.	1882	Neva
Carter	Sarah		11	14S	25W	80	1	Jul.	1859	Hem
Carter	Starland	T.	29	17N	22W	80	15	Oct.	1906	Neva
Carter	William	C.	34	15N	21W	160	26	Aug.	1904	Neva
Carter	William	C.	34	15N	21W	-	26	Aug.	1904	Neva
Carter	William	C.	34	15N	21W	-	26	Aug.	1904	Neva
Carter	William	D.	18	12S	28W	-	1	Jul.	1859	LRiv
Carter	William	D.	18	12S	28W	120	1	Jul.	1859	LRiv
Carter	William	H.	6	7S	28W	80.42	13	Nov.	1885	Howa
Carter	William	H.	31	6S	28W	-	13	Nov.	1885	Howa
Carter	William	R.	17	16N	23W	160	26	Aug.	1904	Neva
Carter	William	R.	20	16N	23W	-	26	Aug.	1904	Neva
Cartney	John	M.	11	9S	26W	80	2	Jul.	1860	Hem
Cartwright	Finis	E.	35	13S	30W	14.6	1	Sep.	1856	LRiv
Caruth	Elias		8	11S	24W	40	10	Jul.	1844	Hem
Caruthers	Thomas	J.	21	10S	23W	80	10	Apr.	1886	Hem
Carvan	Isaac		36	13N	24W	80	30	Sep.	1884	Neva
Carvar	Isaac		18	8S	28W	40	2	Jul.	1860	Howa

Last Name	First Name	Int.	Section No.	Twp.	Ran	Acres	Date			Co.
Carver	Alford	B.	29	16N	19W	-	1	Nov.	1884	Neva
Carver	Alford	B.	30	16N	19W	160	1	Nov.	1884	Neva
Carver	Alford	B.	30	16N	19W	-	1	Nov.	1884	Neva
Carver	Benjamin		29	16N	19W	-	10	Feb.	1897	Neva
Carver	Benjamin		29	16N	19W	-	10	Feb.	1897	Neva
Carver	Benjamin		32	16N	19W	160	10	Feb.	1897	Neva
Carver	Fred		30	16N	19W	146.8	May	May	1904	Neva
Carver	Joseph		31	11S	29W	-	9	Feb.	1901	LRiv
Carver	Joseph		31	11S	29W	160	9	Feb.	1901	LRiv
Carver	Mary	C.	29	16N	19W	-	15	Jul.	1904	Neva
Carver	Mary	C.	30	16N	19W	160	15	Jul.	1904	Neva
Carver	Pembroke	T.	31	16N	19W	80	May	May	1904	Neva
Carver	Pembroke	T.	31	16N	19W	-	5	May	1904	Neva
Carver	Pembroke	T.	31	16N	19W	-	31	Aug.	1905	Neva
Carver	Pembroke	T.	32	16N	19W	80	31	Aug.	1905	Neva
Case	Andrew	J.	21	13N	23W	-	6	Oct.	1894	Neva
Case	Andrew	J.	28	13N	23W	160	6	Oct.	1894	Neva
Case	Andrew	J.	28	13N	23W	-	6	Oct.	1894	Neva
Case	Jackson		21	13N	23W	-	16	Feb.	1888	Neva
Case	Jackson		27	14N	23W	40	15	Feb.	1884	Neva
Case	Jackson		28	13N	23W	80	16	Feb.	1888	Neva
Case	William	C.	28	13N	23W	160	31	Aug.	1905	Neva
Case	William	C.	28	13N	23W	-	31	Aug.	1905	Neva
Case	William	C.	28	13N	23W	-	31	Aug.	1905	Neva
Casey	Abner	E.	10	15N	23W	40	1	Sep.	1848	Neva
Casey	Abner	E.	10	15N	23W	40	1	Sep.	1849	Neva
Casey	Abner		3	15N	23W	40.06	1	Sep.	1848	Neva
Casey	Allen		12	13N	22W	40	1	Dec.	1891	Neva
Casey	Allen		12	13N	22W	80	7	Jun.	1883	Neva
Casey	Anthony		14	15N	22W	40	1	Jun.	1875	Neva
Casey	Anthony		19	15N	21W	-	30	Nov.	1875	Neva
Casey	Anthony		20	15N	21W	120	30	Nov.	1875	Neva
Casey	Anthony		22	15N	22W	80	15	Dec.	1882	Neva
Casey	Anthony		28	15N	22W	40	15	Nov.	1854	Neva
Casey	Archabald	Y.	21	13N	21W	-	30	Dec.	1901	Neva
Casey	Archabald	Y.	22	13N	21W	160	30	Dec.	1901	Neva
Casey	Archabald	Y.	22	13N	21W	-	30	Dec.	1901	Neva
Casey	Archibald	Y.	9	15N	23W	-	20	Oct.	1882	Neva
Casey	Archibald	Y.	10	15N	23W	160	20	Oct.	1882	Neva
Casey	Bartholomew	A.	23	13N	19W	160	8	Apr.	1903	Neva
Casey	Bartholomew	A.	23	13N	19W	-	8	Apr.	1903	Neva
Casey	Braxton		21	15N	23W	-	10	Mar.	1883	Neva
Casey	Braxton		22	15N	23W	160	10	Mar.	1883	Neva
Casey	Braxton		22	15N	23W	-	10	Mar.	1883	Neva
Casey	Charley	H.	11	13N	22W	160	31	Oct.	1906	Neva
Casey	Charley	H.	11	13N	22W	-	31	Oct.	1906	Neva
Casey	Charley	H.	11	13N	22W	-	31	Oct.	1906	Neva
Casey	Daniel		28	9S	26W	-	1	Jul.	1859	Hem
Casey	Daniel		28	9S	26W	-	1	Jul.	1859	Hem
Casey	Daniel		33	9S	26W	280	1	Jul.	1859	Hem
Casey	Daniel		33	9S	26W	-	1	Jul.	1859	Hem
Casey	Harvey	A.	15	16N	21W	160	17	Mar.	1903	Neva
Casey	Jesse	E.	14	15N	22W	40	15	Nov.	1854	Neva
Casey	Jesse	J.	23	15N	22W	80	15	Dec.	1882	Neva
Casey	Jesse	J.	23	15N	22W	-	15	Dec.	1882	Neva
Casey	John	P.	13	15N	23W	160	13	Aug.	1896	Neva

Last Name	First Name	Int.	Section No.	Twp.	Ran	Acres	Date		Co.
Casey	John	P.	13	15N	23W	-	13 Aug.	1896	Neva
Casey	John	P.	13	15N	23W	-	13 Aug.	1896	Neva
Casey	John	R.	22	15N	23W	160	28 Jun.	1905	Neva
Casey	John	R.	22	15N	23W	-	28 Jun.	1905	Neva
Casey	John	R.	22	15N	23W	-	28 Jun.	1905	Neva
Casey	Levi	N.	23	15N	22W	80	28 Jun.	1890	Neva
Casey	Stephen		15	15N	22W	40	15 Nov.	1854	Neva
Casey	Stephen		22	15N	22W	40	15 Nov.	1854	Neva
Casey	Stephen		33	15N	22W	40	15 Nov.	1854	Neva
Casey	Uriah		7	13N	22W	40	15 Dec.	1882	Neva
Casey	Uriah		24	13N	22W	80	31 Dec.	1889	Neva
Casey	Uriah		33	15N	22W	40	1 Jun.	1860	Neva
Casey	Walter		13	15N	23W	-	16 Mar.	1906	Neva
Casey	Walter		13	15N	23W	-	16 Mar.	1906	Neva
Casey	Walter		24	15N	23W	160	16 Mar.	1906	Neva
Casey	William	N.	14	15N	22W	-	1 Jun.	1875	Neva
Casey	William	N.	23	15N	22W	80	1 Jun.	1875	Neva
Cason	Hillary		15	12S	29W	80	1 Jul.	1859	LRiv
Cason	Hillary		22	12S	29W	40	10 May	1861	LRiv
Cason	Hillary		22	12S	29W	40	10 May	1861	LRiv
Cason	Hillary		22	12S	29W	40	2 Apr.	1860	LRiv
Casteel	Clayborn	W.	20	14N	20W	-	17 Apr.	1899	Neva
Casteel	Clayborn	W.	20	14N	20W	-	17 Apr.	1899	Neva
Casteel	Clayborn	W.	29	14N	20W	160	17 Apr.	1899	Neva
Casteel	Harrison	R.	32	15N	19W	80	28 Feb.	1906	Neva
Castleberry	Edom		12	12S	27W	40	2 Jul.	1860	Hem
Castleberry	Green		13	13N	20W	160	31 Aug.	1905	Neva
Castleberry	Green		13	13N	20W	-	31 Aug.	1905	Neva
Castleberry	William	W.	12	10S	27W	80	1 Jul.	1859	Howa
Castleberry	William	W.	14	10S	27W	-	1 Jul.	1859	Howa
Castleberry	Wm.	W.	11	10S	27W	240	1 Jul.	1859	Howa
Castlebury	Amon		5	8S	27W	41.49	2 Apr.	1860	Howa
Caswell	Adicus		7	12S	32W	-	26 May	1890	LRiv
Caswell	Adicus		7	12S	32W	160	26 May	1890	LRiv
Catlett	Daniel		17	11S	23W	40	1 Nov.	1839	Hem
Caughyn	James		1	14N	20W	76.96	15 May	1876	Neva
Caulter	David	R.	13	9S	29W	300	1 Jun.	1839	Howa
Caulter	David	R.	17	9S	28W	1126.7	1 Aug.	1837	Howa
Caulter	David	R.	18	9S	28W	-	1 Aug.	1837	Howa
Caulter	David	R.	30	9S	28W	-	1 Aug.	1837	Howa
Caulter	David	R.	31	9S	28W	-	1 Aug.	1837	Howa
Caulter	Peter	W.	1	10S	28W	40	1 May	1845	Howa
Caulter	Peter	W.	13	10S	28W	40	1 May	1856	Howa
Caulter	William	M.	8	10S	27W	80	1 May	1845	Howa
Caulter	William	M.	17	10S	27W	40	1 Mar.	1843	Howa
Cawley	James		29	11S	26W	40	15 Apr.	1837	Hem
Cawling	John	D.	30	9S	27W	40	1 May	1845	Howa
Cawthon	William	H.	1	12S	30W	321.35	2 Jul.	1860	LRiv
Cecil	James	E.	36	17N	22W	160	23 Oct.	1901	Neva
Cecil	John		4	15N	21W	39.78	1 Feb.	1860	Neva
Cecil	John		21	15N	20W	40	1 Feb.	1860	Neva
Cecil	John		22	16N	19W	40	1 Feb.	1860	Neva
Cecil	Samuel		12	16N	22W	160	20 Oct.	1875	Neva
Cecil	Samuel		12	16N	22W	-	20 Oct.	1875	Neva
Cecil	Samuel		12	16N	22W	-	20 Oct.	1875	Neva
Cecil	Samuel		32	17N	21W	160	16 Apr.	1892	Neva

Last Name	First Name	Int.	Section No.	Twp.	Ran	Acres	Date			Co.
Cecil	Samuel		32	17N	21W	-	16	Apr.	1892	Neva
Cecil	Samuel		32	17N	21W	-	16	Apr.	1892	Neva
Cecil	William	H.	18	16N	21W	40	5	Feb.	1884	Neva
Cecil	William		26	16N	21W	40	15	Nov.	1854	Neva
Cecill	Thomas		26	16N	21W	40	1	Sep.	1848	Neva
Center	Gilford	W.	17	14N	22W	-	11	Apr.	1898	Neva
Center	Gilford	W.	18	14N	22W	160	11	Apr.	1898	Neva
Center	Gilford	W.	18	14N	22W	-	11	Apr.	1898	Neva
Cermenati	Barnard	A.	31	11S	26W	40	1	May	1845	Hem
Cesterson	John		3	8S	28W	41.97	10	Sep.	1890	Howa
Cesterson	John		3	8S	28W	42.04	2	Apr.	1860	Howa
Cesterson	John		33	7S	28W	-	1	Jul.	1859	Howa
Cesterson	John		34	7S	28W	40	1	Nov.	1848	Howa
Cesterson	John		34	7S	28W	40	1	Mar.	1855	Howa
Cesterson	John		34	7S	28W	40	1	Mar.	1855	Howa
Cesterson	John		34	7S	28W	40	2	Apr.	1860	Howa
Cesterson	John		34	7S	28W	80	1	Jul.	1859	Howa
Cesterson	Thomas		4	8S	28W	82.56	1	Mar.	1877	Howa
Chadwell	Daniel		1	6S	30W	-	17	Dec.	1900	Howa
Chadwell	Daniel		12	6S	30W	153.69	17	Dec.	1900	Howa
Chadwick	Francis	L.	9	6S	29W	-	30	Dec.	1902	Howa
Chadwick	Francis	L.	9	6S	29W	-	30	Dec.	1902	Howa
Chadwick	Francis	L.	9	6S	29W	160	30	Dec.	1902	Howa
Chadwick	John		14	6S	28W	-	9	Sep.	1882	Howa
Chadwick	John		14	6S	28W	160	9	Sep.	1882	Howa
Chaffin	John	F.	21	16N	20W	160	10	Mar.	1876	Neva
Chaffin	John	F.	21	16N	20W	-	10	Mar.	1876	Neva
Chaffin	John	F.	21	16N	20W	-	10	Mar.	1876	Neva
Chafin	John	S.	20	16N	20W	160	31	Aug.	1905	Neva
Chafin	John	S.	21	16N	20W	-	31	Aug.	1905	Neva
Chafin	Mary	A.	24	16N	21W	160	20	Oct.	1882	Neva
Chafin	Perry		23	16N	21W	40	5	Feb.	1884	Neva
Chafin	Thomas	A.	35	17N	21W	160	9	Aug.	1919	Neva
Chafin	William	C.	9	16N	22W	-	1	Jun.	1882	Neva
Chafin	William	C.	9	16N	22W	-	1	Jun.	1882	Neva
Chafin	William	C.	10	16N	22W	160	1	Jun.	1882	Neva
Chafin	William	C.	34	17N	22W	40	1	Dec.	1891	Neva
Chamberlin	Richard	G.	30	11S	26W	40	1	Mar.	1843	Hem
Chamberlin	Richard	Y.	6	12S	26W	303.79	5	Sep.	1871	Hem
Chambers	Andrew	W.	30	5S	28W	-	24	Jun.	1889	Howa
Chambers	Andrew	W.	31	5S	28W	-	24	Jun.	1889	Howa
Chambers	Andrew	W.	31	5S	28W	159.92	24	Jun.	1889	Howa
Chambers	David		19	9S	28W	40	1	Mar.	1855	Howa
Chambers	David		19	9S	28W	80	1	Mar.	1855	Howa
Chambers	Henry	W.	18	5S	28W	-	30	Dec.	1902	Howa
Chambers	Henry	W.	18	5S	28W	122.69	30	Dec.	1902	Howa
Chambers	Henry		20	9S	28W	40	1	Mar.	1855	Howa
Chambers	Hiram	C.	17	5S	28W	-	19	May	1903	Howa
Chambers	Hiram	C.	17	5S	28W	120	19	May	1903	Howa
Chambers	James	E.	18	5S	28W	-	16	Sep.	1904	Howa
Chambers	James	E.	18	5S	28W	42.31	6	Dec.	1905	Howa
Chambers	James	E.	19	5S	28W	122.57	16	Sep.	1904	Howa
Chambers	James	V.	22	6S	29W	-	30	Dec.	1902	Howa
Chambers	James	V.	23	6S	29W	160	30	Dec.	1902	Howa
Chambers	John	W.	17	5S	28W	-	12	Aug.	1901	Howa
Chambers	John	W.	17	5S	28W	-	12	Aug.	1901	Howa

Last Name	First Name	Int.	Section No.	Twp.	Ran	Acres	Date			Co.
Chambers	John	W.	18	5S	28W	160	12	Aug.	1901	Howa
Chambers	Melven	N.	28	5S	29W	-	19	Oct.	1905	Howa
Chambers	Melven	N.	29	5S	29W	160	19	Oct.	1905	Howa
Chambless	Ansel	E.	21	12S	26W	40	15	Jun.	1855	Hem
Chambless	James	E.	35	11S	24W	80	10	Jul.	1883	Hem
Chambless	James		35	11S	24W	40	1	Aug.	1837	Hem
Chambless	James		35	11S	24W	40	1	Aug.	1837	Hem
Chambless	Samuel	W.	17	11S	23W	40	13	Jun.	1889	Hem
Chandler	Bailey		3	9S	27W	41.16	1	Mar.	1855	Howa
Chandler	Bailey		34	8S	27W	40	1	Mar.	1855	Howa
Chandler	Bub		14	7S	28W	-	12	Dec.	1904	Howa
Chandler	Bub		14	7S	28W	-	12	Dec.	1904	Howa
Chandler	Bub		14	7S	28W	160	12	Dec.	1904	Howa
Chandler	Daniel		1	9S	27W	80	1	Jul.	1854	Howa
Chandler	Daniel		8	8S	27W	-	1	Mar.	1877	Howa
Chandler	Daniel		17	8S	27W	-	1	Mar.	1877	Howa
Chandler	Daniel		17	8S	27W	160	1	Mar.	1877	Howa
Chandler	Daniel		32	10S	26W	40	1	Oct.	1860	Hem
Chandler	David		24	7S	28W	-	3	Feb.	1883	Howa
Chandler	David		24	7S	28W	-	3	Feb.	1883	Howa
Chandler	David		24	7S	28W	160	3	Feb.	1883	Howa
Chandler	Emery		20	9S	27W	40	1	Mar.	1855	Howa
Chandler	Emery		21	9S	27W	40	1	Mar.	1855	Howa
Chandler	Emery		21	9S	27W	40	1	Mar.	1855	Howa
Chandler	Emery		21	9S	27W	40	1	Mar.	1855	Howa
Chandler	Emery		21	9S	27W	40	1	Mar.	1855	Howa
Chandler	Emry		20	9S	27W	40	1	Mar.	1855	Howa
Chandler	Emry		21	9S	27W	-	1	Jul.	1859	Howa
Chandler	Emry		21	9S	27W	-	1	Jul.	1859	Howa
Chandler	Emry		21	9S	27W	120	1	Jul.	1859	Howa
Chandler	Joel		2	9S	27W	40	1	Mar.	1855	Howa
Chandler	Joel		2	9S	27W	80.02	1	Mar.	1855	Howa
Chandler	Joel		2	9S	27W	119.96	1	Jul.	1859	Howa
Chandler	Joel		3	9S	27W	40	1	Mar.	1855	Howa
Chandler	Joel		3	9S	27W	80	1	Mar.	1855	Howa
Chandler	Joel		10	9S	27W	-	10	Oct.	1856	Howa
Chandler	Joel		10	9S	27W	80	10	Oct.	1856	Howa
Chandler	Joel		21	8S	27W	40	1	Mar.	1855	Howa
Chandler	Joel		35	8S	27W	40	1	Mar.	1855	Howa
Chandler	Joel		35	8S	27W	40	2	Jul.	1860	Howa
Chandler	Joel		35	8S	27W	40	2	Jul.	1860	Howa
Chandler	Joel		36	7S	28W	80	19	Feb.	1890	Howa
Chandler	John	C.	7	8S	27W	-	4	Apr.	1904	Howa
Chandler	John	C.	7	8S	27W	-	4	Apr.	1904	Howa
Chandler	John	C.	18	8S	27W	159.82	4	Apr.	1904	Howa
Chandler	William	B.	2	8S	28W	-	30	Nov.	1885	Howa
Chandler	William	B.	11	8S	28W	160	30	Nov.	1885	Howa
Chandler	William	P.	29	9S	27W	-	1	Jul.	1859	Howa
Chandler	William	P.	29	9S	27W	-	1	Jul.	1859	Howa
Chandler	William	P.	29	9S	27W	160	1	Jul.	1859	Howa
Chandler	William		32	9S	27W	160	1	Jul.	1857	Howa
Channcy	Abraham	W.	8	12S	30W	-	18	Jan.	1894	LRiv
Channcy	Abraham	W.	17	12S	30W	-	18	Jan.	1894	LRiv
Channcy	Abraham	W.	17	12S	30W	160	18	Jan.	1894	LRiv
Channcy	Edmond		17	12S	30W	40	16	Oct.	1895	LRiv
Chapman	Jackson	P.	35	14N	22W	160	May	May	1904	Neva

Last Name	First Name	Int.	Section No.	Twp.	Ran	Acres	Date		Co.
Chapman	James	E.	18	12S	32W	-	2	Jan. 1895	LRiv
Chapman	James	E.	18	12S	32W	80	2	Jan. 1895	LRiv
Chapman	Joseph		20	10S	23W	40	1	May 1856	Hem
Chapman	Prusian	A.	9	14N	22W	80	11	Oct. 1902	Neva
Chappell	Elizabeth		24	13S	27W	50.03	1	May 1845	LRiv
Chappell	William		12	12S	26W	40	1	Mar. 1843	Hem
Chastain	Elijah		22	14S	24W	320	1	Jul. 1859	Hem
Chastain	Littleton	M.	34	14S	24W	160	1	Jul. 1859	Hem
Chastain	Singleton	A.	34	14S	24W	160	1	Jul. 1859	Hem
Chatham	Leantine	A.	25	5S	28W	160	2	Jun. 1904	Howa
Chauncy	Henry	G.	8	12S	30W	40	30	Mar. 1905	LRiv
Cheairs	John		3	10S	24W	40	10	Apr. 1837	Hem
Cheatham	Barnet	W.	35	15N	20W	40	18	Dec. 1893	Neva
Cheatham	Barnet	W.	35	15N	20W	120	19	Oct. 1893	Neva
Cheatham	Barnet	W.	35	15N	20W	-	19	Oct. 1893	Neva
Cheatham	Barnet	W.	35	15N	20W	-	19	Oct. 1893	Neva
Cheatham	Barnett	W.	6	14N	20W	120	15	Jul. 1904	Neva
Cheatham	Barnett	W.	6	14N	20W	-	15	Jul. 1904	Neva
Cheatham	Barnett	W.	6	14N	20W	-	15	Jul. 1904	Neva
Cheatham	Greenville	R.	32	11S	26W	120	1	Jul. 1859	Hem
Cheatham	Greenville	R.	32	11S	26W	-	1	Jul. 1859	Hem
Cheatham	Henry		3	12S	25W	80	10	Apr. 1837	Hem
Cheatham	Henry		11	12S	25W	40	15	Apr. 1837	Hem
Cheatham	Henry		11	12S	25W	80	15	Apr. 1837	Hem
Cheatham	Henry		15	11S	25W	40	1	Aug. 1837	Hem
Cheatham	Henry		15	11S	25W	80	1	Mar. 1855	Hem
Cheatham	Henry		15	11S	25W	80	15	Apr. 1837	Hem
Cheatham	Henry		15	11S	25W	80	10	Aug. 1837	Hem
Cheatham	Henry		28	11S	25W	80	15	Apr. 1837	Hem
Cheatham	Madison	M.	13	14N	20W	-	20	Oct. 1884	Neva
Cheatham	Madison	M.	23	14N	20W	-	20	Oct. 1884	Neva
Cheatham	Madison	M.	24	14N	20W	160	20	Oct. 1884	Neva
Cheatham	Minerva	A.	14	14N	20W	40	1	Jul. 1859	Neva
Cheatham	Tandy	F.	11	14N	20W	-	20	Oct. 1884	Neva
Cheatham	Tandy	F.	12	14N	20W	80	20	Oct. 1884	Neva
Cheatham	West		17	12S	26W	40	1	Apr. 1876	Hem
Cheatham	William	B.	23	14N	20W	40	15	Nov. 1854	Neva
Cheatham	William	T.	7	14N	20W	-	30	Dec. 1902	Neva
Cheatham	William	T.	8	14N	20W	80	30	Dec. 1902	Neva
Cheek	Adolphus	W.	25	17N	19W	-	1	Sep. 1857	Neva
Cheek	Adolphus	W.	36	17N	19W	80	1	Sep. 1857	Neva
Cheek	Jeremiah	M.	24	10S	33W	40	2	Jul. 1860	LRiv
Chesshir	David	J.	21	8S	27W	40	17	Feb. 1881	Howa
Chesshir	Moses	W.	32	8S	27W	40	1	Mar. 1855	Howa
Chesshire	William		33	8S	27W	80	2	Jul. 1860	Howa
Chilcoat	William	G.	8	10S	26W	-	2	Apr. 1860	Hem
Chilcoat	William	G.	9	10S	26W	40	2	Apr. 1860	Hem
Chilcoat	William	G.	9	10S	26W	80	2	Apr. 1860	Hem
Childers	Paschal	W.	8	12S	27W	160	2	Apr. 1860	Hem
Childs	Llewellyn	M.	13	6S	30W	-	27	Jun. 1889	Howa
Childs	Llewellyn	M.	13	6S	30W	-	27	Jun. 1889	Howa
Childs	Llewellyn	M.	13	6S	30W	160	27	Jun. 1889	Howa
Chisholm	Martha	M.	27	15N	21W	40	9	Aug. 1919	Neva
Chism	William	T.	8	12S	31W	-	4	Apr. 1904	LRiv
Chism	William	T.	17	12S	31W	120	4	Apr. 1904	LRiv
Choat	Harriet	L.	15	6S	29W	-	17	Dec. 1900	Howa

Last Name	First Name	Int.	Section No.	Twp.	Ran	Acres	Date			Co.
Choat	Harriet	L.	15	6S	29W	160	17	Dec.	1900	Howa
Choate	John	D.	24	6S	29W	40	1	Jul.	1859	Howa
Choate	John	D.	24	6S	29W	40	2	Jul.	1860	Howa
Choate	Thomas	S.	24	6S	29W	-	17	Aug.	1894	Howa
Choate	Thomas	S.	24	6S	29W	-	17	Aug.	1894	Howa
Choate	Thomas	S.	24	6S	29W	160	17	Aug.	1894	Howa
Chrisman	Job		5	13N	22W	41.05	15	Nov.	1854	Neva
Chrisman	Polly	S.	18	13N	22W	40	30	Jul.	1875	Neva
Christian	Leanah		28	13S	28W	-	31	Jul.	1903	LRiv
Christian	Leanah		28	13S	28W	120	31	Jul.	1903	LRiv
Christian	William	N.	22	16N	20W	-	26	Aug.	1904	Neva
Christian	William	N.	22	16N	20W	-	26	Aug.	1904	Neva
Christian	William	N.	27	16N	20W	160	26	Aug.	1904	Neva
Christian	William	N.	27	16N	20W	-	26	Aug.	1904	Neva
Church	George	W.	3	6S	30W	116.83	27	Jun.	1889	Howa
Church	George	W.	35	5S	30W	-	27	Jun.	1889	Howa
Church	Henry		6	9S	25W	-	1	Feb.	1861	Hem
Church	Henry		6	9S	25W	-	2	Jul.	1860	Hem
Church	Henry		7	9S	25W	83.71	2	Apr.	1860	Hem
Church	Henry		12	9S	26W	80	2	Jul.	1860	Hem
Churchwell	John	W.	13	6S	30W	-	17	Apr.	1905	Howa
Churchwell	John	W.	14	6S	30W	160	17	Apr.	1905	Howa
Citty	Warner		15	10S	25W	80	1	Dec.	1857	Hem
Clanton	Emily		23	8S	29W	-	18	Oct.	1888	Howa
Clanton	Emily		26	8S	29W	-	18	Oct.	1888	Howa
Clanton	Emily		26	8S	29W	160	18	Oct.	1888	Howa
Clark	Abraham	H.	25	16N	23W	80	15	Dec.	1882	Neva
Clark	Abraham	H.	25	16N	23W	-	15	Dec.	1882	Neva
Clark	Abram	H.	35	16N	23W	40	1	Feb.	1860	Neva
Clark	Abram	H.	36	16N	23W	40	1	Feb.	1860	Neva
Clark	Anthony		36	7S	27W	40	2	Apr.	1860	Howa
Clark	Braden		9	16N	19W	40	12	Aug.	1919	Neva
Clark	Charles	T.	25	15N	22W	80	12	Dec.	1904	Neva
Clark	David	S.	1	10S	27W	-	1	Jul.	1859	Howa
Clark	David	S.	1	10S	27W	-	2	Apr.	1860	Howa
Clark	David	S.	1	10S	27W	40	1	Jul.	1859	Howa
Clark	David	S.	1	10S	27W	120	2	Apr.	1860	Howa
Clark	David	S.	1	10S	27W	160	1	Jul.	1859	Howa
Clark	David	S.	2	10S	27W	-	2	Apr.	1860	Howa
Clark	Edward	H.	10	15N	23W	80	9	Aug.	1919	Neva
Clark	Frank	C.	22	14N	24W	160	26	Aug.	1904	Neva
Clark	Frank	C.	22	14N	24W	-	26	Aug.	1904	Neva
Clark	Huldah		29	10S	25W	40	1	Mar.	1855	Hem
Clark	Huldah		32	10S	25W	40	1	Jul.	1859	Hem
Clark	Huldah		32	10S	25W	-	1	Mar.	1855	Hem
Clark	Huldah		35	10S	25W	80	1	Mar.	1855	Hem
Clark	James	M.	9	15N	23W	-	24	Jun.	1878	Neva
Clark	James	M.	10	15N	23W	160	24	Jun.	1878	Neva
Clark	James	M.	10	15N	23W	-	24	Jun.	1878	Neva
Clark	James	M.	32	16N	23W	120	18	Feb.	1888	Neva
Clark	James	M.	32	16N	23W	-	18	Feb.	1888	Neva
Clark	James	T.	35	15N	24W	-	13	Feb.	1891	Neva
Clark	James	T.	36	15N	24W	160	13	Feb.	1891	Neva
Clark	James	T.	36	15N	24W	-	13	Feb.	1891	Neva
Clark	Jesse		15	11S	24W	40	10	May	1861	Hem
Clark	John	C.	4	8S	28W	161.17	30	Dec.	1905	Howa

Last Name	First Name	Int.	Section No.	Twp.	Ran	Acres	Date			Co.
Clark	John	C.	22	11S	24W	160	1	May	1856	Hem
Clark	John	R.	7	7S	28W	98.15	8	Mar.	1907	Howa
Clark	John	R.	34	7S	28W	40	15	Mar.	1888	Howa
Clark	John	R.	34	7S	28W	80	13	Jun.	1889	Howa
Clark	John	S.	6	10S	26W	325.12	1	Jul.	1859	Hem
Clark	John		12	10S	29W	80	1	Jul.	1836	Howa
Clark	John		29	10S	25W	80	10	May	1827	Hem
Clark	John		36	16N	21W	160	25	Jun.	1889	Neva
Clark	John		36	16N	21W	-	25	Jun.	1889	Neva
Clark	John		36	16N	21W	-	25	Jun.	1889	Neva
Clark	Joseph		34	14N	24W	139.7	30	Aug.	1904	Neva
Clark	Kimbrel	H.	4	15N	23W	159.88	26	Apr.	1906	Neva
Clark	Lawrence	W.	22	16N	21W	40	10	Jun.	1904	Neva
Clark	Lucinda		9	12S	26W	40	30	Jun.	1882	Hem
Clark	Mary	A.	9	11S	24W	80	10	Jun.	1876	Hem
Clark	Nancy	E.	18	15N	19W	160.15	14	Feb.	1900	Neva
Clark	Nancy	E.	18	15N	19W	-	14	Feb.	1900	Neva
Clark	Nancy	E.	19	15N	19W	-	14	Feb.	1900	Neva
Clark	Nancy	E.	19	15N	19W	-	14	Feb.	1900	Neva
Clark	Robert	J.	20	7S	28W	-	26	Jun.	1906	Howa
Clark	Robert	J.	20	7S	28W	160	26	Jun.	1906	Howa
Clark	Robert	J.	21	7S	28W	-	26	Jun.	1906	Howa
Clark	Samuel	H.	3	15N	23W	-	4	Aug.	1890	Neva
Clark	Samuel	H.	4	15N	23W	160	4	Aug.	1890	Neva
Clark	Squire	F.	25	11S	30W	40	8	Oct.	1901	LRiv
Clark	William	E.	36	10S	32W	160	12	Feb.	1902	LRiv
Clark	William	S.	14	13S	28W	80	20	Jan.	1885	LRiv
Clark	William		19	11S	23W	89.36	1	Aug.	1837	Hem
Clarkston	Simeon	H.	10	6S	29W	-	22	Mar.	1906	Howa
Clarkston	Simeon	H.	15	6S	29W	-	22	Mar.	1906	Howa
Clarkston	Simeon	H.	15	6S	29W	160	22	Mar.	1906	Howa
Clary	John	W.	26	16N	19W	-	26	Aug.	1904	Neva
Clary	John	W.	27	16N	19W	120	26	Aug.	1904	Neva
Clawdes	James	W.	6	13S	31W	40.36	1	Jul.	1857	LRiv
Clawson	Ebenezer		23	12S	25W	40	10	Apr.	1837	Hem
Claxton	James	N.	11	13N	20W	160	31	Aug.	1905	Neva
Claxton	James	N.	11	13N	20W	-	31	Aug.	1905	Neva
Claxton	John	H.	7	13N	19W	-	1	Feb.	1901	Neva
Claxton	John	H.	12	13N	20W	-	1	Feb.	1901	Neva
Claxton	John	H.	13	13N	20W	157.56	1	Feb.	1901	Neva
Claxton	Zachary		12	13N	20W	40	16	Oct.	1888	Neva
Claxton	Zachary		12	13N	20W	160	1	Feb.	1901	Neva
Claxton	Zachary		12	13N	20W	-	1	Feb.	1901	Neva
Claxton	Zachary		12	13N	20W	-	1	Feb.	1901	Neva
Clay	Henry		34	10S	32W	40	12	May	1905	LRiv
Clay	Jesse		13	12S	25W	40	10	Aug.	1837	Hem
Clay	Sallie		8	13S	28W	80	24	Nov.	1903	LRiv
Clayborn	James	N.	1	13N	22W	80	31	Dec.	1889	Neva
Clayborn	John	W.	8	13N	21W	80	13	Jun.	1878	Neva
Clayborn	John	W.	8	13N	21W	-	13	Jun.	1878	Neva
Clayborn	Nancy	C.	29	14N	22W	160	18	Apr.	1905	Neva
Clayborn	Nancy	C.	29	14N	22W	-	18	Apr.	1905	Neva
Clayborn	Nancy	C.	29	14N	22W	-	18	Apr.	1905	Neva
Clayborne	James	N.	1	13N	22W	-	8	Feb.	1897	Neva
Clayborne	James	N.	2	13N	22W	80	8	Feb.	1897	Neva
Claybourn	George	R.	7	13N	21W	160	20	Oct.	1882	Neva

Last Name	First Name	Int.	Section No.	Twp.	Ran	Acres	Date			Co.
Claybourn	George	R.	18	13N	21W	-	20	Oct.	1882	Neva
Claybourn	George	R.	18	13N	21W	-	20	Oct.	1882	Neva
Clayton	Jacob		31	11S	30W	80	8	Jun.	1896	LRiv
Clegg	William	C.	29	6S	30W	160	13	Oct.	1905	Howa
Cleghorn	David	H.	26	13N	19W	160	8	Apr.	1903	Neva
Cleghorn	David	H.	26	13N	19W	-	8	Apr.	1903	Neva
Cleghorn	David	H.	26	13N	19W	-	8	Apr.	1903	Neva
Clem	Allen		1	12S	33W	-	13	Jun.	1889	LRiv
Clem	Allen		1	12S	33W	159.19	13	Jun.	1889	LRiv
Clement	Abel	B.	13	9S	27W	-	1	Jul.	1859	Howa
Clement	Abel	B.	13	9S	27W	120	1	Jul.	1859	Howa
Clements	Abel	B.	13	9S	27W	80	1	Mar.	1855	Howa
Clements	Abel	B.	19	10S	26W	320	1	Aug.	1837	Hem
Clements	Abel	B.	20	10S	26W	-	1	Aug.	1837	Hem
Clements	Abel	B.	24	9S	27W	40	1	Mar.	1855	Howa
Clements	Abel	B.	24	9S	27W	80	1	Mar.	1855	Howa
Clements	Abel	B.	24	9S	27W	160	1	Mar.	1855	Howa
Clements	Abel	B.	26	9S	27W	40	1	Mar.	1855	Howa
Clements	Abel	B.	26	9S	27W	80	1	Mar.	1855	Howa
Clements	Abel	B.	26	9S	27W	240	1	Aug.	1837	Howa
Clements	George		29	7S	27W	120	1	Apr.	1876	Howa
Clements	George		30	7S	27W	-	1	Apr.	1876	Howa
Clendenin	Thadeus	F.	4	12S	26W	159.19	30	Jun.	1884	Hem
Cleveland	Thomas	D.	19	7S	28W	-	24	Nov.	1903	Howa
Cleveland	Thomas	D.	19	7S	28W	145.33	24	Nov.	1903	Howa
Clevenger	Columbus	G.	9	12S	32W	-	26	Aug.	1905	LRiv
Clevenger	Columbus	G.	9	12S	32W	-	26	Aug.	1905	LRiv
Clevenger	Columbus	G.	10	12S	32W	120	26	Aug.	1905	LRiv
Clevenger	Columbus	G.	10	12S	32W	120	26	Aug.	1905	LRiv
Click	Andrew	J.	17	10S	27W	40	1	Aug.	1837	Howa
Click	Enoch		4	10S	27W	81.04	1	Mar.	1843	Howa
Click	Enoch		29	9S	28W	40	1	Jul.	1849	Howa
Click	Enoch		29	9S	28W	80	10	Oct.	1856	Howa
Click	Enoch		32	9S	28W	-	10	Oct.	1856	Howa
Click	Enoch		36	9S	29W	40	1	Aug.	1837	Howa
Click	Henry		4	9S	28W	38.72	1	Nov.	1839	Howa
Click	Henry		20	10S	27W	40	1	Aug.	1837	Howa
Click	Matthias		5	11S	27W	39.26	10	Apr.	1837	Howa
Click	Matthias		20	10S	27W	80	1	Nov.	1833	Howa
Click	Matthias		28	10S	27W	40	10	Apr.	1837	Howa
Click	Matthias		32	10S	27W	80	10	May	1827	Howa
Click	William	H.	32	9S	28W	40	1	Mar.	1854	Howa
Clifton	Ancil	C.	20	16N	22W	-	27	Jul.	1904	Neva
Clifton	Ancil	C.	29	16N	22W	160	27	Jul.	1904	Neva
Clifton	John	F.	8	15N	22W	160	6	Oct.	1894	Neva
Cline	John	R.	6	16N	20W	80	3	Aug.	1882	Neva
Clopton	Queen	C.	31	17N	20W	-	1	Feb.	1901	Neva
Clopton	Queen	C.	36	17N	21W	80	27	Sep.	1889	Neva
Clopton	Queen	C.	36	17N	21W	80.04	1	Feb.	1901	Neva
Clowdis	James	W.	11	11S	32W	-	1	Jun.	1888	LRiv
Clowdis	James	W.	11	11S	32W	-	1	Jun.	1888	LRiv
Clowdis	James	W.	11	11S	32W	160	1	Jun.	1888	LRiv
Clowers	John	W.	5	11S	32W	-	16	Aug.	1899	LRiv
Clowers	John	W.	5	11S	32W	120	16	Aug.	1899	LRiv
Cobb	David	A.	1	13S	31W	40.31	17	Apr.	1899	LRiv
Cobb	John	Y.	1	13S	31W	79.66	28	Feb.	1890	LRiv

Last Name	First Name	Int.	Section No.	Twp.	Ran	Acres	Date			Co.
Cochran	Dudley	M.	17	9S	27W	40	1	Mar.	1855	Howa
Cochran	Dudley	M.	20	9S	27W	40	1	Mar.	1855	Howa
Cochran	Dudley	M.	20	9S	27W	40	1	Mar.	1855	Howa
Cochran	Dudley	M.	20	9S	27W	80	1	Mar.	1855	Howa
Cochran	Dudley	M.	20	9S	27W	80	15	Jun.	1855	Howa
Cochran	Dudley	M.	29	9S	27W	-	1	Jul.	1859	Howa
Cochran	Dudley	M.	29	9S	27W	40	1	Mar.	1855	Howa
Cochran	Dudley	M.	29	9S	27W	80	1	Jul.	1859	Howa
Cochran	Ried		34	8S	29W	-	20	Jan.	1882	Howa
Cochran	Ried		35	8S	29W	-	20	Jan.	1882	Howa
Cochran	Ried		35	8S	29W	280	20	Jan.	1882	Howa
Cochran	William	A.	13	8S	29W	80	2	Apr.	1860	Howa
Cochran	William	A.	14	8S	29W	80	2	Apr.	1860	Howa
Cocke	William	L.	29	10S	23W	160	27	Apr.	1885	Hem
Cocke	William	L.	29	10S	23W	-	27	Apr.	1885	Hem
Cody	James	A.	33	11S	32W	-	21	Sep.	1905	LRiv
Cody	James	A.	33	11S	32W	80	21	Sep.	1905	LRiv
Coffee	Jesse		31	12S	23W	174.06	1	Dec.	1857	Hem
Coffee	John	F.	15	12S	24W	40	30	Jun.	1884	Hem
Coffee	John	F.	15	12S	24W	80	30	Jun.	1882	Hem
Coffee	Silburn		15	12S	24W	160	2	Apr.	1860	Hem
Coffman	Daniel	W.	13	5S	28W	40	2	Jul.	1860	Howa
Coffman	William	T.	14	6S	28W	-	30	Dec.	1902	Howa
Coffman	William	T.	14	6S	28W	160	30	Dec.	1902	Howa
Cohee	John		8	11S	27W	80	10	May	1827	Howa
Coker	Joel	C.	15	16N	19W	160	15	May	1876	Neva
Cole	Anthony	W.	22	7S	28W	40	2	Apr.	1860	Howa
Cole	Edward		31	14N	22W	160.15	5	Apr.	1895	Neva
Cole	Edward		31	14N	22W	-	5	Apr.	1895	Neva
Cole	Edward		31	14N	22W	-	5	Apr.	1895	Neva
Cole	Ella		8	15N	19W	80	19	Jul.	1897	Neva
Cole	Lewis		4	13N	23W	120	28	Nov.	1894	Neva
Cole	Wesley	L.	26	13S	28W	160	18	Oct.	1888	LRiv
Coleman	Bird		11	12S	30W	40	18	Mar.	1905	LRiv
Coleman	Bird		11	12S	30W	40	2	Apr.	1860	LRiv
Coleman	Daniel	L.	10	10S	27W	40	9	Sep.	1882	Howa
Coleman	Henry	V.	28	12S	23W	-	1	Aug.	1837	Hem
Coleman	Jesse		24	11S	31W	-	30	Dec.	1902	LRiv
Coleman	Jesse		24	11S	31W	-	30	Dec.	1902	LRiv
Coleman	Jesse		24	11S	31W	-	30	Dec.	1902	LRiv
Coleman	Jesse		24	11S	31W	160	30	Dec.	1902	LRiv
Coleman	John	R.	13	12S	31W	-	1	Oct.	1860	LRiv
Coleman	John	R.	13	12S	31W	40	1	Oct.	1860	LRiv
Coleman	John	R.	14	12S	31W	-	1	Oct.	1860	LRiv
Coleman	John	R.	14	12S	31W	320	1	Oct.	1860	LRiv
Coleman	John	R.	22	12S	29W	160	1	Oct.	1860	LRiv
Collier	Tilman	T.	1	12S	25W	40	15	Apr.	1837	Hem
Collier	Tilman	T.	13	12S	25W	40	15	Apr.	1837	Hem
Collins	Ben	F.	8	15N	20W	-	1	Feb.	1901	Neva
Collins	Ben	F.	9	15N	20W	160	1	Feb.	1901	Neva
Collins	Caroline		29	10S	23W	80	10	Jul.	1883	Hem
Collins	Dill		10	15N	20W	160	30	Dec.	1905	Neva
Collins	Dill		10	15N	20W	-	30	Dec.	1905	Neva
Collins	Eddy		9	15N	20W	160	28	Feb.	1906	Neva
Collins	Eddy		9	15N	20W	-	28	Feb.	1906	Neva
Collins	Edward		27	16N	20W	-	20	Oct.	1884	Neva

45

Last Name	First Name	Int.	Section No.	Twp.	Ran	Acres	Date		Co.
Collins	Edward		28	16N	20W	120	20 Oct.	1884	Neva
Collins	Edward		28	16N	20W	-	20 Oct.	1884	Neva
Collins	Eli	V.	19	9S	26W	193.05	1 Jul.	1859	Hem
Collins	Eli	V.	19	9S	26W	-	1 Jul.	1859	Hem
Collins	Eli	V.	19	9S	26W	-	1 Jul.	1859	Hem
Collins	Eli	V.	31	11S	25W	57.51	2 Apr.	1860	Hem
Collins	James	L.	32	9S	24W	40	1 Nov.	1848	Hem
Collins	James	L.	32	9S	24W	40	20 Jan.	1883	Hem
Collins	James	L.	32	9S	24W	80	10 Oct.	1856	Hem
Collins	John	D.	4	15N	20W	160.04	11 Apr.	1898	Neva
Collins	John	P.	30	11S	23W	80	1 Aug.	1837	Hem
Collins	Linsey		21	15N	23W	160	10 May	1893	Neva
Collins	Linsey		21	15N	23W	-	10 May	1893	Neva
Collins	Linsey		21	15N	23W	-	10 May	1893	Neva
Collins	Pleas		19	16N	19W	-	31 Aug.	1905	Neva
Collins	Pleas		30	16N	19W	160	31 Aug.	1905	Neva
Collins	Pleas		30	16N	19W	-	31 Aug.	1905	Neva
Collins	Reuben	T.	20	6S	29W	160	18 Oct.	1906	Howa
Collins	Reuben	T.	21	6S	29W	-	18 Oct.	1906	Howa
Collins	Reuben	T.	21	6S	29W	-	18 Oct.	1906	Howa
Collins	Sarah	M.	22	8S	28W	40	2 Jul.	1860	Howa
Collins	Searl		21	14N	23W	-	14 Aug.	1899	Neva
Collins	Searl		22	14N	23W	160	14 Aug.	1899	Neva
Collins	Searl		22	14N	23W	-	14 Aug.	1899	Neva
Collins	Silas	Y.	29	14N	23W	160	28 Jun.	1905	Neva
Collins	Thomas	F.	17	16N	20W	80	9 Feb.	1898	Neva
Collins	Thurza	M.	29	14N	23W	160	8 Jun.	1901	Neva
Collins	Thurza	M.	29	14N	23W	-	8 Jun.	1901	Neva
Collins	William	R.	9	11S	23W	40	1 Aug.	1837	Hem
Collins	William	R.	21	9S	26W	40	1 Mar.	1843	Hem
Collins	William	R.	22	9S	26W	40	1 Mar.	1843	Hem
Collins	William	R.	22	9S	26W	80	1 Mar.	1843	Hem
Collins	William	W.	22	9S	26W	40	1 Mar.	1843	Hem
Colvin	Duncan	B.	15	11S	24W	160	1 May	1856	Hem
Combs	Alfred		35	14N	24W	-	28 Nov.	1906	Neva
Combs	Alfred		35	14N	24W	-	28 Nov.	1906	Neva
Combs	Alfred		36	14N	24W	160	28 Nov.	1906	Neva
Combs	Preston	C.	34	14N	24W	-	22 Apr.	1919	Neva
Combs	Preston	C.	34	14N	24W	-	22 Apr.	1919	Neva
Combs	Preston	C.	35	14N	24W	160	22 Apr.	1919	Neva
Combs	Richard		35	14N	24W	-	17 Oct.	1904	Neva
Combs	Richard		35	14N	24W	-	17 Oct.	1904	Neva
Combs	Richard		36	14N	24W	160	17 Oct.	1904	Neva
Comer	Elijah	B.	19	11S	31W	-	30 Jan.	1899	LRiv
Comer	Elijah	B.	19	11S	31W	-	30 Jan.	1899	LRiv
Comer	Elijah	B.	19	11S	31W	167.67	30 Jan.	1899	LRiv
Compton	Java	W.	14	9S	26W	40	1 Sep.	1893	Hem
Compton	John	T.	26	17N	22W	-	31 Dec.	1889	Neva
Compton	John	T.	27	17N	22W	-	31 Dec.	1889	Neva
Compton	John	T.	34	17N	22W	160	31 Dec.	1889	Neva
Compton	John		19	8S	27W	123.82	6 Dec.	1905	Howa
Compton	John		24	8S	28W	-	6 Dec.	1905	Howa
Compton	Robert	J.	19	9S	26W	160	2 Apr.	1860	Hem
Compton	Robert	J.	19	9S	26W	-	2 Apr.	1860	Hem
Compton	Robert	J.	19	9S	26W	-	2 Apr.	1860	Hem
Compton	William	D.	26	17N	22W	-	5 Jul.	1889	Neva

Last Name	First Name	Int.	Section No.	Twp.	Ran	Acres	Date		Co.
Compton	William	D.	26	17N	22W	-	5 Jul.	1889	Neva
Compton	William	D.	27	17N	22W	160	5 Jul.	1889	Neva
Compton	William	D.	27	17N	22W	-	5 Jul.	1889	Neva
Comstock	William	C.	19	11S	31W	95.76	30 Jul.	1900	LRiv
Conatser	James	B.	27	11S	30W	-	22 Mar.	1906	LRiv
Conatser	James	B.	28	11S	30W	-	22 Mar.	1906	LRiv
Conatser	James	B.	33	11S	30W	160	22 Mar.	1906	LRiv
Condren	Joshua	L.	36	14S	25W	80	1 Jul.	1859	Hem
Condren	Joshua	L.	36	14S	25W	-	1 Jul.	1859	Hem
Conduit	Thomas		3	13S	26W	656.49	1 Aug.	1837	Hem
Conduit	Thomas		10	13S	26W	160	1 Aug.	1837	Hem
Conduit	Thomas		10	13S	26W	-	1 Aug.	1837	Hem
Cone	Aurelius	F.	1	12S	32W	40	2 Jul.	1860	LRiv
Cone	Henry	B.	1	12S	32W	160	1 Jul.	1859	LRiv
Cone	Henry	B.	6	12S	31W	91.89	1 Jul.	1859	LRiv
Cone	Henry	B.	6	14S	31W	80	1 Nov.	1849	LRiv
Cone	Henry	B.	7	12S	31W	40	1 Jul.	1859	LRiv
Cone	Henry	B.	7	14S	31W	40.76	1 May	1845	LRiv
Cone	Henry	B.	7	14S	31W	73.75	1 Nov.	1849	LRiv
Cone	Henry	B.	7	14S	31W	136.76	1 May	1845	LRiv
Cone	Henry	B.	8	14S	31W	123.48	1 May	1845	LRiv
Cone	Henry	B.	8	14S	31W	160	1 May	1845	LRiv
Cone	Henry	B.	9	11S	32W	80	10 Oct.	1856	LRiv
Cone	Henry	B.	10	11S	32W	-	1 Feb.	1861	LRiv
Cone	Henry	B.	10	11S	32W	-	1 Feb.	1861	LRiv
Cone	Henry	B.	10	11S	32W	80	10 Oct.	1856	LRiv
Cone	Henry	B.	11	11S	32W	-	10 Oct.	1856	LRiv
Cone	Henry	B.	11	11S	32W	-	1 Feb.	1861	LRiv
Cone	Henry	B.	11	11S	32W	80	10 Oct.	1856	LRiv
Cone	Henry	B.	11	11S	32W	240	1 Feb.	1861	LRiv
Cone	Henry	B.	15	11S	32W	80	10 Oct.	1856	LRiv
Cone	Henry	B.	18	12S	31W	40	1 Jul.	1859	LRiv
Cone	Henry	B.	34	11S	31W	-	10 Oct.	1856	LRiv
Cone	Henry	B.	34	11S	31W	80	10 Oct.	1856	LRiv
Cone	Jesse		32	11S	31W	40	1 May	1861	LRiv
Conn	Francis	A.	29	12S	29W	40	2 Apr.	1860	LRiv
Conn	Francis	A.	29	12S	29W	40	1 Feb.	1861	LRiv
Conn	Isaac	S.	32	12S	29W	80	15 Apr.	1875	LRiv
Conn	William		15	12S	30W	-	1 Feb.	1861	LRiv
Conn	William		15	12S	30W	40	2 Apr.	1860	LRiv
Conn	William		22	12S	30W	120	1 Feb.	1861	LRiv
Conner	Isom		2	8S	29W	160.08	1 Dec.	1857	Howa
Conway	Joel	D.	13	12S	26W	40	1 May	1845	Hem
Conway	Joel	D.	20	11S	25W	80	10 Aug.	1837	Hem
Conway	Mary	J.	3	12S	25W	40	2 Jul.	1860	Hem
Conway	Robert	H.	7	13S	24W	40	15 Apr.	1837	Hem
Conway	Robert	H.	11	11S	27W	80	1 Aug.	1837	Howa
Conway	Robert	H.	11	11S	27W	160	1 Nov.	1839	Howa
Conway	Robert	H.	20	10S	26W	80	1 Jul.	1859	Hem
Conway	Robert	H.	20	11S	25W	80	15 Apr.	1837	Hem
Conway	Robert	H.	20	11S	25W	80	15 Apr.	1837	Hem
Conway	Robert	H.	24	13S	33W	25.82	10 Jul.	1844	LRiv
Conway	Robert	H.	31	13S	32W	32.97	10 Jul.	1844	LRiv
Conway	Robert	H.	36	13S	33W	26.38	10 Jul.	1848	LRiv
Cook	Addie		36	12S	29W	40	31 Jul.	1903	LRiv
Cook	Charles		31	7S	28W	40	1 Dec.	1857	Howa

Last Name	First Name	Int.	Section No.	Twp.	Ran	Acres	Date		Co.
Cook	Charles		31	7S	28W	80	1 May	1856	Howa
Cook	Charles		31	7S	28W	80	1 Feb.	1861	Howa
Cook	David		26	14S	24W	40	1 Mar.	1855	Hem
Cook	Herrel	H.	5	14N	19W	79.82	31 Dec.	1889	Neva
Cook	Jack		11	12S	30W	120	4 Aug.	1891	LRiv
Cook	Jack		14	12S	30W	-	4 Aug.	1891	LRiv
Cook	James	D.	30	11S	32W	-	16 Sep.	1904	LRiv
Cook	James	D.	30	11S	32W	-	16 Sep.	1904	LRiv
Cook	James	D.	30	11S	32W	-	16 Sep.	1904	LRiv
Cook	James	D.	30	11S	32W	160	16 Sep.	1904	LRiv
Cook	Joel		30	11S	32W	93.33	27 Aug.	1901	LRiv
Cook	John	L.	19	5S	30W	-	25 Nov.	1895	Howa
Cook	John	W.	18	5S	30W	172.23	27 Jun.	1889	Howa
Cook	Joseph	A.	33	16N	22W	-	1 Jul.	1859	Neva
Cook	Joseph	T.	17	14S	23W	320	15 Jan.	1858	Hem
Cook	Joseph	T.	17	14S	23W	-	15 Jan.	1858	Hem
Cook	Joseph	T.	17	14S	23W	-	15 Jan.	1858	Hem
Cook	Joseph	T.	18	14S	23W	160	10 Jul.	1848	Hem
Cook	Joseph	T.	20	14S	23W	-	15 Jan.	1858	Hem
Cook	Joseph	T.	20	14S	23W	-	15 Jan.	1858	Hem
Cook	Martin	V.	28	8S	27W	80	2 Jul.	1860	Howa
Cook	Mary		36	12S	29W	40	19 Mar.	1904	LRiv
Cook	Nathan		25	13S	30W	40	1 Jul.	1859	LRiv
Cook	Nathan		26	13S	30W	80	1 Jul.	1859	LRiv
Cook	Nathan		26	13S	30W	80	1 Jul.	1859	LRiv
Cook	Ned		1	12S	30W	-	28 Dec.	1893	LRiv
Cook	Ned		1	12S	30W	160.17	28 Dec.	1893	LRiv
Cook	Patsey		2	12S	30W	-	16 Jul.	1890	LRiv
Cook	Patsey		11	12S	30W	160	16 Jul.	1890	LRiv
Cook	Robert	T.	12	10S	26W	40	1 Aug.	1837	Hem
Cook	Robert	T.	12	10S	26W	80	1 Aug.	1837	Hem
Cook	Robert	T.	12	10S	26W	160	1 Aug.	1837	Hem
Cook	Thomas	E.	4	14N	19W	40	1 Jul.	1859	Neva
Cook	Thomas		4	14N	19W	80.02	1 Apr.	1857	Neva
Cook	William	B.	25	10S	24W	80	16 Oct.	1895	Hem
Cook	William	E.	17	10S	28W	80	10 Oct.	1856	Howa
Cook	William	E.	17	10S	28W	80	1 Jul.	1859	Howa
Cook	William		11	10S	26W	160	1 Aug.	1837	Hem
Cook	William		13	10S	26W	80	1 Aug.	1837	Hem
Cook	William		13	10S	26W	160	1 Aug.	1837	Hem
Cook	William		14	10S	26W	160	1 Aug.	1837	Hem
Cook	William		24	10S	26W	160	1 Aug.	1837	Hem
Cook	William		24	11S	29W	80	1 Mar.	1843	LRiv
Cook	William		25	11S	29W	80	10 Jul.	1844	LRiv
Cook	William		25	11S	29W	80	1 Mar.	1843	LRiv
Cooke	James	D.	23	11S	33W	-	17 Dec.	1900	LRiv
Cooke	James	D.	24	11S	33W	-	17 Dec.	1900	LRiv
Cooke	James	D.	24	11S	33W	152.08	17 Dec.	1900	LRiv
Cooley	William	M.	11	9S	26W	40	2 Apr.	1860	Hem
Cooley	William	M.	11	9S	26W	-	1 Jul.	1861	Hem
Cooley	William	M.	11	9S	26W	-	1 Jul.	1861	Hem
Cooley	William	M.	12	9S	26W	200	1 Jul.	1861	Hem
Cooley	William	M.	14	9S	26W	-	1 Jul.	1861	Hem
Coon	Horace		15	12S	32W	160	1 Dec.	1882	LRiv
Coon	Manuel		30	12S	31W	-	30 Jun.	1882	LRiv
Coon	Manuel		30	12S	31W	80	30 Jun.	1882	LRiv

Last Name	First Name	Int.	Section No.	Twp.	Ran	Acres	Date			Co.
Coons	Charles		2	11S	32W	160.86	25	May	1896	LRiv
Coons	Charles		35	12S	32W	-	25	May	1896	LRiv
Coons	Edward		35	11S	32W	160	15	Jan.	1885	LRiv
Coons	Peter		35	11S	32W	160	1	Mar.	1877	LRiv
Coonts	John	F.	19	15N	19W	56.47	30	Dec.	1905	Neva
Cooper	Alfred	F.	17	15N	20W	80	28	Jun.	1905	Neva
Cooper	Cager		21	12S	32W	-	27	Apr.	1896	LRiv
Cooper	Cager		22	12S	32W	80	27	Apr.	1896	LRiv
Cooper	George	M.	12	7S	30W	-	12	Aug.	1901	Howa
Cooper	George	M.	12	7S	30W	-	12	Aug.	1901	Howa
Cooper	George	M.	12	7S	30W	160	12	Aug.	1901	Howa
Cooper	George	W.	30	10S	32W	-	2	Apr.	1860	LRiv
Cooper	George	W.	30	10S	32W	79.95	2	Apr.	1860	LRiv
Cooper	George	W.	31	15N	20W	-	10	Apr.	1907	Neva
Cooper	George	W.	33	16N	19W	80	3	Feb.	1883	Neva
Cooper	George	W.	36	15N	21W	176.1	10	Apr.	1907	Neva
Cooper	Harmon		31	15N	20W	119.6	28	Mar.	1906	Neva
Cooper	Harmon		31	15N	20W	-	28	Mar.	1906	Neva
Cooper	Isaac	F.	8	16N	19W	-	9	Jun.	1894	Neva
Cooper	Isaac	F.	9	16N	19W	160	9	Jun.	1894	Neva
Cooper	Isaac	F.	9	16N	19W	-	9	Jun.	1894	Neva
Cooper	Isaac		29	15N	20W	40	1	Feb.	1860	Neva
Cooper	James	C.	36	15N	21W	80	10	Mar.	1876	Neva
Cooper	James	C.	36	15N	21W	-	10	Mar.	1876	Neva
Cooper	John	F.	28	10S	32W	40	1	Jul.	1859	LRiv
Cooper	John	G.	25	10S	33W	-	1	Aug.	1889	LRiv
Cooper	John	G.	25	10S	33W	40	5	Apr.	1890	LRiv
Cooper	John	G.	25	10S	33W	120	1	Aug.	1889	LRiv
Cooper	John		25	10S	33W	-	2	Apr.	1860	LRiv
Cooper	John		25	10S	33W	-	2	Apr.	1860	LRiv
Cooper	John		25	10S	33W	80	2	Apr.	1860	LRiv
Cooper	John		25	10S	33W	120	2	Apr.	1860	LRiv
Cooper	John		27	10S	27W	40	1	Aug.	1837	Howa
Cooper	John		27	10S	27W	40	1	Mar.	1843	Howa
Cooper	John		33	10S	27W	40	1	Nov.	1839	Howa
Cooper	John		34	10S	27W	40	10	Apr.	1837	Howa
Cooper	John		34	10S	27W	40	1	Aug.	1837	Howa
Cooper	Sarah		36	10S	27W	-	1	Dec.	1832	Howa
Cooper	Sarah		36	10S	27W	-	1	Dec.	1832	Howa
Cooper	Sarah		36	10S	27W	320	1	Dec.	1832	Howa
Cooper	Simon	F.	25	10S	33W	40	2	Jul.	1860	LRiv
Cooper	Simon	F.	25	10S	33W	40	2	Jul.	1860	LRiv
Cooper	Simon	F.	30	10S	32W	41.49	10	Oct.	1856	LRiv
Cooper	Simon	F.	30	10S	32W	81.34	2	Apr.	1860	LRiv
Cooper	Thomas	C.	18	13N	21W	56.46	31	Dec.	1889	Neva
Cooper	Toney		33	12S	26W	160	14	Aug.	1899	Hem
Cooper	Toney		33	12S	26W	-	14	Aug.	1899	Hem
Cooper	William	H.	22	15N	22W	40	15	Nov.	1854	Neva
Coots	George	W.	31	14N	19W	160	25	Mar.	1902	Neva
Coots	George	W.	31	14N	19W	-	25	Mar.	1902	Neva
Copeland	Richard	T.	23	8S	27W	40	2	Jul.	1860	Howa
Copeland	Richard	T.	26	8S	27W	80	2	Jul.	1860	Howa
Corbell	Henry	W.	13	10S	28W	160	1	Jul.	1859	Howa
Corbell	James	S.	34	9S	28W	160	1	Jul.	1857	Howa
Corbell	John	J.	10	10S	28W	40	1	Mar.	1855	Howa
Corbell	John	J.	14	10S	28W	40	2	Apr.	1860	Howa

Last Name	First Name	Int.	Section No.	Twp.	Ran	Acres	Date			Co.
Corbell	John	J.	14	10S	28W	160	1	Jul.	1857	Howa
Corbell	Joseph	A.	3	11S	28W	39.92	18	Aug.	1897	Howa
Corbell	Joseph	A.	9	10S	28W	-	1	Jul.	1859	Howa
Corbell	Joseph	A.	9	10S	28W	40	1	Jul.	1857	Howa
Corbell	Joseph	A.	9	10S	28W	80	1	May	1856	Howa
Corbell	Joseph	A.	10	10S	28W	160	1	Jul.	1859	Howa
Corbell	Joseph	H.	9	10S	28W	40	1	Mar.	1855	Howa
Corbell	Joseph	H.	9	10S	28W	40	10	Oct.	1856	Howa
Corbell	Josiah		4	9S	27W	40	1	Mar.	1855	Howa
Corbell	Josiah		4	9S	27W	40	1	Mar.	1855	Howa
Corbell	Josiah		4	9S	27W	41.1	1	Jul.	1859	Howa
Corbell	Josiah		6	10S	27W	39.36	1	Nov.	1849	Howa
Corbell	Josiah		9	9S	27W	40	1	Mar.	1855	Howa
Corbell	Josiah		9	9S	27W	40	1	Mar.	1855	Howa
Corbell	Josiah		9	9S	27W	40	1	Mar.	1855	Howa
Corbell	Josiah		33	8S	27W	40	1	Mar.	1855	Howa
Corbell	Josiah		33	8S	27W	40	1	Mar.	1855	Howa
Cornish	Ransom		1	8S	27W	80.03	2	Jul.	1860	Howa
Cornish	Ransom		36	7S	27W	40	2	Jul.	1860	Howa
Cornish	Ransom		36	7S	27W	40	1	Jun.	1875	Howa
Cornish	Ransom		36	7S	27W	80	1	Jul.	1859	Howa
Corrum	James	R.	11	12S	24W	80	28	Feb.	1890	Hem
Cothran	Newton	T.	6	12S	29W	152.01	8	May	1901	LRiv
Cothran	Newton	T.	31	11S	29W	-	8	May	1901	LRiv
Cothron	John	W.	5	7S	27W	40	2	Apr.	1860	Howa
Cothron	John	W.	5	7S	27W	40	2	Jul.	1860	Howa
Cotnam	Elizabeth		31	5S	28W	-	1	Aug.	1889	Howa
Cotnam	Elizabeth		31	5S	28W	160	1	Aug.	1889	Howa
Cotnam	William	H.	18	6S	28W	40.03	1	Mar.	1855	Howa
Cotney	Asa	C.	4	12S	32W	160	8	Jun.	1901	LRiv
Cottingham	John	W.	10	10S	24W	40	4	Aug.	1880	Hem
Cotton	Frank	B.	25	16N	22W	160	22	May	1895	Neva
Cotton	Frank	B.	25	16N	22W	-	22	May	1895	Neva
Cotton	Jesse	V.	34	10S	32W	-	2	Jul.	1860	LRiv
Cotton	Jesse	V.	34	10S	32W	-	2	Jul.	1860	LRiv
Cotton	Jesse	V.	35	10S	32W	160	2	Jul.	1860	LRiv
Couch	Lee	F.	29	12S	23W	80	10	Aug.	1894	Hem
Coughran	James	A.	6	7S	27W	76.75	2	Jul.	1860	Howa
Coughran	James		28	11S	27W	40	10	Apr.	1837	Howa
Coughran	Lorenzo	D.	14	8S	29W	40	1	Oct.	1858	Howa
Coughran	Lorenzo	D.	14	8S	29W	40	2	Jul.	1860	Howa
Coughran	Lorenzo	D.	36	6S	28W	80	2	Apr.	1860	Howa
Coughran	William		1	8S	29W	40	1	Jul.	1859	Howa
Coughran	William		2	8S	29W	41.25	2	Apr.	1860	Howa
Coughran	William		28	6S	28W	40	1	May	1855	Howa
Coughran	William		32	6S	28W	40	2	Apr.	1860	Howa
Coughran	William		33	6S	28W	40	1	Mar.	1855	Howa
Coulter	David	K.	2	10S	28W	-	1	Aug.	1837	Howa
Coulter	David	K.	5	10S	28W	-	1	Aug.	1837	Howa
Coulter	David	K.	26	10S	28W	717.52	1	Aug.	1837	Howa
Coulter	David	K.	27	10S	28W	-	1	Aug.	1837	Howa
Coulter	David	R.	3	10S	28W	-	10	Aug.	1837	Howa
Coulter	David	R.	3	10S	28W	240	10	Aug.	1837	Howa
Coulter	David	R.	6	10S	28W	-	1	Aug.	1837	Howa
Coulter	David	R.	7	10S	28W	-	1	Aug.	1837	Howa
Coulter	David	R.	8	10S	28W	400	1	Aug.	1837	Howa

Last Name	First Name	Int.	Section No.	Twp.	Ran	Acres	Date			Co.
Coulter	David	R.	26	9S	28W	80	10	Aug.	1837	Howa
Coulter	David	R.	35	9S	28W	-	10	Aug.	1837	Howa
Coulter	David	R.	35	9S	28W	80	1	Aug.	1837	Howa
Coulter	George	W.	8	11S	32W	160	17	Mar.	1902	LRiv
Coulter	James	M.	5	10S	27W	40	1	Mar.	1855	Howa
Coulter	James	M.	8	10S	27W	40	1	Mar.	1855	Howa
Coulter	James	M.	12	11S	28W	80	1	Mar.	1843	Howa
Coulter	James	M.	12	11S	28W	80	1	Mar.	1843	Howa
Coulter	James	M.	13	14S	32W	80	1	Mar.	1843	LRiv
Coulter	James	M.	13	14S	32W	80	1	Mar.	1843	LRiv
Coulter	James	M.	14	14S	32W	80	1	Mar.	1843	LRiv
Coulter	James	M.	14	14S	32W	80	1	Mar.	1843	LRiv
Coulter	James	M.	17	10S	27W	80	1	Mar.	1843	Howa
Coulter	James	M.	19	9S	28W	-	1	Jul.	1859	Howa
Coulter	James	M.	19	9S	28W	40	1	Mar.	1855	Howa
Coulter	James	M.	19	9S	28W	81.23	1	Mar.	1855	Howa
Coulter	James	M.	19	9S	28W	280	1	Jul.	1859	Howa
Coulter	James	M.	20	13S	32W	80	10	Jul.	1844	LRiv
Coulter	James	M.	20	13S	32W	80	10	Jul.	1844	LRiv
Coulter	James	M.	21	13S	32W	80	10	Jul.	1844	LRiv
Coulter	James	M.	24	11S	29W	40	2	Jul.	1860	LRiv
Coulter	James	M.	24	9S	29W	80	1	Mar.	1855	Howa
Coulter	James	M.	25	9S	29W	-	1	Jul.	1859	Howa
Coulter	James	M.	28	13S	32W	80	10	Jul.	1844	LRiv
Coulter	James	M.	28	13S	32W	80	10	Jul.	1844	LRiv
Coulter	James	M.	29	13S	32W	158.58	10	Jul.	1844	LRiv
Coulter	James	M.	29	9S	28W	80	10	Aug.	1837	Howa
Coulter	James	M.	30	9S	28W	40	1	Nov.	1839	Howa
Coulter	James	M.	34	10S	28W	80	1	Mar.	1843	Howa
Coulter	John	M.	20	10S	27W	40	1	Mar.	1843	Howa
Coulter	John	M.	29	10S	27W	160	1	Mar.	1843	Howa
Coulter	Lemuel		4	9S	28W	-	3	Feb.	1883	Howa
Coulter	Lemuel		5	9S	28W	160	3	Feb.	1883	Howa
Coulter	Mathew		7	9S	28W	-	1	Jul.	1859	Howa
Coulter	Mathew		7	9S	28W	-	1	Jul.	1859	Howa
Coulter	Mathew		7	9S	28W	-	1	Jul.	1859	Howa
Coulter	Mathew		7	9S	28W	-	1	Jul.	1859	Howa
Coulter	Mathew		7	9S	28W	40	1	Mar.	1855	Howa
Coulter	Mathew		7	9S	28W	40	1	Mar.	1855	Howa
Coulter	Mathew		7	9S	28W	80.51	1	Mar.	1855	Howa
Coulter	Mathew		7	9S	28W	280.92	1	Jul.	1859	Howa
Coulter	Mathew		17	9S	28W	40	1	Mar.	1855	Howa
Coulter	Mathew		17	9S	28W	40	1	Mar.	1855	Howa
Coulter	Mathew		17	9S	28W	40	1	Mar.	1855	Howa
Coulter	Matthew		8	9S	28W	160	10	Aug.	1837	Howa
Coulter	Matthew		21	9S	28W	-	10	Aug.	1837	Howa
Coulter	Matthew		21	9S	28W	160	10	Aug.	1837	Howa
Coulter	Matthew		28	9S	28W	80	10	Aug.	1837	Howa
Coulter	Peter	W.	1	10S	28W	40	1	Oct.	1850	Howa
Coulter	Peter	W.	1	10S	28W	40	1	Oct.	1850	Howa
Coulter	Peter	W.	2	10S	27W	80.8	2	Apr.	1860	Howa
Coulter	Peter	W.	6	10S	27W	40	1	Mar.	1855	Howa
Coulter	Peter	W.	7	10S	27W	-	2	Apr.	1860	Howa
Coulter	Peter	W.	7	10S	27W	41.48	1	Mar.	1855	Howa
Coulter	Peter	W.	12	10S	28W	40	1	Oct.	1850	Howa
Coulter	Peter	W.	18	10S	27W	120	2	Apr.	1860	Howa

Last Name	First Name	Int.	Section No.	Twp.	Ran	Acres	Date			Co.
Coulter	Peter	W.	21	12S	29W	40	1	Mar.	1855	LRiv
Coulter	William	I.	35	9S	27W	40	1	Nov.	1849	Howa
Coulter	William	M.	1	10S	28W	80.38	1	Nov.	1839	Howa
Coulter	William	M.	2	10S	27W	40.67	1	Mar.	1855	Howa
Coulter	William	M.	2	10S	27W	40.8	1	Nov.	1849	Howa
Coulter	William	M.	2	10S	27W	80	1	Mar.	1855	Howa
Coulter	William	M.	6	10S	27W	80	10	Aug.	1837	Howa
Coulter	William	M.	6	10S	27W	165.96	10	Aug.	1837	Howa
Coulter	William	M.	7	10S	27W	40	10	Aug.	1837	Howa
Coulter	William	M.	7	10S	27W	80	10	Aug.	1837	Howa
Coulter	William	M.	7	10S	27W	80	10	Aug.	1837	Howa
Coulter	William	M.	7	10S	27W	80	1	Nov.	1839	Howa
Coulter	William	M.	18	10S	27W	80	10	Aug.	1837	Howa
Coulter	William	M.	23	9S	28W	80	1	Nov.	1839	Howa
Coulter	William	M.	25	9S	28W	80	1	Nov.	1839	Howa
Coulter	William	M.	26	9S	28W	-	1	Nov.	1839	Howa
Coulter	William	M.	26	9S	28W	240	1	Nov.	1839	Howa
Coulter	William	M.	27	9S	27W	80	1	Mar.	1855	Howa
Coulter	William	M.	27	9S	27W	80	1	Mar.	1855	Howa
Coulter	William	M.	31	9S	27W	160	10	Aug.	1837	Howa
Coulter	William	M.	35	9S	27W	40	1	Mar.	1855	Howa
Coulter	William	M.	35	9S	27W	40	1	Jul.	1859	Howa
Counts	Benjamin		4	5S	30W	-	4	Jun.	1906	Howa
Counts	Benjamin		4	5S	30W	161.56	4	Jun.	1906	Howa
Counts	Harrison		22	7S	27W	-	25	Feb.	1890	Howa
Counts	Harrison		22	7S	27W	160	25	Feb.	1890	Howa
Coutler	James		14	14S	32W	15.01	1	Mar.	1843	LRiv
Covey	Nelson		8	8S	28W	80	1	Jun.	1888	Howa
Covington	Wilson		29	11S	31W	80	1	Dec.	1857	LRiv
Cowan	Absalom	R.	25	13N	24W	160	1	Feb.	1901	Neva
Cowan	Alice		31	13N	23W	40	1	Dec.	1904	Neva
Cowan	Isaac		13	13N	24W	120	20	Oct.	1884	Neva
Cowan	Isaac		13	13N	24W	-	20	Oct.	1884	Neva
Cowan	Jasper	N.	19	13N	23W	40	30	Mar.	1882	Neva
Cowan	Jasper	N.	29	13N	23W	-	20	Oct.	1882	Neva
Cowan	Jasper	N.	29	13N	23W	-	20	Oct.	1882	Neva
Cowan	Jasper	N.	32	13N	23W	40	8	Mar.	1890	Neva
Cowan	Jasper	N.	32	13N	23W	160	20	Oct.	1882	Neva
Cowan	John	N.	14	13N	24W	-	14	Feb.	1900	Neva
Cowan	John	N.	14	13N	24W	-	14	Feb.	1900	Neva
Cowan	John	R.	36	13N	24W	80	14	Jun.	1904	Neva
Cowan	Peter		28	13N	23W	-	17	Apr.	1899	Neva
Cowan	Peter		29	13N	23W	160	17	Apr.	1899	Neva
Cowan	Peter		29	13N	23W	-	17	Apr.	1899	Neva
Cowan	Phillip	A.	19	14N	23W	159.67	10	May	1893	Neva
Cowan	Riley		20	13N	23W	160	13	Feb.	1891	Neva
Cowan	Riley		20	13N	23W	-	13	Feb.	1891	Neva
Cowan	Riley		20	13N	23W	-	13	Feb.	1891	Neva
Cowan	Robert		13	13N	24W	40	30	Aug.	1888	Neva
Cowan	William	R.	14	13N	24W	160	20	Sep.	1897	Neva
Cowan	William	R.	14	13N	24W	-	20	Sep.	1897	Neva
Cowart	William	A.	4	8S	28W	160	2	Oct.	1905	Howa
Cowell	Bennett	N.	1	13N	21W	158.56	4	Jun.	1906	Neva
Cowell	Bennett	N.	1	13N	21W	-	4	Jun.	1906	Neva
Cowell	Charles	T.	21	15N	21W	160	28	May	1895	Neva
Cowell	Charles	T.	21	15N	21W	-	28	May	1895	Neva

Last Name	First Name	Int.	Section No.	Twp.	Ran	Acres	Date			Co.
Cowell	Milton	T.	2	14N	21W	-	28	Nov.	1906	Neva
Cowell	Milton	T.	3	14N	21W	-	28	Nov.	1906	Neva
Cowell	Milton	T.	10	14N	21W	160	28	Nov.	1906	Neva
Cowles	John	H.	32	16N	19W	-	25	Jun.	1900	Neva
Cowles	John	H.	33	16N	19W	160	25	Jun.	1900	Neva
Cowling	Benjamin	M.	25	10S	28W	40	2	Jul.	1860	Howa
Cowling	Benjamin	M.	25	10S	28W	160	1	Jul.	1859	Howa
Cowling	Benjamin	M.	36	10S	28W	-	1	Jul.	1859	Howa
Cowling	Benjamin	M.	36	10S	28W	-	1	Jul.	1859	Howa
Cowling	Benjamin	M.	36	10S	28W	40	1	Jul.	1859	Howa
Cowling	Benjamin	M.	36	10S	28W	80	26	Apr.	1906	Howa
Cowling	David	A.	2	11S	28W	40	26	Sep.	1902	Howa
Cowling	George	W.	36	10S	28W	-	2	Apr.	1860	Howa
Cowling	George	W.	36	10S	28W	120	2	Apr.	1860	Howa
Cowling	James	M.	26	10S	28W	80	9	Oct.	1901	Howa
Cowling	James	S.	30	9S	27W	40	1	Mar.	1855	Howa
Cowling	John	D.	29	9S	27W	40	1	May	1845	Howa
Cox	Anson	B.	13	11S	25W	40	1	Jun.	1875	Hem
Cox	Anson	B.	23	9S	28W	40	1	Mar.	1855	Howa
Cox	Charles	G.	10	9S	26W	80	10	May	1882	Hem
Cox	Eliza		25	12S	32W	80	13	Jul.	1885	LRiv
Cox	Ishmon		11	12S	24W	160	21	Jun.	1892	Hem
Cox	Ishmon		11	12S	24W	-	21	Jun.	1892	Hem
Cox	James	S.	14	13S	29W	-	13	Jun.	1889	LRiv
Cox	James	S.	14	13S	29W	160	13	Jun.	1889	LRiv
Cox	John	S.	11	6S	29W	-	2	Jul.	1860	Howa
Cox	John	S.	14	6S	29W	80	2	Jul.	1860	Howa
Cox	Mary	E.	13	11S	25W	40	28	Feb.	1890	Hem
Cox	Nathan		10	7S	27W	-	7	Mar.	1902	Howa
Cox	Nathan		10	7S	27W	-	7	Mar.	1902	Howa
Cox	Nathan		11	7S	27W	160	7	Mar.	1902	Howa
Cox	Samuel	W.	13	11S	25W	40	1	Jun.	1875	Hem
Cox	William	J.	15	8S	29W	40	15	Mar.	1888	Hem
Cox	William		7	11S	24W	80	1	Nov.	1839	Hem
Cox	William		18	11S	23W	40	1	May	1845	Hem
Crabtree	William		17	12S	32W	80	16	Sep.	1904	LRiv
Craig	Elias	P.	18	9S	26W	-	1	Jul.	1859	Hem
Craig	Elias	P.	19	9S	26W	274.88	1	Jul.	1859	Hem
Craig	Leonard	C.	22	13N	19W	160	6	Jul.	1889	Neva
Craig	Leonard	C.	22	13N	19W	-	6	Jul.	1889	Neva
Craig	Leonard	C.	22	13N	19W	-	6	Jul.	1889	Neva
Craig	Penny		6	13S	29W	126.82	17	Aug.	1894	LRiv
Crain	William	T.	29	11S	30W	-	6	Feb.	1899	LRiv
Crain	William	T.	29	11S	30W	160	6	Feb.	1899	LRiv
Cranfill	John	H.	5	7S	28W	-	15	Apr.	1896	Howa
Cranfill	John	H.	32	6S	28W	159.96	15	Apr.	1896	Howa
Crawford	Charles	W.	28	8S	27W	40	16	Jul.	1890	Howa
Crawford	John	H.	3	13N	23W	160	6	Jun.	1890	Neva
Crawford	Josiah		36	8S	27W	40	1	Jul.	1859	Howa
Crawford	Josiah		36	8S	27W	40	2	Apr.	1860	Howa
Crawford	Mary	E.	10	13N	23W	-	12	Aug.	1901	Neva
Crawford	Mary	E.	11	13N	23W	160	12	Aug.	1901	Neva
Crawford	Mary	E.	11	13N	23W	-	12	Aug.	1901	Neva
Crawford	William	W.	26	11S	30W	160	31	Dec.	1904	LRiv
Credille	Samuel	E.	29	11S	32W	-	8	Jun.	1901	LRiv
Credille	Samuel	E.	29	11S	32W	160	8	Jun.	1901	LRiv

Last Name	First Name	Int.	Section No.	Twp.	Ran	Acres	Date			Co.
Crews	Gideon	C.	1	13S	27W	40	1	Feb.	1861	Hem
Crews	Gideon	C.	31	12S	26W	80	1	Oct.	1860	Hem
Crews	Robert	M.	32	12S	23W	80	1	Jul.	1859	Hem
Crews	Robert	M.	32	12S	23W	80	1	Jul.	1859	Hem
Criner	James	M.	34	15N	20W	80	15	May	1876	Neva
Criner	James	M.	35	15N	20W	40	16	Oct.	1888	Neva
Criner	Joseph	H.	14	14N	20W	-	19	Jul.	1897	Neva
Criner	Joseph	H.	23	14N	20W	160	19	Jul.	1897	Neva
Criner	Joseph	H.	23	14N	20W	-	19	Jul.	1897	Neva
Criner	Stephen		3	14N	20W	40	6	Dec.	1890	Neva
Criner	Stephen		3	14N	20W	119.52	15	Feb.	1884	Neva
Criner	William	B.	3	14N	20W	160	23	Jun.	1898	Neva
Criner	William	T.	33	15N	19W	80	2	Apr.	1857	Neva
Criner	William	T.	33	15N	19W	-	2	Apr.	1857	Neva
Crisp	William	R.	18	8S	28W	40	2	Jan.	1895	Howa
Criswell	John	H.	17	14N	22W	-	19	Oct.	1893	Neva
Criswell	John	H.	20	14N	22W	-	19	Oct.	1893	Neva
Criswell	John	H.	21	14N	22W	160	19	Oct.	1893	Neva
Crofton	Washington		32	10S	27W	40	1	Apr.	1876	Howa
Crooks	Benjamin		32	13S	28W	40	1	May	1845	LRiv
Crosland	Joshua	D.	15	12S	29W	40	10	May	1861	LRiv
Crosland	Joshua	D.	15	12S	29W	40	1	Jul.	1859	LRiv
Crosland	Joshua	D.	15	12S	29W	80	1	Mar.	1855	LRiv
Cross	Ab		2	13S	29W	159.01	12	Oct.	1900	LRiv
Cross	Edward		8	13S	26W	80	10	Apr.	1837	Hem
Cross	Edward		8	13S	26W	80	10	Apr.	1837	Hem
Cross	Edward		8	13S	26W	160	10	Apr.	1837	Hem
Cross	Edward		8	13S	26W	-	10	Apr.	1837	Hem
Cross	Edward		12	10S	24W	240	1	Nov.	1839	Hem
Cross	Edward		12	10S	24W	-	1	Nov.	1839	Hem
Cross	Edward		13	10S	24W	240	1	Nov.	1839	Hem
Cross	Edward		13	10S	24W	-	1	Nov.	1839	Hem
Cross	Edward		13	10S	25W	80	10	Jul.	1844	Hem
Cross	Edward		18	10S	24W	84.66	1	Nov.	1839	Hem
Cross	Edward		28	10S	24W	120	2	Jul.	1860	Hem
Cross	Edward		28	10S	24W	160	1	Nov.	1839	Hem
Cross	Edward		28	10S	24W	160	10	Apr.	1837	Hem
Cross	Edward		28	10S	24W	-	1	Nov.	1839	Hem
Cross	Edward		28	10S	24W	-	2	Apr.	1860	Hem
Cross	Edward		28	10S	24W	-	2	Jul.	1860	Hem
Cross	Edward		29	10S	24W	40	1	Nov.	1839	Hem
Cross	Edward		29	10S	24W	40	10	Apr.	1837	Hem
Cross	Edward		29	10S	24W	40	10	Apr.	1837	Hem
Cross	Edward		30	11S	27W	168.95	10	Apr.	1837	Howa
Cross	Edward		32	10S	24W	120	2	Apr.	1860	Hem
Cross	Hardy		31	10S	32W	-	11	Nov.	1895	LRiv
Cross	Hardy		31	10S	32W	-	11	Nov.	1895	LRiv
Cross	Hardy		31	10S	32W	-	11	Nov.	1895	LRiv
Cross	Hardy		32	10S	32W	200	11	Nov.	1895	LRiv
Cross	Hiram	C.	11	11S	24W	80	20	Jun.	1885	Hem
Cross	Isabella		17	16N	20W	-	20	Oct.	1882	Neva
Cross	Isabella		17	16N	20W	-	20	Oct.	1882	Neva
Cross	Isabella		18	16N	20W	160	20	Oct.	1882	Neva
Cross	Isabella		18	16N	20W	160.42	8	Oct.	1901	Neva
Cross	Isabella		18	16N	20W	-	8	Oct.	1901	Neva
Cross	James		27	16N	20W	80	15	Feb.	1884	Neva

Last Name	First Name	Int.	Section No.	Twp.	Ran	Acres	Date			Co.
Cross	James		27	16N	20W	-	15	Feb.	1884	Neva
Cross	Jesse		12	15N	20W	80	8	Jun.	1901	Neva
Cross	Jesse		12	15N	20W	-	8	Jun.	1901	Neva
Cross	Martin	V.	13	16N	23W	-	26	Mar.	1900	Neva
Cross	Martin	V.	14	16N	23W	-	26	Mar.	1900	Neva
Cross	Martin	V.	23	16N	23W	160	26	Mar.	1900	Neva
Cross	Robert		19	10S	23W	161.64	1	Nov.	1839	Hem
Cross	Susan		27	16N	20W	80	15	Feb.	1884	Neva
Cross	Susan		27	16N	20W	-	15	Feb.	1884	Neva
Cross	Thomas		1	11S	24W	80	13	Jun.	1889	Hem
Crossland	James	M.	10	12S	30W	40	31	Jan.	1890	LRiv
Crossland	Joshua	D.	15	12S	29W	40	1	Jul.	1859	LRiv
Crouch	George	W.	6	13S	23W	176.72	1	Jul.	1859	Hem
Crow	James		33	17N	20W	40	16	Feb.	1888	Neva
Crow	James		33	17N	20W	80	30	Jul.	1875	Neva
Crow	James		33	17N	20W	-	30	Jul.	1875	Neva
Crow	John	D.	25	17N	20W	119.17	9	Aug.	1919	Neva
Crow	John	D.	30	17N	19W	-	9	Aug.	1919	Neva
Crow	Lula		28	11S	32W	-	19	May	1903	LRiv
Crow	Lula		28	11S	32W	-	19	May	1903	LRiv
Crow	Lula		28	11S	32W	160	19	May	1903	LRiv
Crow	Oliver	L.	33	11S	32W	-	19	May	1903	LRiv
Crow	Oliver	L.	33	11S	32W	160	19	May	1903	LRiv
Crow	Robert	A.	35	17N	20W	40	13	Feb.	1891	Neva
Crow	Robert	A.	35	17N	20W	120	24	Nov.	1890	Neva
Crow	Robert	A.	35	17N	20W	-	24	Nov.	1890	Neva
Crow	William	A.	21	11S	32W	160	16	Jun.	1905	LRiv
Crow	William	R.	4	16N	20W	-	28	Feb.	1906	Neva
Crow	William	R.	4	16N	20W	-	28	Feb.	1906	Neva
Crow	William	R.	9	16N	20W	160	28	Feb.	1906	Neva
Crowder	Logy	A.	4	6S	28W	-	25	Jun.	1901	Howa
Crowder	Logy	A.	9	6S	28W	117.4	25	Jun.	1901	Howa
Crownover	Benjamin		7	12S	25W	80	1	Aug.	1837	Hem
Crownover	Benjamin		7	12S	25W	144.7	10	Aug.	1837	Hem
Crownritch	John	M.	18	10S	27W	162.12	1	Jul.	1859	Howa
Crownritch	John	M.	19	10S	27W	162.93	1	Dec.	1857	Howa
Croxton	William	M.	5	12S	25W	40	1	Mar.	1855	Hem
Croxton	William	R.	9	12S	25W	40	1	Mar.	1855	Hem
Crutcher	Harry	L.	14	7S	30W	-	15	Oct.	1906	Howa
Crutcher	Harry	L.	14	7S	30W	160	15	Oct.	1906	Howa
Crutchfield	James	W.	23	17N	19W	80	1	Feb.	1860	Neva
Crutchfield	James	W.	26	17N	19W	-	1	Feb.	1860	Neva
Cud	Carter		13	13N	22W	40	15	Nov.	1854	Neva
Cud	Carter		18	13N	21W	56.38	1	Jul.	1859	Neva
Culbertson	Augustus		30	14N	22W	-	6	Oct.	1894	Neva
Culbertson	Augustus		30	14N	22W	-	6	Oct.	1894	Neva
Culbertson	Augustus		31	14N	22W	160	6	Oct.	1894	Neva
Culver	Charles	E.	25	10S	24W	120	9	Jul.	1878	Hem
Culver	Charles	E.	25	10S	24W	-	9	Jul.	1878	Hem
Cummings	Albion		31	6S	28W	-	25	Feb.	1890	Howa
Cummings	Albion		31	6S	28W	-	25	Feb.	1890	Howa
Cummings	Albion		31	6S	28W	-	25	Feb.	1890	Howa
Cummings	Albion		31	6S	28W	161.76	25	Feb.	1890	Howa
Cummings	Demont		36	6S	29W	160	31	Dec.	1904	Howa
Cummings	Joseph	K.	3	10S	26W	40	2	Apr.	1860	Hem
Cummings	Joseph	K.	4	10S	26W	160	1	Jul.	1859	Hem

Last Name	First Name	Int.	Section No.	Twp.	Ran	Acres	Date			Co.
Cummings	Joseph	K.	9	10S	26W	-	1	Jul.	1859	Hem
Cummings	Joseph	R.	9	10S	26W	160	1	Jul.	1859	Hem
Cummings	Joseph		26	12S	32W	80	1	Mar.	1877	LRiv
Cummings	Samuel		8	10S	25W	120	2	Apr.	1860	Hem
Cummings	Samuel		8	10S	25W	-	2	Apr.	1860	Hem
Cummings	Samuel		9	10S	25W	160	1	Dec.	1857	Hem
Cummings	Theophilus		36	12S	32W	80	10	May	1861	LRiv
Cummins	Joseph		30	12S	31W	40	4	Oct.	1898	LRiv
Cummins	William		7	13S	25W	40	1	Mar.	1843	Hem
Cummins	William		7	13S	25W	40	10	Aug.	1837	Hem
Cunningham	Joseph	L.	1	13S	25W	80	15	Apr.	1837	Hem
Cunningham	Joseph	L.	2	13S	25W	320	15	Apr.	1837	Hem
Cunningham	Joseph	L.	4	14S	25W	80	15	Apr.	1837	Hem
Cunningham	Joseph	L.	4	14S	25W	160	15	Apr.	1837	Hem
Cunningham	Joseph	L.	4	14S	25W	325.43	15	Apr.	1837	Hem
Cunningham	Joseph	L.	5	12S	23W	299.99	1	Aug.	1837	Hem
Cunningham	Joseph	L.	5	14S	25W	80	15	Apr.	1837	Hem
Cunningham	Joseph	L.	5	14S	25W	82.02	15	Apr.	1837	Hem
Cunningham	Joseph	L.	8	12S	23W	160	1	Aug.	1837	Hem
Cunningham	Joseph	L.	8	14S	25W	80	1	Aug.	1837	Hem
Cunningham	Joseph	L.	8	14S	25W	80	15	Apr.	1837	Hem
Cunningham	Joseph	L.	9	13S	24W	320	15	Apr.	1837	Hem
Cunningham	Joseph	L.	9	14S	25W	160	1	Aug.	1837	Hem
Cunningham	Joseph	L.	9	14S	25W	160	15	Apr.	1837	Hem
Cunningham	Joseph	L.	10	13S	25W	80	15	Apr.	1837	Hem
Cunningham	Joseph	L.	10	13S	25W	160	15	Apr.	1837	Hem
Cunningham	Joseph	L.	11	13S	25W	80	15	Apr.	1837	Hem
Cunningham	Joseph	L.	17	14S	25W	160	1	Aug.	1837	Hem
Cunningham	Joseph	L.	27	12S	25W	80	15	Apr.	1837	Hem
Cunningham	Joseph	L.	27	12S	25W	80	15	Apr.	1837	Hem
Cunningham	Joseph	L.	28	13S	25W	160	15	Apr.	1837	Hem
Cunningham	Joseph	L.	31	11S	23W	80	1	Aug.	1837	Hem
Cunningham	Joseph	L.	32	13S	25W	80	15	Apr.	1837	Hem
Cunningham	Joseph	L.	32	13S	25W	80	15	Apr.	1837	Hem
Cunningham	Joseph	L.	33	13S	25W	320	15	Apr.	1837	Hem
Cunningham	Robert	M.	2	13S	25W	158.35	15	Apr.	1837	Hem
Cunningham	Robert	M.	27	13S	25W	80	1	Aug.	1837	Hem
Cunningham	Robert	M.	34	12S	25W	80	15	Apr.	1837	Hem
Cunningham	Robert	M.	35	12S	25W	80	15	Apr.	1837	Hem
Cunningham	William		27	13S	25W	160	1	Aug.	1837	Hem
Cunningham	William		28	13S	25W	80	1	Aug.	1837	Hem
Cunningham	William		28	13S	25W	80	1	Aug.	1837	Hem
Cunningham	William		28	13S	25W	80	15	Apr.	1837	Hem
Cupp	John	H.	28	5S	30W	160	22	Mar.	1906	Howa
Cureton	William	H.	25	6S	30W	160	10	Aug.	1894	Howa
Curnutt	John	C.	21	17N	21W	120	28	Jun.	1890	Neva
Curnutt	John	C.	21	17N	21W	-	28	Jun.	1890	Neva
Curnutt	Joseph	O.	26	17N	21W	160	1	Jun.	1882	Neva
Curnutt	Joseph	O.	26	17N	21W	-	1	Jun.	1882	Neva
Curnutt	Mary	A.	22	17N	21W	-	4	Sep.	1895	Neva
Curnutt	Mary	A.	23	17N	21W	120	4	Sep.	1895	Neva
Curnutt	William	L.	5	16N	21W	-	6	Jul.	1889	Neva
Curnutt	William	L.	6	16N	21W	120	6	Jul.	1889	Neva
Curnutt	William		27	17N	22W	160	3	Nov.	1891	Neva
Curnutt	William		27	17N	22W	-	3	Nov.	1891	Neva
Curry	Walter	A.	20	12S	30W	-	28	Jun.	1895	LRiv

Last Name	First Name	Int.	Section No.	Twp.	Ran	Acres	Date			Co.
Curry	Walter	A.	20	12S	30W	160	28	Jun.	1895	LRiv
Curtis	Amos	F.	31	14N	20W	159.38	13	Jan.	1875	Neva
Curtis	Amos	F.	31	14N	20W	-	13	Jan.	1875	Neva
Curtis	Amos	F.	31	14N	20W	-	13	Jan.	1875	Neva
Curtis	Amos	F.	31	14N	23W	159.38	1	Jun.	1875	Neva
Curtis	Amos	F.	31	14N	23W	-	1	Jun.	1875	Neva
Curtis	Amos	F.	31	14N	23W	-	1	Jun.	1875	Neva
Curtis	George	R.	10	14N	19W	160	27	Jan.	1900	Neva
Curtis	George	R.	10	14N	19W	-	27	Jan.	1900	Neva
Curtis	George	R.	10	14N	19W	-	27	Jan.	1900	Neva
Curtis	George	W.	26	14N	24W	160	7	Sep.	1900	Neva
Curtis	Horrace		1	13N	23W	42.34	28	Jun.	1905	Neva
Curtis	Horrace		1	13N	23W	124.51	17	Oct.	1904	Neva
Curtis	Horrace		1	13N	23W	-	17	Oct.	1904	Neva
Curtis	Horrace		6	13N	22W	-	17	Oct.	1904	Neva
Curtis	Isaiah		5	9S	27W	-	2	Apr.	1860	Howa
Curtis	Isaiah		5	9S	27W	161.03	2	Apr.	1860	Howa
Curtis	James	H.	27	14N	23W	80	30	Aug.	1888	Neva
Curtis	James	H.	27	14N	23W	-	30	Aug.	1888	Neva
Curtis	James	H.	27	14N	23W	-	10	Apr.	1907	Neva
Curtis	James	H.	27	14N	23W	-	10	Apr.	1907	Neva
Curtis	James	H.	34	14N	23W	120	10	Apr.	1907	Neva
Curtis	Japley		24	14S	25W	40	2	Apr.	1860	Hem
Curtis	Jasper	N.	5	9S	27W	40	2	Apr.	1860	Howa
Curtis	John	M.	5	9S	27W	40	2	Apr.	1860	Howa
Curtis	John	M.	8	9S	27W	40	2	Apr.	1860	Howa
Curtis	John		9	14N	19W	80	15	Aug.	1876	Neva
Curtis	John		9	14N	19W	-	15	Aug.	1876	Neva
Curtis	Payton	E.	17	11S	25W	40	1	Dec.	1857	Hem
Curtis	Tapley		24	14S	25W	160	1	Jul.	1859	Hem
Curtis	Tapley		24	14S	25W	-	1	Jul.	1859	Hem
Curtis	Tapley		24	14S	25W	-	1	Jul.	1859	Hem
Curtis	Thomas	N.	17	10S	32W	-	23	Jan.	1899	LRiv
Curtis	Thomas	N.	17	10S	32W	120	23	Jan.	1899	LRiv
Curtis	Thomas	S.	25	14N	23W	-	20	Oct.	1884	Neva
Curtis	Thomas	S.	36	14N	23W	160	20	Oct.	1884	Neva
Curtis	William	R.	2	13N	23W	-	14	Jun.	1904	Neva
Curtis	William	R.	2	13N	23W	-	14	Jun.	1904	Neva
Curtis	William	R.	34	14N	23W	150.59	14	Jun.	1904	Neva
Custer	Jacob		3	9S	27W	40	1	Mar.	1855	Howa
Custer	Jacob		5	13S	26W	87	1	Feb.	1861	Hem
Custer	Jacob		33	12S	26W	40	1	Feb.	1861	Hem
Dale	Sanford	F.	24	17N	21W	40	28	Mar.	1906	Neva
Dalgam	Margaret		23	14N	21W	80	28	Mar.	1906	Neva
Dalgarn	Margaret		22	14N	21W	80	22	Mar.	1906	Neva
Dalrymple	Edmon	L.	19	6S	30W	37.74	26	Sep.	1902	Howa
Dalrymple	George		25	6S	29W	40	2	Apr.	1860	Howa
Dalrymple	George		25	6S	29W	40	8	Oct.	1895	Howa
Dalrymple	M	A.	6	10S	32W	48.72	1	Oct.	1860	LRiv
Dalrymple	M	A.	6	10S	32W	52.44	1	Oct.	1860	LRiv
Dalrymple	Robert	L.	27	6S	29W	-	22	Mar.	1906	Howa
Dalrymple	Robert	L.	27	6S	29W	-	22	Mar.	1906	Howa
Dalrymple	Robert	L.	34	6S	29W	160	22	Mar.	1906	Howa
Dalrymple	Thomas	M.	26	6S	29W	40	1	Mar.	1855	Howa
Dalrymple	Thomas	M.	26	6S	29W	40	2	Apr.	1860	Howa
Dalrymple	Thomas	M.	26	6S	29W	40	30	Jun.	1884	Howa

Last Name	First Name	Int.	Section No.	Twp.	Ran	Acres	Date			Co.
Daner	Solomon		25	11S	31W	-	4	Oct.	1898	LRiv
Daner	Solomon		25	11S	31W	160	4	Oct.	1898	LRiv
Daniel	Henry		18	12S	30W	48.42	2	Jul.	1860	LRiv
Daniel	James	C.	28	12S	25W	40	1	May	1845	Hem
Daniel	James	P.	1	13N	20W	-	16	Aug.	1906	Neva
Daniel	James	P.	12	13N	20W	160	16	Aug.	1906	Neva
Daniel	James		29	14N	19W	160	8	May	1901	Neva
Daniel	James		29	14N	19W	-	8	May	1901	Neva
Daniel	James		29	14N	19W	-	8	May	1901	Neva
Daniel	Jesse	O.	23	17N	19W	40	15	Aug.	1882	Neva
Daniel	William	E.	4	14N	22W	159.89	26	Aug.	1896	Neva
Daniell	Smith	C.	4	14S	26W	68.81	10	Apr.	1837	Hem
Daniell	Smith	C.	11	14S	26W	80	10	Apr.	1837	Hem
Daniell	Smith	C.	11	14S	26W	80	10	Apr.	1837	Hem
Daniell	Smith	C.	12	14S	26W	80	10	Apr.	1837	Hem
Daniell	Smith	C.	12	14S	26W	80	10	Apr.	1837	Hem
Daniell	Smith	C.	12	14S	26W	160	10	Apr.	1837	Hem
Daniell	Smith	C.	13	14S	26W	63.51	10	Apr.	1837	Hem
Daniell	Smith	C.	13	14S	26W	67.87	1	Aug.	1837	Hem
Daniell	Smith	C.	13	14S	26W	67.87	1	Mar.	1843	Hem
Daniell	Smith	C.	13	14S	26W	80	10	Apr.	1837	Hem
Daniell	Smith	C.	13	14S	26W	80	10	Apr.	1837	Hem
Daniell	Smith	C.	13	14S	26W	80	10	Apr.	1837	Hem
Daniell	Smith	C.	13	14S	26W	80	10	Apr.	1837	Hem
Daniell	Smith	C.	13	14S	26W	80	10	Apr.	1837	Hem
Daniell	Smith	C.	14	14S	26W	115.87	10	Apr.	1837	Hem
Daniell	Smith	C.	14	14S	26W	160	10	Apr.	1837	Hem
Daniell	Smith	C.	18	14S	25W	162.58	10	Apr.	1837	Hem
Daniell	Smith	C.	18	14S	25W	162.73	10	Apr.	1837	Hem
Daniell	Smith	C.	19	14S	25W	60.48	10	Apr.	1837	Hem
Daniell	Smith	C.	19	14S	25W	64.51	10	Apr.	1837	Hem
Daniell	Smith	C.	19	14S	25W	76.47	10	Apr.	1837	Hem
Daniell	Smith	C.	19	14S	25W	76.5	10	Apr.	1837	Hem
Daniell	Smith	C.	19	14S	25W	78.32	10	Apr.	1837	Hem
Daniell	Smith	C.	19	14S	25W	79.08	10	Apr.	1837	Hem
Daniell	Smith	C.	19	14S	25W	80	10	Apr.	1837	Hem
Daniell	Smith	C.	19	14S	25W	80	10	Apr.	1837	Hem
Daniell	Smith	C.	20	14S	25W	77.27	10	Apr.	1837	Hem
Daniell	Smith	C.	20	14S	25W	80	10	Apr.	1837	Hem
Daniell	Smith	C.	20	14S	25W	80	10	Apr.	1837	Hem
Daniell	Smith	C.	20	14S	25W	80	10	Apr.	1837	Hem
Daniell	Smith	C.	20	14S	25W	80	10	Apr.	1837	Hem
Daniell	Smith	C.	20	14S	25W	80	10	Apr.	1837	Hem
Daniell	Smith	C.	20	14S	25W	80	10	Apr.	1837	Hem
Daniell	Smith	C.	23	14S	26W	56.28	10	Apr.	1837	Hem
Daniell	Smith	C.	23	14S	26W	71.21	10	Apr.	1837	Hem
Daniell	Smith	C.	23	14S	26W	78.87	10	Apr.	1837	Hem
Daniell	Smith	C.	23	14S	26W	79.98	10	Apr.	1837	Hem
Daniell	Smith	C.	23	14S	26W	110.24	10	Apr.	1837	Hem
Daniell	Smith	C.	23	14S	26W	115.85	10	Apr.	1837	Hem
Daniell	Smith	C.	24	14S	26W	88.39	10	Apr.	1837	Hem
Daniell	Smith	C.	27	13S	26W	80	10	Apr.	1837	Hem
Daniell	Smith	C.	27	13S	26W	80	10	Apr.	1837	Hem
Daniell	Smith	C.	28	13S	26W	66.2	10	Apr.	1837	Hem

Last Name	First Name	Int.	Section No.	Twp.	Ran	Acres	Date			Co.
Daniell	Smith	C.	28	13S	26W	80	10	Apr.	1837	Hem
Daniell	Smith	C.	33	13S	26W	80	10	Apr.	1837	Hem
Daniell	Smith	C.	33	13S	26W	80	10	Apr.	1837	Hem
Daniell	Smith	C.	33	13S	26W	80	10	Apr.	1837	Hem
Daniell	Smith	C.	33	13S	26W	80	10	Apr.	1837	Hem
Daniell	Smith	C.	33	13S	26W	80	10	Apr.	1837	Hem
Daniell	Smith	C.	33	13S	26W	80	10	Apr.	1837	Hem
Daniell	Smith	C.	34	13S	26W	80	10	Apr.	1837	Hem
Daniell	Smith	C.	34	13S	26W	80	10	Apr.	1837	Hem
Daniell	Smith	C.	34	13S	26W	80	10	Apr.	1837	Hem
Daniell	Tattnall	F.	18	14S	25W	40	2	Apr.	1860	Hem
Daniell	William	C.	3	14S	25W	240	10	Aug.	1837	Hem
Daniell	William	C.	21	14S	25W	80	10	Aug.	1837	Hem
Daniell	William	C.	21	14S	25W	80	10	Aug.	1837	Hem
Daniels	Erbey		5	14N	22W	-	24	Oct.	1894	Neva
Daniels	Erbey		8	14N	22W	160	24	Oct.	1894	Neva
Daniels	Goin		17	12S	32W	80	13	Jun.	1889	LRiv
Daniels	Isaiah	P.	11	12S	30W	40	13	Jan.	1894	LRiv
Daniels	James		12	10S	24W	40	30	Jun.	1882	Hem
Daniels	James		17	12S	32W	80	23	Jun.	1889	LRiv
Daniels	John	W.	1	11S	27W	80	15	Apr.	1837	Howa
Daniels	John	W.	11	11S	27W	40	10	Apr.	1837	Howa
Daniels	Jordan		17	12S	32W	160	30	Jun.	1882	LRiv
Daniels	Jordan		20	12S	32W	-	30	Jun.	1882	LRiv
Daniels	Lewis		21	15N	22W	160	4	May	1894	Neva
Daniels	Lewis		21	15N	22W	-	4	May	1894	Neva
Daniels	Lewis		21	15N	22W	-	4	May	1894	Neva
Daniels	William		33	15N	23W	40	5	Feb.	1884	Neva
Dansler	Thomas		34	12S	29W	80	3	Feb.	1898	LRiv
Danvers	Charles	L.	18	11S	31W	40	2	Jul.	1860	LRiv
Daris	Andy		19	13N	19W	156.16	5	Apr.	1895	Neva
Daris	Andy		19	13N	19W	-	5	Apr.	1895	Neva
Darr	Eli	B.	3	16N	20W	160	10	Apr.	1907	Neva
Darrow	Benjamin	F.	2	16N	23W	40	10	Oct.	1894	Neva
Darrow	Benjamin	F.	11	16N	23W	120	10	Oct.	1894	Neva
Darrow	Benjamin	F.	11	16N	23W	-	10	Oct.	1894	Neva
Daugherty	George		1	12S	30W	-	27	Jun.	1898	LRiv
Daugherty	George		12	12S	30W	160	27	Jun.	1898	LRiv
Daugherty	George		25	5S	30W	40	1	May	1856	Howa
Daugherty	Nicholas		31	9S	24W	40	1	Nov.	1848	Hem
Davenport	Edward	J.	32	8S	28W	40	7	May	1907	Howa
Davenport	Noah	W.	2	15N	19W	-	25	Jun.	1889	Neva
Davenport	Noah	W.	11	15N	19W	80	25	Jun.	1889	Neva
Davidson	John	G.	27	14N	24W	-	8	Apr.	1903	Neva
Davidson	John	G.	34	14N	24W	160	8	Apr.	1903	Neva
Davidson	Minor	B.	28	12S	25W	40	1	May	1845	Hem
Davidson	Nancy		17	13N	23W	-	23	Nov.	1891	Neva
Davidson	Nancy		17	13N	23W	-	23	Nov.	1891	Neva
Davidson	Nancy		20	13N	23W	160	23	Nov.	1891	Neva
Davidson	Stephen	F.	2	15N	22W	159.49	9	Aug.	1919	Neva
Davidson	Stephen	F.	3	15N	22W	-	9	Aug.	1919	Neva
Davis	Alexander	F.	27	16N	21W	40	1	Nov.	1884	Neva
Davis	Alexander	F.	27	16N	21W	40	1	Nov.	1884	Neva
Davis	Alexander	S.	4	13N	21W	160.72	26	Mar.	1890	Neva
Davis	Ambrose	L.	26	15N	20W	-	5	Aug.	1885	Neva
Davis	Ambrose	L.	26	15N	20W	-	5	Aug.	1885	Neva

Last Name	First Name	Int.	Section No.	Twp.	Ran	Acres	Date		Co.
Davis	Ambrose	L.	35	15N	20W	-	5 Aug.	1885	Neva
Davis	Andrew	F.	31	12S	30W	40	1 Mar.	1855	LRiv
Davis	Andrew	F.	31	12S	30W	50.18	1 Mar.	1855	LRiv
Davis	Andrew	F.	31	12S	30W	50.58	2 Jul.	1860	LRiv
Davis	Andrew	F.	36	12S	31W	-	2 Apr.	1860	LRiv
Davis	Andrew	F.	36	12S	31W	40	2 Apr.	1860	LRiv
Davis	Andrew	F.	36	12S	31W	40	1 Mar.	1855	LRiv
Davis	Andrew	F.	36	12S	31W	80	2 Apr.	1860	LRiv
Davis	Andrew	J.	19	5S	29W	-	11 Sep.	1905	Howa
Davis	Andrew	J.	29	5S	29W	160	11 Sep.	1905	Howa
Davis	Andrew	J.	30	5S	29W	-	11 Sep.	1905	Howa
Davis	Andrew	J.	36	13N	22W	80	20 Jan.	1886	Neva
Davis	Anthony	W.	10	8S	29W	40	2 Apr.	1860	Howa
Davis	Anthony		3	13S	30W	40	2 Jul.	1860	LRiv
Davis	Anthony		7	13S	30W	39.85	1 Mar.	1855	LRiv
Davis	Anthony		8	13S	30W	80	1 Mar.	1855	LRiv
Davis	Aquila		24	13S	25W	40	10 Apr.	1837	Hem
Davis	Aquila		25	13S	25W	40	10 Apr.	1837	Hem
Davis	Aquila		25	13S	25W	40	1 Aug.	1837	Hem
Davis	Aquilla		24	13S	25W	40	15 Apr.	1837	Hem
Davis	Aquilla		25	13S	25W	40	15 Apr.	1837	Hem
Davis	Aquilla		25	13S	25W	40	15 Apr.	1837	Hem
Davis	Aquilla		26	13S	25W	80	15 Apr.	1837	Hem
Davis	Aquilla		27	13S	25W	80	1 Aug.	1837	Hem
Davis	Bazell		10	9S	28W	40	1 Mar.	1855	Howa
Davis	Bazell		11	9S	28W	80	1 Mar.	1855	Howa
Davis	Bazil		15	9S	28W	-	1 Jul.	1849	Howa
Davis	Bazil		15	9S	28W	40	1 Mar.	1855	Howa
Davis	Bazil		15	9S	28W	120	1 Jul.	1849	Howa
Davis	Benjamin	S.	1	9S	26W	160	2 Apr.	1860	Hem
Davis	Benjamin	S.	6	9S	25W	40	2 Jul.	1860	Hem
Davis	Benjamin	Y.	6	9S	25W	86.51	2 Jul.	1860	Hem
Davis	Benton	C.	28	14N	20W	160	1 Jun.	1882	Neva
Davis	Benton	C.	28	14N	20W	-	1 Jun.	1882	Neva
Davis	Charley	M.	17	5S	29W	-	16 Aug.	1899	Howa
Davis	Charley	M.	17	5S	29W	160	16 Aug.	1899	Howa
Davis	Clement		18	6S	28W	40	1 Mar.	1854	Howa
Davis	Clement		18	6S	28W	40	1 Mar.	1855	Howa
Davis	Clement		18	6S	28W	40	1 Mar.	1855	Howa
Davis	Clement		18	6S	28W	40	1 Jul.	1859	Howa
Davis	Clement		19	6S	28W	40	1 Feb.	1861	Howa
Davis	Clement		19	6S	28W	55.18	1 Apr.	1860	Howa
Davis	Clement		24	6S	29W	40	2 Apr.	1860	Howa
Davis	Columbus	J.	20	13N	20W	-	10 Apr.	1907	Neva
Davis	Columbus	J.	29	13N	20W	160	10 Apr.	1907	Neva
Davis	Columbus	J.	29	13N	20W	-	10 Apr.	1907	Neva
Davis	David		7	10S	28W	-	2 Jul.	1860	Howa
Davis	David		7	10S	28W	82.99	2 Jul.	1860	Howa
Davis	Elizabeth	A.	2	6S	30W	64.44	2 Apr.	1860	Howa
Davis	Elizabeth	A.	30	5S	29W	40.67	2 Apr.	1860	Howa
Davis	Elizabeth	A.	36	5S	30W	40	2 Apr.	1860	Howa
Davis	Emeline		4	13N	21W	-	28 Jun.	1890	Neva
Davis	Emeline		9	13N	21W	80	28 Jun.	1890	Neva
Davis	Enoch	W.	17	6S	28W	40	2 Apr.	1860	Howa
Davis	Enoch	W.	18	6S	28W	40	2 Jul.	1860	Howa
Davis	Enoch		2	9S	29W	126.53	1 Dec.	1857	Howa

Last Name	First Name	Int.	Section No.	Twp.	Ran	Acres	Date		Co.
Davis	Enoch		35	8S	29W	-	1 Dec.	1857	Howa
Davis	Enoch		35	8S	29W	40	1 Dec.	1857	Howa
Davis	Euel	S.	7	12S	31W	-	1 May	1906	LRiv
Davis	Euel	S.	7	12S	31W	120	1 May	1906	LRiv
Davis	Faires	B.	18	6S	28W	-	23 Jun.	1889	Howa
Davis	Faires	B.	18	6S	28W	98.02	23 Jun.	1889	Howa
Davis	Gabriel		28	5S	28W	-	17 Mar.	1888	Howa
Davis	Gabriel		28	5S	28W	160	17 Mar.	1888	Howa
Davis	Henderson	L.	29	14N	20W	160	16 Jun.	1904	Neva
Davis	Henderson	L.	29	14N	20W	-	16 Jun.	1904	Neva
Davis	Henderson	L.	29	14N	20W	-	16 Jun.	1904	Neva
Davis	Henry	J.	23	8S	28W	-	11 Jul.	1895	Howa
Davis	Henry	J.	23	8S	28W	80	11 Jul.	1895	Howa
Davis	Henry	T.	23	8S	28W	40	2 Apr.	1860	Howa
Davis	Henry		23	6S	28W	160	31 Jan.	1889	Howa
Davis	Hiram	M.	28	14N	21W	-	22 Oct.	1903	Neva
Davis	Hiram	M.	28	14N	21W	-	22 Oct.	1903	Neva
Davis	Hiram	M.	29	14N	21W	160	22 Oct.	1903	Neva
Davis	Hiram	M.	29	14N	21W	-	22 Oct.	1903	Neva
Davis	Isham	F.	1	9S	27W	40	1 Jul.	1859	Howa
Davis	Isham	T.	1	9S	27W	80	1 Jul.	1857	Howa
Davis	Isham	T.	7	9S	26W	182.79	10 Oct.	1856	Hem
Davis	Isom	J.	25	16N	23W	40	15 Nov.	1854	Neva
Davis	James	I.	3	16N	21W	84.28	19 Sep.	1898	Neva
Davis	James	M.	20	13N	20W	-	17 Jun.	1895	Neva
Davis	James	M.	29	13N	20W	160	17 Jun.	1895	Neva
Davis	James	M.	29	13N	20W	-	17 Jun.	1895	Neva
Davis	James	W.	27	5S	28W	-	22 Nov.	1889	Howa
Davis	James	W.	27	5S	28W	160	22 Nov.	1889	Howa
Davis	James		18	5S	28W	-	24 Jun.	1889	Howa
Davis	James		18	5S	28W	-	24 Jun.	1889	Howa
Davis	James		19	5S	28W	160	24 Jun.	1889	Howa
Davis	Jefferson		22	5S	29W	-	3 May	1895	Howa
Davis	Jefferson		27	5S	29W	160	3 May	1895	Howa
Davis	Jesse	P.	20	5S	28W	-	2 Sep.	1889	Howa
Davis	Jesse	P.	20	5S	28W	-	2 Sep.	1889	Howa
Davis	Jesse	P.	21	5S	28W	40	2 Jul.	1860	Howa
Davis	Jesse	P.	21	5S	28W	40	2 Jul.	1860	Howa
Davis	Jesse	P.	21	5S	28W	120	2 Sep.	1889	Howa
Davis	John	E.	22	9S	28W	40	1 Sep.	1846	Howa
Davis	John	E.	22	9S	28W	40	1 Nov.	1849	Howa
Davis	John	M.	2	9S	26W	39.91	2 Apr.	1860	Hem
Davis	John	M.	2	9S	26W	41.68	1 Jul.	1859	Hem
Davis	John	M.	2	9S	26W	81.86	2 Apr.	1860	Hem
Davis	John	M.	10	13S	30W	80	2 Apr.	1860	LRiv
Davis	John	N.	5	13N	21W	80	9 May	1905	Neva
Davis	John	N.	5	13N	21W	-	18 Apr.	1905	Neva
Davis	John	N.	5	13N	21W	-	9 May	1905	Neva
Davis	John	N.	8	13N	21W	80	18 Apr.	1905	Neva
Davis	John	N.	32	13N	20W	160	21 Jul.	1903	Neva
Davis	John	N.	33	13N	20W	-	21 Jul.	1903	Neva
Davis	John	P.	24	13S	29W	160	13 Jun.	1889	LRiv
Davis	John	S.	25	10S	26W	80	15 Apr.	1837	Hem
Davis	John	S.	36	10S	26W	40	1 Aug.	1837	Hem
Davis	John	S.	36	10S	26W	40	10 Apr.	1837	Hem
Davis	Joshua	B.	19	11S	24W	40	1 Jun.	1875	Hem

Last Name	First Name	Int.	Section No.	Twp.	Ran	Acres	Date			Co.
Davis	Lazarus	H.	6	11S	31W	163.09	31	Dec.	1904	LRiv
Davis	Levi	B.	6	9S	26W	42.72	1	Jul.	1859	Hem
Davis	Levi		17	13S	32W	80	10	Nov.	1841	LRiv
Davis	Levi		17	13S	32W	80	10	Nov.	1841	LRiv
Davis	Levi		17	13S	32W	157.19	10	Nov.	1841	LRiv
Davis	Levi		30	5S	29W	-	16	Aug.	1899	Howa
Davis	Levi		30	5S	29W	40	15	Oct.	1906	Howa
Davis	Levi		30	5S	29W	120.57	16	Aug.	1899	Howa
Davis	Liddie	E.	4	16N	21W	-	31	Dec.	1889	Neva
Davis	Liddie	E.	34	17N	21W	81.94	31	Dec.	1889	Neva
Davis	Mathew		33	5S	28W	-	1	Jul.	1859	Howa
Davis	Mathew		33	5S	28W	80	1	Jul.	1859	Howa
Davis	Mirick		28	5S	28W	40	1	Dec.	1857	Howa
Davis	Nancy	A.	25	16N	21W	80	21	Dec.	1899	Neva
Davis	Nancy	A.	25	16N	21W	-	21	Dec.	1899	Neva
Davis	Nat		21	5S	29W	40	5	Apr.	1890	Howa
Davis	Nat		25	5S	30W	80	5	Apr.	1890	Howa
Davis	Nat		26	5S	30W	-	5	Apr.	1890	Howa
Davis	Nathaniel		9	5S	29W	80	2	Apr.	1860	Howa
Davis	Oliver	P.	21	5S	28W	-	24	Jun.	1889	Howa
Davis	Oliver	P.	21	5S	28W	160	24	Jun.	1889	Howa
Davis	Oliver		11	16N	21W	40	15	Nov.	1854	Neva
Davis	Peter	S.	25	5S	30W	40	5	Apr.	1890	Howa
Davis	Peter	S.	29	5S	29W	-	18	Apr.	1895	Howa
Davis	Peter	S.	30	5S	29W	160	18	Apr.	1895	Howa
Davis	Peter	S.	32	5S	29W	-	18	Apr.	1895	Howa
Davis	Peyton	N.	2	6S	30W	70.01	1	Feb.	1861	Howa
Davis	Richard	D.	27	6S	28W	-	26	Sep.	1902	Howa
Davis	Richard	D.	27	6S	28W	-	26	Sep.	1902	Howa
Davis	Richard	D.	27	6S	28W	160	26	Sep.	1902	Howa
Davis	Richard	H.	12	5S	30W	-	23	Jan.	1899	Howa
Davis	Richard	H.	12	5S	30W	-	23	Jan.	1899	Howa
Davis	Richard	H.	12	5S	30W	160	23	Jan.	1899	Howa
Davis	Richard		26	15N	20W	40	15	Nov.	1854	Neva
Davis	Samuel	B.	10	12S	25W	80	10	May	1827	Hem
Davis	Samuel	B.	25	10S	25W	80	10	May	1827	Hem
Davis	Samuel	H.	21	5S	28W	80	11	Sep.	1905	Howa
Davis	Samuel		2	14N	20W	39.74	15	Nov.	1854	Neva
Davis	Samuel		2	14N	20W	40	1	Aug.	1857	Neva
Davis	Solomon		2	13S	32W	80	10	Jul.	1844	LRiv
Davis	Solomon		2	13S	32W	80	10	Jul.	1844	LRiv
Davis	Thomas	E.	21	14N	22W	160	19	Sep.	1898	Neva
Davis	Thomas	E.	21	14N	22W	-	19	Sep.	1898	Neva
Davis	William	A.	27	12S	31W	-	2	Jul.	1860	LRiv
Davis	William	A.	34	12S	31W	-	2	Jul.	1860	LRiv
Davis	William	A.	34	12S	31W	120	2	Jul.	1860	LRiv
Davis	William	B.	3	14N	19W	148.63	31	Dec.	1904	Neva
Davis	William	E.	24	5S	28W	-	26	May	1890	Howa
Davis	William	J.	13	14N	24W	160	8	Jun.	1901	Neva
Davis	William	J.	13	14N	24W	-	8	Jun.	1901	Neva
Davis	William	N.	28	5S	28W	-	26	Jun.	1906	Howa
Davis	William	N.	28	5S	28W	120	26	Jun.	1906	Howa
Davis	William	R.	26	6S	28W	160	31	Dec.	1904	Howa
Davis	William		6	13N	21W	-	31	Dec.	1904	Neva
Davis	William		6	13N	21W	-	31	Dec.	1904	Neva
Davis	William		7	13N	21W	160	31	Dec.	1904	Neva

Last Name	First Name	Int.	Section No.	Twp.	Ran	Acres	Date			Co.
Davison	John	L.	1	13N	22W	-	18	Apr.	1898	Neva
Davison	John	L.	12	13N	22W	80	18	Apr.	1898	Neva
Davison	John	P.	1	13N	22W	-	28	Jun.	1890	Neva
Davison	John	P.	12	13N	22W	80	28	Jun.	1890	Neva
Davison	Thomas	J.	34	13N	21W	160	31	Dec.	1904	Neva
Davison	Thomas	J.	34	13N	21W	-	31	Dec.	1904	Neva
Davison	Thomas	J.	34	13N	21W	-	31	Dec.	1904	Neva
Dawson	George	W.	12	13S	28W	-	2	Apr.	1860	LRiv
Dawson	George	W.	12	13S	28W	200	2	Apr.	1860	LRiv
Dawson	Samuel	J.	8	9S	28W	-	1	Nov.	1839	Howa
Dawson	Samuel	J.	8	9S	28W	320	1	Nov.	1839	Howa
Dawson	Samuel	J.	9	9S	28W	-	1	Nov.	1839	Howa
Dawson	Samuel	J.	9	9S	28W	480	1	Nov.	1839	Howa
Dawson	Samuel		4	10S	25W	160	1	Nov.	1839	Hem
Dawson	Samuel		5	10S	25W	320	1	Nov.	1839	Hem
Dawson	Samuel		9	10S	25W	160	1	Nov.	1839	Hem
Dawson	Samuel		23	11S	25W	160	1	Nov.	1839	Hem
Dawson	Thomas		5	8S	27W	160.81	17	Mar.	1888	Howa
De Long	William	J.	19	9S	28W	40	1	Mar.	1855	Howa
De Long	William	J.	30	9S	28W	41.38	1	Mar.	1855	Howa
Deal	Reuben	A.	10	13S	28W	160	19	Sep.	1898	LRiv
Dean	Bartley	R.	29	11S	31W	-	23	Jan.	1899	LRiv
Dean	Bartley	R.	29	11S	31W	-	23	Jan.	1899	LRiv
Dean	Bartley	R.	29	11S	31W	160	23	Jan.	1899	LRiv
Dean	Jesse	R.	29	11S	31W	-	18	Apr.	1905	LRiv
Dean	Jesse	R.	29	11S	31W	80	18	Apr.	1905	LRiv
Dean	John	M.	17	14N	19W	80	19	Sep.	1898	Neva
Dean	John	M.	20	14N	19W	80	10	Jul.	1883	Neva
Dean	Jonathan	H.	28	14N	19W	160	10	Apr.	1907	Neva
Dean	Richard		17	14N	19W	80	7	Jun.	1883	Neva
Dean	Richard		17	14N	19W	80	11	May	1900	Neva
Dean	Richard		17	14N	19W	-	11	May	1900	Neva
Dearing	Abram	B.	34	17N	20W	160	30	Jul.	1875	Neva
Dearing	Abram	B.	34	17N	20W	-	30	Jul.	1875	Neva
Dearing	Abram	B.	34	17N	20W	-	30	Jul.	1875	Neva
Dearing	George	W.	1	16N	20W	80	23	Apr.	1891	Neva
Dearing	George	W.	11	16N	20W	80	20	Feb.	1900	Neva
Dearing	John	T.	33	17N	20W	80	5	Jul.	1889	Neva
Dearing	William	W.	2	16N	20W	160	1	Oct.	1875	Neva
Deas	James	S.	18	13S	25W	72	10	Apr.	1837	Hem
Deas	James	S.	18	13S	26W	76.74	10	Apr.	1837	Hem
Deas	James	S.	19	13S	26W	23.48	10	Apr.	1837	LRiv
Deaton	John	Q.	12	16N	21W	160	15	Dec.	1882	Neva
Deaton	John	W.	14	16N	21W	-	6	Dec.	1890	Neva
Deaton	John	W.	14	16N	21W	-	6	Dec.	1890	Neva
Deaton	John	W.	23	16N	21W	160	6	Dec.	1890	Neva
Deaton	Mackiney		8	10S	25W	80	10	Sep.	1870	Hem
Dee	Dennis		26	14S	26W	120.33	23	Jan.	1899	Hem
Dee	Dennis		26	14S	26W	-	23	Jan.	1899	Hem
Deering	James	T.	17	16N	20W	-	24	Jun.	1878	Neva
Deering	James	T.	20	16N	20W	-	24	Jun.	1878	Neva
Deering	James	T.	21	16N	20W	120	24	Jun.	1878	Neva
Deloney	Edward	B.	22	10S	28W	40	1	Jul.	1859	Howa
Deloney	Edward	R.	26	10S	28W	160	3	Feb.	1898	Howa
Deloney	William	J.	19	9S	28W	40	1	Jul.	1857	Howa
Deloney	William	J.	30	9S	28W	40	1	Jul.	1857	Howa

Last Name	First Name	Int.	Section No.	Twp.	Ran	Acres	Date			Co.
Delong	Edward	B.	22	10S	28W	40	15	Jun.	1855	Howa
Delong	Edward	B.	28	10S	28W	-	1	May	1856	Howa
Delong	Edward	B.	28	10S	28W	80	1	May	1856	Howa
Delong	William	J.	10	9S	27W	40	1	Oct.	1850	Howa
Delony	Alexander		12	11S	27W	80	1	Apr.	1876	Howa
Delony	Edmond	T.	35	10S	28W	320	1	Dec.	1857	Howa
Delony	Edmund	T.	36	10S	28W	40	1	May	1856	Howa
Delony	James	H.	20	10S	26W	80	1	Jul.	1859	Hem
Delony	Oswald		28	10S	27W	-	1	Apr.	1876	Howa
Delony	Oswald		28	10S	27W	120	1	Apr.	1876	Howa
Delony	Thomas		28	10S	27W	80	1	Apr.	1876	Howa
Dennis	John	E.	4	13S	25W	317.12	1	Aug.	1837	Hem
Dennis	John	E.	17	13S	24W	80	1	Aug.	1837	Hem
Dennis	John	E.	18	13S	24W	-	1	Aug.	1837	Hem
Dennis	John	E.	33	12S	25W	160	1	Aug.	1837	Hem
Dennis	John	E.	33	12S	25W	240	1	Aug.	1837	Hem
Dennis	John	E.	33	12S	25W	-	1	Aug.	1837	Hem
Denton	John	B.	17	11S	27W	80	1	Nov.	1839	Howa
Derrough	Henry	R.	12	13S	32W	80	1	Dec.	1857	LRiv
Derryberry	Henderson	D.	5	11S	31W	-	4	Aug.	1880	LRiv
Derryberry	Henderson	D.	8	11S	31W	-	30	Jun.	1882	LRiv
Derryberry	Henderson	D.	8	11S	31W	80	4	Aug.	1880	LRiv
Derryberry	Henderson	D.	8	11S	31W	120	30	Jun.	1882	LRiv
Derryberry	John	H.	5	11S	31W	-	13	Jun.	1889	LRiv
Derryberry	John	H.	6	11S	31W	-	13	Jun.	1889	LRiv
Derryberry	John	H.	7	11S	31W	160	13	Jun.	1889	LRiv
Derryberry	Tely		7	11S	31W	40	12	Nov.	1900	LRiv
Dewey	Cassins	D.	18	16N	21W	-	31	Dec.	1904	Neva
Dewey	Cassins	D.	18	16N	21W	-	31	Dec.	1904	Neva
Dewey	Cassins	D.	19	16N	21W	119.67	31	Dec.	1904	Neva
Dial	Walter	D.	20	16N	23W	-	26	Aug.	1904	Neva
Dial	Walter	D.	20	16N	23W	-	26	Aug.	1904	Neva
Dial	Walter	D.	21	16N	23W	160	26	Aug.	1904	Neva
Dickens	Erasmus	R.	6	13N	19W	179.87	19	Jul.	1897	Neva
Dickey	Alfred	R.	7	14N	19W	-	4	Aug.	1890	Neva
Dickey	Alfred	R.	17	14N	19W	-	4	Aug.	1890	Neva
Dickey	Alfred	R.	18	14N	19W	120	4	Aug.	1890	Neva
Dickey	Arizona	F.	21	15N	19W	-	18	Apr.	1905	Neva
Dickey	Arizona	F.	28	15N	19W	-	18	Apr.	1905	Neva
Dickey	Arizona	F.	29	15N	19W	160	18	Apr.	1905	Neva
Dickey	Cansady	A.	21	15N	19W	-	26	Sep.	1890	Neva
Dickey	Cansady	A.	28	15N	19W	160	26	Sep.	1890	Neva
Dickey	Cansady	A.	28	15N	19W	-	26	Sep.	1890	Neva
Dickey	Edward	C.	14	15N	19W	-	11	Jun.	1897	Neva
Dickey	Edward	C.	23	15N	19W	80	11	Jun.	1897	Neva
Dickey	Elihu	F.	19	11S	23W	80	3	Feb.	1883	Hem
Dickey	George	H.	21	15N	19W	-	8	Oct.	1901	Neva
Dickey	George	H.	22	15N	19W	-	8	Oct.	1901	Neva
Dickey	George	H.	28	15N	19W	120	8	Oct.	1901	Neva
Dickey	Hamilton	C.	10	14N	19W	40	15	Aug.	1876	Neva
Dickey	Horace	G.	3	14N	19W	160	12	Feb.	1902	Neva
Dickey	Horace	G.	10	14N	19W	-	12	Feb.	1902	Neva
Dickey	James	M.	25	14N	19W	160	10	Apr.	1907	Neva
Dickey	James	M.	25	14N	19W	-	10	Apr.	1907	Neva
Dickey	James	M.	25	14N	19W	-	10	Apr.	1907	Neva
Dickey	James	S.	10	14N	19W	-	7	Jun.	1883	Neva

Last Name	First Name	Int.	Section No.	Twp.	Ran	Acres	Date			Co.
Dickey	James	S.	10	14N	19W	-	7	Jun.	1883	Neva
Dickey	James	S.	15	14N	19W	160	7	Jun.	1883	Neva
Dickey	John	C.	21	15N	19W	-	11	Jun.	1897	Neva
Dickey	John	C.	22	15N	19W	160	11	Jun.	1897	Neva
Dickey	John	W.	17	14N	19W	80	7	Jun.	1883	Neva
Dickey	Lusindia	E.	26	14N	19W	-	25	Aug.	1903	Neva
Dickey	Lusindia	E.	35	14N	19W	160	25	Aug.	1903	Neva
Dickey	Lusindia	E.	35	14N	19W	-	25	Aug.	1903	Neva
Dickey	Susan	A.	24	8S	28W	40	28	Aug.	1896	Howa
Dickson	David	S.	9	9S	26W	40	1	Nov.	1839	Hem
Dickson	David	S.	9	9S	26W	80	1	Nov.	1839	Hem
Dickson	James	T.	26	8S	27W	40	2	Jul.	1860	Howa
Dickson	James		25	8S	27W	-	2	Jul.	1860	Howa
Dickson	James		25	8S	27W	40	1	Mar.	1855	Howa
Dickson	James		25	8S	27W	40	1	Mar.	1855	Howa
Dickson	James		25	8S	27W	40	2	Jul.	1860	Howa
Dickson	James		25	8S	27W	120	1	Jul.	1859	Howa
Dickson	James		36	8S	27W	-	1	Jul.	1859	Howa
Dickson	James		36	8S	27W	40	1	Mar.	1855	Howa
Dickson	James		36	8S	27W	40	2	Jul.	1860	Howa
Dickson	James		36	8S	27W	80	2	Jul.	1860	Howa
Dickson	Joseph	L.	7	13N	21W	320	2	Apr.	1857	Neva
Dickson	Joseph	L.	9	14N	19W	-	1	Apr.	1857	Neva
Dickson	Joseph	L.	10	14N	19W	-	1	Apr.	1857	Neva
Dickson	Joseph	L.	12	14N	20W	-	2	Apr.	1857	Neva
Dickson	Joseph	L.	15	15N	22W	-	2	Apr.	1857	Neva
Dickson	Joseph	L.	22	17N	20W	-	1	Apr.	1857	Neva
Dickson	Joseph	L.	22	17N	20W	-	1	Apr.	1857	Neva
Dickson	Joseph	L.	26	16N	21W	-	2	Apr.	1857	Neva
Dielard	Barzealia		11	9S	27W	40	1	Mar.	1855	Howa
Dierks	Herbert		1	7S	27W	-	11	Oct.	1902	Howa
Dierks	Herbert		1	7S	27W	-	17	Mar.	1903	Howa
Dierks	Herbert		1	7S	27W	79.85	19	May	1903	Howa
Dierks	Herbert		1	7S	27W	79.96	17	Mar.	1903	Howa
Dierks	Herbert		4	7S	27W	80	11	Oct.	1902	Howa
Dierks	Herbert		10	7S	27W	80	11	Oct.	1902	Howa
Dierks	Herbert		10	7S	27W	80	11	Oct.	1902	Howa
Dierks	Herbert		11	7S	27W	-	17	Mar.	1903	Howa
Dierks	Herbert		11	7S	27W	80	11	Oct.	1902	Howa
Dierks	Herbert		11	7S	27W	80	11	Oct.	1902	Howa
Dierks	Herbert		11	7S	27W	80	8	Apr.	1903	Howa
Dierks	Herbert		11	7S	28W	80	16	Jun.	1905	Howa
Dierks	Herbert		12	7S	27W	80	11	Oct.	1902	Howa
Dierks	Herbert		12	7S	27W	80	11	Oct.	1902	Howa
Dierks	Herbert		13	7S	27W	80	11	Oct.	1902	Howa
Dierks	Herbert		13	7S	27W	80	11	Oct.	1902	Howa
Dierks	Herbert		14	7S	27W	80	17	Mar.	1903	Howa
Dierks	Herbert		15	7S	28W	-	28	Jun.	1905	Howa
Dierks	Herbert		18	7S	28W	95.24	28	Jun.	1905	Howa
Dierks	Herbert		19	7S	28W	90.62	26	Jun.	1906	Howa
Dierks	Herbert		20	7S	28W	-	26	Jun.	1906	Howa
Dierks	Herbert		24	7S	27W	80	11	Oct.	1902	Howa
Dierks	Herman	N.	15	7S	28W	-	16	Jun.	1905	Howa
Dierks	Herman	N.	20	7S	28W	80	16	Jun.	1905	Howa
Dierks	Herman		7	7S	28W	-	31	Jan.	1903	Howa
Dierks	Herman		8	7S	28W	-	31	Jan.	1903	Howa

Last Name	First Name	Int.	Section No.	Twp.	Ran	Acres	Date			Co.
Dierks	Herman		8	7S	28W	80	17	Mar.	1903	Howa
Dierks	Herman		9	7S	28W	80	31	Jan.	1903	Howa
Dierks	Herman		9	7S	28W	80	31	Jan.	1903	Howa
Dierks	Herman		9	7S	28W	80	17	Mar.	1903	Howa
Dierks	Herman		9	7S	28W	80	28	Jun.	1905	Howa
Dierks	Herman		9	7S	28W	80	28	Jun.	1905	Howa
Dierks	Herman		9	7S	28W	80	5	Sep.	1906	Howa
Dierks	Herman		10	7S	28W	-	31	Jan.	1903	Howa
Dierks	Herman		10	7S	28W	-	31	Jan.	1903	Howa
Dierks	Herman		10	7S	28W	80	31	Jan.	1903	Howa
Dierks	Herman		10	7S	28W	80	31	Jan.	1903	Howa
Dierks	Herman		10	7S	28W	80	17	Mar.	1903	Howa
Dierks	Herman		10	7S	28W	80	21	Sep.	1905	Howa
Dierks	Herman		11	7S	28W	-	31	Jan.	1903	Howa
Dierks	Herman		11	7S	28W	-	17	Mar.	1903	Howa
Dierks	Herman		11	7S	28W	-	17	Mar.	1903	Howa
Dierks	Herman		11	7S	28W	-	1	May	1906	Howa
Dierks	Herman		11	7S	28W	120	31	Jan.	1903	Howa
Dierks	Herman		11	7S	28W	120	17	Mar.	1903	Howa
Dierks	Herman		11	7S	28W	120	17	Mar.	1903	Howa
Dierks	Herman		11	7S	28W	120	1	May	1906	Howa
Dierks	Herman		12	7S	28W	80	28	Jun.	1905	Howa
Dierks	Herman		12	7S	28W	80	13	Jul.	1905	Howa
Dierks	Herman		13	7S	28W	-	13	Jul.	1905	Howa
Dierks	Herman		13	7S	28W	80	13	Jul.	1905	Howa
Dierks	Herman		14	7S	28W	-	28	Jun.	1905	Howa
Dierks	Herman		14	7S	28W	80	28	Jun.	1905	Howa
Dierks	Herman		15	6S	28W	-	31	Dec.	1904	Howa
Dierks	Herman		15	7S	28W	-	31	Jan.	1903	Howa
Dierks	Herman		15	7S	28W	80	31	Jan.	1903	Howa
Dierks	Herman		15	7S	28W	120	31	Jan.	1903	Howa
Dierks	Herman		17	7S	28W	-	17	Mar.	1903	Howa
Dierks	Herman		17	7S	28W	80	31	Jan.	1903	Howa
Dierks	Herman		17	7S	28W	80	31	Jan.	1903	Howa
Dierks	Herman		17	7S	28W	80	17	Mar.	1903	Howa
Dierks	Herman		17	7S	28W	80	17	Mar.	1903	Howa
Dierks	Herman		17	7S	28W	80	1	Jul.	1903	Howa
Dierks	Herman		17	7S	28W	120	17	Mar.	1903	Howa
Dierks	Herman		18	7S	28W	-	31	Jan.	1903	Howa
Dierks	Herman		18	7S	28W	-	5	May	1904	Howa
Dierks	Herman		18	7S	28W	79.98	31	Jan.	1903	Howa
Dierks	Herman		18	7S	28W	80	31	Jan.	1903	Howa
Dierks	Herman		18	7S	28W	80	31	Jan.	1903	Howa
Dierks	Herman		18	7S	28W	80	17	Mar.	1903	Howa
Dierks	Herman		18	7S	28W	80	5	May	1904	Howa
Dierks	Herman		19	7S	28W	80	31	Jan.	1903	Howa
Dierks	Herman		20	7S	28W	80	31	Jan.	1903	Howa
Dierks	Herman		20	7S	28W	80	8	Apr.	1903	Howa
Dierks	Herman		20	7S	28W	80	16	Jun.	1905	Howa
Dierks	Herman		21	7S	28W	40	13	Jul.	1905	Howa
Dierks	Herman		24	7S	28W	-	26	Oct.	1903	Howa
Dierks	Herman		24	7S	28W	80	26	Oct.	1903	Howa
Dierks	Herman		27	6S	28W	80	16	Jun.	1905	Howa
Dierks	Herman		36	7S	28W	80	31	Jan.	1903	Howa
Dierks	Herman		36	7S	28W	80	8	Apr.	1903	Howa
Dillahunty	Edward		13	13S	26W	80	13	Jun.	1889	Hem

Last Name	First Name	Int.	Section No.	Twp.	Ran	Acres	Date			Co.
Dillard	Barzealia		11	9S	27W	40	10	Oct.	1856	Howa
Dillard	Barzealia		11	9S	27W	40	1	Jul.	1857	Howa
Dillard	John	B.	3	10S	27W	80	10	May	1827	Howa
Dillard	Odel	D.	8	12S	30W	160	1	Jul.	1859	LRiv
Dillard	Reuben	R.	10	9S	27W	40	1	Mar.	1855	Howa
Dillard	Reuben	R.	10	9S	27W	80	1	Mar.	1855	Howa
Dillard	Reuben	R.	15	9S	27W	80	1	Mar.	1855	Howa
Dillard	Sarah	C.	19	9S	25W	80	1	May	1856	Hem
Dillard	Sims	P.	1	10S	28W	-	1	Jul.	1859	Howa
Dillard	Sims	P.	12	10S	28W	40	1	Mar.	1855	Howa
Dillard	Sims	P.	12	10S	28W	120	1	Jul.	1859	Howa
Dillard	Sims	P.	12	10S	28W	160	1	May	1856	Howa
Dillard	Thomas	M.	5	12S	30W	160	1	Jul.	1859	LRiv
Dillard	Thomas	M.	6	12S	30W	95.19	2	Jul.	1860	LRiv
Dillard	Thomas	M.	31	11S	30W	-	2	Jul.	1860	LRiv
Dillard	Willis		15	10S	24W	80	1	Nov.	1839	Hem
Dix	George		22	13S	29W	-	16	Aug.	1899	LRiv
Dix	George		22	13S	29W	80	16	Aug.	1899	LRiv
Dixon	Alexander		9	13N	23W	120	20	Oct.	1884	Neva
Dixon	Dan		33	10S	24W	40	30	Aug.	1882	Hem
Dixon	James	A.	9	8S	27W	40	3	Mar.	1893	Howa
Dixon	James	M.	30	13N	19W	154.16	17	Oct.	1904	Neva
Dixon	Lavina		32	14N	23W	-	23	Jun.	1898	Neva
Dixon	Lavina		32	14N	23W	-	23	Jun.	1898	Neva
Dixon	Lavina		33	14N	23W	160	23	Jun.	1898	Neva
Dixon	Martha		29	14N	23W	-	1	Mar.	1904	Neva
Dixon	Martha		30	14N	23W	160	1	Mar.	1904	Neva
Dixon	Philip		1	11S	24W	36.84	15	Jun.	1875	Hem
Dixon	Philip		1	11S	24W	40	19	Oct.	1888	Hem
Dixon	Thomas	C.	12	16N	19W	-	27	Apr.	1903	Neva
Dixon	Thomas	C.	13	16N	19W	-	27	Apr.	1903	Neva
Dixon	Thomas	C.	14	16N	19W	160	27	Apr.	1903	Neva
Dixon	William	H.	7	8S	27W	-	7	Mar.	1892	Howa
Dixon	William	H.	8	8S	27W	-	7	Mar.	1892	Howa
Dixon	William	H.	18	8S	27W	160	7	Mar.	1892	Howa
Dobson	Joseph	W.	4	14S	24W	237.17	1	Jul.	1859	Hem
Dodd	H	S.	23	17N	20W	-	13	Apr.	1880	Neva
Dodd	H	S.	24	17N	20W	160	13	Apr.	1880	Neva
Dodd	H	S.	24	17N	20W	-	13	Apr.	1880	Neva
Dodd	John	H.	18	8S	27W	-	22	Apr.	1901	Howa
Dodd	John	H.	18	8S	27W	-	22	Apr.	1901	Howa
Dodd	John	H.	18	8S	27W	159.82	22	Apr.	1901	Howa
Dodson	Benjamin	F.	3	15N	19W	40.04	15	Dec.	1882	Neva
Dodson	Carrolton		35	16N	21W	160	4	May	1894	Neva
Dodson	Elizabeth	M.	27	15N	19W	40	30	Jun.	1875	Neva
Dodson	George	H.	25	16N	19W	160	5	Aug.	1885	Neva
Dodson	George	H.	27	15N	19W	-	5	Aug.	1885	Neva
Dodson	George	H.	34	15N	19W	-	5	Aug.	1885	Neva
Dodson	George	H.	34	15N	19W	-	5	Aug.	1885	Neva
Dodson	George	H.	36	16N	19W	40	30	Aug.	1888	Neva
Dodson	Isaac	W.	7	9S	25W	80	2	Jul.	1860	Hem
Dodson	Isaac	W.	7	9S	25W	-	2	Jul.	1860	Hem
Dodson	Isaiah		10	14N	19W	40	15	Nov.	1854	Neva
Dodson	Isaiah		33	15N	19W	-	1	Feb.	1860	Neva
Dodson	Isaiah		34	15N	19W	120	1	Feb.	1860	Neva
Dodson	James	C.	1	12S	33W	160	31	Dec.	1904	LRiv

Last Name	First Name	Int.	Section No.	Twp.	Ran	Acres	Date			Co.
Dodson	James	C.	12	12S	33W	-	31	Dec.	1904	LRiv
Dodson	James	C.	12	12S	33W	-	31	Dec.	1904	LRiv
Dodson	Thomas		1	14N	19W	-	26	Aug.	1904	Neva
Dodson	Thomas		2	14N	19W	144.11	26	Aug.	1904	Neva
Dodson	William	F.	34	15N	19W	160	9	May	1905	Neva
Dodson	William	F.	34	15N	19W	-	9	May	1905	Neva
Dodson	William	F.	34	15N	19W	-	9	May	1905	Neva
Dodson	William	M.	33	15N	19W	-	20	Jul.	1891	Neva
Dodson	William	M.	33	15N	19W	-	20	Jul.	1891	Neva
Dodson	William	M.	34	15N	19W	120	20	Jul.	1891	Neva
Dollarhide	Edward	W.	13	12S	32W	-	18	Feb.	1898	LRiv
Dollarhide	Edward	W.	18	12S	31W	125.99	18	Feb.	1898	LRiv
Dollarhide	James		14	13S	28W	80	18	Oct.	1888	LRiv
Dollison	Nancy		5	15N	22W	-	28	Jun.	1905	Neva
Dollison	Nancy		5	15N	22W	-	28	Jun.	1905	Neva
Dollison	Nancy		8	15N	22W	160	28	Jun.	1905	Neva
Donal	Robert	N.	29	10S	23W	80	27	Apr.	1885	Hem
Donaldson	James		19	16N	21W	-	6	Nov.	1901	Neva
Donaldson	James		20	16N	21W	160	6	Nov.	1901	Neva
Donnelly	Patrick		33	12S	24W	80	15	Jun.	1875	Hem
Dooley	George		29	14S	25W	40	10	Apr.	1837	Hem
Dooley	George		29	14S	25W	101.39	1	Nov.	1839	Hem
Dooley	Thomas	B.	28	14S	25W	40	15	Apr.	1837	Hem
Dooley	Thomas	B.	28	14S	25W	160	1	Nov.	1839	Hem
Dorsey	Samuel	W.	9	9S	28W	160	10	Aug.	1837	Howa
Dorsey	Samuel	W.	14	9S	28W	640	10	Aug.	1837	Howa
Dorsey	William	O.	33	8S	27W	40	18	May	1894	Howa
Dotson	John		36	10S	27W	80	10	May	1827	Howa
Dotson	Thomas	D.	15	7S	27W	-	28	Nov.	1894	Howa
Dotson	Thomas	D.	15	7S	27W	-	28	Nov.	1894	Howa
Dotson	Thomas	D.	15	7S	27W	-	28	Nov.	1894	Howa
Dotson	Thomas	D.	15	7S	27W	160	28	Nov.	1894	Howa
Doty	Joseph	D.	7	16N	20W	158.52	12	Aug.	1919	Neva
Doty	Joseph	D.	7	16N	20W	-	12	Aug.	1919	Neva
Dougherty	John		3	8S	29W	39.98	1	Sep.	1850	Howa
Douglas	Lucy		35	16N	21W	160	20	Feb.	1901	Neva
Douglas	Lucy		35	16N	21W	-	20	Feb.	1901	Neva
Douglas	Lucy		35	16N	21W	-	20	Feb.	1901	Neva
Douglass	Johnathan	L.	21	14N	23W	160	10	Dec.	1885	Neva
Douglass	Johnathan	L.	21	14N	23W	-	10	Dec.	1885	Neva
Douglass	Johnathan	L.	21	14N	23W	-	10	Dec.	1885	Neva
Douglass	Rhoda		28	7S	28W	-	1	Jul.	1859	Howa
Douglass	Rhoda		28	7S	28W	-	1	Jul.	1859	Howa
Douglass	Rhoda		29	7S	28W	-	1	Jul.	1859	Howa
Douglass	Rhoda		29	7S	28W	200	1	Jul.	1859	Howa
Douthet	Mary		33	15N	22W	40	1	Feb.	1860	Neva
Douthit	Alexander		11	8S	28W	40	2	Jul.	1860	Howa
Douthit	Andrew	J.	5	14N	22W	-	11	Apr.	1898	Neva
Douthit	Andrew	J.	8	14N	22W	160	11	Apr.	1898	Neva
Douthit	Andrew		5	14N	22W	-	11	Apr.	1898	Neva
Douthit	Andrew		8	14N	22W	160	11	Apr.	1898	Neva
Dowd	Lewis	B.	30	12S	28W	-	1	Jul.	1859	LRiv
Dowd	Lewis	B.	30	12S	28W	160	1	Jul.	1859	LRiv
Dowdle	John	N.	24	9S	28W	-	1	Jul.	1859	Howa
Dowdle	John	N.	24	9S	28W	40	1	Mar.	1855	Howa
Dowdle	John	N.	24	9S	28W	80	1	Mar.	1855	Howa

Last Name	First Name	Int.	Section No.	Twp.	Ran	Acres	Date			Co.
Dowdle	John	N.	24	9S	28W	80	1	Jul.	1859	Howa
Dowdy	Elijah	A.	3	8S	27W	159.65	27	Aug.	1892	Howa
Dowdy	William	K.	3	8S	27W	41.59	10	Sep.	1890	Howa
Dowell	Charles	H.	31	10S	32W	40	16	Sep.	1904	LRiv
Downes	George	G.	6	13S	23W	161.84	2	Jul.	1860	Hem
Downing	Josiah		29	5S	30W	-	9	Feb.	1901	Howa
Downing	Josiah		29	5S	30W	160	9	Feb.	1901	Howa
Downs	Joseph	T.	21	14S	23W	40	1	Nov.	1849	Hem
Downs	Joseph	T.	28	14S	23W	40	1	Oct.	1878	Hem
Doyal	Joseph	G.	7	12S	30W	-	3	Apr.	1896	LRiv
Doyal	Joseph	G.	18	12S	30W	-	3	Apr.	1896	LRiv
Doyal	Joseph	G.	18	12S	30W	160	3	Apr.	1896	LRiv
Dozier	Daniel	L.	23	16N	20W	-	26	Aug.	1904	Neva
Dozier	Daniel	L.	24	16N	20W	160	26	Aug.	1904	Neva
Dozier	James	M.	19	7S	27W	-	11	Sep.	1905	Howa
Dozier	James	M.	19	7S	27W	-	11	Sep.	1905	Howa
Dozier	James	M.	19	7S	27W	160.8	11	Sep.	1905	Howa
Drake	John	B.	19	14S	23W	40	1	Mar.	1855	Hem
Drake	John	B.	19	14S	23W	40.1	1	Mar.	1855	Hem
Drake	John	B.	19	14S	23W	42.32	1	Mar.	1855	Hem
Drake	Margaret	M.	31	10S	32W	-	18	Feb.	1898	LRiv
Drake	Margaret	M.	31	10S	32W	120.57	18	Feb.	1898	LRiv
Drake	Paris	N.	19	14S	23W	40	1	Mar.	1855	Hem
Drake	Paris	N.	19	14S	23W	40	1	Mar.	1855	Hem
Drake	Paris	N.	19	14S	23W	40	1	Mar.	1855	Hem
Draper	James		24	11S	27W	40	10	Apr.	1837	Howa
Draper	Jefferson		4	11S	27W	40	1	Jul.	1859	Howa
Draper	Jefferson		13	11S	27W	80	10	Apr.	1837	Howa
Draper	Jefferson		14	11S	27W	40	10	Apr.	1837	Howa
Draper	Jefferson		14	11S	27W	40	15	Apr.	1837	Howa
Draper	Jefferson		14	11S	27W	80	1	Aug.	1837	Howa
Draper	Jefferson		34	7S	27W	40	2	Apr.	1860	Howa
Draper	Margaret		10	8S	27W	80	2	Jul.	1860	Howa
Draper	Philip		11	12S	25W	40	1	Aug.	1837	Hem
Draper	Philip		11	12S	25W	40	1	Mar.	1843	Hem
Draper	Philip		23	11S	27W	80	1	Aug.	1837	Howa
Duck	Daniel	B.	29	14N	19W	-	10	Aug.	1906	Neva
Duck	Daniel	B.	29	14N	19W	-	10	Aug.	1906	Neva
Duck	Daniel	B.	30	14N	19W	160	10	Aug.	1906	Neva
Duck	William	G.	29	15N	19W	160	12	Feb.	1892	Neva
Duck	William	G.	29	15N	19W	-	12	Feb.	1892	Neva
Duckelt	Harry		18	13S	29W	-	1	Mar.	1877	LRiv
Duckelt	Harry		18	13S	29W	-	1	Mar.	1877	LRiv
Duckelt	Harry		18	13S	29W	160	1	Mar.	1877	LRiv
Duckett	Isaac		6	13S	29W	78.08	5	Aug.	1885	LRiv
Duckett	Isaac		8	13S	29W	80	23	Jan.	1899	LRiv
Duckett	Sarah	D.	9	6S	30W	-	27	Jan.	1904	Howa
Duckett	Sarah	D.	9	6S	30W	-	27	Jan.	1904	Howa
Duckett	Sarah	D.	9	6S	30W	160	27	Jan.	1904	Howa
Duckett	Selma	E.	30	5S	30W	-	22	Apr.	1901	Howa
Duckett	Selma	E.	30	5S	30W	159.54	22	Apr.	1901	Howa
Duckett	Tobe		18	12S	31W	40	31	Aug.	1905	LRiv
Dudley	Francis	A.	11	14N	24W	40	31	Dec.	1904	Neva
Duffey	John		27	12S	24W	40	10	Oct.	1856	Hem
Duggan	James	L.	29	6S	29W	-	15	Aug.	1904	Howa
Duggan	James	L.	29	6S	29W	160	15	Aug.	1904	Howa

Last Name	First Name	Int.	Section No.	Twp.	Ran	Acres	Date			Co.
Dugger	William	R.	8	15N	19W	40	1	Nov.	1881	Neva
Duke	James	M.	14	13S	25W	160	10	Jul.	1844	Hem
Duke	James	M.	15	13S	25W	80	10	Jul.	1844	Hem
Duke	James	M.	22	14S	25W	40	1	Aug.	1837	Hem
Duke	John	H.	22	14S	25W	40	15	Apr.	1837	Hem
Duncan	Bethshaba		25	12S	27W	80	15	Jan.	1883	Hem
Duncan	Robert	L.	6	9S	27W	40	2	Apr.	1860	Howa
Duncan	Robert	L.	31	8S	27W	40	2	Apr.	1860	Howa
Duncan	Robert	L.	31	8S	27W	40	2	Apr.	1860	Howa
Duncan	Sallie	A.	22	13S	28W	160	30	Jun.	1884	LRiv
Duncan	William	W.	25	10S	28W	40	1	Nov.	1848	Howa
Dunn	Francis	M.	1	13N	20W	-	11	Apr.	1898	Neva
Dunn	Francis	M.	12	13N	20W	160	11	Apr.	1898	Neva
Dunn	Shedrick		22	17N	20W	40	1	Aug.	1857	Neva
Dunn	Thomas		13	11S	25W	80	20	Apr.	1883	Hem
Dunn	Thomas		13	11S	25W	-	20	Apr.	1883	Hem
Dunnam	Andrew	A.	35	14N	23W	80	23	Jun.	1898	Neva
Dupey	William		9	14N	21W	80	1	Jun.	1860	Neva
Dupree	Thomas	C.	1	12S	25W	80	1	Aug.	1837	Hem
Dupree	Thomas	C.	1	12S	25W	81.87	1	Aug.	1837	Hem
Dupree	Thomas	C.	1	12S	25W	162.04	1	Aug.	1837	Hem
Dupree	Thomas	C.	2	12S	25W	40	1	Aug.	1837	Hem
Dupree	Thomas	C.	11	12S	25W	160	1	Aug.	1837	Hem
Dupree	Thomas	C.	12	12S	25W	80	1	Aug.	1837	Hem
Dupree	Thomas	C.	27	13S	25W	80	1	Nov.	1839	Hem
Dupree	Thomas	C.	35	13S	25W	40	1	Nov.	1839	Hem
Dupree	Thomas	C.	35	13S	25W	80	1	Nov.	1839	Hem
Dupree	Thomas	C.	35	13S	25W	80	1	Nov.	1839	Hem
Dupree	Thomas	T.	1	12S	25W	40	1	Aug.	1837	Hem
Durham	Henry	L.	5	13N	23W	160	1	Feb.	1901	Neva
Durham	Henry	L.	5	13N	23W	-	1	Feb.	1901	Neva
Durham	James	F.	8	13N	23W	160	27	Jul.	1904	Neva
Duty	Samuel	R.	34	16N	23W	80	30	Aug.	1899	Neva
Duvall	William	B.	19	15N	23W	-	11	Apr.	1898	Neva
Duvall	William	B.	20	15N	23W	160	11	Apr.	1898	Neva
Dyer	Annie		2	15N	22W	160.04	10	Apr.	1907	Neva
Dyer	Elizabeth		7	7S	28W	-	12	Oct.	1900	Howa
Dyer	Elizabeth		7	7S	28W	160	12	Oct.	1900	Howa
Dyer	James	G.	24	14S	25W	40	1	Jul.	1859	Hem
Dyer	James	G.	24	14S	25W	160	1	Jul.	1859	Hem
Dyer	James	G.	24	14S	25W	-	1	Jul.	1859	Hem
Dyer	James		22	14S	25W	40	2	Apr.	1860	Hem
Dyer	James		22	14S	25W	40	2	Apr.	1860	Hem
Dyer	James		22	14S	25W	40	2	Apr.	1860	Hem
Dyer	James		22	14S	25W	40	10	Aug.	1837	Hem
Dyer	James		22	14S	25W	80	1	Aug.	1837	Hem
Dyer	James		22	14S	25W	80	1	Aug.	1837	Hem
Dyer	James		22	14S	25W	80	10	Aug.	1837	Hem
Dyer	James		22	14S	25W	160	2	Apr.	1860	Hem
Dyer	James		22	14S	25W	-	2	Apr.	1860	Hem
Dyer	James		27	14S	25W	40	10	Aug.	1837	Hem
Dyer	James		33	11S	24W	80	20	Jul.	1825	Hem
Dyer	John	A.	8	7S	28W	-	10	Aug.	1894	Howa
Dyer	John	A.	8	7S	28W	-	10	Aug.	1894	Howa
Dyer	John	A.	8	7S	28W	160	10	Aug.	1894	Howa

Last Name	First Name	Int.	Section No.	Twp.	Ran	Acres	Date		Co.
Dyer	Lemuel	P.	27	8S	29W	-	21 Feb.	1893	Howa
Dyer	Lemuel	P.	27	8S	29W	120	21 Feb.	1893	Howa
Dyer	Richard		22	5S	28W	-	24 Jun.	1889	Howa
Dyer	Richard		23	5S	28W	-	24 Jun.	1889	Howa
Dyer	Richard		23	5S	28W	160	24 Jun.	1889	Howa
Dyer	William	J.	36	6S	28W	160	18 Mar.	1905	Howa
Eads	Thomas		33	12S	23W	40	1 Nov.	1839	Hem
Eads	Thomas		33	12S	23W	40	15 Apr.	1837	Hem
Eads	Thomas		33	12S	23W	80	10 Aug.	1837	Hem
Eads	Thomas		33	12S	23W	80	15 Apr.	1837	Hem
Eakin	John	M.	7	12S	23W	101	23 Jun.	1889	Hem
Eakin	Ned		30	12S	28W	40	30 Jun.	1882	LRiv
Earl	George		21	16N	21W	80	21 Mar.	1896	Neva
Earnhart	Ed		24	16N	19W	80	17 Mar.	1902	Neva
Earnhart	Ed		24	16N	19W	-	17 Mar.	1902	Neva
Earp	Admiral	F.	18	6S	29W	-	10 Oct.	1904	Howa
Earp	Admiral	F.	18	6S	29W	130.82	10 Oct.	1904	Howa
Earp	Admiral	S.	18	6S	29W	-	16 Jun.	1905	Howa
Earp	Admiral	S.	18	6S	29W	130.82	16 Jun.	1905	Howa
Earp	Martha	J.	7	15N	20W	137.23	10 Aug.	1906	Neva
Easley	Albert	L.	22	12S	24W	80	15 Apr.	1837	Hem
Easley	Albert	L.	23	12S	24W	80	15 Apr.	1837	Hem
Easley	John	J.	28	15N	20W	40	15 Nov.	1854	Neva
Easley	William	B.	7	13S	25W	80	15 Apr.	1837	Hem
Easley	William	B.	8	13S	25W	640	15 Apr.	1837	Hem
Easley	William	B.	9	13S	25W	80	15 Apr.	1837	Hem
Easley	William	B.	9	13S	25W	80	15 Apr.	1837	Hem
Easley	William	B.	9	13S	25W	240	10 Aug.	1837	Hem
Easley	William	B.	9	13S	25W	-	10 Aug.	1837	Hem
Easley	William	B.	14	12S	24W	160	15 Apr.	1837	Hem
Easley	William	B.	14	13S	25W	40	10 Aug.	1837	Hem
Easley	William	B.	14	13S	25W	40	15 Apr.	1837	Hem
Easley	William	B.	14	13S	25W	40	15 Apr.	1837	Hem
Easley	William	B.	14	13S	25W	40	15 Apr.	1837	Hem
Easley	William	B.	14	13S	25W	40	1 Nov.	1839	Hem
Easley	William	B.	14	13S	25W	80	10 Aug.	1837	Hem
Easley	William	B.	14	13S	25W	80	15 Apr.	1837	Hem
Easley	William	B.	14	13S	25W	80	15 Apr.	1837	Hem
Easley	William	B.	15	12S	24W	80	15 Apr.	1837	Hem
Easley	William	B.	23	12S	24W	80	15 Apr.	1837	Hem
Easley	William	B.	23	12S	24W	80	15 Apr.	1837	Hem
Easley	William	B.	23	13S	25W	160	15 Apr.	1837	Hem
Easley	William	B.	24	12S	24W	40	15 Apr.	1837	Hem
Easley	William	B.	24	13S	25W	80	15 Apr.	1837	Hem
Easley	William	B.	24	13S	25W	160	1 Aug.	1837	Hem
Eastep	Eli		18	13N	23W	160	6 Jun.	1890	Neva
Eastep	Eli		18	13N	23W	-	6 Jun.	1890	Neva
Eastep	Eli		18	13N	23W	-	6 Jun.	1890	Neva
Eastep	John		7	13N	23W	158.78	6 Jun.	1890	Neva
Eastep	John		7	13N	23W	-	6 Jun.	1890	Neva
Eastep	John		7	13N	23W	-	6 Jun.	1890	Neva
Eastep	Joseph		6	13N	23W	160	6 Jun.	1890	Neva
Eastep	Joseph		6	13N	23W	-	6 Jun.	1890	Neva
Eastep	Joseph		6	13S	23W	-	6 Jun.	1890	Hem
Eastep	Samuel		18	13N	23W	-	6 Jun.	1892	Neva

Last Name	First Name	Int.	Section No.	Twp.	Ran	Acres	Date			Co.
Eastep	Samuel		18	13N	23W	-	6	Jun.	1892	Neva
Eastep	Samuel		19	13N	23W	159.6	6	Jun.	1892	Neva
Eastep	Samuel		19	13N	23W	-	6	Jun.	1892	Neva
Eastep	William		17	14N	23W	160	1	Mar.	1904	Neva
Eastep	William		17	14N	23W	-	1	Mar.	1904	Neva
Eastep	William		17	14N	23W	-	1	Mar.	1904	Neva
Easter	George		21	12S	32W	80	3	Apr.	1896	LRiv
Easterling	Daniel	S.	5	13S	24W	80	3	Feb.	1883	Hem
Easton	Samuel	R.	8	13S	28W	80	9	Mar.	1896	LRiv
Eastwood	Daniel		10	9S	27W	40	1	Mar.	1855	Howa
Eastwood	Daniel		10	9S	27W	40	1	Mar.	1855	Howa
Eastwood	Hiram	B.	13	6S	28W	-	12	Aug.	1901	Howa
Eastwood	Hiram	B.	13	6S	28W	120	12	Aug.	1901	Howa
Eastwood	Hiram		30	8S	27W	40	1	Mar.	1855	Howa
Eastwood	Lewis		10	10S	26W	160	1	Jul.	1859	Hem
Eaton	William	H.	28	12S	30W	-	25	Apr.	1898	LRiv
Eaton	William	H.	28	12S	30W	-	25	Apr.	1898	LRiv
Eaton	William	H.	28	12S	30W	160	25	Apr.	1898	LRiv
Eberle	Mary		26	6S	30W	160	10	Aug.	1894	Howa
Eby	Edward	K.	26	15N	19W	160	May	May	1905	Neva
Echols	John	F.	8	12S	27W	40	2	Apr.	1860	Hem
Eck	Joseph		35	10S	32W	-	10	May	1882	LRiv
Eck	Joseph		35	10S	32W	80	10	May	1882	LRiv
Eck	Louis	F.	35	12S	32W	160	20	Apr.	1882	LRiv
Eckel	George	W.	2	12S	31W	40.44	1	Oct.	1860	LRiv
Eckel	Joseph	E.	26	11S	31W	80	4	Oct.	1898	LRiv
Eckel	Joseph	E.	27	11S	31W	40	1	Oct.	1860	LRiv
Eckert	Otto		32	6S	30W	160	24	Apr.	1894	Howa
Eddings	John	C.	1	15N	20W	160.17	4	May	1885	Neva
Eddings	John	C.	3	15N	19W	161.07	4	May	1885	Neva
Eddings	John	C.	33	16N	19W	-	4	May	1885	Neva
Eddings	John	C.	34	16N	19W	-	4	May	1885	Neva
Eddings	Martha		1	15N	20W	80.02	4	May	1885	Neva
Eddings	May		35	16N	20W	120	11	Nov.	1892	Neva
Eddings	May		35	16N	20W	-	11	Nov.	1892	Neva
Eddings	Robert	J.	6	15N	19W	80	25	Feb.	1899	Neva
Eddings	Warren	B.	10	15N	19W	80	27	Jan.	1900	Neva
Eddings	Warren	B.	34	16N	19W	80	19	Feb.	1890	Neva
Eddings	Wayne	S.	4	15N	19W	160	9	Aug.	1897	Neva
Eddy	Samuel		35	7S	27W	80	2	Apr.	1860	Howa
Edens	Absalom		7	13S	23W	40	1	Aug.	1837	Hem
Edens	Absalom		7	13S	23W	40	1	Nov.	1839	Hem
Edens	John		24	13S	24W	80	1	Jul.	1859	Hem
Edens	John		24	13S	24W	80	1	Jul.	1859	Hem
Eder	Levi		19	13S	26W	160	1	May	1845	LRiv
Edgar	John		34	16N	20W	40	28	Mar.	1906	Neva
Edgar	John		34	16N	20W	120	28	Mar.	1906	Neva
Edgar	John		34	16N	20W	120	28	Mar.	1906	Neva
Edgar	John		34	16N	20W	-	28	Mar.	1906	Neva
Edgar	John		34	16N	20W	-	28	Mar.	1906	Neva
Edgar	John		34	16N	20W	-	28	Mar.	1906	Neva
Edgman	William		23	14N	23W	120	25	Jun.	1889	Neva
Edgman	William		23	14N	23W	-	25	Jun.	1889	Neva
Edgmon	Braxton		15	15N	23W	40	1	Sep.	1849	Neva
Edgmon	Braxton		15	15N	23W	40	15	Nov.	1854	Neva

Last Name	First Name	Int.	Section No.	Twp.	Ran	Acres	Date			Co.
Edgmon	Edward		3	14N	23W	-	5	May	1904	Neva
Edgmon	Edward		10	14N	23W	160	May	May	1904	Neva
Edgmon	Francis	M.	15	15N	23W	160	15	Dec.	1882	Neva
Edgmon	Francis	M.	15	15N	23W	-	15	Dec.	1882	Neva
Edgmon	James		13	14N	23W	-	31	Dec.	1889	Neva
Edgmon	James		14	14N	23W	-	31	Dec.	1889	Neva
Edgmon	James		23	14N	23W	-	31	Dec.	1889	Neva
Edgmon	James		24	14N	23W	160	31	Dec.	1889	Neva
Edgmon	Philamon		23	14N	23W	-	3	Aug.	1882	Neva
Edgmon	Philamon		25	14N	23W	160	3	Aug.	1882	Neva
Edgmon	Philamon		26	14N	23W	-	3	Aug.	1882	Neva
Edgmore	Columbus		24	14N	23W	160	28	Jun.	1905	Neva
Edgmore	Columbus		24	14N	23W	-	28	Jun.	1905	Neva
Edgmore	Columbus		24	14N	23W	-	28	Jun.	1905	Neva
Edmiaston	George		1	9S	27W	80.38	1	Jul.	1859	Howa
Edmiaston	George		1	9S	27W	80.46	1	Jul.	1859	Howa
Edmiaston	John		6	9S	26W	40	1	Jul.	1859	Hem
Edmiaston	John		6	9S	26W	160	1	Dec.	1857	Hem
Edmiaston	William		7	9S	26W	80	1	Jul.	1859	Hem
Edmiaston	William		7	9S	26W	80	1	Jul.	1859	Hem
Edmondson	John		30	6S	30W	40	2	Jul.	1860	Howa
Edmondson	Priscilla		28	13S	23W	120	2	Jul.	1860	Hem
Edmondson	Priscilla		28	13S	23W	-	2	Jul.	1860	Hem
Edward	John	F.	15	14N	22W	160	13	Feb.	1899	Neva
Edward	John	F.	15	14N	22W	-	13	Feb.	1899	Neva
Edwards	Henry	C.	22	17N	20W	40	15	Nov.	1854	Neva
Edwards	Jack	M.	10	15N	21W	-	1	Mar.	1904	Neva
Edwards	Jack	M.	11	15N	21W	160	1	Mar.	1904	Neva
Edwards	Jack	M.	11	15N	21W	-	1	Mar.	1904	Neva
Edwards	James	G.	20	13S	24W	80	1	Mar.	1843	Hem
Edwards	James	G.	20	13S	24W	320	1	Mar.	1843	Hem
Edwards	James	G.	20	13S	24W	-	1	Mar.	1843	Hem
Edwards	James	G.	20	13S	24W	-	1	Mar.	1843	Hem
Edwards	James	G.	20	13S	24W	-	1	Mar.	1843	Hem
Edwards	Jasper		34	17N	19W	160	15	Aug.	1882	Neva
Edwards	Jasper		34	17N	19W	-	15	Aug.	1882	Neva
Edwards	Jasper		34	17N	19W	-	15	Aug.	1882	Neva
Edwards	John	O.	10	14N	19W	-	8	Oct.	1901	Neva
Edwards	John	O.	15	14N	19W	120	8	Oct.	1901	Neva
Edwards	King	S.	26	14N	19W	-	21	Apr.	1891	Neva
Edwards	King	S.	35	14N	19W	160	21	Apr.	1891	Neva
Edwards	King	S.	35	14N	19W	-	21	Apr.	1891	Neva
Edwards	Martin		9	12S	23W	240	10	Aug.	1837	Hem
Edwards	Martin		9	12S	23W	-	10	Aug.	1837	Hem
Edwards	Thomas	J.	4	12S	24W	160	1	Mar.	1855	Hem
Edwards	Thomas	J.	9	12S	24W	80	1	Sep.	1856	Hem
Eggleston	Marcellus	A.	31	12S	30W	40	2	Apr.	1860	LRiv
Eggleston	Marcellus	A.	31	12S	30W	40.3	2	Jul.	1860	LRiv
Eldridge	Mary		27	5S	29W	40	1	Mar.	1855	Howa
Eldridge	Nathan		27	5S	29W	40	1	Mar.	1855	Howa
Eldridge	Nathan		27	5S	29W	40	2	Apr.	1860	Howa
Eley	John	A.	22	9S	25W	40	1	Nov.	1848	Hem
Eley	John	A.	22	9S	25W	80	15	Jun.	1855	Hem
Eley	John	A.	22	9S	25W	160	1	Jul.	1859	Hem
Ellet	Samuel		33	10S	25W	320	19	Mar.	1849	Hem
Elliott	David	F.	18	5S	28W	40	2	Apr.	1860	Howa

Last Name	First Name	Int.	Section No.	Twp.	Ran	Acres	Date			Co.
Elliott	Lafayette		31	11S	31W	-	16	Aug.	1899	LRiv
Elliott	Lafayette		31	11S	31W	-	16	Aug.	1899	LRiv
Elliott	Lafayette		31	11S	31W	159.5	16	Aug.	1899	LRiv
Elliott	Middleton	C.	26	11S	25W	40	1	Nov.	1839	Hem
Elliott	Robert	G.	11	16N	23W	40	15	Nov.	1854	Neva
Elliott	William	H.	36	12S	29W	80	12	Feb.	1902	LRiv
Ellis	Eugene	S.	21	7S	28W	-	11	Sep.	1905	Howa
Ellis	Eugene	S.	21	7S	28W	-	11	Sep.	1905	Howa
Ellis	Eugene	S.	21	7S	28W	160	11	Sep.	1905	Howa
Ellis	Jack		8	13S	29W	80	23	Jan.	1899	LRiv
Ellis	James	W.	1	15N	23W	-	4	Dec.	1896	Neva
Ellis	James	W.	2	15N	23W	160	4	Dec.	1896	Neva
Ellis	James	W.	10	14N	23W	120	10	May	1893	Neva
Ellis	James	W.	10	14N	23W	-	10	May	1893	Neva
Ellis	Owen		17	12S	32W	80	19	May	1903	LRiv
Ellis	William	F.	26	14N	23W	160	23	Jun.	1898	Neva
Ellis	William	F.	26	14N	23W	-	23	Jun.	1898	Neva
Ellison	Thomas		9	13N	22W	160	22	Apr.	1919	Neva
Ellison	Thomas		9	13N	22W	-	22	Apr.	1919	Neva
Ellum	John	W.	22	13N	21W	-	18	Apr.	1905	Neva
Ellum	John	W.	23	13N	21W	-	18	Apr.	1905	Neva
Ellum	John	W.	27	13N	21W	160	18	Apr.	1905	Neva
Elmore	Allen		3	16N	20W	-	24	Nov.	1890	Neva
Elmore	Allen		4	16N	20W	-	24	Nov.	1890	Neva
Elmore	Allen		9	16N	20W	160	24	Nov.	1890	Neva
Elsberry	Caroline	V.	29	10S	23W	80	10	Apr.	1886	Hem
Elson	William	W.	26	14N	21W	160	21	Apr.	1891	Neva
Elson	Wm.	W.	26	14N	21W	-	21	Apr.	1891	Neva
Ely	John	A.	22	9S	25W	80	2	Apr.	1860	Hem
Ely	John	A.	22	9S	25W	-	2	Apr.	1860	Hem
Emerson	James	T.	36	9S	25W	40	2	Apr.	1860	Hem
Emerton	James	T.	13	15N	22W	143.2	21	Feb.	1893	Neva
Emerton	James	T.	18	15N	21W	-	21	Feb.	1893	Neva
Emmons	Ephraim		22	17N	22W	-	1	Jul.	1890	Neva
Emmons	Ephraim		23	17N	22W	160	1	Jul.	1890	Neva
Emmons	Ephraim		23	17N	22W	-	1	Jul.	1890	Neva
Emory	James		35	17N	20W	-	19	Dec.	1889	Neva
Emory	James		36	17N	20W	160	19	Dec.	1889	Neva
English	David		2	14N	19W	149.9	29	Feb.	1888	Neva
Enochs	Miles	J.	32	12S	32W	40	1	Dec.	1857	LRiv
Eoff	Cynthia	A.	8	16N	22W	80	17	Mar.	1903	Neva
Eoff	Cynthia	A.	8	16N	22W	80	19	Oct.	1905	Neva
Eoff	Garret	B.	23	17N	20W	160	10	Jun.	1904	Neva
Eoff	Garret	B.	23	17N	20W	-	10	Jun.	1904	Neva
Eoff	Isaac	S.	34	17N	21W	160	20	Oct.	1882	Neva
Eoff	Isaac	S.	34	17N	21W	-	20	Oct.	1882	Neva
Eoff	Isaac	S.	34	17N	21W	-	20	Oct.	1882	Neva
Eoff	Isaac	S.	34	17N	21W	-	20	Oct.	1882	Neva
Eoff	Jasper	N.	23	17N	20W	-	25	Feb.	1899	Neva
Eoff	Jasper	N.	23	17N	20W	-	25	Feb.	1899	Neva
Eoff	Jasper	N.	26	17N	20W	160	25	Feb.	1899	Neva
Eoff	Jasper	N.	26	17N	20W	-	25	Feb.	1899	Neva
Eoff	William		4	15N	22W	-	11	Jun.	1897	Neva
Eoff	William		33	16N	22W	159.76	11	Jun.	1897	Neva
Eoff	William		33	16N	22W	-	11	Jun.	1897	Neva
Epperson	George	T.	33	7S	27W	-	2	Jul.	1860	Howa

Last Name	First Name	Int.	Section No.	Twp.	Ran	Acres	Date			Co.
Epperson	George	T.	33	7S	27W	80	2	Jul.	1860	Howa
Epperson	George	W.	21	12S	25W	40	30	Jun.	1882	Hem
Epperson	George		28	7S	27W	40	1	Mar.	1855	Howa
Epperson	George		28	7S	27W	40	1	Jul.	1859	Howa
Epperson	Henderson		34	13N	20W	160	13	Feb.	1905	Neva
Epperson	Henderson		34	13N	20W	-	13	Feb.	1905	Neva
Epperson	Henderson		34	13N	20W	-	13	Feb.	1905	Neva
Epperson	Payton	M.	34	7S	27W	80	2	Jul.	1860	Howa
Epperson	Thompson		28	7S	27W	40	2	Apr.	1860	Howa
Eppes	William	W.	33	11S	32W	160	10	Jan.	1901	LRiv
Epps	Cornelius		36	14S	25W	80	13	Jun.	1889	Hem
Ervin	Tennessee	J.	36	15N	21W	80	21	Dec.	1904	Neva
Erwin	Joseph	F.	4	14S	25W	40	1	May	1861	Hem
Erwin	Joseph	F.	10	14S	25W	40	1	Jul.	1859	Hem
Erwin	Robert		28	10S	25W	40	10	Feb.	1834	Hem
Essex	Esquire		10	14N	21W	160	8	Jun.	1901	Neva
Essex	Esquire		10	14N	21W	-	8	Jun.	1901	Neva
Estep	Benjamin	F.	29	13N	23W	160	14	Aug.	1899	Neva
Estep	Benjamin	F.	30	13N	23W	-	14	Aug.	1899	Neva
Estes	James	M.	36	10S	28W	40	1	Mar.	1855	Howa
Etheridge	Isaac	G.	28	10S	32W	160	17	Dec.	1900	LRiv
Etheridge	Isaac	G.	29	10S	32W	-	17	Dec.	1900	LRiv
Etheridge	Joseph	J.	33	10S	32W	-	30	Aug.	1895	LRiv
Etheridge	Joseph	J.	33	10S	32W	160	30	Aug.	1895	LRiv
Ethridge	Alfred		2	15N	19W	-	30	Jul.	1875	Neva
Ethridge	Alfred		11	15N	19W	80	30	Jul.	1875	Neva
Ethridge	William	T.	28	10S	32W	-	12	Oct.	1900	LRiv
Ethridge	William	T.	28	10S	32W	-	12	Oct.	1900	LRiv
Ethridge	William	T.	29	10S	32W	160	12	Oct.	1900	LRiv
Etter	William	H.	31	12S	32W	40	10	Oct.	1856	LRiv
Eulberg	Peter		19	6S	29W	-	3	Aug.	1904	Howa
Eulberg	Peter		30	6S	29W	-	3	Aug.	1904	Howa
Eulberg	Peter		30	6S	29W	169.87	3	Aug.	1904	Howa
Evans	Araminta	D.	5	11S	23W	80	10	Dec.	1883	Hem
Evans	Archibald	M.	2	14N	24W	160	28	Nov.	1894	Neva
Evans	Benjamin	F.	10	6S	30W	-	1	May	1906	Howa
Evans	Benjamin	F.	15	6S	30W	160	1	May	1906	Howa
Evans	Christopher	C.	12	16N	23W	80	17	Mar.	1903	Neva
Evans	Christopher	C.	12	16N	23W	80	30	Dec.	1905	Neva
Evans	Christopher	C.	12	16N	23W	-	17	Mar.	1903	Neva
Evans	James	M.	8	16N	22W	-	24	Oct.	1894	Neva
Evans	James	M.	9	16N	22W	160	24	Oct.	1894	Neva
Evans	Wilson	R.	4	10S	25W	120	2	Jul.	1860	Hem
Everitt	George	F.	30	10S	32W	40	1	Jun.	1898	LRiv
Eversole	Robert		36	14N	24W	160	28	Jun.	1890	Neva
Evrett	Arch	L.	26	11S	32W	-	4	Oct.	1900	LRiv
Evrett	Arch	L.	26	11S	32W	160	4	Oct.	1900	LRiv
Ewbanks	Elisha	J.	6	13S	31W	40	24	Mar.	1904	LRiv
Ewin	Gwin	P.	36	15N	21W	40	10	Mar.	1876	Neva
Ewin	Kelsey		25	15N	21W	-	28	Mar.	1906	Neva
Ewin	Kelsey		25	15N	21W	-	28	Mar.	1906	Neva
Ewin	Kelsey		35	15N	21W	-	28	Mar.	1906	Neva
Ewin	Kelsey		35	15N	21W	-	28	Mar.	1906	Neva
Ewin	Kelsey		36	15N	21W	160	28	Mar.	1906	Neva
Ewin	Kelsey		36	15N	21W	160	28	Mar.	1906	Neva
Ewin	Tennessee	J.	36	15N	21W	80	21	Dec.	1904	Neva

Last Name	First Name	Int.	Section No.	Twp.	Ran	Acres	Date			Co.
Faddis	William	F.	25	17N	22W	-	8	Mar.	1907	Neva
Faddis	William	F.	25	17N	22W	-	8	Mar.	1907	Neva
Faddis	William	F.	36	17N	22W	160	8	Mar.	1907	Neva
Fair	Thomas	J.	6	10S	23W	80	2	Apr.	1860	Hem
Fallis	George	S.	25	11S	33W	-	30	Jul.	1900	LRiv
Fallis	George	S.	25	11S	33W	-	30	Jul.	1900	LRiv
Fallis	George	S.	25	11S	33W	-	30	Jul.	1900	LRiv
Fallis	George	S.	25	11S	33W	-	30	Jul.	1900	LRiv
Fallis	George	S.	25	11S	33W	160	30	Jul.	1900	LRiv
Fallis	George	S.	25	11S	33W	160	30	Jul.	1900	LRiv
Falls	Jesse	A.	26	8S	28W	40	20	Dec.	1883	Howa
Fancher	Richard		19	15N	23W	-	19	Sep.	1906	Neva
Fancher	Richard		19	15N	23W	-	19	Sep.	1906	Neva
Fancher	Richard		24	15N	24W	138.77	19	Sep.	1906	Neva
Fancott	William	B.	28	13S	24W	160	1	Jul.	1859	Hem
Farley	Caroline		27	9S	26W	160	1	Jul.	1883	Hem
Farley	Caroline		27	9S	26W	-	1	Jul.	1883	Hem
Farley	Caroline		27	9S	26W	-	1	Jul.	1883	Hem
Farley	Caroline		34	9S	26W	40	2	Apr.	1860	Hem
Farmer	Bird	A.	12	15N	22W	160	May	May	1904	Neva
Farmer	Bird	A.	28	17N	21W	80	24	Nov.	1890	Neva
Farmer	Bird	A.	28	17N	21W	80	26	Aug.	1904	Neva
Farmer	Bird	A.	28	17N	21W	-	26	Aug.	1904	Neva
Farmer	Bird		23	17N	21W	40	1	Jun.	1861	Neva
Farmer	Bird		29	16N	21W	160	13	Dec.	1876	Neva
Farmer	Bird		29	16N	21W	-	13	Dec.	1876	Neva
Farmer	Bird		29	16N	21W	-	13	Dec.	1876	Neva
Farmer	David	N.	14	15N	21W	-	17	Mar.	1903	Neva
Farmer	David	N.	14	15N	21W	-	17	Mar.	1903	Neva
Farmer	David	N.	23	15N	21W	160	17	Mar.	1903	Neva
Farmer	James	T.	5	15N	21W	-	24	Oct.	1894	Neva
Farmer	James	T.	8	15N	21W	120	24	Oct.	1894	Neva
Farmer	James	W.	6	16N	21W	43.13	May	May	1904	Neva
Farmer	James	W.	6	16N	21W	123.4	18	Apr.	1905	Neva
Farmer	James	W.	6	16N	21W	-	18	Apr.	1905	Neva
Farmer	Joseph	C.	4	14N	20W	151.86	23	Jun.	1898	Neva
Farmer	Joseph	C.	6	15N	21W	58.08	6	Oct.	1894	Neva
Farmer	Joseph	C.	6	15N	21W	80	6	Oct.	1894	Neva
Farmer	Joseph	C.	6	15N	21W	-	6	Oct.	1894	Neva
Farmer	Joshua	C.	10	14N	23W	160	20	Oct.	1884	Neva
Farmer	Joshua	C.	10	14N	23W	-	20	Oct.	1884	Neva
Farmer	Richard	B.	20	10S	32W	80	4	Aug.	1891	LRiv
Farmer	Thomas		13	14N	21W	136.37	5	Apr.	1895	Neva
Farmer	Thomas		18	14N	20W	-	5	Apr.	1895	Neva
Farmer	Thomas		18	14N	20W	-	5	Apr.	1895	Neva
Farmer	William	H.	20	16N	22W	-	10	Mar.	1883	Neva
Farmer	William	H.	29	16N	22W	160	10	Mar.	1883	Neva
Farmer	William	H.	29	16N	22W	-	10	Mar.	1883	Neva
Farmer	William	T.	12	16N	20W	80	10	Aug.	1906	Neva
Farris	Thomas		1	12S	32W	79.9	8	May	1901	LRiv
Faught	George	W.	6	13N	21W	116	3	May	1897	Neva
Faught	George	W.	6	13N	21W	-	3	May	1897	Neva
Faught	James	D.	5	13N	21W	117.1	30	Aug.	1899	Neva
Faught	John	R.	33	14N	21W	160	1	Feb.	1901	Neva
Faught	John	R.	33	14N	21W	-	1	Feb.	1901	Neva
Faught	John	R.	33	14N	21W	-	1	Feb.	1901	Neva

Last Name	First Name	Int.	Section No.	Twp.	Ran	Acres	Date			Co.
Faught	Levi	B.	27	14N	21W	-	28	Nov.	1906	Neva
Faught	Levi	B.	28	14N	21W	-	28	Nov.	1906	Neva
Faught	Levi	B.	33	14N	21W	-	28	Nov.	1906	Neva
Faught	Levi	B.	34	14N	21W	160	28	Nov.	1906	Neva
Faught	Mary	E.	10	14N	21W	160	28	Nov.	1906	Neva
Faught	Mary	E.	10	14N	21W	-	28	Nov.	1906	Neva
Faught	Mary	E.	10	14N	21W	-	28	Nov.	1906	Neva
Faught	Thomas	J.	31	14N	21W	159.93	30	Aug.	1899	Neva
Faught	Thomas	J.	31	14N	21W	-	30	Aug.	1899	Neva
Faulkner	Catherine	E.	29	5S	28W	-	18	May	1894	Howa
Faulkner	Catherine	E.	29	5S	28W	-	18	May	1894	Howa
Faulkner	Catherine	E.	29	5S	28W	160	18	May	1894	Howa
Faulkner	Charles		2	12S	25W	40	16	Aug.	1897	Hem
Faulkner	Cicero		27	5S	28W	-	18	Jan.	1894	Howa
Faulkner	Cicero		34	5S	28W	160	18	Jan.	1894	Howa
Faulkner	Daniel	P.	28	5S	28W	40	20	Jan.	1885	Howa
Faulkner	Daniel	P.	28	5S	28W	40	31	Jan.	1890	Howa
Faulkner	Daniel	P.	33	5S	28W	40	25	Jul.	1882	Howa
Faulkner	Daniel	P.	33	5S	28W	80	1	Jun.	1875	Howa
Faulkner	George	W.	5	6S	28W	78.92	1	Jun.	1875	Howa
Faulkner	George	W.	6	5S	29W	-	29	Jan.	1890	Howa
Faulkner	George	W.	6	5S	29W	59.58	5	Apr.	1890	Howa
Faulkner	George	W.	6	5S	29W	80	29	Jan.	1890	Howa
Faulkner	George	W.	9	6S	28W	80	31	Jan.	1890	Howa
Faulkner	George	W.	33	5S	28W	-	25	Jun.	1901	Howa
Faulkner	George	W.	33	5S	28W	80	25	Jun.	1901	Howa
Faulkner	James	M.	33	5S	28W	40	20	Jan.	1883	Howa
Faulkner	James	M.	33	5S	28W	80	1	Jun.	1875	Howa
Faulkner	Jefferson	D.	32	5S	28W	-	24	Jun.	1889	Howa
Faulkner	Jefferson	D.	32	5S	28W	-	24	Jun.	1889	Howa
Faulkner	Jefferson	D.	32	5S	28W	160	24	Jun.	1889	Howa
Faulkner	Luke	W.	29	5S	28W	80	1	Jun.	1875	Howa
Faulkner	Mary	A.	32	5S	28W	80	11	Feb.	1895	Howa
Faulkner	Theodore		33	5S	28W	40	24	Apr.	1889	Howa
Faulkner	Theodore		34	5S	28W	-	20	Jul.	1892	Howa
Faulkner	Theodore		34	5S	28W	160	20	Jul.	1892	Howa
Feltnor	Lewis		13	13N	22W	40	15	Nov.	1854	Neva
Ferguson	Andrew		1	9S	29W	85.34	2	Apr.	1860	Howa
Ferguson	Andrew		6	9S	28W	-	2	Apr.	1860	Howa
Ferguson	Andrew		32	8S	27W	-	2	Apr.	1860	Howa
Ferguson	Andrew		32	8S	27W	40	2	Jul.	1860	Howa
Ferguson	Andrew		32	8S	27W	80	2	Apr.	1860	Howa
Ferguson	Eli		17	12S	26W	40	30	Jun.	1882	Hem
Ferguson	Elijah		11	11S	27W	80	10	Apr.	1837	Howa
Ferguson	Elijah		11	11S	27W	160	1	Aug.	1837	Howa
Ferguson	Elijah		14	12S	25W	40	1	Mar.	1855	Hem
Ferguson	Elijah		20	11S	25W	80	1	May	1845	Hem
Ferguson	John	L.	32	8S	27W	40	28	Feb.	1890	Howa
Ferguson	Ward	C.	5	10S	27W	80.7	1	Jul.	1859	Howa
Ferguson	William	S.	1	9S	29W	83.39	2	Apr.	1860	Howa
Ferguson	William	S.	6	9S	28W	-	2	Apr.	1860	Howa
Ferrell	William		2	10S	24W	40	1	Aug.	1837	Hem
Ferrell	William		2	10S	24W	80	1	Aug.	1837	Hem
Ferrell	William		2	10S	24W	80	15	Apr.	1837	Hem
Ferrell	William		3	10S	24W	40	15	Apr.	1837	Hem
Ferrell	William		3	10S	24W	80	15	Apr.	1837	Hem

Last Name	First Name	Int.	Section No.	Twp.	Ran	Acres	Date			Co.
Ficht	Michael		18	15N	23W	159.68	22	Mar.	1906	Neva
Ficht	Michael		18	15N	23W	-	22	Mar.	1906	Neva
Fields	Polly		24	15N	24W	160	28	Feb.	1906	Neva
Fields	Polly		24	15N	24W	-	28	Feb.	1906	Neva
Fields	Polly		24	15N	24W	-	28	Feb.	1906	Neva
Finch	James	S.	22	10S	32W	160	30	Aug.	1895	LRiv
Finley	James	T.	19	10S	32W	-	6	Feb.	1899	LRiv
Finley	James	T.	19	10S	32W	120	6	Feb.	1899	LRiv
Finley	James	W.	2	12S	24W	160	15	Apr.	1837	Hem
Finley	James	W.	35	11S	28W	160	6	Feb.	1840	Howa
Finley	Lucinda		6	13S	28W	-	13	Jun.	1889	LRiv
Finley	Lucinda		6	13S	28W	160.35	13	Jun.	1889	LRiv
Finley	Robert	J.	34	12S	29W	80	13	Jun.	1889	LRiv
Finton	James	E.	11	11S	26W	80	10	Sep.	1827	Hem
Fisher	James	H.	31	10S	32W	40	17	Feb.	1881	LRiv
Fisher	James		13	10S	24W	120	1	Dec.	1857	Hem
Fisher	James		13	10S	24W	-	1	Dec.	1857	Hem
Fitzgerald	Edward		33	12S	32W	80	1	Mar.	1855	LRiv
Fitzpatrick	Elisha	H.	21	12S	30W	160	30	Oct.	1877	LRiv
Fiveash	John	M.	17	16N	19W	-	10	Feb.	1897	Neva
Fiveash	John	M.	17	16N	19W	-	10	Feb.	1897	Neva
Fiveash	John	M.	18	16N	19W	160	10	Feb.	1897	Neva
Flanagin	Robert	H.	3	8S	29W	41.5	10	Oct.	1888	Howa
Flanikan	John		30	13S	28W	97.6	15	Jan.	1885	LRiv
Fleming	James		24	13S	29W	40	8	May	1901	LRiv
Fletcher	Fannie		18	13S	29W	40	5	May	1904	LRiv
Fletcher	Frederick		33	13S	29W	-	4	Dec.	1839	LRiv
Fletcher	Frederick		34	13S	29W	293.22	4	Dec.	1839	LRiv
Flippo	William		23	15N	22W	160	26	Mar.	1890	Neva
Flippo	William		23	15N	22W	-	26	Mar.	1890	Neva
Flippo	William		23	15N	22W	-	26	Mar.	1890	Neva
Flood	Mary		20	15N	20W	40	15	May	1876	Neva
Flournoy	Seaman		24	13S	28W	40	9	Mar.	1896	LRiv
Flowers	Elzada	J.	7	7S	28W	40	1	Jul.	1859	Howa
Flowers	Harrison	D.	1	7S	29W	161.76	1	Feb.	1861	Howa
Flowers	Harrison	D.	6	7S	28W	-	1	Feb.	1861	Howa
Flowers	Harrison	D.	6	7S	28W	40	1	Mar.	1855	Howa
Flowers	Harrison	D.	6	7S	28W	40	1	Mar.	1855	Howa
Flowers	King	B.	36	6S	29W	40	1	Mar.	1854	Howa
Flowers	Sarah		7	7S	28W	39.85	10	Dec.	1861	Howa
Floyd	Bazzel		1	13S	26W	39.85	1	May	1856	Hem
Floyd	David	A.	28	8S	27W	40	2	Apr.	1860	Howa
Floyd	David	S.	22	7S	27W	160	21	Jun.	1892	Howa
Floyd	David	S.	23	7S	27W	-	21	Jun.	1892	Howa
Floyd	Hyrom	H.	1	5S	30W	-	10	Apr.	1907	Howa
Floyd	Hyrom	H.	2	5S	30W	-	10	Apr.	1907	Howa
Floyd	Hyrom	H.	2	5S	30W	160	10	Apr.	1907	Howa
Floyd	Jasper	B.	11	7S	27W	-	31	Dec.	1904	Howa
Floyd	Jasper	B.	14	7S	27W	-	31	Dec.	1904	Howa
Floyd	Jasper	B.	14	7S	27W	160	31	Dec.	1904	Howa
Floyd	John	H.	7	5S	29W	-	10	Apr.	1907	Howa
Floyd	John	H.	7	5S	29W	161.47	10	Apr.	1907	Howa
Floyd	Surenus	N.	14	7S	27W	40	25	Jul.	1882	Howa
Floyd	William	S.	6	14N	19W	120.37	6	Jul.	1889	Neva
Floyd	William	S.	6	14N	19W	-	6	Jul.	1889	Neva
Flud	George	W.	20	15N	20W	40	5	Jul.	1889	Neva

Last Name	First Name	Int.	Section No.	Twp.	Ran	Acres	Date			Co.
Flud	James	C.	14	15N	20W	160	19	Oct.	1905	Neva
Flud	John	L.	15	15N	20W	80	5	Apr.	1895	Neva
Flud	John	L.	15	15N	20W	80	28	May	1895	Neva
Flud	John		20	15N	20W	80	15	May	1876	Neva
Flud	John		20	15N	20W	-	15	May	1876	Neva
Flud	Nathaniel		21	15N	20W	40	1	Feb.	1860	Neva
Flud	Oliver	J.	19	15N	20W	-	17	Oct.	1904	Neva
Flud	Oliver	J.	24	15N	21W	40	9	May	1905	Neva
Flud	Oliver	J.	24	15N	21W	136.78	17	Oct.	1904	Neva
Flud	Oliver	J.	24	15N	21W	-	17	Oct.	1904	Neva
Flud	Sarah	F.	22	15N	20W	-	20	Oct.	1882	Neva
Flud	Sarah	F.	23	15N	20W	80	20	Oct.	1882	Neva
Flud	William	R.	17	15N	20W	160	27	Jan.	1900	Neva
Flud	William	R.	17	15N	20W	-	27	Jan.	1900	Neva
Flud	William	R.	17	15N	20W	-	27	Jan.	1900	Neva
Flynn	Miles		5	9S	28W	148.77	1	Jul.	1854	Howa
Flynn	Miles		6	9S	28W	-	1	Jul.	1854	Howa
Flynn	Thomas		5	9S	28W	73	1	Jul.	1857	Howa
Flynn	Thomas		32	8S	28W	-	2	Jul.	1860	Howa
Flynn	Thomas		32	8S	28W	80	2	Jul.	1860	Howa
Flynt	Gideon		33	10S	28W	80	1	Mar.	1843	Howa
Flynt	Thomas		28	10S	28W	40	1	Mar.	1843	Howa
Fontaine	Matthew		11	11S	26W	80	10	Apr.	1837	Hem
Fontaine	Matthew		11	11S	26W	80	10	Apr.	1837	Hem
Fontaine	Sylvia		22	10S	26W	160	30	Jun.	1882	Hem
Ford	George	W.	11	5S	29W	-	10	Apr.	1907	Howa
Ford	George	W.	11	5S	29W	160	10	Apr.	1907	Howa
Foreman	William		7	11S	32W	160	13	Jul.	1885	LRiv
Forester	Edward	W.	36	7S	27W	40	1	Jul.	1859	Howa
Forester	Francis	L.	25	10S	24W	80	13	Dec.	1876	Hem
Forester	Jeremiah		22	10S	24W	120	1	Oct.	1860	Hem
Forester	Jeremiah		22	10S	24W	-	1	Oct.	1860	Hem
Forester	Scott		34	7S	28W	-	30	Jun.	1884	Howa
Forester	Scott		34	7S	28W	-	30	Jun.	1884	Howa
Forester	Scott		34	7S	28W	160	30	Jun.	1884	Howa
Forgy	Elora		17	6S	29W	-	24	Nov.	1903	Howa
Forgy	Elora		17	6S	29W	-	24	Nov.	1903	Howa
Forgy	Elora		17	6S	29W	160	24	Nov.	1903	Howa
Forgy	Jackson	O.	12	8S	28W	-	2	Jul.	1860	Howa
Forgy	Jackson	O.	12	8S	28W	40	2	Apr.	1860	Howa
Forgy	Jackson	O.	12	8S	28W	80	30	Aug.	1882	Howa
Forgy	Jackson	O.	13	8S	28W	40	2	Apr.	1860	Howa
Forgy	Jackson	O.	13	8S	28W	80	2	Jul.	1860	Howa
Forgy	Lillian	W.	20	6S	29W	160	31	Aug.	1905	Howa
Forgy	Mary		30	6S	29W	-	31	Jul.	1903	Howa
Forgy	Mary		30	6S	29W	160	31	Jul.	1903	Howa
Forgy	Wade	M.	19	6S	29W	-	25	Feb.	1890	Howa
Forgy	Wade	M.	19	6S	29W	-	25	Feb.	1890	Howa
Forgy	Wade	M.	19	6S	29W	170.55	25	Feb.	1890	Howa
Fortner	Johnathan		11	10S	28W	-	1	Jul.	1859	Howa
Fortner	Johnathan		11	10S	28W	120	1	Jul.	1859	Howa
Fortner	Jonathan		11	10S	28W	40	1	Jul.	1857	Howa
Fortner	Jonathan		11	10S	28W	40	1	Jul.	1859	Howa
Fortner	Jonithan		11	10S	28W	40	10	Oct.	1856	Howa
Foster	Charles	F.	34	15N	20W	160	3	Apr.	1896	Neva
Foster	Charles	F.	34	15N	20W	-	3	Apr.	1896	Neva

Last Name	First Name	Int.	Section No.	Twp.	Ran	Acres	Date			Co.
Foster	Charles	F.	34	15N	20W	-	3	Apr.	1896	Neva
Foster	Drury	D.	11	8S	29W	40	1	Mar.	1855	Howa
Foster	Drury	D.	11	8S	29W	40	1	Mar.	1855	Howa
Foster	Drury	D.	12	8S	29W	40	2	Jul.	1860	Howa
Foster	Edie		31	7S	28W	-	8	Jul.	1895	Howa
Foster	George	W.	25	13S	25W	40	1	Aug.	1837	Hem
Foster	George	W.	25	13S	25W	80	1	Aug.	1837	Hem
Foster	James		30	9S	28W	40	1	Mar.	1855	Howa
Foster	John	F.	26	15N	20W	-	5	Apr.	1895	Neva
Foster	John	F.	34	15N	20W	-	5	Apr.	1895	Neva
Foster	John	F.	35	15N	20W	160	5	Apr.	1895	Neva
Foster	John	T.	33	15N	20W	-	30	Dec.	1902	Neva
Foster	John	T.	33	15N	20W	-	30	Dec.	1902	Neva
Foster	John	T.	34	15N	20W	160	30	Dec.	1902	Neva
Foster	Martin		10	12S	27W	40	1	May	1845	Hem
Foster	Martin		10	12S	27W	80	1	May	1845	Hem
Foster	Patrick	H.	23	13S	25W	80	10	Apr.	1837	Hem
Foster	Patrick	H.	23	13S	25W	160	10	Apr.	1837	Hem
Foster	Patrick	H.	26	13S	25W	40	1	Aug.	1837	Hem
Foster	Patrick	H.	26	13S	25W	40	1	Aug.	1837	Hem
Foster	Patrick	H.	26	13S	25W	40	15	Apr.	1837	Hem
Foster	Patrick	H.	26	13S	25W	40	15	Apr.	1837	Hem
Foster	Patrick	H.	26	13S	25W	80	15	Apr.	1837	Hem
Foster	Patrick	H.	34	14S	25W	160	1	Aug.	1837	Hem
Foster	William	T.	31	7S	28W	40	26	Jan.	1898	Howa
Foster	William		10	8S	29W	40	2	Apr.	1860	Howa
Foster	William		10	8S	29W	40	2	Jul.	1860	Howa
Foster	William		31	7S	28W	83.24	25	Feb.	1890	Howa
Foster	William		34	13S	25W	80	1	Aug.	1837	Hem
Foster	Williamson		22	13S	25W	160	15	Apr.	1837	Hem
Foster	Williamson		23	13S	25W	80	10	Apr.	1837	Hem
Foster	Williamson		23	13S	25W	80	15	Apr.	1837	Hem
Foster	Williamson		23	13S	25W	80	15	Apr.	1837	Hem
Foster	Williamson		26	14S	25W	160	1	Aug.	1837	Hem
Foster	Williamson		26	14S	25W	160	1	Aug.	1837	Hem
Foster	Williamson		27	14S	25W	80	1	Aug.	1837	Hem
Foulkes	Edw.	B.	8	11S	23W	-	1	Aug.	1837	Hem
Foulkes	Edward	B.	9	11S	23W	160	1	Aug.	1837	Hem
Fountain	Matthew		14	11S	26W	80	10	May	1827	Hem
Fowler	David	B.	28	16N	23W	-	26	Sep.	1902	Neva
Fowler	David	B.	33	16N	23W	160	26	Sep.	1902	Neva
Fowler	David	B.	33	16N	23W	-	26	Sep.	1902	Neva
Fowler	Franklin	B.	36	17N	19W	80	13	Jun.	1878	Neva
Fowler	Harriet		26	17N	19W	-	13	Jun.	1878	Neva
Fowler	Harriet		35	17N	19W	80	13	Jun.	1878	Neva
Fowler	John	H.	33	11S	27W	-	24	Jun.	1833	Howa
Fowler	John	H.	33	11S	27W	80	1	Aug.	1837	Howa
Fowler	John	H.	33	11S	27W	160	10	Apr.	1837	Howa
Fowler	John	H.	33	11S	27W	320	24	Jun.	1833	Howa
Fowler	John	H.	34	11S	27W	-	24	Jun.	1833	Howa
Fowler	John	H.	35	11S	27W	160	15	Apr.	1837	Howa
Fowler	John	H.	36	11S	28W	160	6	Feb.	1840	Howa
Fowler	Joseph	C.	11	16N	23W	40	1	Feb.	1860	Neva
Fowler	Lucien	H.	26	17N	19W	40	3	Apr.	1896	Neva
Fowler	William	C.	32	15N	23W	160	13	Feb.	1891	Neva
Fowler	William	C.	32	15N	23W	-	13	Feb.	1891	Neva

Last Name	First Name	Int.	Section No.	Twp.	Ran	Acres	Date		Co.
Fowler	William	C.	32	15N	23W	-	13 Feb.	1891	Neva
Fowler	William		20	17N	21W	-	3 Nov.	1891	Neva
Fowler	William		21	17N	21W	160	3 Nov.	1891	Neva
Fowler	William		21	17N	21W	-	3 Nov.	1891	Neva
Fowlkes	Edward	B.	3	11S	25W	80	1 Mar.	1855	Hem
Fowlkes	Edward	B.	8	11S	23W	560	10 Aug.	1837	Hem
Fowlkes	Edward	B.	9	11S	23W	40	1 Aug.	1837	Hem
Fowlkes	Edward	B.	9	11S	23W	40	1 Aug.	1837	Hem
Fowlkes	Edward	B.	9	11S	23W	360	10 Aug.	1837	Hem
Fowlkes	Edward	B.	9	11S	23W	-	10 Aug.	1837	Hem
Fowlkes	Edward	B.	9	11S	23W	-	10 Aug.	1837	Hem
Fowlkes	Edward	B.	17	11S	23W	240	10 Aug.	1837	Hem
Fowlkes	Edward	B.	17	11S	23W	-	10 Aug.	1837	Hem
Fowlkes	Giles		33	10S	24W	80	30 Aug.	1882	Hem
Fox	Ellen		34	17N	20W	80	23 Apr.	1891	Neva
Fox	Ellen		34	17N	20W	80	18 Aug.	1891	Neva
Fox	John		4	13N	19W	160.28	19 Dec.	1889	Neva
Fox	John		5	13N	19W	-	19 Dec.	1889	Neva
Frailey	Benjamin	F.	12	15N	22W	160	19 Oct.	1905	Neva
Frailey	Benjamin	F.	13	15N	22W	-	19 Oct.	1905	Neva
Frailey	Denton	M.	13	15N	22W	80	8 Jun.	1901	Neva
Frailey	Isaac	T.	22	15N	22W	-	7 Aug.	1906	Neva
Frailey	Isaac	T.	23	15N	22W	-	7 Aug.	1906	Neva
Frailey	Isaac	T.	26	15N	22W	-	7 Aug.	1906	Neva
Frailey	Isaac	T.	27	15N	22W	160	7 Aug.	1906	Neva
Franklin	John		2	13S	29W	160.13	22 Mar.	1906	LRiv
Franklin	Thomas		13	13S	24W	320	10 Aug.	1837	Hem
Franklin	Thomas		18	13S	23W	336.39	10 Aug.	1837	Hem
Franklin	Wilson	H.	36	11S	30W	160	2 Mar.	1897	LRiv
Franks	Frances	C.	23	12S	25W	40	15 May	1876	Hem
Franks	Neal	M.	6	13N	22W	163.83	9 Aug.	1919	Neva
Franks	Neal	M.	6	13N	22W	-	9 Aug.	1919	Neva
Franks	Neal	M.	6	13N	22W	-	9 Aug.	1919	Neva
Franks	Neal	M.	6	13N	22W	-	9 Aug.	1919	Neva
Frayer	Wilber	H.	29	16N	23W	160	7 Sep.	1900	Neva
Frayer	Wilber	H.	29	16N	23W	-	7 Sep.	1900	Neva
Frayer	Wilber	H.	29	16N	23W	-	7 Sep.	1900	Neva
Frazier	John	W.	10	13N	19W	160	8 May	1901	Neva
Frazier	John	W.	10	13N	19W	-	8 May	1901	Neva
Frazier	John	W.	10	13N	19W	-	8 May	1901	Neva
Fredrick	Adam		19	17N	22W	80	17 Oct.	1904	Neva
Freeman	Andrew	J.	1	12S	31W	81.76	2 Jul.	1860	LRiv
Freeman	Andrew	J.	1	12S	31W	161.38	5 Aug.	1897	LRiv
Freeman	Andrew	J.	2	12S	31W	80.27	1 Oct.	1860	LRiv
Freeman	Andrew	J.	12	12S	31W	-	2 Jul.	1860	LRiv
Freeman	Andrew	J.	12	12S	31W	80	2 Jul.	1860	LRiv
Freeman	Andrew	J.	34	11S	31W	80	1 May	1861	LRiv
Freeman	Dave		24	15N	20W	-	3 Apr.	1894	Neva
Freeman	Dave		25	15N	20W	80	3 Apr.	1894	Neva
Freeman	George	W.	25	15N	20W	-	25 Feb.	1899	Neva
Freeman	George	W.	25	15N	20W	-	25 Feb.	1899	Neva
Freeman	George	W.	30	15N	19W	-	25 Feb.	1899	Neva
Freeman	George	W.	30	15N	19W	-	25 Feb.	1899	Neva
Freeman	George	W.	36	15N	20W	134.86	25 Feb.	1899	Neva
Freeman	George	W.	36	15N	20W	134.86	25 Feb.	1899	Neva
Freeman	Henry		21	13N	20W	160	28 Mar.	1906	Neva

Last Name	First Name	Int.	Section No.	Twp.	Ran	Acres	Date			Co.
Freeman	Henry		21	13N	20W	-	28	Mar.	1906	Neva
Freeman	Isaac		12	13N	20W	40	15	Nov.	1854	Neva
Freeman	Isaac		25	15N	20W	160	5	Jul.	1889	Neva
Freeman	Isaac		25	15N	20W	-	5	Jul.	1889	Neva
Freeman	Isaac		25	15N	20W	-	5	Jul.	1889	Neva
Freeman	Isaac		25	15N	20W	-	5	Jul.	1889	Neva
Freeman	Isaac		27	14N	20W	80	15	Nov.	1854	Neva
Freeman	Isaac		27	14N	20W	-	15	Nov.	1854	Neva
Freeman	James		9	13N	20W	160	9	May	1905	Neva
Freeman	James		9	13N	20W	-	9	May	1905	Neva
Freeman	James		9	13N	20W	-	9	May	1905	Neva
Freeman	Robert	F.	35	10S	24W	80	2	Sep.	1889	Hem
Freeman	Robert	F.	35	10S	24W	-	2	Sep.	1889	Hem
Freeman	Squire		9	13N	20W	-	30	Mar.	1905	Neva
Freeman	Squire		9	13N	20W	-	9	May	1905	Neva
Freeman	Squire		10	13N	20W	80	30	Mar.	1905	Neva
Freeman	Squire		10	13N	20W	80	9	May	1905	Neva
Freeman	Uriah	D.	4	13N	20W	40	19	Oct.	1905	Neva
Freeman	Uriah	D.	9	13N	20W	120	14	Feb.	1900	Neva
Freeman	Uriah	D.	9	13N	20W	-	14	Feb.	1900	Neva
Freeman	William	M.	1	12S	31W	-	2	Apr.	1860	LRiv
Freeman	William	M.	1	12S	31W	-	2	Jul.	1860	LRiv
Freeman	William	M.	1	12S	31W	120	2	Apr.	1860	LRiv
Freeman	William	M.	2	12S	31W	40.1	2	Jul.	1860	LRiv
Freeman	William	M.	2	12S	31W	80	2	Apr.	1860	LRiv
Freeman	William	M.	2	12S	31W	80.66	2	Jul.	1860	LRiv
Freeman	William	M.	12	12S	31W	-	2	Apr.	1860	LRiv
Freeman	William	M.	12	12S	31W	40	2	Jul.	1860	LRiv
French	Benjamin	D.	14	6S	30W	-	27	Dec.	1905	Howa
French	Benjamin	D.	15	6S	30W	-	27	Dec.	1905	Howa
French	Benjamin	D.	22	6S	30W	-	27	Dec.	1905	Howa
French	Benjamin	D.	23	6S	30W	160	27	Dec.	1905	Howa
French	John	C.	22	9S	24W	174.21	10	Apr.	1899	Hem
French	John	C.	22	9S	24W	-	10	Apr.	1899	Hem
French	John	C.	22	9S	24W	-	10	Apr.	1899	Hem
French	John	R.	21	6S	30W	160	18	Jan.	1894	Howa
French	John	W.	3	13S	32W	40	1	Mar.	1855	LRiv
French	Jordan	W.	9	12S	32W	80	21	Sep.	1905	LRiv
French	Joseph		12	12S	33W	-	2	Jun.	1848	LRiv
French	Joseph		12	12S	33W	160	2	Jun.	1848	LRiv
French	Lorenzo	D.	13	12S	33W	160	1	May	1845	LRiv
French	Rebecca	C.	25	10S	33W	40	10	Oct.	1856	LRiv
French	Robert		26	7S	28W	160	3	Feb.	1883	Howa
French	Robert		27	7S	28W	-	3	Feb.	1883	Howa
French	Robert		27	7S	28W	-	3	Feb.	1883	Howa
French	Sherrell	M.	12	12S	33W	40	2	Apr.	1890	LRiv
French	Thomas	C.	3	13S	32W	80	1	Mar.	1855	LRiv
French	Thomas	C.	21	12S	32W	-	1	Dec.	1857	LRiv
French	Thomas	C.	21	12S	32W	120	1	Dec.	1857	LRiv
French	Thomas	C.	22	12S	32W	80	10	Oct.	1856	LRiv
Fricks	Henry	M.	17	13S	25W	80	1	Mar.	1877	Hem
Fricks	Julius	C.	1	13S	26W	80	13	Dec.	1876	Hem
Fricks	Walter	C.	1	13S	26W	81.47	13	Dec.	1876	Hem
Frizzell	William	P.	13	7S	30W	-	2	Jan.	1895	Howa
Frizzell	William	P.	13	7S	30W	160	2	Jan.	1895	Howa
Fulcher	Benjamin		26	13S	29W	40	2	Jun.	1904	LRiv

Last Name	First Name	Int.	Section No.	Twp.	Ran	Acres	Date			Co.
Fulgham	Edmund	B.	23	11S	25W	80	10	Jul.	1844	Hem
Fulks	Stephen		33	10S	24W	40	15	Jun.	1875	Hem
Fuller	Samuel	H.	18	11S	32W	-	18	Feb.	1898	LRiv
Fuller	Samuel	H.	18	11S	32W	160	18	Feb.	1898	LRiv
Fuller	William	N.	35	11S	26W	80	1	Dec.	1857	Hem
Fuller	William	N.	36	11S	26W	80	2	Apr.	1860	Hem
Fullerton	Elizabeth		36	17N	21W	160	6	May	1907	Neva
Fulsom	Osborn		29	10S	23W	80	9	Sep.	1882	Hem
Fults	Gabriel		3	15N	23W	-	18	Aug.	1891	Neva
Fults	Gabriel		34	16N	23W	161.33	18	Aug.	1891	Neva
Fults	James		10	15N	23W	40	10	Apr.	1885	Neva
Fults	John	M.	11	15N	23W	-	23	Jan.	1897	Neva
Fults	John	M.	14	15N	23W	160	23	Jan.	1897	Neva
Fults	John	M.	15	15N	23W	-	23	Jan.	1897	Neva
Fults	Richard	M.	29	11S	32W	-	27	Aug.	1901	LRiv
Fults	Richard	M.	29	11S	32W	160	27	Aug.	1901	LRiv
Fuqua	Joshua		9	11S	23W	80	20	Jul.	1825	Hem
Fuquay	Albert		24	10S	33W	-	4	Dec.	1896	LRiv
Fuquay	Albert		24	10S	33W	160	4	Dec.	1896	LRiv
Gafford	James	C.	5	11S	32W	153.73	19	Mar.	1904	LRiv
Gafford	Sam	O.	35	11S	33W	-	12	Nov.	1906	LRiv
Gafford	Sam	O.	35	11S	33W	135.6	12	Nov.	1906	LRiv
Gafford	Sam	O.	36	11S	33W	-	12	Nov.	1906	LRiv
Gaines	Alfred		28	13S	28W	80	10	Apr.	1897	LRiv
Gaines	Green	B.	32	9S	25W	120	10	Apr.	1897	Hem
Gallaway	William		30	13S	23W	93.46	1	Mar.	1855	Hem
Gallegley	Joseph	L.	22	7S	28W	-	16	Sep.	1904	Howa
Gallegley	Joseph	L.	27	7S	28W	-	16	Sep.	1904	Howa
Gallegley	Joseph	L.	27	7S	28W	160	16	Sep.	1904	Howa
Galloway	Abraham		20	13S	23W	80	1	Jul.	1859	Hem
Galloway	Jabes	F.	20	13S	23W	80	30	Jun.	1882	Hem
Galloway	James		32	13S	23W	160	2	Apr.	1860	Hem
Galloway	James		32	13S	23W	-	2	Apr.	1860	Hem
Galloway	John		20	13S	23W	160	2	Apr.	1860	Hem
Galloway	John		29	13S	23W	80	15	Jun.	1855	Hem
Galloway	Thomas		30	13S	23W	160	1	Jul.	1859	Hem
Galloway	William		30	13S	23W	256.88	1	Jul.	1859	Hem
Galloway	William		30	13S	23W	-	1	Jul.	1859	Hem
Gammill	George	W.	5	8S	28W	120.19	14	Jun.	1897	Howa
Gammill	Jessie	E.	5	8S	28W	160	10	Aug.	1906	Howa
Gammon	George	W.	26	5S	30W	-	22	Apr.	1901	Howa
Gammon	George	W.	26	5S	30W	-	22	Apr.	1901	Howa
Gammon	George	W.	27	5S	30W	161.23	22	Apr.	1901	Howa
Gardiner	William	J.	19	9S	26W	280	1	Jul.	1859	Hem
Gardiner	William	J.	29	9S	26W	40	2	Apr.	1860	Hem
Gardiner	William	J.	29	9S	26W	-	1	Jul.	1859	Hem
Gardiner	William	J.	30	9S	26W	-	1	Jul.	1859	Hem
Gardner	Eugene	J.	2	13N	23W	-	9	May	1905	Neva
Gardner	Eugene	J.	35	14N	23W	117.84	9	May	1905	Neva
Garison	Peter	S.	5	12S	25W	80	15	Jun.	1855	Hem
Garland	Barbara		25	13S	25W	40	15	Apr.	1837	Hem
Garland	Barbara		26	13S	25W	40	15	Apr.	1837	Hem
Garland	Kate		30	13N	22W	-	9	May	1905	Neva
Garland	Kate		31	13N	22W	159.92	9	May	1905	Neva
Garland	William	M.	31	13N	23W	147.4	3	Nov.	1891	Neva
Garland	William	M.	31	13N	23W	-	3	Nov.	1891	Neva

Last Name	First Name	Int.	Section No.	Twp.	Ran	Acres	Date			Co.
Garland	William	M.	31	13N	23W	-	3	Nov.	1891	Neva
Garner	Thomas	J.	36	16N	19W	40	1	Dec.	1891	Neva
Garner	William	M.	27	15N	19W	40	15	Nov.	1854	Neva
Garner	William	M.	35	16N	19W	80	3	Aug.	1882	Neva
Garner	William	M.	35	16N	19W	80	18	Aug.	1891	Neva
Garner	William	S.	6	15N	19W	80.77	4	Jun.	1906	Neva
Garrison	John	T.	23	5S	28W	-	11	Sep.	1905	Howa
Garrison	John	T.	23	5S	28W	-	11	Sep.	1905	Howa
Garrison	John	T.	23	5S	28W	160	11	Sep.	1905	Howa
Garrison	John		31	15N	21W	67.86	9	May	1907	Neva
Garrison	John		31	15N	21W	-	9	May	1907	Neva
Garrison	Pleas	G.	5	14N	21W	80	26	Aug.	1904	Neva
Gash	Phillip	H.	29	16N	21W	160	26	Mar.	1900	Neva
Gash	Phillip	H.	29	16N	21W	-	26	Mar.	1900	Neva
Gash	Phillip	H.	29	16N	21W	-	26	Mar.	1900	Neva
Gash	William		28	16N	21W	-	26	Mar.	1900	Neva
Gash	William		29	16N	21W	160	26	Mar.	1900	Neva
Gash	William		29	16N	21W	-	26	Mar.	1900	Neva
Gaskill	Frank		9	13S	26W	160	23	Jan.	1899	Hem
Gaskill	Frank		9	13S	26W	-	23	Jan.	1899	Hem
Gaskill	Frank		9	13S	26W	-	23	Jan.	1899	Hem
Gaskill	George		19	12S	28W	80	1	May	1856	LRiv
Geady	William		25	11S	25W	80	18	Oct.	1888	Hem
Gentry	George	W.	7	10S	26W	-	2	Apr.	1860	Hem
Gentry	George	W.	7	10S	26W	-	2	Apr.	1860	Hem
Gentry	George	W.	18	10S	26W	320	2	Apr.	1860	Hem
Gentry	Hopson	O.	25	9S	29W	40	1	Nov.	1839	Howa
Gentry	Hopson	O.	25	9S	29W	40	1	Mar.	1855	Howa
Gentry	Hopson	O.	25	9S	29W	40	1	Jul.	1859	Howa
Gentry	James	I.	20	15N	19W	160	28	Jun.	1905	Neva
George	Abner		9	10S	32W	-	2	Jul.	1860	LRiv
George	Abner		9	10S	32W	115.11	2	Jul.	1860	LRiv
George	James		8	7S	27W	160	22	Dec.	1903	Howa
George	John	H.	32	15N	19W	160	10	Jan.	1896	Neva
George	John	H.	32	15N	19W	-	10	Jan.	1896	Neva
George	Walter	C.	35	14N	19W	-	10	Apr.	1907	Neva
George	Walter	C.	35	14N	19W	-	10	Apr.	1907	Neva
George	Walter	C.	36	14N	19W	160	10	Apr.	1907	Neva
George	William	G.	9	7S	27W	160	2	Nov.	1903	Howa
George	Willis	A.	29	15N	19W	-	25	Aug.	1903	Neva
George	Willis	A.	32	15N	19W	160	25	Aug.	1903	Neva
Gholson	John	C.	19	17N	22W	40.08	1	Jun.	1861	Neva
Gibbons	Patrick	M.	9	13S	24W	40	2	Apr.	1860	Hem
Gibbs	Sarah	C.	14	13S	29W	80	1	Aug.	1889	LRiv
Gibson	Elijah		26	11S	27W	40	15	Apr.	1837	Howa
Gibson	Elijah		29	11S	26W	40	15	Apr.	1837	Hem
Gibson	Elijah		32	11S	26W	80	1	Aug.	1837	Hem
Gibson	Elijah		32	11S	26W	80	1	Mar.	1843	Hem
Gibson	Felix	F.	32	10S	24W	-	1	Aug.	1837	Hem
Gibson	Felix	F.	33	10S	24W	320	1	Aug.	1837	Hem
Gibson	Felix	G.	6	11S	24W	149.57	1	Aug.	1837	Hem
Gibson	James	C.	3	16N	20W	146.58	22	May	1895	Neva
Gibson	James	C.	3	16N	20W	-	22	May	1895	Neva
Gibson	James		11	11S	25W	40	1	Aug.	1837	Hem
Gibson	James		11	11S	25W	80	15	Apr.	1837	Hem
Gibson	James		11	11S	25W	80	15	Apr.	1837	Hem

Last Name	First Name	Int.	Section No.	Twp.	Ran	Acres	Date			Co.
Gibson	James		11	11S	25W	160	1	Aug.	1837	Hem
Gibson	James		11	11S	25W	-	1	Aug.	1837	Hem
Gibson	James		26	11S	26W	80	15	Apr.	1837	Hem
Gibson	Jesse		11	14N	23W	-	1	Mar.	1904	Neva
Gibson	Jesse		12	14N	23W	80	1	Mar.	1904	Neva
Gibson	Joseph	D.	19	9S	27W	40	1	Mar.	1855	Howa
Gibson	Joseph	D.	19	9S	27W	46.05	1	May	1856	Howa
Gibson	Joseph	D.	19	9S	27W	46.1	1	Mar.	1855	Howa
Gibson	Joseph	D.	20	9S	27W	40	1	Mar.	1855	Howa
Gibson	Joseph	D.	24	9S	28W	40	1	May	1856	Howa
Gibson	Robert	D.	18	11S	26W	1.11	15	Apr.	1837	Hem
Gibson	Robert	D.	18	11S	26W	40	10	Apr.	1837	Hem
Gibson	Samuel	R.	36	8S	29W	40	1	May	1906	Howa
Gibson	William	C.	7	11S	32W	-	17	Jun.	1898	LRiv
Gibson	William	C.	7	11S	32W	145.59	17	Jun.	1898	LRiv
Gibson	William	W.	4	7S	27W	158.2	4	Apr.	1904	Howa
Gibson	William		2	11S	25W	80	1	Aug.	1837	Hem
Gibson	William		2	11S	25W	142.52	1	Mar.	1855	Hem
Gibson	William		2	11S	25W	142.8	1	Mar.	1855	Hem
Gibson	William		34	10S	25W	80	1	May	1845	Hem
Gibson	William		34	10S	25W	80	1	Mar.	1855	Hem
Gibson	William		35	10S	25W	80	1	Mar.	1855	Hem
Gidden	James		15	10S	28W	40	1	Mar.	1843	Howa
Gideon	James	C.	8	8S	28W	40	2	Apr.	1890	Howa
Gideon	James	C.	9	8S	28W	40	2	Apr.	1860	Howa
Gilbert	Augustus		36	8S	29W	80	2	Jan.	1895	Howa
Gilbert	Brasos		31	7S	28W	43.86	16	May	1892	Howa
Gilbert	Ebenezer		11	12S	26W	40	1	Jul.	1875	Hem
Gilbert	Felix	W.	8	8S	28W	40	2	Apr.	1860	Howa
Gilbert	James	M.	11	8S	29W	40	2	Jul.	1860	Howa
Gilbert	James	M.	30	7S	28W	40	25	Feb.	1890	Howa
Gilbert	James	M.	31	7S	28W	-	1	Jul.	1859	Howa
Gilbert	James	M.	31	7S	28W	40	10	Oct.	1856	Howa
Gilbert	James	M.	31	7S	28W	42.2	1	Dec.	1857	Howa
Gilbert	James	M.	31	7S	28W	118.37	1	Jul.	1859	Howa
Gilbert	John	F.	11	12S	26W	80	15	Jan.	1858	Hem
Gilbert	John	F.	12	12S	26W	-	15	Jan.	1858	Hem
Gilbert	Obadiah	W.	24	8S	29W	80	24	Jun.	1889	Howa
Gilbert	Obadiah		24	8S	29W	40	1	Jul.	1859	Howa
Gilbert	Obadiah		25	8S	29W	40	1	Jul.	1859	Howa
Gilbert	Obediah		19	8S	28W	42.35	1	Jul.	1859	Howa
Gilbert	Obediah		25	8S	29W	40	24	Jun.	1895	Howa
Gilbert	Perry	S.	32	8S	28W	40	18	Apr.	1905	Howa
Gilbert	Samuel	P.	25	8S	29W	-	2	Apr.	1860	Howa
Gilbert	Samuel	P.	25	8S	29W	40	2	Apr.	1860	Howa
Gilbert	Samuel	P.	25	8S	29W	40	2	Apr.	1860	Howa
Gilbert	Samuel	P.	25	8S	29W	40	2	Apr.	1860	Howa
Gilbert	Samuel	P.	25	8S	29W	40	2	Apr.	1860	Howa
Gilbert	Samuel	P.	25	8S	29W	80	2	Apr.	1860	Howa
Gilbert	Strauder		30	7S	28W	174.89	10	Oct.	1894	Howa
Gilbert	William	E.	13	8S	29W	40	2	Apr.	1890	Howa
Gilbert	William	E.	24	8S	29W	40	2	Apr.	1860	Howa
Gilbert	William	E.	33	6S	29W	80	12	Aug.	1901	Howa
Gildart	Francis		1	10S	26W	-	1	Aug.	1837	Hem
Gildart	Francis		5	12S	24W	548.18	1	Aug.	1837	Hem
Gildart	Francis		6	12S	24W	-	1	Aug.	1837	Hem

Last Name	First Name	Int.	Section No.	Twp.	Ran	Acres	Date			Co.
Gildart	Francis		7	10S	25W	324.95	1	Aug.	1837	Hem
Gildart	Francis		12	10S	26W	240	1	Aug.	1837	Hem
Giles	James	R.	35	12S	24W	40	9	Sep.	1882	Hem
Gill	Benjamin	C.	9	12S	30W	-	10	May	1861	LRiv
Gill	Benjamin	C.	9	12S	30W	-	10	May	1861	LRiv
Gill	Benjamin	C.	10	12S	30W	200	10	May	1861	LRiv
Gill	Benjamin	C.	25	11S	31W	120	1	Dec.	1857	LRiv
Gill	Benjamin	C.	26	11S	31W	-	1	Dec.	1857	LRiv
Gill	Nathan	J.	17	9S	26W	40	1	Jul.	1859	Hem
Gill	Silas	F.	30	12S	29W	80	25	Feb.	1890	LRiv
Gillcoatt	John		20	11S	31W	-	1	Oct.	1860	LRiv
Gillcoatt	John		20	11S	31W	40	1	Oct.	1860	LRiv
Gillcoatt	John		29	11S	31W	-	1	Oct.	1860	LRiv
Gillcoatt	John		29	11S	31W	160	1	Oct.	1860	LRiv
Gillean	William	F.	21	13N	22W	160	4	May	1894	Neva
Gillean	William	F.	21	13N	22W	-	4	May	1894	Neva
Gilleon	Pleasant	T.	31	5S	29W	160	27	Jun.	1889	Howa
Gillham	Jeremiah	W.	27	7S	28W	40	1	May	1861	Howa
Gillham	Jeremiah		27	7S	28W	-	11	Jul.	1895	Howa
Gillham	Jeremiah		27	7S	28W	160	11	Jul.	1895	Howa
Gilliam	Francis	B.	13	12S	29W	80	10	Jul.	1844	LRiv
Gilliam	Francis	B.	24	12S	29W	80	10	Jul.	1844	LRiv
Gilliam	Solomon		4	10S	28W	-	1	Jul.	1857	Howa
Gilliam	Solomon		9	10S	28W	160	1	Jul.	1857	Howa
Gillian	George	W.	36	13N	23W	40	11	Jun.	1897	Neva
Gillmore	George	R.	29	15N	20W	40	10	Oct.	1894	Neva
Gillmore	George	R.	29	15N	20W	120	10	Oct.	1894	Neva
Gillmore	George	R.	29	15N	20W	-	10	Oct.	1894	Neva
Gillmore	John	C.	32	15N	20W	-	14	Feb.	1900	Neva
Gillmore	John	C.	33	15N	20W	120	14	Feb.	1900	Neva
Gillmore	William	A.	28	15N	20W	-	6	Sep.	1888	Neva
Gillmore	William	A.	33	15N	20W	80	6	Sep.	1888	Neva
Gills	Robert	W.	17	11S	32W	-	6	Nov.	1901	LRiv
Gills	Robert	W.	17	11S	32W	-	6	Nov.	1901	LRiv
Gills	Robert	W.	17	11S	32W	160	6	Nov.	1901	LRiv
Gilmer	Charles	L.	1	12S	24W	239.67	1	Aug.	1837	Hem
Gilmer	Charles	L.	2	12S	24W	-	1	Aug.	1837	Hem
Gilmer	Charles	L.	6	12S	23W	180.94	1	Aug.	1837	Hem
Gilmer	Charles	L.	25	11S	24W	160	1	Aug.	1837	Hem
Gilmer	Charles	L.	25	11S	24W	-	1	Aug.	1837	Hem
Gilmer	Charles	L.	30	11S	23W	99.52	1	Aug.	1837	Hem
Gilmer	Charles	L.	30	11S	23W	635.59	1	Aug.	1837	Hem
Gilmer	Charles	L.	31	11S	23W	-	1	Aug.	1837	Hem
Gilmer	Charles	L.	31	11S	23W	-	1	Aug.	1837	Hem
Gilmer	Charles	L.	33	11S	23W	-	1	Aug.	1837	Hem
Gilmer	Charles	L.	33	11S	23W	-	1	Aug.	1837	Hem
Gilmer	Charles	L.	33	11S	23W	-	1	Aug.	1837	Hem
Gilmer	Charles	L.	35	11S	24W	160	1	Aug.	1837	Hem
Gilmer	Charles	L.	36	11S	24W	480	1	Aug.	1837	Hem
Gilmer	Charles	L.	36	11S	24W	-	1	Aug.	1837	Hem
Gilmer	David		29	12S	24W	640	15	Apr.	1837	Hem
Gilmer	James	B.	25	11S	29W	-	1	Feb.	1861	LRiv
Gilmer	James	B.	36	11S	29W	-	1	Feb.	1861	LRiv
Gilmer	James	B.	36	11S	29W	280	1	Feb.	1861	LRiv
Gilmer	William	B.	1	12S	24W	320.47	1	Aug.	1837	Hem
Gilmer	William	B.	4	12S	24W	160	1	Aug.	1837	Hem

Last Name	First Name	Int.	Section No.	Twp.	Ran	Acres	Date			Co.
Gilmer	William	B.	5	12S	24W	120.58	1	Aug.	1837	Hem
Gilmer	William	B.	7	12S	23W	40	2	Jul.	1860	Hem
Gilmer	William	B.	7	12S	24W	-	1	Aug.	1837	Hem
Gilmer	William	B.	8	12S	24W	1092.3	1	Aug.	1837	Hem
Gilmer	William	B.	9	12S	24W	480	1	Aug.	1837	Hem
Gilmer	William	B.	10	12S	24W	-	1	Aug.	1837	Hem
Gilmer	William	B.	12	12S	25W	-	1	Aug.	1837	Hem
Gilmer	William	B.	13	12S	25W	480	1	Aug.	1837	Hem
Gilmer	William	B.	18	12S	24W	145.17	1	Aug.	1837	Hem
Gilmer	William	B.	21	12S	26W	-	1	Aug.	1837	Hem
Gilmer	William	B.	22	12S	26W	-	1	Aug.	1837	Hem
Gilmer	William	B.	27	12S	26W	280	1	Aug.	1837	Hem
Gilmer	William	B.	31	11S	23W	259.72	1	Aug.	1837	Hem
Gilmer	William	B.	32	11S	23W	-	1	Aug.	1837	Hem
Gilmer	William	B.	36	11S	24W	320	1	Aug.	1837	Hem
Gilmer	William	B.	36	11S	25W	80	1	Aug.	1837	Hem
Gilmore	Benjamin		1	11S	24W	36.84	20	Apr.	1883	Hem
Gilreath	George	A.	4	12S	26W	160	2	Apr.	1860	Hem
Girtman	David		20	12S	32W	80	1	May	1845	LRiv
Gist	John		32	10S	26W	80	2	Apr.	1860	Hem
Gladdin	Henry	N.	22	17N	19W	80	17	Jun.	1895	Neva
Gladen	Marion	C.	5	14N	20W	-	23	Nov.	1891	Neva
Gladen	Marion	C.	8	14N	20W	160	23	Nov.	1891	Neva
Gladin	Martha	A.	27	17N	19W	-	30	Jul.	1875	Neva
Gladin	Martha	A.	28	17N	19W	160	30	Jul.	1875	Neva
Glass	Alcuen		23	13N	20W	160	21	Sep.	1905	Neva
Gleghorn	Mathew		28	12S	23W	-	1	Jul.	1859	Hem
Glenn	James	A.	7	16N	22W	-	28	Jun.	1905	Neva
Glenn	James	A.	8	16N	22W	120	28	Jun.	1905	Neva
Glenn	Martha	M.	34	17N	22W	160	5	Jul.	1889	Neva
Glenn	Martha	M.	34	17N	22W	-	5	Jul.	1889	Neva
Glenn	Martha	M.	34	17N	22W	-	5	Jul.	1889	Neva
Glover	John	A.	1	13S	32W	160	28	Feb.	1890	LRiv
Goff	Chester	D.	8	13N	22W	160	19	Oct.	1905	Neva
Goff	Chester	D.	9	13N	22W	-	19	Oct.	1905	Neva
Goff	Chester	D.	9	13N	22W	-	19	Oct.	1905	Neva
Golden	Francis	M.	13	11S	32W	-	3	May	1895	LRiv
Golden	Francis	M.	14	11S	32W	-	3	May	1895	LRiv
Golden	Francis	M.	14	11S	32W	160	3	May	1895	LRiv
Golden	William	R.	12	11S	24W	-	22	Apr.	1899	Hem
Golden	William	R.	12	11S	24W	-	22	Apr.	1899	Hem
Golden	William	R.	12	11S	32W	-	22	Apr.	1899	LRiv
Golden	William	R.	12	11S	32W	-	22	Apr.	1899	LRiv
Golden	William	R.	12	11S	32W	160	22	Apr.	1899	LRiv
Gooch	Abner		26	13S	25W	40	1	Aug.	1837	Hem
Gooch	Abner		26	13S	25W	40	1	Nov.	1839	Hem
Gooch	Abner		26	13S	25W	40	15	Apr.	1837	Hem
Gooch	Abner		26	13S	25W	40	15	Apr.	1837	Hem
Gooch	James	J.	28	11S	23W	40	1	May	1845	Hem
Goodall	Pleas	E.	21	16N	21W	80	14	Feb.	1900	Neva
Goodall	William		7	16N	21W	-	30	Dec.	1902	Neva
Goodall	William		7	16N	21W	-	30	Dec.	1902	Neva
Goodall	William		18	16N	21W	160	30	Dec.	1902	Neva
Goodman	Jesse		34	7S	30W	-	22	Mar.	1906	Howa
Goodman	Jesse		34	7S	30W	78.4	31	Dec.	1904	Howa
Goodnight	John		7	16N	22W	40	1	Nov.	1884	Neva

Last Name	First Name	Int.	Section No.	Twp.	Ran	Acres	Date			Co.
Goodrum	Sterling		3	8S	27W	40.47	2	Jul.	1860	Howa
Goodrum	Sterling		7	8S	27W	-	2	Jul.	1860	Howa
Goodrum	Sterling		7	8S	27W	-	2	Jul.	1860	Howa
Goodrum	Sterling		7	8S	27W	40	1	Feb.	1861	Howa
Goodrum	Sterling		7	8S	27W	200	2	Jul.	1860	Howa
Goodrum	Sterling		9	8S	27W	40	2	Jul.	1860	Howa
Goodrum	Sterling		12	8S	27W	-	2	Jul.	1860	Howa
Goodrum	Sterling		12	8S	27W	-	2	Jul.	1860	Howa
Goodrum	Sterling		12	8S	27W	200	2	Jul.	1860	Howa
Goodrum	Sterling		13	8S	27W	-	2	Jul.	1860	Howa
Goodrum	Sterling		13	8S	27W	40	2	Jul.	1860	Howa
Goodrum	Sterling		13	8S	27W	124.62	2	Jul.	1860	Howa
Goodrum	Sterling		23	7S	27W	-	2	Jul.	1860	Howa
Goodrum	Sterling		23	7S	27W	40	2	Jul.	1860	Howa
Goodrum	Sterling		23	7S	27W	40	1	Oct.	1860	Howa
Goodrum	Sterling		24	7S	27W	80	2	Jul.	1860	Howa
Goodrum	Sterling		25	7S	27W	40	2	Jul.	1860	Howa
Goodrum	Sterling		25	7S	27W	80	2	Jul.	1860	Howa
Goodrum	Sterling		26	7S	27W	40	2	Jul.	1860	Howa
Goodrum	Sterling		26	7S	27W	40	1	Oct.	1860	Howa
Goodrum	Sterling		34	7S	27W	-	2	Jul.	1860	Howa
Goodrum	Sterling		34	7S	27W	120	2	Jul.	1860	Howa
Goodson	Richard	T.	29	8S	28W	-	18	Oct.	1888	Howa
Goodson	Richard	T.	32	8S	28W	120	18	Oct.	1888	Howa
Goodson	Thomas	B.	17	8S	28W	40	10	Oct.	1856	Howa
Goodson	Thomas	B.	19	8S	28W	-	2	Apr.	1860	Howa
Goodson	Thomas	B.	19	8S	28W	40	10	Oct.	1856	Howa
Goodson	Thomas	B.	20	8S	28W	-	1	Dec.	1857	Howa
Goodson	Thomas	B.	20	8S	28W	40	2	Apr.	1860	Howa
Goodson	Thomas	B.	20	8S	28W	40	2	Jul.	1860	Howa
Goodson	Thomas	B.	20	8S	28W	40	2	Jul.	1860	Howa
Goodson	Thomas	B.	20	8S	28W	40	2	Jul.	1860	Howa
Goodson	Thomas	B.	20	8S	28W	80	2	Apr.	1860	Howa
Goodson	Thomas	B.	28	8S	28W	160	1	Dec.	1857	Howa
Goodwin	Nathan		18	12S	30W	-	10	Aug.	1894	LRiv
Goodwin	Nathan		18	12S	30W	160	10	Aug.	1894	LRiv
Goodwin	Theophilus		7	12S	30W	-	7	Sep.	1894	LRiv
Goodwin	Theophilus		18	12S	30W	127.76	7	Sep.	1894	LRiv
Gordan	John	H.	9	5S	29W	-	31	Jan.	1889	Howa
Gordan	John	H.	10	5S	29W	160	31	Jan.	1889	Howa
Gorden	William	L.	10	8S	29W	-	2	Jul.	1860	Howa
Gorden	William	L.	10	8S	29W	-	2	Jul.	1860	Howa
Gorden	William	L.	10	8S	29W	160	2	Jul.	1860	Howa
Gordon	John	O.	9	5S	29W	-	10	Aug.	1904	Howa
Gordon	John	O.	10	5S	29W	-	10	Aug.	1904	Howa
Gordon	John	O.	10	5S	29W	160	10	Aug.	1904	Howa
Gordon	John	W.	5	5S	29W	160	31	Jan.	1889	Howa
Gordon	John	W.	8	5S	29W	-	31	Jan.	1889	Howa
Gordon	Larvan		10	5S	29W	-	9	May	1907	Howa
Gordon	Larvan		10	5S	29W	-	9	May	1907	Howa
Gordon	Larvan		15	5S	29W	160	9	May	1907	Howa
Gordon	Lee		14	5S	29W	-	16	Sep.	1904	Howa
Gordon	Lee		14	5S	29W	-	16	Sep.	1904	Howa
Gordon	Lee		14	5S	29W	160	16	Sep.	1904	Howa
Gordon	Sarah	A.	11	13S	26W	80	1	Oct.	1875	Hem
Gordon	William	L.	10	8S	29W	-	2	Apr.	1860	Howa

Last Name	First Name	Int.	Section No.	Twp.	Ran	Acres	Date		Co.
Gordon	William	L.	15	8S	29W	80	2 Apr.	1860	Howa
Gordon	William		6	5S	29W	-	16 Sep.	1904	Howa
Gordon	William		6	5S	29W	160	16 Sep.	1904	Howa
Gore	Isaac	R.	10	8S	29W	-	1 Jul.	1903	Howa
Gore	Isaac	R.	15	8S	29W	80	1 Jul.	1903	Howa
Gorham	Sarah	E.	28	9S	24W	80	13 Jun.	1889	Hem
Gorman	Lydia		7	12S	31W	-	26 Jan.	1898	LRiv
Gorman	Lydia		13	12S	32W	132.72	26 Jan.	1898	LRiv
Gorman	Lydia		18	12S	31W	-	26 Jan.	1898	LRiv
Goshen	Alexander	L.	17	10S	28W	40	10 Aug.	1837	Howa
Goshen	Alexander	L.	31	10S	27W	-	1 Jul.	1859	Howa
Goshen	Alexander	L.	31	10S	27W	40	1 Jul.	1859	Howa
Goshen	Alexander	L.	31	10S	27W	199.92	1 Jul.	1859	Howa
Goshen	Alexander	L.	36	10S	28W	40	1 Jul.	1859	Howa
Goshen	Mary	A.	14	11S	28W	80	10 Sep.	1890	Howa
Gosnell	John		21	16N	20W	80	25 Jul.	1889	Neva
Gosnell	John		21	16N	20W	-	25 Jul.	1889	Neva
Gosnell	John		22	16N	20W	80	20 May	1897	Neva
Gosnell	John		22	16N	20W	-	20 May	1897	Neva
Goss	James	C.	36	5S	28W	160	19 Sep.	1898	Howa
Goswick	William		9	14N	19W	160	15 Aug.	1876	Neva
Goswick	William		9	14N	19W	-	15 Aug.	1876	Neva
Gowen	Sarah	E.	19	8S	28W	40	10 Aug.	1906	Howa
Goznell	Charles		25	9S	26W	80	2 Jul.	1860	Hem
Goznell	Charles		25	9S	26W	-	2 Jul.	1860	Hem
Grady	Fannie	V.	8	12S	28W	120.16	7 May	1907	LRiv
Grady	James	H.	20	9S	28W	40	1 Mar.	1855	Howa
Grady	James	H.	29	9S	28W	40	1 Mar.	1855	Howa
Graham	Garland		18	12S	30W	40	1 Dec.	1897	LRiv
Graham	James	M.	33	10S	23W	160	10 Sep.	1890	Hem
Graham	James	M.	33	10S	23W	-	10 Sep.	1890	Hem
Graham	James	M.	33	10S	23W	-	10 Sep.	1890	Hem
Graham	James		33	10S	23W	120	20 May	1885	Hem
Graham	James		33	10S	23W	-	20 May	1885	Hem
Grant	John		13	13S	26W	40	7 Mar.	1892	Hem
Graunds	Daniel		34	11S	27W	80	1 Nov.	1833	Howa
Graves	Addison		27	9S	28W	40	1 Mar.	1855	Howa
Graves	Addison		27	9S	28W	40	2 Jul.	1860	Howa
Graves	Addison		27	9S	28W	40	2 Jul.	1860	Howa
Graves	Addison		27	9S	28W	80	1 Mar.	1855	Howa
Graves	Albert	R.	4	9S	28W	80	1 Jul.	1859	Howa
Graves	Albert	R.	5	9S	28W	-	1 Jul.	1859	Howa
Graves	Albert	R.	5	9S	28W	40	1 Mar.	1855	Howa
Graves	Alexander		24	8S	28W	40	1 Mar.	1855	Howa
Graves	Alexander		24	8S	28W	40	2 Apr.	1860	Howa
Graves	Bernard	M.	27	8S	28W	40	2 Apr.	1860	Howa
Graves	Bernard	M.	34	8S	28W	40	1 Mar.	1855	Howa
Graves	Bernard	M.	34	8S	28W	40	1 Mar.	1855	Howa
Graves	Charley		25	11S	25W	40	24 Jul.	1895	Hem
Graves	Grandison	G.	30	8S	27W	40	1 Mar.	1855	Howa
Graves	Grandison	G.	30	8S	27W	40	1 Mar.	1855	Howa
Graves	John	C.	28	9S	23W	40	1 Aug.	1837	Hem
Graves	John	C.	29	9S	23W	40	1 Aug.	1837	Hem
Graves	Joseph		11	13S	26W	160	2 Jul.	1860	Hem
Graves	William	C.	10	9S	28W	40	1 Mar.	1855	Howa
Graves	William	C.	10	9S	28W	80	1 May	1856	Howa

Last Name	First Name	Int.	Section No.	Twp.	Ran	Acres	Date		Co.
Graves	William	C.	20	9S	28W	-	1 Jul.	1859	Howa
Graves	William	C.	21	9S	28W	40	1 Mar.	1855	Howa
Graves	William	C.	21	9S	28W	80	1 Mar.	1855	Howa
Graves	William	C.	22	9S	28W	40	1 Mar.	1855	Howa
Graves	William	C.	22	9S	28W	40	1 Mar.	1855	Howa
Graves	William	C.	28	9S	28W	160	1 Jul.	1859	Howa
Graves	William	C.	29	8S	28W	40	1 Jul.	1859	Howa
Graves	William	C.	29	9S	28W	-	1 Jul.	1859	Howa
Graves	William	D.	3	8S	29W	124.86	4 May	1894	Howa
Graves	William	H.	30	8S	27W	40.3	1 Jul.	1857	Howa
Gray	Benjamin		20	5S	30W	160	1 May	1906	Howa
Gray	Bennett		14	12S	29W	40	1 Jul.	1859	LRiv
Gray	Bennett		15	12S	29W	-	1 Jul.	1859	LRiv
Gray	Bennett		21	12S	28W	40	1 Mar.	1855	LRiv
Gray	Bennett		22	12S	29W	-	1 Jul.	1859	LRiv
Gray	Bennett		22	12S	29W	160	1 Jul.	1859	LRiv
Gray	Bennett		29	12S	28W	160	10 Dec.	1874	LRiv
Gray	Catharine		21	5S	29W	40	1 Mar.	1855	Howa
Gray	Cathaun		29	5S	29W	40	1 Mar.	1855	Howa
Gray	Daniel		31	17N	19W	159.6	6 Sep.	1876	Neva
Gray	Henry		18	5S	30W	-	30 Jul.	1900	Howa
Gray	Henry		18	5S	30W	160	30 Jul.	1900	Howa
Gray	James	D.	32	9S	23W	40	2 Jul.	1860	Hem
Gray	James	D.	32	9S	23W	160	2 Jul.	1860	Hem
Gray	James	H.	2	12S	32W	-	10 Oct.	1856	LRiv
Gray	James	H.	3	12S	32W	-	10 Oct.	1856	LRiv
Gray	James	H.	10	12S	32W	-	10 Oct.	1856	LRiv
Gray	James	H.	10	12S	32W	-	1 Dec.	1857	LRiv
Gray	James	H.	11	12S	32W	160	10 Oct.	1856	LRiv
Gray	James	H.	11	12S	32W	160	1 Dec.	1857	LRiv
Gray	James	H.	32	13S	32W	40	1 May	1845	LRiv
Gray	James		21	10S	25W	80	10 Apr.	1837	Hem
Gray	James		21	10S	25W	80	10 Apr.	1837	Hem
Gray	James		21	10S	26W	160	10 Apr.	1837	Hem
Gray	James		22	10S	26W	320	10 Apr.	1837	Hem
Gray	James		23	10S	26W	320	10 Apr.	1837	Hem
Gray	James		24	10S	26W	320	10 Apr.	1837	Hem
Gray	James		25	10S	26W	80	10 Apr.	1837	Hem
Gray	James		26	10S	26W	40	10 Apr.	1837	Hem
Gray	James		26	10S	26W	40	10 Apr.	1837	Hem
Gray	James		26	10S	26W	80	10 Apr.	1837	Hem
Gray	James		26	10S	26W	80	10 Apr.	1837	Hem
Gray	James		26	10S	26W	320	10 Apr.	1837	Hem
Gray	James		27	10S	26W	40	10 Apr.	1837	Hem
Gray	James		27	10S	26W	160	10 Apr.	1837	Hem
Gray	James		28	10S	26W	80	10 Apr.	1837	Hem
Gray	James		32	13S	32W	59.78	10 Jul.	1844	LRiv
Gray	James		32	13S	32W	81.66	10 Jul.	1844	LRiv
Gray	James		33	13S	32W	81.48	10 Jul.	1844	LRiv
Gray	James		33	13S	32W	81.54	10 Jul.	1844	LRiv
Gray	John	M.	12	8S	29W	40	2 Jul.	1860	Howa
Gray	John	M.	12	8S	29W	40	2 Jul.	1860	Howa
Gray	Lucy	M.	20	5S	29W	40	1 Sep.	1850	Howa
Gray	Mary	C.	1	8S	29W	40	16 Jul.	1890	Howa
Gray	Mathew		6	13S	25W	-	1 Aug.	1837	Hem
Gray	Mathew		7	13S	25W	316.17	1 Aug.	1837	Hem

Last Name	First Name	Int.	Section No.	Twp.	Ran	Acres	Date			Co.
Gray	Mathew		22	11S	25W	80	10	Aug.	1837	Hem
Gray	Mathew		26	11S	25W	80	1	Aug.	1837	Hem
Gray	Mathew		29	11S	25W	80	1	Aug.	1837	Hem
Gray	Matthew		6	13S	25W	154.34	1	Aug.	1837	Hem
Gray	Matthew		8	11S	27W	40	15	Apr.	1837	Howa
Gray	Matthew		8	11S	27W	40	15	Apr.	1837	Howa
Gray	Matthew		8	11S	27W	80	15	Apr.	1837	Howa
Gray	Matthew		8	11S	27W	80	15	Apr.	1837	Howa
Gray	Matthew		9	11S	27W	80	15	Apr.	1837	Howa
Gray	Matthew		9	11S	27W	80	15	Apr.	1837	Howa
Gray	Matthew		10	13S	26W	80	15	Apr.	1837	Hem
Gray	Matthew		11	11S	26W	80	10	Apr.	1837	Hem
Gray	Matthew		11	11S	26W	80	10	Apr.	1837	Hem
Gray	Matthew		11	11S	26W	-	10	Apr.	1837	Hem
Gray	Matthew		11	11S	27W	80	15	Apr.	1837	Howa
Gray	Matthew		11	13S	26W	80	15	Apr.	1837	Hem
Gray	Matthew		11	13S	26W	160	15	Apr.	1837	Hem
Gray	Matthew		13	11S	26W	120	1	Nov.	1839	Hem
Gray	Matthew		13	11S	26W	160	1	Aug.	1837	Hem
Gray	Matthew		13	11S	26W	-	1	Aug.	1837	Hem
Gray	Matthew		13	11S	26W	-	1	Nov.	1839	Hem
Gray	Matthew		13	11S	27W	40	10	Apr.	1837	Howa
Gray	Matthew		14	11S	27W	80	10	Apr.	1837	Howa
Gray	Matthew		15	11S	27W	80	10	Apr.	1837	Howa
Gray	Matthew		15	11S	27W	80	10	Apr.	1837	Howa
Gray	Matthew		15	11S	27W	160	10	Apr.	1837	Howa
Gray	Matthew		17	11S	27W	40	10	Apr.	1837	Howa
Gray	Matthew		17	11S	27W	40	15	Apr.	1837	Howa
Gray	Matthew		17	11S	27W	80	15	Apr.	1837	Howa
Gray	Matthew		18	11S	25W	40	15	Apr.	1837	Hem
Gray	Matthew		18	11S	25W	80	15	Apr.	1837	Hem
Gray	Matthew		19	11S	25W	80	1	Aug.	1837	Hem
Gray	Matthew		19	11S	25W	80	15	Apr.	1837	Hem
Gray	Matthew		21	11S	25W	40	15	Apr.	1837	Hem
Gray	Matthew		21	11S	25W	80	15	Apr.	1837	Hem
Gray	Matthew		21	11S	25W	80	15	Apr.	1837	Hem
Gray	Matthew		21	11S	25W	160	1	Aug.	1837	Hem
Gray	Matthew		21	11S	25W	160	15	Apr.	1837	Hem
Gray	Matthew		21	11S	27W	40	10	Apr.	1837	Howa
Gray	Matthew		22	10S	27W	80	15	Apr.	1837	Howa
Gray	Matthew		22	10S	27W	80	15	Apr.	1837	Howa
Gray	Matthew		22	10S	27W	80	15	Apr.	1837	Howa
Gray	Matthew		22	11S	25W	80	1	Aug.	1837	Hem
Gray	Matthew		22	11S	25W	80	15	Apr.	1837	Hem
Gray	Matthew		22	11S	25W	80	15	Apr.	1837	Hem
Gray	Matthew		22	11S	25W	80	15	Apr.	1837	Hem
Gray	Matthew		23	10S	27W	80	15	Apr.	1837	Howa
Gray	Matthew		23	10S	27W	80	15	Apr.	1837	Howa
Gray	Matthew		23	10S	27W	80	1	Aug.	1837	Howa
Gray	Matthew		23	11S	26W	80	15	Apr.	1837	Hem
Gray	Matthew		23	11S	26W	80	15	Apr.	1837	Hem
Gray	Matthew		23	11S	27W	40	10	Apr.	1837	Howa
Gray	Matthew		24	11S	26W	80	1	Nov.	1839	Hem
Gray	Matthew		24	11S	26W	160	1	Aug.	1837	Hem
Gray	Matthew		26	11S	25W	80	1	Nov.	1839	Hem
Gray	Matthew		26	11S	25W	80	1	Mar.	1843	Hem

Last Name	First Name	Int.	Section No.	Twp.	Ran	Acres	Date			Co.
Gray	Matthew		27	10S	27W	40	15	Apr.	1837	Howa
Gray	Matthew		27	10S	27W	40	15	Apr.	1837	Howa
Gray	Matthew		27	10S	27W	80	15	Apr.	1837	Howa
Gray	Matthew		27	10S	27W	80	15	Apr.	1837	Howa
Gray	Matthew		27	10S	27W	80	15	Apr.	1837	Howa
Gray	Matthew		27	11S	25W	40	15	Apr.	1837	Hem
Gray	Matthew		27	11S	25W	80	15	Apr.	1837	Hem
Gray	Matthew		27	11S	25W	80	15	Apr.	1837	Hem
Gray	Matthew		27	11S	25W	80	15	Apr.	1837	Hem
Gray	Matthew		27	11S	25W	80	15	Apr.	1837	Hem
Gray	Matthew		27	13S	25W	80	1	Aug.	1837	Hem
Gray	Matthew		28	10S	27W	40	1	Aug.	1837	Howa
Gray	Matthew		28	10S	27W	160	1	Aug.	1837	Howa
Gray	Matthew		28	11S	25W	80	15	Apr.	1837	Hem
Gray	Matthew		28	11S	25W	160	15	Apr.	1837	Hem
Gray	Matthew		28	11S	25W	160	15	Apr.	1837	Hem
Gray	Matthew		29	11S	25W	80	15	Apr.	1837	Hem
Gray	Matthew		29	11S	25W	160	15	Apr.	1837	Hem
Gray	Matthew		32	10S	27W	80	1	Aug.	1837	Howa
Gray	Matthew		33	10S	27W	80	1	Aug.	1837	Howa
Gray	Matthew		33	11S	26W	80	15	Apr.	1837	Hem
Gray	Nathaniel		19	9S	23W	40	1	Sep.	1856	Hem
Gray	Samuel	M.	19	5S	30W	-	18	Jan.	1894	Howa
Gray	Samuel	M.	19	5S	30W	-	18	Jan.	1894	Howa
Gray	Samuel	M.	20	5S	30W	160	18	Jan.	1894	Howa
Gray	Samuel		28	10S	27W	-	1	Jul.	1859	Howa
Gray	Samuel		29	10S	27W	240	1	Jul.	1859	Howa
Gray	Samuel		29	5S	29W	80	10	May	1861	Howa
Gray	Sarah		15	12S	32W	80	1	Dec.	1882	LRiv
Gray	William	H.	5	14S	32W	7.37	1	Mar.	1843	LRiv
Gray	William	H.	5	14S	32W	148.34	1	Mar.	1843	LRiv
Gray	William	J.	1	8S	29W	80	9	Mar.	1896	Howa
Grayson	William		29	10S	24W	160	10	May	1827	Hem
Greathouse	Archibald	D.	8	10S	28W	-	1	Jul.	1859	Howa
Greathouse	Archibald	D.	8	10S	28W	80	1	May	1856	Howa
Greathouse	Archibald	D.	8	10S	28W	80	2	Apr.	1860	Howa
Greathouse	Archibald	D.	8	10S	28W	120	1	Jul.	1859	Howa
Greathouse	Cokeley	E.	8	10S	28W	120	1	Dec.	1857	Howa
Greathouse	Cokeley	E.	17	10S	28W	-	1	Dec.	1857	Howa
Greathouse	John	M.	17	10S	28W	-	1	Jul.	1859	Howa
Greathouse	John	M.	17	10S	28W	80	1	Mar.	1855	Howa
Greathouse	John	M.	17	10S	28W	120	1	Jul.	1859	Howa
Greathouse	Paul	W.	15	10S	28W	80	2	Jul.	1860	Howa
Greathouse	Paul	W.	22	10S	28W	-	2	Jul.	1860	Howa
Greathouse	Paul	W.	22	10S	28W	80	2	Apr.	1860	Howa
Greathouse	Rebecca		28	10S	28W	80	23	Jun.	1889	Howa
Greed	John	P.	27	6S	28W	-	20	Feb.	1894	Howa
Greed	John	P.	27	6S	28W	-	20	Feb.	1894	Howa
Greed	John	P.	27	6S	28W	160	20	Feb.	1894	Howa
Green	Abner		15	11S	32W	-	10	Jan.	1900	LRiv
Green	Abner		22	11S	32W	-	10	Jan.	1900	LRiv
Green	Abner		23	11S	32W	160	10	Jan.	1900	LRiv
Green	Boo	S.	27	11S	32W	80	31	Dec.	1904	LRiv
Green	Catherine	A.	20	12S	32W	40	10	Oct.	1856	LRiv
Green	Charles	A.	15	10S	28W	-	30	Jun.	1884	Howa
Green	Charles	A.	15	10S	28W	80	30	Jun.	1884	Howa

Last Name	First Name	Int.	Section No.	Twp.	Ran	Acres	Date		Co.
Green	David	A.	22	6S	28W	-	31 Dec.	1904	Howa
Green	David	A.	23	6S	28W	160	31 Dec.	1904	Howa
Green	David	W.	20	7S	27W	40	1 Mar.	1855	Howa
Green	David	W.	29	7S	27W	40	1 Sep.	1850	Howa
Green	Elijah		22	9S	26W	40	1 Nov.	1849	Hem
Green	Frances		7	11S	24W	78.1	10 Jul.	1848	Hem
Green	Francis		12	11S	25W	40	1 Aug.	1837	Hem
Green	Francis		12	11S	25W	40	15 Apr.	1837	Hem
Green	George	H.	1	11S	32W	160.22	10 Oct.	1894	LRiv
Green	George	W.	7	11S	24W	71.27	1 Mar.	1843	Hem
Green	George	W.	7	11S	24W	78.1	10 Jul.	1848	Hem
Green	George	W.	12	11S	25W	40	1 Aug.	1837	Hem
Green	George	W.	14	11S	25W	40	1 May	1845	Hem
Green	George	W.	26	11S	25W	40	1 Mar.	1855	Hem
Green	Henry	C.	27	10S	28W	-	1 Jul.	1859	Howa
Green	Henry	C.	33	10S	28W	40	1 Nov.	1849	Howa
Green	Henry	C.	33	10S	28W	40	1 Sep.	1856	Howa
Green	Henry	C.	33	10S	28W	80	1 May	1856	Howa
Green	Henry	C.	33	10S	28W	80	1 May	1856	Howa
Green	Henry	C.	34	10S	28W	40	1 Sep.	1856	Howa
Green	Henry	C.	34	10S	28W	40	1 Sep.	1856	Howa
Green	Henry	C.	34	10S	28W	40	10 Oct.	1856	Howa
Green	Henry	C.	34	10S	28W	120	1 Jul.	1859	Howa
Green	James	E.	26	8S	29W	40	16 Sep.	1904	Howa
Green	James		3	14N	19W	71.63	6 May	1907	Neva
Green	John	W.	8	10S	27W	-	1 May	1845	Howa
Green	John	W.	8	10S	27W	160	1 May	1845	Howa
Green	John		9	8S	27W	-	1 May	1845	Howa
Green	John		9	8S	27W	160	1 May	1845	Howa
Green	John		20	7S	27W	40	1 Mar.	1855	Howa
Green	John		29	7S	27W	40	1 Sep.	1850	Howa
Green	Martha		12	14N	19W	160	22 Apr.	1919	Neva
Green	Michael	R.	22	9S	27W	80	1 Mar.	1855	Howa
Green	Michael	R.	22	9S	27W	80	1 Mar.	1855	Howa
Green	Michael	R.	22	9S	27W	80	1 Mar.	1855	Howa
Green	Musker	L.	10	7S	27W	-	2 Nov.	1903	Howa
Green	Musker	L.	10	7S	27W	-	2 Nov.	1903	Howa
Green	Musker	L.	10	7S	27W	160	2 Nov.	1903	Howa
Green	Noah		27	11S	32W	-	12 Aug.	1901	LRiv
Green	Noah		27	11S	32W	-	12 Aug.	1901	LRiv
Green	Noah		28	11S	32W	-	12 Aug.	1901	LRiv
Green	Noah		28	11S	32W	160	12 Aug.	1901	LRiv
Green	Richard	A.	11	7S	27W	-	24 Nov.	1903	Howa
Green	Richard	A.	11	7S	27W	-	24 Nov.	1903	Howa
Green	Richard	A.	12	7S	27W	160	24 Nov.	1903	Howa
Green	Robert		22	10S	24W	80	30 Jun.	1884	Hem
Green	Robert		22	10S	24W	80	30 Jun.	1884	Hem
Green	Rutsen	V.	19	12S	32W	80	1 Jan.	1850	LRiv
Green	Rutsen	V.	20	12S	32W	40	1 Mar.	1855	LRiv
Green	Steven		31	10S	23W	80	20 Apr.	1883	Hem
Green	Victor	J.	15	12S	24W	40	10 Dec.	1874	Hem
Green	Washington		17	12S	25W	40	15 May	1875	Hem
Green	Wesley	H.	13	10S	28W	80	1 Dec.	1857	Howa
Green	Wesley	H.	24	10S	28W	-	1 Jul.	1857	Howa
Green	Wesley	H.	24	10S	28W	240	1 Jul.	1857	Howa
Green	William	A.	3	7S	27W	160.81	16 Sep.	1904	Howa

Last Name	First Name	Int.	Section No.	Twp.	Ran	Acres	Date			Co.
Green	William	A.	12	16N	22W	80	27	Jan.	1900	Neva
Green	William	D.	35	10S	27W	40	10	Oct.	1856	Howa
Green	Winnie	C.	36	15N	19W	127.27	26	Aug.	1904	Neva
Greene	Josiah		33	11S	25W	40	1	Jun.	1875	Hem
Greene	Rutson	V.	19	12S	32W	80	1	May	1845	LRiv
Greenhaw	Benjamin	N.	9	8S	28W	40	24	Nov.	1903	Howa
Greenhaw	Charles		25	15N	20W	80	19	Oct.	1893	Neva
Greenhaw	Ephraim	B.	25	15N	20W	40	1	Jun.	1860	Neva
Greenhaw	Ephraim	B.	25	15N	20W	120	10	Mar.	1876	Neva
Greenhaw	Ephraim	B.	25	15N	20W	-	10	Mar.	1876	Neva
Greenhaw	Ephraim	K.	2	14N	20W	160	26	Jun.	1889	Neva
Greenhaw	Ephraim	K.	2	14N	20W	-	26	Jun.	1889	Neva
Greenhaw	Esther	J.	8	14S	25W	160	30	Jun.	1884	Hem
Greenhaw	Francis	M.	24	15N	20W	80	24	Nov.	1890	Neva
Greenhaw	Francis	M.	25	15N	20W	80	4	May	1885	Neva
Greenhaw	Frank		19	15N	19W	40	4	Jun.	1906	Neva
Greenhaw	Frank		25	15N	20W	135.44	22	Apr.	1901	Neva
Greenhaw	Frank		25	15N	20W	135.44	22	Apr.	1919	Neva
Greenhaw	Frank		30	15N	19W	-	22	Apr.	1901	Neva
Greenhaw	Frank		30	15N	19W	-	22	Apr.	1901	Neva
Greenhaw	Frank		30	15N	19W	-	22	Apr.	1919	Neva
Greenhaw	Frank		30	15N	19W	-	22	Apr.	1919	Neva
Greenhaw	George	W.	5	14N	19W	40.06	10	Mar.	1876	Neva
Greenhaw	James	A.	31	15N	19W	160.19	May	May	1904	Neva
Greenhaw	James	M.	22	14N	20W	-	12	Aug.	1919	Neva
Greenhaw	James	M.	27	14N	20W	80	12	Aug.	1919	Neva
Greenhaw	John	T.	34	15N	20W	40	27	Jul.	1904	Neva
Greenhaw	William	D.	26	15N	20W	-	14	Feb.	1900	Neva
Greenhaw	William	D.	26	15N	20W	-	14	Feb.	1900	Neva
Greenhaw	William	D.	27	15N	20W	160	14	Feb.	1900	Neva
Greer	Jason	F.	21	7S	27W	-	10	Aug.	1894	Howa
Greer	Jason	F.	21	7S	27W	-	10	Aug.	1894	Howa
Greer	Jason	F.	21	7S	27W	160	10	Aug.	1894	Howa
Greer	John	W.	1	10S	28W	40	1	Nov.	1849	Howa
Greer	John	W.	1	10S	28W	40	1	Mar.	1855	Howa
Greer	John	W.	1	10S	28W	80.3	1	Mar.	1855	Howa
Greer	John	W.	5	10S	27W	40	1	Mar.	1855	Howa
Greer	John	W.	6	10S	27W	39.72	1	Mar.	1855	Howa
Greer	John	W.	6	10S	27W	40	1	Nov.	1849	Howa
Greer	John	W.	6	10S	27W	40	1	Nov.	1849	Howa
Greer	John	W.	6	10S	27W	40	1	Mar.	1855	Howa
Greer	John	W.	6	10S	27W	86.92	1	May	1845	Howa
Greer	John	W.	7	10S	27W	84.68	1	May	1845	Howa
Greer	John	W.	8	10S	27W	40	1	Mar.	1855	Howa
Greer	John	W.	12	10S	28W	40	1	Mar.	1855	Howa
Greer	John	W.	35	9S	28W	40	1	Mar.	1855	Howa
Greer	John	W.	36	9S	28W	40	1	Nov.	1849	Howa
Greer	John	W.	36	9S	28W	80	1	May	1845	Howa
Greeson	John	C.	3	13S	25W	80	1	Jun.	1875	Hem
Gregg	James		23	8S	28W	40	4	May	1894	Howa
Gregg	James		30	7S	27W	40.22	20	Jan.	1885	Howa
Gregory	John	B.	32	13N	19W	160	19	Oct.	1905	Neva
Gregory	John	B.	32	13N	19W	-	19	Oct.	1905	Neva
Gregory	John	B.	32	13N	19W	-	19	Oct.	1905	Neva
Gregory	Jonathan		1	12S	31W	-	25	Feb.	1890	LRiv
Gregory	Jonathan		12	12S	31W	120	25	Feb.	1890	LRiv

Last Name	First Name	Int.	Section No.	Twp.	Ran	Acres	Date			Co.
Gregory	Robert		15	9S	28W	40	1	May	1845	Howa
Gregory	Samuel		32	13N	19W	160	16	Sep.	1904	Neva
Gregory	Samuel		32	13N	19W	-	16	Sep.	1904	Neva
Gregory	William	H.	35	11S	31W	-	2	Jul.	1860	LRiv
Gregory	William	H.	36	11S	31W	80	2	Jul.	1860	LRiv
Grice	Pickens	S.	36	5S	28W	143.28	8	Oct.	1901	Howa
Grice	William	M.	1	6S	28W	-	8	Oct.	1901	Howa
Grice	William	M.	2	6S	28W	125.84	8	Oct.	1901	Howa
Grider	Jake	H.	3	11S	32W	155.89	25	Apr.	1898	LRiv
Grider	Jake	H.	34	10S	32W	-	25	Apr.	1898	LRiv
Grider	James	C.	3	11S	32W	79.74	16	Aug.	1899	LRiv
Grider	John	M.	1	11S	33W	160	3	Oct.	1892	LRiv
Griffin	Daniel	B.	7	13N	22W	90.44	17	Oct.	1904	Neva
Griffin	Frank		21	12S	25W	80	9	Sep.	1882	Hem
Griffin	John	F.	34	11S	27W	80	1	Aug.	1837	Howa
Griffin	John	F.	34	11S	27W	80	1	Mar.	1843	Howa
Griffin	Joseph	R.	35	14N	23W	160	3	Apr.	1896	Neva
Griffin	Joseph	R.	35	14N	23W	-	3	Apr.	1896	Neva
Griffin	Joseph	R.	35	14N	23W	-	3	Apr.	1896	Neva
Griffith	Daniel		10	13S	30W	40	26	May	1890	LRiv
Grigg	Jasper	R.	31	17N	23W	40	12	Nov.	1894	Neva
Grimes	James	H.	2	6S	28W	-	19	May	1903	Howa
Grimes	James	H.	3	6S	28W	159.76	19	May	1903	Howa
Grisham	James	P.	30	17N	22W	160.57	31	Dec.	1889	Neva
Grisham	James	P.	30	17N	22W	-	31	Dec.	1889	Neva
Grisham	James	P.	30	17N	22W	-	31	Dec.	1889	Neva
Grogan	Thomas	J.	1	16N	23W	-	4	May	1885	Neva
Grogan	Thomas	J.	2	16N	23W	-	4	May	1885	Neva
Grogan	Thomas	J.	12	16N	23W	160	4	May	1885	Neva
Grogan	Thomas	M.	1	16N	23W	130.47	25	Mar.	1902	Neva
Grounds	Daniel		8	12S	27W	40	2	Apr.	1860	Hem
Grounds	Daniel		8	12S	27W	40	2	Apr.	1860	Hem
Grounds	Daniel		9	12S	27W	40	1	Mar.	1843	Hem
Grounds	Daniel		34	11S	27W	40	10	Apr.	1837	Howa
Grounds	Daniel		34	11S	27W	40	10	Apr.	1837	Howa
Grounds	David		3	11S	27W	40.5	1	Mar.	1855	Howa
Grounds	John	W.	3	13S	25W	80	1	Jun.	1875	Hem
Grounds	John		9	12S	27W	40	1	Mar.	1843	Hem
Grounds	Thomas	J.	2	11S	27W	40	1	Sep.	1850	Howa
Groves	Henry	H.	21	11S	32W	-	7	May	1894	LRiv
Groves	Henry	H.	21	11S	32W	-	7	May	1894	LRiv
Groves	Henry	H.	22	11S	32W	-	7	May	1894	LRiv
Groves	Henry	H.	22	11S	32W	160	7	May	1894	LRiv
Groves	Oteman	D.	32	10S	31W	151.86	12	Aug.	1906	LRiv
Gryder	Isaac		7	12S	25W	40	15	Apr.	1837	Hem
Guess	John	T.	8	16N	23W	160	23	Apr.	1891	Neva
Guess	John	T.	8	16N	23W	-	23	Apr.	1891	Neva
Guess	John	T.	8	16N	23W	-	23	Apr.	1891	Neva
Guilliams	Griffin	H.	21	11S	24W	40	1	Jun.	1888	Hem
Guinn	Easter		32	11S	27W	40	14	Feb.	1900	Howa
Guthrie	John	F.	26	15N	23W	-	27	Jun.	1904	Neva
Guthrie	John	F.	35	15N	23W	160	27	Jun.	1904	Neva
Guthrie	Sarah		11	14N	23W	40	20	Apr.	1883	Neva
Guttery	Samuel		31	10S	26W	318.92	27	Mar.	1834	Hem
Guttery	Samuel		36	10S	27W	-	27	Mar.	1834	Howa
Gwin	John	N.	29	14S	23W	40	1	Mar.	1855	Hem

Last Name	First Name	Int.	Section No.	Twp.	Ran	Acres	Date			Co.
Gwinn	John	N.	20	14S	23W	80	10	Dec.	1861	Hem
Gwinn	John	N.	20	14S	23W	-	10	Dec.	1861	Hem
Gwinn	John	N.	29	14S	23W	160	10	Dec.	1861	Hem
Gwinn	John	N.	29	14S	23W	-	10	Dec.	1861	Hem
Haile	Lucillus	M.	14	15N	19W	160	30	Dec.	1878	Neva
Haile	Lucillus	M.	14	15N	19W	-	30	Dec.	1878	Neva
Hailey	Henry	E.	6	5S	28W	-	10	Aug.	1906	Howa
Hailey	Henry	E.	6	5S	28W	152.89	10	Aug.	1906	Howa
Hailey	Mary	F.	36	5S	29W	160	11	Feb.	1895	Howa
Halcomb	John		18	13S	29W	128.63	1	Mar.	1843	LRiv
Halcombe	Calip		25	7S	27W	40	2	Apr.	1860	Howa
Hale	Andrew	J.	1	9S	27W	40.8	2	Apr.	1860	Howa
Hale	Andrew	J.	1	9S	27W	80	1	Jul.	1859	Howa
Hale	Elbert	G.	24	8S	27W	80	1	May	1845	Howa
Hale	Elbert	G.	24	8S	27W	80	1	May	1845	Howa
Hale	Elbert	G.	24	8S	27W	80	1	May	1845	Howa
Hale	George	E.	29	15N	23W	-	10	Apr.	1907	Neva
Hale	George	E.	32	15N	23W	160	10	Apr.	1907	Neva
Hale	George	E.	32	15N	23W	-	10	Apr.	1907	Neva
Hale	James	L.	11	8S	27W	-	3	Nov.	1876	Howa
Hale	James	L.	14	8S	27W	-	3	Nov.	1876	Howa
Hale	James	L.	14	8S	27W	160	3	Nov.	1876	Howa
Hale	Susan		11	15N	19W	-	30	Jul.	1875	Neva
Hale	Susan		14	15N	19W	120	30	Jul.	1875	Neva
Hale	William	C.	1	15N	19W	39.77	25	Jul.	1882	Neva
Hale	William	C.	1	15N	19W	43.28	1	Jun.	1860	Neva
Hale	William	C.	26	8S	27W	40	1	Mar.	1855	Howa
Hale	William	C.	26	8S	27W	40	2	Apr.	1860	Howa
Hale	William	C.	26	8S	27W	40	2	Apr.	1860	Howa
Hale	William	C.	27	8S	27W	40	1	Mar.	1855	Howa
Hale	William	C.	36	16N	19W	40	1	Jun.	1882	Neva
Hale	William	P.	1	14N	24W	-	3	May	1897	Neva
Hale	William	P.	36	15N	24W	162.18	3	May	1897	Neva
Hale	William	P.	36	15N	24W	-	3	May	1897	Neva
Hall	Andrew		1	9S	27W	80	2	Apr.	1860	Howa
Hall	Charles	M.	32	15N	21W	40	12	May	1905	Neva
Hall	Daniel		27	14N	22W	-	28	Nov.	1906	Neva
Hall	Daniel		28	14N	22W	160	28	Nov.	1906	Neva
Hall	Daniel		28	14N	22W	-	28	Nov.	1906	Neva
Hall	James	E.	6	12S	30W	80	17	Aug.	1894	LRiv
Hall	James		4	13N	22W	162.06	8	Jun.	1901	Neva
Hall	John	W.	5	9S	26W	40	1	Mar.	1855	Hem
Hall	John	W.	5	9S	26W	160	1	May	1856	Hem
Hall	Madison	D.	25	12S	24W	40	1	Mar.	1855	Hem
Hall	Madison	D.	25	12S	24W	40	9	Sep.	1882	Hem
Hall	Madison	D.	25	12S	24W	160	1	Jul.	1860	Hem
Hall	Samuel		12	14S	32W	-	4	Dec.	1839	LRiv
Hall	Samuel		12	14S	32W	289.96	4	Dec.	1839	LRiv
Hall	Thomas	C.	21	16N	19W	-	13	Nov.	1895	Neva
Hall	Thomas	C.	21	16N	19W	-	13	Nov.	1895	Neva
Hall	Thomas	C.	22	16N	19W	160	13	Nov.	1895	Neva
Hall	William	C.	11	15N	19W	40	15	Nov.	1854	Neva
Hallett	Margaret		3	12S	30W	160	7	May	1894	LRiv
Hallowell	Thomas	L.	13	13N	20W	160	11	Apr.	1898	Neva
Hallowell	Thomas	L.	13	13N	20W	-	11	Apr.	1898	Neva
Hallowell	Thomas	L.	13	13N	20W	-	11	Apr.	1898	Neva

Last Name	First Name	Int.	Section No.	Twp.	Ran	Acres	Date			Co.
Hallum	Clinton	M.	29	15N	20W	-	20	Feb.	1901	Neva
Hallum	Clinton	M.	30	15N	20W	-	20	Feb.	1901	Neva
Hallum	Clinton	M.	31	15N	20W	-	20	Feb.	1901	Neva
Hallum	Clinton	M.	32	15N	20W	160	20	Feb.	1901	Neva
Hallum	John	B.	13	14N	21W	160	19	Oct.	1905	Neva
Hallum	John	B.	13	14N	21W	-	19	Oct.	1905	Neva
Hallum	John	B.	13	14N	21W	-	19	Oct.	1905	Neva
Hallum	Pleas	H.	28	15N	20W	-	20	Feb.	1901	Neva
Hallum	Pleas	H.	28	15N	20W	-	20	Feb.	1901	Neva
Hallum	Pleas	H.	33	15N	20W	160	20	Feb.	1901	Neva
Halton	Ezekiel		22	9S	28W	40	1	May	1845	Howa
Ham	Daniel	E.	13	13N	22W	40	1	Jun.	1860	Neva
Ham	Daniel	E.	13	13N	22W	80	3	May	1897	Neva
Ham	Daniel	E.	13	13N	22W	-	3	May	1897	Neva
Ham	Margaret	J.	19	13N	21W	-	18	Apr.	1905	Neva
Ham	Margaret	J.	20	13N	21W	160	18	Apr.	1905	Neva
Hamblin	Robert	F.	19	11S	31W	160	8	Oct.	1901	LRiv
Hamilton	Albert		15	12S	25W	40	20	Feb.	1875	Hem
Hamilton	Andrew		36	16N	19W	80	1	Oct.	1851	Neva
Hamilton	Henry	J.	11	12S	26W	80	10	Oct.	1856	Hem
Hamilton	Jesse		24	14N	19W	-	21	Mar.	1896	Neva
Hamilton	Jesse		25	14N	19W	158.68	21	Mar.	1896	Neva
Hamilton	John	S.	20	15N	19W	160	19	Sep.	1898	Neva
Hamilton	John	S.	20	15N	19W	-	19	Sep.	1898	Neva
Hamilton	Joseph	C.	13	15N	20W	-	28	Mar.	1906	Neva
Hamilton	Joseph	C.	24	15N	20W	160	28	Mar.	1906	Neva
Hamilton	Joseph	W.	22	14N	20W	-	21	Mar.	1896	Neva
Hamilton	Joseph	W.	26	14N	20W	80	21	Mar.	1896	Neva
Hamilton	Noah	F.	26	14S	24W	280	1	Jul.	1859	Hem
Hamilton	Noah	F.	26	14S	24W	-	1	Jul.	1859	Hem
Hamilton	Noah	F.	26	14S	24W	-	1	Jul.	1859	Hem
Hamilton	Preston	B.	27	14N	20W	80	15	Dec.	1897	Neva
Hamilton	Rebecca	A.	32	16N	19W	160	15	Aug.	1882	Neva
Hamilton	Rebecca	A.	32	16N	19W	-	15	Aug.	1882	Neva
Hamilton	Robert		5	13S	32W	80	1	May	1845	LRiv
Hamilton	Robert		12	13S	33W	-	10	Jul.	1848	LRiv
Hamilton	Robert		12	13S	33W	160	10	Jul.	1848	LRiv
Hamilton	Robert		32	12S	32W	80	1	May	1845	LRiv
Hamilton	Robert		33	12S	32W	40	1	May	1845	LRiv
Hamilton	Robert		33	12S	32W	160	1	May	1845	LRiv
Hamilton	Silva		31	10S	23W	80	10	Sep.	1883	Hem
Hamilton	William	H.	11	12S	26W	40	1	Jul.	1875	Hem
Hamilton	William		20	10S	32W	-	12	Aug.	1901	LRiv
Hamilton	William		20	10S	32W	-	12	Aug.	1901	LRiv
Hamilton	William		21	10S	32W	160	12	Aug.	1901	LRiv
Hamiter	David		13	12S	32W	-	2	Apr.	1860	LRiv
Hamiter	David		13	12S	32W	206.39	2	Apr.	1860	LRiv
Hamiter	David		18	12S	31W	-	2	Apr.	1860	LRiv
Hamiter	David		18	12S	31W	40.06	2	Apr.	1860	LRiv
Hamiter	David		21	12S	32W	80	2	Jul.	1860	LRiv
Hamm	Asa	C.	14	13N	20W	120	28	Jun.	1905	Neva
Hamm	Asa	C.	14	13N	20W	-	28	Jun.	1905	Neva
Hammack	Cephas		3	8S	29W	121.94	5	Apr.	1877	Howa
Hammack	Joseph	T.	2	8S	29W	160	1	Jul.	1859	Howa
Hammack	Joseph	T.	3	8S	29W	40	1	Jul.	1859	Howa
Hammock	Joseph	T.	3	8S	29W	40	15	Mar.	1888	Howa

Last Name	First Name	Int.	Section No.	Twp.	Ran	Acres	Date			Co.
Hammond	Evander	A.	12	12S	32W	80	16	Aug.	1899	LRiv
Hammons	William		18	16N	22W	67.27	7	Sep.	1900	Neva
Hamner	Thomas	F.	7	13S	23W	337.72	10	Aug.	1837	Hem
Hamon	Alvin	W.	15	16N	19W	80	5	Jul.	1889	Neva
Hamon	Alvin	W.	15	16N	19W	80	4	Aug.	1890	Neva
Hamon	Reuben	E.	26	16N	19W	160	5	Jul.	1889	Neva
Hampton	Noah	T.	26	14S	24W	40	1	Jul.	1859	Hem
Hancock	John	H.	1	5S	29W	160.12	26	May	1890	Howa
Handy	Levin	I.	23	11S	25W	40	1	Nov.	1839	Hem
Hanegan	James	M.	31	12S	24W	40	30	Jun.	1882	Hem
Hanegan	Thomas		29	10S	23W	80	3	Feb.	1883	Hem
Hankins	Benjamin	F.	1	13S	33W	80	1	May	1856	LRiv
Hankins	James	R.	14	13N	19W	120	10	Apr.	1907	Neva
Hankins	James	R.	14	13N	19W	-	10	Apr.	1907	Neva
Hankins	William		22	14N	23W	-	11	Oct.	1902	Neva
Hankins	William		23	14N	23W	-	11	Oct.	1902	Neva
Hankins	William		27	14N	23W	160	11	Oct.	1902	Neva
Hankins	William		35	16N	23W	166.62	13	Jun.	1878	Neva
Hanks	William		12	13S	28W	40	1	May	1861	LRiv
Hannah	George		19	13S	23W	160	10	Aug.	1837	Hem
Hannah	George		20	13S	23W	160	10	Aug.	1837	Hem
Hannah	George		25	13S	24W	320	10	Aug.	1837	Hem
Hannah	George		26	13S	24W	320	10	Aug.	1837	Hem
Hannah	George		29	13S	23W	160	10	Aug.	1837	Hem
Hannah	George		30	13S	23W	160	10	Aug.	1837	Hem
Hannah	George		31	13S	23W	178.3	10	Aug.	1837	Hem
Hannah	George		35	13S	24W	320	10	Aug.	1837	Hem
Hannah	George		36	13S	24W	320	10	Aug.	1837	Hem
Hannah	Joel	W.	9	13S	24W	1120	1	Nov.	1839	Hem
Hannah	Joel	W.	10	11S	25W	80	15	Apr.	1837	Hem
Hannah	Joel	W.	10	13S	24W	-	1	Nov.	1839	Hem
Hannah	Joel	W.	11	13S	24W	80	1	Aug.	1837	Hem
Hannah	Joel	W.	14	13S	24W	-	1	Nov.	1839	Hem
Hannah	Joel	W.	15	13S	24W	-	1	Nov.	1839	Hem
Hannegan	Nelson		9	11S	24W	80	10	Mar.	1883	Hem
Harbin	Young	R.	17	10S	32W	80	6	Feb.	1899	LRiv
Harbour	Elisha		31	11S	30W	39.56	2	Apr.	1860	LRiv
Harden	Edwin		22	12S	26W	40	1	Mar.	1843	Hem
Harderson	Sarah	E.	25	14N	23W	40	12	Aug.	1901	Neva
Hardie	William	J.	27	8S	27W	40	22	Mar.	1906	Howa
Hardin	Abraham		24	9S	27W	40	1	Mar.	1855	Howa
Hardin	Edwin		22	12S	26W	40	1	Aug.	1837	Hem
Hardy	Daniel		24	13S	24W	320	1	Jul.	1859	Hem
Harlam	Thomas	D.	8	12S	30W	80	1	Feb.	1861	LRiv
Harlan	Thomas		8	12S	30W	40	1	Jul.	1859	LRiv
Harlan	William	I.	31	13N	22W	-	26	Aug.	1904	Neva
Harlan	William	I.	32	13N	22W	160	26	Aug.	1904	Neva
Harless	Charles	P.	21	10S	32W	160	6	Feb.	1899	LRiv
Harlin	Rutha	E.	4	13N	21W	-	26	Sep.	1902	Neva
Harlin	Rutha	E.	9	13N	21W	120	26	Sep.	1902	Neva
Harp	Elijah	B.	21	17N	21W	80	18	Apr.	1905	Neva
Harp	Elijah	B.	21	17N	21W	80	12	Aug.	1919	Neva
Harp	Elijah	B.	21	17N	21W	-	18	Apr.	1905	Neva
Harp	Granvil	G.	23	16N	21W	160	22	Nov.	1904	Neva
Harp	James	E.	11	16N	22W	40	1	Feb.	1860	Neva
Harp	Nancy	G.	32	17N	19W	160	6	Jul.	1889	Neva

Last Name	First Name	Int.	Section No.	Twp.	Ran	Acres	Date			Co.
Harp	Samuel	B.	23	16N	21W	40	3	Feb.	1883	Neva
Harp	Samuel	B.	23	16N	21W	120	28	Sep.	1893	Neva
Harp	Samuel	H.	32	17N	19W	80	8	Jun.	1901	Neva
Harp	Samuel	H.	32	17N	19W	-	8	Jun.	1901	Neva
Harp	William	A.	11	16N	21W	80	15	Dec.	1882	Neva
Harp	William	T.	28	17N	21W	80	25	Feb.	1899	Neva
Harper	Harvey		36	6S	29W	160	9	May	1907	Howa
Harper	Ruffin		15	12S	25W	40	20	Feb.	1875	Hem
Harper	Samuel	B.	2	5S	28W	80.65	1	Nov.	1849	Howa
Harper	Samuel		2	5S	28W	40.92	1	Nov.	1849	Howa
Harrell	James	N.	25	17N	19W	40	13	Jun.	1878	Neva
Harris	Alexander	B.	32	9S	24W	80	28	Feb.	1890	Hem
Harris	Anderson	G.	17	9S	25W	120	2	Apr.	1860	Hem
Harris	Anderson	G.	18	9S	25W	40	2	Apr.	1860	Hem
Harris	Anderson	G.	18	9S	25W	40	2	Apr.	1860	Hem
Harris	Anderson	G.	18	9S	25W	-	2	Apr.	1860	Hem
Harris	Aurelias	O.	4	10S	28W	200	1	Dec.	1857	Howa
Harris	Benjamin	F.	30	15N	21W	160	26	Aug.	1904	Neva
Harris	Brittain	C.	25	17N	19W	40	1	Sep.	1857	Neva
Harris	Carter	O.	22	13S	25W	80	15	Apr.	1837	Hem
Harris	Carter	O.	22	13S	25W	80	15	Apr.	1837	Hem
Harris	Carter	O.	22	13S	25W	160	15	Apr.	1837	Hem
Harris	Daniel		13	12S	32W	160	10	Jun.	1882	LRiv
Harris	Donnavin		8	16N	21W	160	9	Aug.	1897	Neva
Harris	Elizabeth	A.	18	10S	25W	80.68	1	Apr.	1875	Hem
Harris	George		8	12S	29W	40	27	Aug.	1892	LRiv
Harris	Isaac		24	16N	21W	40	15	Nov.	1854	Neva
Harris	James	W.	13	12S	32W	80	13	Jun.	1889	LRiv
Harris	John	B.	22	9S	24W	57.32	30	Jun.	1873	Hem
Harris	John	R.	3	14S	24W	40	1	Oct.	1850	Hem
Harris	John	W.	35	10S	24W	80	10	Jun.	1876	Hem
Harris	John		33	13N	19W	160	22	Apr.	1919	Neva
Harris	Leonidas	T.	7	9S	25W	-	2	Jul.	1860	Hem
Harris	Leonidas	T.	13	9S	26W	166.94	2	Jul.	1860	Hem
Harris	Leonidas	T.	18	9S	25W	-	2	Jul.	1860	Hem
Harris	Philip		11	11S	24W	80	30	Aug.	1882	Hem
Harris	Thomas		9	14N	23W	160	24	Nov.	1890	Neva
Harris	Thomas		9	14N	23W	-	24	Nov.	1890	Neva
Harris	Washington	H.	28	15N	20W	160	20	Feb.	1901	Neva
Harris	Washington	H.	28	15N	20W	-	20	Feb.	1901	Neva
Harris	William	F.	23	17N	22W	-	26	Sep.	1890	Neva
Harris	William	F.	24	17N	22W	160	26	Sep.	1890	Neva
Harris	William	G.	12	13N	22W	-	1	Jun.	1875	Neva
Harris	William	G.	13	13N	22W	80	1	Jun.	1875	Neva
Harris	Woodson	F.	12	14S	25W	40	1	Jul.	1859	Hem
Harris	Woodson	T.	12	14S	25W	40	1	Jul.	1859	Hem
Harris	Woodson	T.	12	14S	25W	40	2	Jul.	1860	Hem
Harrison	Francis	M.	24	5S	29W	120	28	Jun.	1895	Howa
Harrison	Francis	M.	25	5S	29W	-	28	Jun.	1895	Howa
Harrison	Francis	M.	25	5S	29W	-	28	Jun.	1895	Howa
Harrison	Franklin		6	15N	20W	160	27	Dec.	1888	Neva
Harrison	Franklin		6	15N	20W	-	27	Dec.	1888	Neva
Harrison	John	S.	5	15N	20W	159.98	19	Sep.	1898	Neva
Harrison	John		4	12S	30W	38.42	1	Feb.	1861	LRiv
Harrison	John		33	11S	30W	-	1	Feb.	1861	LRiv
Harrison	John		34	11S	30W	-	2	Apr.	1860	LRiv

Last Name	First Name	Int.	Section No.	Twp.	Ran	Acres	Date		Co.
Harrison	John		34	11S	30W	-	1 Jul.	1859	LRiv
Harrison	John		34	11S	30W	80	2 Apr.	1860	LRiv
Harrison	John		34	11S	30W	80	1 Jul.	1859	LRiv
Harrison	John		34	11S	30W	120	1 Feb.	1861	LRiv
Harrison	Robert	W.	2	15N	21W	-	20 Oct.	1882	Neva
Harrison	Robert	W.	27	16N	21W	40	15 Nov.	1854	Neva
Harrison	Robert	W.	34	16N	21W	40	15 Nov.	1854	Neva
Harrison	Robert	W.	35	16N	21W	157.99	20 Oct.	1882	Neva
Harrison	Robert		2	15N	21W	-	15 Dec.	1882	Neva
Harrison	Robert		11	15N	21W	160	15 Dec.	1882	Neva
Harrison	Samuel	L.	7	13N	20W	-	8 May	1901	Neva
Harrison	Samuel	L.	7	13N	20W	-	8 May	1901	Neva
Harrison	Samuel	L.	18	13N	20W	160	8 May	1901	Neva
Hart	Joe	S.	13	6S	29W	80	15 Oct.	1906	Howa
Hart	Joe	S.	14	6S	29W	-	15 Oct.	1906	Howa
Hart	John		27	10S	28W	40	1 Mar.	1843	Howa
Hart	John		33	10S	28W	80	1 Mar.	1843	Howa
Hart	John		35	11S	29W	113.77	1 May	1845	LRiv
Hart	Robert	P.	19	17N	19W	160.02	26 Mar.	1890	Neva
Hart	Robert	P.	19	17N	19W	-	26 Mar.	1890	Neva
Hartfield	Benjamin	H.	1	13S	33W	80	10 Jul.	1848	LRiv
Hartfield	Benjamin	H.	6	13S	32W	104.54	10 Jul.	1844	LRiv
Hartfield	Benjamin	H.	6	13S	32W	105.52	10 Jul.	1844	LRiv
Hartfield	Benjamin	H.	12	13S	33W	80	10 Jul.	1848	LRiv
Hartfield	Benjamin	H.	21	12S	32W	-	1 Mar.	1843	LRiv
Hartfield	Benjamin	H.	28	12S	32W	160	1 Mar.	1843	LRiv
Hartfield	Benjamin	H.	29	12S	32W	80	1 May	1845	LRiv
Hartfield	Benjamin	H.	29	12S	32W	80	1 May	1845	LRiv
Hartfield	Enos		30	10S	26W	40	9 Mar.	1896	Hem
Hartsfield	John	R.	19	11S	24W	78.24	20 Apr.	1883	Hem
Hartsfield	Matthew		17	11S	25W	80	1 May	1856	Hem
Hartsfield	Thomas	J.	19	11S	24W	40	9 Sep.	1882	Hem
Harvey	Albert		22	13N	23W	120	22 Apr.	1899	Neva
Harvey	Albert		22	13N	23W	160	19 Oct.	1905	Neva
Harvey	Albert		22	13N	23W	-	22 Apr.	1899	Neva
Harvey	Albert		27	13N	23W	-	22 Apr.	1899	Neva
Harvey	Frederick		21	13N	23W	-	19 Oct.	1893	Neva
Harvey	Frederick		22	13N	23W	-	19 Oct.	1893	Neva
Harvey	Frederick		27	13N	23W	160	19 Oct.	1893	Neva
Harvey	Hiram		32	10S	32W	80	13 Jun.	1889	LRiv
Harvey	James		17	12S	26W	40	1 Apr.	1875	Hem
Harvey	Richard	R.	1	14N	24W	151	22 Apr.	1919	Neva
Harvey	Richard	R.	6	14N	23W	-	22 Apr.	1919	Neva
Harvey	Richard	R.	6	14N	23W	-	22 Apr.	1919	Neva
Harvey	William	M.	19	13N	22W	-	19 Oct.	1893	Neva
Harvey	William	M.	24	13N	23W	40	19 Oct.	1893	Neva
Harvey	William	M.	24	13N	23W	127.39	19 Oct.	1893	Neva
Hasley	William	C.	2	10S	24W	40	1 Aug.	1837	Hem
Hasley	William	C.	3	10S	24W	40	15 Apr.	1837	Hem
Hasley	William		10	10S	24W	80	1 Aug.	1837	Hem
Hatchett	Henry	H.	17	10S	27W	-	1 Jul.	1859	Howa
Hatchett	Henry	H.	18	10S	27W	-	1 Jul.	1859	Howa
Hatchett	Henry	H.	20	10S	27W	160	1 Jul.	1859	Howa
Hatfield	Andrew		27	17N	21W	-	26 Jun.	1889	Neva
Hatfield	Andrew		28	17N	21W	160	26 Jun.	1889	Neva
Hatfield	Andrew		28	17N	21W	-	26 Jun.	1889	Neva

Last Name	First Name	Int.	Section No.	Twp.	Ran	Acres	Date			Co.
Hatfield	Little	H.	3	5S	29W	-	19	May	1903	Howa
Hatfield	Little	H.	4	5S	29W	160	19	May	1903	Howa
Hatton	Pur		2	12S	32W	81	12	Aug.	1901	LRiv
Hawkins	Andrew	J.	17	5S	29W	160	10	Sep.	1898	Howa
Hawkins	Andrew	J.	18	5S	29W	-	10	Sep.	1898	Howa
Hawkins	Andrew	J.	18	5S	29W	-	10	Sep.	1898	Howa
Hawkins	Benjamin	F.	6	12S	31W	40	10	Oct.	1856	LRiv
Hawkins	Benjamin	F.	7	13S	32W	40	1	May	1856	LRiv
Hawkins	Benjamin	F.	10	11S	31W	48.15	1	Mar.	1855	LRiv
Hawkins	Benjamin	F.	11	14S	32W	48.35	1	Mar.	1843	LRiv
Hawkins	Benjamin	F.	11	14S	32W	61.73	1	Mar.	1843	LRiv
Hawkins	Benjamin	F.	11	14S	32W	80	1	Mar.	1843	LRiv
Hawkins	Benjamin	F.	11	14S	32W	80	1	Mar.	1843	LRiv
Hawkins	Benjamin	F.	11	14S	32W	145.92	1	Mar.	1843	LRiv
Hawkins	Benjamin	F.	12	14S	32W	114.5	1	Mar.	1843	LRiv
Hawkins	Benjamin	F.	13	13S	33W	6.4	10	Jul.	1848	LRiv
Hawkins	Benjamin	F.	13	13S	33W	80	10	Jul.	1848	LRiv
Hawkins	Benjamin	F.	13	13S	33W	80	10	Jul.	1848	LRiv
Hawkins	Benjamin	F.	13	13S	33W	125.55	10	Jul.	1848	LRiv
Hawkins	Benjamin	F.	14	11S	31W	160	10	Oct.	1856	LRiv
Hawkins	Benjamin	F.	15	13S	32W	80	10	Jul.	1844	LRiv
Hawkins	Benjamin	F.	15	13S	32W	160	1	Mar.	1843	LRiv
Hawkins	Benjamin	F.	22	13S	32W	80	10	Jul.	1844	LRiv
Hawkins	Benjamin	F.	22	13S	32W	80	10	Jul.	1844	LRiv
Hawkins	Benjamin	F.	22	13S	32W	80	10	Jul.	1844	LRiv
Hawkins	Benjamin	F.	22	13S	32W	80	10	Jul.	1844	LRiv
Hawkins	Benjamin	F.	23	13S	30W	80	1	Sep.	1846	LRiv
Hawkins	Benjamin	F.	27	12S	32W	40	10	Oct.	1856	LRiv
Hawkins	Benjamin	F.	28	12S	32W	80	10	Oct.	1856	LRiv
Hawkins	Benjamin	F.	32	12S	32W	40	1	Mar.	1855	LRiv
Hawkins	Hannah		35	10S	24W	40	30	Aug.	1882	Hem
Hawkins	Henry	A.	17	13S	32W	80	10	Jul.	1844	LRiv
Hawkins	Henry	A.	17	13S	32W	80	10	Jul.	1844	LRiv
Hawkins	Henry	A.	18	13S	32W	88.79	10	Jul.	1844	LRiv
Hawkins	Henry	A.	22	13S	32W	80	1	May	1856	LRiv
Hawkins	Henry	A.	32	12S	32W	-	1	Jul.	1859	LRiv
Hawkins	Henry	A.	33	12S	32W	-	1	Jul.	1859	LRiv
Hawkins	Henry	A.	33	12S	32W	120	1	Jul.	1859	LRiv
Hawkins	Henry		7	11S	23W	80	30	Jun.	1884	Hem
Hawkins	James	M.	13	9S	26W	80	2	Apr.	1860	Hem
Hawkins	James	M.	13	9S	26W	-	2	Apr.	1860	Hem
Hawkins	James	M.	13	9S	26W	-	2	Apr.	1860	Hem
Hawkins	James	M.	13	9S	26W	-	2	Apr.	1860	Hem
Hawkins	James	M.	13	9S	26W	-	2	Apr.	1860	Hem
Hawkins	James	M.	24	9S	26W	240	2	Apr.	1860	Hem
Hawkins	James	M.	24	9S	26W	-	2	Apr.	1860	Hem
Hawkins	James		21	13N	20W	-	26	Sep.	1890	Neva
Hawkins	James		28	13N	20W	160	26	Sep.	1890	Neva
Hawkins	William	B.	33	14S	25W	80	1	May	1845	Hem
Hawkins	William		31	11S	29W	160	12	Aug.	1901	LRiv
Hayes	George	W.	20	16N	23W	160	26	Aug.	1904	Neva
Hayes	George	W.	20	16N	23W	-	26	Aug.	1904	Neva
Hayles	John	B.	36	16N	22W	160	19	Sep.	1898	Neva
Hayles	John	B.	36	16N	22W	-	19	Sep.	1898	Neva
Hayles	John	B.	36	16N	22W	-	19	Sep.	1898	Neva
Hayles	William	G.	15	11S	24W	80	2	Jul.	1860	Hem

Last Name	First Name	Int.	Section No.	Twp.	Ran	Acres	Date			Co.
Hayles	William	G.	15	11S	24W	80	10	May	1861	Hem
Haynie	Thomas	B.	7	13S	29W	132.11	1	Mar.	1843	LRiv
Haynie	Thomas	B.	17	13S	29W	-	1	Mar.	1843	LRiv
Haynie	Thomas	B.	17	13S	29W	160	1	Mar.	1843	LRiv
Haynie	Thomas	B.	20	13S	29W	-	10	Nov.	1841	LRiv
Haynie	Thomas	B.	20	13S	29W	80	1	Mar.	1843	LRiv
Haynie	Thomas	B.	20	13S	29W	160	10	Nov.	1841	LRiv
Hays	Robert	T.	23	12S	30W	40	1	Jul.	1859	LRiv
Hays	William	M.	13	8S	28W	120	2	Apr.	1860	Howa
Hays	William	M.	23	8S	28W	-	2	Apr.	1860	Howa
Hays	William	M.	24	8S	28W	-	2	Apr.	1860	Howa
Hayward	Marion	F.	5	16N	22W	-	10	Aug.	1906	Neva
Hayward	Marion	F.	6	16N	22W	160	10	Aug.	1906	Neva
Haywood	Eudora		25	11S	33W	144.32	6	Feb.	1899	LRiv
Haywood	Eudora		26	11S	33W	-	6	Feb.	1899	LRiv
Hazelton	William	H.	35	11S	31W	-	16	Aug.	1899	LRiv
Hazelton	William	H.	35	11S	31W	80	16	Aug.	1899	LRiv
Head	William	C.	36	13S	30W	40	1	Jul.	1859	LRiv
Head	William	C.	36	13S	30W	80	1	Jul.	1859	LRiv
Hearn	William	H.	1	12S	33W	-	17	Aug.	1894	LRiv
Hearn	William	H.	12	12S	33W	160	17	Aug.	1894	LRiv
Hearne	Asa	H.	21	7S	28W	-	10	Jun.	1876	Howa
Hearne	Asa	H.	28	7S	28W	-	10	Jun.	1876	Howa
Hearne	Asa	H.	28	7S	28W	160	10	Jun.	1876	Howa
Heckman	Jesse		14	16N	21W	-	17	Jun.	1895	Neva
Heckman	Jesse		15	16N	21W	160	17	Jun.	1895	Neva
Hedgecock	William	L.	2	12S	30W	119.52	31	Dec.	1904	LRiv
Heffley	Phillip	H.	20	17N	20W	-	6	Jul.	1889	Neva
Heffley	Phillip	H.	20	17N	20W	-	6	Jul.	1889	Neva
Heffley	Phillip	H.	21	17N	20W	160	6	Jul.	1889	Neva
Heffley	William	H.	19	16N	20W	80	8	Apr.	1903	Neva
Hefley	Daniel	L.	2	14N	20W	152.33	31	Dec.	1889	Neva
Hefley	Daniel	L.	2	14N	20W	-	31	Dec.	1889	Neva
Hefley	Daniel		11	14N	20W	-	1	Feb.	1901	Neva
Hefley	James		13	14N	20W	160	11	Jun.	1895	Neva
Hefley	James		13	14N	20W	-	11	Jun.	1895	Neva
Hefley	James		22	17N	20W	40	15	Nov.	1854	Neva
Hefley	Jobe	C.	15	14N	19W	160	17	Oct.	1904	Neva
Hefley	Jobe	C.	15	14N	19W	-	17	Oct.	1904	Neva
Hefley	John	B.	1	14N	20W	81.27	12	Jun.	1885	Neva
Hefley	John	B.	1	14N	20W	81.27	21	Mar.	1893	Neva
Hefley	John	B.	1	14N	20W	-	12	Jun.	1885	Neva
Hefley	John	B.	1	14N	20W	-	21	Mar.	1893	Neva
Hefley	Martha	I.	3	14N	20W	36.48	15	Nov.	1854	Neva
Hefley	Phillip	H.	2	14N	20W	-	21	Feb.	1893	Neva
Hefley	Phillip	H.	3	14N	20W	-	21	Feb.	1893	Neva
Hefley	Phillip	H.	11	14N	20W	160	21	Feb.	1893	Neva
Hefley	Thomas	J.	13	14N	20W	160	1	Feb.	1901	Neva
Hefley	Thomas	J.	13	14N	20W	-	1	Feb.	1901	Neva
Hefley	Thomas	J.	13	14N	20W	-	1	Feb.	1901	Neva
Hefley	William	B.	1	14N	20W	-	23	Jan.	1897	Neva
Hefley	William	B.	1	14N	20W	-	23	Jan.	1897	Neva
Hefley	William	B.	12	14N	20W	160	23	Jan.	1897	Neva
Hefley	William		14	14N	20W	80	7	Apr.	1896	Neva
Heflin	William	H.	23	8S	29W	-	10	Jul.	1883	Howa
Heflin	William	H.	23	8S	29W	120	10	Jul.	1883	Howa

Last Name	First Name	Int.	Section No.	Twp.	Ran	Acres	Date			Co.
Hellin	George		28	11S	31W	-	7	May	1894	LRiv
Hellin	George		29	11S	31W	-	7	May	1894	LRiv
Hellin	George		32	11S	31W	160	7	May	1894	LRiv
Helliums	Thomas		10	11S	24W	80	1	May	1856	Hem
Helms	Garmon	W.	2	12S	33W	131.71	19	Mar.	1904	LRiv
Helms	Garmon	W.	35	11S	33W	-	19	Mar.	1904	LRiv
Helms	Garmon	W.	36	11S	33W	-	19	Mar.	1904	LRiv
Hemenway	Sullivan	S.	22	14N	21W	160	26	Jul.	1897	Neva
Hemenway	Sullivan	S.	22	14N	21W	-	26	Jul.	1897	Neva
Hemphill	Andrew		5	14S	30W	126.91	1	May	1845	LRiv
Hemphill	Andrew		6	14S	30W	159.3	1	May	1845	LRiv
Hemphill	Andrew		7	13S	30W	39.85	1	Mar.	1855	LRiv
Hemphill	Andrew		19	13S	30W	-	2	Jun.	1848	LRiv
Hemphill	Andrew		19	13S	30W	50.52	10	Dec.	1861	LRiv
Hemphill	Andrew		25	13S	31W	40	1	May	1845	LRiv
Hemphill	Andrew		25	13S	31W	80	1	May	1845	LRiv
Hemphill	Andrew		30	13S	30W	80	1	May	1845	LRiv
Hemphill	Andrew		30	13S	30W	80	1	May	1845	LRiv
Hemphill	Andrew		30	13S	30W	99.05	1	May	1845	LRiv
Hemphill	Andrew		30	13S	30W	197.86	2	Jun.	1848	LRiv
Hempstead	Bernard	F.	8	14S	30W	71.5	2	Apr.	1860	LRiv
Hempstead	Bernard	F.	9	14S	30W	66.97	2	Apr.	1860	LRiv
Hempstead	Bernard	F.	10	14S	30W	1.95	2	Apr.	1860	LRiv
Hempstead	Bernard	F.	10	14S	30W	34.26	2	Apr.	1860	LRiv
Hempstead	Bernard	F.	14	5S	30W	40	1	Mar.	1855	Howa
Hempstead	Bernard	F.	23	5S	30W	40	1	Mar.	1855	Howa
Hempstead	Bernard	F.	23	5S	30W	40	1	Mar.	1855	Howa
Hempstead	Bernard	F.	23	5S	30W	80	1	Mar.	1855	Howa
Hempstead	Henry	L.	8	11S	27W	40	1	Mar.	1843	Howa
Henager	Meredeth	J.	18	11S	32W	-	12	Aug.	1901	LRiv
Henager	Meredeth	J.	18	11S	32W	160	12	Aug.	1901	LRiv
Henderson	Alice		23	13N	20W	160	25	Jun.	1900	Neva
Henderson	Alice		23	13N	20W	-	25	Jun.	1900	Neva
Henderson	Benjamin	F.	31	15S	21W	160	9	Aug.	1919	Neva
Henderson	Benjamin	F.	31	15S	21W	-	9	Aug.	1919	Neva
Henderson	Davis		23	16N	21W	40	15	Nov.	1854	Neva
Henderson	Edward	J.	24	16N	21W	80	15	Jan.	1883	Neva
Henderson	Edward		25	16N	21W	40	15	Nov.	1854	Neva
Henderson	Isaac		1	14N	22W	150.35	19	Oct.	1893	Neva
Henderson	Isaac		6	14N	21W	-	19	Oct.	1893	Neva
Henderson	Isaac		13	14N	22W	160	20	Feb.	1901	Neva
Henderson	Isaac		13	14N	22W	-	20	Feb.	1901	Neva
Henderson	Isaac		13	14N	22W	-	20	Feb.	1901	Neva
Henderson	Isham	I.	34	17N	20W	40	1	Aug.	1857	Neva
Henderson	Isom	G.	7	14N	21W	-	31	Dec.	1904	Neva
Henderson	Isom	G.	8	14N	21W	80	31	Dec.	1904	Neva
Henderson	James	E.	17	14N	21W	-	9	Aug.	1919	Neva
Henderson	James	E.	18	14N	21W	-	9	Aug.	1919	Neva
Henderson	James	E.	19	14N	21W	120	9	Aug.	1919	Neva
Henderson	James	H.	36	15N	22W	160	9	Aug.	1919	Neva
Henderson	James	H.	36	15N	22W	-	9	Aug.	1919	Neva
Henderson	James	H.	36	15N	22W	-	9	Aug.	1919	Neva
Henderson	James	T.	26	12S	29W	-	1	Jul.	1859	LRiv
Henderson	James	T.	26	12S	29W	80	1	Jul.	1859	LRiv
Henderson	James	T.	26	12S	29W	120	1	Jul.	1859	LRiv
Henderson	James		30	16N	20W	143.57	27	Jun.	1898	Neva

Last Name	First Name	Int.	Section No.	Twp.	Ran	Acres	Date			Co.
Henderson	James		30	16N	20W	153.57	27	Jun.	1898	Neva
Henderson	James		30	16N	20W	-	27	Jun.	1898	Neva
Henderson	James		30	16N	20W	-	27	Jun.	1898	Neva
Henderson	James		30	16N	20W	-	27	Jun.	1898	Neva
Henderson	James		30	16N	20W	-	27	Jun.	1898	Neva
Henderson	James		31	15N	21W	154.57	19	Oct.	1893	Neva
Henderson	James		36	15N	22W	-	19	Oct.	1893	Neva
Henderson	James		36	15N	22W	-	19	Oct.	1893	Neva
Henderson	John	R.	31	15N	21W	159.65	28	Jun.	1905	Neva
Henderson	John	R.	31	15N	21W	-	28	Jun.	1905	Neva
Henderson	John	R.	31	15N	21W	-	28	Jun.	1905	Neva
Henderson	John		14	11S	27W	-	15	Apr.	1837	Howa
Henderson	John		14	11S	27W	40	10	Apr.	1837	Howa
Henderson	John		14	11S	27W	40	10	Apr.	1837	Howa
Henderson	John		14	11S	27W	80	15	Apr.	1837	Howa
Henderson	John		23	11S	27W	80	10	May	1827	Howa
Henderson	Joseph		6	14N	21W	55.29	9	Aug.	1919	Neva
Henderson	Nathaniel	W.	32	17N	20W	80	1	Aug.	1857	Neva
Henderson	Stephen	W.	17	16N	20W	160	17	Jun.	1895	Neva
Henderson	Stephen	W.	17	16N	20W	-	17	Jun.	1895	Neva
Henderson	Stephen	W.	17	16N	20W	-	17	Jun.	1895	Neva
Henderson	Vincent	D.	4	15N	21W	40	15	Nov.	1854	Neva
Henderson	William	C.	13	16N	22W	160	15	Jul.	1904	Neva
Henderson	William	C.	13	16N	22W	-	15	Jul.	1904	Neva
Henderson	William	C.	13	16N	22W	-	15	Jul.	1904	Neva
Henderson	William	C.	17	16N	20W	80	21	Mar.	1896	Neva
Henderson	William	C.	17	16N	20W	-	21	Mar.	1896	Neva
Henderson	William	T.	6	14N	21W	80	8	Oct.	1901	Neva
Henderson	William		2	14N	22W	-	23	Jan.	1897	Neva
Henderson	William		11	14N	22W	160	23	Jan.	1897	Neva
Henderson	William		11	14N	22W	-	23	Jan.	1897	Neva
Henderson	Wilson	P.	23	12S	29W	40	1	May	1845	LRiv
Hendricks	Thomas	D.	17	13N	20W	160	25	Jun.	1892	Neva
Hendricks	Thomas	D.	17	13N	20W	-	25	Jun.	1892	Neva
Hendricks	William		1	10S	28W	313.24	1	Feb.	1861	Howa
Hendricks	William		2	10S	28W	-	1	Feb.	1861	Howa
Hendricks	William		10	10S	28W	40	1	May	1856	Howa
Hendricks	William		11	10S	28W	160	1	May	1856	Howa
Hendricks	William		12	10S	28W	-	1	Feb.	1861	Howa
Hendricks	William		27	9S	28W	40	1	Jul.	1859	Howa
Hendricks	William		34	9S	28W	80	1	Jul.	1859	Howa
Hendricks	William		36	9S	28W	-	1	Feb.	1861	Howa
Hendrix	Abner	J.	15	15N	19W	-	8	Apr.	1903	Neva
Hendrix	Abner	J.	15	15N	19W	-	8	Apr.	1903	Neva
Hendrix	Abner	J.	22	15N	19W	160	8	Apr.	1903	Neva
Hendrix	Alfred		27	7S	27W	-	30	Aug.	1882	Howa
Hendrix	Alfred		27	7S	27W	160	30	Aug.	1882	Howa
Hendrix	Alfred		28	7S	27W	-	30	Aug.	1882	Howa
Hendrix	Charles	A.	26	7S	27W	-	24	Apr.	1890	Howa
Hendrix	Charles	A.	26	7S	27W	80	24	Apr.	1890	Howa
Hendrix	Cyrus		21	8S	28W	-	10	Aug.	1883	Howa
Hendrix	Cyrus		27	8S	28W	160	10	Aug.	1883	Howa
Hendrix	Cyrus		28	8S	28W	-	10	Aug.	1883	Howa
Hendrix	Harve		1	15N	19W	44.18	8	Apr.	1903	Neva
Hendrix	Lettie	E.	33	14N	20W	160	31	Dec.	1904	Neva
Hendrix	Thomas	L.	15	15N	19W	-	17	Mar.	1903	Neva

Last Name	First Name	Int.	Section No.	Twp.	Ran	Acres	Date			Co.
Hendrix	Thomas	L.	22	15N	19W	160	17	Mar.	1903	Neva
Hendrix	Thomas	L.	22	15N	19W	-	17	Mar.	1903	Neva
Henrick	John		1	13S	30W	-	2	Apr.	1860	LRiv
Henrick	John		6	13S	29W	91.58	2	Apr.	1860	LRiv
Henry	Andrew	C.	33	6S	28W	-	19	Oct.	1888	Howa
Henry	Andrew	C.	33	6S	28W	160	19	Oct.	1888	Howa
Henry	Andrew	G.	7	7S	28W	57.34	1	May	1861	Howa
Henry	Andrew	G.	36	8S	28W	40	1	Mar.	1855	Howa
Henry	Bent		22	6S	28W	160	1	Jul.	1903	Howa
Henry	Henry	B.	3	7S	28W	-	10	Sep.	1890	Howa
Henry	Henry	B.	4	7S	28W	159.23	10	Sep.	1890	Howa
Henry	Hester	M.	11	12S	30W	-	27	Jun.	1889	LRiv
Henry	Hester	M.	11	12S	30W	-	27	Jun.	1889	LRiv
Henry	Hester	M.	11	12S	30W	160	27	Jun.	1889	LRiv
Henry	James	A.	33	6S	28W	80	20	Jul.	1892	Howa
Henry	James	T.	27	6S	28W	-	20	May	1885	Howa
Henry	James	T.	28	6S	28W	-	20	May	1885	Howa
Henry	James	T.	33	6S	28W	-	20	May	1885	Howa
Henry	James	T.	34	6S	28W	160	20	May	1885	Howa
Henry	James		9	9S	27W	80	1	Mar.	1843	Howa
Henry	James		30	8S	27W	85.6	1	May	1845	Howa
Henry	James		35	9S	27W	80	15	Apr.	1837	Howa
Henry	James		36	9S	27W	40	15	Apr.	1837	Howa
Henry	James		36	9S	27W	40	10	Aug.	1837	Howa
Henry	Joe	W.	17	12S	30W	80	31	Jan.	1889	LRiv
Henry	John	A.	21	6S	28W	160	13	Jun.	1889	Howa
Henry	John		12	11S	26W	40	10	Apr.	1837	Hem
Henry	John		36	8S	28W	40	1	Nov.	1849	Howa
Henry	John		36	8S	28W	40	1	Mar.	1855	Howa
Henry	Joseph	E.	29	6S	28W	-	10	Apr.	1907	Howa
Henry	Joseph	E.	29	6S	28W	-	10	Apr.	1907	Howa
Henry	Joseph	E.	29	6S	28W	160	10	Apr.	1907	Howa
Henry	Littleton	F.	36	8S	28W	40	2	Apr.	1860	Howa
Henry	Rease	H.	4	7S	28W	-	29	Jan.	1890	Howa
Henry	Rease	H.	4	7S	28W	40	1	Mar.	1855	Howa
Henry	Rease	H.	9	7S	28W	40	1	Mar.	1854	Howa
Henry	Rease	H.	9	7S	28W	80	1	Mar.	1855	Howa
Henry	Rease	H.	9	7S	28W	80	29	Jan.	1890	Howa
Henry	Rease	H.	35	6S	30W	40	15	Mar.	1888	Howa
Henry	Rease	H.	35	6S	30W	40	15	Mar.	1888	Howa
Henry	Rease	H.	35	6S	30W	80	15	Mar.	1888	Howa
Henry	Rease	H.	35	6S	30W	80	29	Jan.	1890	Howa
Henry	Robert	F.	21	6S	28W	-	9	May	1907	Howa
Henry	Robert	F.	21	6S	28W	80	9	May	1907	Howa
Henry	Robert	H.	17	8S	27W	-	30	Dec.	1902	Howa
Henry	Robert	H.	20	8S	27W	-	30	Dec.	1902	Howa
Henry	Robert	H.	20	8S	27W	160	30	Dec.	1902	Howa
Henry	Samuel		11	12S	30W	-	15	Jan.	1883	LRiv
Henry	Samuel		14	12S	30W	80	15	Jan.	1883	LRiv
Henry	Surphina	P.	24	6S	28W	-	31	Dec.	1904	Howa
Henry	Surphina	P.	24	6S	28W	160	31	Dec.	1904	Howa
Henry	Thomas	W.	28	6S	28W	-	26	Aug.	1905	Howa
Henry	Thomas	W.	28	6S	28W	-	26	Aug.	1905	Howa
Henry	Thomas	W.	28	6S	28W	160	26	Aug.	1905	Howa
Henry	William	J.	28	6S	28W	120	22	Apr.	1901	Howa
Henry	William	J.	32	6S	28W	-	22	Apr.	1901	Howa

Last Name	First Name	Int.	Section No.	Twp.	Ran	Acres	Date			Co.
Henry	William	J.	33	6S	28W	-	22	Apr.	1901	Howa
Henry	William		2	11S	26W	40	10	Apr.	1837	Hem
Henry	William		24	8S	28W	40	1	Nov.	1848	Howa
Henry	William		24	8S	28W	40	1	Nov.	1849	Howa
Henry	William		24	8S	28W	40	1	Mar.	1855	Howa
Henry	William		24	8S	28W	40	2	Jul.	1860	Howa
Henry	William		33	6S	28W	40	2	Apr.	1860	Howa
Henry	William		33	6S	28W	40	2	Jul.	1860	Howa
Henry	William		33	6S	28W	80	1	Mar.	1855	Howa
Hensley	Ben	L.	1	15N	19W	176.04	28	Mar.	1906	Neva
Hensley	Ellen	G.	11	15N	19W	160				Neva
Hensley	Eller	G.	10	15N	19W	-	28	Mar.	1906	Neva
Hensley	Eller	G.	10	15N	19W	-	28	Mar.	1906	Neva
Hensley	Eller	G.	11	15N	19W	160	28	Mar.	1906	Neva
Hensley	Leo	N.	2	16N	21W	-	15	Jul.	1904	Neva
Hensley	Leo	N.	3	16N	21W	160	15	Jul.	1904	Neva
Henson	Hiram	H.	23	16N	23W	-	3	May	1897	Neva
Henson	Hiram	H.	23	16N	23W	-	3	May	1897	Neva
Henson	Hiram	H.	24	16N	23W	160	3	May	1897	Neva
Henson	James	M.	5	15N	21W	120.6	5	Jul.	1889	Neva
Henson	John	H.	35	16N	23W	80	6	Oct.	1894	Neva
Henson	John	W.	9	15N	21W	80	25	Feb.	1899	Neva
Henson	William	B.	21	15N	19W	160	23	Jul.	1889	Neva
Henson	William	B.	21	15N	19W	-	23	Jul.	1889	Neva
Henson	William	B.	21	15N	19W	-	23	Jul.	1889	Neva
Herndon	Harrison		23	12S	30W	-	2	Apr.	1860	LRiv
Herndon	Harrison		23	12S	30W	-	2	Apr.	1860	LRiv
Herndon	Harrison		23	12S	30W	80	4	Oct.	1898	LRiv
Herndon	Harrison		23	12S	30W	80	2	Apr.	1860	LRiv
Herndon	Harrison		23	12S	30W	160	2	Apr.	1860	LRiv
Herndon	Harrison		24	12S	30W	-	4	Oct.	1898	LRiv
Hervey	John	P.	7	14S	25W	202.66	19	May	1890	Hem
Hervey	John	P.	7	14S	25W	-	19	May	1890	Hem
Hervey	John	P.	7	14S	25W	-	19	May	1890	Hem
Hervey	John	P.	7	14S	25W	-	19	May	1890	Hem
Hester	Harvy	T.	14	12S	32W	-	12	Oct.	1900	LRiv
Hester	Harvy	T.	14	12S	32W	-	12	Oct.	1900	LRiv
Hester	Harvy	T.	14	12S	32W	160	12	Oct.	1900	LRiv
Hester	James	J.	35	6S	30W	80	15	Mar.	1888	Howa
Hester	James	J.	36	6S	30W	40	24	Apr.	1889	Howa
Hester	William	M.	10	8S	28W	80	30	Dec.	1902	Howa
Hester	William		10	8S	28W	40	2	Apr.	1860	Howa
Hester	William		10	8S	28W	40	2	Jul.	1860	Howa
Heydenreich	Henry	F.	32	14N	21W	160	7	Mar.	1902	Neva
Heydenreich	Henry	F.	32	14N	21W	-	7	Mar.	1902	Neva
Heydenreich	Henry	F.	32	14N	21W	-	7	Mar.	1902	Neva
Heydenreich	Margaret		22	14N	21W	-	17	Jun.	1895	Neva
Heydenreich	Margaret		27	14N	21W	160	17	Jun.	1895	Neva
Heydenreich	Margaret		27	14N	21W	-	17	Jun.	1895	Neva
Hibbard	Benjamin		19	14N	23W	-	17	Jul.	1895	Neva
Hibbard	Benjamin		24	14N	24W	152.05	17	Jul.	1895	Neva
Hibbard	Thomas	J.	31	14N	23W	160	30	Dec.	1905	Neva
Hibbard	Thomas	J.	32	14N	23W	-	30	Dec.	1905	Neva
Hibbard	Thomas	J.	32	14N	23W	-	30	Dec.	1905	Neva
Hickman	Caleb		10	16N	21W	160	24	Nov.	1890	Neva
Hickman	Caleb		10	16N	21W	-	24	Nov.	1890	Neva

Last Name	First Name	Int.	Section No.	Twp.	Ran	Acres	Date			Co.
Hickman	Caleb		10	16N	21W	-	24	Nov.	1890	Neva
Hickman	John	R.	26	17N	21W	160	25	Aug.	1903	Neva
Hickman	John	R.	27	17N	21W	-	25	Aug.	1903	Neva
Hickman	Peter	T.	2	11S	27W	80	1	Aug.	1837	Howa
Hickman	Peter	T.	2	11S	27W	80	1	Aug.	1837	Howa
Hickman	Peter	T.	3	11S	27W	160	10	Apr.	1837	Howa
Hickman	Peter	T.	10	11S	27W	80	10	Apr.	1837	Howa
Hickman	Peter	T.	21	11S	25W	40	10	Apr.	1837	Hem
Hickman	Peter	T.	22	11S	27W	160	1	Nov.	1839	Howa
Hickman	Peter	T.	22	11S	27W	320	10	Apr.	1837	Howa
Hickman	Peter	T.	31	10S	24W	157.84	10	Apr.	1837	Hem
Hickman	William	N.	9	16N	21W	40	10	Jun.	1904	Neva
Hickman	William		30	10S	24W	80	28	Jun.	1828	Hem
Hickman	William		30	10S	24W	320	10	May	1827	Hem
Hickmon	Daniel		10	16N	21W	80	22	May	1895	Neva
Hickmon	Daniel		15	16N	21W	80	4	Aug.	1890	Neva
Hickmon	William		3	16N	21W	-	28	Dec.	1888	Neva
Hickmon	William		4	16N	21W	40	29	Apr.	1892	Neva
Hickmon	William		4	16N	21W	80	28	Dec.	1888	Neva
Hicks	Austin		9	11S	24W	160	1	Dec.	1857	Hem
Hicks	Edwin	G.	5	13S	24W	80	1	Aug.	1837	Hem
Hicks	Edwin	G.	5	13S	24W	161.43	1	Aug.	1837	Hem
Hicks	Edwin	G.	6	13S	24W	80	1	Aug.	1837	Hem
Hicks	Hammel	M.	17	14N	21W	-	19	Oct.	1893	Neva
Hicks	Hammel	M.	18	14N	21W	160	19	Oct.	1893	Neva
Hicks	Hammel	M.	18	14N	21W	-	19	Oct.	1893	Neva
Hicks	James	L.	15	12S	26W	40	2	Apr.	1860	Hem
Hicks	James	L.	15	12S	26W	40	2	Apr.	1860	Hem
Hicks	James	L.	15	12S	26W	80	1	May	1856	Hem
Hicks	Jefferson	D.	29	5S	30W	160	22	Mar.	1906	Howa
Hicks	Judge		8	12S	29W	40	12	Aug.	1901	LRiv
Hicks	Thomas		26	12S	28W	80	19	Sep.	1898	LRiv
Hicks	William	K.	17	14N	21W	80	10	Apr.	1907	Neva
High	Alsa	B.	33	12S	31W	40	2	Jul.	1860	LRiv
High	Alsa	B.	33	12S	31W	40	1	Feb.	1861	LRiv
High	Alsa	B.	33	12S	31W	40	1	Feb.	1861	LRiv
High	Alsey		2	13S	24W	160	10	Aug.	1837	Hem
Highsmith	Robert	R.	26	12S	29W	40	2	Jul.	1860	LRiv
Highsmith	Robert	R.	34	12S	29W	-	2	Apr.	1860	LRiv
Highsmith	Robert	R.	34	12S	29W	40	10	May	1861	LRiv
Highsmith	Robert	R.	34	12S	29W	120	2	Apr.	1860	LRiv
Highsmith	William		27	7S	27W	40	2	Jul.	1860	Howa
Hill	Andrew	J.	12	12S	32W	-	17	Dec.	1900	LRiv
Hill	Andrew	J.	13	12S	32W	120	17	Dec.	1900	LRiv
Hill	Arthur	J.	36	8S	29W	160	30	Mar.	1905	Howa
Hill	Daniel	H.	23	5S	30W	40	1	Mar.	1855	Howa
Hill	Daniel	H.	24	10S	28W	-	10	Oct.	1856	Howa
Hill	Daniel	H.	24	10S	28W	-	10	Oct.	1856	Howa
Hill	Daniel	H.	24	10S	28W	40	1	Mar.	1855	Howa
Hill	Daniel	H.	24	10S	28W	200	10	Oct.	1856	Howa
Hill	Elijah	S.	8	8S	27W	-	16	Jul.	1890	Howa
Hill	Elijah	S.	8	8S	27W	160	16	Jul.	1890	Howa
Hill	Elijah	S.	9	8S	27W	-	16	Jul.	1890	Howa
Hill	Francis	M.	21	16N	20W	-	5	Apr.	1895	Neva
Hill	Francis	M.	28	16N	20W	80	5	Apr.	1895	Neva
Hill	George		9	11S	27W	80	1	Nov.	1839	Howa

Last Name	First Name	Int.	Section No.	Twp.	Ran	Acres	Date			Co.
Hill	George		10	11S	27W	40	10	Apr.	1837	Howa
Hill	George		10	11S	27W	80	10	Apr.	1837	Howa
Hill	George		10	11S	27W	80	10	Apr.	1837	Howa
Hill	George		13	11S	28W	80	1	Mar.	1843	Howa
Hill	George		14	11S	28W	160	1	Mar.	1843	Howa
Hill	George		23	11S	28W	80	1	Mar.	1843	Howa
Hill	George		28	11S	27W	40	10	Apr.	1837	Howa
Hill	George		28	11S	27W	40	10	Apr.	1837	Howa
Hill	George		28	11S	27W	80	10	Apr.	1837	Howa
Hill	George		29	11S	27W	40	10	Apr.	1837	Howa
Hill	George		29	11S	27W	40	10	Apr.	1837	Howa
Hill	George		29	11S	27W	80	10	Apr.	1837	Howa
Hill	George		29	11S	27W	80	1	Aug.	1837	Howa
Hill	George		29	11S	27W	80	1	Mar.	1843	Howa
Hill	Henry		2	10S	28W	-	1	Jul.	1859	Howa
Hill	Henry		2	10S	28W	77.08	18	Aug.	1897	Howa
Hill	Henry		2	10S	28W	239.55	1	Jul.	1859	Howa
Hill	Henry		3	10S	28W	-	1	Jul.	1859	Howa
Hill	Jacob	J.	32	9S	28W	80	1	Mar.	1855	Howa
Hill	Jacob	J.	32	9S	28W	320	1	May	1856	Howa
Hill	Jacob	J.	33	9S	28W	40	1	Mar.	1855	Howa
Hill	Jacob	J.	33	9S	28W	40	1	Mar.	1855	Howa
Hill	Jacob	J.	33	9S	28W	40	1	Mar.	1855	Howa
Hill	Jacob	J.	33	9S	28W	40	1	Mar.	1855	Howa
Hill	Jacob	J.	33	9S	28W	80	1	Mar.	1855	Howa
Hill	James	N.	26	14N	19W	160	21	Apr.	1891	Neva
Hill	James	N.	26	14N	19W	-	21	Apr.	1891	Neva
Hill	James	N.	26	14N	19W	-	21	Apr.	1891	Neva
Hill	Jas.	B.	6	11S	27W	156.08	5	Apr.	1890	Howa
Hill	John	H.	13	14N	19W	-	4	Jun.	1906	Neva
Hill	John	H.	13	14N	19W	-	4	Jun.	1906	Neva
Hill	John	H.	14	14N	19W	160	4	Jun.	1906	Neva
Hill	John	L.	26	8S	29W	-	20	Jan.	1883	Howa
Hill	John	L.	26	8S	29W	120	20	Jan.	1883	Howa
Hill	John	L.	35	8S	29W	-	30	Aug.	1882	Howa
Hill	John	L.	35	8S	29W	80	30	Aug.	1882	Howa
Hill	John	M.	33	9S	28W	40	1	Mar.	1855	Howa
Hill	John	T.	8	12S	29W	160	13	Jun.	1889	LRiv
Hill	John	W.	4	10S	28W	150	1	Mar.	1860	Howa
Hill	John	W.	4	10S	28W	158.8	1	May	1856	Howa
Hill	John		10	10S	28W	80	1	Aug.	1837	Howa
Hill	Joseph		33	9S	28W	40	1	Mar.	1855	Howa
Hill	Mary	A.	27	8S	29W	-	21	Mar.	1893	Howa
Hill	Mary	A.	27	8S	29W	-	21	Mar.	1893	Howa
Hill	Mary	A.	27	8S	29W	160	21	Mar.	1893	Howa
Hill	Mary		5	7S	27W	-	27	Jun.	1889	Howa
Hill	Mary		5	8S	27W	-	19	Dec.	1894	Howa
Hill	Mary		8	7S	27W	160	27	Jun.	1889	Howa
Hill	Mary		8	8S	27W	160	19	Dec.	1894	Howa
Hill	Mary		22	6S	29W	160	10	Aug.	1894	Howa
Hill	Mary		23	6S	29W	-	10	Aug.	1894	Howa
Hill	Mary		23	6S	29W	-	10	Aug.	1894	Howa
Hill	Mitchel	L.	25	16N	19W	40	15	Nov.	1854	Neva
Hill	Mitchell	L.	2	15N	19W	-	25	Jun.	1889	Neva
Hill	Mitchell	L.	11	15N	19W	160	25	Jun.	1889	Neva
Hill	Mitchell	L.	11	15N	19W	-	25	Jun.	1889	Neva

Last Name	First Name	Int.	Section No.	Twp.	Ran	Acres	Date			Co.
Hill	Moses		6	13S	28W	-	30	Jul.	1900	LRiv
Hill	Moses		6	13S	28W	141.49	30	Jul.	1900	LRiv
Hill	Moses		14	8S	28W	40	1	Mar.	1855	Howa
Hill	Moses		19	8S	28W	40	1	May	1856	Howa
Hill	Moses		25	8S	29W	40	2	Jul.	1860	Howa
Hill	Moses		26	8S	28W	80	2	Jul.	1860	Howa
Hill	Moses		27	8S	28W	40	2	Apr.	1860	Howa
Hill	Moses		30	8S	28W	39.93	1	May	1856	Howa
Hill	Moses		34	8S	28W	40	2	Apr.	1860	Howa
Hill	Moses		35	8S	29W	40	2	Jul.	1860	Howa
Hill	Moses		35	8S	29W	40	2	Jul.	1860	Howa
Hill	Nancy	P.	34	15N	19W	-	23	Feb.	1888	Neva
Hill	Nancy	P.	35	15N	19W	80	23	Feb.	1888	Neva
Hill	Peter		11	12S	26W	80	1	Jul.	1875	Hem
Hill	Samuel		21	12S	25W	40	31	Jan.	1889	Hem
Hill	William	J.	24	5S	28W	160	27	Apr.	1885	Howa
Hill	William	M.	9	15N	19W	-	25	Jun.	1889	Neva
Hill	William	M.	10	15N	19W	160	25	Jun.	1889	Neva
Hillard	Henry	S.	21	17N	22W	-	30	Jan.	1906	Neva
Hillard	Henry	S.	21	17N	22W	-	30	Jan.	1906	Neva
Hillard	Henry	S.	28	17N	22W	160	30	Jan.	1906	Neva
Hilton	Thomas	C.	1	9S	29W	84.17	1	May	1906	Howa
Hines	Bert		36	16N	21W	160	25	Aug.	1903	Neva
Hines	Haislip	S.	21	10S	23W	40	1	Jun.	1888	Hem
Hinson	Jordan	E.	27	13N	22W	160	21	Feb.	1893	Neva
Hinson	Jordan	E.	28	13N	22W	-	21	Feb.	1893	Neva
Hinton	Frances	J.	4	14S	24W	235.34	2	Apr.	1860	Hem
Hinton	James	R.	9	12S	30W	-	18	Apr.	1905	LRiv
Hinton	James	R.	9	12S	30W	-	18	Apr.	1905	LRiv
Hinton	James	R.	9	12S	30W	160	18	Apr.	1905	LRiv
Hinton	Walter	F.	7	11S	32W	-	12	Aug.	1901	LRiv
Hinton	Walter	F.	7	11S	32W	-	12	Aug.	1901	LRiv
Hinton	Walter	F.	7	11S	32W	120.03	12	Aug.	1901	LRiv
Hirst	Edwin		12	13S	28W	40	2	Apr.	1860	LRiv
Hirst	Edwin		12	13S	28W	40	2	Apr.	1860	LRiv
Hobby	John	T.	22	5S	28W	-	31	Dec.	1904	Howa
Hobby	John	T.	22	5S	28W	120	31	Dec.	1904	Howa
Hobby	Mary	E.	26	5S	28W	-	4	May	1894	Howa
Hobby	Mary	E.	27	5S	28W	160	4	May	1894	Howa
Hobby	William	G.	14	5S	28W	-	24	Nov.	1903	Howa
Hobby	William	G.	14	5S	28W	120	24	Nov.	1903	Howa
Hobson	John	S.	18	6S	28W	80.08	23	Jun.	1889	Howa
Hobson	William	C.	13	6S	29W	160	17	Aug.	1894	Howa
Hobson	William	L.	12	6S	29W	40	1	Jul.	1859	Howa
Hobson	William	L.	12	6S	29W	40	1	Jul.	1859	Howa
Hobson	William	L.	13	6S	29W	40	1	Jul.	1859	Howa
Hobson	William	L.	14	6S	29W	40	1	Jul.	1859	Howa
Hodge	Caleb		14	14N	24W	160	26	Mar.	1900	Neva
Hodge	Caleb		14	14N	24W	-	26	Mar.	1900	Neva
Hodge	Caleb		14	14N	24W	-	26	Mar.	1900	Neva
Hodges	Francis	C.	26	11S	25W	40	1	Nov.	1839	Hem
Hodges	Stephen		26	14N	24W	-	13	Aug.	1896	Neva
Hodges	Stephen		27	14N	24W	160	13	Aug.	1896	Neva
Hodges	Stephen		27	14N	24W	-	13	Aug.	1896	Neva
Hodnett	Lafayette		2	14S	24W	233.99	1	Jul.	1859	Hem
Hoffman	Daniel		6	7S	28W	-	22	Nov.	1889	Howa

Last Name	First Name	Int.	Section No.	Twp.	Ran	Acres	Date		Co.
Hoffman	Daniel		6	7S	28W	-	22 Nov.	1889	Howa
Hoffman	Daniel		7	7S	28W	160	22 Nov.	1889	Howa
Hogan	John		20	16N	20W	-	27 Jan.	1900	Neva
Hogan	John		21	16N	20W	80	27 Jan.	1900	Neva
Hogan	Richard		10	13S	30W	40	2 Apr.	1860	LRiv
Hogan	Thomas	J.	12	5S	29W	160	18 May	1894	Howa
Hogue	John		24	13S	29W	160	16 Jul.	1890	LRiv
Holbrook	Lessie	L.	29	6S	28W	40	7 May	1907	Howa
Holbrook	Monroe		30	6S	28W	-	19 Oct.	1905	Howa
Holbrook	Monroe		30	6S	28W	-	19 Oct.	1905	Howa
Holbrook	Monroe		30	6S	28W	159.84	19 Oct.	1905	Howa
Holcomb	Joseph		6	15N	21W	160	28 Mar.	1907	Neva
Holcomb	Joseph		25	17N	19W	160	2 Apr.	1857	Neva
Holcomb	Roland	T.	13	12S	24W	80	16 Jul.	1890	Hem
Holcombe	Andrew	J.	36	7S	27W	40	2 Apr.	1860	Hem
Holcombe	John	R.	4	9S	26W	82.14	2 Jul.	1860	Hem
Holcombe	William	A.	27	5S	29W	-	17 Aug.	1894	Howa
Holcombe	William	A.	28	5S	29W	-	17 Aug.	1894	Howa
Holcombe	William	A.	28	5S	29W	160	17 Aug.	1894	Howa
Holden	Susan		30	11S	24W	155.45	2 Apr.	1860	Hem
Holland	David	C.	1	15N	20W	40	12 Feb.	1891	Neva
Holland	David		25	14N	24W	-	24 Oct.	1894	Neva
Holland	David		36	14N	24W	160	24 Oct.	1894	Neva
Holland	George	W.	5	13N	20W	157.46	13 Feb.	1905	Neva
Holland	Georgia	A.	25	14N	21W	-	4 Jun.	1906	Neva
Holland	Georgia	A.	36	14N	21W	120	4 Jun.	1906	Neva
Holland	Green	T.	22	8S	29W	40	4 Apr.	1904	Howa
Holland	Joseph		22	14N	24W	-	15 Jul.	1904	Neva
Holland	Joseph		27	14N	24W	80	15 Jul.	1904	Neva
Holland	Pharris		18	13N	23W	150.76	23 Jan.	1897	Neva
Holland	Pharris		18	13N	23W	-	23 Jan.	1897	Neva
Holland	Pharris		18	13N	23W	-	23 Jan.	1897	Neva
Holleman	Merit		10	13N	23W	160	23 Nov.	1891	Neva
Holleman	Merit		15	13N	23W	-	23 Nov.	1891	Neva
Hollingsworth	Barnet		7	10S	23W	40	1 Aug.	1837	Hem
Hollingsworth	Barnet		18	10S	23W	40	1 Aug.	1837	Hem
Hollingsworth	Barnett		28	12S	23W	160	10 Aug.	1837	Hem
Holloway	Thomas	J.	9	10S	32W	79.43	2 Jul.	1860	LRiv
Holloway	Thomas		9	10S	32W	-	1 Oct.	1860	LRiv
Holloway	Thomas		9	10S	32W	120	1 Oct.	1860	LRiv
Hollowell	Silas	S.	9	13S	30W	40	2 Apr.	1860	LRiv
Hollowell	William	H.	5	13S	30W	40	1 Mar.	1855	LRiv
Hollowell	William	H.	5	13S	30W	40	1 Mar.	1855	LRiv
Hollowell	William	H.	8	13S	30W	40	1 Mar.	1855	LRiv
Hollowell	William	W.	5	13S	30W	40	15 Aug.	1877	LRiv
Holman	Daniel	M.	22	12S	32W	40	1 Jul.	1859	LRiv
Holman	Daniel	M.	29	12S	32W	40	1 Nov.	1849	LRiv
Holman	James		5	13S	32W	80	10 Jul.	1844	LRiv
Holman	James		5	13S	32W	80	10 Jul.	1844	LRiv
Holman	James		22	11S	29W	155.63	1 Mar.	1843	LRiv
Holman	James		23	12S	32W	80	1 May	1845	LRiv
Holman	James		29	12S	32W	80	1 May	1845	LRiv
Holman	James		29	12S	32W	80	1 May	1845	LRiv
Holman	James		30	10S	24W	80	10 May	1827	Hem
Holman	James		33	13S	32W	80	10 Jul.	1844	LRiv
Holman	John	B.	22	12S	32W	-	1 May	1856	LRiv

Last Name	First Name	Int.	Section No.	Twp.	Ran	Acres	Date			Co.
Holman	John	B.	22	12S	32W	40	1	Mar.	1855	LRiv
Holman	John	B.	24	11S	27W	40	10	Apr.	1837	Howa
Holman	John	B.	25	11S	27W	40	15	Apr.	1837	Howa
Holman	John	B.	25	11S	27W	160	15	Apr.	1837	Howa
Holman	John	B.	27	12S	32W	80	1	May	1856	LRiv
Holman	John	B.	30	12S	32W	40	1	May	1856	LRiv
Holman	John	B.	30	12S	32W	80	1	Nov.	1849	LRiv
Holman	John	B.	30	12S	32W	80	1	Jul.	1859	LRiv
Holman	William	T.	18	12S	32W	40	1	Mar.	1855	LRiv
Holman	William	T.	18	12S	32W	40	1	Mar.	1855	LRiv
Holman	William	T.	18	12S	32W	40.05	1	Jul.	1859	LRiv
Holman	William	T.	18	12S	32W	80	1	May	1845	LRiv
Holman	William	T.	18	12S	32W	80	1	May	1845	LRiv
Holmes	James		25	10S	25W	80	10	May	1827	Hem
Holmes	Joseph	S.	15	16N	23W	160	31	Dec.	1889	Neva
Holmes	Joseph	S.	15	16N	23W	-	31	Dec.	1889	Neva
Holmes	Joseph	S.	15	16N	23W	-	31	Dec.	1889	Neva
Holmon	Francis	M.	19	12S	29W	-	2	Apr.	1860	LRiv
Holmon	Francis	M.	24	12S	30W	139.08	2	Apr.	1860	LRiv
Holt	Asa		13	14N	20W	40	15	Nov.	1854	Neva
Holt	Asa		13	14N	20W	40	1	Jul.	1859	Neva
Holt	Asa		24	15N	20W	160	25	Jun.	1889	Neva
Holt	Asa		24	15N	20W	-	25	Jun.	1889	Neva
Holt	Asa		34	16N	21W	40	10	Jul.	1848	Neva
Holt	Charles	H.	23	15N	20W	40	15	Nov.	1854	Neva
Holt	Charles	K.	23	15N	20W	40	30	Dec.	1878	Neva
Holt	Charles	K.	23	15N	20W	80	1	Jul.	1859	Neva
Holt	Charles	K.	23	15N	20W	-	1	Jul.	1859	Neva
Holt	Charley		13	16N	21W	120	10	Apr.	1907	Neva
Holt	Charley		13	16N	21W	-	10	Apr.	1907	Neva
Holt	James	H.	9	9S	26W	40	10	May	1882	Hem
Holt	James		26	15N	20W	40	15	Nov.	1854	Neva
Holt	James		26	15N	20W	40	1	Jul.	1859	Neva
Holt	James		26	16N	21W	40	10	Jul.	1848	Neva
Holt	James		26	16N	21W	40	10	Jul.	1848	Neva
Holt	Jesse	W.	9	9S	26W	40	1	Mar.	1855	Hem
Holt	Jesse	W.	10	9S	26W	40	1	Mar.	1855	Hem
Holt	Jesse	W.	10	9S	26W	40	1	Mar.	1855	Hem
Holt	Jesse	W.	10	9S	26W	40	1	Mar.	1855	Hem
Holt	Jesse	W.	10	9S	27W	40	1	May	1856	Howa
Holt	Jesse		33	10S	24W	40	15	Jan.	1877	Hem
Holt	Jessee	W.	10	9S	26W	80	2	Apr.	1860	Hem
Holt	Jessee	W.	10	9S	26W	-	1	Jul.	1859	Hem
Holt	Jessee	W.	10	9S	26W	-	1	Jul.	1859	Hem
Holt	Jessee	W.	15	9S	26W	200	1	Jul.	1859	Hem
Holt	Jessee	W.	15	9S	26W	-	2	Apr.	1860	Hem
Holt	Martin	M.	23	8S	27W	40	1	Mar.	1855	Howa
Holt	Martin	M.	23	8S	27W	40	10	Oct.	1856	Howa
Holt	Nathan		33	10S	24W	80	27	Apr.	1885	Hem
Holt	Peter	A.	14	15N	21W	-	13	Aug.	1896	Neva
Holt	Peter	A.	15	15N	21W	160	13	Aug.	1896	Neva
Holt	Robert	F.	23	7S	27W	40	24	Jun.	1889	Howa
Holt	Thomas	L.	28	6S	28W	-	13	Oct.	1905	Howa
Holt	Thomas	L.	28	6S	28W	80	13	Oct.	1905	Howa
Holt	William	C.	23	14N	20W	80	21	Mar.	1896	Neva
Holt	William	C.	23	14N	20W	-	21	Mar.	1896	Neva

Last Name	First Name	Int.	Section No.	Twp.	Ran	Acres	Date			Co.
Holt	William		2	12S	25W	84.07	10	Aug.	1837	Hem
Holt	William		3	12S	25W	40	1	Aug.	1837	Hem
Holt	William		3	12S	25W	40	10	Aug.	1837	Hem
Honeycutt	Albert		11	11S	24W	40	4	Aug.	1891	Hem
Honeycutt	Albert		11	11S	24W	80	10	Jun.	1882	Hem
Hood	Charles		22	11S	29W	80	1	Mar.	1843	LRiv
Hood	Charles		22	11S	29W	80	1	Mar.	1843	LRiv
Hood	Charles		22	11S	29W	80	1	Mar.	1843	LRiv
Hood	Charles		22	11S	29W	80	1	Mar.	1843	LRiv
Hood	Charles		22	11S	29W	160	10	Jul.	1844	LRiv
Hood	Charles		26	11S	29W	34.97	10	Jul.	1844	LRiv
Hood	Charles		27	11S	29W	49.69	1	Mar.	1843	LRiv
Hood	Manuel		21	12S	26W	80	18	May	1894	Hem
Hoodenpyle	Francis	M.	14	16N	19W	80	9	Feb.	1901	Neva
Hooker	Frances	E.	14	11S	28W	80	22	Apr.	1901	Howa
Hooks	Elisha	B.	2	7S	29W	160	10	Aug.	1906	Howa
Hooks	James		6	13S	26W	24.04	1	May	1856	Hem
Hooks	John	H.	25	8S	28W	40	1	Nov.	1848	Howa
Hooper	Ervin		19	12S	23W	80	30	Jun.	1882	Hem
Hoos	Christopher	C.	21	6S	29W	-	17	Aug.	1894	Howa
Hoos	Christopher	C.	22	6S	29W	-	17	Aug.	1894	Howa
Hoos	Christopher	C.	22	6S	29W	160	17	Aug.	1894	Howa
Hoover	George	W.	8	12S	23W	160	10	Aug.	1837	Hem
Hoover	George	W.	9	12S	23W	80	10	Aug.	1837	Hem
Hoover	George	W.	18	13S	24W	160	10	Aug.	1837	Hem
Hoover	Theodore		35	17N	22W	160	27	Jun.	1898	Neva
Hoover	Wesley		4	9S	26W	326.08	1	Jul.	1859	Hem
Hopkins	Francis		25	11S	29W	40	1	Jul.	1859	LRiv
Hopkins	Jane		9	13S	25W	80	12	Oct.	1900	Hem
Hoppis	Edmond		24	16N	20W	160	12	Jan.	1898	Neva
Hoppis	Edmond		24	16N	20W	-	12	Jan.	1898	Neva
Hoppis	Edmond		24	16N	20W	-	12	Jan.	1898	Neva
Hoppis	Fremont		14	16N	20W	-	29	Sep.	1896	Neva
Hoppis	Fremont		14	16N	20W	-	27	Apr.	1898	Neva
Hoppis	Fremont		15	16N	20W	160	29	Sep.	1896	Neva
Hoppis	Fremont		15	16N	20W	160	27	Apr.	1898	Neva
Hoppis	Michael		13	16N	20W	-	21	Dec.	1904	Neva
Hoppis	Michael		14	16N	20W	160	21	Dec.	1904	Neva
Hoppis	Ruth		14	16N	20W	160	5	Jul.	1889	Neva
Hoppis	Ruth		14	16N	20W	-	5	Jul.	1889	Neva
Hoppis	Ruth		14	16N	20W	-	5	Jul.	1889	Neva
Hopson	Frank		14	12S	32W	80	24	Apr.	1890	LRiv
Hopson	Samuel		22	11S	26W	40	1	Aug.	1837	Hem
Hopson	Samuel		22	11S	26W	40	1	Mar.	1843	Hem
Hopson	Samuel		22	11S	26W	80	10	May	1827	Hem
Hopson	Samuel		24	11S	27W	40	10	Apr.	1837	Howa
Hopson	Samuel		24	11S	27W	80	10	Apr.	1837	Howa
Hopson	Samuel		24	11S	27W	80	15	Apr.	1837	Howa
Hopson	Samuel		25	11S	27W	80	15	Apr.	1837	Howa
Hopson	Samuel		25	11S	27W	80	15	Apr.	1837	Howa
Hopson	Samuel		26	11S	27W	40	15	Apr.	1837	Howa
Hopson	Samuel		30	11S	26W	3.62	1	Aug.	1837	Hem
Hopson	Samuel		30	11S	26W	3.62	1	Mar.	1843	Hem
Hopson	Samuel		30	11S	26W	40	1	Aug.	1837	Hem
Hopson	Samuel		36	11S	26W	80	1	Nov.	1839	Hem
Horn	Elbert	M.	6	12S	32W	-	10	Jan.	1901	LRiv

Last Name	First Name	Int.	Section No.	Twp.	Ran	Acres	Date			Co.
Horn	Elbert	M.	6	12S	32W	162.2	10	Jan.	1901	LRiv
Horn	Elbert	M.	31	11S	32W	-	10	Jan.	1901	LRiv
Horn	Elbert	M.	31	11S	32W	-	10	Jan.	1901	LRiv
Horne	Whitmill		11	13S	30W	40	1	Oct.	1850	LRiv
Horne	Whitmill		11	13S	30W	80	1	Oct.	1850	LRiv
Horner	James	S.	24	13N	23W	80	13	Feb.	1891	Neva
Horton	John		27	7S	27W	40	1	Mar.	1855	Howa
Horton	John		27	7S	27W	40	2	Apr.	1860	Howa
Horton	John		34	7S	27W	40	2	Apr.	1860	Howa
Horton	John		34	7S	27W	40	1	Feb.	1861	Howa
Horton	John		34	7S	27W	80	1	Mar.	1855	Howa
Hosey	Charles	F.	14	11S	28W	-	16	Oct.	1895	Howa
Hosey	Charles	F.	14	11S	28W	80	16	Oct.	1895	Howa
House	Jacob	W.	5	13S	24W	80	30	Jun.	1882	Hem
Houston	Cager		23	12S	32W	-	30	Dec.	1901	LRiv
Houston	Cager		23	12S	32W	80	30	Dec.	1901	LRiv
Houston	Harvy	H.	2	13N	22W	-	30	Jul.	1875	Neva
Houston	Harvy	H.	35	14N	22W	93.68	30	Jul.	1875	Neva
Houston	James	F.	15	9S	28W	-	15	Jan.	1858	Howa
Houston	James	F.	15	9S	28W	80	15	Jan.	1858	Howa
Houston	Lucinda		22	16N	21W	-	17	Jun.	1895	Neva
Houston	Lucinda		23	16N	21W	160	17	Jun.	1895	Neva
Houston	Lucinda		23	16N	21W	-	17	Jun.	1895	Neva
Houston	Margaret	A.	30	13N	20W	160	8	Jun.	1901	Neva
Houston	Margaret	A.	30	13N	20W	-	8	Jun.	1901	Neva
Houston	Margaret	A.	30	13N	20W	-	8	Jun.	1901	Neva
Houston	Margret	A.	30	13N	20W	160	12	Aug.	1901	Neva
Houston	Margret	A.	30	13N	20W	160	12	Aug.	1919	Neva
Houston	Margret	A.	30	13N	20W	-	12	Aug.	1901	Neva
Houston	Margret	A.	30	13N	20W	-	12	Aug.	1901	Neva
Houston	Margret	A.	30	13N	20W	-	12	Aug.	1919	Neva
Houston	Margret	A.	30	13N	20W	-	12	Aug.	1919	Neva
Houston	William	H.	14	13N	22W	-	10	Mar.	1883	Neva
Houston	William	H.	14	13N	22W	-	10	Mar.	1883	Neva
Houston	William	H.	15	13N	22W	120	10	Mar.	1883	Neva
Houston	William		13	16N	21W	160	22	Nov.	1901	Neva
Houston	William		14	16N	21W	-	22	Nov.	1901	Neva
Howard	Andrew		18	13S	28W	80	13	Oct.	1891	LRiv
Howard	Benjamin		1	13S	33W	160	1	Mar.	1843	LRiv
Howard	Daniel	W.	15	10S	28W	160	1	Dec.	1857	Howa
Howard	Hiram		22	10S	28W	-	1	Jul.	1857	Howa
Howard	Hiram		22	10S	28W	120	1	Jul.	1857	Howa
Howard	Hiram		31	9S	26W	172.67	10	Dec.	1874	Hem
Howard	Jefferson	D.	19	5S	28W	-	31	Dec.	1904	Howa
Howard	Jefferson	D.	20	5S	28W	80	31	Dec.	1904	Howa
Howard	John	W.	5	9S	27W	-	1	Dec.	1857	Howa
Howard	John	W.	5	9S	27W	160	1	Dec.	1857	Howa
Howard	Nicholas	W.	2	15N	20W	79.2	27	Dec.	1895	Neva
Howard	Samuel		28	11S	24W	80	20	Jul.	1825	Hem
Howard	William	B.	14	10S	28W	-	2	Apr.	1860	Howa
Howard	William	B.	14	10S	28W	-	2	Apr.	1860	Howa
Howard	William	B.	14	10S	28W	200	2	Apr.	1860	Howa
Howe	Margaret	A.	10	16N	23W	-	5	Jul.	1889	Neva
Howe	Margaret	A.	11	16N	23W	80	5	Jul.	1889	Neva
Howell	Eli	B.	23	15N	21W	-	1	Jul.	1857	Neva
Howell	Stephen		17	13S	25W	80	30	Jun.	1882	Hem

Last Name	First Name	Int.	Section No.	Twp.	Ran	Acres	Date			Co.
Howell	Stephen		17	13S	25W	-	30	Jun.	1882	Hem
Howerton	John		25	17N	23W	-	5	May	1904	Neva
Howerton	John		36	17N	23W	160	May	May	1904	Neva
Hubbard	Ellen		23	11S	33W	-	14	Jun.	1904	LRiv
Hubbard	Ellen		24	11S	33W	-	14	Jun.	1904	LRiv
Hubbard	Ellen		25	11S	33W	-	14	Jun.	1904	LRiv
Hubbard	Ellen		26	11S	33W	143.77	14	Jun.	1904	LRiv
Hubbard	Thomas		7	9S	28W	80	10	Aug.	1837	Howa
Hubbard	Thomas		9	10S	27W	-	1	Aug.	1837	Howa
Hubbard	Thomas		9	10S	27W	160	1	Aug.	1837	Howa
Hubbard	Thomas		35	13S	25W	80	10	Aug.	1837	Hem
Hubbard	William	M.	9	11S	32W	-	28	Dec.	1893	LRiv
Hubbard	William	M.	9	11S	32W	120	28	Dec.	1893	LRiv
Huckabe	William		32	13S	24W	320	1	Jul.	1859	Hem
Huckabee	Isaac	C.	14	14S	25W	40	2	Apr.	1860	Hem
Huckabee	Thomas	A.	3	13N	20W	145.53	11	Oct.	1902	Neva
Huckabee	Thomas	A.	4	13N	20W	-	11	Oct.	1902	Neva
Huddleston	Daniel	M.	19	7S	27W	120	30	Jun.	1884	Howa
Huddleston	Daniel	M.	30	7S	27W	-	30	Jun.	1884	Howa
Huddleston	James	T.	2	8S	28W	162.04	15	Jan.	1885	Howa
Huddleston	James	T.	35	7S	28W	-	15	Jan.	1885	Howa
Huddleston	James	T.	35	7S	28W	-	15	Jan.	1885	Howa
Huddleston	Joseph	S.	26	7S	28W	-	15	Jan.	1885	Howa
Huddleston	Joseph	S.	35	7S	28W	160	15	Jan.	1885	Howa
Huddleston	Lewis	P.	19	12S	29W	-	2	Apr.	1860	LRiv
Huddleston	Lewis	P.	19	12S	29W	80	2	Apr.	1860	LRiv
Huddleston	William	L.	35	7S	28W	40	1	Mar.	1855	Howa
Huddleston	William	L.	35	7S	28W	40	1	Mar.	1855	Howa
Huddleston	William	L.	35	7S	28W	40	2	Apr.	1860	Howa
Huddleston	William	L.	36	7S	28W	40	2	Apr.	1860	Howa
Hudgens	Ambrose		21	10S	28W	40	10	Aug.	1837	Howa
Hudgins	John	P.	6	10S	32W	8.43	2	Apr.	1860	LRiv
Hudson	Allen		14	15N	22W	40	17	Feb.	1881	Neva
Hudson	Allen		14	15N	22W	-	20	Oct.	1882	Neva
Hudson	Allen		15	14N	20W	40	12	Dec.	1904	Neva
Hudson	Allen		23	15N	22W	-	20	Oct.	1882	Neva
Hudson	Allen		24	15N	22W	160	20	Oct.	1882	Neva
Hudson	Andrew	J.	3	15N	21W	37.4	1	Nov.	1884	Neva
Hudson	Andrew	J.	4	15N	21W	38.39	1	Jul.	1859	Neva
Hudson	Andrew	J.	4	15N	21W	40	1	Sep.	1848	Neva
Hudson	Andrew	J.	5	15N	21W	40	5	Feb.	1884	Neva
Hudson	Andrew	J.	7	15N	21W	-	15	Dec.	1882	Neva
Hudson	Andrew	J.	8	15N	21W	40	1	Sep.	1848	Neva
Hudson	Andrew	J.	8	15N	21W	40	15	Nov.	1854	Neva
Hudson	Andrew	J.	18	15N	21W	160	15	Dec.	1882	Neva
Hudson	Benjamin		27	12S	26W	80	10	Sep.	1827	Hem
Hudson	James	J.	18	15N	21W	40	10	Dec.	1885	Neva
Hudson	John	W.	3	15N	21W	156.91	14	Feb.	1900	Neva
Hudson	John	W.	34	16N	21W	-	14	Feb.	1900	Neva
Hudson	Martha	A.	26	12S	26W	40	10	Apr.	1837	Hem
Hudson	Samuel		4	15N	21W	40	10	Jul.	1848	Neva
Hudson	Samuel		4	15N	21W	40	15	Nov.	1854	Neva
Hudson	Samuel		8	15N	21W	80	1	Sep.	1848	Neva
Hudson	Samuel		9	15N	21W	40	1	Sep.	1849	Neva
Hudson	Samuel		9	15N	21W	80	10	Jul.	1848	Neva
Hudson	Samuel		17	15N	21W	40	1	Aug.	1857	Neva

Last Name	First Name	Int.	Section No.	Twp.	Ran	Acres	Date			Co.
Hudson	Samuel		17	15N	21W	40	4	Sep.	1879	Neva
Hudson	Samuel		18	15N	21W	80	1	Sep.	1849	Neva
Hudson	Samuel		18	15N	21W	-	1	Jun.	1860	Neva
Hudson	Samuel		19	15N	21W	40	15	Nov.	1854	Neva
Hudson	Samuel		19	15N	21W	80.35	1	Jun.	1860	Neva
Hudson	Thomas	C.	3	15N	21W	159.53	25	Feb.	1899	Neva
Huff	William	H.	2	14N	19W	79.64	23	Nov.	1891	Neva
Huff	William	H.	2	14N	19W	-	23	Nov.	1891	Neva
Huffman	Mathew	J.	19	9S	28W	280	2	Apr.	1860	Howa
Huffman	Mathew	J.	20	9S	28W	-	2	Apr.	1860	Howa
Huffman	Mathew	J.	29	9S	28W	-	2	Apr.	1860	Howa
Huffman	Mathew	J.	29	9S	28W	-	2	Apr.	1860	Howa
Huffman	Mathew	J.	30	9S	28W	-	2	Apr.	1860	Howa
Hufford	Samuel	A.	12	14N	24W	160	19	Apr.	1894	Neva
Hufford	Samuel	A.	12	14N	24W	-	19	Apr.	1894	Neva
Hufford	Samuel	A.	12	14N	24W	-	19	Apr.	1894	Neva
Hughes	James	A.	1	12S	32W	-	13	Jun.	1889	LRiv
Hughes	James	A.	2	12S	32W	-	13	Jun.	1889	LRiv
Hughes	James	A.	11	12S	32W	160	13	Jun.	1889	LRiv
Hughes	James	M.	34	9S	25W	160	2	Apr.	1860	Hem
Hughes	John	H.	13	8S	28W	40	1	Mar.	1855	Howa
Hughes	John	H.	14	8S	28W	40	1	Mar.	1855	Howa
Hughes	John	H.	14	8S	28W	40	1	Mar.	1855	Howa
Hughes	John	H.	14	8S	28W	40	2	Apr.	1860	Howa
Hughes	John	H.	15	8S	28W	40	2	Apr.	1860	Howa
Hughes	John	H.	21	8S	27W	40	1	Nov.	1849	Howa
Hughes	John	H.	21	8S	27W	40	1	Mar.	1855	Howa
Hughes	John	H.	23	8S	28W	-	1	Jul.	1859	Howa
Hughes	John	H.	23	8S	28W	120	1	Jul.	1859	Howa
Hughes	John	H.	28	8S	27W	40	1	Nov.	1849	Howa
Hughes	John		24	13N	22W	40	1	Sep.	1857	Neva
Hughitt	Roland		4	9S	26W	80	1	Mar.	1843	Hem
Hughs	Thomas	M.	4	14N	23W	167.43	13	Nov.	1895	Neva
Hughson	Fanny		25	12S	26W	40	13	Dec.	1876	Hem
Hughson	James	I.	25	12S	26W	80	30	Jun.	1882	Hem
Huleng	Marcus		33	11S	25W	80	1	Aug.	1837	Hem
Hull	Luther		3	14N	22W	160.05	30	Dec.	1902	Neva
Humphers	John		5	13N	20W	160	26	Aug.	1905	Neva
Humpheys	John		4	13N	20W	-	26	Aug.	1905	Neva
Humphrey	Charles		1	10S	24W	309.55	1	Dec.	1830	Hem
Humphrey	Charles		2	10S	24W	-	1	Dec.	1830	Hem
Humphrey	James	W.	9	16N	20W	160	9	Feb.	1891	Neva
Humphrey	James	W.	9	16N	20W	-	9	Feb.	1891	Neva
Humphrey	Thomas		25	14N	20W	-	10	Aug.	1906	Neva
Humphrey	Thomas		26	14N	20W	160	10	Aug.	1906	Neva
Humphrey	Thomas		26	14N	20W	-	10	Aug.	1906	Neva
Hungate	William	C.	24	10S	27W	160	1	Jul.	1859	Howa
Hungate	William	C.	26	10S	27W	-	1	Jul.	1859	Howa
Hungate	William	C.	26	10S	27W	-	1	Jul.	1859	Howa
Hungate	William		19	9S	27W	80	1	May	1845	Howa
Hunt	Daniel		31	11S	25W	40	15	Jan.	1877	Hem
Hunt	George	M.	7	14N	21W	147.58	9	Aug.	1919	Neva
Hunt	Ned		36	12S	29W	80	18	Oct.	1888	LRiv
Hunt	William		2	9S	26W	80	2	Apr.	1860	Hem
Hunt	William		11	9S	26W	80	2	Jul.	1860	Hem
Hunt	William		11	9S	26W	-	2	Jul.	1860	Hem

Last Name	First Name	Int.	Section No.	Twp.	Ran	Acres	Date			Co.
Hunter	Albert		11	6S	30W	-	1	May	1906	Howa
Hunter	Albert		11	6S	30W	-	1	May	1906	Howa
Hunter	Albert		11	6S	30W	160	1	May	1906	Howa
Hunter	Amburse		26	5S	29W	320	2	Apr.	1860	Howa
Hunter	Amburse		35	5S	29W	-	2	Apr.	1860	Howa
Hunter	Anthony	W.	19	5S	28W	-	18	Apr.	1895	Howa
Hunter	Anthony	W.	20	5S	28W	160	18	Apr.	1895	Howa
Hunter	Arthur	E.	35	5S	29W	-	16	Sep.	1904	Howa
Hunter	Arthur	E.	35	5S	29W	160	16	Sep.	1904	Howa
Hunter	Hardy		27	5S	29W	80	2	Apr.	1860	Howa
Hunter	Hardy		36	9S	29W	40	1	Aug.	1837	Howa
Hunter	Hardy		36	9S	29W	80	1	Aug.	1837	Howa
Hunter	Hardy		36	9S	29W	80	1	Aug.	1837	Howa
Hunter	James	C.	7	5S	28W	-	24	Jun.	1889	Howa
Hunter	James	C.	8	5S	28W	-	24	Jun.	1889	Howa
Hunter	James	C.	17	5S	28W	-	24	Jun.	1889	Howa
Hunter	James	C.	18	5S	28W	160	24	Jun.	1889	Howa
Hunter	John	H.	34	12S	32W	-	20	Apr.	1882	LRiv
Hunter	John	H.	35	12S	32W	120	20	Apr.	1882	LRiv
Hunter	Joseph	W.	25	5S	29W	-	9	Sep.	1882	Howa
Hunter	Joseph	W.	26	5S	29W	120	9	Sep.	1882	Howa
Hunter	Nicholas		25	5S	29W	-	2	Apr.	1860	Howa
Hunter	Nicholas		25	5S	29W	-	2	Apr.	1860	Howa
Hunter	Nicholas		30	5S	28W	284.21	2	Apr.	1860	Howa
Hunter	William	E.	25	5S	29W	162.61	24	Jun.	1889	Howa
Hunter	William	E.	30	5S	28W	-	24	Jun.	1889	Howa
Huntley	William		5	12S	25W	40	18	Oct.	1888	Hem
Huntley	William		31	11S	25W	56.88	30	Jun.	1882	Hem
Hurd	Charles	A.	20	16N	20W	160	22	Mar.	1906	Neva
Hurd	Charles	A.	20	16N	20W	-	22	Mar.	1906	Neva
Hurd	Charles	A.	20	16N	20W	-	22	Mar.	1906	Neva
Hurd	George	A.	7	16N	20W	-	23	Aug.	1904	Neva
Hurd	George	A.	7	16N	20W	-	23	Aug.	1904	Neva
Hurd	George	A.	7	16N	20W	-	23	Aug.	1904	Neva
Hurd	George	A.	7	16N	20W	-	23	Aug.	1904	Neva
Hurd	George	A.	8	16N	20W	160	23	Aug.	1904	Neva
Hurd	George	A.	8	16N	20W	160	23	Aug.	1904	Neva
Hurley	Mary	E.	8	6S	29W	-	16	Sep.	1904	Howa
Hurley	Mary	E.	8	6S	29W	160	16	Sep.	1904	Howa
Hursh	Fannie		20	17N	21W	-	10	Aug.	1906	Neva
Hursh	Fannie		21	17N	21W	160	10	Aug.	1906	Neva
Husky	Lewis	H.	17	10S	23W	120	18	Oct.	1888	Hem
Husky	Lewis	H.	17	10S	23W	-	18	Oct.	1888	Hem
Hutcheson	Elias	B.	25	14N	21W	-	12	Jan.	1898	Neva
Hutcheson	Elias	B.	25	14N	21W	-	12	Jan.	1898	Neva
Hutcheson	Elias	B.	36	14N	21W	160	12	Jan.	1898	Neva
Hutchins	Gerhart		19	13S	25W	157.04	25	Feb.	1890	Hem
Hutchinson	Alexander	S.	13	8S	27W	129.45	2	Apr.	1860	Howa
Hutchinson	John	D.	21	17N	19W	40	15	Nov.	1854	Neva
Hutchinson	Young	H.	8	9S	26W	120	4	Aug.	1880	Hem
Hutchinson	Young	H.	8	9S	26W	-	4	Aug.	1880	Hem
Hutson	Andrew	J.	1	9S	26W	-	2	Apr.	1860	Hem
Hutson	Andrew	J.	2	9S	26W	-	2	Apr.	1860	Hem
Hutson	Andrew	J.	12	9S	26W	160	2	Apr.	1860	Hem
Hutson	Davis		3	9S	26W	39.51	2	Apr.	1860	Hem
Hutson	Davis		3	9S	26W	81.49	1	Jul.	1859	Hem

Last Name	First Name	Int.	Section No.	Twp.	Ran	Acres	Date			Co.
Hutson	Davis		3	9S	26W	123.94	2	Apr.	1860	Hem
Hutson	Davis		3	9S	26W	-	2	Apr.	1860	Hem
Hutson	Isaac		2	9S	26W	204.42	2	Apr.	1860	Hem
Hutson	Joel	M.	6	9S	25W	80.53	4	Aug.	1891	Hem
Hutson	John	A.	8	9S	25W	-	2	Apr.	1860	Hem
Hutson	John	A.	8	9S	25W	-	2	Jul.	1860	Hem
Hutson	John	A.	17	9S	25W	80	2	Jul.	1860	Hem
Hutson	John	A.	17	9S	25W	120	2	Apr.	1860	Hem
Hutson	John	A.	17	9S	25W	-	2	Apr.	1860	Hem
Hutson	Silas		1	9S	26W	79.09	2	Apr.	1860	Hem
Hutson	Silas		1	9S	26W	155.3	2	Apr.	1860	Hem
Hyatt	William	T.	9	9S	26W	40	25	Jul.	1882	Hem
Hyde	Lemuel	W.	21	10S	23W	120	10	Sep.	1890	Hem
Hyde	Lemuel	W.	21	10S	23W	-	10	Sep.	1890	Hem
Hyden	John		12	10S	25W	80	2	Apr.	1860	Hem
Hyden	Mathew	H.	12	10S	25W	80	2	Apr.	1860	Hem
Hyden	Matthew		12	10S	25W	240	2	Jul.	1860	Hem
Hyden	Matthew		12	10S	25W	-	2	Jul.	1860	Hem
Hylton	Montgomery	C.	27	14N	22W	160	6	Oct.	1894	Neva
Icenhower	Joseph	H.	31	8S	28W	-	18	Mar.	1905	Howa
Icenhower	Joseph	H.	31	8S	28W	-	18	Mar.	1905	Howa
Icenhower	Joseph	H.	31	8S	28W	158.7	18	Mar.	1905	Howa
Inglish	Lewis		26	13N	21W	40	28	Jun.	1905	Neva
Inglish	Lewis		26	13N	21W	-	9	May	1905	Neva
Inglish	Lewis		35	13N	21W	120	9	May	1905	Neva
Ingram	Samuel		20	15N	20W	40	15	Jun.	1841	Neva
Irwin	James	M.	32	7S	27W	160	24	Apr.	1890	Howa
Irwin	Joseph	R.	4	14S	25W	40	2	Jul.	1860	Hem
Isham	Dunn		9	15N	20W	40	1	Feb.	1860	Neva
Ison	William	C.	8	7S	27W	-	15	Aug.	1904	Howa
Ison	William	C.	8	7S	27W	-	15	Aug.	1904	Howa
Ison	William	C.	8	7S	27W	160	15	Aug.	1904	Howa
Iverson	John		5	11S	24W	80	1	Sep.	1893	Hem
Jacks	John	L.	6	14S	24W	80	1	Jul.	1859	Hem
Jackson	Daniel		29	17N	20W	-	24	Oct.	1894	Neva
Jackson	Daniel		29	17N	20W	-	24	Oct.	1894	Neva
Jackson	Daniel		30	17N	20W	160	24	Oct.	1894	Neva
Jackson	Eliott		10	10S	28W	-	1	Aug.	1837	Howa
Jackson	Eliott		10	10S	28W	160	1	Aug.	1837	Howa
Jackson	Elliott		2	11S	27W	76.4	15	Apr.	1837	Howa
Jackson	Elliott		15	10S	28W	80	10	Apr.	1837	Howa
Jackson	Elliott		35	10S	27W	-	15	Apr.	1837	Howa
Jackson	Elliott		35	10S	27W	40	10	Apr.	1837	Howa
Jackson	Elliott		35	10S	27W	40	10	Apr.	1837	Howa
Jackson	Elliott		35	10S	27W	40	15	Apr.	1837	Howa
Jackson	Elliott		35	10S	27W	40	1	Nov.	1839	Howa
Jackson	Elliott		35	10S	27W	80	15	Apr.	1837	Howa
Jackson	Francis	M.	7	13N	19W	155.4	13	Oct.	1898	Neva
Jackson	Frank		35	12S	24W	80	30	Aug.	1882	Hem
Jackson	George	B.	7	11S	32W	-	10	Sep.	1898	LRiv
Jackson	George	B.	7	11S	32W	-	10	Sep.	1898	LRiv
Jackson	George	B.	7	11S	32W	160.05	10	Sep.	1898	LRiv
Jackson	George	M.	14	16N	19W	160	4	Jun.	1888	Neva
Jackson	Gibson	P.	35	10S	27W	40	1	Aug.	1837	Howa
Jackson	Gilson	P.	35	10S	27W	40	1	Nov.	1839	Howa
Jackson	Harrison		2	13N	20W	-	3	May	1897	Neva

Last Name	First Name	Int.	Section No.	Twp.	Ran	Acres	Date			Co.
Jackson	Harrison		11	13N	20W	160	3	May	1897	Neva
Jackson	Henry		1	13S	26W	80	11	Feb.	1895	Hem
Jackson	Isaac	N.	2	11S	27W	38.35	15	Apr.	1837	Howa
Jackson	Isaac	N.	2	11S	27W	38.35	1	Aug.	1837	Howa
Jackson	Isaac	N.	2	11S	27W	38.35	1	Mar.	1843	Howa
Jackson	Isaac	N.	35	10S	27W	40	15	Apr.	1837	Howa
Jackson	James	C.	10	16N	20W	160	8	Mar.	1907	Neva
Jackson	James	C.	10	16N	20W	-	8	Mar.	1907	Neva
Jackson	James	C.	10	16N	20W	-	8	Mar.	1907	Neva
Jackson	James	W.	2	7S	29W	159.66	10	Oct.	1894	Howa
Jackson	James		25	7S	28W	80	1	Oct.	1875	Howa
Jackson	Jeroma		2	7S	29W	119.08	31	Dec.	1904	Howa
Jackson	Jerome	B.	30	10S	26W	39.87	1	Mar.	1855	Hem
Jackson	Jerome		1	7S	29W	-	31	Dec.	1904	Howa
Jackson	Jesse	J.	1	9S	29W	-	1	Dec.	1857	Howa
Jackson	Jesse	J.	6	9S	28W	-	1	Dec.	1857	Howa
Jackson	Jesse	J.	12	9S	29W	285.61	1	Dec.	1857	Howa
Jackson	Jesse		23	9S	28W	40	1	May	1845	Howa
Jackson	Jesse		23	9S	28W	40	1	Mar.	1855	Howa
Jackson	Jesse		23	9S	28W	40	1	Mar.	1855	Howa
Jackson	Jessee	J.	1	9S	29W	40	1	May	1856	Howa
Jackson	Jessee	J.	12	9S	29W	40	1	Jul.	1857	Howa
Jackson	John	C.	27	10S	27W	40	10	Apr.	1837	Howa
Jackson	John	W.	5	12S	30W	38.37	2	Jul.	1860	LRiv
Jackson	Marshal		18	12S	28W	80	10	Oct.	1904	LRiv
Jackson	Nicholas		13	6S	28W	-	30	Jun.	1882	Howa
Jackson	Nicholas		13	6S	28W	-	30	Jun.	1882	Howa
Jackson	Pellie		27	8S	28W	40	31	Dec.	1904	Howa
Jackson	Robert	A.	30	12S	29W	-	19	Oct.	1888	LRiv
Jackson	Robert	A.	30	12S	29W	55.67	10	Sep.	1890	LRiv
Jackson	Robert	A.	30	12S	29W	120.39	19	Oct.	1888	LRiv
Jackson	Rucker		8	11S	27W	80	10	Apr.	1837	Howa
Jackson	Rucker		30	10S	26W	38.34	1	Mar.	1855	Hem
Jackson	Rucker		30	10S	26W	40	1	Jul.	1859	Hem
Jackson	Rucker		30	10S	26W	280	1	Jul.	1859	Hem
Jackson	Rucker		30	10S	26W	-	1	Jul.	1859	Hem
Jackson	Rucker		30	10S	26W	-	1	Jul.	1859	Hem
Jackson	Rucker		30	10S	26W	-	1	Jul.	1859	Hem
Jackson	Rucker		35	10S	27W	40	15	Apr.	1837	Howa
Jackson	Salathiel		32	11S	30W	80	10	May	1861	LRiv
Jackson	Sallie		20	15N	21W	160	31	Dec.	1904	Neva
Jackson	Sallie		20	15N	21W	-	31	Dec.	1904	Neva
Jackson	Samuel		25	13N	19W	160	18	Apr.	1905	Neva
Jackson	Samuel		26	13N	19W	-	18	Apr.	1905	Neva
Jackson	Samuel		26	13N	19W	-	18	Apr.	1905	Neva
Jackson	Thomas	W.	28	5S	28W	-	17	Jun.	1895	Howa
Jackson	Thomas	W.	28	5S	28W	-	17	Jun.	1895	Howa
Jackson	Thomas	W.	33	5S	28W	160	17	Jun.	1895	Howa
Jackson	William	L.	1	7S	29W	40	1	Feb.	1861	Howa
Jackson	William	N.	8	10S	26W	320	2	Apr.	1860	Hem
Jackson	William	S.	33	11S	30W	240	10	May	1861	LRiv
Jackson	William	W.	18	14S	24W	238.17	1	Jul.	1859	Hem
Jackson	William	W.	18	14S	24W	-	1	Jul.	1859	Hem
Jackson	William		30	12S	29W	-	23	Jan.	1899	LRiv
Jackson	William		30	12S	29W	-	23	Jan.	1899	LRiv
Jackson	William		30	12S	29W	160.38	23	Jan.	1899	LRiv

Last Name	First Name	Int.	Section No.	Twp.	Ran	Acres	Date			Co.
Jacobs	Edward		13	11S	24W	80	1	Aug.	1837	Hem
Jacobs	Edward		26	11S	24W	-	1	Aug.	1837	Hem
Jacobs	Edward		35	11S	24W	80	1	Aug.	1837	Hem
Jacobs	Eliza	I.	8	7S	27W	160	31	Mar.	1906	Howa
Jacobs	English		29	7S	27W	40	1	Sep.	1850	Howa
Jacobs	Ida	T.	4	6S	29W	-	27	Dec.	1905	Howa
Jacobs	Ida	T.	9	6S	29W	134.67	27	Dec.	1905	Howa
Jacobs	Jane		28	11S	24W	40	1	Aug.	1837	Hem
Jacobs	John	E.	9	6S	29W	-	10	Aug.	1904	Howa
Jacobs	John	E.	10	6S	29W	160	10	Aug.	1904	Howa
Jacobs	John		20	11S	24W	80	1	Aug.	1837	Hem
Jacobs	William	H.	34	5S	29W	160	28	Jun.	1895	Howa
Jacobs	Wingfield		21	11S	24W	80	15	Apr.	1837	Hem
Jaland	Thomas	J.	20	17N	21W	-	15	Dec.	1882	Neva
Jaland	Thomas	J.	21	17N	21W	-	15	Dec.	1882	Neva
Jaland	Thomas	J.	29	17N	21W	160	15	Dec.	1882	Neva
James	Alexander		7	8S	28W	120	23	Jun.	1889	Howa
James	Alexander		24	8S	29W	40	2	Jul.	1860	Howa
James	Columbus	M.	32	13N	23W	120	22	Sep.	1897	Neva
James	Columbus	M.	32	13N	23W	-	22	Sep.	1897	Neva
James	Daniel	B.	22	9S	25W	40	1	Jul.	1859	Hem
James	Daniel	B.	22	9S	25W	40	2	Apr.	1860	Hem
James	Edward		3	10S	28W	238.95	1	Jul.	1857	Howa
James	George		23	16N	20W	160	8	Mar.	1907	Neva
James	George		23	16N	20W	-	8	Mar.	1907	Neva
James	George		23	16N	20W	-	8	Mar.	1907	Neva
James	Henry	W.	22	9S	25W	40	1	Oct.	1850	Hem
James	Henry		26	16N	20W	160	8	Mar.	1907	Neva
James	Henry		26	16N	20W	-	8	Mar.	1907	Neva
James	Henry		26	16N	20W	-	8	Mar.	1907	Neva
James	John	W.	4	5S	28W	160.24	9	Mar.	1896	Howa
James	John		32	9S	26W	40	1	Jul.	1859	Hem
James	John		32	9S	26W	80	1	Jul.	1859	Hem
James	John		32	9S	26W	160	1	Dec.	1857	Hem
James	Thomas	J.	26	9S	25W	80	2	Apr.	1860	Hem
James	Thomas		6	14N	21W	80	22	Apr.	1919	Neva
James	Thomas		6	14N	21W	-	22	Apr.	1919	Neva
James	Thomas		19	15N	21W	80	19	Oct.	1905	Neva
James	William	D.	2	7S	27W	162.89	30	Dec.	1902	Howa
James	William	M.	17	8S	27W	40	6	Sep.	1876	Howa
James	William	S.	12	8S	29W	-	23	Jun.	1889	Howa
James	William	S.	13	8S	29W	160.29	23	Jun.	1889	Howa
James	William	S.	18	8S	28W	-	23	Jun.	1889	Howa
James	William		2	8S	29W	82.61	2	Jul.	1860	Howa
James	William		25	9S	25W	80	10	Dec.	1874	Hem
Jarmon	John		18	9S	26W	40	26	May	1896	Hem
Jarmon	John		18	9S	26W	80	26	May	1896	Hem
Jarmon	John		18	9S	26W	200	1	Jul.	1859	Hem
Jarmon	John		19	9S	26W	-	1	Jul.	1859	Hem
Jeans	James	E.	10	10S	28W	-	2	Jul.	1860	Howa
Jeans	James	E.	11	10S	28W	200	2	Jul.	1860	Howa
Jeans	James	E.	15	10S	28W	-	2	Jul.	1860	Howa
Jeeter	Abram		20	12S	29W	80	31	Jan.	1889	LRiv
Jeffcoat	James	W.	27	11S	30W	-	23	Jan.	1898	LRiv
Jeffcoat	James	W.	28	11S	30W	120	23	Jan.	1898	LRiv
Jefferson	Thomas	J.	21	12S	26W	80	4	May	1894	Hem

Last Name	First Name	Int.	Section No.	Twp.	Ran	Acres	Date			Co.
Jeffreys	David		20	11S	26W	40	1	Aug.	1837	Hem
Jeffreys	David		20	11S	26W	40	1	Mar.	1843	Hem
Jenkins	Louis	J.	4	7S	28W	161.86	10	Aug.	1904	Howa
Jenkins	Nelson		26	9S	25W	320	2	Jul.	1860	Hem
Jenkins	Nelson		26	9S	25W	-	2	Jul.	1860	Hem
Jenkins	Nelson		26	9S	25W	-	2	Jul.	1860	Hem
Jenkins	Nelson		29	10S	25W	40	1	Mar.	1855	Hem
Jenkins	William	A.	6	11S	32W	80	2	Apr.	1860	LRiv
Jenkins	William	A.	6	11S	32W	240	20	Dec.	1875	LRiv
Jenkins	William	A.	12	11S	33W	40	2	Apr.	1860	LRiv
Jenning	James		27	9S	26W	40	10	Dec.	1874	Hem
Jester	Paul	A.	12	11S	28W	80	14	Jun.	1897	Howa
Jester	Thomas	J.	25	12S	31W	-	4	Apr.	1904	LRiv
Jester	Thomas	J.	25	12S	31W	160	4	Apr.	1904	LRiv
Jett	Benjamin	P.	9	12S	25W	80	2	Jul.	1860	Hem
Jett	Benjamin	P.	26	9S	27W	40	1	Jul.	1859	Howa
Jett	Benjamin	P.	27	11S	25W	40	15	Apr.	1837	Hem
Jetton	Isaac		20	12S	28W	80	1	Jul.	1859	LRiv
Jetton	Wiley		20	12S	28W	-	1	Jul.	1859	LRiv
Jetton	Wiley		20	12S	28W	80	1	Jul.	1859	LRiv
Jewett	Elisha	P.	8	13S	26W	240	10	Aug.	1837	Hem
Jewett	Elisha	P.	15	13S	26W	160	10	Aug.	1837	Hem
Jewett	Elisha	P.	17	13S	26W	160	1	Mar.	1843	Hem
Jewett	Elisha	P.	22	13S	26W	240	10	Aug.	1837	Hem
Jewett	Elisha	P.	22	13S	26W	-	10	Aug.	1837	Hem
Jewett	Elisha	P.	22	13S	26W	-	10	Aug.	1837	Hem
Jimerson	James	M.	7	16N	22W	-	1	Mar.	1904	Neva
Jimerson	James	M.	12	16N	23W	146.36	1	Mar.	1904	Neva
Jinkins	William	A.	1	11S	33W	-	27	Jun.	1889	LRiv
Jinkins	William	A.	6	11S	32W	38.24	1	Jul.	1859	LRiv
Jinkins	William	A.	6	11S	32W	177.04	27	Jun.	1889	LRiv
Johns	Walter	M.	5	10S	26W	160	1	Jul.	1859	Hem
Johnson	Andrew	N.	35	11S	27W	80	1	Mar.	1855	Howa
Johnson	Angeline		29	12S	26W	80	17	Jul.	1894	Hem
Johnson	Benjamin	D.	5	13S	31W	150.25	17	Aug.	1894	LRiv
Johnson	Benjamin	D.	32	12S	31W	-	17	Aug.	1894	LRiv
Johnson	Callie	F.	4	13S	30W	160	12	Nov.	1900	LRiv
Johnson	Charles	B.	12	11S	27W	40	4	Aug.	1880	Howa
Johnson	Charles	W.	35	10S	24W	80	18	Oct.	1888	Hem
Johnson	Charles		2	9S	28W	158.38	10	Aug.	1837	Howa
Johnson	Charles		3	9S	28W	40	10	Aug.	1837	Howa
Johnson	Charles		3	9S	28W	157.6	10	Aug.	1837	Howa
Johnson	Charles		4	5S	28W	38.31	1	Nov.	1849	Howa
Johnson	Charles		35	9S	27W	40	1	Aug.	1837	Howa
Johnson	Charles		35	9S	27W	40	10	Aug.	1837	Howa
Johnson	Charles		35	9S	27W	80	15	Apr.	1837	Howa
Johnson	Edward		1	11S	27W	39.95	10	Jul.	1848	Howa
Johnson	Edward		1	11S	27W	79.72	10	Jul.	1848	Howa
Johnson	Edward		5	11S	26W	40	10	Apr.	1837	Hem
Johnson	Edward		5	11S	26W	80	1	Sep.	1833	Hem
Johnson	Edward		6	11S	26W	80	1	Aug.	1837	Hem
Johnson	Edward		7	11S	26W	80	10	May	1827	Hem
Johnson	Edward		7	11S	26W	80	10	May	1827	Hem
Johnson	Edward		7	11S	26W	80	10	May	1827	Hem
Johnson	Edward		7	11S	26W	80	10	May	1827	Hem
Johnson	Edward		8	11S	26W	80	10	May	1827	Hem

Last Name	First Name	Int.	Section No.	Twp.	Ran	Acres	Date			Co.
Johnson	Edward		8	11S	26W	80	10	Apr.	1837	Hem
Johnson	Edward		9	11S	26W	80	10	May	1827	Hem
Johnson	Edward		9	11S	26W	80	10	Dec.	1827	Hem
Johnson	Edward		13	11S	27W	40	1	Aug.	1837	Howa
Johnson	Edward		13	11S	27W	40	1	Mar.	1843	Howa
Johnson	Edward		13	11S	27W	80	15	Apr.	1837	Howa
Johnson	Edward		14	11S	27W	40	15	Apr.	1837	Howa
Johnson	Edward		14	11S	27W	40	15	Apr.	1837	Howa
Johnson	Edward		18	11S	26W	40	10	Apr.	1837	Hem
Johnson	Edward		30	14S	25W	53.41	1	Nov.	1839	Hem
Johnson	Edward		32	14S	25W	80	10	Apr.	1837	Hem
Johnson	Elias		25	15N	23W	159.22	22	Jan.	1897	Neva
Johnson	Elias		30	15N	22W	-	22	Jan.	1897	Neva
Johnson	Eliza	M.	12	11S	27W	80	1	Jun.	1875	Howa
Johnson	Elizabeth		5	13S	31W	80	30	Jun.	1882	LRiv
Johnson	Foster	T.	5	13S	24W	78.9	30	Jun.	1882	Hem
Johnson	George	S.	5	13S	24W	80	30	Jun.	1882	Hem
Johnson	Henry	A.	13	11S	27W	80	1	Mar.	1855	Howa
Johnson	Henry	P.	20	10S	27W	40	1	Nov.	1849	Howa
Johnson	Henry		31	10S	23W	80	20	Apr.	1883	Hem
Johnson	Hiram		9	11S	24W	40	3	Feb.	1883	Hem
Johnson	Jabez	W.	15	9S	28W	40	1	Mar.	1855	Howa
Johnson	Jabez	W.	21	9S	28W	40	1	Mar.	1855	Howa
Johnson	Jabez	W.	21	9S	28W	40	1	Mar.	1855	Howa
Johnson	James	H.	6	13S	31W	40	4	Apr.	1904	LRiv
Johnson	James	H.	15	11S	25W	40	1	Aug.	1837	Hem
Johnson	James		1	12S	27W	80.86	10	Jul.	1844	Hem
Johnson	James		15	11S	27W	-	1	Nov.	1839	Howa
Johnson	James		15	11S	27W	80	1	Nov.	1839	Howa
Johnson	James		26	11S	27W	40	15	Apr.	1837	Howa
Johnson	James		28	11S	27W	40	1	Aug.	1837	Howa
Johnson	James		28	11S	27W	80	1	Aug.	1837	Howa
Johnson	Jane		29	12S	25W	160	9	Mar.	1896	Hem
Johnson	Jane		29	12S	25W	-	9	Mar.	1896	Hem
Johnson	Jane		29	12S	25W	-	9	Mar.	1896	Hem
Johnson	John	A.	21	17N	23W	-	31	Aug.	1905	Neva
Johnson	John	A.	21	17N	23W	-	31	Aug.	1905	Neva
Johnson	John	A.	22	17N	23W	160	31	Aug.	1905	Neva
Johnson	John	J.	34	17N	19W	40	30	Jul.	1875	Neva
Johnson	John		18	11S	26W	80	2	Jul.	1860	Hem
Johnson	John		19	11S	23W	80	9	Sep.	1882	Hem
Johnson	John		31	11S	27W	80	10	May	1827	Howa
Johnson	John		31	11S	27W	80	10	May	1827	Howa
Johnson	Jordan		1	12S	30W	40	9	Sep.	1890	LRiv
Johnson	Jordan		15	12S	26W	80	16	Aug.	1899	Hem
Johnson	Joseph	B.	22	11S	31W	80	1	Oct.	1860	LRiv
Johnson	Joseph	B.	27	11S	31W	-	1	Feb.	1861	LRiv
Johnson	Joseph	B.	27	11S	31W	40	1	Oct.	1860	LRiv
Johnson	Joseph	B.	27	11S	31W	40	1	Feb.	1861	LRiv
Johnson	Joseph	B.	27	11S	31W	40	1	Feb.	1861	LRiv
Johnson	Joseph	B.	27	11S	31W	80	1	Oct.	1860	LRiv
Johnson	Joseph	B.	27	11S	31W	120	1	Feb.	1861	LRiv
Johnson	Joseph	B.	27	11S	31W	160	1	Oct.	1860	LRiv
Johnson	Macajah		20	14S	24W	40	1	Mar.	1843	Hem
Johnson	Neal	J.	14	14S	25W	40	1	Jul.	1859	Hem
Johnson	Neill	J.	14	14S	25W	40	1	Jul.	1859	Hem

Last Name	First Name	Int.	Section No.	Twp.	Ran	Acres	Date			Co.
Johnson	Neill	J.	14	14S	25W	40	2	Jul.	1860	Hem
Johnson	Richard	C.	18	13S	29W	40	31	Jul.	1903	LRiv
Johnson	Robert	M.	14	11S	32W	40	2	Jul.	1860	LRiv
Johnson	Rufus		25	11S	24W	80	1	Jun.	1888	Hem
Johnson	Samuel	M.	32	12S	31W	160	28	Jun.	1895	LRiv
Johnson	Sinkler		7	11S	26W	1.24	1	Aug.	1837	Hem
Johnson	Sinkler		12	11S	27W	40	10	Apr.	1837	Howa
Johnson	Sinkler		12	11S	27W	40	10	Apr.	1837	Howa
Johnson	Sinkler		12	11S	27W	40	10	Apr.	1837	Howa
Johnson	Sinkler		12	11S	27W	80	10	Apr.	1837	Howa
Johnson	Thomas	G.	2	16N	21W	160	1	Feb.	1901	Neva
Johnson	Thomas		3	14S	28W	92.05	1	May	1845	LRiv
Johnson	Thomas		3	14S	28W	110.16	1	May	1845	LRiv
Johnson	Thomas		3	14S	28W	121.03	1	May	1845	LRiv
Johnson	Thomas		10	14S	28W	101.58	1	May	1845	LRiv
Johnson	Thomas		33	13S	28W	40	1	Mar.	1843	LRiv
Johnson	Thomas		33	13S	28W	80	1	Mar.	1843	LRiv
Johnson	Thomas		34	13S	28W	10.6	1	Mar.	1843	LRiv
Johnson	Thomas		34	13S	28W	40	1	Mar.	1843	LRiv
Johnson	Thomas		34	13S	28W	80	1	Mar.	1843	LRiv
Johnson	Thomas		34	13S	28W	128.87	1	Mar.	1843	LRiv
Johnson	Walter	M.	4	10S	26W	80	1	Jul.	1859	Hem
Johnson	Walter	M.	4	10S	26W	80	1	Jul.	1859	Hem
Johnson	Walter	M.	4	10S	26W	-	16	May	1898	Hem
Johnson	William	H.	15	6S	30W	160	3	May	1895	Howa
Johnson	William	H.	18	12S	30W	47.93	11	Jul.	1895	LRiv
Johnson	William	N.	11	11S	25W	40	1	Mar.	1855	Hem
Johnson	William	N.	12	11S	25W	40	1	Mar.	1855	Hem
Johnson	William		6	11S	26W	83.1	1	Jul.	1859	Hem
Johnson	William		20	12S	30W	-	6	Feb.	1899	LRiv
Johnson	William		23	11S	27W	40	10	Apr.	1837	Howa
Johnson	William		23	11S	27W	80	10	Apr.	1837	Howa
Johnson	William		29	12S	30W	160	6	Feb.	1899	LRiv
Johnston	Charles		15	9S	27W	40	1	Nov.	1849	Howa
Johnston	Charles		22	8S	27W	40	1	Nov.	1849	Howa
Johnston	David		25	17N	19W	40	1	Feb.	1860	Neva
Johnston	David		25	17N	19W	-	15	Nov.	1854	Neva
Johnston	David		25	17N	19W	-	15	Nov.	1854	Neva
Johnston	David		26	17N	19W	40	15	Nov.	1854	Neva
Johnston	David		26	17N	19W	80	15	Nov.	1854	Neva
Johnston	David		26	17N	19W	80	15	Nov.	1854	Neva
Johnston	David		26	17N	19W	80	15	Dec.	1882	Neva
Johnston	David		26	17N	19W	-	15	Dec.	1882	Neva
Johnston	John	H.	25	11S	32W	40	2	Jul.	1860	LRiv
Johnston	John	H.	25	11S	32W	80	2	Jul.	1860	LRiv
Johnston	John	H.	25	11S	32W	80	2	Jul.	1860	LRiv
Johnston	John	H.	26	11S	32W	80	2	Jul.	1860	LRiv
Johnston	John	H.	27	11S	32W	80	2	Jul.	1860	LRiv
Johnston	John	M.	26	11S	32W	40	2	Jul.	1860	LRiv
Johnston	John	M.	26	11S	32W	320	2	Jul.	1860	LRiv
Johnston	John	M.	30	11S	31W	200	26	Aug.	1896	LRiv
Johnston	John		1	8S	29W	320.4	1	Nov.	1848	Howa
Johnston	John		11	8S	29W	80	1	Nov.	1848	Howa
Johnston	John		12	8S	29W	-	1	Nov.	1848	Howa
Johnston	John		20	10S	27W	80	10	May	1827	Howa
Johnston	John		21	10S	27W	80	10	May	1827	Howa

Last Name	First Name	Int.	Section No.	Twp.	Ran	Acres	Date		Co.
Johnston	Newton		22	11S	32W	-	2	Jul. 1860	LRiv
Johnston	Newton		22	11S	32W	-	2	Jul. 1860	LRiv
Johnston	Newton		23	11S	32W	-	2	Jul. 1860	LRiv
Johnston	Newton		23	11S	32W	-	2	Jul. 1860	LRiv
Johnston	Newton		23	11S	32W	320	2	Jul. 1860	LRiv
Johnston	Sherman	G.	31	16N	19W	147.57	10	Feb. 1897	Neva
Johnston	Sherman	G.	31	16N	19W	-	10	Feb. 1897	Neva
Johnston	Thomas	H.	24	6S	29W	-	31	Dec. 1904	Howa
Johnston	Thomas	H.	25	6S	29W	160	31	Dec. 1904	Howa
Johnston	William	D.	29	12S	26W	80	1	Aug. 1889	Hem
Johnston	William	D.	29	12S	26W	80	16	May 1878	Hem
Joiner	Ira		29	9S	28W	40	2	Jul. 1860	Howa
Jones	Albert	W.	23	17N	21W	160	10	Apr. 1907	Neva
Jones	Albert	W.	23	17N	21W	-	10	Apr. 1907	Neva
Jones	Albert	W.	26	14N	21W	160	19	Oct. 1893	Neva
Jones	Albert	W.	26	14N	21W	-	19	Oct. 1893	Neva
Jones	Albert	W.	26	14N	21W	-	19	Oct. 1893	Neva
Jones	Alex		36	14S	25W	40	23	Jun. 1889	Hem
Jones	Andrew		8	12S	31W	-	9	Mar. 1896	LRiv
Jones	Andrew		9	12S	31W	160	9	Mar. 1896	LRiv
Jones	Bartholomew	B.	34	13S	24W	40	1	Jul. 1859	Hem
Jones	Bartholomew	B.	34	13S	24W	40	1	Jul. 1859	Hem
Jones	Bartholomew	B.	34	13S	24W	80	16	Aug. 1897	Hem
Jones	Benjamin	F.	3	7S	29W	160	11	Feb. 1895	Howa
Jones	Benjamin	F.	8	8S	28W	40	1	Mar. 1855	Howa
Jones	Benjamin	F.	19	8S	28W	80	1	Nov. 1849	Howa
Jones	Benjamin	F.	20	7S	27W	-	30	Aug. 1882	Howa
Jones	Benjamin	F.	21	7S	27W	160	30	Aug. 1882	Howa
Jones	Benjamin	F.	24	7S	28W	40	1	Mar. 1855	Howa
Jones	Benjamin		32	14N	22W	160	12	Mar. 1894	Neva
Jones	Benjamin		36	13N	21W	-	15	May 1876	Neva
Jones	Benjamin		36	13N	21W	-	15	May 1876	Neva
Jones	Brice	L.	15	16N	20W	40	24	Nov. 1888	Neva
Jones	Brice	L.	15	16N	20W	160	28	Sep. 1893	Neva
Jones	Brice	L.	15	16N	20W	-	28	Sep. 1893	Neva
Jones	Brice	L.	15	16N	20W	-	28	Sep. 1893	Neva
Jones	Charles	B.	4	9S	27W	40	1	Mar. 1855	Howa
Jones	Charles	B.	9	9S	27W	40	1	Mar. 1855	Howa
Jones	Charles	B.	9	9S	27W	40	1	Mar. 1855	Howa
Jones	Charles	B.	9	9S	27W	120	1	May 1856	Howa
Jones	Charles	R.	13	7S	27W	-	12	Feb. 1902	Howa
Jones	Charles	R.	13	7S	27W	-	12	Feb. 1902	Howa
Jones	Charles	R.	24	7S	27W	160	12	Feb. 1902	Howa
Jones	Charles	W.	14	8S	27W	40	2	Jul. 1860	Howa
Jones	Charles	W.	14	8S	27W	40	2	Jul. 1860	Howa
Jones	Christopher	C.	23	16N	20W	-	11	Apr. 1898	Neva
Jones	Christopher	C.	24	16N	20W	160	11	Apr. 1898	Neva
Jones	David	A.	23	14N	22W	-	31	Oct. 1906	Neva
Jones	David	A.	23	14N	22W	-	31	Oct. 1906	Neva
Jones	David	A.	24	14N	22W	160	31	Oct. 1906	Neva
Jones	David	A.	24	14N	22W	-	31	Oct. 1906	Neva
Jones	David	C.	5	14N	20W	120.24	25	Aug. 1903	Neva
Jones	David	C.	6	14N	20W	-	25	Aug. 1903	Neva
Jones	David	C.	6	14N	20W	-	25	Aug. 1903	Neva
Jones	David	D.	15	8S	27W	40	30	Jun. 1873	Howa
Jones	David	D.	24	8S	27W	40	1	May 1856	Howa

Last Name	First Name	Int.	Section No.	Twp.	Ran	Acres	Date		Co.
Jones	David	D.	24	8S	27W	40	1 Jul.	1859	Howa
Jones	David	D.	27	8S	27W	40	1 Nov.	1849	Howa
Jones	Edward	B.	35	11S	30W	160	24 Feb.	1900	LRiv
Jones	Elias		13	12S	32W	-	1 May	1861	LRiv
Jones	Elias		14	12S	32W	80	1 May	1861	LRiv
Jones	Elijah	B.	7	14N	21W	160	19 Oct.	1893	Neva
Jones	Elijah	B.	7	14N	21W	160	19 Oct.	1893	Neva
Jones	Elijah	B.	7	14N	21W	-	19 Oct.	1893	Neva
Jones	Elijah	B.	7	14N	21W	-	19 Oct.	1893	Neva
Jones	Elijah	B.	7	14N	21W	-	19 Oct.	1893	Neva
Jones	Elijah	B.	7	14N	21W	-	19 Oct.	1893	Neva
Jones	Elijah		26	14S	24W	120	1 Jul.	1859	Hem
Jones	Elijah		26	14S	24W	-	1 Jul.	1859	Hem
Jones	Elizabeth		12	15N	21W	160	25 Aug.	1903	Neva
Jones	Elizabeth		32	13S	28W	80	18 Oct.	1888	LRiv
Jones	George	W.	29	12S	26W	80	10 Sep.	1890	Hem
Jones	George		35	13S	26W	80	13 Jun.	1889	Hem
Jones	Harrison	T.	14	8S	29W	80	2 Jul.	1860	Howa
Jones	Harvey	E.	17	9S	28W	80	1 Jul.	1859	Howa
Jones	Harvey	E.	24	11S	28W	160	2 Jul.	1860	Howa
Jones	Henderson	D.	8	11S	25W	40	1 Nov.	1839	Hem
Jones	Henderson	D.	29	10S	31W	40	1 Nov.	1849	LRiv
Jones	Henderson	D.	29	12S	32W	40	1 Nov.	1849	LRiv
Jones	Henderson	D.	29	12S	32W	40	1 Mar.	1855	LRiv
Jones	Henderson	D.	31	12S	32W	40	2 Apr.	1860	LRiv
Jones	Henderson	D.	32	12S	32W	40	1 Mar.	1855	LRiv
Jones	Henderson	D.	32	12S	32W	40	1 Mar.	1855	LRiv
Jones	Henderson	D.	32	12S	32W	40	1 May	1856	LRiv
Jones	Henderson	D.	32	12S	32W	40	1 May	1856	LRiv
Jones	Henry		14	10S	26W	160	9 Sep.	1882	Hem
Jones	J	H.	30	17N	20W	80	15 May	1876	Neva
Jones	James	A.	22	14S	24W	40	2 Jul.	1860	Hem
Jones	James	A.	22	14S	24W	120	1 Jul.	1859	Hem
Jones	James	F.	3	15N	21W	-	22 Apr.	1899	Neva
Jones	James	F.	10	15N	21W	160	22 Apr.	1899	Neva
Jones	James	F.	10	15N	21W	-	22 Apr.	1899	Neva
Jones	James	H.	7	16N	19W	-	10 Feb.	1897	Neva
Jones	James	H.	7	16N	19W	-	10 Feb.	1897	Neva
Jones	James	H.	18	16N	19W	160	10 Feb.	1897	Neva
Jones	James	H.	23	15N	20W	-	25 Feb.	1899	Neva
Jones	James	H.	23	15N	20W	-	25 Feb.	1899	Neva
Jones	James	H.	24	15N	20W	160	25 Feb.	1899	Neva
Jones	James	H.	24	15N	20W	-	25 Feb.	1899	Neva
Jones	James	M.	21	17N	19W	160	5 Jul.	1889	Neva
Jones	James	M.	21	17N	19W	-	5 Jul.	1889	Neva
Jones	James	M.	35	15N	22W	160	25 Feb.	1899	Neva
Jones	James	M.	35	15N	22W	-	25 Feb.	1899	Neva
Jones	James	M.	35	15N	22W	-	25 Feb.	1899	Neva
Jones	James	P.	31	17N	20W	80	15 May	1876	Neva
Jones	James		14	13N	19W	40	15 Nov.	1854	Neva
Jones	James		30	12S	23W	160	2 Apr.	1860	Hem
Jones	James		34	11S	26W	40	1 Jul.	1859	Hem
Jones	James		34	11S	26W	40	2 Apr.	1860	Hem
Jones	James		34	11S	26W	80	1 May	1856	Hem
Jones	Jefferson		28	12S	25W	120	10 Dec.	1874	Hem
Jones	Jefferson		28	12S	25W	-	10 Dec.	1874	Hem

Last Name	First Name	Int.	Section No.	Twp.	Ran	Acres	Date			Co.
Jones	John	J.	10	16N	21W	80	13	Dec.	1878	Neva
Jones	John	M.	22	17N	19W	160	30	Jun.	1882	Neva
Jones	John	M.	22	17N	19W	-	30	Jun.	1882	Neva
Jones	John	M.	22	17N	19W	-	30	Jun.	1882	Neva
Jones	John	T.	1	14S	29W	127.46	1	May	1845	LRiv
Jones	John	T.	2	14S	29W	16.58	1	May	1845	LRiv
Jones	John	T.	2	14S	29W	52.11	1	May	1845	LRiv
Jones	John	T.	4	14S	29W	79.92	1	May	1845	LRiv
Jones	John	T.	6	14S	28W	65.99	8	Aug.	1901	LRiv
Jones	John	T.	6	14S	28W	65.99	1	Jul.	1859	LRiv
Jones	John	T.	25	13S	29W	40	1	Mar.	1843	LRiv
Jones	John	T.	26	13S	29W	40	1	Jul.	1859	LRiv
Jones	John	T.	26	13S	29W	160	17	Feb.	1841	LRiv
Jones	John	T.	27	13S	28W	80	17	Feb.	1841	LRiv
Jones	John	T.	27	13S	30W	80	1	May	1845	LRiv
Jones	John	T.	28	13S	24W	80	1	Nov.	1839	Hem
Jones	John	T.	28	13S	24W	160	10	Aug.	1837	Hem
Jones	John	T.	28	13S	30W	80	1	May	1845	LRiv
Jones	John	T.	28	13S	30W	80	1	May	1845	LRiv
Jones	John	T.	29	13S	24W	80	1	Nov.	1839	Hem
Jones	John	T.	29	13S	24W	160	10	Aug.	1837	Hem
Jones	John	T.	32	13S	24W	80	10	Aug.	1837	Hem
Jones	John	T.	35	13S	28W	44.97	1	Mar.	1843	LRiv
Jones	John	T.	35	13S	28W	80	17	Feb.	1841	LRiv
Jones	John	T.	35	13S	28W	128.45	1	Mar.	1843	LRiv
Jones	John	T.	35	13S	29W	72.84	1	Mar.	1843	LRiv
Jones	John	T.	35	13S	29W	80	1	Mar.	1843	LRiv
Jones	John	T.	35	13S	29W	80	1	Mar.	1843	LRiv
Jones	John	T.	35	13S	29W	80	1	Mar.	1843	LRiv
Jones	John	T.	35	13S	29W	80	1	Mar.	1843	LRiv
Jones	John	T.	36	13S	25W	40	1	Aug.	1837	Hem
Jones	John	T.	36	13S	25W	80	1	Aug.	1837	Hem
Jones	John	T.	36	13S	28W	8.89	1	Mar.	1843	LRiv
Jones	John	T.	36	13S	28W	102.68	1	Mar.	1843	LRiv
Jones	John	T.	36	13S	28W	126.05	1	Mar.	1843	LRiv
Jones	John	T.	36	13S	29W	40	1	Mar.	1843	LRiv
Jones	John	W.	2	7S	28W	162.63	30	Dec.	1905	Howa
Jones	John	W.	7	10S	27W	40	1	May	1845	Howa
Jones	John	W.	18	10S	26W	40	2	Apr.	1860	Hem
Jones	John	W.	23	11S	28W	40	1	Nov.	1849	Howa
Jones	John	W.	24	10S	27W	-	1	Jul.	1859	Howa
Jones	John	W.	24	10S	27W	80	2	Apr.	1860	Howa
Jones	John	W.	24	10S	27W	120	1	Jul.	1859	Howa
Jones	John	W.	35	6S	28W	-	30	Dec.	1905	Howa
Jones	John		13	8S	29W	40	1	May	1855	Howa
Jones	John		13	8S	29W	40	1	May	1856	Howa
Jones	John		13	8S	29W	40	1	Jul.	1859	Howa
Jones	John		15	8S	29W	40	1	Mar.	1855	Howa
Jones	John		18	8S	28W	-	2	Apr.	1860	Howa
Jones	John		18	8S	28W	40	1	Mar.	1855	Howa
Jones	John		18	8S	28W	40.51	2	Apr.	1860	Howa
Jones	John		18	8S	28W	82.95	1	Jul.	1859	Howa
Jones	John		19	8S	28W	40	1	Mar.	1855	Howa
Jones	John		19	8S	28W	122.17	2	Apr.	1860	Howa
Jones	Lemuel	R.	31	15N	20W	-	30	Jul.	1875	Neva
Jones	Lemuel	R.	32	15N	20W	80	30	Jul.	1875	Neva

Last Name	First Name	Int.	Section No.	Twp.	Ran	Acres	Date			Co.
Jones	Lorenzo	D.	25	17N	21W	80	13	Jan.	1875	Neva
Jones	Manerva	V.	17	12S	25W	40	14	Jun.	1897	Hem
Jones	Marion	S.	12	16N	20W	-	5	May	1904	Neva
Jones	Marion	S.	13	16N	20W	160	May	May	1904	Neva
Jones	Marion	S.	13	16N	20W	-	5	May	1904	Neva
Jones	Marshall		23	17N	21W	160	1	Feb.	1901	Neva
Jones	Mathias		30	13N	19W	-	14	Feb.	1900	Neva
Jones	Mathias		31	13N	19W	160	14	Feb.	1900	Neva
Jones	Mathias		31	13N	19W	-	14	Feb.	1900	Neva
Jones	Olando	S.	31	13S	27W	74.6	10	Jul.	1844	LRiv
Jones	Olando	S.	31	13S	27W	99.43	10	Jul.	1844	LRiv
Jones	Orlander	S.	21	13S	30W	40	1	Jan.	1850	LRiv
Jones	Orlando	L.	1	14S	28W	51.71	1	Jul.	1859	LRiv
Jones	Orlando	S.	1	14S	28W	1.59	1	May	1845	LRiv
Jones	Orlando	S.	1	14S	28W	63.24	1	May	1845	LRiv
Jones	Orlando	S.	1	14S	28W	111.91	1	May	1845	LRiv
Jones	Orlando	S.	1	14S	28W	135	1	May	1845	LRiv
Jones	Orlando	S.	21	13S	30W	80	1	May	1845	LRiv
Jones	Orlando	S.	27	13S	29W	80	12	Feb	1842	LRiv
Jones	Orlando	S.	28	13S	28W	40	1	Jul.	1859	LRiv
Jones	Orlando	S.	28	13S	29W	80	12	Mar	1842	LRiv
Jones	Orlando	S.	33	13S	29W	75.1	12	Apr	1842	LRiv
Jones	Orlando	S.	35	13S	28W	80	12	Jan.	1842	LRiv
Jones	Orlando	S.	35	13S	29W	57.17	12	May	1842	LRiv
Jones	Orlando	S.	36	13S	29W	80	12	Jul	1842	LRiv
Jones	Orlando	S.	36	13S	29W	160	12	Jun	1842	LRiv
Jones	Paulina		28	8S	27W	40	30	Aug.	1882	Howa
Jones	Pettus	B.	33	9S	28W	80	1	Nov.	1839	Howa
Jones	Primus		19	12S	31W	86.46	30	Jun.	1882	LRiv
Jones	Richard	M.	10	13S	28W	40	2	Jul.	1860	LRiv
Jones	Richard	M.	34	11S	26W	160	2	Apr.	1860	Hem
Jones	Richard	M.	34	11S	26W	-	2	Apr.	1860	Hem
Jones	Samantha	J.	23	15N	22W	-	14	Feb.	1900	Neva
Jones	Samantha	J.	24	15N	22W	-	14	Feb.	1900	Neva
Jones	Samantha	J.	26	15N	22W	160	14	Feb.	1900	Neva
Jones	Samuel	K.	9	10S	27W	40	1	Jul.	1859	Howa
Jones	Samuel		29	8S	27W	40	2	Jul.	1860	Howa
Jones	Samuel		32	15N	20W	40	1	Jul.	1859	Neva
Jones	Samuel		32	8S	27W	40	2	Apr.	1860	Howa
Jones	Samuel		32	8S	27W	40	2	Jul.	1860	Howa
Jones	Sarah		35	12S	25W	40	1	Dec.	1882	Hem
Jones	Seaborn	T.	17	11S	24W	80	24	Apr.	1890	Hem
Jones	Seaborn		22	17N	19W	-	1	Jun.	1875	Neva
Jones	Seaborn		27	17N	19W	80	1	Jun.	1875	Neva
Jones	Seborn		27	17N	19W	40	30	Sep.	1884	Neva
Jones	Simon		1	15N	20W	40.04	1	Jul.	1859	Neva
Jones	Simon		6	15N	19W	41.15	1	Jul.	1859	Neva
Jones	Thomas	F.	25	17N	22W	160	26	Aug.	1904	Neva
Jones	Thomas	F.	25	17N	22W	-	26	Aug.	1904	Neva
Jones	Thomas	F.	25	17N	22W	-	26	Aug.	1904	Neva
Jones	Thomas	J.	31	17N	20W	-	15	May	1876	Neva
Jones	Thomas	J.	32	17N	20W	120	15	May	1876	Neva
Jones	Thomas	J.	33	17N	20W	80	1	Feb.	1860	Neva
Jones	Thomas	J.	33	17N	20W	-	1	Feb.	1860	Neva
Jones	Thomas	M.	14	14S	24W	160	1	Jul.	1859	Hem
Jones	Thomas		12	5S	28W	80	7	May	1894	Howa

Last Name	First Name	Int.	Section No.	Twp.	Ran	Acres	Date			Co.
Jones	Thomas		24	17N	19W	40	15	Nov.	1854	Neva
Jones	Wiley	B.	4	9S	27W	120	10	Oct.	1856	Howa
Jones	Wiley	J.	24	17N	21W	80	May	May	1904	Neva
Jones	Wiley	J.	24	17N	21W	-	5	May	1904	Neva
Jones	Wiley	P.	17	11S	32W	-	10	Oct.	1894	LRiv
Jones	Wiley	P.	20	11S	32W	160	10	Oct.	1894	LRiv
Jones	Wiley		26	14S	24W	80	1	Jul.	1859	Hem
Jones	Wilie	B.	4	9S	27W	40	1	Jul.	1859	Howa
Jones	Wilie		26	14S	24W	40	1	Jul.	1861	Hem
Jones	Wilie		26	14S	24W	40	2	Apr.	1860	Hem
Jones	William	R.	6	14N	20W	-	21	Feb.	1893	Neva
Jones	William	R.	31	15N	20W	-	21	Feb.	1893	Neva
Jones	William	R.	32	15N	20W	160.7	21	Feb.	1893	Neva
Jones	William		31	17N	20W	80	15	May	1876	Neva
Jordan	Buck		9	12S	26W	40	13	Jul.	1885	Hem
Jordan	Sarah		7	12S	23W	40	1	Jul.	1859	Hem
Judkins	James	W.	23	11S	25W	80	10	Aug.	1837	Hem
Justus	John		20	10S	27W	-	2	Apr.	1860	Howa
Justus	John		20	10S	27W	280	2	Apr.	1860	Howa
Justus	John		29	10S	27W	-	2	Apr.	1860	Howa
Justus	Lafayette		7	8S	27W	-	16	Jul.	1890	Howa
Justus	Lafayette		7	8S	27W	160.22	16	Jul.	1890	Howa
Justus	Socratus		5	8S	27W	158.6	10	Sep.	1890	Howa
Kaler	John	W.	10	12S	27W	160	27	Apr.	1885	Hem
Kaler	John	W.	10	12S	27W	-	27	Apr.	1885	Hem
Kaler	Lydia	B.	4	12S	30W	38.82	22	Mar.	1906	LRiv
Karr	Joseph		20	11S	32W	80	30	Aug.	1895	LRiv
Keel	John	W.	17	13S	24W	40	1	Jun.	1875	Hem
Keeling	James	L.	25	5S	28W	-	16	Sep.	1904	Howa
Keeling	James	L.	26	5S	28W	160	16	Sep.	1904	Howa
Keels	Lawrence		5	13S	26W	40	18	Feb.	1898	Hem
Keener	George	W.	31	6S	28W	-	12	Aug.	1901	Howa
Keener	George	W.	31	6S	28W	-	12	Aug.	1901	Howa
Keener	George	W.	31	6S	28W	-	12	Aug.	1901	Howa
Keener	George	W.	31	6S	28W	156.91	12	Aug.	1901	Howa
Keener	John	A.	8	12S	30W	160	1	Sep.	1893	LRiv
Keenum	Leander	G.	24	13S	24W	80	2	Apr.	1860	Hem
Keeton	James	A.	6	15N	22W	150.52	19	Jul.	1897	Neva
Keeton	James	A.	6	15N	22W	-	19	Jul.	1897	Neva
Keeton	John	R.	6	15N	22W	-	7	Mar.	1902	Neva
Keeton	John	R.	6	15N	22W	-	7	Mar.	1902	Neva
Keeton	John	R.	7	15N	22W	160	7	Mar.	1902	Neva
Keeton	William	T.	29	17N	21W	-	1	Feb.	1901	Neva
Keeton	William	T.	29	17N	21W	-	1	Feb.	1901	Neva
Keeton	William	T.	30	17N	21W	160	1	Feb.	1901	Neva
Keith	John		25	13S	26W	160	1	Sep.	1893	Hem
Kelley	Albert	P.	28	11S	32W	120	23	Jan.	1901	LRiv
Kelley	Albert	P.	29	11S	32W	-	23	Jan.	1901	LRiv
Kelley	Elbert	C.	32	15N	21W	120	3	Aug.	1825	Neva
Kelley	Elbert	C.	32	15N	21W	-	3	Aug.	1825	Neva
Kelley	Eli	M.	4	16N	19W	120	1	Feb.	1860	Neva
Kelley	John	F.	11	15N	21W	160	3	Feb.	1883	Neva
Kelley	John	F.	11	15N	21W	-	3	Feb.	1883	Neva
Kelley	William	H.	10	15N	21W	-	25	Feb.	1899	Neva
Kelley	William	H.	10	15N	21W	-	25	Feb.	1899	Neva
Kelley	William	H.	11	15N	21W	160	25	Feb.	1899	Neva

Last Name	First Name	Int.	Section No.	Twp.	Ran	Acres	Date		Co.
Kelly	Adam	L.	18	16N	22W	80	15 Aug.	1882	Neva
Kelly	Hezekiah		34	16N	21W	40	15 Nov.	1854	Neva
Kelly	Joel		4	9S	27W	122.4	2 Jul.	1860	Howa
Kelly	Leander		27	16N	21W	40	15 Nov.	1854	Neva
Kelly	Samuel		34	16N	21W	40	1 Sep.	1848	Neva
Kembell	Joseph		14	11S	25W	200	10 Aug.	1837	Hem
Kembell	Joseph		14	11S	25W	-	10 Aug.	1837	Hem
Kemp	Mary	T.	1	5S	30W	132.78	15 Jul.	1904	Howa
Kendall	James	K.	30	5S	30W	-	27 Jun.	1889	Howa
Kendall	James	K.	30	5S	30W	-	27 Jun.	1889	Howa
Kendall	James	K.	31	5S	30W	-	27 Jun.	1889	Howa
Kendall	James	K.	31	5S	30W	158.78	27 Jun.	1889	Howa
Kenedy	Charles		3	9S	26W	120	1 Jul.	1859	Hem
Kenedy	Charles		3	9S	26W	121.81	2 Apr.	1860	Hem
Kenedy	Charles		3	9S	26W	-	1 Jul.	1859	Hem
Kenedy	Charles		4	9S	26W	40	1 Jul.	1859	Hem
Kenedy	James	L.	1	9S	26W	160	30 Aug.	1882	Hem
Kenedy	Robert	M.	12	8S	28W	40	2 Apr.	1860	Howa
Kenedy	William	S.	3	9S	26W	80	2 Apr.	1860	Hem
Kennedy	Catharine		18	8S	27W	42.42	10 May	1861	Howa
Kennedy	Charles		3	9S	26W	40	1 Sep.	1846	Hem
Kennedy	Henry	P.	11	8S	28W	-	21 Jun.	1892	Howa
Kennedy	Henry	P.	11	8S	28W	80	21 Jun.	1892	Howa
Kennedy	Jane		1	8S	28W	-	19 Mar.	1904	Howa
Kennedy	Jane		2	8S	28W	160	19 Mar.	1904	Howa
Kennedy	Joshua	G.	11	8S	28W	-	25 Apr.	1898	Howa
Kennedy	Joshua	G.	11	8S	28W	80	25 Apr.	1898	Howa
Kennedy	Oliver	W.	9	16N	21W	40	27 Jun.	1904	Neva
Kennedy	Reuben	R.	2	8S	28W	161.07	30 Jun.	1884	Howa
Kennedy	Robert	M.	12	8S	28W	40	1 Mar.	1855	Howa
Kennedy	Robert	M.	12	8S	28W	40	2 Apr.	1860	Howa
Kennedy	Robert	M.	12	8S	28W	40	10 May	1861	Howa
Kennedy	Robert	M.	12	8S	28W	40	10 Apr.	1897	Howa
Kennedy	Robert	M.	13	8S	28W	40	1 Mar.	1855	Howa
Kennedy	Wiley	H.	8	14S	24W	80	1 Jul.	1859	Hem
Kennedy	William	S.	3	9S	26W	-	1 Jul.	1859	Hem
Kennedy	William	S.	10	9S	26W	160	1 Jul.	1859	Hem
Kennedy	William	S.	10	9S	26W	-	1 Jul.	1859	Hem
Kent	John		8	14S	23W	40	1 Mar.	1855	Hem
Kent	John		8	14S	23W	40	1 Mar.	1855	Hem
Kent	John		8	14S	23W	40	1 Sep.	1856	Hem
Kent	Myron		19	11S	24W	39.35	1 Jun.	1875	Hem
Kerby	Henry	L.	3	12S	32W	-	12 Nov.	1900	LRiv
Kerby	Henry	L.	4	12S	32W	160	12 Nov.	1900	LRiv
Kerr	William	M.	21	11S	23W	40	10 May	1861	Hem
Kesterson	Charles	H.	35	6S	28W	-	26 Aug.	1905	Howa
Kesterson	Charles	H.	35	6S	28W	-	26 Aug.	1905	Howa
Kesterson	Charles	H.	36	6S	28W	-	26 Aug.	1905	Howa
Kesterson	Charles	H.	36	6S	28W	160	26 Aug.	1905	Howa
Kesterson	Frank	P.	30	6S	30W	-	1 May	1906	Howa
Kesterson	Frank	P.	30	6S	30W	-	1 May	1906	Howa
Kesterson	Frank	P.	30	6S	30W	160.11	1 May	1906	Howa
Kesterson	Hannah	M.	35	6S	28W	-	26 May	1890	Howa
Kesterson	Hannah	M.	35	6S	28W	-	26 May	1890	Howa
Kesterson	Hannah	M.	35	6S	28W	160	26 May	1890	Howa
Kesterson	Samuel		9	8S	28W	-	9 Sep.	1882	Howa

Last Name	First Name	Int.	Section No.	Twp.	Ran	Acres	Date			Co.
Kesterson	Samuel		10	8S	28W	80	9	Sep.	1882	Howa
Kesterson	Samuel		29	7S	27W	40	1	Mar.	1877	Howa
Kesterson	Squire	W.	3	7S	27W	162.32	12	Aug.	1901	Howa
Kesterson	Vinsley	L.	3	8S	28W	83.72	15	Jan.	1885	Howa
Kesterson	William	E.	34	6S	28W	-	12	Dec.	1904	Howa
Kesterson	William	E.	34	6S	28W	160	12	Dec.	1904	Howa
Ketcherside	Cyrus	N.	4	13N	19W	-	10	Apr.	1907	Neva
Ketcherside	Cyrus	N.	32	14N	19W	-	10	Apr.	1907	Neva
Ketcherside	Cyrus	N.	33	14N	19W	133.68	10	Apr.	1907	Neva
Ketcherside	James	H.	4	13N	19W	-	8	Apr.	1903	Neva
Ketcherside	James	H.	5	13N	19W	155.99	8	Apr.	1903	Neva
Key	Andrew	J.	6	11S	32W	-	18	Feb.	1898	LRiv
Key	Andrew	J.	31	10S	32W	157.77	18	Feb.	1898	LRiv
Key	Thomas		24	11S	33W	160	4	May	1894	LRiv
Keys	George	B.	31	13N	20W	80	19	May	1903	Neva
Keys	George	B.	31	13N	20W	80	4	Jun.	1906	Neva
Keys	James	D.	11	15N	22W	160	24	Nov.	1890	Neva
Keys	James	D.	12	15N	22W	-	24	Nov.	1890	Neva
Keys	William		9	9S	25W	160	2	Jul.	1860	Hem
Keys	William		9	9S	25W	-	2	Jul.	1860	Hem
Keys	William		9	9S	25W	-	2	Jul.	1860	Hem
Keyton	Matilda		31	16N	22W	159.8	13	Feb.	1891	Neva
Keyton	Matilda		31	16N	22W	-	13	Feb.	1891	Neva
Keyton	Matilda		31	16N	22W	-	13	Feb.	1891	Neva
Keyton	Matilda		31	16N	22W	-	13	Feb.	1891	Neva
Kidd	Robert	L.	10	14S	25W	40	3	May	1895	Hem
Kilgore	Isham		33	16N	22W	160	14	Feb.	1900	Neva
Kilgore	Isham		34	16N	22W	-	14	Feb.	1900	Neva
Kilgore	Jesse	C.	2	5S	28W	80	25	Jun.	1901	Howa
Kilgore	John	H.	4	15N	22W	160	8	Apr.	1903	Neva
Kilgore	Reuben	L.	27	16N	22W	-	6	Jun.	1890	Neva
Kilgore	Reuben	L.	27	16N	22W	-	6	Jun.	1890	Neva
Kilgore	Reuben	L.	34	16N	22W	160	6	Jun.	1890	Neva
Kilgore	Vitha	E.	4	15N	22W	160.11	14	Feb.	1900	Neva
Killgore	Isaac		27	16N	22W	-	10	Aug.	1906	Neva
Killgore	Isaac		27	16N	22W	-	10	Aug.	1906	Neva
Killgore	Isaac		34	16N	22W	160	10	Aug.	1906	Neva
Killgore	Jackson		26	16N	22W	160	10	Apr.	1907	Neva
Killgore	Jackson		26	16N	22W	-	10	Apr.	1907	Neva
Killgore	Jackson		26	16N	22W	-	10	Apr.	1907	Neva
Killgore	James	R.	10	5S	28W	160	7	May	1894	Howa
Killgore	James	R.	11	5S	28W	-	7	May	1894	Howa
Killgore	James	R.	11	5S	28W	-	7	May	1894	Howa
Killgore	Jesse	C.	11	5S	28W	80	7	May	1894	Howa
Killgore	Thomas	W.	2	5S	28W	80	4	Apr.	1904	Howa
Killian	John	R.	25	6S	28W	161.24	16	Sep.	1904	Howa
Killian	Robert	L.	25	6S	28W	-	16	Sep.	1904	Howa
Killian	William	R.	24	6S	28W	-	31	Dec.	1904	Howa
Killian	William	R.	25	6S	28W	-	31	Dec.	1904	Howa
Killian	William	R.	25	6S	28W	160	31	Dec.	1904	Howa
Killion	Dan		29	15N	23W	160	15	Jul.	1904	Neva
Killion	Dan		29	15N	23W	-	15	Jul.	1904	Neva
Killion	Dan		29	15N	23W	-	15	Jul.	1904	Neva
Killion	Thomas	L.	29	15N	23W	-	28	Feb.	1906	Neva
Killion	Thomas	L.	30	15N	23W	160	28	Feb.	1906	Neva
Kimball	Melissa		12	12S	30W	-	19	Feb.	1890	LRiv

Last Name	First Name	Int.	Section No.	Twp.	Ran	Acres	Date			Co.
Kimball	Melissa		12	12S	30W	160	19	Feb.	1890	LRiv
Kimbell	Henry	J.	15	11S	25W	40	1	Aug.	1837	Hem
Kimbell	Henry	J.	19	11S	25W	135.88	1	Aug.	1837	Hem
Kimbell	Henry	J.	29	11S	25W	80	10	Jul.	1844	Hem
Kimbell	Henry	J.	30	11S	25W	40	1	Aug.	1837	Hem
Kimbell	Henry	J.	30	11S	25W	80	1	Aug.	1837	Hem
Kimbell	Henry	J.	30	11S	25W	135.8	1	Aug.	1837	Hem
Kimbell	Henry	J.	35	11S	26W	80	1	May	1845	Hem
Kimbell	Henry	J.	36	11S	26W	80	1	May	1845	Hem
Kimbell	Joseph		1	11S	25W	40	1	Aug.	1837	Hem
Kimbell	Joseph		1	11S	25W	160	1	Aug.	1837	Hem
Kimbell	Joseph		4	11S	25W	73.79	15	Apr.	1837	Hem
Kimbell	Joseph		26	10S	25W	40	15	Apr.	1837	Hem
Kimbell	Joseph		26	10S	25W	160	15	Apr.	1837	Hem
Kimbell	Joseph		33	10S	25W	160	15	Apr.	1837	Hem
Kimbell	Joseph		34	10S	25W	320	15	Apr.	1837	Hem
Kimbell	Joseph		35	10S	25W	40	15	Apr.	1837	Hem
Kimble	Hal		12	12S	30W	-	30	Jun.	1882	LRiv
Kimble	Hal		12	12S	30W	160	30	Jun.	1882	LRiv
Kimbriel	George	F.	21	14N	23W	160	31	Dec.	1904	Neva
Kimbriel	George	F.	21	14N	23W	-	31	Dec.	1904	Neva
Kimbriel	George	F.	21	14N	23W	-	31	Dec.	1904	Neva
Kimbriel	John	R.	4	14N	23W	159.77	8	Apr.	1903	Neva
Kimbro	Thomas	W.	21	8S	27W	80	2	Apr.	1860	Howa
Kincaid	Lewis	C.	20	14N	23W	-	11	Jun.	1897	Neva
Kincaid	Lewis	C.	28	14N	23W	-	11	Jun.	1897	Neva
Kincaid	Lewis	C.	29	14N	23W	160	11	Jun.	1897	Neva
King	Berrymon		7	7S	28W	40	26	Aug.	1895	Howa
King	Charles	A.	17	5S	30W	-	4	Jun.	1906	Howa
King	Charles	A.	17	5S	30W	-	4	Jun.	1906	Howa
King	Charles	A.	17	5S	30W	-	4	Jun.	1906	Howa
King	Charles	A.	17	5S	30W	160	4	Jun.	1906	Howa
King	Dorcas		20	6S	29W	160	26	Jun.	1906	Howa
King	Fountain		24	17N	19W	40	15	Nov.	1854	Neva
King	Fountain		24	17N	19W	40	15	Nov.	1854	Neva
King	Gemima		34	11S	27W	-	11	Dec.	1838	Howa
King	Gemima		35	11S	27W	320	11	Dec.	1838	Howa
King	Jesse	M.	5	15N	23W	-	15	Jul.	1904	Neva
King	Jesse	M.	32	16N	23W	160.39	15	Jul.	1904	Neva
King	Jesse	M.	32	16N	23W	-	15	Jul.	1904	Neva
King	Luis		5	15N	21W	-	3	May	1897	Neva
King	Luis		8	15N	21W	80	3	May	1897	Neva
King	Marion	S.	2	14N	22W	-	25	Feb.	1899	Neva
King	Marion	S.	35	15N	22W	160.04	25	Feb.	1899	Neva
King	Richard		19	9S	26W	40	2	Apr.	1860	Hem
King	Richard		30	9S	26W	261.87	1	Jul.	1859	Hem
King	Richard		30	9S	26W	-	1	Jul.	1859	Hem
King	William	M.	19	6S	29W	-	10	Jun.	1904	Howa
King	William	M.	19	6S	29W	160	10	Jun.	1904	Howa
King	William		34	11S	27W	-	1	Dec.	1830	Hem
King	William		35	11S	27W	320	1	Dec.	1830	Howa
Kinnaird	George	W.	6	10S	24W	40	2	Apr.	1860	Hem
Kinnaird	George	W.	6	10S	24W	80	2	Apr.	1860	Hem
Kinnard	George	W.	6	10S	24W	162.79	2	Jul.	1860	Hem
Kinsawl	Denis		1	10S	29W	162.87	1	Jul.	1859	Howa
Kinsawl	Denis		6	10S	28W	-	1	Jul.	1859	Howa

Last Name	First Name	Int.	Section No.	Twp.	Ran	Acres	Date			Co.
Kinsey	Peter		9	9S	26W	40	1	May	1845	Hem
Kinsey	Roland		17	9S	26W	80	1	Mar.	1843	Hem
Kinsey	Roland		18	9S	26W	80	1	Mar.	1843	Hem
Kinsworthy	Burton	H.	9	8S	27W	40	1	Mar.	1855	Howa
Kinsworthy	Burton	H.	19	13S	31W	39.66	1	May	1856	LRiv
Kinsworthy	Burton	H.	19	13S	31W	160.99	1	May	1856	LRiv
Kinsworthy	Burton	H.	24	13S	32W	40	1	May	1856	LRiv
Kinsworthy	Burton	H.	24	13S	32W	80	1	May	1856	LRiv
Kinsworthy	Burton	H.	24	13S	32W	320	1	May	1856	LRiv
Kinsworthy	Burton	H.	35	13S	31W	40	1	Jul.	1859	LRiv
Kinsworthy	Burton	H.	35	13S	31W	77.37	1	May	1856	LRiv
Kinsworthy	Burton	H.	35	8S	28W	40	1	May	1856	Howa
Kinsworthy	Ezekial		19	10S	26W	76.2	1	Sep.	1850	Hem
Kinsworthy	Ezekiel		6	13S	30W	40	1	Mar.	1855	LRiv
Kinsworthy	Ezekiel		6	13S	30W	40	1	Mar.	1855	LRiv
Kinsworthy	Ezekiel		6	13S	30W	40.1	1	Mar.	1855	LRiv
Kinsworthy	Ezekiel		19	12S	32W	183.08	1	Mar.	1855	LRiv
Kinsworthy	Ezekiel		22	13S	31W	80	1	May	1856	LRiv
Kinsworthy	Ezekiel		22	9S	28W	40	1	Mar.	1855	Howa
Kinsworthy	Ezekiel		24	10S	27W	40	1	Mar.	1855	Howa
Kinsworthy	Ezekiel		24	11S	29W	-	1	Mar.	1843	LRiv
Kinsworthy	Ezekiel		25	10S	27W	40	1	Mar.	1855	Howa
Kinsworthy	Ezekiel		27	13S	31W	80	1	May	1856	LRiv
Kinsworthy	Ezekiel		27	13S	31W	160	1	May	1856	LRiv
Kinsworthy	Ezekiel		34	13S	31W	40	1	May	1856	LRiv
Kirby	Beththi	Z.	29	6S	29W	-	30	Mar.	1905	Howa
Kirby	Beththi	Z.	30	6S	29W	160	30	Mar.	1905	Howa
Kirk	Jesse	A.	24	16N	22W	160	14	Feb.	1900	Neva
Kirk	Jesse	A.	24	16N	22W	-	14	Feb.	1900	Neva
Kirkpatrick	Charles		7	11S	24W	40	1	Jun.	1875	Hem
Kitchen	Pharoah		33	10S	27W	-	1	Dec.	1830	Howa
Kitchen	Pharoah		33	10S	27W	320	1	Dec.	1830	Howa
Kitchen	Silas	M.	27	12S	25W	80	30	Nov.	1885	Hem
Kitchens	Henry	H.	17	10S	23W	160	10	Apr.	1886	Hem
Klink	Jacob		1	15N	21W	-	25	Feb.	1907	Neva
Klink	Jacob		6	15N	20W	-	25	Feb.	1907	Neva
Klink	Jacob		36	16N	21W	137.63	25	Feb.	1907	Neva
Klutts	William	M.	25	17N	20W	78.86	31	Oct.	1906	Neva
Klutts	William	M.	30	17N	19W	-	31	Oct.	1906	Neva
Knight	James		26	13N	20W	-	12	Aug.	1919	Neva
Knight	James		27	13N	20W	-	12	Aug.	1919	Neva
Knight	James		34	13N	20W	160	12	Aug.	1919	Neva
Knighten	Jesse	J.	4	11S	32W	-	18	Oct.	1888	LRiv
Knighten	Jesse	J.	4	11S	32W	157.44	18	Oct.	1888	LRiv
Knighten	Marinda	A.	3	12S	32W	160	18	Oct.	1888	LRiv
Knoll	Louis		35	6S	30W	-	3	Aug.	1899	Howa
Knoll	Louis		36	6S	30W	160	3	Aug.	1899	Howa
Knox	Ben		3	13S	24W	40	1	Apr.	1876	Hem
Knox	Jesse		13	12S	26W	40	1	Aug.	1837	Hem
Knox	Robert	J.	20	17N	20W	160	15	Dec.	1882	Neva
Knox	Robert	J.	20	17N	20W	-	15	Dec.	1882	Neva
Knuckles	John	F.	14	13N	24W	80	3	Nov.	1891	Neva
Koone	Thales	E.	35	8S	29W	40	20	Apr.	1883	Howa
Kosier	John	H.	25	10S	33W	161.21	17	Dec.	1901	LRiv
Kosier	John	H.	30	10S	32W	-	17	Dec.	1901	LRiv
Kosier	John	H.	30	10S	32W	-	17	Dec.	1901	LRiv

Last Name	First Name	Int.	Section No.	Twp.	Ran	Acres	Date			Co.
Kroth	William	H.	31	6S	30W	-	31	Jul.	1903	Howa
Kuney	Richard	W.	26	10S	27W	40	1	Aug.	1837	Howa
Kuney	Richard	W.	26	10S	27W	80	1	Aug.	1837	Howa
Kurley	Lee	R.	7	6S	29W	-	8	Mar.	1907	Howa
Kurley	Lee	R.	7	6S	29W	-	8	Mar.	1907	Howa
Kurley	Lee	R.	7	6S	29W	160.7	8	Mar.	1907	Howa
Kuykendall	Burrell	B.	30	5S	30W	-	27	Jun.	1889	Howa
Lacefield	John	S.	31	5S	28W	-	17	Jul.	1894	Howa
Lacefield	John	S.	32	5S	28W	-	17	Jul.	1894	Howa
Lacefield	John	S.	32	5S	28W	160	17	Jul.	1894	Howa
Lacefield	Washington		7	11S	23W	40	1	Jul.	1875	Hem
Lackey	Amos	B.	32	16N	22W	40	1	Nov.	1884	Neva
Lackey	Amos	B.	32	16N	22W	160	18	Jul.	1893	Neva
Lackey	Amos	B.	32	16N	22W	-	7	Jun.	1883	Neva
Lackey	Amos	B.	32	16N	22W	-	7	Jun.	1883	Neva
Lackey	Amos	B.	32	16N	22W	-	18	Jul.	1893	Neva
Lackey	Amos	B.	32	16N	22W	-	18	Jul.	1893	Neva
Lackey	Amos	B.	33	16N	22W	160	7	Jun.	1883	Neva
Lackey	James	C.	7	5S	29W	-	31	Dec.	1904	Howa
Lackey	James	C.	8	5S	29W	160	31	Dec.	1904	Howa
Lackey	Sarah		5	15N	22W	160.08	May	Aug.	1905	Neva
Laferty	Thomas	J.	20	14S	24W	160	1	Jul.	1859	Hem
Laferty	Thomas	J.	20	14S	24W	-	1	Jul.	1859	Hem
Laferty	Thomas	J.	20	14S	24W	-	1	Jul.	1859	Hem
Lafferty	Thomas	J.	20	14S	24W	40	1	Jul.	1859	Hem
Lafferty	Thomas	J.	20	14S	24W	40	1	Jul.	1859	Hem
Laird	David		24	12S	26W	40	15	Apr.	1837	Hem
Lamb	Abel		19	16N	21W	160	24	Nov.	1890	Neva
Lamb	Henry		26	10S	32W	-	28	Dec.	1893	LRiv
Lamb	Henry		27	10S	32W	160	28	Dec.	1893	LRiv
Lamb	Henry		35	10S	32W	-	28	Dec.	1893	LRiv
Lamb	John	R.	2	11S	32W	80	25	Feb.	1890	LRiv
Lambert	William	M.	1	11S	32W	160	17	Dec.	1900	LRiv
Lance	Douglas		18	5S	29W	-	10	Sep.	1898	Howa
Lance	Douglas		18	5S	29W	160.47	10	Sep.	1898	Howa
Lance	William	M.	13	5S	30W	-	17	Dec.	1900	Howa
Lance	William	M.	13	5S	30W	-	17	Dec.	1900	Howa
Lance	William	M.	13	5S	30W	160	17	Dec.	1900	Howa
Landers	Elmore	M.	26	11S	31W	40	17	Jul.	1894	LRiv
Landers	Iler	H.	28	14S	24W	-	1	Feb.	1861	Hem
Landers	Iler	H.	32	14S	24W	280	1	Feb.	1861	Hem
Landers	Iler	H.	32	14S	24W	-	1	Feb.	1861	Hem
Landers	Rose		21	12S	30W	40	30	Nov.	1885	LRiv
Lane	Andrew	E.	32	16N	19W	-	6	May	1907	Neva
Lane	Andrew	E.	33	16N	19W	80	13	Feb.	1891	Neva
Lane	Andrew	E.	33	16N	19W	80	6	May	1907	Neva
Lane	Benjamin	H.	12	13S	33W	80	10	Jul.	1848	LRiv
Lane	Benjamin	H.	14	13S	33W	3.34	10	Jul.	1848	LRiv
Lane	James	C.	13	9S	27W	80	6	Sep.	1890	Howa
Lane	John	S.	12	9S	27W	-	1	Jul.	1857	Howa
Lane	John	S.	12	9S	27W	120	1	Jul.	1857	Howa
Langham	James	P.	4	11S	32W	153.45	13	Jun.	1889	LRiv
Langham	James	P.	33	10S	32W	-	13	Jun.	1889	LRiv
Langham	Wiley	W.	2	11S	27W	40	1	Sep.	1850	Howa
Langham	Wiley	W.	23	11S	27W	80	1	Mar.	1855	Howa
Langston	John	P.	18	10S	27W	80	2	Apr.	1860	Howa

Last Name	First Name	Int.	Section No.	Twp.	Ran	Acres	Date			Co.
Lankford	Thomas	J.	13	10S	26W	40	1	Mar.	1855	Hem
Lansdell	Robert	H.	3	12S	32W	-	7	Mar.	1902	LRiv
Lansdell	Robert	H.	10	12S	32W	80	7	Mar.	1902	LRiv
Laster	William	A.	23	7S	30W	-	19	May	1903	Howa
Laster	William	A.	23	7S	30W	-	19	May	1903	Howa
Laster	William	A.	23	7S	30W	-	19	May	1903	Howa
Laster	William	A.	23	7S	30W	160	19	May	1903	Howa
Lathem	John	N.	27	17N	20W	120	30	Dec.	1878	Neva
Lathem	John	N.	27	17N	20W	-	30	Dec.	1878	Neva
Latimer	Isham	P.	12	11S	26W	40	10	Apr.	1837	Hem
Latimer	Isham	P.	19	8S	27W	40	1	Mar.	1855	Howa
Latimer	Isham	P.	19	8S	27W	40	2	Apr.	1860	Howa
Latimer	Isham	P.	19	8S	27W	42.62	1	Sep.	1850	Howa
Latimer	Isham	P.	19	8S	27W	80	1	May	1845	Howa
Latimer	Isham	P.	30	8S	27W	40.3	1	Sep.	1850	Howa
Latimer	Lou	B.	19	8S	27W	40.25	15	Mar.	1888	Howa
Latta	Mary	S.	34	6S	29W	-	22	Mar.	1906	Howa
Latta	Mary	S.	34	6S	29W	-	22	Mar.	1906	Howa
Latta	Mary	S.	34	6S	29W	160	22	Mar.	1906	Howa
Laurance	William	J.	29	8S	27W	40	1	Mar.	1855	Howa
Laurance	William	J.	35	8S	27W	40	1	Mar.	1855	Howa
Laurance	William	J.	36	8S	27W	40	1	Mar.	1855	Howa
Lavender	Thomas	A.	12	9S	29W	40	1	Jul.	1857	Howa
Lawrance	William	B.	23	12S	24W	160	15	Apr.	1837	Hem
Lawrance	William	B.	28	12S	24W	40	1	Aug.	1837	Hem
Lawrance	William	B.	28	12S	24W	40	1	Aug.	1837	Hem
Lawrance	William	B.	34	12S	24W	-	10	Aug.	1837	Hem
Lawrance	William	B.	35	12S	24W	160	10	Aug.	1837	Hem
Lawrence	Benjamin	F.	36	11S	31W	-	28	Dec.	1893	LRiv
Lawrence	Benjamin	F.	36	11S	31W	-	28	Dec.	1893	LRiv
Lawrence	Benjamin	F.	36	11S	31W	160	28	Dec.	1893	LRiv
Lawrence	Richard	R.	15	11S	31W	160	20	Jul.	1892	LRiv
Lawrence	Richard	R.	22	11S	31W	-	20	Jul.	1892	LRiv
Lawrence	Richard	R.	22	11S	31W	-	20	Jul.	1892	LRiv
Lawrence	William	B.	23	12S	24W	80	15	Apr.	1837	Hem
Lawrence	William	B.	24	12S	24W	-	1	Aug.	1837	Hem
Lawrence	William	B.	26	12S	24W	120	1	Aug.	1837	Hem
Lawrence	William	B.	26	12S	24W	120	1	Aug.	1837	Hem
Lawrence	William	B.	27	12S	24W	-	1	Aug.	1837	Hem
Lawrence	William	B.	28	12S	24W	80	15	Apr.	1837	Hem
Lawrence	William	B.	36	12S	24W	80	1	Aug.	1837	Hem
Lawson	Charles	K.	14	15N	21W	-	17	Apr.	1899	Neva
Lawson	Charles	K.	15	15N	21W	160	17	Apr.	1899	Neva
Lawson	Elizabeth	S.	15	15N	21W	160	3	May	1897	Neva
Lawson	Elizabeth	S.	15	15N	21W	-	3	May	1897	Neva
Lawson	George	W.	28	10S	32W	40	2	Apr.	1860	LRiv
Lawson	George	W.	28	10S	32W	80	2	Apr.	1860	LRiv
Lawson	Liza		11	16N	20W	160	8	Mar.	1907	Neva
Lawson	Liza		11	16N	20W	-	8	Mar.	1907	Neva
Lawson	Liza		11	16N	20W	-	8	Mar.	1907	Neva
Lawson	Nancy		1	16N	20W	160	20	Jul.	1891	Neva
Lawson	Thomas		2	16N	20W	-	1	Feb.	1901	Neva
Lawson	Thomas		11	16N	20W	160	1	Feb.	1901	Neva
Lawton	George	F.	3	12S	24W	-	1	Dec.	1830	Hem
Lawton	George	F.	11	12S	24W	320	1	Dec.	1830	Hem
Layne	Benjamin	H.	1	13S	32W	-	10	Oct.	1856	LRiv

Last Name	First Name	Int.	Section No.	Twp.	Ran	Acres	Date			Co.
Layne	Benjamin	H.	1	13S	32W	40	1	May	1856	LRiv
Layne	Benjamin	H.	1	13S	32W	80	10	Oct.	1856	LRiv
Layne	Benjamin	H.	11	13S	33W	67.1	10	Jul.	1848	LRiv
Layne	Benjamin	H.	11	13S	33W	67.38	10	Jul.	1848	LRiv
Layne	Benjamin	H.	13	13S	33W	54.62	10	Jul.	1848	LRiv
Layne	Benjamin	H.	18	11S	30W	9.29	1	Mar.	1855	LRiv
Layne	Benjamin	H.	18	11S	30W	40.21	1	Mar.	1855	LRiv
Layne	Benjamin	H.	19	11S	30W	79.8	1	Mar.	1855	LRiv
Layne	Benjamin	H.	19	12S	32W	80.42	1	May	1845	LRiv
Layne	Benjamin	H.	19	12S	32W	103.68	1	May	1845	LRiv
Layne	Benjamin	H.	21	12S	32W	-	1	May	1856	LRiv
Layne	Benjamin	H.	21	12S	32W	40	1	May	1845	LRiv
Layne	Benjamin	H.	22	12S	32W	-	1	Oct.	1860	LRiv
Layne	Benjamin	H.	22	12S	32W	120	1	Oct.	1860	LRiv
Layne	Benjamin	H.	23	12S	32W	-	2	Jul.	1860	LRiv
Layne	Benjamin	H.	23	12S	32W	40	2	Jul.	1860	LRiv
Layne	Benjamin	H.	23	12S	32W	120	2	Jul.	1860	LRiv
Layne	Benjamin	H.	28	12S	32W	160	1	May	1845	LRiv
Leach	John		20	16N	21W	160	28	May	1895	Neva
Leach	Reuben		13	16N	22W	160	6	Jun.	1890	Neva
Leach	Reuben		13	16N	22W	-	6	Jun.	1890	Neva
Leake	George	G.	2	7S	28W	-	18	Mar.	1905	Howa
Leake	George	G.	3	7S	28W	160	18	Mar.	1905	Howa
Leaman	Nathaniel		5	7S	27W	148.95	23	Jun.	1889	Howa
Leaman	Nathaniel		6	7S	27W	-	23	Jun.	1889	Howa
Lear	Sarah		33	12S	26W	40	1	Jun.	1875	Hem
Leatherwood	Zachariah	W.	33	13S	25W	160	10	Sep.	1890	Hem
Ledbetter	James	W.	27	13N	20W	-	13	Aug.	1896	Neva
Ledbetter	James	W.	28	13N	20W	160	13	Aug.	1896	Neva
Ledbetter	James	W.	28	13N	20W	-	13	Aug.	1896	Neva
Lee	Cullen	M.	24	17N	19W	40	15	Nov.	1854	Neva
Lee	John	A.	7	16N	19W	160	12	Jun.	1885	Neva
Lee	John	A.	8	16N	19W	-	12	Jun.	1885	Neva
Lee	John	F.	28	11S	31W	-	4	Jun.	1906	LRiv
Lee	John	F.	28	11S	31W	80	4	Jun.	1906	LRiv
Lee	Jonathan	M.	6	8S	27W	-	11	Sep.	1905	Howa
Lee	Jonathan	M.	6	8S	27W	-	11	Sep.	1905	Howa
Lee	Jonathan	M.	6	8S	27W	165.44	11	Sep.	1905	Howa
Lee	Nancy	A.	15	14N	22W	-	9	May	1905	Neva
Lee	Nancy	A.	22	14N	22W	160	9	May	1905	Neva
Lee	Nancy	A.	22	14N	22W	-	9	May	1905	Neva
Lee	Richard	M.	5	13N	22W	40	1	Feb.	1860	Neva
Lee	Richard	M.	5	13N	22W	82.88	15	Jul.	1875	Neva
Lee	Richard	M.	5	13N	22W	-	15	Jul.	1875	Neva
Lee	Samuel	B.	26	17N	19W	-	1	Feb.	1860	Neva
Lee	Samuel	B.	27	17N	19W	40	15	Nov.	1854	Neva
Lee	Samuel	B.	27	17N	19W	80	1	Feb.	1860	Neva
Lee	Samuel	E.	8	14N	22W	160	23	Jun.	1898	Neva
Lee	Thomas	B.	31	14S	25W	95.66	1	Nov.	1839	Hem
Lee	Thomas	B.	32	14S	25W	80	1	Nov.	1839	Hem
Lee	Thomas	B.	32	14S	25W	80	1	Nov.	1839	Hem
Lee	Thomas	B.	32	14S	25W	80	10	Apr.	1837	Hem
Lee	Thomas	B.	32	14S	25W	80	10	Apr.	1837	Hem
Lee	Thomas	B.	32	14S	25W	80	10	Apr.	1837	Hem
Lee	William	S.	5	13N	22W	-	24	Oct.	1894	Neva
Lee	William	S.	6	13N	22W	157.47	24	Oct.	1894	Neva

Last Name	First Name	Int.	Section No.	Twp.	Ran	Acres	Date			Co.
Leeman	John		6	12S	31W	160	20	Sep.	1870	LRiv
Leeman	John		8	12S	31W	40	2	Jul.	1860	LRiv
Leemon	John		6	12S	31W	160	1	Dec.	1857	LRiv
Leemon	John		7	12S	31W	40	1	Oct.	1860	LRiv
Leemon	John		8	12S	31W	40	1	Jul.	1859	LRiv
Leeper	Aaron	B.	4	5S	28W	80	1	Apr.	1875	Howa
Leeper	Aaron	B.	8	5S	28W	40	24	Apr.	1889	Howa
Leeper	Aaron	B.	17	5S	30W	80	30	Jul.	1900	Howa
Leeper	George	W.	5	5S	28W	40	18	May	1894	Howa
Leeper	James	M.	5	5S	28W	40	1	Dec.	1857	Howa
Leeper	James	M.	5	5S	28W	40	2	Apr.	1860	Howa
Leeper	James	M.	5	5S	28W	40	15	May	1875	Howa
Leeper	James	P.	5	5S	28W	-	4	Aug.	1891	Howa
Leeper	James	P.	6	5S	28W	157.97	4	Aug.	1891	Howa
Leeper	Shannon	A.	4	5S	30W	-	1	Jul.	1903	Howa
Leeper	Shannon	A.	5	5S	30W	-	1	Jul.	1903	Howa
Leeper	Shannon	A.	8	5S	30W	-	1	Jul.	1903	Howa
Leeper	Shannon	A.	9	5S	30W	160	1	Jul.	1903	Howa
Leeper	William	M.	10	5S	28W	-	7	May	1894	Howa
Leeper	William	M.	10	5S	28W	-	7	May	1894	Howa
Leeper	William	M.	10	5S	28W	160	7	May	1894	Howa
Leidham	Nathan		29	12S	26W	80	30	Nov.	1888	Hem
Leimon	John		6	12S	31W	-	20	Sep.	1870	LRiv
Leimon	John		7	12S	31W	-	20	Sep.	1870	LRiv
Leimon	John		7	12S	31W	120	20	Sep.	1870	LRiv
Lemarr	Jackson		29	15N	22W	-	14	Dec.	1895	Neva
Lemarr	Jackson		30	15N	22W	160	14	Dec.	1895	Neva
Lemarr	Jackson		30	15N	22W	-	14	Dec.	1895	Neva
Lemarr	John		32	15N	22W	-	15	Dec.	1882	Neva
Lemarr	John		33	15N	22W	160	15	Dec.	1882	Neva
Lemarr	John		33	15N	22W	-	15	Dec.	1882	Neva
Lemon	Robert		34	12S	31W	80	13	Aug.	1896	LRiv
Lemon	Robert		34	12S	31W	80	1	Dec.	1857	LRiv
Lemons	James	W.	18	8S	27W	-	10	Apr.	1886	Howa
Lemons	James	W.	18	8S	27W	-	10	Apr.	1886	Howa
Lemons	James	W.	19	8S	27W	160	10	Apr.	1886	Howa
Leslie	Elizabeth	A.	8	9S	26W	120	1	Jul.	1859	Hem
Leslie	Elizabeth	A.	8	9S	26W	120	2	Apr.	1860	Hem
Leslie	Elizabeth	A.	8	9S	26W	-	1	Jul.	1859	Hem
Leslie	Elizabeth	A.	8	9S	26W	-	2	Apr.	1860	Hem
Leslie	Robert	A.	8	9S	27W	-	1	Jul.	1859	Howa
Leslie	Robert	A.	8	9S	27W	40	1	Mar.	1855	Howa
Leslie	Robert	A.	17	9S	27W	40	1	Mar.	1885	Howa
Leslie	Robert	A.	17	9S	27W	80	1	Jul.	1859	Howa
Leslie	Rufus	A.	8	9S	26W	80	30	Jun.	1884	Hem
Leslie	Samuel	F.	19	9S	25W	40	2	Apr.	1860	Hem
Leslie	Samuel	F.	19	9S	25W	40	2	Apr.	1860	Hem
Leslie	Samuel	F.	20	9S	25W	40	2	Apr.	1860	Hem
Leslie	Samuel	F.	20	9S	25W	80	1	Mar.	1855	Hem
Leslie	Samuel	F.	20	9S	25W	120	1	Jul.	1859	Hem
Leslie	Samuel	F.	20	9S	25W	120	2	Apr.	1860	Hem
Leslie	Samuel	F.	25	9S	27W	40	1	May	1856	Howa
Leslie	Thomas	C.	28	9S	26W	160	1	May	1856	Hem
Leslie	Thomas	C.	28	9S	26W	-	1	Jul.	1859	Hem
Leslie	Thomas	C.	29	9S	26W	160	1	Jul.	1859	Hem
Leslie	Thomas	C.	29	9S	26W	-	1	Jul.	1859	Hem

Last Name	First Name	Int.	Section No.	Twp.	Ran	Acres	Date			Co.
Leslie	William	C.	17	9S	27W	40	1	Mar.	1855	Howa
Leslie	William	C.	17	9S	27W	40	1	Jul.	1859	Howa
Leslie	William	C.	23	9S	26W	120	2	Apr.	1860	Hem
Leslie	William	C.	24	9S	26W	-	2	Apr.	1860	Hem
Lester	Fountain	C.	6	10S	25W	155.99	2	Apr.	1860	Hem
Lester	Fountain	C.	36	9S	26W	160	2	Apr.	1860	Hem
Lester	Henry	E.	25	9S	26W	-	2	Jul.	1860	Hem
Lester	Henry	E.	26	9S	26W	-	2	Jul.	1860	Hem
Lester	Henry	E.	35	9S	26W	120	2	Jul.	1860	Hem
Lester	Henry	E.	36	9S	26W	160	2	Apr.	1860	Hem
Lester	William		34	10S	26W	40	10	Apr.	1837	Hem
Lester	William		34	10S	26W	40	15	Apr.	1837	Hem
Lester	William		35	10S	26W	40	10	Apr.	1837	Hem
Lester	Winset		24	12S	32W	-	25	Apr.	1898	LRiv
Lester	Winset		24	12S	32W	160	25	Apr.	1898	LRiv
Levi	Nathan		34	8S	27W	80	1	Mar.	1855	Howa
Lewis	Amaziah		12	10S	27W	40	1	Nov.	1849	Howa
Lewis	Amaziah		15	10S	27W	160	1	Mar.	1843	Howa
Lewis	Amaziah		22	10S	27W	40	1	May	1845	Howa
Lewis	Amaziah		22	9S	27W	40	1	Mar.	1855	Howa
Lewis	Charlie	J.	7	12S	30W	-	1	Sep.	1893	LRiv
Lewis	Charlie	J.	7	12S	30W	60	1	Sep.	1893	LRiv
Lewis	Emsley	N.	33	14S	24W	160	1	Jul.	1859	Hem
Lewis	Emsley	N.	34	14S	24W	160	1	Jul.	1859	Hem
Lewis	George	W.	18	15N	22W	154.42	6	Oct.	1894	Neva
Lewis	George	W.	18	15N	22W	-	6	Oct.	1894	Neva
Lewis	George	W.	18	15N	22W	-	6	Oct.	1894	Neva
Lewis	Harmon	R.	9	8S	27W	40	15	Jun.	1855	Howa
Lewis	Harmon	R.	9	8S	27W	40	2	Apr.	1860	Howa
Lewis	James	H.	34	8S	29W	160	16	Sep.	1904	Howa
Lewis	James	M.	27	14N	24W	160	18	Apr.	1905	Neva
Lewis	James	M.	27	14N	24W	-	18	Apr.	1905	Neva
Lewis	James	M.	27	14N	24W	-	18	Apr.	1905	Neva
Lewis	James	M.	27	14N	24W	-	18	Apr.	1905	Neva
Lewis	James	M.	31	14N	23W	40	30	Sep.	1884	Neva
Lewis	James	M.	32	14N	23W	160	1	Jul.	1890	Neva
Lewis	John	A.	13	13N	24W	120	31	Oct.	1906	Neva
Lewis	John	A.	13	13N	24W	-	31	Oct.	1906	Neva
Lewis	John	F.	22	14N	24W	-	8	May	1901	Neva
Lewis	John	F.	22	14N	24W	-	8	May	1901	Neva
Lewis	John	F.	27	14N	24W	160	8	May	1901	Neva
Lewis	John	S.	29	13N	23W	40	1	Feb.	1860	Neva
Lewis	John	W.	9	13N	23W	160	27	Jul.	1904	Neva
Lewis	John	W.	9	13N	23W	-	27	Jul.	1904	Neva
Lewis	John	W.	9	13N	23W	-	27	Jul.	1904	Neva
Lewis	Margret		5	15N	23W	-	30	Dec.	1905	Neva
Lewis	Margret		8	15N	23W	160	30	Dec.	1905	Neva
Lewis	Mary	A.	12	16N	19W	160	18	Apr.	1898	Neva
Lewis	Mary	A.	12	16N	19W	-	18	Apr.	1898	Neva
Lewis	Mary	A.	12	16N	19W	-	18	Apr.	1898	Neva
Lewis	Mary	A.	12	16N	19W	-	18	Apr.	1898	Neva
Lewis	Oswald	K.	1	13S	31W	119.7	23	Jan.	1899	LRiv
Lewis	Thomas	M.	33	14S	24W	160	1	Jul.	1859	Hem
Lewis	Wesley		32	13S	28W	80	2	Jan.	1895	LRiv
Lewis	William	A.	2	13N	24W	160.22	8	Jan.	1895	Neva
Lewis	William	A.	2	13N	24W	-	8	Jan.	1895	Neva

Last Name	First Name	Int.	Section No.	Twp.	Ran	Acres	Date			Co.
Lewis	William	O.	34	14N	24W	40	30	Aug.	1888	Neva
Lewis	William	O.	34	14N	24W	80	30	Sep.	1884	Neva
Lewis	William	O.	34	14N	24W	80	8	Mar.	1890	Neva
Lewis	William	O.	34	14N	24W	-	30	Sep.	1884	Neva
Lewis	William	O.	34	14N	24W	-	8	Mar.	1890	Neva
Libby	Nathaniel		19	17N	23W	42.41	15	Nov.	1854	Neva
Lick	Henry		5	11S	27W	39.39	10	Apr.	1837	Howa
Lick	Henry		7	10S	26W	80	1	Jul.	1859	Hem
Lick	Henry		8	11S	27W	40	1	Aug.	1837	Howa
Lick	Henry		32	10S	27W	80	10	Apr.	1837	Howa
Lick	John	W.	22	10S	27W	80	1	Jul.	1859	Howa
Lick	Nicholas		6	10S	26W	-	1	Jul.	1859	Hem
Lick	Nicholas		7	10S	26W	155.31	1	Jul.	1859	Hem
Lick	Nicholas		7	10S	26W	157.35	2	Apr.	1860	Hem
Lick	Nicholas		7	10S	26W	-	2	Apr.	1860	Hem
Lick	William		26	10S	27W	40	1	Aug.	1837	Howa
Lickliter	George	F.	25	14N	24W	-	8	Oct.	1901	Neva
Lickliter	George	F.	25	14N	24W	-	8	Oct.	1901	Neva
Lickliter	George	F.	26	14N	24W	160	8	Oct.	1901	Neva
Light	Sarah	E.	1	13N	20W	159.75	3	May	1897	Neva
Light	Sarah	E.	1	13N	20W	-	3	May	1897	Neva
Light	Sarah	E.	6	13N	19W	-	3	May	1897	Neva
Ligon	William	H.	10	14S	25W	40	10	Aug.	1837	Hem
Ligon	William	H.	10	14S	25W	200	10	Aug.	1837	Hem
Ligon	William	H.	10	14S	25W	-	10	Aug.	1837	Hem
Ligon	William	H.	10	14S	25W	-	10	Aug.	1837	Hem
Liles	Amos	W.	13	5S	28W	-	25	Feb.	1890	Howa
Liles	Amos	W.	13	5S	28W	-	25	Feb.	1890	Howa
Liles	Amos	W.	13	5S	28W	160	25	Feb.	1890	Howa
Liles	John	W.	13	15N	20W	160	28	Sep.	1893	Neva
Liles	John	W.	14	15N	20W	-	28	Sep.	1893	Neva
Linch	Alexander		4	11S	27W	317.36	1	Dec.	1830	Howa
Lindsay	James	A.	34	12S	31W	-	29	Jan.	1890	LRiv
Lindsay	James	A.	34	12S	31W	-	29	Jan.	1890	LRiv
Lindsay	James	A.	34	12S	31W	-	29	Jan.	1890	LRiv
Lindsay	James	A.	34	12S	31W	240	29	Jan.	1890	LRiv
Lindsay	James	E.	1	12S	31W	160.54	29	Jan.	1890	LRiv
Lindsay	James	E.	2	12S	31W	-	29	Jan.	1890	LRiv
Lindsay	James	E.	2	12S	31W	-	5	Apr.	1890	LRiv
Lindsay	James	E.	2	12S	31W	80.13	29	Jan.	1890	LRiv
Lindsay	James	E.	2	12S	31W	120	5	Apr.	1890	LRiv
Lindsay	James	E.	3	12S	31W	80	5	Apr.	1890	LRiv
Lindsay	James	E.	3	12S	32W	40.88	5	Apr.	1890	LRiv
Lindsay	James	E.	4	12S	31W	38.62	29	Jan.	1890	LRiv
Lindsay	James	E.	5	12S	31W	38.54	29	Jan.	1890	LRiv
Lindsay	James	E.	6	12S	30W	-	29	Jan.	1890	LRiv
Lindsay	James	E.	6	12S	30W	87.93	29	Jan.	1890	LRiv
Lindsay	James	E.	6	12S	31W	158.16	31	Jan.	1890	LRiv
Lindsay	James	E.	7	11S	32W	40	31	Jan.	1890	LRiv
Lindsay	James	E.	7	12S	30W	-	29	Jan.	1890	LRiv
Lindsay	James	E.	7	12S	30W	127.6	29	Jan.	1890	LRiv
Lindsay	James	E.	7	12S	31W	80	5	Apr.	1890	LRiv
Lindsay	James	E.	8	11S	32W	80	5	Apr.	1890	LRiv
Lindsay	James	E.	10	12S	31W	-	29	Jan.	1890	LRiv
Lindsay	James	E.	10	12S	31W	-	29	Jan.	1890	LRiv
Lindsay	James	E.	10	12S	31W	-	29	Jan.	1890	LRiv

Last Name	First Name	Int.	Section No.	Twp.	Ran	Acres	Date			Co.
Lindsay	James	E.	10	12S	31W	-	29	Jan.	1890	LRiv
Lindsay	James	E.	10	12S	31W	-	29	Jan.	1890	LRiv
Lindsay	James	E.	10	12S	31W	40	5	Apr.	1890	LRiv
Lindsay	James	E.	10	12S	31W	400	29	Jan.	1890	LRiv
Lindsay	James	E.	11	12S	31W	-	29	Jan.	1890	LRiv
Lindsay	James	E.	11	12S	31W	520	29	Jan.	1890	LRiv
Lindsay	James	E.	12	12S	31W	40	5	Apr.	1890	LRiv
Lindsay	James	E.	12	12S	32W	160	5	Apr.	1890	LRiv
Lindsay	James	E.	13	11S	32W	-	31	Jan.	1890	LRiv
Lindsay	James	E.	13	11S	33W	-	5	Apr.	1890	LRiv
Lindsay	James	E.	13	11S	33W	120	31	Jan.	1890	LRiv
Lindsay	James	E.	13	11S	33W	120	5	Apr.	1890	LRiv
Lindsay	James	E.	14	12S	31W	-	29	Jan.	1890	LRiv
Lindsay	James	E.	14	12S	31W	400	29	Jan.	1890	LRiv
Lindsay	James	E.	15	11S	31W	40	29	Jan.	1890	LRiv
Lindsay	James	E.	15	12S	31W	-	29	Jan.	1890	LRiv
Lindsay	James	E.	15	12S	31W	-	29	Jan.	1890	LRiv
Lindsay	James	E.	15	12S	31W	480	29	Jan.	1890	LRiv
Lindsay	James	E.	17	11S	31W	-	5	Apr.	1890	LRiv
Lindsay	James	E.	17	11S	31W	-	5	Apr.	1890	LRiv
Lindsay	James	E.	17	11S	31W	120	5	Apr.	1890	LRiv
Lindsay	James	E.	17	11S	32W	-	31	Jan.	1890	LRiv
Lindsay	James	E.	17	11S	32W	-	31	Jan.	1890	LRiv
Lindsay	James	E.	17	11S	32W	160	31	Jan.	1890	LRiv
Lindsay	James	E.	17	12S	31W	-	29	Jan.	1890	LRiv
Lindsay	James	E.	17	12S	31W	-	29	Jan.	1890	LRiv
Lindsay	James	E.	17	12S	31W	-	29	Jan.	1890	LRiv
Lindsay	James	E.	17	12S	31W	420	29	Jan.	1890	LRiv
Lindsay	James	E.	18	11S	31W	-	5	Apr.	1890	LRiv
Lindsay	James	E.	18	11S	31W	120	5	Apr.	1890	LRiv
Lindsay	James	E.	18	11S	32W	351.06	31	Jan.	1890	LRiv
Lindsay	James	E.	19	11S	32W	-	31	Jan.	1890	LRiv
Lindsay	James	E.	19	11S	32W	-	31	Jan.	1890	LRiv
Lindsay	James	E.	19	11S	32W	-	31	Jan.	1890	LRiv
Lindsay	James	E.	19	11S	32W	628.51	31	Jan.	1890	LRiv
Lindsay	James	E.	20	11S	31W	40	5	Apr.	1890	LRiv
Lindsay	James	E.	20	11S	32W	-	5	Apr.	1890	LRiv
Lindsay	James	E.	20	11S	32W	120	5	Apr.	1890	LRiv
Lindsay	James	E.	20	12S	31W	-	29	Jan.	1890	LRiv
Lindsay	James	E.	20	12S	31W	80	29	Jan.	1890	LRiv
Lindsay	James	E.	21	11S	31W	80	29	Jan.	1890	LRiv
Lindsay	James	E.	21	12S	31W	-	29	Jan.	1890	LRiv
Lindsay	James	E.	21	12S	31W	-	29	Jan.	1890	LRiv
Lindsay	James	E.	21	12S	31W	320	29	Jan.	1890	LRiv
Lindsay	James	E.	22	11S	31W	-	29	Jan.	1890	LRiv
Lindsay	James	E.	22	11S	31W	240	29	Jan.	1890	LRiv
Lindsay	James	E.	22	12S	31W	-	10	Feb.	1890	LRiv
Lindsay	James	E.	22	12S	31W	-	10	Feb.	1890	LRiv
Lindsay	James	E.	22	12S	31W	200	10	Feb.	1890	LRiv
Lindsay	James	E.	23	11S	31W	80	29	Jan.	1890	LRiv
Lindsay	James	E.	23	12S	31W	-	29	Jan.	1890	LRiv
Lindsay	James	E.	23	12S	31W	-	29	Jan.	1890	LRiv
Lindsay	James	E.	23	12S	31W	-	5	Apr.	1890	LRiv
Lindsay	James	E.	23	12S	31W	80	5	Apr.	1890	LRiv
Lindsay	James	E.	23	12S	31W	280	29	Jan.	1890	LRiv

Last Name	First Name	Int.	Section No.	Twp.	Ran	Acres	Date			Co.
Lindsay	James	E.	24	11S	33W	80	31	Jan.	1890	LRiv
Lindsay	James	E.	25	11S	31W	-	29	Jan.	1890	LRiv
Lindsay	James	E.	25	11S	31W	120	29	Jan.	1890	LRiv
Lindsay	James	E.	25	12S	31W	-	24	Mar.	1890	LRiv
Lindsay	James	E.	25	12S	31W	240	24	Mar.	1890	LRiv
Lindsay	James	E.	26	10S	32W	-	31	Jan.	1890	LRiv
Lindsay	James	E.	26	10S	32W	-	31	Jan.	1890	LRiv
Lindsay	James	E.	26	10S	32W	80	5	Apr.	1890	LRiv
Lindsay	James	E.	26	10S	32W	160	31	Jan.	1890	LRiv
Lindsay	James	E.	26	12S	31W	-	29	Jan.	1890	LRiv
Lindsay	James	E.	26	12S	31W	-	29	Jan.	1890	LRiv
Lindsay	James	E.	26	12S	31W	-	29	Jan.	1890	LRiv
Lindsay	James	E.	26	12S	31W	280	29	Jan.	1890	LRiv
Lindsay	James	E.	26	12S	31W	280	29	Jan.	1890	LRiv
Lindsay	James	E.	27	10S	32W	40	31	Jan.	1890	LRiv
Lindsay	James	E.	27	11S	32W	-	5	Apr.	1890	LRiv
Lindsay	James	E.	27	11S	32W	160	5	Apr.	1890	LRiv
Lindsay	James	E.	27	12S	31W	-	29	Jan.	1890	LRiv
Lindsay	James	E.	27	12S	31W	-	29	Jan.	1890	LRiv
Lindsay	James	E.	27	12S	31W	200	29	Jan.	1890	LRiv
Lindsay	James	E.	30	11S	30W	-	29	Jan.	1890	LRiv
Lindsay	James	E.	30	11S	30W	-	29	Jan.	1890	LRiv
Lindsay	James	E.	30	11S	30W	519.28	29	Jan.	1890	LRiv
Lindsay	James	E.	30	11S	31W	80	5	Apr.	1890	LRiv
Lindsay	James	E.	31	11S	31W	-	31	Jan.	1890	LRiv
Lindsay	James	E.	31	11S	31W	40	5	Apr.	1890	LRiv
Lindsay	James	E.	31	11S	31W	120	31	Jan.	1890	LRiv
Lindsay	James	E.	32	11S	31W	-	29	Jan.	1890	LRiv
Lindsay	James	E.	32	11S	31W	-	29	Jan.	1890	LRiv
Lindsay	James	E.	32	11S	31W	-	29	Jan.	1890	LRiv
Lindsay	James	E.	32	11S	31W	-	29	Jan.	1890	LRiv
Lindsay	James	E.	32	11S	31W	40	31	Jan.	1890	LRiv
Lindsay	James	E.	32	11S	31W	360	29	Jan.	1890	LRiv
Lindsay	James	E.	33	11S	31W	-	31	Jan.	1890	LRiv
Lindsay	James	E.	33	11S	31W	120	31	Jan.	1890	LRiv
Lindsay	James	E.	33	11S	32W	40	5	Apr.	1890	LRiv
Lindsay	James	E.	33	12S	31W	40	5	Apr.	1890	LRiv
Lindsay	James	E.	34	11S	31W	40	31	Jan.	1890	LRiv
Lindsay	James	E.	34	11S	32W	-	5	Apr.	1890	LRiv
Lindsay	James	E.	34	11S	32W	-	5	Apr.	1890	LRiv
Lindsay	James	E.	34	11S	32W	600	5	Apr.	1890	LRiv
Lindsay	James	E.	34	11S	33W	-	5	Apr.	1890	LRiv
Lindsay	James	E.	35	10S	32W	-	31	Jan.	1890	LRiv
Lindsay	James	E.	35	10S	32W	-	31	Jan.	1890	LRiv
Lindsay	James	E.	35	10S	32W	-	31	Jan.	1890	LRiv
Lindsay	James	E.	35	10S	32W	160	31	Jan.	1890	LRiv
Lindsay	James	E.	36	11S	31W	40	29	Jan.	1890	LRiv
Lindsey	Halland		26	15N	21W	160	26	Mar.	1890	Neva
Lindsey	Halland		27	15N	21W	-	26	Mar.	1890	Neva
Lindsey	Halland		27	15N	21W	-	26	Mar.	1890	Neva
Lindsey	Joseph		29	12S	32W	40	1	Nov.	1849	LRiv
Lingo	Dianah		27	10S	32W	160	10	Aug.	1894	LRiv
Lippard	Daniel		22	12S	30W	40	1	Jul.	1859	LRiv
Lippard	Daniel		22	12S	30W	80	1	Jul.	1859	LRiv
Lipscomb	Charles	S.	30	8S	28W	80	18	Mar.	1905	Howa
Lipscomb	Luther		6	9S	28W	37.41	30	Dec.	1905	Howa

Last Name	First Name	Int.	Section No.	Twp.	Ran	Acres	Date		Co.
Lipscomb	Stanhope	A.	33	8S	28W	-	3 Apr.	1896	Howa
Lipscomb	Stanhope	A.	33	8S	28W	80	3 Apr.	1896	Howa
Lipscomb	Stanhope	W.	28	8S	28W	80	30 Mar.	1905	Howa
Lipsey	Francis		6	12S	30W	38.19	1 Jul.	1857	LRiv
Lipsey	Lemuel		33	11S	31W	80	10 May	1861	LRiv
Lipsey	Redding		3	12S	31W	40.08	7 Mar.	1892	LRiv
Lipsey	Redding		3	12S	31W	40.22	1 Mar.	1855	LRiv
Lipsey	Redding		3	12S	31W	40.25	1 Mar.	1855	LRiv
Lipsey	Redding		34	11S	31W	40	2 Jul.	1860	LRiv
Litchford	Joseph		29	10S	26W	40	1 Mar.	1855	Hem
Litchford	Nathan		28	10S	26W	40	2 Apr.	1860	Hem
Litchford	Nathan		28	10S	26W	80	1 Jul.	1859	Hem
Litchford	William		7	7S	28W	118.15	2 Apr.	1860	Howa
Litchford	William		21	10S	26W	80	1 Nov.	1839	Hem
Littlefield	Gilson	V.	23	7S	30W	-	15 Jul.	1904	Howa
Littlefield	Gilson	V.	24	7S	30W	-	15 Jul.	1904	Howa
Littlefield	Gilson	V.	24	7S	30W	160	15 Jul.	1904	Howa
Littlefield	Levi	S.	11	8S	29W	80	1 Jun.	1885	Howa
Littlefield	Levi	S.	13	8S	29W	80	30 Jun.	1882	Howa
Littlefield	Levi	S.	13	8S	29W	80	4 Aug.	1891	Howa
Littlefield	Luvenia	A.	3	8S	29W	80	28 Dec.	1893	Howa
Littlefield	Phillip	R.	24	7S	30W	-	4 Apr.	1904	Howa
Littlefield	Phillip	R.	24	7S	30W	160	4 Apr.	1904	Howa
Littlefield	William	H.	24	7S	30W	-	8 May	1901	Howa
Littlefield	William	H.	24	7S	30W	-	8 May	1901	Howa
Littlefield	William	H.	25	7S	30W	160	8 May	1901	Howa
Littlefield	William	T.	11	8S	29W	40	24 Jun.	1889	Howa
Littlejohn	Edmond		35	12S	24W	40	30 Jun.	1882	Hem
Lively	Galand	F.	34	9S	24W	160	30 Aug.	1882	Hem
Lively	James	C.	7	14N	19W	-	19 Feb.	1890	Neva
Lively	James	C.	18	14N	19W	120	19 Feb.	1890	Neva
Lively	Margaret		7	14N	19W	80	20 Jul.	1891	Neva
Lively	Martha	J.	20	14N	19W	-	28 Feb.	1906	Neva
Lively	Martha	J.	20	14N	19W	-	28 Feb.	1906	Neva
Lively	Martha	J.	29	14N	19W	160	28 Feb.	1906	Neva
Lively	William		31	9S	24W	39.14	1 Jul.	1859	Hem
Lively	William		36	9S	25W	120	2 Apr.	1860	Hem
Lively	Willis	E.	5	14N	19W	-	5 Jul.	1889	Neva
Lively	Willis	E.	6	14N	19W	160	5 Jul.	1889	Neva
Lively	Willis	E.	7	14N	19W	-	5 Jul.	1889	Neva
Lively	Willis	E.	8	14N	19W	-	5 Jul.	1889	Neva
Lloyd	Bennagy		5	14S	28W	30.66	1 May	1845	LRiv
Lloyd	Tom		9	13S	24W	40	25 Jul.	1876	Hem
Lochridge	Thomas	R.	19	7S	27W	-	22 Nov.	1889	Howa
Lochridge	Thomas	R.	19	7S	27W	-	22 Nov.	1889	Howa
Lochridge	Thomas	R.	19	7S	27W	160.32	22 Nov.	1889	Howa
Lochridge	Tinie		18	7S	27W	-	31 Jul.	1903	Howa
Lochridge	Tinie		19	7S	27W	160	31 Jul.	1903	Howa
Lockhart	Calvin		22	16N	19W	80	28 Mar.	1906	Neva
Logan	Allen	W.	14	5S	28W	-	1 Jun.	1888	Howa
Logan	Allen	W.	23	5S	28W	-	1 Jun.	1888	Howa
Logan	Allen	W.	23	5S	28W	160	1 Jun.	1888	Howa
Logan	Drennon		22	13S	28W	160	27 Sep.	1889	LRiv
Logan	Henry	A.	14	5S	28W	-	1 Apr.	1875	Howa
Logan	Henry	A.	14	5S	28W	80	1 Apr.	1875	Howa
Logan	Henry	A.	23	5S	28W	40	5 Apr.	1890	Howa

Last Name	First Name	Int.	Section No.	Twp.	Ran	Acres	Date			Co.
Logan	James	W.	9	9S	26W	40	1	Nov.	1849	Hem
Logan	John		20	13S	24W	40	2	Jul.	1860	Hem
Logan	Robert	W.	33	14N	23W	160	1	Feb.	1901	Neva
Logan	Robert	W.	33	14N	23W	-	1	Feb.	1901	Neva
Logan	Sylvanus		12	8S	29W	40	2	Jul.	1860	Howa
Logan	Tennessee		23	5S	28W	-	25	Feb.	1890	Howa
Logan	Tennessee		24	5S	28W	160	25	Feb.	1890	Howa
Logan	William	A.	13	7S	28W	80	8	Oct.	1901	Howa
Logan	William	A.	24	7S	28W	80	24	Jun.	1889	Howa
Logan	William	D.	24	5S	28W	132.04	4	Apr.	1904	Howa
Logan	William	J.	1	13S	26W	80	7	May	1894	Hem
Lohner	Henry		11	13N	24W	80	1	Mar.	1904	Neva
Lohner	Henry		11	13N	24W	-	1	Mar.	1904	Neva
Lokey	Dennis	H.	20	8S	27W	40	2	Apr.	1860	Howa
Lokey	Dennis	H.	20	8S	27W	40	2	Jul.	1860	Howa
Lokey	Muse	H.	6	9S	26W	183.11	1	Dec.	1857	Hem
Lokey	Muse	H.	12	9S	27W	40	1	Mar.	1855	Howa
Lollar	Isaac		21	13S	23W	40	1	May	1845	Hem
Long	Hiram		34	14N	21W	160	22	Oct.	1903	Neva
Long	Hiram		34	14N	21W	-	22	Oct.	1903	Neva
Long	Hiram		34	14N	21W	-	22	Oct.	1903	Neva
Long	William	R.	24	9S	25W	40	2	Jul.	1860	Hem
Long	William	R.	24	9S	25W	200	2	Apr.	1860	Hem
Long	William	R.	24	9S	25W	-	2	Apr.	1860	Hem
Long	William	R.	24	9S	25W	-	2	Apr.	1860	Hem
Long	William	R.	25	9S	25W	120	10	Dec.	1874	Hem
Long	William	R.	25	9S	25W	-	10	Dec.	1874	Hem
Long	William	R.	30	9S	24W	37.83	1	Jul.	1859	Hem
Lov	William	P.	10	16N	22W	40	1	Feb.	1860	Neva
Love	Henry	T.	13	12S	31W	-	1	Oct.	1860	LRiv
Love	Henry	T.	24	12S	31W	-	2	Jul.	1860	LRiv
Love	Henry	T.	24	12S	31W	-	2	Jul.	1860	LRiv
Love	Henry	T.	24	12S	31W	80	2	Jul.	1860	LRiv
Love	Henry	T.	24	12S	31W	80	2	Jul.	1860	LRiv
Love	Henry	T.	24	12S	31W	120	1	Oct.	1860	LRiv
Love	James	M.	3	7S	27W	-	9	Jan.	1886	Howa
Love	James	M.	4	7S	27W	160	9	Jan.	1886	Howa
Love	John		23	12S	31W	-	2	Jul.	1860	LRiv
Love	John		23	12S	31W	-	2	Jul.	1860	LRiv
Love	John		24	12S	31W	160	2	Jul.	1860	LRiv
Love	Will		14	13S	29W	80	31	Jul.	1903	LRiv
Lovel	Rachel	E.	33	14N	23W	-	30	Jun.	1905	Neva
Lovel	Rachel	E.	34	14N	23W	120	30	Jun.	1905	Neva
Lovelace	Jacob	C.	24	9S	26W	160	1	Jul.	1859	Hem
Lovelace	Jacob	C.	24	9S	26W	160	2	Apr.	1860	Hem
Lovelace	Jacob	C.	24	9S	26W	-	2	Apr.	1860	Hem
Lovelace	Jacob	C.	24	9S	26W	-	2	Apr.	1860	Hem
Lovelace	Jacob	C.	25	9S	26W	-	1	Jul.	1859	Hem
Lovelady	Asa	W.	20	16N	19W	160	9	Aug.	1919	Neva
Lovelady	Asa	W.	20	16N	19W	-	9	Aug.	1919	Neva
Lovelady	Asa	W.	20	16N	19W	-	9	Aug.	1919	Neva
Lovelady	Asa	W.	20	16N	19W	-	9	Aug.	1919	Neva
Lovelady	Henry	M.	8	15N	19W	-	19	Dec.	1889	Neva
Lovelady	Henry	M.	17	15N	19W	160	19	Dec.	1889	Neva
Lovelady	Nancy	A.	18	16N	19W	160.2	10	Feb.	1897	Neva
Lovelady	Nancy	A.	18	16N	19W	-	10	Feb.	1897	Neva

Last Name	First Name	Int.	Section No.	Twp.	Ran	Acres	Date	Co.
Lovelady	Nancy	A.	18	16N	19W	-	10 Feb. 1897	Neva
Loveland	Robert	S.	20	13S	28W	40	1 Mar. 1843	LRiv
Lovell	James	M.	33	14N	23W	-	10 Apr. 1907	Neva
Lovell	James	M.	33	14N	23W	-	10 Apr. 1907	Neva
Lovell	James	M.	34	14N	23W	160	10 Apr. 1907	Neva
Lovell	John	W.	29	7S	28W	80	10 May 1861	Howa
Lovell	Robert	L.	34	14N	23W	160	28 Jun. 1905	Neva
Lovell	Robert	L.	34	14N	23W	-	28 Jun. 1905	Neva
Lovell	Robert	L.	34	14N	23W	-	28 Jun. 1905	Neva
Lovell	Thomas	C.	23	14N	24W	160	26 Mar. 1900	Neva
Lovell	Thomas	C.	23	14N	24W	160	26 Mar. 1900	Neva
Lovell	Thomas	C.	23	14N	24W	-	26 Mar. 1900	Neva
Lovell	Thomas	C.	23	14N	24W	-	26 Mar. 1900	Neva
Lovell	Thomas	C.	23	14N	24W	-	26 Mar. 1900	Neva
Lovell	Thomas	C.	23	14N	24W	-	26 Mar. 1900	Neva
Lovell	Thomas	C.	23	14N	24W	-	26 Mar. 1900	Neva
Lovell	Thomas	C.	23	14N	24W	-	26 Mar. 1900	Neva
Lovewell	Franklin		34	11S	30W	-	21 Sep. 1905	LRiv
Lovewell	Franklin		34	11S	30W	-	21 Sep. 1905	LRiv
Lovewell	Franklin		35	11S	30W	160	21 Sep. 1905	LRiv
Lowe	William	J.	35	6S	28W	80	12 Dec. 1904	Howa
Lowe	William	R.	26	6S	28W	160	24 Nov. 1903	Howa
Lowell	Truxton		2	5S	28W	41.45	1 Nov. 1849	Howa
Lowery	Edmon	P.	24	17N	23W	160	31 Aug. 1905	Neva
Lowry	William	R.	8	14S	24W	80	1 Jul. 1859	Hem
Loyd	Henry		29	9S	27W	40	1 Mar. 1855	Howa
Loyd	Henry		29	9S	27W	40	1 Mar. 1855	Howa
Loyd	Henry		29	9S	27W	40	1 Mar. 1855	Howa
Loyd	Nancy		3	13S	24W	40	20 Feb. 1875	Hem
Loyd	Prince		3	13S	24W	40	30 Aug. 1882	Hem
Lucas	Jesse		21	16N	20W	-	1 Apr. 1876	Neva
Lucas	Jesse		28	16N	20W	80	1 Apr. 1876	Neva
Lucas	John	S.	21	16N	23W	160	10 Apr. 1907	Neva
Lucas	John	S.	21	16N	23W	-	10 Apr. 1907	Neva
Lucas	John	S.	21	16N	23W	-	10 Apr. 1907	Neva
Lucas	William		8	13S	30W	160	1 Mar. 1855	LRiv
Lucus	Sarah	A.	15	16N	23W	160	28 Jun. 1905	Neva
Lucus	Sarah	A.	15	16N	23W	-	28 Jun. 1905	Neva
Lucus	Sarah	A.	15	16N	23W	-	28 Jun. 1905	Neva
Ludewell	Wiley	B.	3	13S	31W	80	1 Jul. 1859	LRiv
Ludewell	Wiley	B.	23	9S	27W	40	1 Mar. 1855	Howa
Ludewell	Wiley	B.	23	9S	27W	40	1 Jul. 1855	Howa
Ludwell	Wiley	B.	22	9S	27W	40	1 Jul. 1855	Howa
Luper	Jack	B.	21	17N	22W	160	31 Dec. 1904	Neva
Luper	Jack	B.	21	17N	22W	-	31 Dec. 1904	Neva
Luster	James		11	6S	30W	-	16 Sep. 1904	Howa
Luster	James		11	6S	30W	-	16 Sep. 1904	Howa
Luster	James		11	6S	30W	160	16 Sep. 1904	Howa
Luttrell	John	B.	12	5S	30W	160	4 Apr. 1904	Howa
Lynn	John	B.	6	14S	24W	78.51	1 Feb. 1861	Hem
Lynn	John	B.	20	14S	24W	120	1 Jul. 1859	Hem
Lyons	Archer		28	10S	26W	80	7 Mar. 1892	Hem
Lyons	Fletcher		11	12S	30W	160	23 Jan. 1898	LRiv
Lyons	James		10	12S	30W	-	17 Mar. 1888	LRiv
Lyons	James		10	12S	30W	160	17 Mar. 1888	LRiv
Lyons	John	L.	13	14N	24W	-	1 Dec. 1889	Neva

Last Name	First Name	Int.	Section No.	Twp.	Ran	Acres	Date			Co.
Lyons	John	L.	24	14N	24W	158.96	1	Dec.	1889	Neva
Lyons	William		28	10S	26W	80	2	Apr.	1860	Hem
Mabee	Lottie		21	17N	22W	40	18	Apr.	1905	Neva
Mabee	William		21	17N	22W	80	1	Feb.	1901	Neva
Mabee	William		21	17N	22W	80	28	Feb.	1906	Neva
Mabee	William		21	17N	22W	-	1	Feb.	1901	Neva
Maberry	Calvin	M.	3	16N	19W	-	5	Apr.	1895	Neva
Maberry	Calvin	M.	4	16N	19W	80.02	5	Apr.	1895	Neva
Maberry	Elizabeth		5	15N	19W	-	6	Jul.	1889	Neva
Maberry	Elizabeth		6	15N	19W	-	6	Jul.	1889	Neva
Maberry	Elizabeth		31	16N	19W	-	6	Jul.	1889	Neva
Maberry	Elizabeth		32	16N	19W	160.44	6	Jul.	1889	Neva
Maberry	George	W.	12	14N	20W	40	1	Jul.	1859	Neva
Maberry	Lorena		33	16N	19W	160	15	Dec.	1882	Neva
Maberry	Lorena		33	16N	19W	-	15	Dec.	1882	Neva
Maberry	Lorena		33	16N	19W	-	15	Dec.	1882	Neva
Macey	Hiram		6	12S	25W	40	1	May	1845	Hem
Macon	Gideon		23	7S	27W	40	2	Jul.	1860	Howa
Macon	Gideon		26	7S	27W	-	2	Jul.	1860	Howa
Macon	Gideon		26	7S	27W	-	2	Jul.	1860	Howa
Macon	Gideon		26	7S	27W	-	2	Jul.	1860	Howa
Macon	Gideon		27	7S	27W	40	2	Jul.	1860	Howa
Macon	Gideon		27	7S	27W	240	2	Jul.	1860	Howa
Madden	Jacob		24	11S	24W	40	1	Nov.	1849	Hem
Madden	Reuben		35	10S	26W	40	10	Apr.	1837	Hem
Maddox	Christopher	C.	28	6S	30W	-	15	Oct.	1906	Howa
Maddox	Christopher	C.	29	6S	30W	160	15	Oct.	1906	Howa
Maddox	Gabe	F.	34	12S	32W	80	23	Jan.	1891	LRiv
Maddox	Leonard	P.	15	15N	19W	80	24	Jun.	1878	Neva
Madewell	Benjamin	A.	22	17N	21W	160	28	Nov.	1900	Neva
Madewell	George	W.	1	15N	22W	159.98	24	Nov.	1890	Neva
Madewell	John	R.	22	17N	21W	160	28	Jun.	1890	Neva
Madewell	Joseph		27	15N	21W	160	7	Sep.	1900	Neva
Madewell	Silvester		22	17N	21W	160	11	Oct.	1902	Neva
Madewell	William		6	15N	21W	-	28	Sep.	1893	Neva
Madewell	William		6	15N	21W	-	28	Sep.	1893	Neva
Madewell	William		7	15N	21W	159.76	28	Sep.	1893	Neva
Madewell	William		7	15N	21W	-	28	Sep.	1893	Neva
Mading	Absalom		23	11S	25W	40	10	Aug.	1837	Hem
Mading	Absalom		32	11S	24W	40	15	Apr.	1837	Hem
Mading	Absalom		32	11S	24W	80	15	Apr.	1837	Hem
Mading	Absalom		33	11S	24W	80	10	Apr.	1837	Hem
Mading	Jacob		18	11S	23W	98.28	1	Nov.	1839	Hem
Madison	Robert	L.	9	16N	21W	80	May	May	1905	Neva
Magby	Joel		11	8S	27W	40	2	Apr.	1860	Howa
Magby	Joel		11	8S	27W	40	2	Apr.	1860	Howa
Magby	Joel		11	8S	27W	40	8	Oct.	1895	Howa
Magby	Robert		1	8S	27W	40	2	Apr.	1860	Howa
Magby	Robert		2	8S	27W	40	1	Mar.	1855	Howa
Mahan	Moses		9	10S	27W	40	1	Aug.	1837	Howa
Mahan	Moses		9	10S	27W	40	10	Aug.	1837	Howa
Mahan	Moses		10	10S	27W	80	1	Aug.	1837	Howa
Mahan	Moses		10	10S	27W	80	1	Mar.	1843	Howa
Mahan	Moses		19	9S	27W	160	10	Jul.	1844	Howa
Maier	Bartt		18	15N	23W	160	22	Mar.	1906	Neva
Majors	Riley		8	11S	32W	80	28	Dec.	1893	LRiv

143

Last Name	First Name	Int.	Section No.	Twp.	Ran	Acres	Date			Co.
Majors	Riley		9	11S	32W	-	28	Dec.	1893	LRiv
Malcom	Robert	C.	7	12S	29W	64.32	1	May	1861	LRiv
Mallon	John		19	6S	30W	-	28	Feb.	1890	Howa
Mallon	John		19	6S	30W	-	28	Feb.	1890	Howa
Mallon	John		30	6S	30W	155.52	28	Feb.	1890	Howa
Mallory	Michael		30	10S	24W	80	1	Aug.	1837	Hem
Mallow	Michael		19	10S	24W	39.75	10	Apr.	1837	Hem
Mallow	Michael		30	10S	24W	39.81	10	Apr.	1837	Hem
Mallow	Michael		30	10S	24W	79.88	1	Mar.	1843	Hem
Mallow	Micheal		36	10S	25W	80	10	Aug.	1837	Hem
Malone	John	R.	9	11S	24W	40	27	Apr.	1885	Hem
Manasco	Andrew	J.	27	5S	29W	-	17	Aug.	1894	Howa
Manasco	Andrew	J.	27	5S	29W	-	17	Aug.	1894	Howa
Manasco	Andrew	J.	28	5S	29W	160	17	Aug.	1894	Howa
Manasco	Boyd	C.	28	5S	29W	-	1	May	1906	Howa
Manasco	Boyd	C.	28	5S	29W	-	1	May	1906	Howa
Manasco	Boyd	C.	28	5S	29W	160	1	May	1906	Howa
Manasco	Polk		25	5S	29W	160	22	Mar.	1906	Howa
Manasco	Polk		26	5S	29W	-	22	Mar.	1906	Howa
Manasco	Polk		26	5S	29W	-	22	Mar.	1906	Howa
Manasco	Willis		27	5S	29W	40	7	Sep.	1894	Howa
Manchester	Omer	L.	2	15N	23W	-	6	May	1907	Neva
Manchester	Omer	L.	11	15N	23W	160	6	May	1907	Neva
Manes	Eras	R.	14	14N	21W	-	30	Aug.	1899	Neva
Manes	Eras	R.	22	14N	21W	-	30	Aug.	1899	Neva
Manes	Eras	R.	23	14N	21W	160	30	Aug.	1899	Neva
Maness	Littleton	M.	17	11S	24W	40	30	Jun.	1873	Hem
Maness	Mary	W.	8	11S	24W	160	2	Apr.	1860	Hem
Manley	Green	B.	13	7S	28W	-	1	May	1906	Howa
Manley	Green	B.	13	7S	28W	-	1	May	1906	Howa
Manley	Green	B.	13	7S	28W	160	1	May	1906	Howa
Mann	Joseph	M.	12	7S	28W	160	12	Aug.	1901	Howa
Manning	Walter	H.	14	6S	30W	-	1	Jul.	1903	Howa
Manning	Walter	H.	15	6S	30W	-	1	Jul.	1903	Howa
Manning	Walter	H.	15	6S	30W	160	1	Jul.	1903	Howa
Mans	James	M.	19	16N	20W	-	17	Oct.	1904	Neva
Mans	James	M.	30	16N	20W	79.98	17	Oct.	1904	Neva
Marberry	Leonard	W.	7	8S	28W	80	1	May	1845	Howa
Marberry	Leonard	W.	8	8S	28W	40	1	May	1845	Howa
Marberry	Peter		2	9S	27W	80	1	Feb.	1861	Howa
Marberry	William	G.	33	8S	27W	40	2	Jul.	1860	Howa
Marbury	John	P.	20	9S	26W	160	10	Dec.	1874	Hem
Marbury	Peter		12	9S	27W	-	1	Jul.	1859	Howa
Marbury	Peter		12	9S	27W	40	1	Jul.	1859	Howa
Marbury	Peter		12	9S	27W	120	1	Jul.	1859	Howa
Marbury	William	G.	17	8S	28W	40	1	Mar.	1855	Howa
Marbury	William	G.	17	8S	28W	40	1	Mar.	1855	Howa
Marbury	William	G.	20	8S	28W	40	1	May	1856	Howa
Marbury	William	G.	33	8S	27W	40	1	Jul.	1859	Howa
Marion	Levi		24	15N	23W	-	1	Mar.	1904	Neva
Marion	Levi		24	15N	23W	-	1	Mar.	1904	Neva
Marion	Levi		25	15N	23W	160	1	Mar.	1904	Neva
Marion	Levi		25	15N	23W	-	1	Mar.	1904	Neva
Marks	Wyatt		30	13S	28W	83.84	23	Jan.	1891	LRiv
Marlar	Jesse	D.	35	10S	24W	80	16	Jul.	1890	Hem
Marlatt	James	E.	32	5S	30W	-	16	Sep.	1904	Howa

Last Name	First Name	Int.	Section No.	Twp.	Ran	Acres	Date			Co.
Marlatt	James	E.	33	5S	30W	-	16	Sep.	1904	Howa
Marlatt	James	E.	33	5S	30W	160	16	Sep.	1904	Howa
Marlow	Phillis		27	10S	24W	80	3	Feb.	1883	Hem
Maroon	Thomas	C.	30	9S	25W	120	2	Jul.	1860	Hem
Maroon	Thomas	C.	30	9S	25W	-	2	Jul.	1860	Hem
Marple	John		17	15N	19W	160	3	Feb.	1883	Neva
Marple	John		17	15N	19W	-	3	Feb.	1883	Neva
Marple	John		17	15N	19W	-	3	Feb.	1883	Neva
Marple	Rebecca		30	15N	19W	-	15	Nov.	1904	Neva
Marple	Rebecca		31	15N	19W	160	15	Nov.	1904	Neva
Marsh	Cornelius		2	9S	26W	80	2	Jul.	1860	Hem
Marshall	George	M.	35	14N	23W	-	25	Feb.	1899	Neva
Marshall	George	M.	36	14N	23W	120	25	Feb.	1899	Neva
Marshall	George	M.	36	14N	23W	-	25	Feb.	1899	Neva
Marshall	James		30	10S	26W	80	25	Feb.	1890	Hem
Marshall	James		30	10S	26W	-	25	Feb.	1890	Hem
Marshall	Robert		15	12S	25W	40	30	Aug.	1882	Hem
Marshall	Thomas	B.	36	16N	20W	160	7	Sep.	1900	Neva
Marshall	Thomas	D.	5	13N	23W	160.28	4	Aug.	1890	Neva
Marshall	William	T.	29	14N	23W	-	10	Aug.	1906	Neva
Marshall	William	T.	29	14N	23W	-	10	Aug.	1906	Neva
Marshall	William	T.	32	14N	23W	160	10	Aug.	1906	Neva
Marshall	William		24	11S	29W	-	1	Mar.	1843	LRiv
Marshall	William		25	11S	29W	160	1	Mar.	1843	LRiv
Martin	Andrew	L.	24	11S	26W	40	1	Jul.	1859	Hem
Martin	Andrew	L.	24	11S	26W	40	1	Jul.	1859	Hem
Martin	Arminda		26	17N	19W	-	17	Jul.	1895	Neva
Martin	Arminda		35	17N	19W	160	17	Jul.	1895	Neva
Martin	Arminda		35	17N	19W	-	17	Jul.	1895	Neva
Martin	Arwine	Y.	18	15N	19W	160	28	Mar.	1906	Neva
Martin	Arwine	Y.	18	15N	19W	-	28	Mar.	1906	Neva
Martin	Ephriam	T.	36	14N	19W	158.66	10	Aug.	1906	Neva
Martin	Ephriam	T.	36	14N	19W	158.66	10	Aug.	1906	Neva
Martin	Franklin	P.	13	5S	28W	-	23	Jun.	1889	Howa
Martin	Franklin	P.	14	5S	28W	-	23	Jun.	1889	Howa
Martin	Franklin	P.	14	5S	28W	160	23	Jun.	1889	Howa
Martin	George	H.	29	11S	24W	80	10	Sep.	1883	Hem
Martin	Hopkins	T.	2	16N	19W	127.84	16	Apr.	1892	Neva
Martin	Isham	R.	29	15N	21W	160	10	Apr.	1907	Neva
Martin	Jack	S.	12	7S	28W	-	3	Apr.	1893	Howa
Martin	Jack	S.	12	7S	28W	160	3	Apr.	1893	Howa
Martin	James	R.	23	10S	32W	160	25	Feb.	1890	LRiv
Martin	James		3	14N	19W	-	20	Oct.	1882	Neva
Martin	James		4	14N	19W	160.04	20	Oct.	1882	Neva
Martin	John	H.	30	14N	19W	160.52	28	Feb.	1906	Neva
Martin	John	H.	30	14N	19W	-	28	Feb.	1906	Neva
Martin	John	H.	30	14N	19W	-	28	Feb.	1906	Neva
Martin	John	L.	29	15N	21W	-	31	Dec.	1889	Neva
Martin	John	L.	29	15N	21W	-	31	Dec.	1889	Neva
Martin	John	L.	32	15N	21W	160	31	Dec.	1889	Neva
Martin	Madison	C.	29	15N	21W	160	22	May	1895	Neva
Martin	Nancy	A.	23	17N	19W	40	1	Jun.	1875	Neva
Martin	Nancy	C.	21	6S	28W	-	27	Apr.	1896	Howa
Martin	Nancy	C.	21	6S	28W	-	27	Apr.	1896	Howa
Martin	Nancy	C.	21	6S	28W	160	27	Apr.	1896	Howa
Martin	Nathaniel		2	14N	20W	71.71	13	Aug.	1883	Neva

Last Name	First Name	Int.	Section No.	Twp.	Ran	Acres	Date			Co.
Martin	Nathaniel		8	14N	19W	40	1	Jun.	1882	Neva
Martin	Phillip		12	14N	24W	-	7	Jun.	1883	Neva
Martin	Phillip		12	14N	24W	-	7	Jun.	1883	Neva
Martin	Phillip		13	14N	24W	160	7	Jun.	1883	Neva
Martin	Robert	E.	29	15N	21W	-	20	Oct.	1882	Neva
Martin	Robert	E.	32	15N	21W	120	20	Oct.	1882	Neva
Martin	Robert	E.	32	15N	21W	-	20	Oct.	1882	Neva
Martin	Sarah	E.	6	13N	20W	160.41	19	Oct.	1905	Neva
Martin	Sarah	E.	6	13N	20W	-	19	Oct.	1905	Neva
Martin	Solomon	V.	34	5S	30W	164.73	22	Apr.	1901	Howa
Martin	Thomas	J.	9	6S	29W	-	18	Oct.	1888	Howa
Martin	Thomas	J.	10	6S	29W	120	18	Oct.	1888	Howa
Martin	William	A.	1	14N	24W	-	7	Jun.	1883	Neva
Martin	William	A.	2	14N	24W	172.78	7	Jun.	1883	Neva
Martin	William	H.	13	16N	19W	160	18	Apr.	1898	Neva
Martin	William	H.	13	16N	19W	-	18	Apr.	1898	Neva
Martin	William	M.	34	14N	23W	120	31	Aug.	1905	Neva
Martin	William	M.	34	14N	23W	-	31	Aug.	1905	Neva
Martindale	George	L.	14	8S	27W	-	2	Jul.	1860	Howa
Martindale	George	L.	15	8S	27W	-	2	Jul.	1860	Howa
Martindale	George	L.	15	8S	27W	120	2	Jul.	1860	Howa
Martindale	George	L.	15	8S	27W	120	2	Jul.	1860	Howa
Martindale	George	L.	23	8S	27W	40	2	Jul.	1860	Howa
Martindale	James	L.	14	8S	27W	-	2	Jul.	1860	Howa
Martindale	James	L.	14	8S	27W	-	2	Jul.	1860	Howa
Martindale	James	L.	15	8S	27W	120	2	Jul.	1860	Howa
Mason	Ashley	A.	1	16N	19W	160.18	12	Aug.	1919	Neva
Mason	Ashley	A.	1	16N	19W	-	12	Aug.	1919	Neva
Mason	George	E.	6	8S	28W	161.69	19	Mar.	1904	Howa
Mason	George	E.	6	8S	28W	161.69	19	Mar.	1904	Howa
Mason	George	E.	31	7S	28W	-	19	Mar.	1904	Howa
Mason	George	E.	32	7S	28W	-	19	Mar.	1904	Howa
Mason	Nancy	C.	36	13N	24W	160	13	Nov.	1895	Neva
Mason	Nancy	C.	36	13N	24W	-	13	Nov.	1895	Neva
Massengale	Elisha		25	17N	21W	160.34	15	Aug.	1882	Neva
Massengale	Jesse	R.	24	17N	21W	-	25	Aug.	1903	Neva
Massengale	Jesse	R.	24	17N	21W	-	25	Aug.	1903	Neva
Massengale	Jesse	R.	25	17N	21W	160	25	Aug.	1903	Neva
Massengale	Joseph	E.	19	17N	20W	160.09	4	Jun.	1906	Neva
Massengale	Wright	S.	25	17N	21W	80	30	Jan.	1875	Neva
Massengale	Wright	S.	25	17N	21W	-	30	Jan.	1875	Neva
Massey	Elizabeth		5	7S	27W	-	26	Sep.	1902	Howa
Massey	Elizabeth		6	7S	27W	-	26	Sep.	1902	Howa
Massey	Elizabeth		6	7S	27W	160	26	Sep.	1902	Howa
Massingale	Elijah	W.	14	16N	21W	80	10	Jul.	1848	Neva
Masterson	Zackariah	F.	13	14N	23W	160	25	Feb.	1899	Neva
Mathis	Jonathan	M.	12	16N	20W	160	10	Jan.	1896	Neva
Mathis	Jonathan	M.	12	16N	20W	-	10	Jan.	1896	Neva
Mathis	Jonathan	M.	12	16N	20W	-	10	Jan.	1896	Neva
Mathis	Malinda		22	15N	21W	-	16	Apr.	1892	Neva
Mathis	Malinda		27	15N	21W	160	16	Apr.	1892	Neva
Mathis	Malinda		27	15N	21W	-	16	Apr.	1892	Neva
Mathis	William	D.	3	13N	23W	159.48	31	Jul.	1903	Neva
Mathison	John	L.	25	9S	27W	-	1	Jul.	1859	Howa
Mathison	John	L.	25	9S	27W	40	1	Mar.	1855	Howa
Mathison	John	L.	25	9S	27W	80	1	Jul.	1859	Howa

Last Name	First Name	Int.	Section No.	Twp.	Ran	Acres	Date			Co.
Matlack	George	S.	29	13S	25W	80	20	Jul.	1881	Hem
Matney	Amanda		2	14N	20W	156.6	10	May	1893	Neva
Matney	Amanda		3	14N	20W	-	10	May	1893	Neva
Matney	Charles	R.	23	17N	22W	-	31	Dec.	1889	Neva
Matney	Charles	R.	24	17N	22W	160	31	Dec.	1889	Neva
Matthews	Augustus	W.	29	8S	27W	-	2	Apr.	1860	Howa
Matthews	Augustus	W.	32	8S	27W	40	2	Apr.	1860	Howa
Matthews	Augustus	W.	32	8S	27W	200	2	Apr.	1860	Howa
Matthews	Isaac	H.	18	12S	30W	40	22	Apr.	1901	LRiv
Matthuews	James		20	12S	28W	40	1	Jul.	1859	LRiv
Mattingly	James		15	12S	27W	160	1	Mar.	1843	Hem
Mattingly	William	M.	13	14N	24W	149.32	14	Feb.	1900	Neva
Mattingly	William	M.	18	14N	23W	-	14	Feb.	1900	Neva
Mauldin	Joseph	A.	6	13S	31W	-	30	Jun.	1884	LRiv
Mauldin	Joseph	A.	6	13S	31W	148.35	30	Jun.	1884	LRiv
Mauldin	William	G.	22	12S	32W	160	1	Mar.	1877	LRiv
Mauldin	William	J.	13	12S	32W	160	1	Mar.	1877	LRiv
Mauldin	William	J.	14	12S	32W	-	1	Mar.	1877	LRiv
Mauldin	William	J.	14	12S	32W	-	1	Mar.	1877	LRiv
Maxville	William		15	15N	19W	160	15	Dec.	1897	Neva
Maxville	William		15	15N	19W	-	15	Dec.	1897	Neva
Maxville	William		15	15N	19W	-	15	Dec.	1897	Neva
Maxwell	Benjamin	F.	30	14S	24W	80	1	Feb.	1893	Hem
Maxwell	Benjamin		9	10S	24W	80	1	Mar.	1855	Hem
Maxwell	Benjamin		12	10S	25W	160	2	Jul.	1860	Hem
Maxwell	Benjamin		17	10S	24W	80	1	Sep.	1856	Hem
Maxwell	Benjamin		17	10S	24W	160	1	Sep.	1856	Hem
Maxwell	Harvey		27	8S	28W	80	4	Aug.	1891	Howa
May	Benjamin		8	13S	23W	80	1	May	1856	Hem
May	Benjamin		8	13S	23W	120	1	Feb.	1861	Hem
May	James	M.	22	15N	19W	-	10	Apr.	1907	Neva
May	James	M.	23	15N	19W	120	10	Apr.	1907	Neva
May	James	M.	23	15N	19W	-	10	Apr.	1907	Neva
May	James		26	10S	26W	40	10	Apr.	1837	Hem
May	James		26	10S	26W	40	10	Apr.	1837	Hem
May	Leroy		25	10S	28W	40	1	Mar.	1855	Howa
May	Leroy		25	10S	28W	40	1	Jul.	1859	Howa
May	Leroy		25	10S	28W	40	28	Jul.	1881	Howa
May	Leroy		30	10S	27W	81.36	4	Jan.	1896	Howa
May	Lewis	G.	25	16N	19W	80	26	Aug.	1896	Neva
May	Reuben		26	9S	25W	80	1	May	1856	Hem
May	William	A.	36	6S	30W	80	13	Oct.	1905	Howa
May	William	H.	25	17N	23W	160	11	Jun.	1897	Neva
May	William	H.	25	17N	23W	-	11	Jun.	1897	Neva
May	William	H.	25	17N	23W	-	11	Jun.	1897	Neva
May	William	H.	25	17N	23W	-	11	Jun.	1897	Neva
Mayben	Hale	M.	5	11S	23W	80	30	Sep.	1876	Hem
Mayby	Robert		2	8S	27W	40	1	Jul.	1859	Howa
Mayes	James	W.	25	17N	21W	-	4	Jun.	1906	Neva
Mayes	James	W.	26	17N	21W	80	4	Jun.	1906	Neva
Mayfield	William	J.	36	9S	24W	40	1	Feb.	1861	Hem
Mayhan	Robert	S.	15	10S	28W	80	1	Feb.	1861	Howa
Maynard	Henry	W.	10	13S	30W	80	1	May	1856	LRiv
Maynord	Joseph	G.	3	11S	32W	40.06	8	Mar.	1907	LRiv
Mayo	Joseph	B.	7	5S	28W	-	31	Dec.	1904	Howa
Mayo	Joseph	B.	7	5S	28W	-	31	Dec.	1904	Howa

Last Name	First Name	Int.	Section No.	Twp.	Ran	Acres	Date			Co.
Mayo	Joseph	B.	7	5S	28W	165.33	31	Dec.	1904	Howa
Mays	Andrew		5	14N	22W	-	13	Aug.	1896	Neva
Mays	Andrew		6	14N	22W	160.08	13	Aug.	1896	Neva
McAfee	James	F.	7	15N	22W	152.91	15	Jul.	1904	Neva
McAfee	James	F.	7	15N	22W	-	15	Jul.	1904	Neva
McAfee	Thomas		5	10S	26W	40	1	Jul.	1859	Hem
McAfee	Thomas		5	10S	26W	81.06	1	Jul.	1859	Hem
McAfee	William	W.	7	15N	22W	-	15	Feb.	1884	Neva
McAfee	William	W.	7	15N	22W	-	15	Feb.	1884	Neva
McAfee	William	W.	8	15N	22W	160	15	Feb.	1884	Neva
McAtee	Thomas		9	11S	27W	80	10	Jul.	1844	Howa
Mcatee	William		3	11S	26W	-	27	Mar.	1834	Hem
Mcatee	William		4	11S	26W	312.07	27	Mar.	1834	Hem
Mcatee	William		4	11S	27W	80	1	Nov.	1839	Howa
Mcatee	William		5	11S	27W	-	1	Aug.	1837	Howa
Mcatee	William		5	11S	27W	40	10	Aug.	1837	Howa
Mcatee	William		5	11S	27W	159.58	1	Aug.	1837	Howa
Mcatee	William		8	11S	27W	40	10	Apr.	1837	Howa
Mcatee	William		18	11S	27W	80	1	Nov.	1839	Howa
Mcatee	William		23	5S	30W	40	1	Mar.	1855	Howa
Mcatee	William		24	5S	30W	40	1	Mar.	1855	Howa
Mcatee	William		25	5S	30W	40	1	Jul.	1859	Howa
Mcatoe	William		8	11S	27W	80	15	Apr.	1837	Howa
Mcbride	John		36	12S	26W	40	1	Aug.	1837	Hem
McCain	George	W.	21	10S	23W	40	10	May	1861	Hem
McCain	George	W.	21	10S	23W	80	1	Feb.	1861	Hem
McCain	George		13	13S	24W	40	15	Apr.	1837	Hem
McCain	George		13	13S	25W	80	15	Apr.	1837	Hem
McCain	George		18	13S	24W	40	1	Aug.	1837	Hem
McCain	George		18	13S	24W	40	1	Aug.	1837	Hem
McCain	Henry		33	11S	23W	40	1	Aug.	1837	Hem
McCain	Henry		33	11S	23W	80	1	Nov.	1839	Hem
McCain	Henry		33	11S	23W	80	1	Nov.	1839	Hem
McCain	Peter		18	13S	24W	80	1	Mar.	1843	Hem
McCain	Peter		21	13S	24W	40	1	Mar.	1855	Hem
McCall	John	E.	9	12S	30W	80	28	Jun.	1895	LRiv
McCall	Robert	M.	7	7S	27W	-	31	Aug.	1905	Howa
McCall	Robert	M.	7	7S	27W	160	31	Aug.	1905	Howa
McCallough	David		27	17N	23W	80	30	Jul.	1875	Neva
McCallough	David		31	17N	23W	78.71	30	Jul.	1875	Neva
McCarrell	Harvey	L.	13	7S	30W	160	8	Jun.	1901	Howa
McCartney	James		8	9S	25W	80	2	Jul.	1860	Hem
McCartney	James		17	9S	25W	-	2	Jul.	1860	Hem
McCaskill	Angus		23	10S	24W	40	1	Apr.	1875	Hem
McCaskill	William		23	10S	24W	40	25	Nov.	1895	Hem
McCauley	Benjamin	F.	3	5S	29W	-	7	Aug.	1906	Howa
McCauley	Benjamin	F.	3	5S	29W	161	7	Aug.	1906	Howa
McCauley	Benjamin	F.	24	5S	30W	80	18	Apr.	1905	Howa
McCauley	Eugene	O.	14	5S	29W	-	24	Nov.	1903	Howa
McCauley	Eugene	O.	14	5S	29W	-	24	Nov.	1903	Howa
McCauley	Eugene	O.	23	5S	29W	160	24	Nov.	1903	Howa
McCauley	Joshua	Q.	15	5S	29W	160	8	Mar.	1907	Howa
McCawn	Jackson	P.	32	9S	27W	40	1	Mar.	1855	Howa
McClendon	Ellis		24	12S	32W	-	1	Dec.	1882	LRiv
McClendon	Ellis		24	12S	32W	160	1	Dec.	1882	LRiv
McClinton	Charles		19	10S	32W	79.7	25	Apr.	1898	LRiv

Last Name	First Name	Int.	Section No.	Twp.	Ran	Acres	Date		Co.
McClinton	James	H.	19	10S	32W	-	10 Aug.	1894	LRiv
McClinton	James	H.	19	10S	32W	-	10 Aug.	1894	LRiv
McClinton	James	H.	19	10S	32W	162.46	10 Aug.	1894	LRiv
McClinton	Jane		20	9S	26W	160	1 Dec.	1857	Hem
McClinton	John		28	10S	27W	40	10 Apr.	1837	Howa
McClinton	Simon		34	10S	27W	40	1 Nov.	1839	Howa
McClinton	Simon		34	10S	27W	40	1 Mar.	1843	Howa
McClure	John		5	9S	26W	-	1 Jul.	1859	Hem
McClure	John		6	9S	26W	248.45	1 Jul.	1859	Hem
McClure	Levi		18	13S	25W	40	1 Aug.	1837	Hem
McClure	Levi		18	13S	25W	80	1 Aug.	1837	Hem
McClure	Mary	E.	1	8S	27W	160.12	11 Feb.	1894	Howa
McClure	Thomas	W.	25	8S	27W	40	2 Apr.	1860	Howa
McClure	Wiley	J.	2	8S	27W	84.76	4 Jun.	1906	Howa
McClure	Wiley		8	8S	27W	40	2 Jul.	1860	Howa
McCollough	Alexander		19	17N	23W	43.44	1 Nov.	1884	Neva
McCollough	Thomas		4	16N	23W	40	1 Feb.	1860	Neva
McCollough	Thomas		9	16N	23W	40	15 Nov.	1854	Neva
McCollum	Ambrose	B.	5	12S	23W	40	1 Jul.	1859	Hem
McComb	Elizabeth		9	11S	27W	40	10 Apr.	1837	Howa
McCombs	Elizabeth		9	11S	27W	80	1 Mar.	1843	Howa
McCombs	Henry		32	10S	26W	40	1 Jul.	1859	Hem
McCombs	John		25	5S	29W	40	1 Mar.	1855	Howa
McCombs	Joshua		23	10S	27W	40	1 May	1845	Howa
McCombs	Sitha		3	11S	27W	80	10 Apr.	1837	Howa
McComerick	Calvin		7	13S	26W	40	14 Jun.	1897	Hem
McCord	John		13	8S	28W	82.66	1 Oct.	1875	Howa
McCord	John		17	12S	29W	40	2 Jul.	1860	LRiv
McCord	John		17	12S	29W	40	2 Jul.	1860	LRiv
McCord	John		18	8S	27W	-	1 Oct.	1875	Howa
McCorry	Henry	W.	29	11S	24W	160	1 Nov.	1839	Hem
McCouncil	John		9	12S	32W	-	26 May	1890	LRiv
McCouncil	John		9	12S	32W	160	26 May	1890	LRiv
McCown	Jackson	G.	23	9S	28W	40	1 Mar.	1855	Howa
McCown	Jackson	G.	24	9S	28W	40	1 Mar.	1855	Howa
McCown	Jackson	G.	24	9S	28W	40	1 May	1856	Howa
McCown	Jackson	G.	31	9S	27W	80	1 Mar.	1855	Howa
McCown	Jackson	G.	32	9S	27W	40	1 Jul.	1859	Howa
McCown	Jackson	G.	32	9S	27W	80	1 Nov.	1839	Howa
McCown	Martha	E.	2	11S	32W	-	23 Jan.	1899	LRiv
McCown	Martha	E.	11	11S	32W	160	23 Jan.	1899	LRiv
McCown	Simeon		19	9S	27W	40	1 Mar.	1855	Howa
McCown	Simeon		19	9S	27W	40	1 Mar.	1855	Howa
McCown	Simeon		19	9S	27W	45.67	1 Jul.	1859	Howa
McCown	Simeon		20	9S	27W	40	1 Mar.	1855	Howa
McCoy	John		28	15N	20W	40	1 Feb.	1860	Neva
McCoy	Joseph		9	11S	26W	160	1 Nov.	1833	Hem
McCoy	William		8	15N	23W	-	27 Mar.	1894	Neva
McCracken	Frances	M.	4	8S	28W	160.16	17 Apr.	1905	Howa
McCrary	Reazin	P.	17	13S	30W	-	2 Apr.	1860	LRiv
McCrary	Reazin	P.	17	13S	30W	120	2 Apr.	1860	LRiv
McCucheon	Andrew	J.	33	15N	19W	40	1 Nov.	1884	Neva
McCullin	William	B.	8	13S	30W	40	1 Oct.	1850	LRiv
McCulloch	James		20	14S	23W	160	10 Dec.	1861	Hem
McCulloch	James		20	14S	23W	-	10 Dec.	1861	Hem
McCurley	William		7	16N	20W	-	18 Apr.	1898	Neva

Last Name	First Name	Int.	Section No.	Twp.	Ran	Acres	Date			Co.
McCurley	William		18	16N	20W	160	18	Apr.	1898	Neva
McCurley	William		18	16N	20W	-	18	Apr.	1898	Neva
McCutchen	Alexander	C.	4	14N	19W	36.14	30	Aug.	1882	Neva
McCutchen	Andrew	J.	24	14N	20W	40	12	Dec.	1904	Neva
McCutchen	Andrew	J.	28	15N	19W	160	3	Feb.	1883	Neva
McCutchen	Andrew	J.	33	15N	19W	-	3	Feb.	1883	Neva
McCutchen	Carroll	A.	25	14N	19W	-	5	May	1904	Neva
McCutchen	Carroll	A.	25	14N	19W	-	5	May	1904	Neva
McCutchen	Carroll	A.	36	14N	19W	160	5	May	1904	Neva
McCutchen	Carroll	A.	36	14N	19W	160	May	May	1904	Neva
McCutchen	Enos	R.	32	15N	19W	-	13	Feb.	1905	Neva
McCutchen	Enos	R.	32	15N	19W	-	13	Feb.	1905	Neva
McCutchen	Enos	R.	33	15N	19W	160	13	Feb.	1905	Neva
McCutchen	Ezekiel	N.	35	15N	19W	40	1	Feb.	1860	Neva
McCutchen	John	C.	29	15N	19W	160	31	Dec.	1889	Neva
McCutchen	John	C.	29	15N	19W	-	31	Dec.	1889	Neva
McCutchen	John	C.	29	15N	19W	-	31	Dec.	1889	Neva
McCutcheon	Ezekiel	N.	4	14N	19W	36.32	15	Nov.	1854	Neva
McCutcheon	Ezekiel	N.	4	14N	19W	71.83	15	Nov.	1854	Neva
McCutcheon	James	R.	28	15N	19W	-	31	Dec.	1904	Neva
McCutcheon	James	R.	29	15N	19W	120	31	Dec.	1904	Neva
McCutcheon	Jerome	P.	28	15N	19W	160	8	May	1901	Neva
McCutcheon	Jerome	P.	28	15N	19W	-	8	May	1901	Neva
McCutcheon	Jerome	P.	28	15N	19W	-	8	May	1901	Neva
McCutcheon	William	R.	33	15N	19W	80	20	Oct.	1882	Neva
McDaniel	Finis	E.	17	6S	30W	80	30	Dec.	1902	Howa
McDaniel	Josiah		2	11S	28W	159.3	7	May	1897	Howa
McDaniel	Lee	R.	29	11S	31W	80	19	Mar.	1904	LRiv
McDaniel	Samuel	I.	2	11S	28W	152.19	10	Apr.	1897	Howa
McDonald	James	G.	12	9S	27W	40	1	May	1845	Howa
McDonald	John	A.	32	11S	32W	-	4	Apr.	1904	LRiv
McDonald	John	A.	32	11S	32W	160	4	Apr.	1904	LRiv
McDonald	John	R.	18	12S	27W	40	1	Feb.	1861	Hem
McDonald	Samuel		4	11S	25W	39.94	15	Apr.	1837	Hem
McDonald	Samuel		4	11S	25W	80	1	Sep.	1833	Hem
McDonald	Samuel		9	11S	25W	80	1	Aug.	1837	Hem
McDonald	Samuel		9	11S	25W	80	10	May	1827	Hem
McDonald	Samuel		17	11S	25W	120	10	Aug.	1837	Hem
McDonald	Samuel		17	11S	25W	-	10	Aug.	1837	Hem
McDougal	Archibald	A.	9	16N	19W	40	15	Dec.	1882	Neva
McDougal	Archibald	A.	10	16N	19W	40	18	Feb.	1888	Neva
McDougal	Archibald	A.	10	16N	19W	80	30	Mar.	1882	Neva
McDougal	Archibald	A.	10	16N	19W	-	30	Mar.	1882	Neva
McDougal	William	H.	1	16N	19W	-	18	Apr.	1898	Neva
McDougal	William	H.	12	16N	19W	160	18	Apr.	1898	Neva
McDougal	William	H.	12	16N	19W	-	18	Apr.	1898	Neva
McDougald	William	L.	28	9S	24W	160	22	Mar.	1906	Hem
McDougle	Archibald		9	16N	19W	-	1	Feb.	1876	Neva
McDougle	Archibald		10	16N	19W	160	1	Feb.	1876	Neva
McDougle	Archibald		10	16N	19W	-	1	Feb.	1876	Neva
McElhannon	Thomas	H.	11	12S	32W	-	7	Sep.	1894	LRiv
McElhannon	Thomas	H.	12	12S	32W	-	7	Sep.	1894	LRiv
McElhannon	Thomas	H.	12	12S	32W	160	7	Sep.	1894	LRiv
McElroy	James	M.	2	12S	27W	41.4	1	Jul.	1859	Hem
McElroy	James	M.	4	11S	25W	107.46	2	Apr.	1860	Hem
McElroy	Reuben		36	9S	28W	80	1	May	1845	Howa

Last Name	First Name	Int.	Section No.	Twp.	Ran	Acres	Date			Co.
McElroy	Reuben		36	9S	28W	80	1	May	1845	Howa
McElroy	Wiley		22	10S	28W	40	1	May	1845	Howa
McElroy	Wiley		22	10S	28W	80	10	Aug.	1837	Howa
McElroy	Wiley		23	10S	28W	-	1	Mar.	1843	Howa
McElroy	Wiley		23	10S	28W	160	1	Mar.	1843	Howa
McElroy	Wiley		25	10S	28W	80	1	Nov.	1848	Howa
McElroy	Wiley		25	10S	28W	80	1	Mar.	1855	Howa
McElroy	Wiley		27	10S	28W	-	10	Aug.	1837	Howa
McElroy	Wiley		27	10S	28W	80	10	Aug.	1837	Howa
McElroy	Wiley		27	10S	28W	80	10	Aug.	1837	Howa
McElroy	Wiley		30	10S	27W	80	1	May	1845	Howa
McElroy	Wiley		30	10S	27W	80.52	1	May	1845	Howa
McElroy	Wiley		31	10S	27W	79.92	1	May	1845	Howa
McElroy	Wiley		36	10S	28W	40	1	Mar.	1855	Howa
McElroy	William		5	13S	26W	46.9	1	Aug.	1837	Hem
McElroy	William		32	12S	26W	40	1	Aug.	1837	Hem
McEntire	M	C.	9	10S	27W	40	1	Mar.	1855	Howa
Mcfadden	John	W.	29	13S	25W	80	22	Nov.	1889	Hem
Mcfadden	Peter		35	12S	24W	80	30	Aug.	1882	Hem
Mcfadden	Peter		35	12S	24W	-	30	Aug.	1882	Hem
Mcfadden	Prince		27	11S	24W	40	1	Jun.	1875	Hem
Mcfadden	Robert		17	11S	24W	40	1	Jun.	1875	Hem
Mcfadden	Wearry		29	11S	24W	40	5	May	1899	Hem
Mcfaddin	Thomas	G.	26	12S	24W	80	1	Nov.	1839	Hem
Mcfall	Eldridge	W.	3	9S	28W	40	1	Nov.	1849	Howa
Mcfall	Eldridge	W.	4	9S	28W	40	1	Oct.	1850	Howa
Mcfall	Eldridge	W.	21	9S	27W	40	1	May	1856	Howa
Mcfall	Eldridge	W.	27	8S	28W	40	10	Jul.	1848	Howa
Mcfarland	James		22	10S	32W	-	1	Jul.	1903	LRiv
Mcfarland	James		22	10S	32W	160	1	Jul.	1903	LRiv
Mcfarland	John	F.	17	6S	30W	-	1	Jul.	1859	Howa
Mcfarland	John	F.	18	6S	30W	40	2	Apr.	1860	Howa
Mcfarland	John	F.	20	6S	30W	80	1	Jul.	1859	Howa
Mcfarland	Thomas		27	8S	27W	40	1	Mar.	1855	Howa
Mcfarland	Thomas		27	8S	27W	80	1	Mar.	1855	Howa
Mcfarlin	Craft		18	16N	22W	159.86	28	Nov.	1894	Neva
Mcfarlin	Craft		18	16N	22W	-	28	Nov.	1894	Neva
Mcfarling	Benjamin	F.	5	8S	27W	-	1	Dec.	1857	Howa
Mcfarling	Benjamin	F.	7	8S	27W	-	1	Dec.	1857	Howa
Mcfarling	Benjamin	F.	8	8S	27W	120	1	Dec.	1857	Howa
Mcfarling	Benjamin	F.	21	8S	27W	80	2	Jul.	1860	Howa
Mcfarling	Thomas		26	8S	27W	40	1	May	1856	Howa
Mcfarling	Thomas		26	8S	27W	40	10	Oct.	1856	Howa
Mcfarling	Thomas		27	8S	27W	40	1	Mar.	1855	Howa
Mcfarling	Thomas		27	8S	27W	40	10	Oct.	1856	Howa
Mcfarling	Thomas		28	8S	27W	80	10	Oct.	1856	Howa
Mcfeirn	John	B.	2	16N	22W	149.05	31	Dec.	1889	Neva
Mcgee	Francis	M.	20	7S	28W	160	27	Aug.	1892	Howa
Mcgee	Francis	M.	21	7S	28W	-	27	Aug.	1892	Howa
Mcgee	Francis	M.	28	7S	28W	-	27	Aug.	1892	Howa
Mcgee	James		13	16N	20W	144.52	31	Aug.	1905	Neva
Mcgee	James		13	16N	20W	-	31	Aug.	1905	Neva
Mcgee	James		18	16N	19W	-	31	Aug.	1905	Neva
Mcgee	James		18	16N	19W	-	31	Aug.	1905	Neva
Mcghee	Harman	L.	25	16N	23W	-	5	Sep.	1903	Neva
Mcghee	Harman	L.	26	16N	23W	160	May	Sep.	1903	Neva

Last Name	First Name	Int.	Section No.	Twp.	Ran	Acres	Date			Co.
Mcgill	Amos		25	10S	24W	80	27	Jun.	1889	Hem
Mcgill	James	K.	25	5S	28W	-	10	Sep.	1890	Howa
Mcgill	James	K.	25	5S	28W	160	10	Sep.	1890	Howa
Mcgill	William		25	5S	28W	-	15	Jun.	1875	Howa
Mcgill	William		25	5S	28W	80	15	Jun.	1875	Howa
Mcgill	William		27	10S	24W	40	10	Jun.	1882	Hem
Mcgill	William		27	10S	24W	80	19	Oct.	1888	Hem
Mcglasson	Mathew	L.	32	14N	19W	160	26	Jun.	1906	Neva
Mcglasson	Richard	P.	31	14N	19W	-	26	Aug.	1904	Neva
Mcglasson	Richard	P.	31	14N	19W	-	26	Aug.	1904	Neva
Mcglasson	Richard	P.	36	14N	20W	160.09	26	Aug.	1904	Neva
Mcglohn	Louisa		14	9S	25W	40	1	Jul.	1859	Hem
Mcgough	Eugene	L.	28	11S	30W	-	3	May	1895	LRiv
Mcgough	Eugene	L.	33	11S	30W	-	3	May	1895	LRiv
Mcgough	Eugene	L.	33	11S	30W	160	3	May	1895	LRiv
Mcgough	Hezekiah		28	11S	29W	-	9	Feb.	1901	LRiv
Mcgough	Hezekiah		28	11S	29W	-	9	Feb.	1901	LRiv
Mcgough	Hezekiah		29	11S	29W	160	9	Feb.	1901	LRiv
Mcgough	James	A.	33	11S	30W	-	3	May	1895	LRiv
Mcgough	James	A.	33	11S	30W	160	3	May	1895	LRiv
Mcgowan	James		9	16N	20W	40	30	Mar.	1886	Neva
Mcgowan	John		8	16N	20W	80	13	Jun.	1878	Neva
Mcgowan	John		11	16N	20W	40	May	Sep.	1906	Neva
Mcgowan	John		11	16N	20W	-	11	Apr.	1898	Neva
Mcgowan	John		14	16N	20W	120	11	Apr.	1898	Neva
Mcgram	William	F.	36	12S	32W	160	28	Feb.	1890	LRiv
Mchughes	George	W.	19	15N	21W	40	1	Jul.	1859	Neva
Mchughes	George	W.	19	15N	21W	80	1	Sep.	1857	Neva
Mchughes	George	W.	29	15N	20W	40	15	Nov.	1854	Neva
Mchughes	John		32	15N	20W	80	15	Nov.	1854	Neva
Mchughes	John		32	15N	20W	-	15	Nov.	1854	Neva
Mchughes	Moses		29	15N	20W	40	15	Nov.	1854	Neva
Mchughs	George	W.	18	15N	21W	-	1	Jun.	1875	Neva
Mchughs	George	W.	18	15N	21W	-	1	Jun.	1875	Neva
Mchughs	George	W.	19	15N	21W	160.52	1	Jun.	1875	Neva
Mcintire	William		23	10S	27W	80	1	Aug.	1837	Howa
Mcintire	William		24	10S	27W	80	1	Aug.	1837	Howa
Mcintire	William		25	10S	27W	40	1	Aug.	1837	Howa
Mcintire	William		33	10S	27W	40	1	Aug.	1837	Howa
Mcintire	William		33	10S	27W	40	1	Mar.	1843	Howa
Mcjunkin	Mary	L.	31	15N	22W	-	26	Jul.	1899	Neva
Mcjunkin	Mary	L.	31	15N	22W	-	26	Jul.	1899	Neva
Mcjunkin	Mary	L.	32	15N	22W	160	26	Jul.	1899	Neva
Mckay	James	R.	25	8S	29W	40	30	Dec.	1905	Howa
Mckay	Richard	L.	33	15N	23W	160	1	Feb.	1901	Neva
Mckay	Richard	L.	33	15N	23W	-	1	Feb.	1901	Neva
Mckay	Richard	L.	33	15N	23W	-	1	Feb.	1901	Neva
Mckillian	Joseph		21	11S	23W	80	1	Feb.	1861	Hem
Mckillian	Joseph		21	11S	23W	120	2	Apr.	1860	Hem
Mckillian	Joseph		21	11S	23W	-	2	Apr.	1860	Hem
Mcknight	Giles	L.	23	12S	25W	40	1	Jul.	1859	Hem
Mcknight	Joseph	H.	8	14N	23W	-	14	Aug.	1899	Neva
Mcknight	Joseph	H.	9	14N	23W	80	14	Aug.	1899	Neva
Mclain	Henry	M.	14	12S	29W	-	23	Jan.	1899	LRiv
Mclain	Henry	M.	14	12S	29W	160	23	Jan.	1899	LRiv
Mclain	John	M.	9	11S	25W	40	1	Aug.	1837	Hem

Last Name	First Name	Int.	Section No.	Twp.	Ran	Acres	Date		Co.
Mclain	John	M.	9	11S	25W	40	1 Mar.	1843	Hem
Mclain	John	M.	9	9S	26W	40	1 Mar.	1843	Hem
Mclain	John	V.	5	11S	32W	77.5	10 May	1861	LRiv
Mclain	John	V.	32	10S	32W	-	10 May	1861	LRiv
Mclain	John		9	11S	25W	80	1 Aug.	1837	Hem
Mclain	Matthie	T.	34	7S	28W	-	10 Aug.	1906	Howa
Mclain	Matthie	T.	34	7S	28W	80	10 Aug.	1906	Howa
Mclain	William		35	10S	26W	40	10 Apr.	1837	Hem
Mclaughlin	Henry	G.	14	14N	23W	40	1 Jun.	1860	Neva
Mclaughlin	Thomas		6	9S	25W	156.06	13 Jun.	1889	Hem
Mclaughlin	Thomas		6	9S	25W	-	13 Jun.	1889	Hem
Mclaughlin	Thomas		6	9S	25W	-	13 Jun.	1889	Hem
Mclelan	Phillip		30	12S	31W	-	11 Nov.	1898	LRiv
Mclelan	Phillip		30	12S	31W	-	11 Nov.	1898	LRiv
Mclelan	Phillip		30	12S	31W	179.75	11 Nov.	1898	LRiv
Mclemore	John	C.	23	11S	25W	240	1 Aug.	1837	Hem
Mclemore	John	C.	24	11S	25W	-	1 Aug.	1837	Hem
Mclendon	Jesse		3	14S	28W	9.61	1 May	1845	LRiv
Mclendon	Jesse		3	14S	28W	34.83	1 May	1845	LRiv
Mclendon	Jesse		3	14S	28W	146.09	1 May	1845	LRiv
Mclendon	Jesse		5	14S	28W	80	1 May	1845	LRiv
Mclendon	Jesse		5	14S	28W	80	1 May	1845	LRiv
Mclendon	Jesse		5	14S	28W	122.69	1 May	1845	LRiv
Mclendon	Jesse		32	13S	28W	80	1 Jul.	1859	LRiv
Mclure	Henry	W.	20	7S	27W	-	3 Jun.	1903	Howa
Mclure	Henry	W.	20	7S	27W	120	3 Jun.	1903	Howa
Mclure	Thomas	W.	25	8S	27W	40	1 Dec.	1897	Howa
McMahan	Francis	M.	17	10S	23W	40	2 Jul.	1860	Hem
McMahan	Francis	M.	17	10S	23W	80	1 Oct.	1860	Hem
McMahan	Francis	M.	17	10S	23W	-	1 Oct.	1860	Hem
McMahan	Mary		28	17N	20W	40	30 Jul.	1875	Neva
McMahan	Thomas	J.	28	17N	20W	80	1 Apr.	1892	Neva
McMahan	Thomas	J.	28	17N	20W	-	1 Apr.	1892	Neva
Mcmallen	William	H.	1	5S	30W	159.81	8 Jun.	1901	Howa
Mcmallen	William	H.	6	5S	29W	-	8 Jun.	1901	Howa
Mcmallen	William	H.	6	5S	29W	-	8 Jun.	1901	Howa
McMichael	Abraham		27	10S	32W	-	25 Nov.	1895	LRiv
McMichael	Abraham		28	10S	32W	160	25 Nov.	1895	LRiv
McMillan	Hiram		33	9S	28W	120	1 Jul.	1859	Howa
McMillan	Hiram		34	9S	28W	-	1 Jul.	1859	Howa
McMillan	Hyram		33	9S	28W	40	1 Mar.	1855	Howa
McMilleon	Andrew	J.	1	5S	30W	-	21 Oct.	1898	Howa
McMilleon	Andrew	J.	2	5S	30W	134.86	21 Oct.	1898	Howa
McMillon	James	M.	7	5S	28W	-	31 Dec.	1904	Howa
McMillon	James	M.	12	5S	29W	82.38	31 Dec.	1904	Howa
Mcmilon	William	H.	23	11S	32W	-	16 Sep.	1904	LRiv
Mcmilon	William	H.	23	11S	32W	120	16 Sep.	1904	LRiv
McMinn	Robert	J.	6	13N	23W	160	30 Aug.	1899	Neva
McMinn	Robert	J.	6	13N	23W	-	30 Aug.	1899	Neva
McMinn	Robert	J.	6	13N	23W	-	30 Aug.	1899	Neva
McMinn	Robert	J.	6	13N	23W	-	30 Aug.	1899	Neva
McMullan	Louis	H.	6	10S	26W	38.76	25 Mar.	1896	Hem
McMullin	James	W.	27	16N	21W	-	23 Oct.	1901	Neva
McMullin	James	W.	28	16N	21W	160	23 Oct.	1901	Neva
McMullin	James	W.	28	16N	21W	-	23 Oct.	1901	Neva
McMurry	John		24	11S	27W	80	10 Dec.	1827	Howa

Last Name	First Name	Int.	Section No.	Twp.	Ran	Acres	Date	Co.
Mcpherson	James	R.	21	14N	21W	160	15 Aug. 1898	Neva
Mcpherson	James	R.	21	14N	21W	-	15 Aug. 1898	Neva
Mcpherson	James	R.	21	14N	21W	-	15 Aug. 1898	Neva
Mcpherson	John	H.	32	15N	22W	160	28 Mar. 1906	Neva
Mcpherson	John	H.	32	15N	22W	-	28 Mar. 1906	Neva
Mcpherson	John	H.	32	15N	22W	-	28 Mar. 1906	Neva
Mcpherson	Roderick	R.	2	5S	29W	160	24 Jun. 1889	Howa
Mcpherson	Roderick	R.	11	5S	29W	-	24 Jun. 1889	Howa
Mcpherson	Roderick	R.	11	5S	29W	-	24 Jun. 1889	Howa
Mcpherson	William	L.	11	16N	20W	40	31 Aug. 1905	Neva
Mcqueen	John		6	12S	23W	432.47	1 Aug. 1837	Hem
Mcqueen	John		9	12S	23W	160	1 Aug. 1837	Hem
Mcqueen	John		9	12S	23W	-	1 Aug. 1837	Hem
Mcquinn	Catherine		26	13N	24W	-	10 Apr. 1907	Neva
Mcquinn	Catherine		35	13N	24W	160	10 Apr. 1907	Neva
Mcquinn	Catherine		35	13N	24W	-	10 Apr. 1907	Neva
Mcrae	Hugh	J.	25	8S	27W	40	1 May 1856	Howa
Mcscott	James		30	9S	26W	168.35	8 Oct. 1895	Hem
Mcscott	James		30	9S	26W	169.05	8 Oct. 1895	Hem
Mcscott	James		30	9S	26W	-	8 Oct. 1895	Hem
Mcscott	James		30	9S	26W	-	8 Oct. 1895	Hem
Mctige	Hugh		7	12S	31W	-	4 Dec. 1896	LRiv
Mctige	Hugh		7	12S	31W	126	4 Dec. 1896	LRiv
Mcwest	Thomas		35	16N	23W	40	1 Feb. 1860	Neva
Mcwhorter	Charles	M.	34	8S	29W	80	24 Mar. 1899	Howa
Mcwilliams	Wallace		13	11S	32W	-	19 Oct. 1905	LRiv
Mcwilliams	Wallace		13	11S	32W	80	19 Oct. 1905	LRiv
Medford	Isom		22	9S	28W	80	1 Nov. 1839	Howa
Medford	Isom		27	9S	28W	80	1 Nov. 1839	Howa
Medlen	Peyton		26	13S	25W	40	15 Apr. 1837	Hem
Medlin	Peyton		25	13S	25W	40	15 Apr. 1837	Hem
Medlock	Harvey	D.	31	8S	27W	-	2 Apr. 1860	Howa
Medlock	Harvey	D.	31	8S	27W	78.4	2 Apr. 1860	Howa
Medlock	Silas		31	8S	27W	78.31	1 May 1856	Howa
Meek	Jeremiah		15	13N	19W	-	1 Feb. 1860	Neva
Meek	Jeremiah		22	13N	19W	80	1 Feb. 1860	Neva
Meek	Richard		15	13N	19W	40	15 Nov. 1854	Neva
Meeldrow	Thomas		1	11S	24W	80	4 Jun. 1894	Hem
Melson	Washington	G.	9	10S	23W	40	1 Mar. 1855	Hem
Meray	Isaac		14	8S	27W	40	20 Aug. 1875	Howa
Mercher	Henry		19	12S	25W	160	3 Apr. 1896	Hem
Mercher	Henry		19	12S	25W	-	3 Apr. 1896	Hem
Merick	Ephraim		3	12S	27W	160	1 Mar. 1843	Hem
Meritt	James		13	10S	27W	-	1 Jul. 1859	Howa
Meritt	James		13	10S	27W	120	1 Jul. 1859	Howa
Meritt	James		18	10S	26W	112.99	1 Jul. 1859	Hem
Meritt	James		18	10S	26W	-	1 Jul. 1859	Hem
Merrell	Andrew	J.	28	9S	27W	40	2 Apr. 1860	Howa
Merry	Festus		33	11S	23W	40	1 Aug. 1837	Hem
Meshow	Hannah		19	9S	25W	80	2 Jul. 1860	Hem
Meshow	Hannah		19	9S	25W	-	2 Jul. 1860	Hem
Messer	Enoch		8	6S	29W	40	7 May 1907	Howa
Messer	Joseph		30	6S	29W	-	19 Nov. 1906	Howa
Messer	Joseph		31	6S	29W	147.79	19 Nov. 1906	Howa
Metcalf	Saul		19	14N	20W	-	5 May 1904	Neva
Metcalf	Saul		19	14N	20W	-	5 May 1904	Neva

Last Name	First Name	Int.	Section No.	Twp.	Ran	Acres	Date			Co.
Metcalf	Saul		30	14N	20W	160.17	May	May	1904	Neva
Metcalf	Saul		30	14N	20W	-	5	May	1904	Neva
Meyers	Nicholas	J.	8	15N	23W	160	10	Oct.	1894	Neva
Meyers	Nicholas	J.	8	15N	23W	-	10	Oct.	1894	Neva
Meyers	Nicholas	J.	8	15N	23W	-	10	Oct.	1894	Neva
Michael	Prince	K.	14	11S	27W	80	24	Mar.	1891	Howa
Middleton	Noah	G.	7	13N	21W	152.6	28	Feb.	1906	Neva
Middleton	Noah	G.	7	13N	21W	-	28	Feb.	1906	Neva
Middleton	Sarah	A.	12	13N	22W	160	18	Apr.	1905	Neva
Milam	Willoughby		15	11S	32W	160	2	Jan.	1895	LRiv
Miller	Adolphus	L.	23	11S	30W	-	16	Jul.	1890	LRiv
Miller	Adolphus	L.	23	11S	30W	80	15	Mar.	1888	LRiv
Miller	Adolphus	L.	23	11S	30W	106.18	16	Jul.	1890	LRiv
Miller	Albert	H.	5	12S	31W	160	24	Apr.	1890	LRiv
Miller	Alfred		34	14S	24W	40	2	Jul.	1860	Hem
Miller	Alfred		34	14S	24W	120	2	Apr.	1860	Hem
Miller	Alfred		34	14S	24W	-	2	Apr.	1860	Hem
Miller	Amy	R.	28	16N	22W	160	7	Aug.	1906	Neva
Miller	Amy	R.	28	16N	22W	-	7	Aug.	1906	Neva
Miller	Charles	H.	27	14N	22W	-	9	May	1905	Neva
Miller	Charles	H.	34	14N	22W	160	9	May	1905	Neva
Miller	Daniel	P.	15	11S	30W	-	23	Jan.	1899	LRiv
Miller	Eleihe	A.	35	5S	30W	160	14	Nov.	1905	Neva
Miller	Henry	F.	8	12S	31W	40	2	Jun.	1904	LRiv
Miller	Henry		15	8S	28W	40	1	Mar.	1855	Howa
Miller	Henry		15	8S	28W	80	1	Mar.	1855	Howa
Miller	Henry		15	8S	28W	80	1	Mar.	1855	Howa
Miller	Henry		26	8S	28W	-	1	Nov.	1848	Howa
Miller	Henry		26	8S	28W	80	1	Nov.	1848	Howa
Miller	James	F.	6	10S	27W	39.32	1	Mar.	1855	Howa
Miller	James	F.	32	9S	27W	40	1	Mar.	1855	Howa
Miller	James	F.	32	9S	27W	40	1	Jul.	1859	Howa
Miller	James	H.	19	7S	28W	-	26	Aug.	1905	Howa
Miller	James	H.	30	7S	28W	79.72	26	Aug.	1905	Howa
Miller	James	P.	17	5S	28W	-	24	Jun.	1889	Howa
Miller	James	P.	20	5S	28W	-	24	Jun.	1889	Howa
Miller	James	P.	20	5S	28W	160	24	Jun.	1889	Howa
Miller	Jesse	F.	13	13N	22W	40	1	Feb.	1860	Neva
Miller	Jesse	F.	18	13N	21W	56.89	1	Jun.	1860	Neva
Miller	John	F.	23	11S	32W	40	31	Jul.	1903	LRiv
Miller	John		3	12S	30W	-	22	Apr.	1901	LRiv
Miller	John		4	12S	30W	157.63	22	Apr.	1901	LRiv
Miller	Jonathan	H.	18	13N	21W	40	1	Jun.	1860	Neva
Miller	Joseph	A.	19	11S	23W	48.89	1	Feb.	1861	Hem
Miller	Levi	L.	12	5S	28W	40	1	Dec.	1857	Howa
Miller	Levi	L.	12	5S	28W	40	1	Dec.	1860	Howa
Miller	Mahalah	I.	30	7S	28W	159.7	19	Oct.	1905	Howa
Miller	Thomas		31	11S	30W	-	17	Aug.	1894	LRiv
Miller	Thomas		31	11S	30W	128.97	17	Aug.	1894	LRiv
Miller	William	H.	8	15N	22W	160	16	Jun.	1905	Neva
Milliken	Charles	H.	34	17N	19W	40	15	Nov.	1854	Neva
Millikin	Charles	H.	23	17N	19W	40	15	Nov.	1854	Neva
Mills	Joel		25	11S	30W	40	1	Dec.	1857	LRiv
Mills	Joel		26	11S	30W	78.52	2	Apr.	1860	LRiv
Mills	John	Y.	11	15N	23W	-	28	May	1895	Neva
Mills	John	Y.	14	15N	23W	160	28	May	1895	Neva

Last Name	First Name	Int.	Section No.	Twp.	Ran	Acres	Date		Co.
Mills	Thomas		2	13S	30W	160	30 Jun.	1882	LRiv
Millsap	John	M.	1	10S	28W	-	1 Jul.	1859	Howa
Millsap	John	M.	1	10S	29W	327.77	1 Jul.	1859	Howa
Millsap	John	M.	6	10S	28W	-	1 Jul.	1859	Howa
Millsap	John	M.	6	10S	28W	-	1 Jul.	1859	Howa
Millsap	John	M.	7	10S	28W	-	1 Jul.	1859	Howa
Millsaps	Andrew	J.	33	13N	21W	160	13 Oct.	1898	Neva
Millsaps	Andrew	J.	33	13N	21W	-	13 Oct.	1898	Neva
Millsaps	Andrew	J.	33	13N	21W	-	13 Oct.	1898	Neva
Millsaps	Austin		7	13N	22W	-	26 Mar.	1890	Neva
Millsaps	Austin		7	13N	22W	-	26 Mar.	1890	Neva
Millsaps	Austin		8	13N	22W	160	26 Mar.	1890	Neva
Millsaps	Duncan	G.	26	8S	29W	40	2 Apr.	1860	Howa
Millsaps	James	V.	27	13N	21W	160	10 Apr.	1907	Neva
Millsaps	John	T.	13	13N	23W	128.19	19 Dec.	1889	Neva
Millsaps	John	T.	18	13N	22W	-	19 Dec.	1889	Neva
Millsaps	Joseph	N.	2	9S	29W	80	24 Jun.	1895	Howa
Millsaps	Joseph	N.	12	8S	29W	-	2 Apr.	1860	Howa
Millsaps	Joseph	N.	12	8S	29W	80	2 Apr.	1860	Howa
Millsaps	Marion		13	13N	21W	80	13 Oct.	1898	Neva
Millsaps	Marion		13	13N	21W	80	9 May	1905	Neva
Millsaps	Marion		13	13N	21W	-	13 Oct.	1898	Neva
Millsaps	Marion		13	13N	21W	-	9 May	1905	Neva
Millsaps	William	M.	24	13N	21W	160	28 Jun.	1905	Neva
Milsaps	John	M.	30	9S	28W	40	1 Mar.	1855	Howa
Milson	Thomas		36	9S	24W	40	1 Mar.	1855	Hem
Minicus	Susan		21	16N	22W	-	10 Apr.	1907	Neva
Minicus	Susan		28	16N	22W	160	10 Apr.	1907	Neva
Minyard	Charlton		17	14N	19W	80	20 Jul.	1875	Neva
Minyard	Jacob		8	14N	19W	40	20 Jul.	1875	Neva
Mirick	Ephraim		2	14S	26W	80	10 Apr.	1837	Hem
Mirick	Ephraim		2	14S	26W	80	10 Apr.	1837	Hem
Mirick	Ephraim		3	12S	27W	81.72	1 Mar.	1843	Hem
Mirick	Ephraim		3	12S	27W	82.02	1 Mar.	1843	Hem
Mirick	Ephraim		3	12S	27W	163	1 Mar.	1843	Hem
Mirick	Ephraim		6	12S	24W	69.95	15 Apr.	1837	Hem
Mirick	Ephraim		27	11S	25W	80	15 Apr.	1837	Hem
Mirick	Ephraim		34	13S	26W	40	10 Apr.	1837	Hem
Mitchel	Charles	B.	18	11S	25W	40	1 Jul.	1859	Hem
Mitchel	Charles	B.	23	10S	27W	40	1 Jul.	1859	Howa
Mitchell	Alexander		27	12S	24W	40	9 Sep.	1882	Hem
Mitchell	Asbury	H.	36	9S	29W	40	1 Mar.	1843	Howa
Mitchell	Ben		5	13S	32W	80	15 Jan.	1885	LRiv
Mitchell	Caleb		15	11S	24W	40	30 Jun.	1882	Hem
Mitchell	Charles	B.	22	9S	27W	80	1 Mar.	1855	Howa
Mitchell	James		7	8S	28W	-	26 May	1890	Howa
Mitchell	James		7	8S	28W	-	26 May	1890	Howa
Mitchell	James		7	8S	28W	160.95	26 May	1890	Howa
Mitchell	John	T.	27	9S	27W	40	1 Mar.	1855	Howa
Mitchell	John	T.	28	9S	27W	40	1 Mar.	1855	Howa
Mitchell	John	T.	28	9S	27W	40	1 Mar.	1855	Howa
Mitchell	John	T.	28	9S	27W	80	1 Mar.	1855	Howa
Mitchell	Martha	A.	32	11S	29W	-	8 May	1901	LRiv
Mitchell	Martha	A.	32	11S	29W	160	8 May	1901	LRiv
Mitchell	Martha	C.	1	8S	28W	160.81	22 Mar.	1906	Howa
Mitchell	Obediah	P.	31	17N	20W	-	1 Jun.	1875	Neva

Last Name	First Name	Int.	Section No.	Twp.	Ran	Acres	Date			Co.
Mitchell	Obediah	P.	31	17N	20W	-	1	Jun.	1875	Neva
Mitchell	Rosa	M.	12	8S	29W	40	27	Jun.	1889	Howa
Mitchell	Samuel	F.	15	9S	25W	160	1	May	1856	Hem
Mitchell	Thomas	B.	9	5S	28W	-	30	Dec.	1902	Howa
Mitchell	Thomas	B.	9	5S	28W	-	30	Dec.	1902	Howa
Mitchell	Thomas	B.	9	5S	28W	160	30	Dec.	1902	Howa
Mitchell	William		12	8S	28W	-	24	Apr.	1890	Howa
Mitchell	William		12	8S	28W	120	24	Apr.	1890	Howa
Mobs	John	R.	5	10S	26W	120	2	Apr.	1860	Hem
Mobs	John	R.	5	10S	26W	-	2	Apr.	1860	Hem
Modest	Sam		35	13S	26W	80	9	Sep.	1882	Hem
Moffitt	John	H.	22	17N	22W	160	1	Mar.	1904	Neva
Moffitt	John	H.	22	17N	22W	-	1	Mar.	1904	Neva
Mogridge	Joseph		15	15N	23W	160	10	Jun.	1872	Neva
Mogridge	Joseph		15	15N	23W	160	10	Jun.	1873	Neva
Mogridge	Joseph		15	15N	23W	-	10	Jun.	1872	Neva
Mogridge	Joseph		15	15N	23W	-	10	Jun.	1873	Neva
Molder	Wesley		22	16N	19W	-	6	Dec.	1890	Neva
Molder	Wesley		23	16N	19W	-	6	Dec.	1890	Neva
Molder	Wesley		27	16N	19W	160	6	Dec.	1890	Neva
Monaghan	Mary		13	11S	25W	80	15	Jan.	1885	Hem
Monasco	George	W.	33	5S	29W	160	23	Jun.	1889	Howa
Monasco	George	W.	34	5S	29W	40	24	Mar.	1890	Howa
Monroe	James	C.	9	12S	23W	80	1	Aug.	1837	Hem
Monroe	James	C.	17	12S	25W	40	2	Jul.	1860	Hem
Monroe	James	C.	21	12S	25W	40	1	Mar.	1855	Hem
Montgomery	Isaac	N.	33	12S	25W	80	2	Jan.	1895	Hem
Montgomery	James	M.	9	10S	23W	160	20	Apr.	1883	Hem
Montgomery	Thomas	W.	15	13S	25W	160	26	Jan.	1898	Hem
Moody	George	A.	27	7S	28W	-	31	Dec.	1904	Howa
Moody	George	A.	34	7S	28W	120	31	Dec.	1904	Howa
Moon	Jacob		30	12S	28W	80	1	Jul.	1875	LRiv
Mooney	Grant	G.	22	13N	23W	-	31	Oct.	1906	Neva
Mooney	Grant	G.	23	13N	23W	-	31	Oct.	1906	Neva
Mooney	Grant	G.	27	13N	23W	160	31	Oct.	1906	Neva
Mooney	James	D.	24	13N	24W	80	17	Apr.	1899	Neva
Mooney	James	F.	23	13N	23W	-	17	Apr.	1899	Neva
Mooney	James	F.	26	13N	23W	-	17	Apr.	1899	Neva
Mooney	James	F.	27	13N	23W	160	17	Apr.	1899	Neva
Mooney	William	I.	3	13N	22W	160	14	Jun.	1904	Neva
Moore	Babra	A.	15	14N	22W	-	1	Mar.	1904	Neva
Moore	Babra	A.	15	14N	22W	-	1	Mar.	1904	Neva
Moore	Babra	A.	22	14N	22W	160	1	Mar.	1904	Neva
Moore	Casie	N.	31	10S	32W	40	2	May	1905	LRiv
Moore	Cornelius	B.	26	5S	29W	80	2	Apr.	1860	Howa
Moore	David		7	8S	27W	43.03	30	Jun.	1873	Howa
Moore	Deby	A.	33	16N	23W	40	25	Feb.	1907	Neva
Moore	Edward		25	12S	32W	-	23	Jan.	1891	LRiv
Moore	Edward		25	12S	32W	160	23	Jan.	1891	LRiv
Moore	George	A.	25	17N	20W	-	28	Mar.	1906	Neva
Moore	George	A.	26	17N	20W	80	28	Mar.	1906	Neva
Moore	George	W.	23	13S	26W	80	19	Oct.	1888	Hem
Moore	Harbard	H.	12	7S	30W	-	18	Jan.	1894	Howa
Moore	Harbard	H.	12	7S	30W	-	18	Jan.	1894	Howa
Moore	Harbard	H.	12	7S	30W	160	18	Jan.	1894	Howa
Moore	Jack		4	13N	22W	-	25	Feb.	1899	Neva

157

Last Name	First Name	Int.	Section No.	Twp.	Ran	Acres	Date			Co.
Moore	Jack		33	14N	22W	147.91	25	Feb.	1899	Neva
Moore	James	R.	1	11S	33W	38.69	13	Nov.	1901	LRiv
Moore	James	S.	3	7S	29W	177.56	27	Dec.	1905	Howa
Moore	James	S.	34	6S	29W	-	27	Dec.	1905	Howa
Moore	James	W.	3	16N	19W	-	18	Apr.	1905	Neva
Moore	James	W.	4	16N	19W	160	18	Apr.	1905	Neva
Moore	James	W.	6	12S	25W	40	1	May	1845	Hem
Moore	James	W.	10	12S	25W	80	10	Jul.	1844	Hem
Moore	John	W.	26	17N	20W	-	13	Jun.	1878	Neva
Moore	John	W.	27	17N	20W	-	13	Jun.	1878	Neva
Moore	John	W.	35	17N	20W	120	13	Jun.	1878	Neva
Moore	Joseph	S.	3	11S	24W	73.48	30	Aug.	1882	Hem
Moore	Larkin	B.	7	13S	29W	40	1	Mar.	1843	LRiv
Moore	Larkin	B.	7	13S	29W	49.88	1	Mar.	1843	LRiv
Moore	Lewis	M.	10	10S	27W	-	27	Apr.	1885	Howa
Moore	Lewis	M.	10	10S	27W	120	27	Apr.	1885	Howa
Moore	Nancy	E.	24	8S	29W	40	8	Oct.	1901	Howa
Moore	Nathaniel		26	5S	29W	40	1	Mar.	1855	Neva
Moore	Right		13	7S	30W	169.72	30	Dec.	1905	Howa
Moore	Samuel	A.	36	16N	19W	-	13	Aug.	1883	Neva
Moore	Samuel	A.	36	16N	19W	-	13	Aug.	1883	Neva
Moore	Samuel	W.	1	13N	23W	156.42	May	May	1904	Neva
Moore	Samuel	W.	1	13N	23W	-	5	May	1904	Neva
Moore	Samuel		14	11S	25W	80	1	Nov.	1839	Hem
Moore	Samuel		23	11S	25W	40	1	Nov.	1839	Hem
Moore	Walter	S.	34	16N	21W	-	24	Mar.	1896	Neva
Moore	Walter	S.	34	16N	21W	-	24	Mar.	1896	Neva
Moore	Walter	S.	35	16N	21W	160	24	Mar.	1896	Neva
Moore	William		13	12S	26W	40	17	Feb.	1881	Hem
Moore	William		13	12S	26W	40	25	Apr.	1873	Hem
Moore	Willis	W.	3	15N	19W	-	12	May	1905	Neva
Moore	Willis	W.	35	16N	19W	120.58	12	May	1905	Neva
Moorman	Thomas	P.	34	13S	24W	80	1	Jul.	1859	Hem
Moorman	Thomas	P.	34	13S	24W	80	2	Apr.	1860	Hem
Morehead	Henry	C.	23	7S	28W	-	1	Jun.	1888	Howa
Morehead	Henry	C.	23	7S	28W	-	1	Jun.	1888	Howa
Morehead	Henry	C.	24	7S	28W	160	1	Jun.	1888	Howa
Moreland	Nancy	A.	1	15N	21W	80.2	10	Apr.	1907	Neva
Moren	Abner		19	11S	26W	40	10	Apr.	1837	Hem
Moren	Abner		29	11S	26W	40	10	Apr.	1837	Hem
Moren	Abner		30	11S	26W	40	15	Apr.	1837	Hem
Moren	Abner		30	11S	26W	80	10	Apr.	1837	Hem
Moren	Jesse		13	11S	27W	80	1	Apr.	1828	Howa
Moren	Reuben		2	12S	27W	40	1	Mar.	1843	Hem
Moren	Reuben		2	12S	27W	80.47	1	Mar.	1843	Hem
Moren	Reuben		28	11S	27W	40	10	Apr.	1837	Howa
Moren	Reuben		28	11S	27W	80	10	Apr.	1837	Howa
Moren	Samuel		32	11S	27W	40	10	Apr.	1837	Howa
Moren	Samuel		32	11S	27W	40	1	Aug.	1837	Howa
Moren	Samuel		32	11S	27W	40	1	Aug.	1843	Howa
Moren	Samuel		33	11S	27W	40	1	Aug.	1837	Howa
Moren	Samuel		35	11S	28W	40	1	May	1845	Howa
Morgan	Alexander	A.	17	11S	31W	-	1	Jul.	1903	LRiv
Morgan	Alexander	A.	18	11S	31W	-	1	Jul.	1903	LRiv
Morgan	Alexander	A.	18	11S	31W	160	1	Jul.	1903	LRiv
Morgan	Elizabeth		7	11S	31W	-	15	Jan.	1885	LRiv

Last Name	First Name	Int.	Section No.	Twp.	Ran	Acres	Date		Co.
Morgan	Elizabeth		18	11S	31W	-	15 Jan.	1885	LRiv
Morgan	Elizabeth		18	11S	31W	160	15 Jan.	1885	LRiv
Morgan	George	P.	21	10S	32W	-	1 Jul.	1903	LRiv
Morgan	George	P.	21	10S	32W	160	1 Jul.	1903	LRiv
Morgan	Hardy		35	11S	31W	-	2 Apr.	1860	LRiv
Morgan	Hardy		35	11S	31W	80	2 Apr.	1860	LRiv
Morgan	James	A.	20	17N	21W	160	10 Aug.	1906	Neva
Morgan	James	A.	20	17N	21W	-	10 Aug.	1906	Neva
Morgan	Joel	D.	24	14S	25W	40	1 Jul.	1859	Hem
Morgan	Joel		15	16N	22W	160	3 Jul.	1902	Neva
Morgan	Joel		15	16N	22W	-	3 Jul.	1902	Neva
Morgan	John	A.	12	12S	32W	80	10 Aug.	1894	LRiv
Morgan	John	L.	24	8S	29W	-	2 Jul.	1860	Howa
Morgan	John	L.	24	8S	29W	40	2 Apr.	1860	Howa
Morgan	John	L.	24	8S	29W	80	2 Jul.	1860	Howa
Morgan	John	L.	25	8S	29W	-	2 Apr.	1860	Howa
Morgan	John	L.	25	8S	29W	80	2 Apr.	1860	Howa
Morgan	John	L.	26	8S	29W	40	2 Apr.	1860	Howa
Morgan	John		12	14S	25W	40	2 Apr.	1860	Hem
Morgan	Joseph	M.	15	16N	22W	-	9 May	1905	Neva
Morgan	Joseph	M.	22	16N	22W	-	9 May	1905	Neva
Morgan	Joseph	M.	23	16N	22W	160	9 May	1905	Neva
Morgan	Martha	J.	19	11S	31W	-	31 Dec.	1904	LRiv
Morgan	Martha	J.	19	11S	31W	-	31 Dec.	1904	LRiv
Morgan	Martha	J.	30	11S	31W	159.82	31 Dec.	1904	LRiv
Morgan	Simon		21	12S	32W	-	2 Apr.	1860	LRiv
Morgan	Simon		21	12S	32W	80	2 Apr.	1860	LRiv
Morgan	Wiley	B.	6	14S	24W	40	1 Jul.	1859	Hem
Morgan	Wiley	B.	6	14S	24W	120	1 Jul.	1859	Hem
Morgan	Wiley	B.	6	14S	24W	157.14	1 Jul.	1859	Hem
Morgan	William	H.	4	13S	23W	40.81	1 Nov.	1839	Hem
Morgan	William	H.	4	13S	23W	162.36	1 Nov.	1839	Hem
Morgan	William	H.	13	11S	32W	-	10 Sep.	1890	LRiv
Morgan	William	H.	24	11S	32W	160	10 Sep.	1890	LRiv
Morgan	William	H.	26	13S	25W	40	15 Apr.	1837	Hem
Morgan	William	J.	23	8S	29W	120	31 Jan.	1889	Howa
Morgan	William	J.	26	8S	29W	-	31 Jan.	1889	Howa
Morgan	William		33	12S	23W	40	1 Aug.	1837	Hem
Morin	David	C.	36	11S	27W	40	1 Aug.	1837	Howa
Morren	Edward	S.	2	12S	32W	40	15 Oct.	1906	LRiv
Morris	Alfred		14	13S	28W	-	2 Jul.	1860	LRiv
Morris	Alfred		14	13S	28W	-	2 Jul.	1860	LRiv
Morris	Alfred		14	13S	28W	40	1 Dec.	1857	LRiv
Morris	Alfred		14	13S	28W	280	2 Jul.	1860	LRiv
Morris	Boon		19	6S	28W	-	24 Nov.	1903	Howa
Morris	Boon		20	6S	28W	-	24 Nov.	1903	Howa
Morris	Boon		20	6S	28W	160	24 Nov.	1903	Howa
Morris	Harrison	R.	25	14S	25W	160	1 Jul.	1859	Hem
Morris	Isaac	A.	22	9S	25W	80	1 Jul.	1859	Hem
Morris	Isaac	A.	22	9S	25W	80	2 Apr.	1860	Hem
Morris	Jacob		34	10S	27W	-	1 Dec.	1830	Howa
Morris	Jacob		34	10S	27W	320	1 Dec.	1830	Howa
Morris	James		22	10S	32W	40	2 Apr.	1860	LRiv
Morris	John	D.	28	16N	19W	40	8 Mar.	1890	Neva
Morris	John	D.	28	16N	19W	80	22 May	1895	Neva
Morris	John	D.	28	16N	19W	-	22 May	1895	Neva

Last Name	First Name	Int.	Section No.	Twp.	Ran	Acres	Date		Co.
Morris	John	D.	34	16N	19W	40	4 Oct.	1884	Neva
Morris	John	S.	14	7S	27W	-	18 Oct.	1888	Howa
Morris	John	S.	15	7S	27W	-	18 Oct.	1888	Howa
Morris	John	S.	23	7S	27W	160	18 Oct.	1888	Howa
Morris	John		11	15N	20W	120	30 Jul.	1875	Neva
Morris	John		11	15N	20W	-	30 Jul.	1875	Neva
Morris	John		35	16N	20W	40	10 Mar.	1876	Neva
Morris	Presley	W.	10	13S	28W	160	7 May	1894	LRiv
Morris	Richard	L.	12	14S	25W	40	2 Jul.	1860	Hem
Morris	Richard	L.	12	14S	25W	160	2 Apr.	1860	Hem
Morris	Richard	L.	12	14S	25W	-	2 Apr.	1860	Hem
Morris	Richard	T.	12	16N	20W	160	9 Aug.	1919	Neva
Morris	Richard	T.	12	16N	20W	-	9 Aug.	1919	Neva
Morris	Richard	T.	12	16N	20W	-	9 Aug.	1919	Neva
Morris	William	H.	33	17N	19W	80	15 Dec.	1882	Neva
Morris	William	H.	33	17N	19W	80	20 Aug.	1892	Neva
Morrisett	James	D.	7	11S	24W	40	2 Jul.	1860	Hem
Morrisett	James	D.	7	11S	24W	40	2 Jul.	1860	Hem
Morrison	Daniel		1	14S	26W	640	1 Aug.	1837	Hem
Morrison	Daniel		2	14S	26W	160	1 Aug.	1837	Hem
Morrison	Daniel		3	12S	26W	80	1 Aug.	1837	Hem
Morrison	Daniel		3	12S	26W	80	1 Aug.	1837	Hem
Morrison	Daniel		3	12S	26W	159.79	1 Aug.	1837	Hem
Morrison	Daniel		3	13S	25W	80	1 Aug.	1837	Hem
Morrison	Daniel		4	12S	26W	160.23	1 Aug.	1837	Hem
Morrison	Daniel		5	12S	23W	153.32	1 Aug.	1837	Hem
Morrison	Daniel		6	14S	25W	81.14	1 Aug.	1837	Hem
Morrison	Daniel		6	14S	25W	84.03	1 Aug.	1837	Hem
Morrison	Daniel		7	12S	26W	155.52	1 Aug.	1837	Hem
Morrison	Daniel		8	12S	26W	80	15 Apr.	1837	Hem
Morrison	Daniel		10	12S	26W	80	1 Aug.	1837	Hem
Morrison	Daniel		10	12S	26W	160	1 Aug.	1837	Hem
Morrison	Daniel		10	13S	26W	320	10 Aug.	1837	Hem
Morrison	Daniel		11	12S	26W	80	1 Aug.	1837	Hem
Morrison	Daniel		12	14S	26W	160	1 Aug.	1837	Hem
Morrison	Daniel		13	12S	26W	40	1 Aug.	1837	Hem
Morrison	Daniel		13	12S	26W	80	1 Aug.	1837	Hem
Morrison	Daniel		14	11S	26W	80	15 Apr.	1837	Hem
Morrison	Daniel		14	12S	26W	160	1 Aug.	1837	Hem
Morrison	Daniel		14	12S	26W	320	1 Aug.	1837	Hem
Morrison	Daniel		17	12S	26W	80	15 Apr.	1837	Hem
Morrison	Daniel		18	12S	26W	156.44	1 Aug.	1837	Hem
Morrison	Daniel		19	12S	24W	289.02	1 Aug.	1837	Hem
Morrison	Daniel		21	12S	23W	160	1 Aug.	1837	Hem
Morrison	Daniel		23	11S	26W	80	15 Apr.	1837	Hem
Morrison	Daniel		23	11S	26W	80	15 Apr.	1837	Hem
Morrison	Daniel		23	11S	26W	80	15 Apr.	1837	Hem
Morrison	Daniel		23	12S	26W	320	1 Aug.	1837	Hem
Morrison	Daniel		24	12S	25W	320	1 Aug.	1837	Hem
Morrison	Daniel		24	12S	26W	80	1 Aug.	1837	Hem
Morrison	Daniel		24	12S	26W	160	1 Aug.	1837	Hem
Morrison	Daniel		25	11S	26W	80	15 Apr.	1837	Hem
Morrison	Daniel		26	11S	26W	80	15 Apr.	1837	Hem
Morrison	Daniel		26	11S	26W	80	15 Apr.	1837	Hem
Morrison	Daniel		26	11S	26W	80	15 Apr.	1837	Hem
Morrison	Daniel		26	11S	26W	160	15 Apr.	1837	Hem

Last Name	First Name	Int.	Section No.	Twp.	Ran	Acres	Date			Co.
Morrison	Daniel		27	12S	25W	320	1	Aug.	1837	Hem
Morrison	Daniel		28	11S	26W	80	1	Aug.	1837	Hem
Morrison	Daniel		28	11S	26W	320	1	Aug.	1837	Hem
Morrison	Daniel		28	12S	25W	160	1	Aug.	1837	Hem
Morrison	Daniel		29	11S	26W	80	1	Aug.	1837	Hem
Morrison	Daniel		29	11S	26W	80	1	Aug.	1837	Hem
Morrison	Daniel		29	11S	26W	160	1	Aug.	1837	Hem
Morrison	Daniel		33	11S	26W	640	1	Aug.	1837	Hem
Morrison	Daniel		34	11S	26W	80	1	Aug.	1837	Riv
Morrison	Daniel		34	12S	25W	240	1	Aug.	1837	Hem
Morrison	Daniel		34	12S	25W	-	1	Aug.	1837	Hem
Morrison	Daniel		35	11S	26W	160	15	Apr.	1837	Hem
Morrison	Daniel		36	13S	26W	320	1	Aug.	1837	Hem
Morrison	Eli		9	11S	24W	80	24	Apr.	1890	Hem
Morrison	John		3	12S	25W	46.92	1	Nov.	1849	Hem
Morrison	Joshua		4	12S	25W	80	10	Aug.	1837	Hem
Morrison	Joshua		4	12S	25W	85.27	10	Aug.	1837	Hem
Morrison	Joshua		4	12S	25W	252.22	10	Aug.	1837	Hem
Morrison	Joshua		20	10S	24W	80	10	Apr.	1837	Hem
Morrison	Joshua		20	10S	24W	160	10	Apr.	1837	Hem
Morrison	Joshua		28	11S	25W	160	15	Apr.	1837	Hem
Morrison	Joshua		29	11S	25W	80	15	Apr.	1837	Hem
Morrison	Joshua		31	12S	25W	67.58	15	Apr.	1837	Hem
Morrison	Joshua		32	11S	25W	160	1	Aug.	1837	Hem
Morrison	Joshua		33	11S	25W	80	15	Apr.	1837	Hem
Morrison	Joshua		33	11S	25W	80	15	Apr.	1837	Hem
Morrison	Joshua		34	11S	25W	-	1	Aug.	1837	Hem
Morrison	Joshua		34	11S	25W	-	1	Aug.	1837	Hem
Morrison	Joshua		34	11S	25W	-	1	Aug.	1837	Hem
Morrison	Joshua		35	11S	25W	80	1	May	1845	Hem
Morrison	Joshua		35	11S	25W	80	1	Mar.	1855	Hem
Morrison	Joshua		35	11S	25W	240	1	Aug.	1837	Hem
Morrison	Joshua		35	11S	25W	240	1	Aug.	1837	Hem
Morrison	Joshua		35	11S	25W	-	1	Aug.	1837	Hem
Morrison	Joshua		36	12S	26W	80	15	Apr.	1837	Hem
Morrison	Raymond		17	14N	23W	-	8	Apr.	1903	Neva
Morrison	Raymond		20	14N	23W	160	8	Apr.	1903	Neva
Morrison	Raymond		20	14N	23W	-	8	Apr.	1903	Neva
Morrison	Robert	N.	1	10S	27W	160.84	1	Dec.	1857	Howa
Morrison	Wilson		17	11S	24W	40	9	Sep.	1882	Hem
Morriss	James		22	10S	32W	40	1	Oct.	1860	LRiv
Morrow	Cynthia		10	10S	24W	120	30	Jun.	1882	Hem
Morrow	Cynthia		10	10S	24W	-	30	Jun.	1882	Hem
Morrow	Frederick		10	10S	24W	40	25	Nov.	1879	Hem
Morrow	Mark		19	10S	23W	40	1	Feb.	1861	Hem
Morrow	Mark		19	10S	23W	40	1	Apr.	1875	Hem
Morrow	Mark		19	10S	23W	40	2	Apr.	1860	Hem
Morrow	Robert		22	12S	26W	-	1	Aug.	1837	Hem
Morrow	Robert		23	12S	26W	160	1	Aug.	1837	Hem
Morrow	Robert		25	11S	27W	80	10	May	1827	Howa
Morrow	Robert		26	11S	27W	80	1	Apr.	1828	Howa
Morton	David	F.	10	13S	24W	40	10	Aug.	1837	Hem
Morton	John	R.	35	12S	25W	40	16	May	1878	Hem
Morton	Robert		3	13S	24W	163.65	10	Aug.	1837	Hem
Morton	Robert		13	13S	25W	40	1	Nov.	1839	Hem
Morton	Robert		13	13S	25W	40	15	Apr.	1837	Hem

Last Name	First Name	Int.	Section No.	Twp.	Ran	Acres	Date			Co.
Morton	Robert		13	13S	25W	40	15	Apr.	1837	Hem
Morton	Robert		13	13S	25W	80	15	Apr.	1837	Hem
Morton	Robert		13	13S	25W	80	15	Apr.	1837	Hem
Morton	William	B.	7	13S	23W	134.8	10	Aug.	1837	Hem
Morton	William	B.	7	13S	23W	-	10	Aug.	1837	Hem
Morton	William	B.	12	13S	24W	320	10	Aug.	1837	Hem
Moses	Henry	W.	8	14S	24W	240	1	Jul.	1859	Hem
Moss	Edwin	B.	3	14S	28W	23.72	30	Dec.	1902	LRiv
Moss	Edwin	B.	36	13S	28W	9.01	30	Mar.	1904	LRiv
Moss	Henry	B.	10	16N	21W	40	May	May	1905	Neva
Moss	James	L.	2	14N	23W	160	20	Oct.	1884	Neva
Moss	James		24	11S	27W	80	10	May	1827	Howa
Moss	James		26	11S	27W	80	10	May	1827	Howa
Moss	James		31	11S	26W	80	1	Mar.	1843	Hem
Moss	John	H.	23	15N	21W	160	22	Apr.	1899	Neva
Moss	John	H.	23	15N	21W	-	22	Apr.	1899	Neva
Moss	John	H.	23	15N	21W	-	22	Apr.	1899	Neva
Moss	John	M.	14	12S	27W	80	2	Apr.	1860	Hem
Moss	John	M.	14	12S	27W	200	2	Jul.	1860	Hem
Moss	John	M.	14	12S	27W	-	2	Jul.	1860	Hem
Moss	John	M.	14	12S	27W	-	2	Jul.	1860	Hem
Moss	John	M.	31	11S	26W	80	1	Mar.	1843	Hem
Moss	Lewis	S.	15	15N	21W	-	4	May	1894	Neva
Moss	Lewis	S.	22	15N	21W	160	4	May	1894	Neva
Moss	Lewis	S.	22	15N	21W	-	4	May	1894	Neva
Moss	Mathew		6	12S	25W	44.66	10	Oct.	1856	Hem
Moss	Matthew		1	12S	26W	40	1	May	1861	Hem
Moss	Matthew		7	12S	25W	40	2	Jul.	1860	Hem
Moss	Matthew		7	12S	25W	80	2	Jul.	1860	Hem
Moss	Richard		1	12S	26W	40	10	Sep.	1898	Hem
Moss	Sarah		25	11S	27W	40	10	Apr.	1837	Howa
Moss	Sarah		25	11S	27W	40	15	Apr.	1837	Howa
Moss	William	B.	20	17N	20W	40	16	Feb.	1888	Neva
Moss	William	C.	25	16N	21W	160	28	Feb.	1906	Neva
Moss	William	C.	25	16N	21W	-	28	Feb.	1906	Neva
Moss	William	C.	25	16N	21W	-	28	Feb.	1906	Neva
Moss	William	L.	24	11S	27W	80	10	Apr.	1837	Howa
Moss	William		11	12S	26W	80	2	Jul.	1860	Hem
Moss	William		25	11S	27W	80	15	Apr.	1837	Howa
Moss	William		26	11S	27W	40	15	Apr.	1837	Howa
Moss	William		32	11S	25W	40	1	Mar.	1843	Hem
Moss	William		34	11S	25W	80	10	Aug.	1837	Hem
Moss	William		34	11S	26W	160	2	Apr.	1860	Hem
Moss	William		36	11S	27W	80	15	Apr.	1837	Howa
Moss	Zachariah		30	11S	26W	40	1	Mar.	1843	Hem
Moss	Zacheriah		19	12S	26W	158.88	2	Apr.	1860	Hem
Moudy	James	B.	6	10S	24W	40	2	Apr.	1860	Hem
Moudy	James	B.	6	10S	24W	80	2	Apr.	1860	Hem
Mounce	William	J.	8	11S	31W	40	10	Aug.	1904	LRiv
Mourton	John	W.	29	5S	28W	40	1	Feb.	1861	Howa
Mourton	Joseph	H.	13	5S	28W	-	25	Feb.	1890	Howa
Mourton	Joseph	H.	13	5S	28W	160	25	Feb.	1890	Howa
Mourton	Martha	E.	28	5S	28W	40	26	Jun.	1906	Howa
Mourton	Samuel		30	5S	28W	80	2	Jun.	1860	Howa
Mouser	David		24	12S	24W	80	15	Apr.	1837	Hem
Mouser	David		24	12S	24W	-	15	Apr.	1837	Hem

Last Name	First Name	Int.	Section No.	Twp.	Ran	Acres	Date			Co.
Mouser	George		22	12S	24W	40	15	Apr.	1837	Hem
Mouser	George		22	12S	24W	40	15	Apr.	1837	Hem
Mouser	George		23	12S	24W	80	15	Apr.	1837	Hem
Mouser	George		25	12S	24W	40	15	Apr.	1837	Hem
Mouser	George		25	12S	24W	80	15	Apr.	1837	Hem
Mouser	George		25	12S	24W	80	15	Apr.	1837	Hem
Mouser	George		26	12S	24W	80	1	Aug.	1837	Hem
Mouser	George		26	12S	24W	80	10	Aug.	1837	Hem
Mouser	John		8	13S	23W	40	1	Jul.	1859	Hem
Mouser	John		9	13S	23W	80	1	Mar.	1843	Hem
Mouser	John		17	13S	23W	40	15	Jun.	1855	Hem
Mouser	John		25	12S	24W	80	1	Aug.	1837	Hem
Mouser	John		26	12S	24W	-	1	Aug.	1837	Hem
Mouser	John		28	13S	23W	40	2	Apr.	1860	Hem
Mouser	John		28	13S	23W	40	2	Jul.	1860	Hem
Mowser	George		4	12S	23W	80	1	Mar.	1855	Hem
Mowser	John		8	13S	23W	40	1	Mar.	1855	Hem
Mucklevane	Robert		9	13S	24W	40	20	Feb.	1875	Hem
Muldrow	Eliza		29	11S	24W	40	3	Feb.	1883	Hem
Muldrow	Hanibal		35	12S	24W	40	10	Jun.	1882	Hem
Muldrow	Landon		9	12S	24W	80	1	Jun.	1875	Hem
Muldrow	Norris		35	12S	24W	40	1	Apr.	1876	Hem
Muldrow	Parris		15	12S	24W	40	16	May	1878	Hem
Muldrow	Reece		36	10S	26W	160	1	Feb.	1893	Hem
Muldrow	Robert	E.	19	13S	24W	160	1	Nov.	1839	Hem
Muldrow	Robert	E.	19	13S	24W	-	1	Nov.	1839	Hem
Muldrow	Robert	E.	33	12S	25W	80	1	Nov.	1839	Hem
Muldrow	Thomas		1	11S	24W	40	1	Apr.	1876	Hem
Mulkey	William		25	8S	28W	80	1	May	1845	Howa
Mullins	Francis	M.	7	8S	28W	40	2	Apr.	1860	Howa
Mullins	Pinkney	C.	15	12S	30W	40	20	Jun.	1885	LRiv
Munro	William	L.	19	16N	21W	140.63	19	Oct.	1893	Neva
Munro	William	L.	19	16N	21W	-	19	Oct.	1893	Neva
Munro	William	L.	19	16N	21W	-	19	Oct.	1893	Neva
Muray	Isaac		14	8S	27W	40	2	Jul.	1860	Howa
Muray	Isaac		14	8S	27W	40	2	Jul.	1860	Howa
Murchison	Louis	G.	19	12S	31W	40	12	Feb.	1902	LRiv
Murgrove	Anderson		12	10S	28W	40	1	Jul.	1857	Howa
Murphy	Alexander		12	12S	32W	-	2	Sep.	1889	LRiv
Murphy	Alexander		12	12S	32W	-	2	Sep.	1889	LRiv
Murphy	Alexander		12	12S	32W	160	2	Sep.	1889	LRiv
Murphy	James		13	15N	22W	160	15	Feb.	1884	Neva
Murphy	James		13	15N	22W	-	15	Feb.	1884	Neva
Murphy	John		35	16N	23W	40	15	Nov.	1854	Neva
Murphy	John		35	16N	23W	40	1	Jul.	1859	Neva
Murphy	Louisa		21	13S	25W	80	15	Nov.	1894	Hem
Murphy	Samuel	M.	25	15N	22W	146.52	30	Aug.	1899	Neva
Murphy	Samuel	M.	25	15N	22W	-	30	Aug.	1899	Neva
Murphy	Samuel	M.	30	15N	21W	-	30	Aug.	1899	Neva
Murray	Daniel	G.	34	15N	22W	160	13	Oct.	1898	Neva
Murray	Elizabeth		4	7S	28W	80	4	Apr.	1904	Howa
Murray	John	H.	8	7S	28W	-	12	Aug.	1901	Howa
Murray	John	H.	9	7S	28W	160	12	Aug.	1901	Howa
Murray	Sarah	F.	5	15N	21W	-	15	Dec.	1882	Neva
Murray	Sarah	F.	8	15N	21W	80	15	Dec.	1882	Neva
Murray	William	F.	28	15N	22W	-	24	Nov.	1890	Neva

Last Name	First Name	Int.	Section No.	Twp.	Ran	Acres	Date	Co.
Murray	William	F.	33	15N	22W	-	24 Nov. 1890	Neva
Murray	William	F.	34	15N	22W	160	24 Nov. 1890	Neva
Murrey	John		31	11S	25W	160	1 Feb. 1861	Hem
Muse	Hezekiah		6	11S	25W	145.32	1 Jul. 1859	Hem
Musgrave	Anderson		12	10S	28W	40	1 Nov. 1848	Howa
Musgrave	Anderson		12	10S	28W	40	1 Mar. 1855	Howa
Musgrave	Anderson		12	10S	28W	40	1 Jul. 1859	Howa
Musgrave	Anderson		12	10S	28W	40	1 Jul. 1859	Howa
Musgrave	Anderson		18	10S	27W	-	2 Apr. 1860	Howa
Musgrave	Anderson		18	10S	27W	40.2	1 Jul. 1859	Howa
Musgrave	Anderson		18	10S	27W	120.46	2 Apr. 1860	Howa
Musgrave	Anderson		20	5S	29W	40	1 Mar. 1855	Howa
Musgrave	Demps	H.	13	6S	30W	170.53	4 Apr. 1904	Howa
Musgrave	Demps	H.	18	6S	29W	-	4 Apr. 1904	Howa
Musgrave	George	W.	6	6S	30W	-	2 May 1905	Howa
Musgrave	George	W.	6	6S	30W	154.68	2 May 1905	Howa
Musgrave	Richard	N.	17	6S	29W	160	7 Sep. 1894	Howa
Musser	Francis	J.	23	8S	28W	160	22 Nov. 1889	Howa
Myers	Amanda		8	10S	25W	40	2 Apr. 1860	Hem
Myers	Joel	L.	18	5S	29W	160	31 Dec. 1904	Howa
Myers	Joel	L.	19	5S	29W	-	31 Dec. 1904	Howa
Myers	Joel	L.	20	5S	29W	-	31 Dec. 1904	Howa
Myrick	Isham	M.	4	10S	26W	159.62	2 Apr. 1860	Hem
Myrick	John	C.	14	11S	28W	-	24 Apr. 1890	Howa
Myrick	John	C.	14	11S	28W	80	24 Apr. 1890	Howa
Nalions	Willis	C.	35	11S	25W	80	1 Aug. 1837	Hem
Nance	David	R.	18	13S	23W	87.87	1 Jul. 1859	Hem
Nance	David	R.	19	13S	23W	175.62	1 Jul. 1859	Hem
Nance	James		5	11S	25W	80	1 Sep. 1850	Hem
Nance	James		6	11S	25W	80	1 Jul. 1859	Hem
Nance	James		8	11S	25W	40	10 Apr. 1837	Hem
Nance	James		8	11S	25W	80	1 Aug. 1837	Hem
Nance	James		9	11S	25W	40	1 Aug. 1837	Hem
Nance	Lewis		4	13S	26W	80	1 Nov. 1839	Hem
Nance	Lewis		4	13S	26W	80	1 Mar. 1843	Hem
Nance	Lewis		5	13S	26W	39.28	1 Aug. 1837	Hem
Nance	Lewis		5	13S	26W	39.29	15 Apr. 1837	Hem
Nance	Lewis		5	13S	26W	80	1 Nov. 1839	Hem
Nanny	Thomas		4	10S	25W	76.91	2 Apr. 1860	Hem
Nanny	Thomas		4	10S	25W	234.8	2 Apr. 1860	Hem
Napier	John	E.	22	14N	24W	-	23 May 1905	Neva
Nash	David		35	12S	26W	80	1 Jul. 1875	Hem
Nash	Helen		26	13S	31W	160	1 May 1845	LRiv
Nash	Oliver		1	13S	26W	122.68	5 May 1896	Hem
Nash	Pheneas		15	14S	25W	40	15 Apr. 1837	Hem
Nash	Phineas		15	13S	25W	320	15 Apr. 1837	Hem
Nash	Phineas		15	14S	25W	80	1 Aug. 1837	Hem
Nash	Phineas		15	14S	25W	80	1 Aug. 1837	Hem
Nash	Phineas		21	14S	25W	80	10 Apr. 1837	Hem
Nash	Phineas		22	13S	25W	80	15 Apr. 1837	Hem
Nash	Phineas		22	13S	25W	80	15 Apr. 1837	Hem
Nash	Phineas		29	14S	25W	28.09	10 Apr. 1837	Hem
Nash	Phineas		29	14S	25W	80	10 Apr. 1837	Hem
Nash	Phineas		29	14S	25W	80	10 Apr. 1837	Hem
Nash	Phineas		29	14S	25W	80	10 Apr. 1837	Hem
Nash	Phineas		35	13S	25W	80	1 Nov. 1839	Hem

Last Name	First Name	Int.	Section No.	Twp.	Ran	Acres	Date			Co.
Nations	John		2	8S	27W	42.6	1	Jul.	1859	Howa
Nations	Levi	L.	26	12S	24W	80	1	Aug.	1837	Hem
Nations	Nathaniel		25	12S	24W	40	1	Nov.	1839	Hem
Nations	Nathaniel		26	12S	24W	40	15	Apr.	1837	Hem
Nations	Nathaniel		26	12S	24W	40	15	Apr.	1837	Hem
Nations	Nathaniel		27	12S	24W	80	1	Aug.	1837	Hem
Nations	Nathaniel		35	12S	24W	80	15	Apr.	1837	Hem
Nations	Nathaniel		36	12S	24W	80	1	Aug.	1837	Hem
Nations	William	A.	27	12S	24W	40	15	Apr.	1837	Hem
Nations	William	A.	27	12S	24W	40	15	Apr.	1837	Hem
Nations	Willis	C.	27	12S	24W	40	15	Apr.	1837	Hem
Neal	Amos	A.	6	13N	22W	43.97	28	Jun.	1905	Neva
Neal	Amos	A.	6	13N	22W	124.12	May	May	1904	Neva
Neal	Amos	A.	6	13N	22W	-	5	May	1904	Neva
Neal	George	W.	29	14N	22W	160	15	Jul.	1899	Neva
Neal	Heskey		35	9S	28W	40	1	Mar.	1855	Howa
Neal	Heskey		35	9S	28W	40	1	Mar.	1855	Howa
Neal	Hesky		25	9S	28W	80	1	Mar.	1855	Howa
Neal	Hesky		34	9S	28W	80	1	Mar.	1855	Howa
Neal	Hesky		35	9S	28W	40	1	Mar.	1855	Howa
Neal	Hesky		35	9S	28W	80	1	Mar.	1855	Howa
Neal	Isaiah		3	11S	24W	65.31	2	Jul.	1860	Hem
Neal	James		8	11S	32W	120	2	Jul.	1860	LRiv
Neal	James		33	10S	32W	40	10	May	1861	LRiv
Neal	James		33	10S	32W	40	10	May	1861	LRiv
Neal	Mary	A.	8	15N	21W	-	4	May	1894	Neva
Neal	Mary	A.	17	15N	21W	160	4	May	1894	Neva
Neal	Mary	A.	17	15N	21W	-	4	May	1894	Neva
Neal	Noel	G.	35	9S	28W	120	1	Jul.	1859	Howa
Neal	Noel	O.	26	9S	28W	80	1	May	1845	Howa
Neal	Noel	O.	26	9S	28W	80	1	May	1845	Howa
Neal	Noel	O.	35	9S	28W	40	1	Nov.	1849	Howa
Neal	Sherrod	W.	36	6S	28W	160	3	May	1895	Howa
Neighbors	William	I.	2	14S	24W	40	2	Apr.	1860	Hem
Neighbors	Isaac		27	17N	20W	80	4	Aug.	1890	Neva
Neighbors	Larkin		21	17N	20W	120	4	Aug.	1890	Neva
Neighbors	Larkin		21	17N	20W	-	4	Aug.	1890	Neva
Neighbors	Larkin		21	17N	20W	-	4	Aug.	1890	Neva
Neighbours	Isaac		27	17N	20W	80	4	Aug.	1890	Neva
Nelson	Branston	C.	4	8S	28W	40.2	2	Apr.	1890	Howa
Nelson	Braxton	C.	29	7S	28W	40	2	Apr.	1860	Howa
Nelson	Catherine		8	5S	28W	-	8	Oct.	1901	Howa
Nelson	Catherine		9	5S	28W	120	8	Oct.	1901	Howa
Nelson	Charles	T.	3	14S	25W	39.68	1	Nov.	1839	Hem
Nelson	Charles	T.	3	14S	25W	40	10	Aug.	1837	Hem
Nelson	Charles	T.	3	14S	25W	161.89	10	Aug.	1837	Hem
Nelson	Charles	T.	34	13S	25W	80	1	Nov.	1839	Hem
Nelson	Charles	T.	34	13S	25W	80	10	Aug.	1837	Hem
Nelson	Charles	T.	34	13S	25W	160	10	Aug.	1837	Hem
Nelson	Charles		2	10S	26W	80	1	Aug.	1837	Hem
Nelson	Charles		2	10S	26W	80	1	Jul.	1859	Hem
Nelson	Charles		11	10S	26W	40	10	Dec.	1861	Hem
Nelson	Charles		11	10S	26W	80	1	Nov.	1839	Hem
Nelson	Charles		11	10S	26W	80	10	Apr.	1837	Hem
Nelson	Charles		21	9S	26W	40	1	Nov.	1849	Hem
Nelson	Charles		21	9S	26W	40	1	Nov.	1849	Hem

Last Name	First Name	Int.	Section No.	Twp.	Ran	Acres	Date			Co.
Nelson	Charles		21	9S	26W	40	1	Mar.	1855	Hem
Nelson	Charles		21	9S	26W	240	1	Jul.	1859	Hem
Nelson	Charles		21	9S	26W	-	1	Jul.	1859	Hem
Nelson	Charles		21	9S	26W	-	1	Jul.	1859	Hem
Nelson	Charles		21	9S	26W	-	1	Jul.	1859	Hem
Nelson	David	H.	15	5S	28W	-	10	Apr.	1886	Howa
Nelson	David	H.	15	5S	28W	160	10	Apr.	1886	Howa
Nelson	Henry	L.	25	9S	27W	-	1	Dec.	1857	Howa
Nelson	Henry	L.	36	9S	27W	160	1	Dec.	1857	Howa
Nelson	Jacob		12	13S	28W	-	18	Oct.	1888	LRiv
Nelson	Jacob		12	13S	28W	120	18	Oct.	1888	LRiv
Nelson	James	S.	31	10S	23W	80.53	20	Apr.	1883	Hem
Nelson	James	W.	33	10S	23W	40	13	Nov.	1885	Hem
Nelson	Robert		9	5S	28W	-	26	May	1890	Howa
Nelson	Robert		9	5S	28W	80	26	May	1890	Howa
Nelson	Thomas		24	17N	19W	40	1	Sep.	1857	Neva
Nelson	William	M.	13	16N	19W	-	26	Aug.	1905	Neva
Nelson	William	M.	14	16N	19W	160	26	Aug.	1905	Neva
Nelson	William	M.	14	16N	19W	-	26	Aug.	1905	Neva
Nelson	William		9	5S	28W	80	2	Apr.	1860	Howa
Nesbitt	Samuel	H.	34	14N	20W	160	11	Oct.	1902	Neva
Nesbitt	Samuel	H.	34	14N	20W	-	11	Oct.	1902	Neva
Nesbitt	Thomas	J.	13	8S	28W	-	9	Mar.	1896	Howa
Nesbitt	Thomas	J.	18	8S	27W	123.21	9	Mar.	1896	Howa
Newberg	James	M.	4	16N	23W	79.98	1	Jun.	1861	Neva
Newberry	Alexander		3	16N	23W	46.62	14	Jun.	1904	Neva
Newberry	Alexander		23	17N	23W	40	20	Jul.	1888	Neva
Newberry	Clark	B.	4	16N	23W	159.95	7	Jun.	1883	Neva
Newberry	Easter		2	16N	23W	48.42	16	Feb.	1888	Neva
Newberry	Esther		4	16N	23W	-	24	Jun.	1878	Neva
Newberry	Esther		33	17N	23W	80	24	Jun.	1878	Neva
Newberry	James	M.	4	16N	23W	80	20	Jun.	1876	Neva
Newberry	James	M.	10	16N	23W	80	30	Dec.	1878	Neva
Newberry	James	M.	10	16N	23W	-	30	Dec.	1878	Neva
Newberry	James	M.	34	17N	23W	-	16	Feb.	1888	Neva
Newberry	James	M.	35	17N	23W	80	16	Feb.	1888	Neva
Newberry	John	F.	3	16N	23W	159.04	May	May	1904	Neva
Newberry	Robert	L.	5	16N	23W	-	21	Feb.	1893	Neva
Newberry	Robert	L.	8	16N	23W	160	21	Feb.	1893	Neva
Newberry	Robert	L.	8	16N	23W	-	21	Feb.	1893	Neva
Newberry	Stephen	V.	9	16N	23W	40	16	Oct.	1888	Neva
Newberry	Stephen	V.	9	16N	23W	40	8	Mar.	1890	Neva
Newberry	Stephen	V.	9	16N	23W	40	26	Mar.	1900	Neva
Newbury	Stephen		3	16N	23W	42.4	1	Jul.	1857	Neva
Newlin	Samuel		15	12S	26W	160	28	Feb.	1890	Hem
Newlin	Samuel		15	12S	26W	-	28	Feb.	1890	Hem
Newlin	Samuel		15	12S	26W	-	28	Feb.	1890	Hem
Nichols	Agnes	A.	30	13S	28W	-	17	Aug.	1895	LRiv
Nichols	Agnes	A.	30	13S	28W	159.85	17	Aug.	1895	LRiv
Nichols	David	C.	34	14N	23W	-	5	Jul.	1889	Neva
Nichols	David	C.	35	14N	23W	80	5	Jul.	1889	Neva
Nichols	John	B.	35	14N	23W	160	5	Jul.	1889	Neva
Nichols	John	B.	35	14N	23W	-	5	Jul.	1889	Neva
Nichols	John	J.	17	14N	20W	160	23	Jun.	1898	Neva
Nichols	John	S.	36	13S	29W	-	22	Oct.	1904	LRiv
Nichols	John	S.	36	13S	29W	120	22	Oct.	1904	LRiv

Last Name	First Name	Int.	Section No.	Twp.	Ran	Acres	Date		Co.
Nichols	John		8	14N	20W	160	10 Mar.	1883	Neva
Nichols	John		35	15N	20W	40	1 Jul.	1859	Neva
Nichols	Joseph		7	9S	25W	-	2 Jul.	1860	Hem
Nichols	Joseph		18	9S	25W	320	2 Jul.	1860	Hem
Nichols	Joseph		18	9S	25W	-	2 Jul.	1860	Hem
Nichols	Joseph		18	9S	25W	-	2 Jul.	1860	Hem
Nichols	Joseph		21	15N	22W	160	23 Apr.	1891	Neva
Nichols	William	B.	9	14N	20W	160	10 Mar.	1883	Neva
Nichols	William	B.	15	15N	20W	160	31 Oct.	1906	Neva
Nichols	William	B.	15	15N	20W	160	31 Oct.	1906	Neva
Nichols	William	B.	15	15N	20W	-	31 Oct.	1906	Neva
Nichols	William	B.	15	15N	20W	-	31 Oct.	1906	Neva
Nichols	William	B.	15	15N	20W	-	31 Oct.	1906	Neva
Nichols	William	B.	15	15N	20W	-	31 Oct.	1906	Neva
Nichols	William	M.	35	15N	20W	80	30 Jul.	1875	Neva
Nichols	William	S.	20	17N	20W	80	22 Apr.	1899	Neva
Nickell	George	W.	33	10S	32W	-	13 Jun.	1889	LRiv
Nickell	George	W.	33	10S	32W	-	13 Jun.	1889	LRiv
Nickols	William	R.	19	17N	23W	-	1 Jul.	1890	Neva
Nickols	William	R.	20	17N	23W	160	1 Jul.	1890	Neva
Nickols	William	R.	20	17N	23W	-	1 Jul.	1890	Neva
Nicols	James	M.	22	17N	20W	40	15 Nov.	1854	Neva
Niemeyer	Fred		3	7S	28W	-	3 Aug.	1899	Howa
Niemeyer	Fred		3	7S	28W	159.95	3 Aug.	1899	Howa
Nixon	John	D.	4	16N	21W	-	24 Nov.	1890	Neva
Nixon	John	D.	34	17N	21W	165.14	24 Nov.	1890	Neva
Nixon	Thomas		21	17N	20W	-	1 Jun.	1860	Neva
Nixon	Thomas		22	17N	20W	80	15 Nov.	1856	Neva
Nixon	Thomas		22	17N	20W	160	1 Jun.	1860	Neva
Nixon	Thomas		22	17N	20W	-	1 Jun.	1860	Neva
Nixon	William	D.	6	16N	21W	-	11 Apr.	1898	Neva
Nixon	William	D.	7	16N	21W	141.16	11 Apr.	1898	Neva
Nixon	William	D.	7	16N	21W	-	11 Apr.	1898	Neva
Noble	Allison	B.	3	14S	25W	80	15 Apr.	1837	Hem
Noe	Frank	F.	32	13N	21W	-	10 Apr.	1907	Neva
Noe	Frank	F.	32	13N	21W	-	10 Apr.	1907	Neva
Noe	Frank	F.	33	13N	21W	160	10 Apr.	1907	Neva
Noland	Noah		10	12S	32W	80	1 Mar.	1877	LRiv
Nolen	Edmond		10	12S	32W	-	1 Mar.	1877	LRiv
Nolen	Edmond		10	12S	32W	-	1 Mar.	1877	LRiv
Nolen	Edmond		10	12S	32W	-	1 Mar.	1877	LRiv
Nolen	Edmond		10	12S	32W	160	1 Mar.	1877	LRiv
Nolen	James	M.	31	9S	24W	38.19	1 Nov.	1848	Hem
Nolen	James		30	9S	24W	40	1 Nov.	1848	Hem
Nolen	James		30	9S	24W	80	1 Dec.	1857	Hem
Nolen	James		30	9S	24W	80	1 Oct.	1860	Hem
Nolen	John		32	9S	23W	40	2 Jul.	1860	Hem
Nolen	Josiah		10	12S	32W	80	1 Mar.	1877	LRiv
Nolen	Willis		7	10S	23W	40	1 Feb.	1893	Hem
Norman	James	R.	21	6S	30W	-	16 Sep.	1904	Howa
Norman	James	R.	21	6S	30W	-	16 Sep.	1904	Howa
Norman	James	R.	21	6S	30W	160	16 Sep.	1904	Howa
Norman	Willis	E.	36	6S	29W	160	22 Mar.	1906	Howa
Norman	Willis	E.	36	6S	29W	160	22 Mar.	1906	Howa
Norris	John	H.	11	13N	23W	40	5 Feb.	1884	Neva
Norris	John	H.	11	13N	23W	-	6 Jun.	1890	Neva

Last Name	First Name	Int.	Section No.	Twp.	Ran	Acres	Date			Co.
Norris	John	H.	11	13N	23W	-	6	Jun.	1890	Neva
Norris	John	H.	12	13N	23W	160	6	Jun.	1890	Neva
Norten	Jefferson	D.	23	14N	21W	-	28	Jun.	1905	Neva
Norten	Jefferson	D.	23	14N	21W	-	28	Jun.	1905	Neva
Norten	Jefferson	D.	26	14N	21W	160	28	Jun.	1905	Neva
Northeross	Stephen		24	12S	30W	-	15	Jan.	1885	LRiv
Northeross	Stephen		24	12S	30W	120	15	Jan.	1885	LRiv
Norton	James	H.	20	14N	22W	40	5	Feb.	1884	Neva
Norton	James	H.	20	14N	22W	-	26	Mar.	1890	Neva
Norton	James	H.	20	14N	22W	-	26	Mar.	1890	Neva
Norton	James	H.	29	14N	22W	160	26	Mar.	1890	Neva
Norton	James	H.	29	14N	22W	-	26	Mar.	1890	Neva
Norton	Lewis	P.	36	11S	33W	40	17	Dec.	1900	LRiv
Norton	Robert	P.	19	14N	22W	-	1	Feb.	1901	Neva
Norton	Robert	P.	20	14N	22W	-	1	Feb.	1901	Neva
Norton	Robert	P.	29	14N	22W	160	1	Feb.	1901	Neva
Norton	Zade	D.	4	13N	22W	160	13	Feb.	1899	Neva
Norwood	Benjamin		9	10S	32W	67.65	2	Apr.	1860	LRiv
Norwood	Benjamin		9	10S	32W	80	2	Apr.	1860	LRiv
Norwood	Benjamin		9	10S	32W	80	2	Jul.	1860	LRiv
Norwood	Benjamin		34	9S	32W	40	1	Mar.	1855	LRiv
Norwood	Henry		1	12S	26W	164.34	1	Dec.	1857	Hem
Norwood	James	W.	2	10S	27W	40	31	Jan.	1889	Howa
Norwood	John		6	12S	30W	-	4	Aug.	1891	LRiv
Norwood	John		6	12S	30W	135.05	4	Aug.	1891	LRiv
Norwood	Martha		31	12S	31W	-	10	Jun.	1882	LRiv
Norwood	Martha		31	12S	31W	160	10	Jun.	1882	LRiv
Norwood	Wesley		26	11S	26W	80	1	Jul.	1859	Hem
Notan	Francis	S.	36	12S	32W	160	2	Jul.	1860	LRiv
Nowell	William	M.	25	16N	20W	-	10	Apr.	1907	Neva
Nowell	William	M.	25	16N	20W	-	10	Apr.	1907	Neva
Nowell	William	M.	26	16N	20W	160	10	Apr.	1907	Neva
Nowell	William	M.	26	16N	20W	-	10	Apr.	1907	Neva
Nunley	John	A.	26	16N	23W	40	1	Jun.	1860	Neva
Nunnalley	Nelson	W.	20	16N	23W	-	19	Oct.	1893	Neva
Nunnalley	Nelson	W.	21	16N	23W	-	19	Oct.	1893	Neva
Nunnalley	Nelson	W.	29	16N	23W	160	19	Oct.	1893	Neva
Nunneley	John	W.	4	14S	29W	40	1	Jul.	1859	LRiv
Nunnely	John	M.	31	13S	28W	40	1	Mar.	1843	LRiv
Nunnely	John	W.	5	14S	29W	36.08	1	May	1845	LRiv
Nunnely	John	W.	6	14S	28W	111.84	1	May	1845	LRiv
Nunnely	John	W.	6	14S	28W	116.68	1	May	1845	LRiv
Nunnely	John	W.	7	14S	28W	17.06	1	May	1845	LRiv
Nunnely	John	W.	8	14S	29W	125.82	1	May	1845	LRiv
Nunnely	John	W.	31	13S	28W	79.82	1	Mar.	1843	LRiv
Nunnely	John	W.	31	13S	28W	80	1	Mar.	1843	LRiv
Nunnely	John	W.	31	13S	28W	97.11	1	Mar.	1843	LRiv
Nunnely	John	W.	31	13S	28W	97.15	1	Mar.	1843	LRiv
Nunnely	Samuel	L.	5	11S	31W	160.69	4	Oct.	1900	LRiv
Nunnely	Thomas	W.	13	12S	33W	80	1	May	1845	LRiv
Nunnely	Thomas	W.	13	12S	33W	80	1	May	1845	LRiv
Nunnely	Thomas	W.	17	13S	32W	80	10	Jul.	1844	LRiv
Nunnely	Thomas	W.	17	13S	32W	80	10	Jul.	1844	LRiv
Nunnely	Thomas	W.	18	13S	32W	13.26	10	Jul.	1844	LRiv
Nunnely	Thomas	W.	20	13S	32W	80	10	Jul.	1844	LRiv
Nunnely	Thomas	W.	20	13S	32W	80	10	Jul.	1844	LRiv

Last Name	First Name	Int.	Section No.	Twp.	Ran	Acres	Date		Co.
Nutt	Francis		21	10S	28W	40	1 Jul.	1859	Howa
Oakley	Allen	M.	2	12S	24W	80	15 Apr.	1837	Hem
Oakley	Allen	M.	6	11S	24W	154.24	1 Aug.	1837	Hem
Oakley	Allen	M.	6	11S	24W	160	15 Apr.	1837	Hem
Oakley	Allen	M.	7	11S	24W	40	1 Aug.	1837	Hem
Oakley	Allen	M.	7	11S	24W	78	1 Aug.	1837	Hem
Oakley	Allen	M.	7	11S	24W	80	15 Apr.	1837	Hem
Oakley	Allen	M.	8	11S	24W	40	1 Nov.	1839	Hem
Oakley	Allen	M.	11	12S	24W	80	15 Apr.	1837	Hem
Oakley	Allen	M.	13	13S	27W	160	1 Mar.	1843	Hem
Oakley	Allen	M.	18	11S	24W	154.68	1 Aug.	1837	Hem
Oakley	Allen	M.	21	11S	26W	80	10 May	1827	Hem
Oakley	Allen	M.	21	11S	26W	80	10 May	1827	Hem
Oakley	Allen	M.	25	11S	28W	160	6 Feb.	1840	Howa
Oakley	Allen	M.	27	13S	32W	80	19 Nov.	1841	LRiv
Oakley	James	A.	17	10S	28W	-	2 Jul.	1860	Howa
Oakley	James	A.	17	10S	28W	80	2 Jul.	1860	Howa
Oakley	Stephen	H.	20	7S	28W	-	15 Oct.	1906	Howa
Oakley	Stephen	H.	29	7S	28W	160	15 Oct.	1906	Howa
Obarr	Roland	T.	13	11S	32W	-	10 Feb.	1897	LRiv
Obarr	Roland	T.	13	11S	32W	-	10 Feb.	1897	LRiv
Obarr	Roland	T.	13	11S	32W	-	10 Feb.	1897	LRiv
Obarr	Roland	T.	13	11S	32W	160	10 Feb.	1897	LRiv
Obarr	Sarah	J.	5	11S	31W	40	10 Apr.	1907	LRiv
Ober	Theodore		14	14N	23W	160	23 Jan.	1897	Neva
Ober	Theodore		14	14N	23W	-	23 Jan.	1897	Neva
Obrett	George		3	13S	31W	128.8	1 Jul.	1859	LRiv
Obrien	Alexander	P.	1	13N	19W	80	8 May	1901	Neva
Odaniel	Green		23	17N	19W	40	15 Nov.	1854	Neva
Odaniel	Green		36	17N	19W	40	1 Jun.	1861	Neva
Odaniel	James	M.	5	16N	19W	-	28 May	1895	Neva
Odaniel	James	M.	6	16N	19W	159.89	28 May	1895	Neva
Odaniel	James	M.	6	16N	19W	-	28 May	1895	Neva
Odaniel	William		25	17N	19W	40	15 Nov.	1854	Neva
Odaniel	William		25	17N	19W	40	15 Nov.	1854	Neva
Odaniel	William		25	17N	19W	40	15 Nov.	1854	Neva
Odaniel	William		25	17N	19W	50	1 Sep.	1849	Neva
Odell	Washington		2	10S	28W	-	10 Oct.	1856	Howa
Odell	Washington		10	10S	28W	80	1 Mar.	1855	Howa
Odell	Washington		11	10S	28W	240	10 Oct.	1856	Howa
Odle	Washington		10	10S	28W	40	1 Dec.	1857	Howa
Ogden	Alfred	A.	11	13N	22W	160	26 Mar.	1900	Neva
Ogden	Alfred	A.	12	13N	22W	-	26 Mar.	1900	Neva
Ogden	Jesse	V.	35	10S	24W	80	26 May	1890	Hem
Ogden	Oliver	F.	2	13N	22W	-	22 Apr.	1919	Neva
Ogden	Oliver	F.	11	13N	22W	160	22 Apr.	1919	Neva
Ogden	Oliver	F.	11	13N	22W	-	22 Apr.	1919	Neva
Ogle	Luther		26	13N	22W	160	9 May	1905	Neva
Ogle	Luther		27	13N	22W	-	9 May	1905	Neva
Ogle	Mariah	E.	27	13N	22W	80	1 Mar.	1904	Neva
Oglesby	Thomas	M.	23	11S	33W	-	17 Dec.	1900	LRiv
Oglesby	Thomas	M.	24	11S	33W	143.38	17 Dec.	1900	LRiv
Ogletree	James	B.	2	12S	30W	160	23 Jan.	1899	LRiv
Oldfield	James	B.	6	13S	28W	-	22 Nov.	1889	LRiv
Oldfield	James	B.	6	13S	28W	133.85	22 Nov.	1889	LRiv
Oliver	John	W.	19	13N	19W	158.85	25 Jan.	1892	Neva

Last Name	First Name	Int.	Section No.	Twp.	Ran	Acres	Date			Co.
Oliver	John	W.	19	13N	19W	-	25	Jan.	1892	Neva
Oneal	Jessey	B.	21	15N	21W	160	8	Jun.	1901	Neva
Oneal	Jessey	B.	21	15N	21W	-	8	Jun.	1901	Neva
Oneal	Jessey	B.	21	15N	21W	-	8	Jun.	1901	Neva
Oneal	Mary	J.	34	15N	20W	160	1	Feb.	1901	Neva
Oneal	Mary	J.	34	15N	20W	-	1	Feb.	1901	Neva
Oneal	Mary	J.	34	15N	20W	-	1	Feb.	1901	Neva
Oneal	Noel		26	9S	28W	40	1	Oct.	1850	Howa
Oneal	Noel		26	9S	28W	80	1	May	1845	Howa
Oneal	Noel		26	9S	28W	80	1	May	1845	Howa
Oneal	Richard		36	15N	21W	80	9	Feb.	1898	Neva
Oneal	Richard		36	15N	21W	-	9	Feb.	1898	Neva
Onstead	William	C.	21	11S	24W	40	16	Jul.	1890	Hem
Orick	James		18	12S	29W	40	2	Apr.	1860	LRiv
Orick	James		18	12S	29W	80	2	Jul.	1860	LRiv
Orick	John	C.	34	11S	30W	-	2	Apr.	1860	LRiv
Orick	John	C.	34	11S	30W	80	2	Apr.	1860	LRiv
Orthieb	Frederick		13	6S	30W	140.89	22	Mar.	1906	Howa
Orthieb	Frederick		18	6S	29W	-	22	Mar.	1906	Howa
Orthieb	Frederick		19	6S	29W	-	22	Mar.	1906	Howa
Osteen	John	A.	22	11S	24W	160	2	Apr.	1860	Hem
Otee	William	M.	8	11S	27W	40	15	Apr.	1837	Howa
Overstreet	William	R.	36	11S	33W	-	14	Jan.	1899	LRiv
Overstreet	William	R.	36	11S	33W	120	14	Jan.	1899	LRiv
Overturf	Francis	M.	24	13N	20W	160	19	Oct.	1893	Neva
Overturf	Francis	M.	24	13N	20W	-	19	Oct.	1893	Neva
Overturf	Francis	M.	24	13N	20W	-	19	Oct.	1893	Neva
Owen	Aaron		12	14N	21W	160	20	Oct.	1882	Neva
Owen	Aaron		12	14N	21W	-	20	Oct.	1882	Neva
Owen	Abraham	L.	19	16N	19W	40	31	Aug.	1905	Neva
Owen	Abraham	L.	19	16N	19W	80	14	Feb.	1900	Neva
Owen	James	A.	8	16N	19W	-	9	Aug.	1919	Neva
Owen	James	A.	17	16N	19W	160	9	Aug.	1919	Neva
Owen	John		5	16N	19W	160.5	23	Apr.	1891	Neva
Owen	John		5	16N	19W	-	23	Apr.	1891	Neva
Owen	Joseph	A.	8	13N	21W	-	12	Aug.	1919	Neva
Owen	Joseph	A.	9	13N	21W	120	12	Aug.	1919	Neva
Owen	Perry	W.	18	14S	23W	40	13	Jan.	1894	Hem
Owen	Samuel		4	13N	21W	155.02	12	Aug.	1919	Neva
Owens	David		20	8S	27W	40	2	Jul.	1860	Howa
Owens	George	B.	5	14S	28W	80	1	May	1845	LRiv
Owens	James	C.	31	11S	31W	46.37	1	Dec.	1897	LRiv
Owens	James	C.	36	11S	32W	40	1	Dec.	1897	LRiv
Owens	John	W.	14	6S	29W	-	31	Dec.	1904	Howa
Owens	John	W.	22	6S	29W	160	31	Dec.	1904	Howa
Owens	John	W.	23	6S	29W	-	31	Dec.	1904	Howa
Owens	John		6	6S	28W	-	3	Feb.	1883	Howa
Owens	John		7	6S	28W	154.77	3	Feb.	1883	Howa
Owens	Samuel	R.	10	14S	28W	5.79	1	May	1845	LRiv
Owens	Samuel	R.	10	14S	28W	109.06	1	May	1845	LRiv
Owens	Samuel	R.	10	14S	28W	141.66	1	May	1845	LRiv
Owens	Taylor	J.	15	6S	29W	-	22	Mar.	1906	Howa
Owens	Taylor	J.	15	6S	29W	-	22	Mar.	1906	Howa
Owens	Taylor	J.	15	6S	29W	160	22	Mar.	1906	Howa
Owens	William		14	9S	27W	-	1	Nov.	1839	Howa
Owens	William		14	9S	27W	160	1	Nov.	1839	Howa

Last Name	First Name	Int.	Section No.	Twp.	Ran	Acres	Date			Co.
Owens	William		32	13S	28W	80	1	Mar.	1843	LRiv
Pack	Isaac		28	14N	20W	160	7	Jun.	1883	Neva
Pack	Isaac		28	14N	20W	-	7	Jun.	1883	Neva
Pack	Isaac		28	14N	20W	-	7	Jun.	1883	Neva
Pagan	Joseph	J.	7	11S	23W	80	15	Jun.	1875	Hem
Pagan	Joseph	J.	7	11S	23W	-	15	Jun.	1875	Hem
Page	Thomas	G.	2	12S	31W	40.66	16	Oct.	1895	LRiv
Page	William		29	14N	22W	160	18	Apr.	1905	Neva
Palmer	Edward	E.	26	13N	24W	-	9	May	1905	Neva
Palmer	Edward	E.	26	13N	24W	-	9	May	1905	Neva
Palmer	Edward	E.	35	13N	24W	160	9	May	1905	Neva
Panley	Andrew	C.	20	12S	32W	40	1	Jul.	1859	LRiv
Pannell	James	M.	3	6S	28W	156.16	26	May	1890	Howa
Pannell	James	M.	9	6S	28W	-	26	May	1890	Howa
Pannell	James	M.	10	6S	28W	-	26	May	1890	Howa
Pannell	Pleasant	A.	33	5S	29W	-	16	Sep.	1904	Howa
Pannell	Pleasant	A.	33	5S	29W	-	16	Sep.	1904	Howa
Pannell	Pleasant	A.	33	5S	29W	160	16	Sep.	1904	Howa
Pannell	William	T.	32	6S	28W	-	9	Oct.	1906	Howa
Pannell	William	T.	32	6S	28W	-	9	Oct.	1906	Howa
Pannell	William	T.	32	6S	28W	160	9	Oct.	1906	Howa
Pardue	Theodore	A.	12	12S	31W	-	2	Jul.	1860	LRiv
Pardue	Theodore	A.	12	12S	31W	80	2	Jul.	1860	LRiv
Park	Andrew	J.	22	11S	32W	-	7	Sep.	1894	LRiv
Park	Andrew	J.	22	11S	32W	-	7	Sep.	1894	LRiv
Park	Andrew	J.	22	11S	32W	160	7	Sep.	1894	LRiv
Park	Bolly		17	11S	32W	80	4	Oct.	1901	LRiv
Parker	Basil	G.	34	16N	21W	40	15	Nov.	1854	Neva
Parker	Cullen		18	8S	27W	40	9	Oct.	1906	Howa
Parker	Emma	J.	26	5S	29W	-	25	Apr.	1898	Howa
Parker	Emma	J.	26	5S	29W	-	25	Apr.	1898	Howa
Parker	Emma	J.	27	5S	29W	160	25	Apr.	1898	Howa
Parker	Franklin		29	5S	28W	-	4	May	1894	Howa
Parker	Franklin		29	5S	28W	-	4	May	1894	Howa
Parker	Franklin		32	5S	28W	160	4	May	1894	Howa
Parker	Isham		13	13S	25W	40	15	Apr.	1837	Hem
Parker	Isham		18	13S	24W	40	1	Aug.	1837	Hem
Parker	Isham		18	13S	24W	76.5	1	Aug.	1837	Hem
Parker	James		14	13S	26W	40	10	Apr.	1837	Hem
Parker	James		14	13S	26W	40	10	Apr.	1837	Hem
Parker	James		14	13S	26W	40	10	Aug.	1837	Hem
Parker	James		17	13S	25W	160	10	Aug.	1837	Hem
Parker	James		17	13S	25W	-	10	Aug.	1837	Hem
Parker	James		26	8S	27W	40	1	Mar.	1855	Howa
Parker	James		28	13S	26W	28.55	10	Apr.	1837	Hem
Parker	James		33	13S	26W	80	10	Apr.	1837	Hem
Parker	James		33	13S	26W	80	10	Apr.	1837	Hem
Parker	Jessee	L.	4	10S	26W	40	2	Apr.	1860	Hem
Parker	John	A.	22	12S	29W	80	15	Jan.	1885	LRiv
Parker	John	C.	1	10S	27W	39.7	1	Jul.	1859	Howa
Parker	John	C.	1	10S	27W	79.37	2	Apr.	1860	Howa
Parker	John	C.	6	10S	26W	43	1	Jul.	1859	Hem
Parker	John	C.	6	10S	26W	-	2	Apr.	1860	Hem
Parker	John	C.	29	11S	29W	-	9	Feb.	1901	LRiv
Parker	John	C.	32	11S	29W	160	9	Feb.	1901	LRiv
Parker	John	C.	36	9S	27W	40	1	Mar.	1855	Howa

171

Last Name	First Name	Int.	Section No.	Twp.	Ran	Acres	Date		Co.
Parker	John	C.	36	9S	27W	40	1 Mar.	1855	Howa
Parker	John	C.	36	9S	27W	40	1 May	1856	Howa
Parker	John	H.	30	8S	28W	40	2 Apr.	1860	Howa
Parker	John	H.	30	8S	28W	42.4	1 Jul.	1859	Howa
Parker	John		18	11S	31W	47.35	3 Feb.	1898	LRiv
Parker	Jonathan		18	13S	24W	78.85	1 Aug.	1837	Hem
Parker	Joseph		20	12S	30W	80	2 Apr.	1860	LRiv
Parker	Lafayette	R.	18	12S	31W	80	1 Jul.	1859	LRiv
Parker	Lafayette	R.	34	12S	32W	40	1 Jul.	1859	LRiv
Parker	Lewis	W.	14	11S	32W	40	1 Feb.	1861	LRiv
Parker	Peter	H.	19	8S	28W	40	1 Jul.	1859	Howa
Parker	Peter	H.	20	8S	28W	40	2 Apr.	1860	Howa
Parker	Rebecca	L.	8	8S	28W	160	10 Sep.	1890	Howa
Parker	Rebecca	L.	9	8S	28W	-	10 Sep.	1890	Howa
Parker	Silas		23	12S	26W	120	25 Feb.	1890	Hem
Parker	Silas		23	12S	26W	-	25 Feb.	1890	Hem
Parker	Thomas	G.	36	9S	27W	80	1 Jul.	1859	Howa
Parker	Thomas	J.	36	9S	27W	40	1 Mar.	1855	Howa
Parker	William	H.	5	16N	21W	41.81	1 Sep.	1848	Neva
Parlier	Jonathan	W.	1	12S	26W	40	2 Apr.	1860	Hem
Parris	Eliza	A.	35	10S	24W	40	23 Jun.	1889	Hem
Parsons	Rachel	D.	12	5S	28W	160	24 Nov.	1903	Howa
Partridge	Michael	J.	14	14N	20W	-	20 Jul.	1875	Neva
Parvel	William	J.	8	10S	27W	40	4 Nov.	1886	Howa
Pate	Augustus	A.	12	6S	28W	40	7 May	1907	Howa
Pate	Barney	P.	23	11S	24W	80	20 Jun.	1885	Hem
Pate	Benton		36	5S	28W	40	31 Jan.	1890	Howa
Pate	Jeremiah		11	11S	25W	-	1 Aug.	1837	Hem
Pate	Jeremiah		12	11S	25W	240	1 Aug.	1837	Hem
Pate	Jeremiah		13	11S	25W	80	15 Apr.	1837	Hem
Pate	Jeremiah		13	11S	25W	240	1 Aug.	1837	Hem
Pate	Jeremiah		14	11S	25W	40	1 Aug.	1837	Hem
Pate	Jeremiah		14	11S	25W	-	1 Aug.	1837	Hem
Pate	Jeremiah		23	11S	25W	80	1 May	1845	Hem
Pate	Jeremiah		31	11S	27W	80	10 Apr.	1837	Howa
Pate	Jeremiah		32	11S	27W	40	1 Aug.	1837	Howa
Pate	Jeremiah		32	11S	27W	40	1 Mar.	1843	Howa
Pate	John	W.	26	5S	28W	-	26 Aug.	1905	Howa
Pate	John	W.	26	5S	28W	40	21 Sep.	1905	Howa
Pate	John	W.	26	5S	28W	120	26 Aug.	1905	Howa
Pate	Lafayette		12	6S	28W	-	3 Apr.	1896	Howa
Pate	Thomas	B.	12	6S	28W	79.76	2 Jul.	1860	Howa
Pate	William	T.	12	6S	28W	-	1 May	1906	Howa
Pate	William	T.	12	6S	28W	160	1 May	1906	Howa
Patterson	Charles	H.	12	13N	24W	-	26 Jun.	1889	Neva
Patterson	Charles	H.	13	13N	24W	160	26 Jun.	1889	Neva
Patterson	Charles	H.	13	13N	24W	-	26 Jun.	1889	Neva
Patterson	Evan	S.	20	12S	30W	40	24 Jul.	1895	LRiv
Patterson	Jeff	D.	23	13N	24W	160	19 Apr.	1894	Neva
Patterson	Jeff	D.	23	13N	24W	-	19 Apr.	1894	Neva
Patterson	Jeff	D.	26	13N	24W	-	19 Apr.	1894	Neva
Patterson	John		29	11S	27W	80	10 Apr.	1837	Howa
Patterson	Josiah		8	9S	26W	40	1 Mar.	1843	Hem
Patterson	Mary	J.	36	12S	31W	40	30 Mar.	1905	LRiv
Patterson	Robert		23	11S	27W	80	10 Apr.	1837	Howa
Patterson	Robert		29	11S	27W	40	1 Aug.	1837	Howa

Last Name	First Name	Int.	Section No.	Twp.	Ran	Acres	Date			Co.
Patterson	Robert		29	11S	27W	40	1	Mar.	1843	Howa
Patterson	Robert		30	11S	27W	40	10	Apr.	1837	Howa
Patterson	Robert		30	11S	27W	80	10	Apr.	1837	Howa
Patterson	Solomon	R.	7	13N	23W	-	31	Dec.	1889	Neva
Patterson	Solomon	R.	7	13N	23W	-	31	Dec.	1889	Neva
Patterson	Solomon	R.	18	13N	23W	160.17	31	Dec.	1889	Neva
Patterson	Thomas	M.	31	13N	23W	-	5	May	1904	Neva
Patterson	Thomas	M.	32	13N	23W	160	May	May	1904	Neva
Patterson	Thomas	M.	32	13N	23W	-	5	May	1904	Neva
Patterson	Tillman		9	13S	30W	40	2	Apr.	1860	LRiv
Patterson	Tilman	A.	15	11S	30W	27.92	13	Feb.	1905	LRiv
Patterson	Tilmon		8	9S	26W	40	1	Mar.	1843	Hem
Patterson	Tilmon		17	9S	26W	80	1	Mar.	1843	Hem
Patterson	Tobithie		13	13N	24W	80	23	Nov.	1891	Neva
Patton	David	F.	2	13N	24W	59.5	30	Aug.	1888	Neva
Patton	David	F.	2	13N	24W	99.92	20	Apr.	1883	Neva
Patton	David		17	8S	27W	40	2	Apr.	1860	Howa
Patton	David		17	8S	27W	40	2	Jul.	1860	Howa
Patton	Elijah	B.	19	17N	20W	160	26	Aug.	1904	Neva
Patton	Elijah	B.	19	17N	20W	-	26	Aug.	1904	Neva
Patton	Elijah	B.	19	17N	20W	-	26	Aug.	1904	Neva
Patton	Joseph		14	14N	24W	-	1	Aug.	1904	Neva
Patton	Joseph		22	14N	24W	160	1	Aug.	1904	Neva
Patton	Susan	E.	19	17N	20W	160	7	Apr.	1896	Neva
Patton	Susan	E.	19	17N	20W	-	7	Apr.	1896	Neva
Patton	William	R.	31	14N	23W	159.84	23	Jun.	1898	Neva
Patton	William	R.	31	14N	23W	-	23	Jun.	1898	Neva
Patton	William	R.	31	14N	23W	-	23	Jun.	1898	Neva
Patton	William		26	14N	24W	160	23	Nov.	1891	Neva
Patton	William		35	14N	24W	-	23	Nov.	1891	Neva
Patton	William		35	14N	24W	-	23	Nov.	1891	Neva
Patty	Jesse	C.	14	16N	23W	-	8	Feb.	1897	Neva
Patty	Jesse	C.	22	16N	23W	-	8	Feb.	1897	Neva
Patty	Jesse	C.	23	16N	23W	160	8	Feb.	1897	Neva
Pauley	Andrew	C.	13	12S	31W	40	1	Feb.	1861	LRiv
Paulk	Selden		32	16N	23W	160	22	Mar.	1906	Neva
Paunell	Bartley		31	6S	28W	-	13	Jun.	1889	Howa
Paunell	Bartley		31	6S	28W	118.42	13	Jun.	1889	Howa
Paup	John	M.	35	12S	25W	40	1	Aug.	1837	Hem
Paup	John	W.	15	12S	25W	40	1	Aug.	1837	Hem
Paup	John	W.	15	12S	25W	120	1	Aug.	1837	Hem
Paup	John	W.	15	12S	25W	-	1	Aug.	1837	Hem
Paup	John	W.	22	12S	25W	40	15	Apr.	1837	Hem
Paup	John	W.	22	12S	25W	40	15	Apr.	1837	Hem
Paup	John	W.	22	12S	25W	80	1	Aug.	1837	Hem
Paup	John	W.	22	12S	25W	160	15	Apr.	1837	Hem
Paup	John	W.	23	12S	25W	40	1	Aug.	1837	Hem
Paup	John	W.	23	12S	25W	160	15	Apr.	1837	Hem
Paup	John	W.	25	13S	25W	160	1	Aug.	1837	Hem
Paup	John	W.	25	13S	25W	-	1	Aug.	1837	Hem
Paup	John	W.	26	12S	25W	40	10	Apr.	1837	Hem
Paup	John	W.	34	12S	25W	80	1	Aug.	1837	Hem
Paup	John	W.	35	12S	25W	80	1	Aug.	1837	Hem
Paup	John	W.	35	12S	25W	80	1	Aug.	1837	Hem
Paup	Peter		17	12S	26W	80	1	Apr.	1876	Hem
Paxton	Augustus		30	12S	31W	-	30	Jun.	1882	LRiv

Last Name	First Name	Int.	Section No.	Twp.	Ran	Acres	Date			Co.
Paxton	Augustus		30	12S	31W	-	30	Jun.	1882	LRiv
Paxton	Augustus		30	12S	31W	160	30	Jun.	1882	LRiv
Paxton	Bob		30	12S	31W	-	30	Jun.	1882	LRiv
Paxton	Bob		31	12S	31W	131.24	30	Jun.	1882	LRiv
Paxton	David	C.	18	10S	24W	80.28	10	Sep.	1827	Hem
Paxton	David	C.	35	10S	25W	40	10	Apr.	1837	Hem
Paxton	David	C.	35	10S	25W	80	1	Mar.	1855	Hem
Paxton	David	C.	35	10S	25W	160	1	Mar.	1855	Hem
Paxton	James	R.	25	14N	22W	-	1	Jul.	1903	Neva
Paxton	James	R.	25	14N	22W	-	1	Jul.	1903	Neva
Paxton	James	R.	36	14N	22W	160	1	Jul.	1903	Neva
Paxton	John		18	14S	31W	195.58	1	May	1845	LRiv
Paxton	Joseph		18	10S	24W	80	10	May	1827	Hem
Paxton	Mary		5	14S	25W	160	3	Feb.	1883	Hem
Paxton	Miles		31	12S	31W	40	10	Sep.	1898	LRiv
Paxton	Peter		22	12S	30W	160	8	Feb.	1892	LRiv
Payne	Francis	C.	8	8S	27W	40	2	Jan.	1895	Howa
Payne	James	W.	4	8S	27W	40	4	Jun.	1906	Howa
Payne	Jesse		8	14S	24W	160	1	Jul.	1859	Hem
Payne	Jessey	M.	31	7S	27W	-	17	Aug.	1894	Howa
Payne	Jessey	M.	32	7S	27W	-	17	Aug.	1894	Howa
Payne	Jessey	M.	32	7S	27W	160	17	Aug.	1894	Howa
Payne	John	W.	9	14N	19W	80	8	Apr.	1903	Neva
Payne	John	W.	35	15N	19W	80	13	Jun.	1878	Neva
Payne	John	W.	35	15N	19W	-	13	Jun.	1878	Neva
Payton	John		18	13S	28W	89.67	20	May	1885	LRiv
Pearce	Freedom		35	12S	32W	-	4	Aug.	1891	LRiv
Pearce	Freedom		35	12S	32W	120	4	Aug.	1891	LRiv
Pearce	Hugh	A.	2	13S	32W	80	10	Jul.	1844	LRiv
Pearce	Hugh	A.	2	13S	32W	80	10	Jul.	1844	LRiv
Pearce	Isaac	W.	3	13S	32W	80	1	Mar.	1855	LRiv
Pearce	Robert	B.	3	13S	32W	40	1	Mar.	1855	LRiv
Pearce	Robert	B.	10	12S	29W	40	2	Apr.	1860	LRiv
Pearce	Robert	B.	11	12S	29W	40	1	May	1845	LRiv
Pearce	Robert	B.	20	12S	32W	80	1	Nov.	1849	LRiv
Pearce	Robert	B.	34	12S	32W	40	1	Jul.	1859	LRiv
Pearce	Samuel	E.	7	10S	27W	40	1	Aug.	1837	Howa
Pearce	Samuel	E.	7	10S	27W	80	1	Aug.	1837	Howa
Pearson	Eli		18	14N	21W	-	28	Jun.	1890	Neva
Pearson	Silas		10	12S	32W	40	26	Jun.	1906	LRiv
Pegues	Joseph	P.	34	9S	32W	40	1	Mar.	1855	LRiv
Pegues	Joseph	P.	34	9S	32W	80	1	Mar.	1855	LRiv
Pegues	Joseph		34	9S	32W	40	1	Mar.	1855	LRiv
Pellham	Adline		33	14N	21W	80	28	Nov.	1906	Neva
Pellham	Thomas		4	14N	21W	-	28	Nov.	1906	Neva
Pellham	Thomas		5	14N	21W	160	28	Nov.	1906	Neva
Pelligrew	George	A.	35	10S	27W	80	10	May	1827	Howa
Pelt	John	J.	18	14S	23W	40	1	Mar.	1855	Hem
Pelt	John	J.	18	14S	23W	40	1	Mar.	1855	Hem
Pelt	John	J.	18	14S	23W	40	1	Mar.	1855	Hem
Pelt	John	J.	36	13S	24W	40	1	Jul.	1859	Hem
Penington	James		4	13S	30W	160	12	Nov.	1900	LRiv
Penn	James	T.	7	13N	21W	40	30	Aug.	1888	Neva
Pennel	Ferdinando	J.	23	10S	24W	40	17	Jul.	1894	Hem
Pennell	William	S.	26	12S	26W	40	1	Aug.	1837	Hem
Pennell	William	S.	35	12S	26W	80	1	Aug.	1837	Hem

Last Name	First Name	Int.	Section No.	Twp.	Ran	Acres	Date			Co.
Pennell	William	S.	35	12S	26W	160	1	Aug.	1837	Hem
Pennington	Bluford		17	12S	26W	40	15	May	1875	Hem
Pennington	Chesley		9	12S	26W	40	15	May	1875	Hem
Pennington	Dave		17	12S	26W	40	15	May	1875	Hem
Pennington	Dolley		19	13S	28W	40	1	Mar.	1843	LRiv
Pennington	Drury		17	12S	26W	40	15	May	1875	Hem
Pennington	Mose		17	12S	26W	40	1	Apr.	1875	Hem
Pennington	Mose		17	12S	26W	40	25	Nov.	1895	Hem
Pennington	Mose		17	12S	26W	80	11	Jan.	1895	Hem
Pennington	Nero		1	11S	28W	80	1	Mar.	1843	Howa
Penny	James		6	13S	31W	40	1	Jul.	1859	LRiv
Peoples	David	C.	5	14N	20W	-	18	Apr.	1898	Neva
Peoples	David	C.	8	14N	20W	160	18	Apr.	1898	Neva
Peoples	David	C.	8	14N	20W	-	18	Apr.	1898	Neva
Peoples	George	W.	25	15N	21W	-	8	Oct.	1901	Neva
Peoples	George	W.	25	15N	21W	-	8	Oct.	1901	Neva
Peoples	George	W.	36	15N	21W	160	8	Oct.	1901	Neva
Peoples	John	T.	20	15N	20W	80	May	May	1904	Neva
Peoples	John	T.	20	15N	20W	-	5	May	1904	Neva
Peoples	John		35	15N	21W	160	19	Oct.	1905	Neva
Peoples	John		35	15N	21W	-	19	Oct.	1905	Neva
Peoples	John		35	15N	21W	-	19	Oct.	1905	Neva
Perk	Henry		13	13S	26W	120	21	Jan.	1897	Hem
Perk	Henry		13	13S	26W	-	21	Jan.	1897	Hem
Perkins	Catherine	R.	36	9S	27W	40	1	Mar.	1855	Howa
Perkins	Catherine	R.	36	9S	27W	40	1	Mar.	1855	Howa
Perkins	Isaac	C.	5	10S	27W	40	1	Mar.	1855	Howa
Perkins	Isaac	C.	5	10S	27W	80	1	Mar.	1855	Howa
Perkins	Isaac	C.	8	10S	27W	40	1	Mar.	1855	Howa
Perkins	Isaac	C.	8	10S	27W	40	1	Mar.	1855	Howa
Perkins	Isaac	C.	8	10S	27W	40	1	Mar.	1855	Howa
Perkins	Isaac	C.	8	10S	27W	80	1	Mar.	1855	Howa
Perkins	Isaac	C.	23	9S	27W	-	1	Aug.	1837	Howa
Perkins	Isaac	C.	23	9S	27W	-	1	Aug.	1837	Howa
Perkins	Isaac	C.	23	9S	27W	-	1	Aug.	1837	Howa
Perkins	Isaac	C.	26	9S	27W	-	1	Aug.	1837	Howa
Perkins	Isaac	C.	27	9S	27W	-	1	Aug.	1837	Howa
Perkins	Isaac	C.	27	9S	27W	-	1	Aug.	1837	Howa
Perkins	Isaac	C.	34	9S	27W	-	1	Aug.	1837	Howa
Perkins	Isaac	C.	34	9S	27W	-	1	Aug.	1837	Howa
Perkins	Isaac	C.	34	9S	27W	-	1	Aug.	1837	Howa
Perkins	Isaac	C.	34	9S	27W	80	1	May	1845	Howa
Perkins	Isaac	C.	34	9S	27W	1200	1	Aug.	1837	Howa
Perkins	Isaac	C.	35	9S	27W	-	1	Aug.	1837	Howa
Perkins	Isaac	C.	35	9S	27W	40	1	Sep.	1850	Howa
Perkins	Isaac	C.	35	9S	27W	80	10	Aug.	1837	Howa
Perkins	Isaac	C.	35	9S	27W	360	1	Aug.	1837	Howa
Perkins	Simon		19	13S	27W	80	18	Oct.	1888	LRiv
Perkins	Simon		19	13S	27W	80	12	Feb.	1902	LRiv
Perrin	Achelaus		27	11S	27W	40	1	Nov.	1839	Howa
Perrin	Archelaus		6	9S	26W	90.87	1	Jul.	1859	Hem
Perrin	Archelaus		6	9S	26W	94.98	10	Oct.	1856	Hem
Perrin	Archelaus		34	10S	27W	80	10	Aug.	1837	Howa
Perrin	Josephus		8	5S	28W	40	1	Mar.	1855	Howa
Perrin	Robert		25	6S	28W	-	23	Jun.	1889	Howa
Perrin	Robert		25	6S	28W	-	23	Jun.	1889	Howa

Last Name	First Name	Int.	Section No.	Twp.	Ran	Acres	Date			Co.
Perrin	Robert		25	6S	28W	160	23	Jun.	1889	Howa
Perrin	Samuel		3	11S	27W	79.06	10	Jul.	1848	Howa
Perrin	Samuel		3	11S	27W	157.42	15	Apr.	1837	Howa
Perrin	Willis		8	5S	28W	40	1	Mar.	1855	Howa
Perrin	Willis		26	10S	27W	40	1	Aug.	1837	Howa
Perrin	Willis		27	10S	27W	40	15	Apr.	1837	Howa
Perrin	Zeno	T.	28	9S	28W	40	1	Mar.	1855	Howa
Perry	Alford	L.	36	11S	30W	-	26	Dec.	1891	LRiv
Perry	Alford	L.	36	11S	30W	160	26	Dec.	1891	LRiv
Perry	Andrew		11	13N	23W	-	8	Apr.	1903	Neva
Perry	Andrew		12	13N	23W	160	8	Apr.	1903	Neva
Perry	Andrew		12	13N	23W	-	8	Apr.	1903	Neva
Perry	Georgia		36	12S	29W	-	8	May	1901	LRiv
Perry	Georgia		36	12S	29W	160	8	May	1901	LRiv
Perry	John	P.	24	12S	31W	-	16	Sep.	1904	LRiv
Perry	John	P.	24	12S	31W	120	16	Sep.	1904	LRiv
Perry	Josiah		17	12S	30W	-	30	Jun.	1884	LRiv
Perry	Josiah		17	12S	30W	-	30	Jun.	1884	LRiv
Perry	Josiah		20	12S	30W	160	30	Jun.	1884	LRiv
Perry	Walter	J.	25	12S	31W	80	3	Apr.	1896	LRiv
Perrymore	Mathew		6	10S	28W	46.73	1	May	1856	Howa
Perymore	Mathew		31	9S	28W	94.65	1	Dec.	1857	Howa
Petree	Jacob	H.	35	17N	22W	160	17	Apr.	1899	Neva
Petree	Jacob	H.	35	17N	22W	-	17	Apr.	1899	Neva
Pettigrew	James	C.	29	10S	25W	40	15	Apr.	1837	Hem
Pettigrew	James	C.	30	10S	25W	80	1	Nov.	1839	Hem
Pettigrew	John	W.	3	11S	27W	80	10	May	1827	Howa
Pettigrew	John	W.	25	10S	27W	40	10	Jul.	1848	Howa
Pettigrew	John	W.	25	10S	27W	40	1	Nov.	1849	Howa
Pettigrew	John	W.	25	10S	27W	40	1	Mar.	1855	Howa
Pettigrew	John	W.	30	10S	26W	38.72	1	Mar.	1855	Hem
Pettigrew	John	W.	30	10S	26W	39.3	1	Mar.	1855	Hem
Pettigrew	John	W.	30	10S	26W	39.7	1	Mar.	1855	Hem
Pettigrew	John		19	10S	25W	80	1	Aug.	1837	Hem
Pettigrew	John		19	10S	25W	80	15	Apr.	1837	Hem
Pettigrew	John		19	10S	25W	160	1	Aug.	1837	Hem
Pettigrew	John		20	10S	25W	80	1	Aug.	1837	Hem
Pettigrew	John		25	10S	26W	80	1	Aug.	1837	Hem
Pettigrew	John		29	10S	25W	40	1	Nov.	1839	Hem
Pettigrew	John		29	10S	25W	80	10	Apr.	1837	Hem
Pettigrew	John		30	10S	25W	80	10	May	1827	Hem
Pettigrew	John		30	10S	25W	80	10	May	1827	Hem
Pettigrew	John		30	10S	25W	80	15	Apr.	1837	Hem
Pettigrew	John		30	10S	25W	161.64	1	Aug.	1837	Hem
Pettigrew	John		31	13S	24W	76.73	10	Jul.	1848	Hem
Pettigrew	John		36	13S	25W	80	10	Aug.	1837	Hem
Petty	Allen		32	10S	25W	80	1	Jul.	1859	Hem
Petty	Hugh	C.	6	13S	31W	40	2	Apr.	1860	LRiv
Petty	James		30	7S	27W	40	2	Apr.	1860	Howa
Petty	John	S.	34	9S	25W	160	2	Apr.	1860	Hem
Petty	John	W.	27	15N	20W	160	7	Sep.	1900	Neva
Peyton	Ephraim	H.	32	12S	28W	-	1	Jul.	1859	LRiv
Peyton	Ephraim	H.	32	12S	28W	-	1	Jul.	1859	LRiv
Peyton	Ephraim	H.	32	12S	28W	40	2	Apr.	1860	LRiv
Peyton	Ephraim	H.	32	12S	28W	80	1	Jul.	1859	LRiv
Peyton	Ephraim	H.	32	12S	28W	120	1	Jul.	1859	LRiv

Last Name	First Name	Int.	Section No.	Twp.	Ran	Acres	Date			Co.
Peyton	James	H.	6	12S	23W	179.4	2	Apr.	1860	Hem
Peyton	James	H.	7	12S	23W	40	2	Apr.	1860	Hem
Peyton	Miley		6	12S	23W	162.49	2	Apr.	1860	Hem
Phelps	Hugh		27	8S	28W	160	14	Jul.	1891	Howa
Phelps	Hugh		28	8S	28W	-	14	Jul.	1891	Howa
Phelps	Hugh		28	8S	28W	-	14	Jul.	1891	Howa
Philips	Bolen	C.	14	13S	30W	40	1	Jul.	1857	LRiv
Phillips	Absalom	C.	26	16N	21W	160	20	Aug.	1875	Neva
Phillips	Absalom	C.	26	16N	21W	-	20	Aug.	1875	Neva
Phillips	Absalom	C.	26	16N	21W	-	20	Aug.	1875	Neva
Phillips	Absalom	C.	26	16N	21W	-	20	Aug.	1875	Neva
Phillips	Absalom	C.	26	16N	21W	-	1	Mar.	1876	Neva
Phillips	Absalom	C.	26	16N	21W	-	1	Mar.	1876	Neva
Phillips	Absalom	C.	26	16N	21W	-	1	Mar.	1876	Neva
Phillips	Absalom	C.	27	16N	21W	160	1	Mar.	1876	Neva
Phillips	Absolum	C.	29	17N	20W	40	24	Nov.	1888	Neva
Phillips	Bolen	C.	24	11S	29W	40	1	May	1845	LRiv
Phillips	Boling	C.	11	13S	30W	40	1	Mar.	1855	LRiv
Phillips	Boling	C.	14	13S	30W	40	1	Mar.	1855	LRiv
Phillips	Boling	C.	14	13S	30W	40	1	Jul.	1859	LRiv
Phillips	Boling	C.	14	13S	30W	80	1	Mar.	1855	LRiv
Phillips	Boling	C.	23	13S	30W	40	1	Mar.	1855	LRiv
Phillips	Boling	C.	23	13S	30W	40	1	Jul.	1859	LRiv
Phillips	Daniel		8	15N	21W	40	30	Aug.	1888	Neva
Phillips	Eddins		24	11S	29W	160	1	Sep.	1846	LRiv
Phillips	George	D.	34	6S	29W	160	16	Sep.	1904	Howa
Phillips	George	D.	35	6S	29W	-	16	Sep.	1904	Howa
Phillips	George	D.	35	6S	29W	-	16	Sep.	1904	Howa
Phillips	Isom	H.	28	12S	29W	80	13	Oct.	1891	LRiv
Phillips	James		19	17N	23W	-	1	Oct.	1851	Neva
Phillips	John	D.	1	13N	23W	80.42	17	Oct.	1904	Neva
Phillips	John	D.	1	13N	23W	80.42	28	Jun.	1905	Neva
Phillips	John	D.	1	13N	23W	-	17	Oct.	1904	Neva
Phillips	John	D.	1	13N	23W	-	28	Jun.	1905	Neva
Phillips	John		26	17N	19W	40	15	Nov.	1854	Neva
Phillips	Nancy		22	17N	19W	80	4	Sep.	1895	Neva
Phillips	Thomas		3	15N	21W	80	28	May	1895	Neva
Phillips	Thomas		10	15N	21W	80	28	May	1895	Neva
Phillips	William	L.	22	17N	23W	40	7	Jun.	1883	Neva
Phillips	William	W.	21	11S	24W	40	30	Jun.	1873	Hem
Phillips	William		25	14N	23W	160	24	Oct.	1894	Neva
Phillips	William		25	14N	23W	-	24	Oct.	1894	Neva
Phillips	William		25	14N	23W	-	24	Oct.	1894	Neva
Phillips	Willis		29	11S	24W	40	20	Aug.	1875	Hem
Phillips	Wyatt		14	14S	25W	40	1	Jul.	1875	Hem
Pickett	John		30	10S	31W	-	1	Oct.	1860	LRiv
Pickett	John		30	10S	31W	-	1	Oct.	1860	LRiv
Pickett	John		30	10S	31W	282.94	1	Oct.	1860	LRiv
Pickett	John		31	10S	31W	-	1	Oct.	1860	LRiv
Pickett	John		31	10S	31W	80	1	Oct.	1860	LRiv
Pickett	Paulina		36	11S	29W	80	1	Jul.	1859	LRiv
Pierce	Francis	M.	4	12S	31W	160.3	28	Feb.	1890	LRiv
Pierce	Francis	M.	33	12S	31W	-	28	Feb.	1890	LRiv
Pierce	Francis	M.	34	11S	31W	-	28	Feb.	1890	LRiv
Pierce	George	W.	13	15N	21W	-	28	Feb.	1906	Neva
Pierce	George	W.	13	15N	21W	-	28	Feb.	1906	Neva

Last Name	First Name	Int.	Section No.	Twp.	Ran	Acres	Date			Co.
Pierce	George	W.	14	15N	20W	120	17	Oct.	1904	Neva
Pierce	George	W.	14	15N	20W	-	17	Oct.	1904	Neva
Pierce	George	W.	14	15N	21W	160	28	Feb.	1906	Neva
Pierce	James		5	15N	21W	40	17	Feb.	1881	Neva
Pierce	James		20	15N	20W	-	26	Aug.	1904	Neva
Pierce	James		29	15N	20W	120	26	Aug.	1904	Neva
Pierce	Jane		12	15N	20W	80	3	Nov.	1876	Neva
Pierce	John	A.	11	15N	20W	160	19	Oct.	1905	Neva
Pierce	John	A.	11	15N	20W	-	19	Oct.	1905	Neva
Pierce	John	L.	14	15N	20W	120	10	Dec.	1885	Neva
Pierce	John	L.	14	15N	20W	-	10	Dec.	1885	Neva
Pierce	Joseph		4	15N	21W	80	3	Feb.	1883	Neva
Pierce	Joseph		11	15N	20W	80	25	Jun.	1900	Neva
Pierce	Mary		15	15N	20W	80	10	Oct.	1894	Neva
Pierce	Robert	B.	34	12S	32W	40	16	Jun.	1856	LRiv
Pierce	Robert	B.	36	12S	32W	160	3	Apr.	1896	LRiv
Pierce	Robert		8	13N	22W	160	28	Mar.	1906	Neva
Pierce	Robert		9	13N	22W	-	28	Mar.	1906	Neva
Pierce	Robert		9	13N	22W	-	28	Mar.	1906	Neva
Pierce	Sarah		34	16N	20W	80	13	Oct.	1898	Neva
Pile	Birdett	C.	29	13S	29W	-	1	Sep.	1846	LRiv
Pile	Birdett	C.	32	13S	29W	160	1	Sep.	1846	LRiv
Pile	Birditt	C.	32	13S	29W	40	1	Mar.	1843	LRiv
Pile	John	A.	31	13S	29W	80	1	Mar.	1843	LRiv
Pinkerson	Benjamin	F.	15	6S	28W	160	24	Apr.	1890	Howa
Pinkerton	Benjamin	F.	10	6S	28W	-	10	Apr.	1882	Howa
Pinkerton	Benjamin	F.	10	6S	28W	-	24	May	1889	Howa
Pinkerton	Benjamin	F.	11	6S	28W	80	24	May	1889	Howa
Pinkerton	Benjamin	F.	14	6S	28W	80	10	Apr.	1882	Howa
Pinkerton	Benjamin		15	6S	28W	160	1	Mar.	1904	Howa
Pinkerton	Elisha	E.	8	6S	28W	160	25	Nov.	1895	Howa
Pinkerton	Eliza		9	6S	28W	-	17	Mar.	1888	Howa
Pinkerton	Eliza		10	6S	28W	160	17	Mar.	1888	Howa
Pinkerton	James		7	6S	28W	80	4	Aug.	1891	Howa
Pinkerton	James		8	6S	28W	40	20	Jan.	1883	Howa
Pinkerton	James		8	6S	28W	40	20	Jan.	1883	Howa
Pinkerton	James		8	6S	28W	40	20	Jan.	1883	Howa
Pinkerton	James		8	6S	28W	40	20	Jan.	1883	Howa
Pinkerton	James		8	6S	28W	80	1	Jun.	1875	Howa
Pinkerton	John	F.	9	6S	28W	-	17	Mar.	1888	Howa
Pinkerton	John	F.	9	6S	28W	-	17	Mar.	1888	Howa
Pinkerton	John	F.	9	6S	28W	160	17	Mar.	1888	Howa
Pinkerton	Margaret		15	6S	28W	-	24	Apr.	1890	Howa
Pinkerton	Margaret		15	6S	28W	-	24	Apr.	1890	Howa
Pinkerton	Margaret		15	6S	28W	160	24	Apr.	1890	Howa
Pipes	William	C.	32	11S	30W	40	21	Mar.	1896	LRiv
Pipkin	James	W.	31	11S	29W	-	4	Apr.	1904	LRiv
Pipkin	James	W.	36	11S	30W	138.9	4	Apr.	1904	LRiv
Pitman	David	J.	18	12S	29W	-	1	Dec.	1857	LRiv
Pitman	David	J.	18	12S	29W	120	1	Dec.	1857	LRiv
Pittman	David	J.	19	12S	29W	40	1	Jul.	1859	LRiv
Pittman	Jeremiah		17	10S	23W	40	30	Jun.	1873	Hem
Pittman	Joseph		19	13N	23W	-	19	Oct.	1893	Neva
Pittman	Joseph		30	13N	23W	160.8	19	Oct.	1893	Neva
Pittman	Joseph		30	13N	23W	-	19	Oct.	1893	Neva
Plumbee	Isaac		21	17N	21W	-	20	Jan.	1876	Neva

Last Name	First Name	Int.	Section No.	Twp.	Ran	Acres	Date			Co.
Plumbee	Isaac		28	17N	21W	160	20	Jan.	1876	Neva
Plumlee	Clinton		28	17N	22W	160	25	Jun.	1889	Neva
Plumlee	Clinton		28	17N	22W	-	25	Jun.	1889	Neva
Plumlee	Clinton		28	17N	22W	-	25	Jun.	1889	Neva
Plumlee	George	F.	30	17N	22W	160.16	8	Jun.	1901	Neva
Plumlee	George	F.	30	17N	22W	-	8	Jun.	1901	Neva
Plumlee	George	F.	30	17N	22W	-	8	Jun.	1901	Neva
Plumlee	James	D.	30	15N	20W	148.18	17	Mar.	1903	Neva
Plumlee	James	D.	30	15N	20W	-	17	Mar.	1903	Neva
Plumlee	James	D.	30	15N	20W	-	17	Mar.	1903	Neva
Plumlee	John		32	17N	22W	160	1	Feb.	1901	Neva
Plumlee	John		32	17N	22W	-	1	Feb.	1901	Neva
Plumlee	John		32	17N	22W	-	1	Feb.	1901	Neva
Plumlee	William		29	17N	21W	-	3	Aug.	1882	Neva
Plumlee	William		29	17N	21W	-	3	Aug.	1882	Neva
Plumlee	William		32	17N	21W	160	3	Aug.	1882	Neva
Plumlee	William		34	16N	19W	160	4	Aug.	1890	Neva
Plunkett	Robert	D.	17	5S	29W	-	30	Dec.	1905	Howa
Plunkett	Robert	D.	18	5S	29W	160	30	Dec.	1905	Howa
Plunkett	Robert	N.	19	5S	29W	-	31	Dec.	1904	Howa
Plunkett	Robert	N.	19	5S	29W	-	31	Dec.	1904	Howa
Plunkett	Robert	N.	24	5S	30W	159.59	31	Dec.	1904	Howa
Plunkett	William	D.	20	5S	29W	-	16	Aug.	1899	Howa
Plunkett	William	D.	20	5S	29W	-	16	Aug.	1899	Howa
Plunkett	William	D.	21	5S	29W	160	16	Aug.	1899	Howa
Plunkett	William	J.	19	5S	29W	-	1	Jul.	1903	Howa
Plunkett	William	J.	20	5S	29W	160.57	1	Jul.	1903	Howa
Poindexter	Henry	P.	22	12S	25W	80	1	Sep.	1856	Hem
Poindexter	Henry	P.	27	12S	25W	80	1	Mar.	1855	Hem
Poland	Charles	A.	33	6S	29W	-	27	Dec.	1905	Howa
Poland	Charles	A.	33	6S	29W	160	27	Dec.	1905	Howa
Polk	Allen		28	7S	27W	-	24	Jul.	1895	Howa
Polk	Allen		28	7S	27W	-	24	Jul.	1895	Howa
Polk	Allen		28	7S	27W	-	24	Jul.	1895	Howa
Polk	Allen		28	7S	27W	160	24	Jul.	1895	Howa
Polk	Charles	M.	3	8S	27W	-	9	Oct.	1906	Howa
Polk	Charles	M.	10	8S	27W	160	9	Oct.	1906	Howa
Polk	Cumberland		20	7S	27W	-	1	Apr.	1876	Howa
Polk	Cumberland		20	7S	27W	-	1	Apr.	1876	Howa
Polk	Cumberland		20	7S	27W	160	1	Apr.	1876	Howa
Polk	James	I.	27	7S	27W	-	23	Jun.	1889	Howa
Polk	Jefferson	A.	19	7S	27W	-	1	Feb.	1861	Howa
Polk	Jefferson	A.	19	7S	27W	160.28	1	Feb.	1861	Howa
Polk	John	S.	28	7S	27W	-	1	Jul.	1875	Howa
Polk	John	S.	33	7S	27W	-	1	Jul.	1875	Howa
Polk	John	S.	33	7S	27W	160	1	Jul.	1875	Howa
Polk	Peter		28	7S	27W	80	1	Jul.	1875	Howa
Polk	Taylor		29	7S	27W	-	2	Jul.	1860	Howa
Polk	Taylor		29	7S	27W	40	1	Mar.	1855	Howa
Polk	Taylor		29	7S	27W	40	1	Mar.	1855	Howa
Polk	Taylor		29	7S	27W	40	1	Mar.	1855	Howa
Polk	Taylor		29	7S	27W	160	2	Jul.	1860	Howa
Polk	Taylor		30	7S	27W	-	2	Jul.	1860	Howa
Polk	William	C.	4	8S	27W	40	1	Feb.	1861	Howa
Pollard	Samuel	C.	1	13N	24W	159.49	23	Jan.	1897	Neva
Pollock	Alice	P.	7	11S	23W	49.65	1	Jun.	1875	Hem

Last Name	First Name	Int.	Section No.	Twp.	Ran	Acres	Date			Co.
Pollock	James	R.	13	11S	24W	40	15	Jan.	1877	Hem
Pollock	John	L.	32	6S	28W	160	16	Sep.	1904	Howa
Polter	Thomas	C.	15	8S	28W	40	2	Jul.	1860	Howa
Ponder	Joseph	P.	29	15N	22W	-	12	Aug.	1919	Neva
Ponder	Joseph	P.	29	15N	22W	-	12	Aug.	1919	Neva
Ponder	Joseph	P.	32	15N	22W	160	12	Aug.	1919	Neva
Pool	Archbald	Y.	22	15N	21W	160	13	Aug.	1896	Neva
Pool	John	L.	36	9S	29W	82.06	1	Jul.	1859	Howa
Pool	William	T.	22	15N	21W	160	10	Apr.	1907	Neva
Pool	William	T.	22	15N	21W	-	10	Apr.	1907	Neva
Pope	David	Y.	15	8S	28W	40	1	Oct.	1860	Howa
Pope	David	Y.	29	7S	27W	40	20	Jan.	1885	Howa
Pope	Henry	C.	31	8S	27W	40.36	1	May	1856	Howa
Pope	Henry	C.	31	8S	27W	43.75	2	Apr.	1860	Howa
Pope	Henry	C.	36	8S	28W	40	1	May	1856	Howa
Pope	Henry	C.	36	8S	28W	40	2	Apr.	1860	Howa
Pope	James		33	10S	24W	40	15	Jun.	1875	Hem
Pope	Melvyn	C.	32	7S	27W	40	17	Feb.	1881	Howa
Pope	William	C.	34	17N	19W	-	20	Oct.	1884	Neva
Pope	William	C.	34	17N	19W	-	20	Oct.	1884	Neva
Pope	William	C.	35	17N	19W	160	20	Oct.	1884	Neva
Pope	William		15	11S	24W	80	30	Jun.	1882	Hem
Porter	James		13	14S	32W	-	4	Dec.	1839	LRiv
Porter	James		13	14S	32W	-	4	Dec.	1839	LRiv
Porter	James		13	14S	32W	274.88	4	Dec.	1839	LRiv
Porter	Jane		22	5S	28W	160	27	Jun.	1889	Howa
Porter	Joseph		9	9S	26W	40	1	Mar.	1843	Hem
Porter	Joseph		9	9S	26W	80	1	Mar.	1843	Hem
Porter	Joseph		17	9S	26W	40	10	Aug.	1837	Hem
Porter	Julia	A.	22	11S	27W	-	1	Dec.	1830	Howa
Porter	Julia	A.	22	11S	27W	320	1	Dec.	1830	Howa
Porter	Wallace	M.	22	5S	28W	160	24	Apr.	1890	Howa
Porter	William	E.	22	5S	28W	160	27	Jun.	1889	Howa
Post	Samuel	H.	24	8S	29W	40	10	Sep.	1890	Howa
Poteete	John	C.	20	15N	22W	160	8	Apr.	1903	Neva
Poteete	John	C.	20	15N	22W	-	8	Apr.	1903	Neva
Poteete	John	C.	20	15N	22W	-	8	Apr.	1903	Neva
Potter	Allen	J.	14	8S	28W	80	2	Apr.	1860	Howa
Potter	John		14	16N	23W	-	20	Oct.	1884	Neva
Potter	John		14	16N	23W	-	20	Oct.	1884	Neva
Potter	John		15	16N	23W	160	20	Oct.	1884	Neva
Potter	Thomas	C.	15	8S	28W	40	1	Mar.	1855	Howa
Potts	Albert		27	17N	19W	40	14	Jun.	1897	Neva
Potts	Edward		24	17N	19W	80	30	Jul.	1875	Neva
Potts	Edward		25	17N	19W	40	15	Nov.	1854	Neva
Potts	Edward		25	17N	19W	40	1	Jun.	1861	Neva
Potts	Francis	M.	22	17N	19W	-	1	Jun.	1861	Neva
Potts	Francis	M.	23	17N	19W	120	1	Jun.	1861	Neva
Potts	Lewis	M.	25	17N	19W	40	1	Jun.	1861	Neva
Powel	Benjamin		28	14S	24W	40	2	Apr.	1860	Hem
Powel	Benjamin		28	14S	24W	160	1	Jul.	1859	Hem
Powel	Henry	J.	30	14S	24W	120	2	Jul.	1860	Hem
Powel	Henry	J.	30	14S	24W	-	2	Jul.	1860	Hem
Powel	William		5	9S	27W	40	2	Apr.	1860	Howa
Powell	Henry	J.	30	14S	24W	160	1	May	1856	Hem
Powell	Jacob		29	14S	24W	80	1	May	1856	Hem

Last Name	First Name	Int.	Section No.	Twp.	Ran	Acres	Date		Co.
Powell	James	T.	21	6S	29W	-	21 Sep.	1905	Howa
Powell	James	T.	21	6S	29W	-	21 Sep.	1905	Howa
Powell	James	T.	22	6S	29W	160	21 Sep.	1905	Howa
Powell	Joab	B.	15	12S	24W	40	1 Jun.	1875	Hem
Powell	William	C.	28	14S	24W	40	1 Mar.	1855	Hem
Powers	William	F.	9	14N	19W	80	19 Oct.	1905	Neva
Powers	William	R.	23	15N	22W	40	22 Oct.	1904	Neva
Powers	William		14	14S	25W	40	2 Apr.	1860	Hem
Powers	Yates		36	15N	19W	160	8 Jun.	1901	Neva
Powers	Yates		36	15N	19W	-	8 Jun.	1901	Neva
Poyner	David	F.	33	16N	21W	160	17 Mar.	1903	Neva
Poyner	David	F.	33	16N	21W	-	17 Mar.	1903	Neva
Poyner	John	L.	13	16N	22W	-	26 Dec.	1893	Neva
Poyner	John	L.	24	16N	22W	160	26 Dec.	1893	Neva
Poyner	John	L.	24	16N	22W	-	26 Dec.	1893	Neva
Pozy	Andrew		8	10S	28W	80	1 Dec.	1857	Howa
Prescott	James	K.	19	12S	23W	80	10 Sep.	1890	Hem
Prescott	Nancy		36	11S	31W	40	1 Feb.	1861	LRiv
Prescott	Noah	G.	35	13S	25W	80	1 Aug.	1837	Hem
Prescott	Noah	G.	35	13S	25W	80	1 Aug.	1837	Hem
Preston	Green		4	12S	31W	159.74	2 Jun.	1904	LRiv
Prewitt	Thomas		19	14N	23W	-	10 Apr.	1907	Neva
Prewitt	Thomas		30	14N	23W	160	10 Apr.	1907	Neva
Prewitt	Thomas		30	14N	23W	-	10 Apr.	1907	Neva
Price	Anderson	G.	21	7S	28W	-	27 Jun.	1889	Howa
Price	Anderson	G.	22	7S	28W	-	27 Jun.	1889	Howa
Price	Anderson	G.	28	7S	28W	160	27 Jun.	1889	Howa
Price	James	A.	28	7S	28W	-	10 Jul.	1883	Howa
Price	James	A.	28	7S	28W	-	10 Jul.	1883	Howa
Price	James	A.	28	7S	28W	160	10 Jul.	1883	Howa
Price	John	R.	4	12S	32W	119.44	8 Jun.	1901	LRiv
Price	John	T.	22	7S	28W	-	27 Jun.	1889	Howa
Price	John	T.	23	7S	28W	-	27 Jun.	1889	Howa
Price	John	T.	23	7S	28W	160	27 Jun.	1889	Howa
Price	Jordan		24	9S	25W	40	1 Oct.	1860	Hem
Price	Jordan		24	9S	25W	80	1 Feb.	1861	Hem
Price	Jordan		24	9S	25W	-	1 Feb.	1861	Hem
Price	Margaret	J.	19	12S	31W	-	1 Jul.	1903	LRiv
Price	Margaret	J.	24	12S	32W	172.58	1 Jul.	1903	LRiv
Price	Michael		9	8S	28W	40	1 Mar.	1855	Howa
Price	Michael		11	6S	29W	40	1 Mar.	1855	Howa
Price	Michial		23	7S	28W	-	1 Dec.	1857	Howa
Price	Michial		26	7S	28W	80	1 Dec.	1857	Howa
Price	Quintus		13	16N	23W	40	20 Jun.	1882	Neva
Price	Quintus		18	16N	22W	80	20 Jun.	1882	Neva
Price	Robert	E.	22	7S	28W	160	30 Jun.	1884	Howa
Price	Thomas		34	9S	25W	40	1 Jun.	1888	Hem
Pride	Henry	C.	4	10S	32W	16.53	1 May	1856	LRiv
Pride	Henry	C.	9	10S	32W	46.02	1 May	1856	LRiv
Pridemore	Elihu		2	14N	23W	163.1	23 Jun.	1898	Neva
Pridemore	John	H.	1	14N	23W	159.96	8 Mar.	1907	Neva
Pridemore	John	H.	1	14N	23W	-	8 Mar.	1907	Neva
Primmer	Thomas		23	13S	28W	80	9 Mar.	1896	LRiv
Prince	Thomas		1	11S	24W	80	10 Mar.	1883	Hem
Prior	Armstead		33	11S	25W	80	1 Jun.	1875	Hem
Prissock	James		28	17N	22W	80	11 Jun.	1897	Neva

Last Name	First Name	Int.	Section No.	Twp.	Ran	Acres	Date			Co.
Prissock	James		33	17N	22W	80	4	Aug.	1890	Neva
Prissock	James		33	17N	22W	-	4	Aug.	1890	Neva
Prop	John	H.	8	6S	29W	160	16	Sep.	1904	Howa
Props	Daniel		10	9S	28W	80	1	May	1845	Howa
Props	Daniel		32	10S	26W	80	10	Aug.	1837	Hem
Props	Daniel		32	10S	26W	80	15	Apr.	1837	Hem
Props	Daniel		33	10S	26W	40	10	Apr.	1837	Hem
Props	Daniel		33	10S	26W	40	15	Apr.	1837	Hem
Props	Daniel		33	10S	26W	80	1	Aug.	1837	Hem
Props	Daniel		33	10S	26W	80	1	Aug.	1837	Hem
Props	Daniel		33	10S	26W	80	10	May	1827	Hem
Props	George		27	8S	28W	80	10	Jul.	1883	Howa
Props	John	H.	18	8S	27W	43.47	1	Mar.	1855	Howa
Props	John	H.	23	8S	28W	40	1	Mar.	1855	Howa
Props	John	H.	25	10S	26W	40	15	Apr.	1837	Hem
Props	John	H.	25	8S	28W	40	1	Nov.	1848	Howa
Props	John	H.	25	8S	28W	40	1	Mar.	1855	Howa
Props	John	H.	25	8S	28W	40	1	Mar.	1855	Howa
Props	John	H.	25	8S	28W	40	1	Mar.	1855	Howa
Props	John	H.	25	8S	28W	80	1	May	1845	Howa
Props	Lewis	C.	4	9S	28W	80	1	Nov.	1839	Howa
Props	Lewis	C.	5	9S	28W	40	1	Mar.	1843	Howa
Props	Lewis	C.	26	11S	27W	40	10	Apr.	1837	Howa
Props	Lewis	C.	35	10S	26W	40	1	Aug.	1837	Hem
Props	Mathew	S.	13	8S	28W	40	1	Mar.	1855	Howa
Props	Mathew	S.	13	8S	28W	40	1	Jul.	1857	Howa
Props	Richard	W.	24	6S	30W	-	28	Feb.	1890	Howa
Props	Richard	W.	25	6S	30W	120	28	Feb.	1890	Howa
Props	Robert	W.	5	8S	28W	161.02	22	Apr.	1901	Howa
Props	Robert	W.	18	8S	27W	40	2	Apr.	1860	Howa
Props	Robert	W.	19	8S	27W	40.25	1	May	1861	Howa
Props	Robert	W.	32	7S	28W	-	22	Apr.	1901	Howa
Props	Robert	W.	33	7S	28W	-	22	Apr.	1901	Howa
Pruit	William	O.	19	14N	23W	157.67	12	Jun.	1885	Neva
Pruit	William	T.	25	14N	24W	157.38	12	Aug.	1919	Neva
Pruit	William	T.	30	14N	23W	-	12	Aug.	1919	Neva
Pruit	William	T.	31	14N	23W	-	12	Aug.	1919	Neva
Pruitt	Benjamin	O.	24	16N	21W	120	20	Oct.	1882	Neva
Pruitt	Benjamin	O.	24	16N	21W	-	20	Oct.	1882	Neva
Pruitt	John	C.	17	9S	25W	80	2	Apr.	1860	Hem
Pruitt	John	D.	24	16N	21W	-	20	Aug.	1875	Neva
Pruitt	John	D.	26	16N	21W	80	20	Aug.	1875	Neva
Pruitt	William	W.	32	17N	20W	80	20	Oct.	1884	Neva
Pryor	Richard		13	5S	30W	40	10	Jul.	1848	Howa
Pryor	Richard		14	5S	30W	80	10	Jul.	1848	Howa
Pryor	Richard		19	13S	24W	80	15	Apr.	1837	Hem
Pryor	Richard		19	13S	24W	160	10	Aug.	1837	Hem
Pryor	Richard		23	12S	25W	160	1	Aug.	1837	Hem
Pryor	Richard		23	12S	25W	-	1	Aug.	1837	Hem
Pryor	Richard		24	13S	25W	40	15	Apr.	1837	Hem
Pryor	Richard		24	13S	25W	80	1	Aug.	1837	Hem
Pryor	Richard		24	13S	25W	160	15	Apr.	1837	Hem
Pryor	Richard		25	13S	25W	80	15	Apr.	1837	Hem
Pryor	Richard		25	13S	25W	80	15	Apr.	1837	Hem
Pryor	Richard		26	12S	25W	560	1	Aug.	1837	Hem
Pryor	Richard		26	12S	25W	-	1	Aug.	1837	Hem

Last Name	First Name	Int.	Section No.	Twp.	Ran	Acres	Date			Co.
Pryor	Richard		26	12S	25W	-	1	Aug.	1837	Hem
Pryor	Richard		30	12S	24W	145.07	1	Aug.	1837	Hem
Pryor	Richard		30	12S	24W	146.28	15	Apr.	1837	Hem
Pryor	Richard		30	13S	24W	80	15	Apr.	1837	Hem
Pryor	Richard		30	13S	24W	156.91	15	Apr.	1837	Hem
Pryor	Richard		30	13S	24W	157	10	Aug.	1837	Hem
Pryor	Richard		31	12S	24W	80	10	Aug.	1837	Hem
Pryor	Richard		31	12S	24W	145.25	15	Apr.	1837	Hem
Pryor	Richard		32	12S	24W	40	10	Aug.	1837	Hem
Pryor	Richard		35	12S	25W	80	15	Apr.	1837	Hem
Pryor	Richard		35	12S	25W	80	15	Apr.	1837	Hem
Pryor	Richard		35	12S	25W	80	15	Apr.	1837	Hem
Pryor	Richard		36	12S	25W	80	15	Apr.	1837	Hem
Pryor	Richard		36	12S	25W	320	15	Apr.	1837	Hem
Puckett	Isaac		32	9S	27W	80	1	May	1856	Howa
Pugh	Jasper	M.	28	14N	21W	160	28	May	1895	Neva
Pugh	Jasper	M.	28	14N	21W	-	28	May	1895	Neva
Pugh	Jasper	M.	28	14N	21W	-	28	May	1895	Neva
Pugh	Jasper	M.	28	14N	21W	-	28	May	1895	Neva
Pugh	Samuel	M.	5	12S	27W	80	1	Mar.	1843	Hem
Purcell	Haniball	B.	2	12S	33W	-	25	Feb.	1890	LRiv
Purcell	Haniball	B.	11	12S	33W	-	25	Feb.	1890	LRiv
Purcell	Haniball	B.	12	12S	33W	164.16	25	Feb.	1890	LRiv
Purser	Samuel	D.	5	11S	24W	80	10	Dec.	1883	Hem
Pursley	David		7	10S	23W	-	1	Aug.	1837	Hem
Pursley	David		8	10S	23W	322.18	1	Aug.	1837	Hem
Pursley	David		18	10S	23W	-	1	Aug.	1837	Hem
Pytant	George		11	13S	25W	80	15	Apr.	1837	Hem
Pytant	George		11	13S	25W	80	15	Apr.	1837	Hem
Pytant	George		11	13S	25W	80	15	Apr.	1837	Hem
Qualls	Francies	M.	23	16N	19W	-	2	Sep.	1902	Neva
Qualls	Francies	M.	24	16N	19W	160	2	Sep.	1902	Neva
Qualls	Louisa	J.	24	16N	19W	160	9	Aug.	1919	Neva
Qualls	Louisa	J.	24	16N	19W	-	9	Aug.	1919	Neva
Qualls	Louisa	J.	24	16N	19W	-	9	Aug.	1919	Neva
Qualls	Matilda	J.	1	15N	19W	79.6	1	Oct.	1902	Neva
Qualls	William	H.	33	17N	19W	-	19	Dec.	1889	Neva
Qualls	William	H.	34	17N	19W	160	19	Dec.	1889	Neva
Query	James	M.	26	14N	20W	-	2	Mar.	1897	Neva
Query	James	M.	26	14N	20W	-	2	Mar.	1897	Neva
Query	James	M.	27	14N	20W	160	2	Mar.	1897	Neva
Quinn	Andrew	J.	12	13S	29W	-	13	Jul.	1885	LRiv
Quinn	Andrew	J.	12	13S	29W	80	13	Jul.	1885	LRiv
Rackley	Shadrick		33	17N	20W	80	30	Jul.	1875	Neva
Rackley	William	C.	23	14N	20W	40	15	Nov.	1854	Neva
Radford	Nathan		1	13N	24W	-	15	Jul.	1904	Neva
Radford	Nathan		12	13N	24W	80	15	Jul.	1904	Neva
Ragsdale	David	A.	27	8S	27W	40	1	Mar.	1855	Howa
Ragsdale	David	A.	27	8S	27W	40	2	Jul.	1860	Howa
Raileigh	William		28	13S	24W	80	1	Jul.	1859	Hem
Rainey	John		12	10S	29W	-	1	Dec.	1830	Howa
Rainey	John		12	10S	29W	240	1	Dec.	1830	Howa
Rains	Allen		26	11S	27W	-	1	Dec.	1830	Howa
Rains	Allen		27	11S	27W	320	1	Dec.	1830	Howa
Rains	William		3	12S	27W	160	1	Mar.	1843	Hem
Raleigh	John		24	14S	24W	320	1	Jul.	1859	Hem

Last Name	First Name	Int.	Section No.	Twp.	Ran	Acres	Date			Co.
Raleigh	John		24	14S	24W	-	1	Jul.	1859	Hem
Raleigh	John		24	14S	24W	-	1	Jul.	1859	Hem
Raleigh	John		24	14S	24W	-	1	Jul.	1859	Hem
Ralls	Benjamin	F.	7	6S	29W	160	10	Aug.	1894	Howa
Ralls	Francis	E.	12	5S	29W	-	18	May	1894	Howa
Ralls	Francis	E.	12	5S	29W	160	18	May	1894	Howa
Ralls	George	W.	29	6S	29W	-	22	Nov.	1904	Howa
Ralls	George	W.	31	6S	29W	-	22	Nov.	1904	Howa
Ralls	George	W.	32	6S	29W	160	22	Nov.	1904	Howa
Ralls	John	H.	12	5S	29W	-	19	May	1903	Howa
Ralls	John	H.	13	5S	29W	-	19	May	1903	Howa
Ralls	John	H.	13	5S	29W	160	19	May	1903	Howa
Ralls	John		3	7S	29W	-	18	Oct.	1888	Howa
Ralls	William	B.	26	6S	29W	40	1	Oct.	1860	Howa
Ralls	William	N.	7	6S	28W	-	17	Mar.	1888	Howa
Ralls	William	N.	7	6S	28W	-	17	Mar.	1888	Howa
Ralls	William	N.	7	6S	28W	159.42	17	Mar.	1888	Howa
Ramey	Isham		7	16N	19W	159.7	22	May	1895	Neva
Ramey	Isham		7	16N	19W	-	22	May	1895	Neva
Ramey	Linze	E.	18	16N	19W	152.27	8	Apr.	1903	Neva
Ramey	Linze	E.	18	16N	19W	-	8	Apr.	1903	Neva
Ramey	Priscilla	E.	7	16N	19W	132.6	25	Feb.	1907	Neva
Ramey	Priscilla	E.	7	16N	19W	132.6	25	Feb.	1907	Neva
Ramey	Priscilla	E.	7	16N	19W	-	25	Feb.	1907	Neva
Ramey	Robert	M.	27	17N	19W	-	30	Dec.	1901	Neva
Ramey	Robert	M.	33	17N	19W	-	30	Dec.	1901	Neva
Ramey	Robert	M.	34	17N	19W	160	30	Dec.	1901	Neva
Ramsey	John	W.	33	17N	19W	40	1	Jun.	1861	Neva
Ramsey	William	B.	36	17N	19W	80	17	Oct.	1904	Neva
Ramsey	William		24	17N	19W	-	1	Aug.	1849	Neva
Ramsy	John	W.	4	16N	19W	40.48	30	Jul.	1875	Neva
Randal	Allen		7	12S	32W	89.98	25	Feb.	1890	LRiv
Randle	Edmund		22	17N	19W	40	15	Nov.	1854	Neva
Randle	George	W.	26	17N	19W	160	28	Dec.	1888	Neva
Randle	George	W.	27	17N	19W	-	28	Dec.	1888	Neva
Randle	George	W.	27	17N	19W	-	28	Dec.	1888	Neva
Raney	Thomas	C.	25	16N	22W	160	6	Jun.	1890	Neva
Raney	Thomas	C.	26	16N	22W	-	6	Jun.	1890	Neva
Raney	Thomas	C.	26	16N	22W	-	6	Jun.	1890	Neva
Rank	John	C.	19	16N	22W	40	8	Sep.	1904	Neva
Rankin	George	E.	9	6S	30W	160	1	May	1906	Howa
Rauh	John	C.	29	16N	22W	-	6	May	1907	Neva
Rauh	John	C.	32	16N	22W	160	6	May	1907	Neva
Rauh	John	C.	32	16N	22W	-	6	May	1907	Neva
Raulston	Horace	B.	28	17N	20W	-	31	Mar.	1906	Neva
Raulston	Horace	B.	33	17N	20W	160	31	Mar.	1906	Neva
Raulston	Horace	B.	33	17N	20W	-	31	Mar.	1906	Neva
Ravan	Massena	S.	5	6S	29W	145.84	21	Sep.	1905	Howa
Ravan	Massena	S.	32	5S	29W	-	21	Sep.	1905	Howa
Ray	John	H.	15	7S	28W	-	7	May	1907	Howa
Ray	John	H.	15	7S	28W	-	7	May	1907	Howa
Ray	John	H.	22	7S	28W	-	7	May	1907	Howa
Ray	John	H.	22	7S	28W	160	7	May	1907	Howa
Ray	Perry		12	13N	20W	160	5	Jul.	1889	Neva
Ray	Perry		12	13N	20W	-	5	Jul.	1889	Neva
Ray	Richard		25	10S	26W	80	1	Aug.	1837	Hem

Last Name	First Name	Int.	Section No.	Twp.	Ran	Acres	Date			Co.
Ray	William	J.	21	11S	24W	80	10	Mar.	1883	Hem
Ray	William	J.	21	11S	24W	-	10	Mar.	1883	Hem
Ray	Willis		21	11S	24W	40	17	Mar.	1888	Hem
Ray	Willis		21	11S	24W	40	30	Jun.	1873	Hem
Reace	Jordan	G.	23	8S	27W	40	1	Nov.	1849	Howa
Read	Paul	C.	20	12S	24W	-	1	Aug.	1837	Hem
Read	Paul	C.	21	12S	24W	-	1	Aug.	1837	Hem
Read	Paul	C.	28	12S	24W	1120	1	Aug.	1837	Hem
Read	Paul	C.	28	12S	24W	-	1	Aug.	1837	Hem
Read	Thomas		11	13S	24W	80	10	Aug.	1837	Hem
Read	Thomas		17	12S	24W	80	10	Aug.	1837	Hem
Read	Thomas		19	13S	24W	38.51	1	Nov.	1839	Hem
Read	Thomas		27	12S	24W	80	10	Aug.	1837	Hem
Read	Thomas		28	12S	24W	120	10	Aug.	1837	Hem
Read	Thomas		28	12S	24W	-	10	Aug.	1837	Hem
Read	Thomas		32	12S	24W	160	10	Aug.	1837	Hem
Read	Thomas		33	13S	28W	40	1	May	1845	LRiv
Read	Thomas		34	12S	24W	80	10	Aug.	1837	Hem
Reader	Daniel	A.	26	8S	28W	80	1	Mar.	1855	Howa
Reaves	James		13	12S	26W	80	1	Aug.	1837	Hem
Reaves	James		24	12S	26W	40	1	Aug.	1837	Hem
Reavis	John	L.	19	17N	21W	159.88	8	Mar.	1907	Neva
Reavis	John	L.	19	17N	21W	-	8	Mar.	1907	Neva
Reavis	Mary		19	17N	21W	-	8	Mar.	1907	Neva
Reavis	Mary		19	17N	21W	-	8	Mar.	1907	Neva
Reavis	Mary		24	17N	22W	152.35	8	Mar.	1907	Neva
Reddell	David	V.	10	14N	20W	80	15	Aug.	1882	Neva
Reddell	David	V.	10	14N	20W	-	15	Aug.	1882	Neva
Reddell	David	V.	22	15N	20W	80	9	Aug.	1897	Neva
Reddell	Hugh	C.	23	15N	19W	120	26	Sep.	1877	Neva
Reddell	Hugh	C.	23	15N	19W	-	26	Sep.	1877	Neva
Reddell	James	P.	23	15N	20W	120	11	Nov.	1892	Neva
Reddell	James	P.	23	15N	20W	-	11	Nov.	1892	Neva
Reddell	James	R.	10	14N	20W	80	9	Aug.	1919	Neva
Reddell	Robert	A.	27	15N	19W	40	1	Feb.	1860	Neva
Reddell	Robert	A.	27	15N	19W	40	1	Feb.	1860	Neva
Reece	John	M.	19	16N	19W	-	15	Dec.	1897	Neva
Reece	John	M.	24	16N	20W	145.8	15	Dec.	1897	Neva
Reed	Henry	T.	2	8S	27W	-	27	Apr.	1885	Howa
Reed	Henry	T.	3	8S	27W	-	27	Apr.	1885	Howa
Reed	Henry	T.	11	8S	27W	160	27	Apr.	1885	Howa
Reed	James	C.	6	11S	26W	161.97	1	Jul.	1859	Hem
Reed	James	E.	25	10S	27W	40	1	Sep.	1850	Howa
Reed	James		25	10S	27W	40	1	Sep.	1850	Howa
Reed	John	Y.	31	10S	26W	40	1	Mar.	1855	Hem
Reed	John	Y.	31	10S	26W	40	1	Mar.	1855	Hem
Reed	Joseph		20	10S	24W	80	10	May	1827	Hem
Reed	Joseph		21	11S	27W	40	1	Aug.	1837	Howa
Reed	Joseph		28	11S	27W	40	1	Aug.	1837	Howa
Reed	Joseph		28	11S	27W	40	1	Mar.	1843	Howa
Reed	Lodema		20	10S	24W	80	1	Aug.	1837	Hem
Reed	Robert	B.	26	11S	27W	40	10	Apr.	1837	Howa
Reed	Robert	B.	26	11S	27W	40	1	Aug.	1837	Howa
Reed	Robert	B.	26	11S	27W	40	1	Mar.	1843	Howa
Reed	Robert	B.	35	11S	27W	80	10	Nov.	1841	Howa
Reed	Robert		35	11S	27W	80	10	May	1827	Howa

Last Name	First Name	Int.	Section No.	Twp.	Ran	Acres	Date			Co.
Reed	Robert		35	11S	27W	80	10	May	1827	Howa
Reed	Robert		36	11S	27W	40	1	Nov.	1839	Howa
Reed	Robert		36	11S	27W	40	1	Mar.	1843	Howa
Reed	Sam		28	13S	28W	160	24	Mar.	1891	LRiv
Reed	Samuel		10	12S	27W	80	1	May	1845	Hem
Reed	Samuel		32	11S	27W	40	10	Apr.	1837	Howa
Reed	Sarah		4	15N	20W	-	31	Aug.	1905	Neva
Reed	Sarah		33	16N	20W	159.71	31	Aug.	1905	Neva
Reed	Thomas		31	12S	26W	160	1	Aug.	1837	Hem
Reed	Watson		10	12S	27W	80	2	Jun.	1848	Hem
Reed	William	A.	2	8S	27W	40.08	1	May	1906	Howa
Reed	William		24	11S	27W	80	10	May	1827	Howa
Reed	William		26	11S	27W	40	1	Aug.	1837	Howa
Reed	William		26	11S	27W	40	1	Mar.	1843	Howa
Reed	William		34	11S	27W	40	10	Apr.	1837	Howa
Reeder	Daniel	A.	2	13S	30W	40	1	Jul.	1859	LRiv
Reeder	Daniel	A.	3	13S	30W	40	1	Jul.	1859	LRiv
Reeder	Daniel	A.	4	10S	25W	40	2	Apr.	1860	Hem
Reeder	Daniel	A.	14	12S	29W	40	1	Jul.	1859	LRiv
Reeder	Daniel	A.	14	9S	27W	40	1	Mar.	1855	Howa
Reeder	Daniel	A.	14	9S	27W	40	10	Oct.	1856	Howa
Reeder	Daniel	A.	15	9S	26W	80	1	Jul.	1859	Hem
Reeder	Daniel	A.	15	9S	26W	-	1	Jul.	1859	Hem
Reeder	Daniel	A.	18	12S	28W	40	2	Jul.	1860	LRiv
Reeder	Daniel	A.	18	8S	28W	40	10	Oct.	1856	Howa
Reeder	Daniel	A.	20	12S	28W	40	2	Apr.	1860	LRiv
Reeder	Daniel	A.	21	12S	29W	40	2	Jul.	1860	LRiv
Reeder	Daniel	A.	21	12S	29W	40	1	Jul.	1859	LRiv
Reeder	Daniel	A.	21	12S	29W	40	1	Jul.	1859	LRiv
Reeder	Daniel	A.	21	9S	26W	-	1	Jul.	1859	Hem
Reeder	Daniel	A.	22	9S	26W	40	1	Jul.	1859	Hem
Reeder	Daniel	A.	22	9S	26W	240	1	Jul.	1859	Hem
Reeder	Daniel	A.	22	9S	26W	-	1	Jul.	1859	Hem
Reeder	Daniel	A.	24	12S	29W	40	2	Apr.	1860	LRiv
Reeder	Daniel	A.	24	12S	29W	80	1	Jul.	1857	LRiv
Reeder	Daniel	A.	24	12S	29W	80	1	Jul.	1857	LRiv
Reeder	David	D.	2	9S	28W	-	1	May	1856	Howa
Reeder	David	D.	2	9S	28W	40	1	Mar.	1855	Howa
Reeder	David	D.	11	9S	28W	80	1	May	1856	Howa
Reeder	Elijah	C.	19	8S	27W	-	25	Feb.	1890	Howa
Reeder	Elijah	C.	19	8S	27W	160	25	Feb.	1890	Howa
Reeder	Elijah	C.	20	8S	27W	-	25	Feb.	1890	Howa
Reeder	Gracia	B.	31	5S	29W	159.91	9	May	1907	Howa
Reeder	Gracia	B.	36	5S	30W	-	9	May	1907	Howa
Reeder	Thomas		34	11S	26W	80	1	Jul.	1859	Hem
Reese	Henry		22	13N	19W	80	1	May	1860	Neva
Reese	James	A.	33	8S	28W	-	28	Feb.	1890	Howa
Reese	James	A.	33	8S	28W	-	28	Feb.	1890	Howa
Reese	James	A.	33	8S	28W	-	28	Feb.	1890	Howa
Reese	James	A.	33	8S	28W	160	28	Feb.	1890	Howa
Reese	Jordan	G.	22	8S	27W	40	1	Mar.	1855	Howa
Reese	Jordan	G.	23	8S	27W	-	10	Oct.	1856	Howa
Reese	Jordan	G.	23	8S	27W	-	1	Jul.	1859	Howa
Reese	Jordan	G.	23	8S	27W	40	1	Mar.	1855	Howa
Reese	Jordan	G.	23	8S	27W	40	1	Mar.	1855	Howa
Reese	Jordan	G.	23	8S	27W	80	10	Oct.	1856	Howa

Last Name	First Name	Int.	Section No.	Twp.	Ran	Acres	Date		Co.
Reese	Jordan	G.	26	8S	27W	40	1 May	1856	Howa
Reese	Jordan	G.	26	8S	27W	80	1 Jul.	1859	Howa
Reese	Sloman	W.	28	8S	27W	-	1 May	1856	Howa
Reese	Sloman	W.	28	8S	27W	80	1 May	1856	Howa
Reeves	Drury		13	16N	20W	160	10 Mar.	1843	Neva
Reeves	Francis	M.	35	15N	24W	160	4 May	1894	Neva
Reeves	Francis	M.	35	15N	24W	-	4 May	1894	Neva
Reeves	Malachiah		6	14S	23W	82.89	1 Apr.	1875	Hem
Reeves	William	A.	6	14S	23W	40	30 Sep.	1876	Hem
Reid	Franklin	L.	27	12S	32W	80	1 Dec.	1857	LRiv
Reid	Franklin	L.	34	12S	32W	40	1 Mar.	1855	LRiv
Reid	Franklin	L.	34	12S	32W	80	1 Mar.	1855	LRiv
Reid	George	H.	24	6S	28W	-	27 Dec.	1905	Howa
Reid	George	H.	24	6S	28W	-	27 Dec.	1905	Howa
Reid	George	H.	24	6S	28W	160.4	27 Dec.	1905	Howa
Reid	George	H.	24	6S	28W	160.45	27 Dec.	1905	Howa
Reid	George		25	8S	27W	80	1 Jul.	1859	Howa
Reid	Henry		36	12S	29W	-	10 Jan.	1901	LRiv
Reid	Henry		36	12S	29W	80	10 Jan.	1901	LRiv
Reid	John		36	11S	27W	80	9 Sep.	1882	Howa
Reid	Lodema		21	10S	24W	40	1 Aug.	1837	Hem
Reinhardt	Daniel	M.	10	11S	32W	-	13 Jul.	1885	LRiv
Reinhardt	Daniel	M.	10	11S	32W	160	13 Jul.	1885	LRiv
Reinhardt	James	A.	25	11S	33W	-	12 Nov.	1900	LRiv
Reinhardt	James	A.	25	11S	33W	151.72	12 Nov.	1900	LRiv
Reinhardt	James	A.	26	11S	33W	-	12 Nov.	1900	LRiv
Revelle	Isaac	J.	22	7S	27W	-	30 Dec.	1905	Howa
Revelle	Isaac	J.	22	7S	27W	80	21 Sep.	1905	Howa
Revelle	Isaac	J.	23	7S	27W	80	30 Dec.	1905	Howa
Reves	Albert	J.	4	16N	21W	-	30 Jun.	1878	Neva
Reves	Albert	J.	5	16N	21W	160	30 Jun.	1878	Neva
Reves	George	W.	17	13N	21W	80	May Sep.	1906	Neva
Reves	George	W.	18	13N	21W	-	5 Sep.	1906	Neva
Reville	Frank		10	10S	27W	40	20 Jan.	1883	Howa
Reville	Frank		10	10S	27W	40	20 Jan.	1883	Howa
Reynolds	Andrew	C.	2	16N	19W	40	10 Aug.	1906	Neva
Reynolds	Andrew	C.	2	16N	19W	125.81	23 Feb.	1888	Neva
Reynolds	Bryant		29	12S	23W	80	25 Feb.	1890	Hem
Reynolds	Edmond	R.	9	15N	22W	80	8 Jun.	1901	Neva
Reynolds	George	F.	12	15N	22W	120	May May	1904	Neva
Reynolds	George	F.	12	15N	22W	-	5 May	1904	Neva
Reynolds	James	M.	7	15N	21W	-	14 Jun.	1904	Neva
Reynolds	James	M.	12	15N	22W	149.06	14 Jun.	1904	Neva
Reynolds	James	M.	12	15N	22W	-	14 Jun.	1904	Neva
Reynolds	James	W.	18	15N	22W	159.87	10 Apr.	1907	Neva
Reynolds	James	W.	18	15N	22W	-	10 Apr.	1907	Neva
Reynolds	James	W.	18	15N	22W	-	10 Apr.	1907	Neva
Reynolds	John	A.	13	11S	33W	40	1 Oct.	1860	LRiv
Reynolds	John	A.	13	11S	33W	80	1 Oct.	1860	LRiv
Reynolds	John	A.	14	11S	33W	64.2	1 Oct.	1860	LRiv
Reynolds	John	A.	22	12S	31W	80	1 Oct.	1860	LRiv
Reynolds	John	A.	27	12S	31W	320	1 Oct.	1860	LRiv
Reynolds	John	A.	33	12S	31W	80	1 Oct.	1860	LRiv
Reynolds	John	W.	3	15N	22W	159.68	9 May	1905	Neva
Reynolds	Jordan		29	12S	25W	160	23 Jan.	1899	Hem
Reynolds	Lavonia		6	14N	22W	-	8 May	1901	Neva

Last Name	First Name	Int.	Section No.	Twp.	Ran	Acres	Date			Co.
Reynolds	Lavonia		7	14N	22W	160	8	May	1901	Neva
Reynolds	Lynch		29	12S	25W	120	9	Mar.	1896	Hem
Reynolds	Lynch		29	12S	25W	-	9	Mar.	1896	Hem
Reynolds	Samuel	S.	30	17N	19W	79.88	15	Feb.	1884	Neva
Reynolds	Samuel	S.	30	17N	19W	-	15	Feb.	1884	Neva
Reynolds	Susan		33	16N	22W	160	15	Dec.	1897	Neva
Reynolds	Susan		33	16N	22W	-	15	Dec.	1897	Neva
Reynolds	Susan		33	16N	22W	-	15	Dec.	1897	Neva
Reynolds	William	M.	21	16N	19W	-	5	May	1904	Neva
Reynolds	William	M.	21	16N	19W	-	5	May	1904	Neva
Reynolds	William	M.	28	16N	19W	160	May	May	1904	Neva
Reynolds	William	S.	19	16N	19W	80	12	Jan.	1898	Neva
Reynolds	Zachary	T.	19	14N	22W	-	17	Dec.	1906	Neva
Reynolds	Zachary	T.	24	14N	23W	-	17	Dec.	1906	Neva
Reynolds	Zachary	T.	25	14N	23W	159.1	17	Dec.	1906	Neva
Rhine	Garret	A.	4	13N	20W	-	9	May	1905	Neva
Rhine	Garret	A.	5	13N	20W	-	9	May	1905	Neva
Rhine	Garret	A.	32	14N	20W	140.73	9	May	1905	Neva
Rhoads	William		10	13N	23W	-	16	Jun.	1905	Neva
Rhoads	William		11	13N	23W	-	16	Jun.	1905	Neva
Rhoads	William		14	13N	23W	-	16	Jun.	1905	Neva
Rhoads	William		15	13N	23W	160	16	Jun.	1905	Neva
Rhode	Harve		15	16N	20W	40	20	Jul.	1888	Neva
Rhodes	Addison	F.	25	13N	24W	160	25	Jun.	1889	Neva
Rhodes	John	G.	7	9S	28W	81.25	25	Apr.	1898	Howa
Rhodes	Lucinda	H.	23	8S	28W	40	9	Sep.	1882	Howa
Rhyne	John		14	10S	25W	80	2	Jul.	1860	Hem
Rhynes	James	J.	6	13N	20W	-	4	Jun.	1906	Neva
Rhynes	James	J.	31	14N	20W	132.43	4	Jun.	1906	Neva
Rhynes	James	J.	32	14N	20W	40	May	Sep.	1906	Neva
Rhynes	Leander		32	14N	20W	160	26	Aug.	1904	Neva
Rhynes	Leander		32	14N	20W	-	26	Aug.	1904	Neva
Rhynes	Leander		32	14N	20W	-	26	Aug.	1904	Neva
Rhynes	William	T.	5	13N	20W	-	9	May	1905	Neva
Rhynes	William	T.	6	13N	20W	160	9	May	1905	Neva
Rhynes	William	T.	6	13N	20W	-	9	May	1905	Neva
Rice	Ezekiel		9	13N	19W	40	1	Feb.	1901	Neva
Rich	Absolum	M.	35	16N	23W	40	1	Jun.	1860	Neva
Rich	Harvey	D.	12	14N	22W	160	9	May	1905	Neva
Rich	Harvey	D.	13	14N	22W	-	9	May	1905	Neva
Rich	Harvey	D.	13	14N	22W	-	9	May	1905	Neva
Richards	Edmond	L.	28	13S	23W	80	10	Dec.	1874	Hem
Richards	Edmond	L.	28	13S	23W	-	10	Dec.	1874	Hem
Richards	Joseph	H.	29	6S	29W	-	3	Aug.	1904	Howa
Richards	Joseph	H.	29	6S	29W	160	3	Aug.	1904	Howa
Richardson	James	M.	32	17N	21W	160	15	Dec.	1897	Neva
Richardson	John	L.	36	12S	32W	80	3	Apr.	1896	LRiv
Richardson	Joseph	R.	4	14N	22W	-	26	Aug.	1896	Neva
Richardson	Joseph	R.	9	14N	22W	160	26	Aug.	1896	Neva
Richardson	Joseph	R.	9	14N	22W	-	26	Aug.	1896	Neva
Richardson	Zimri		31	11S	25W	40	2	Apr.	1860	Hem
Ricketts	Jeremiah		4	14N	20W	159.8	20	Feb.	1901	Neva
Ricketts	John	A.	33	15N	20W	160	28	Nov.	1894	Neva
Ricketts	John	A.	33	15N	20W	-	28	Nov.	1894	Neva
Ricketts	John		15	14N	20W	160	31	Dec.	1904	Neva
Ricketts	John		15	14N	20W	-	31	Dec.	1904	Neva

Last Name	First Name	Int.	Section No.	Twp.	Ran	Acres	Date		Co.
Ricketts	John		15	14N	20W	-	31 Dec.	1904	Neva
Ricketts	Margarett	M.	24	15N	20W	80	8 Oct.	1901	Neva
Ricketts	Margarett	M.	24	15N	20W	-	8 Oct.	1901	Neva
Ricketts	William	S.	4	14N	20W	-	26 Aug.	1904	Neva
Ricketts	William	S.	9	14N	20W	80	20 Feb.	1901	Neva
Ricketts	William	S.	33	15N	20W	157.16	26 Aug.	1904	Neva
Ricketts	William	S.	33	15N	20W	-	26 Aug.	1904	Neva
Riddell	Martha	A.	35	15N	19W	160	30 Jun.	1875	Neva
Riddell	Martha	A.	35	15N	19W	-	30 Jun.	1875	Neva
Riddell	Martha	A.	35	15N	19W	-	30 Jun.	1875	Neva
Riddell	William	T.	10	14N	20W	160	25 Aug.	1903	Neva
Riddell	William	T.	10	14N	20W	-	25 Aug.	1903	Neva
Riddell	William	T.	10	14N	20W	-	25 Aug.	1903	Neva
Riddlesperger	Robert		26	12S	32W	160	17 Mar.	1888	LRiv
Ridley	Benjamin		36	7S	30W	-	18 Jan.	1894	Howa
Riggs	John	H.	2	14N	19W	-	13 Feb.	1891	Neva
Riggs	John	H.	35	15N	19W	151.57	13 Feb.	1891	Neva
Riggs	Mahala		21	16N	20W	80	20 Oct.	1882	Neva
Riggs	Thomas		27	16N	20W	-	6 Jul.	1889	Neva
Riggs	Thomas		27	16N	20W	-	6 Jul.	1889	Neva
Riggs	Thomas		34	16N	20W	160	6 Jul.	1889	Neva
Rike	George	O.	1	11S	25W	40	10 Oct.	1856	Hem
Rike	George	O.	12	11S	25W	40	10 Oct.	1856	Hem
Ringisen	Henry		19	13N	22W	46.85	8 Apr.	1903	Neva
Rinkle	Daniel		25	6S	28W	40	1 May	1861	Howa
Risla	Phoeba		7	14N	19W	40	31 Jan.	1903	Neva
Ritter	Joe	B.	15	11S	32W	-	3 May	1895	LRiv
Ritter	Joe	B.	15	11S	32W	-	3 May	1895	LRiv
Ritter	Joe	B.	15	11S	32W	160	3 May	1895	LRiv
Rivers	John	H.	1	8S	28W	-	25 Feb.	1890	Howa
Rivers	John	H.	1	8S	28W	120	25 Feb.	1890	Howa
Rivers	Richard	J.	30	8S	28W	-	14 Feb.	1900	Howa
Rivers	Richard	J.	31	8S	28W	162.92	14 Feb.	1900	Howa
Roach	Price		30	11S	25W	40	1 Mar.	1843	Hem
Roach	Price		32	11S	25W	40	1 Mar.	1843	Hem
Roads	James		27	11S	27W	-	1 Dec.	1830	Howa
Roads	James		27	11S	27W	320	1 Dec.	1830	Howa
Roanoke	Primus		5	12S	25W	40	30 Jun.	1882	Hem
Roark	William		17	16N	22W	40	15 Dec.	1882	Neva
Roark	William		17	16N	22W	-	29 Apr.	1892	Neva
Roark	William		18	16N	22W	120	29 Apr.	1892	Neva
Robb	John	D.	30	7S	28W	-	4 Apr.	1904	Howa
Robbins	William		12	16N	23W	160	30 Jun.	1876	Neva
Roberson	Benjamin	J.	22	8S	27W	40	1 Mar.	1855	Howa
Roberson	Benjamin	J.	22	8S	27W	40	1 May	1856	Howa
Roberson	Benjamin	J.	27	8S	27W	80	1 Mar.	1855	Howa
Roberson	Benjamin	J.	28	8S	27W	40	1 May	1856	Howa
Roberson	Ed		23	13S	28W	80	31 Dec.	1904	LRiv
Roberson	Joseph	W.	20	14N	23W	160	19 Feb.	1890	Neva
Roberson	Joseph	W.	20	14N	23W	-	19 Feb.	1890	Neva
Roberson	Joseph	W.	20	14N	23W	-	19 Feb.	1890	Neva
Roberson	Mahala	A.	26	15N	23W	160	6 Oct.	1894	Neva
Roberson	Mahala	A.	26	15N	23W	-	6 Oct.	1894	Neva
Roberson	Mahala	A.	26	15N	23W	-	6 Oct.	1894	Neva
Roberson	Napoleon	B.	11	9S	27W	40	1 Mar.	1855	Howa
Roberson	Napoleon	B.	11	9S	27W	80	1 Mar.	1855	Howa

Last Name	First Name	Int.	Section No.	Twp.	Ran	Acres	Date			Co.
Roberson	Wiley		23	10S	24W	40	20	Feb.	1875	Hem
Roberts	Aaron	H.	2	15N	21W	160.07	8	Jun.	1901	Neva
Roberts	Aaron	H.	2	15N	21W	-	8	Jun.	1901	Neva
Roberts	Andrew	C.	8	13S	24W	80	15	Apr.	1837	Hem
Roberts	Andrew	C.	8	13S	24W	-	15	Apr.	1837	Hem
Roberts	Andrew	C.	9	10S	24W	120	1	Nov.	1839	Hem
Roberts	Andrew	C.	9	10S	24W	-	1	Nov.	1839	Hem
Roberts	David	L.	21	5S	28W	80	18	Sep.	1894	Howa
Roberts	David		6	13S	24W	160	10	Aug.	1837	Hem
Roberts	David		6	13S	24W	-	10	Aug.	1837	Hem
Roberts	David		7	13S	24W	40	15	Apr.	1837	Hem
Roberts	David		7	13S	24W	78.44	15	Apr.	1837	Hem
Roberts	David		7	13S	24W	80	1	Aug.	1837	Hem
Roberts	David		7	13S	24W	80	10	May	1827	Hem
Roberts	David		7	13S	24W	80	15	Apr.	1837	Hem
Roberts	David		7	13S	24W	80	15	Apr.	1837	Hem
Roberts	David		7	13S	24W	157.68	15	Apr.	1837	Hem
Roberts	David		8	13S	24W	40	10	Apr.	1837	Hem
Roberts	David		12	13S	25W	160	10	Nov.	1841	Hem
Roberts	David		17	13S	24W	40	10	Aug.	1837	Hem
Roberts	David		17	13S	24W	80	1	Aug.	1837	Hem
Roberts	Dow		26	12S	32W	80	3	Feb.	1883	LRiv
Roberts	George		35	14N	24W	-	26	Jun.	1889	Neva
Roberts	George		35	14N	24W	-	26	Jun.	1889	Neva
Roberts	George		36	14N	24W	160	26	Jun.	1889	Neva
Roberts	John	E.	14	14N	24W	160	24	Oct.	1894	Neva
Roberts	John		13	16N	21W	-	27	May	1901	Neva
Roberts	John		24	16N	21W	160	27	May	1901	Neva
Roberts	Johnie		14	13N	24W	-	16	Apr.	1892	Neva
Roberts	Joseph	C.	23	13S	27W	91.14	1	May	1845	LRiv
Roberts	Joseph		1	13S	25W	40	1	Aug.	1837	Hem
Roberts	Joseph		6	13S	24W	38.34	1	Aug.	1837	Hem
Roberts	Prince		30	12S	31W	-	10	Jun.	1896	LRiv
Roberts	Prince		30	12S	31W	-	10	Jun.	1896	LRiv
Roberts	Prince		30	12S	31W	160	10	Jun.	1896	LRiv
Roberts	William	F.	33	6S	30W	-	15	Mar.	1888	Howa
Roberts	William	F.	34	6S	30W	1280	15	Mar.	1888	Howa
Roberts	William	M.	1	13N	24W	56.95	31	Dec.	1904	Neva
Robertson	Benjamin	J.	22	8S	27W	40	1	Sep.	1850	Howa
Robertson	Marian		10	10S	24W	80	1	Dec.	1857	Hem
Robertson	Napoleon	B.	11	9S	27W	-	1	Jul.	1859	Howa
Robertson	Napoleon	B.	11	9S	27W	80	1	Jul.	1859	Howa
Robertson	Walter	C.	13	6S	30W	-	30	Dec.	1905	Howa
Robertson	Walter	C.	13	6S	30W	-	30	Dec.	1905	Howa
Robertson	Walter	C.	14	6S	30W	160	30	Dec.	1905	Howa
Robins	William	H.	2	10S	26W	161.25	30	Aug.	1882	Hem
Robinson	Albert		24	12S	27W	40	1	Mar.	1843	Hem
Robinson	Allen		25	15N	24W	-	1	Feb.	1901	Neva
Robinson	Benjamin	J.	21	8S	27W	80	1	May	1845	Howa
Robinson	Daniel	G.	22	15N	22W	-	8	Apr.	1903	Neva
Robinson	Daniel	G.	27	15N	22W	160	8	Apr.	1903	Neva
Robinson	Edmon		34	15N	23W	160	10	Jul.	1883	Neva
Robinson	Edmon		34	15N	23W	-	10	Jul.	1883	Neva
Robinson	Edmon		34	15N	23W	-	10	Jul.	1883	Neva
Robinson	Edmund		3	14N	23W	134.59	1	Mar.	1904	Neva
Robinson	Edmund		4	14N	23W	-	1	Mar.	1904	Neva

Last Name	First Name	Int.	Section No.	Twp.	Ran	Acres	Date			Co.
Robinson	Francis	M.	17	13N	21W	40	12	Nov.	1894	Neva
Robinson	Francis	M.	17	13N	21W	80	31	Dec.	1889	Neva
Robinson	Francis	M.	20	13N	21W	40	31	Aug.	1905	Neva
Robinson	Henry	M.	1	13S	25W	515.41	1	Aug.	1837	Hem
Robinson	Henry	M.	8	13S	24W	160	1	Nov.	1839	Hem
Robinson	Henry	M.	11	13S	25W	80	1	May	1845	Hem
Robinson	Henry	M.	14	13S	24W	-	1	Aug.	1837	Hem
Robinson	Henry	M.	15	13S	24W	-	1	Aug.	1837	Hem
Robinson	Henry	M.	17	13S	24W	80	1	Nov.	1839	Hem
Robinson	Henry	M.	17	13S	24W	320	10	Aug.	1837	Hem
Robinson	Henry	M.	20	13S	24W	160	10	Aug.	1837	Hem
Robinson	Henry	M.	22	13S	24W	-	1	Aug.	1837	Hem
Robinson	Henry	M.	22	13S	24W	-	1	Aug.	1837	Hem
Robinson	Henry	M.	23	13S	24W	600	1	Aug.	1837	Hem
Robinson	Henry	M.	23	13S	24W	-	1	Aug.	1837	Hem
Robinson	Henry	M.	30	13S	24W	160	10	Aug.	1837	Hem
Robinson	James	M.	8	12S	27W	160	2	Jul.	1860	Hem
Robinson	John	P.	18	13N	21W	80.56	May	Sep.	1906	Neva
Robinson	John	R.	14	13N	22W	40	1	Jul.	1859	Neva
Robinson	John	R.	14	13N	22W	40	1	Feb.	1860	Neva
Robinson	John	S.	22	10S	24W	80	2	Apr.	1860	Hem
Robinson	John	W.	31	10S	23W	80.17	30	Jun.	1882	Hem
Robinson	John		24	12S	26W	120	1	Aug.	1837	Hem
Robinson	John		24	12S	26W	-	1	Aug.	1837	Hem
Robinson	John		25	12S	26W	40	1	Aug.	1837	Hem
Robinson	John		25	12S	26W	80	1	Nov.	1839	Hem
Robinson	John		25	12S	26W	80	10	Aug.	1837	Hem
Robinson	John		28	11S	27W	40	10	Apr.	1837	Howa
Robinson	John		35	12S	26W	80	15	Apr.	1837	Howa
Robinson	Randolph		30	7S	28W	160	9	Sep.	1882	Howa
Robinson	Samuel		5	12S	26W	80	1	Nov.	1839	Hem
Robinson	William	P.	6	13N	21W	80	25	Aug.	1903	Neva
Robinson	William		13	13N	22W	40	1	Sep.	1849	Neva
Robinson	William		13	13N	22W	40	15	Nov.	1854	Neva
Robinson	William		13	13N	22W	80	1	Sep.	1849	Neva
Robinson	William		26	15N	23W	-	6	May	1907	Neva
Robinson	William		26	15N	23W	-	6	May	1907	Neva
Robinson	William		35	15N	23W	160	6	May	1907	Neva
Robinson	William		35	15N	23W	-	6	May	1907	Neva
Robinson	Winslow		12	13S	25W	80	10	Aug.	1837	Hem
Robinson	Winslow		15	9S	27W	-	10	Jul.	1844	Howa
Robinson	Winslow		15	9S	27W	80	18	Dec.	1897	Howa
Robinson	Winslow		15	9S	27W	160	10	Jul.	1844	Howa
Robinson	Winslow		17	12S	23W	-	10	Aug.	1837	Hem
Robinson	Winslow		18	12S	23W	720	10	Aug.	1837	Hem
Robinson	Winslow		27	9S	27W	80	3	Feb.	1898	Howa
Rochester	James		10	12S	25W	40	1	Aug.	1837	Hem
Rochester	James		11	12S	25W	40	15	Apr.	1837	Hem
Rochester	James		11	12S	25W	80	15	Apr.	1837	Hem
Rochester	Melania	J.	9	12S	25W	80	10	Aug.	1837	Hem
Rochester	Samuel		11	12S	25W	80	1	Apr.	1829	Hem
Rochester	Samuel		15	12S	25W	80	10	May	1827	Hem
Rochester	William	S.	35	11S	25W	40	10	Apr.	1837	Hem
Rodes	Laban	J.	2	13S	30W	40	1	May	1856	LRiv
Rodgers	Alfred		24	7S	27W	-	1	Jun.	1875	Howa
Rodgers	Alfred		24	7S	27W	-	1	Jun.	1875	Howa

Last Name	First Name	Int.	Section No.	Twp.	Ran	Acres	Date			Co.
Rodgers	Alfred		25	7S	27W	120	1	Jun.	1875	Howa
Rodgers	John	R.	1	9S	27W	40	1	Mar.	1855	Howa
Rodgers	Robert	L.	28	11S	32W	80	Feb	Sep.	1905	LRiv
Rodgers	Shadrie	N.	25	11S	33W	-	14	Jan.	1899	LRiv
Rodgers	Shadrie	N.	25	11S	33W	160	14	Jan.	1899	LRiv
Rodman	David		28	12S	24W	40	1	Aug.	1837	Hem
Rodman	David		28	12S	24W	40	1	Mar.	1843	Hem
Rogers	Hampton		12	13N	24W	160	14	Jun.	1904	Neva
Rogers	Hampton		12	13N	24W	-	14	Jun.	1904	Neva
Rogers	Hampton		12	13N	24W	-	14	Jun.	1904	Neva
Rogers	Isaac	B.	29	10S	32W	-	2	Jun.	1904	LRiv
Rogers	Isaac	B.	32	10S	32W	120	2	Jun.	1904	LRiv
Rogers	Uriah		10	8S	27W	-	20	Aug.	1875	Howa
Rogers	Uriah		11	8S	27W	-	2	Jul.	1860	Howa
Rogers	Uriah		11	8S	27W	80	20	Aug.	1875	Howa
Rogers	Uriah		11	8S	27W	120	2	Jul.	1860	Howa
Rolls	William	B.	15	6S	29W	40	2	Apr.	1860	Howa
Rolls	William	B.	26	6S	29W	40	2	Apr.	1860	Howa
Ronlston	Henry	H.	5	16N	20W	-	1	Jun.	1875	Neva
Ronlston	Henry	H.	29	17N	20W	-	1	Jun.	1875	Neva
Ronlston	Henry	H.	32	17N	20W	160	1	Jun.	1875	Neva
Rops	Lewis	C.	8	9S	28W	160	1	Nov.	1839	Howa
Rose	Cull	R.	18	6S	30W	-	16	Sep.	1904	Howa
Rose	Jeremiah	M.	10	7S	30W	-	31	Dec.	1904	Howa
Rose	Jeremiah	M.	10	7S	30W	-	31	Dec.	1904	Howa
Rose	Jeremiah	M.	15	7S	30W	160	31	Dec.	1904	Howa
Rose	John	R.	31	5S	30W	-	16	Sep.	1904	Howa
Roseberry	Elzy	D.	15	16N	22W	-	25	Jun.	1892	Neva
Roseberry	Elzy	D.	22	16N	22W	160	25	Jun.	1892	Neva
Roseberry	Elzy	D.	22	16N	22W	-	25	Jun.	1892	Neva
Roselle	John	T.	17	15N	23W	160	10	Apr.	1894	Neva
Roselle	John	T.	17	15N	23W	-	10	Apr.	1894	Neva
Rosenbum	Columbus	E.	10	12S	27W	120	19	Oct.	1888	Hem
Rosenbum	Columbus	E.	10	12S	27W	-	19	Oct.	1888	Hem
Ross	Albert	E.	19	5S	30W	-	22	Mar.	1906	Howa
Ross	Albert	E.	19	5S	30W	-	22	Mar.	1906	Howa
Ross	Albert	E.	20	5S	30W	160	22	Mar.	1906	Howa
Ross	David	C.	28	11S	23W	40	1	May	1845	Hem
Ross	David	C.	32	11S	23W	40	1	May	1845	Hem
Ross	David	C.	32	11S	23W	40	1	May	1845	Hem
Ross	Edward	W.	7	8S	28W	40	15	Mar.	1888	Howa
Ross	Henry	J.	24	6S	30W	-	4	Apr.	1904	Howa
Ross	Henry	J.	24	6S	30W	160	4	Apr.	1904	Howa
Ross	Isaac	F.	1	7S	28W	-	26	Aug.	1905	Howa
Ross	Isaac	F.	6	7S	27W	160.77	26	Aug.	1905	Howa
Ross	Isaac	W.	12	9S	26W	80	2	Apr.	1860	Hem
Ross	Isaac	W.	12	9S	26W	120	2	Apr.	1860	Hem
Ross	Isaac	W.	12	9S	26W	-	2	Apr.	1860	Hem
Ross	Issac	W.	12	9S	26W	120	1	May	1856	Hem
Ross	Issac	W.	12	9S	26W	-	1	May	1856	Hem
Ross	John	M.	1	14N	20W	-	16	Jan.	1851	Neva
Ross	John	M.	2	14N	20W	-	16	Jan.	1851	Neva
Ross	John	M.	4	16N	21W	162.19	16	Jan.	1851	Neva
Ross	John	M.	11	14N	20W	-	16	Jan.	1851	Neva
Ross	John	M.	27	16N	21W	40	10	Jul.	1848	Neva
Ross	John	W.	30	13N	19W	37.2	1	Feb.	1860	Neva

Last Name	First Name	Int.	Section No.	Twp.	Ran	Acres	Date			Co.
Ross	John		17	13S	23W	40	1	Aug.	1837	Hem
Ross	John		17	13S	23W	40	1	Mar.	1855	Hem
Ross	John		17	13S	23W	40	1	Mar.	1855	Hem
Ross	John		17	13S	23W	80	1	Nov.	1839	Hem
Ross	John		17	13S	23W	80	15	Apr.	1837	Hem
Ross	John		31	5S	28W	160.25	28	Feb.	1890	Howa
Ross	John		36	5S	29W	-	28	Feb.	1890	Howa
Ross	Johnson		7	6S	29W	-	9	Jan.	1896	Howa
Ross	Johnson		7	6S	29W	80	30	Jun.	1882	Howa
Ross	Johnson		7	6S	29W	80	9	Jan.	1896	Howa
Ross	Joseph	J.	29	5S	30W	-	22	Mar.	1906	Howa
Ross	Joseph	J.	29	5S	30W	-	22	Mar.	1906	Howa
Ross	Joseph	J.	29	5S	30W	160	22	Mar.	1906	Howa
Ross	Stephen	A.	21	13N	22W	-	26	Aug.	1904	Neva
Ross	Stephen	A.	21	13N	22W	-	26	Aug.	1904	Neva
Ross	Stephen	A.	28	13N	22W	160	26	Aug.	1904	Neva
Ross	William	M.	12	8S	29W	40	2	Apr.	1860	Howa
Ross	William	N.	24	6S	30W	-	24	Nov.	1903	Howa
Ross	William	N.	24	6S	30W	160	24	Nov.	1903	Howa
Ross	William	P.	17	6S	29W	-	20	Jun.	1894	Howa
Ross	William	P.	18	6S	29W	160	20	Jun.	1894	Howa
Ross	William	W.	8	5S	29W	-	15	Oct.	1906	Howa
Ross	William	W.	8	5S	29W	-	15	Oct.	1906	Howa
Ross	William	W.	8	5S	29W	160	15	Oct.	1906	Howa
Rosser	Leanah		36	9S	25W	120	2	Apr.	1860	Hem
Rothrock	John	W.	30	13S	29W	160	10	Nov.	1841	LRiv
Roulston	James	H.	4	16N	20W	98.35	20	Mar.	1877	Neva
Rowe	Paul		31	8S	28W	-	31	Dec.	1904	Howa
Rowe	Paul		36	8S	29W	165.86	31	Dec.	1904	Howa
Rowe	Robert		23	8S	29W	-	18	Oct.	1888	Howa
Rowe	Robert		23	8S	29W	-	18	Oct.	1888	Howa
Rowe	Robert		23	8S	29W	160	18	Oct.	1888	Howa
Rowell	Andrew		21	8S	27W	-	2	Sep.	1889	Howa
Rowell	Andrew		21	8S	27W	-	2	Sep.	1889	Howa
Rowell	Andrew		21	8S	27W	160	2	Sep.	1889	Howa
Rowland	George		4	14N	19W	-	1	Oct.	1851	Neva
Rowland	George		4	15N	19W	-	1	Oct.	1851	Neva
Rowland	George		23	15N	20W	40	15	Nov.	1854	Neva
Rowland	George		26	15N	20W	-	1	Oct.	1851	Neva
Rowland	George		26	15N	20W	-	1	Oct.	1851	Neva
Rowland	George		26	15N	20W	-	1	Oct.	1851	Neva
Rowland	George		33	15N	19W	-	1	Oct.	1851	Neva
Rowland	John	R.	23	10S	24W	40	13	Jun.	1889	Hem
Rowland	John		19	15N	21W	-	5	May	1904	Neva
Rowland	John		24	15N	22W	145.32	May	May	1904	Neva
Royston	Grandison	D.	3	12S	25W	45.55	2	Jul.	1860	Hem
Royston	Grandison	D.	4	11S	24W	146.74	10	Jul.	1844	Hem
Royston	Grandison	D.	5	11S	24W	148.3	10	Jul.	1844	Hem
Royston	Grandison	D.	5	11S	24W	152.09	1	Mar.	1843	Hem
Royston	Grandison	D.	5	11S	24W	160	1	Mar.	1843	Hem
Royston	Grandison	D.	8	11S	24W	40	1	Mar.	1843	Hem
Royston	Grandison	D.	17	5S	30W	40	1	Oct.	1850	Howa
Royston	Grandison	D.	17	5S	30W	40	1	Oct.	1850	Howa
Royston	Grandison	D.	23	10S	25W	160	1	Sep.	1856	Hem
Royston	Grandison	D.	24	10S	25W	80	1	Mar.	1855	Hem
Royston	Grandison	D.	24	10S	25W	160	1	Mar.	1855	Hem

Last Name	First Name	Int.	Section No.	Twp.	Ran	Acres	Date		Co.
Royston	Grandison	D.	31	10S	24W	159.88	1 May	1845	Hem
Royston	Grandison	D.	32	10S	24W	40	2 Jul.	1860	Hem
Royston	Grandison	D.	36	10S	25W	40	1 Mar.	1855	Hem
Royston	Grandison	D.	36	10S	25W	80	15 Jan.	1858	Hem
Royston	Grandison	D.	36	10S	25W	-	15 Jan.	1858	Hem
Royston	Thomas		3	11S	24W	80	27 Apr.	1885	Hem
Rucker	George	R.	14	6S	30W	-	12 Dec.	1904	Howa
Rucker	George	R.	14	6S	30W	-	12 Dec.	1904	Howa
Rucker	George	R.	14	6S	30W	160	12 Dec.	1904	Howa
Ruggles	Salmon		7	11S	25W	132.15	3 Jun.	1828	Hem
Ruggles	Salmon		12	11S	26W	80	10 May	1827	Hem
Ruggles	Salmon		18	11S	25W	40	10 Apr.	1837	Hem
Ruggles	Salmon		18	11S	25W	40	15 Apr.	1837	Hem
Ruggles	Salmon		18	11S	25W	80	10 May	1827	Hem
Runnells	Elisha		29	9S	28W	40	1 May	1845	Howa
Runnells	Elisha		33	9S	28W	80	10 Jul.	1844	Howa
Runnells	Elisha		19	10S	27W	40	1 Mar.	1855	Howa
Runnells	Elisha		19	10S	27W	80	1 Jul.	1859	Howa
Runnels	Hampton	W.	13	10S	28W	160	1 Jul.	1857	Howa
Runnels	Hampton	W.	14	10S	28W	40	2 Apr.	1860	Howa
Runnels	Hampton	W.	14	10S	28W	80	1 Jul.	1859	Howa
Runnels	John	F.	22	8S	29W	40	8 May	1901	Howa
Runnels	Linch		17	11S	24W	40	1 Jun.	1875	Hem
Rush	Joseph	H.	6	15N	20W	57.5	10 Apr.	1907	Neva
Rush	Joseph	H.	9	15N	20W	160	10 Mar.	1883	Neva
Rush	Joseph	H.	9	15N	20W	-	10 Mar.	1883	Neva
Rush	Joseph	H.	10	15N	20W	-	10 Mar.	1883	Neva
Rush	Nathaniel	J.	6	15N	20W	160.56	10 Apr.	1907	Neva
Rush	Nathaniel	J.	6	15N	20W	-	10 Apr.	1907	Neva
Russel	Angeline		2	14S	24W	40	2 Apr.	1860	Hem
Russell	Abraham		8	9S	25W	80	2 Jul.	1860	Hem
Russell	Abraham		17	9S	25W	-	2 Jul.	1860	Hem
Russell	John	T.	8	9S	27W	40	20 Jan.	1885	Howa
Russell	John		21	12S	29W	40	1 Oct.	1860	LRiv
Russell	Joseph	W.	36	10S	32W	80	9 Oct.	1901	LRiv
Russell	Luman	B.	8	16N	21W	160	17 Apr.	1899	Neva
Russell	Samuel		9	10S	28W	80	1 Jul.	1857	Howa
Russell	Thomas		32	13S	24W	40	1 Jul.	1859	Hem
Russell	William		8	10S	28W	80	10 Oct.	1856	Howa
Russell	William		9	10S	28W	80	1 May	1856	Howa
Russey	Benjamin	A.	15	8S	28W	40	1 Jul.	1859	Howa
Russey	James	M.	10	9S	28W	40	1 Nov.	1849	Howa
Russey	James	M.	10	9S	28W	40	1 Mar.	1855	Howa
Russey	James	M.	11	9S	28W	40	1 Sep.	1846	Howa
Russey	James	M.	11	9S	28W	40	1 Mar.	1855	Howa
Russey	John		26	8S	28W	-	2 Jun.	1848	Howa
Russey	John		26	8S	28W	40	1 May	1845	Howa
Russey	John		26	8S	28W	40	1 Nov.	1848	Howa
Russey	John		26	8S	28W	40	1 Mar.	1854	Howa
Russey	John		26	8S	28W	40	1 Mar.	1855	Howa
Russey	John		26	8S	28W	40	1 Mar.	1855	Howa
Russey	John		35	8S	28W	40	1 May	1845	Howa
Russey	John		35	8S	28W	40	1 Mar.	1855	Howa
Russey	John		35	8S	28W	80	1 Mar.	1855	Howa
Russey	John		35	8S	28W	160	2 Jun.	1848	Howa
Russey	John		36	8S	28W	40	1 Mar.	1855	Howa

Last Name	First Name	Int.	Section No.	Twp.	Ran	Acres	Date			Co.
Russey	John		36	8S	28W	40	1	Mar.	1890	Howa
Ryburn	Benjamin	F.	21	14S	25W	40	1	Nov.	1849	Hem
Ryker	Winfield	C.	5	13N	23W	-	10	Aug.	1906	Neva
Ryker	Winfield	C.	6	13N	23W	-	10	Aug.	1906	Neva
Ryker	Winfield	C.	31	14N	23W	130.59	10	Aug.	1906	Neva
Rylee	James	E.	11	14N	22W	160	10	Feb.	1897	Neva
Rylee	William	H.	10	14N	22W	-	10	Feb.	1897	Neva
Rylee	William	H.	11	14N	22W	160	10	Feb.	1897	Neva
Rylee	William	H.	15	14N	22W	-	10	Feb.	1897	Neva
Sackett	Samuel		26	10S	32W	-	28	Dec.	1893	LRiv
Sackett	Samuel		26	10S	32W	-	28	Dec.	1893	LRiv
Sackett	Samuel		26	10S	32W	-	28	Dec.	1893	LRiv
Sackett	Samuel		26	10S	32W	160	28	Dec.	1893	LRiv
Sadberry	Martin		14	14S	25W	40	10	Jul.	1844	Hem
Sadberry	Martin		23	14S	25W	80	10	Jul.	1844	Hem
Sain	David	N.	12	13N	21W	160	22	Mar.	1906	Neva
Sain	David	N.	12	13N	21W	-	22	Mar.	1906	Neva
Sain	David	N.	12	13N	21W	-	22	Mar.	1906	Neva
Sain	Titus	L.	4	14N	20W	148.5	25	Feb.	1899	Neva
Sain	William	H.	35	14N	21W	-	4	May	1894	Neva
Sain	William	H.	35	14N	21W	-	4	May	1894	Neva
Sain	William	H.	36	14N	21W	160	4	May	1894	Neva
Sale	Susan	M.	5	5S	29W	-	15	Jun.	1875	Howa
Sale	Susan	M.	6	5S	29W	80.23	15	Jun.	1875	Howa
Salmon	James	M.	24	16N	19W	80	30	Jul.	1875	Neva
Salmon	James	M.	24	16N	19W	-	30	Jul.	1875	Neva
Salmon	James	W.	25	16N	19W	40	10	Jul.	1848	Neva
Salmon	James	W.	25	16N	19W	80	1	Jun.	1875	Neva
Salmon	John		35	16N	19W	-	6	Dec.	1890	Neva
Salmon	John		36	16N	19W	80	30	Jul.	1875	Neva
Salmon	John		36	16N	19W	80	6	Dec.	1890	Neva
Salmon	Mitchell	L.	28	15N	19W	80	10	Jan.	1896	Neva
Salmon	Thomas	B.	27	15N	19W	120	28	Jun.	1905	Neva
Salmon	Thomas	B.	27	15N	19W	-	28	Jun.	1905	Neva
Saltmarsh	Alanson		5	10S	28W	159.14	1	Aug.	1837	Howa
Saltmarsh	Alanson		10	10S	26W	160	1	Aug.	1837	Hem
Saltmarsh	Alanson		10	10S	26W	-	1	Aug.	1837	Hem
Saltmarsh	Alanson		11	10S	26W	-	1	Aug.	1837	Hem
Saltmarsh	Alanson		14	10S	26W	-	1	Aug.	1837	Hem
Saltmarsh	Alanson		15	10S	26W	960	1	Aug.	1837	Hem
Saltmarsh	Alanson		15	10S	26W	-	1	Aug.	1837	Hem
Saltmarsh	Alanson		32	9S	28W	-	1	Aug.	1837	Howa
Saltmarsh	Alanson		33	9S	28W	160	1	Aug.	1837	Howa
Sammerrow	Michael		5	12S	24W	40	15	Apr.	1837	Hem
Sammerrow	Michael		11	12S	25W	80	15	Apr.	1837	Hem
Sampson	James		23	12S	29W	80	10	Jul.	1844	LRiv
Sampson	James		25	12S	29W	80	10	Jul.	1844	LRiv
Sampson	James		26	12S	29W	80	10	Jul.	1844	LRiv
Sams	Braxton	C.	15	15N	23W	-	1	Oct.	1851	Neva
Sams	Catharine		35	14N	22W	160	10	Dec.	1885	Neva
Sams	Catharine		35	14N	22W	-	10	Dec.	1885	Neva
Sams	Catharine		35	14N	22W	-	10	Dec.	1885	Neva
Sams	James	B.	26	14N	22W	160	4	Jun.	1906	Neva
Sams	James	B.	26	14N	22W	-	4	Jun.	1906	Neva
Sams	James	B.	26	14N	22W	-	4	Jun.	1906	Neva
Sams	Warren	N.	35	14N	22W	160	6	Oct.	1894	Neva

Last Name	First Name	Int.	Section No.	Twp.	Ran	Acres	Date			Co.
Samuels	Nathaniel		3	8S	29W	39.97	1	Sep.	1850	Howa
Sandefur	Mary	A.	3	12S	25W	40	1	Oct.	1860	Hem
Sandefur	Patrick	H.	24	12S	29W	-	1	Jul.	1859	LRiv
Sandefur	Patrick	H.	24	12S	29W	-	1	Jul.	1859	LRiv
Sandefur	Patrick	H.	24	12S	29W	40	1	Jul.	1859	LRiv
Sandefur	Patrick	H.	24	12S	29W	160	1	Jul.	1859	LRiv
Sandefur	Patrick	H.	25	12S	29W	80	10	Jul.	1844	LRiv
Sandefur	Patrick	H.	25	12S	29W	80	10	Jul.	1844	LRiv
Sandefur	Patrick	H.	34	13S	28W	108.09	2	Jun.	1848	LRiv
Sandefur	Patrick	H.	35	13S	28W	-	2	Jun.	1848	LRiv
Sandefur	Patrick	J.	14	12S	29W	40	1	Jul.	1859	LRiv
Sandefur	Patrick	J.	23	12S	29W	40	1	Jul.	1857	LRiv
Sanders	Allen	P.	23	7S	28W	-	10	Aug.	1906	Howa
Sanders	Allen	P.	23	7S	28W	-	10	Aug.	1906	Howa
Sanders	Allen	P.	26	7S	28W	-	10	Aug.	1906	Howa
Sanders	Allen	P.	26	7S	28W	-	10	Aug.	1906	Howa
Sanders	Allen	P.	27	7S	28W	160	10	Aug.	1906	Howa
Sanders	Allen	P.	27	7S	28W	160	10	Aug.	1906	Howa
Sanders	Daniel	F.	2	9S	28W	40	1	Mar.	1855	Howa
Sanders	Daniel	F.	2	9S	28W	80	1	May	1845	Howa
Sanders	Daniel	F.	2	9S	28W	158.81	1	May	1856	Howa
Sanders	Daniel	F.	3	9S	28W	40	1	Mar.	1855	Howa
Sanders	Daniel	F.	13	8S	28W	40	1	Mar.	1855	Howa
Sanders	Daniel	F.	22	8S	27W	160	1	May	1845	Howa
Sanders	Daniel	F.	35	8S	28W	40	1	Mar.	1855	Howa
Sanders	David	W.	6	8S	28W	-	10	Aug.	1906	Howa
Sanders	David	W.	6	8S	28W	-	10	Aug.	1906	Howa
Sanders	David	W.	6	8S	28W	173.17	10	Aug.	1906	Howa
Sanders	Elisha		20	10S	26W	80	1	Feb.	1861	Hem
Sanders	George	M.	36	5S	28W	160	2	May	1905	Howa
Sanders	Jasper	N.	13	16N	19W	40	12	May	1905	Neva
Sanders	Jasper		22	16N	19W	160	10	Mar.	1886	Neva
Sanders	Jasper		22	16N	19W	-	10	Mar.	1886	Neva
Sanders	Jasper		22	16N	19W	-	10	Mar.	1886	Neva
Sanders	Newton	S.	8	16N	19W	-	30	Dec.	1905	Neva
Sanders	Newton	S.	17	16N	19W	160	30	Dec.	1905	Neva
Sanders	Thomas	E.	13	13N	23W	-	17	Dec.	1894	Neva
Sanders	Thomas	E.	14	13N	23W	-	17	Dec.	1894	Neva
Sanders	Thomas	E.	23	13N	23W	160	17	Dec.	1894	Neva
Sanders	Thomas		13	13N	23W	120	13	Feb.	1891	Neva
Sanders	Thomas		13	13N	23W	-	13	Feb.	1891	Neva
Sanders	William	A.	13	10S	27W	-	1	Jul.	1861	Howa
Sanders	William	A.	13	10S	27W	-	1	Jul.	1861	Howa
Sanders	William	A.	13	10S	27W	-	1	Jul.	1861	Howa
Sanders	William	A.	13	10S	27W	-	1	Jul.	1861	Howa
Sanders	William	A.	24	10S	27W	240	1	Jul.	1861	Howa
Sanders	William	P.	31	10S	25W	40	1	May	1856	Hem
Sanders	William	S.	13	12S	26W	40	1	Aug.	1837	Hem
Sanders	William	S.	13	12S	26W	40	1	Mar.	1843	Hem
Sanders	William		5	12S	31W	159.9	24	Apr.	1890	LRiv
Sanders	William		10	8S	27W	80	2	Jul.	1860	Howa
Sandifur	John	B.	3	12S	25W	40	2	Jul.	1860	Hem
Sandlin	Martha	A.	1	12S	25W	40	13	Dec.	1876	Hem
Sandlin	William		31	12S	25W	145.34	1	May	1856	Hem
Sands	Samuel	V.	12	7S	30W	140.56	30	Dec.	1905	Howa
Saner	John	F.	19	11S	24W	39.12	30	Jun.	1882	Hem

Last Name	First Name	Int.	Section No.	Twp.	Ran	Acres	Date			Co.
Sartor	John	P.	19	15N	19W	-	20	Oct.	1884	Neva
Sartor	John	P.	30	15N	19W	160	20	Oct.	1884	Neva
Sartor	John	P.	30	15N	19W	-	20	Oct.	1884	Neva
Sasser	John	W.	17	14N	23W	160	1	Jul.	1890	Neva
Sasser	John	W.	17	14N	23W	-	1	Jul.	1890	Neva
Satterfield	Noah	W.	28	5S	30W	-	19	Mar.	1904	Howa
Satterfield	Noah	W.	28	5S	30W	-	19	Mar.	1904	Howa
Satterfield	Noah	W.	28	5S	30W	160	19	Mar.	1904	Howa
Satterwhite	Thomas		2	13S	30W	40	1	Mar.	1855	LRiv
Savage	Chilton	B.	20	16N	20W	80	May	Sep.	1906	Neva
Savage	James	N.	18	12S	29W	62.1	23	Jan.	1899	LRiv
Savage	Low		36	9S	26W	40	1	Nov.	1848	Hem
Savage	Low		36	9S	26W	40	1	Jul.	1861	Hem
Savage	William		13	16N	20W	160	8	Apr.	1903	Neva
Savage	William		13	16N	20W	-	8	Apr.	1903	Neva
Savage	William		21	10S	25W	40	10	Apr.	1837	Hem
Scarborough	Eugene		26	11S	31W	80	17	Dec.	1900	LRiv
Scarborough	Thomas		34	11S	31W	40	31	Jan.	1903	LRiv
Schoolfield	James	L.	5	5S	29W	141.46	24	Jun.	1889	Howa
Schoolfield	Patrick	H.	5	5S	29W	-	24	Jul.	1895	Howa
Schoolfield	Patrick	H.	6	5S	29W	160	24	Jul.	1895	Howa
Schoolfield	Robert	C.	15	13S	26W	120	2	Jul.	1860	Hem
Schoolfield	Robert	C.	15	13S	26W	-	2	Jul.	1860	Hem
Schoolfield	William	N.	7	5S	29W	-	22	Mar.	1906	Howa
Schoolfield	William	N.	12	5S	30W	161.35	22	Mar.	1906	Howa
Schultheiss	Bernhardt		7	15N	22W	-	8	Jun.	1906	Neva
Schultheiss	Bernhardt		7	15N	22W	-	8	Jun.	1906	Neva
Schultheiss	Bernhardt		18	15N	22W	160	8	Jun.	1906	Neva
Scism	Jesse	T.	20	17N	21W	80	20	Feb.	1901	Neva
Scism	Jesse	T.	20	17N	21W	-	20	Feb.	1901	Neva
Scoggin	Albert		14	10S	27W	-	1	Aug.	1837	Howa
Scoggin	Albert		15	10S	27W	-	1	Aug.	1837	Howa
Scoggin	Albert		22	10S	27W	-	1	Aug.	1837	Howa
Scoggin	Albert		22	10S	27W	320	1	Aug.	1837	Howa
Scoggin	Ovander		14	7S	28W	-	8	May	1901	Howa
Scoggin	Ovander		14	7S	28W	-	8	May	1901	Howa
Scoggin	Ovander		23	7S	28W	160	8	May	1901	Howa
Scoggin	William	T.	3	11S	32W	80	2	Jul.	1860	LRiv
Scoggins	William	T.	34	10S	32W	-	2	Jul.	1860	LRiv
Scoggins	William	T.	35	10S	32W	80	2	Jul.	1860	LRiv
Scogin	John		20	11S	26W	40	15	Apr.	1837	Hem
Scogin	John		20	11S	26W	80	15	Apr.	1837	Hem
Scott	Allen		12	12S	30W	80	25	Feb.	1890	LRiv
Scott	George	A.	18	14N	23W	80	14	Feb.	1900	Neva
Scott	James	B.	24	9S	27W	40	1	Mar.	1855	Howa
Scott	James		28	9S	28W	80	10	Jul.	1844	Howa
Scott	James		28	9S	28W	160	1	Mar.	1843	Howa
Scott	James		31	10S	23W	81.03	20	Apr.	1883	Hem
Scott	Mary	S.	23	10S	24W	40	20	Feb.	1875	Hem
Scott	Matthew		7	10S	23W	40	3	May	1895	Hem
Scott	Robert	H.	6	13S	29W	40	2	Jul.	1860	LRiv
Scott	Robert	H.	11	9S	27W	-	1	Aug.	1837	Howa
Scott	Robert	H.	12	9S	27W	640	1	Aug.	1837	Howa
Scott	Robert	H.	13	9S	27W	-	1	Aug.	1837	Howa
Scott	Robert	H.	13	9S	27W	-	1	Aug.	1837	Howa
Scott	Robert	H.	14	9S	27W	-	1	Aug.	1837	Howa

Last Name	First Name	Int.	Section No.	Twp.	Ran	Acres	Date			Co.
Scott	Robert	H.	17	9S	27W	-	1	Aug.	1837	Howa
Scott	Robert	H.	17	9S	27W	160	1	Aug.	1837	Howa
Scott	Robert	H.	29	13S	29W	80	1	Mar.	1843	LRiv
Scott	Robert	H.	30	13S	29W	119.62	10	Nov.	1841	LRiv
Scott	Robert	H.	30	13S	29W	122.5	1	Mar.	1843	LRiv
Scott	Robert	H.	31	13S	29W	37.93	1	Mar.	1843	LRiv
Scott	Robert	H.	31	13S	29W	78.92	1	Mar.	1843	LRiv
Scott	Robert	H.	31	13S	29W	84.53	1	Mar.	1843	LRiv
Scott	Robert	H.	31	13S	29W	150.02	1	Mar.	1843	LRiv
Scott	Robert	H.	36	13S	29W	40	2	Jul.	1860	LRiv
Scott	Samuel		19	12S	26W	161.8	10	Dec.	1874	Hem
Scott	Sarah		9	11S	24W	40	3	Mar.	1893	Hem
Scott	Trump		17	11S	24W	40	1	Jun.	1875	Hem
Scott	William	W.	5	13S	31W	80.1	2	Apr.	1860	LRiv
Scott	William	W.	6	14S	29W	79.05	1	May	1845	LRiv
Scott	William	W.	29	13S	29W	80	1	Mar.	1843	LRiv
Scott	William	W.	30	13S	29W	160	10	Nov.	1841	LRiv
Scott	William		11	9S	28W	160	1	Mar.	1843	Howa
Scroggins	John	A.	31	16N	22W	160	31	Oct.	1906	Neva
Scroggins	John	A.	31	16N	22W	-	31	Oct.	1906	Neva
Scroggins	John	A.	31	16N	22W	-	31	Oct.	1906	Neva
Scroggins	Sam	C.	32	16N	22W	160	10	Aug.	1906	Neva
Scroggins	Sam	C.	32	16N	22W	-	10	Aug.	1906	Neva
Seale	Robert	B.	13	5S	29W	-	30	Mar.	1905	Howa
Seale	Robert	B.	24	5S	29W	160	30	Mar.	1905	Howa
Seales	Henry	P.	22	6S	28W	-	2	Jun.	1904	Howa
Seales	Henry	P.	22	6S	28W	-	2	Jun.	1904	Howa
Seales	Henry	P.	27	6S	28W	160	2	Jun.	1904	Howa
Seales	James		17	6S	28W	-	23	Jun.	1889	Howa
Seales	James		17	6S	28W	-	23	Jun.	1889	Howa
Seales	James		17	6S	28W	160	23	Jun.	1889	Howa
Seales	Lewis	A.	17	6S	28W	-	22	Nov.	1889	Howa
Seales	Lewis	A.	17	6S	28W	-	22	Nov.	1889	Howa
Seales	Lewis	A.	17	6S	28W	160	22	Nov.	1889	Howa
Seales	William	E.	22	6S	28W	-	2	Jun.	1904	Howa
Seales	William	E.	27	6S	28W	160	2	Jun.	1904	Howa
Sears	Alvis		11	14N	24W	160	13	Feb.	1891	Neva
Sears	Alvis		11	14N	24W	-	13	Feb.	1891	Neva
Sears	Alvis		11	14N	24W	-	13	Feb.	1891	Neva
Sears	Luke	C.	25	9S	26W	40	2	Apr.	1860	Hem
Sears	Luke	C.	25	9S	26W	40	10	May	1861	Hem
Sears	Luke	C.	25	9S	26W	240	2	Apr.	1860	Hem
Seastrunk	William	F.	23	11S	31W	-	28	Dec.	1893	LRiv
Seastrunk	William	F.	23	11S	31W	160	28	Dec.	1893	LRiv
Seats	Frank	P.	24	8S	28W	80	27	Dec.	1905	Howa
Seeman	John	G.	10	7S	30W	-	1	May	1906	Howa
Seeman	John	G.	10	7S	30W	160	1	May	1906	Howa
Segraves	Henry	C.	5	12S	30W	117.39	30	Aug.	1895	LRiv
Self	Gabriel		1	14N	23W	-	19	Oct.	1893	Neva
Self	Gabriel		12	14N	23W	159.76	19	Oct.	1893	Neva
Self	John	L.	1	14N	23W	-	23	Jan.	1897	Neva
Self	John	L.	35	15N	23W	-	23	Jan.	1897	Neva
Self	John	L.	36	15N	23W	160.41	23	Jan.	1897	Neva
Self	Levi		28	15N	22W	40	15	Nov.	1854	Neva
Self	Nathan	T.	21	15N	22W	80	3	May	1897	Neva
Self	Nathan		17	13N	22W	80	1	Sep.	1848	Neva

Last Name	First Name	Int.	Section No.	Twp.	Ran	Acres	Date			Co.
Self	Samuel	E.	26	15N	23W	-	10	Apr.	1907	Neva
Self	Samuel	E.	27	15N	23W	160	10	Apr.	1907	Neva
Self	Samuel	E.	27	15N	23W	-	10	Apr.	1907	Neva
Self	Samuel		27	15N	23W	160	3	Feb.	1883	Neva
Self	Susan		21	15N	23W	-	15	Jul.	1904	Neva
Self	Susan		28	15N	23W	80	15	Jul.	1904	Neva
Self	Thomas	R.	20	15N	22W	160	6	Oct.	1894	Neva
Self	Thomas	R.	20	15N	22W	-	6	Oct.	1894	Neva
Self	Thomas	R.	20	15N	22W	-	6	Oct.	1894	Neva
Self	William	E.	4	15N	23W	-	5	May	1904	Neva
Self	William	E.	5	15N	23W	-	5	May	1904	Neva
Self	William	E.	33	16N	23W	160.83	May	May	1904	Neva
Self	William		25	15N	23W	160	10	Mar.	1883	Neva
Self	William		25	15N	23W	-	10	Mar.	1883	Neva
Self	William		29	15N	22W	-	26	Aug.	1896	Neva
Self	William		29	15N	22W	-	26	Aug.	1896	Neva
Self	William		30	15N	22W	160	26	Aug.	1896	Neva
Self	William		36	15N	23W	-	10	Mar.	1883	Neva
Semands	William	G.	21	15N	21W	160	24	Oct.	1894	Neva
Semands	William	G.	21	15N	21W	-	24	Oct.	1894	Neva
Sessions	John	A.	34	10S	32W	40	20	Jan.	1885	LRiv
Seth	Jasper		18	10S	28W	160.91	1	Dec.	1857	Howa
Sevedge	Low		35	9S	26W	-	2	Apr.	1860	Hem
Sevedge	Low		36	9S	26W	40	2	Apr.	1860	Hem
Sevedge	Low		36	9S	26W	80	2	Apr.	1860	Hem
Sevier	John	W.	12	7S	27W	-	4	Apr.	1904	Howa
Sevier	John	W.	12	7S	27W	160	4	Apr.	1904	Howa
Sewell	Jesse		11	11S	24W	40	15	May	1875	Hem
Sexton	Daniel		10	14N	20W	160	9	Aug.	1919	Neva
Sexton	Daniel		10	14N	20W	-	9	Aug.	1919	Neva
Sexton	John	W.	10	14N	20W	40	9	May	1905	Neva
Sexton	John	W.	10	14N	20W	-	8	Oct.	1901	Neva
Sexton	John	W.	15	14N	20W	80	8	Oct.	1901	Neva
Sexton	Levi		30	13N	20W	40	28	May	1895	Neva
Sexton	Levi		30	13N	20W	-	28	May	1895	Neva
Sexton	Levi		31	13N	20W	121.69	28	May	1895	Neva
Sexton	Thomas	M.	10	14N	20W	80	10	Apr.	1907	Neva
Sexton	Wellington		5	14N	23W	-	31	Dec.	1889	Neva
Sexton	Wellington		6	14N	23W	-	31	Dec.	1889	Neva
Sexton	Wellington		31	15N	23W	-	31	Dec.	1889	Neva
Sexton	Wellington		32	15N	23W	170.87	31	Dec.	1889	Neva
Sexton	William	R.	9	14N	20W	160	1	Mar.	1904	Neva
Sexton	William	R.	9	14N	20W	-	1	Mar.	1904	Neva
Seymour	John	E.	34	8S	29W	160	16	Aug.	1899	Howa
Shaddox	Andrew	J.	30	17N	19W	-	9	Aug.	1919	Neva
Shaddox	Andrew	J.	31	17N	19W	159.19	9	Aug.	1919	Neva
Shaddox	Andrew	J.	31	17N	19W	-	9	Aug.	1919	Neva
Shaddox	Dion		7	16N	20W	80	1	Jul.	1875	Neva
Shaddox	Francis	M.	19	17N	19W	-	1	Jul.	1890	Neva
Shaddox	Francis	M.	19	17N	19W	-	1	Jul.	1890	Neva
Shaddox	Francis	M.	30	17N	19W	159.88	1	Jul.	1890	Neva
Shaddox	Francis	M.	30	17N	19W	-	1	Jul.	1890	Neva
Shaddox	Frederick	E.	30	17N	19W	78.02	1	Oct.	1875	Neva
Shaddox	Frederick	E.	30	17N	19W	-	1	Oct.	1875	Neva
Shaddox	H	J.	24	17N	20W	160	15	May	1876	Neva
Shaddox	H	J.	24	17N	20W	-	15	May	1876	Neva

Last Name	First Name	Int.	Section No.	Twp.	Ran	Acres	Date			Co.
Shaddox	Henry	J.	35	17N	19W	40	15	Nov.	1854	Neva
Shaddox	Marion	C.	8	16N	20W	120	15	Dec.	1882	Neva
Shaddox	Marion	C.	8	16N	20W	-	15	Dec.	1882	Neva
Shaddox	Napoleon	B.	8	16N	20W	160	3	Aug.	1882	Neva
Shaddox	Napoleon	B.	8	16N	20W	-	3	Aug.	1882	Neva
Shaddox	Sion		7	16N	20W	40	24	Nov.	1888	Neva
Shafer	James	M.	11	11S	28W	40	2	Apr.	1860	Howa
Shafer	James	M.	11	11S	28W	40	2	Jul.	1860	Howa
Shafer	James	M.	11	11S	28W	120	1	Jul.	1859	Howa
Shafer	James	M.	12	11S	28W	-	2	Jul.	1860	Howa
Shafer	James	M.	12	11S	28W	120	2	Jul.	1860	Howa
Shain	Franklin	P.	6	15N	21W	138.28	11	Oct.	1902	Neva
Shain	Franklin	P.	6	15N	21W	-	11	Oct.	1902	Neva
Shain	Franklin	P.	6	15N	21W	-	11	Oct.	1902	Neva
Sharkey	Patrick		3	12S	24W	80	20	Jul.	1825	Hem
Sharkey	Patrick		4	12S	24W	82.44	20	Jul.	1825	Hem
Sharp	James	A.	6	9S	28W	156.77	16	Sep.	1904	Howa
Sharp	James	A.	31	8S	28W	-	16	Sep.	1904	Howa
Sharp	James	A.	31	8S	28W	-	16	Sep.	1904	Howa
Sharp	James	B.	7	11S	31W	87.37	14	Feb.	1900	LRiv
Sharp	James	N.	6	8S	27W	167.61	1	Mar.	1877	Howa
Sharp	James	N.	20	9S	26W	40	1	Mar.	1855	Hem
Sharp	James	N.	26	9S	26W	40	2	Apr.	1860	Hem
Sharp	James	N.	26	9S	26W	-	2	Apr.	1860	Hem
Sharp	James	N.	35	9S	26W	120	2	Apr.	1860	Hem
Sharp	John	E.	34	5S	28W	160	18	Mar.	1905	Howa
Sharp	John	W.	11	6S	28W	-	10	Aug.	1906	Howa
Sharp	John	W.	11	6S	28W	-	10	Aug.	1906	Howa
Sharp	John	W.	11	6S	28W	120	10	Aug.	1906	Howa
Sharp	Margaret	C.	12	8S	27W	-	24	Jun.	1889	Howa
Sharp	Margaret	C.	12	8S	27W	80	24	Jun.	1889	Howa
Sharp	Robert	J.	6	8S	27W	-	10	Mar.	1883	Howa
Sharp	Robert	J.	6	8S	27W	-	10	Mar.	1883	Howa
Sharp	Robert	J.	6	8S	27W	160	10	Mar.	1883	Howa
Sharp	Solomon		31	8S	28W	42.2	5	Mar.	1906	Howa
Shatswell	Elizabeth		3	14N	21W	157.56	1	Mar.	1904	Neva
Shatswell	George	W.	12	14N	21W	-	10	Oct.	1894	Neva
Shatswell	George	W.	13	14N	21W	160	10	Oct.	1894	Neva
Shatswell	George	W.	13	14N	21W	-	10	Oct.	1894	Neva
Shatswell	James	W.	12	14N	21W	160	1	Mar.	1904	Neva
Shatswell	James	W.	12	14N	21W	-	1	Mar.	1904	Neva
Shatswell	Thomas		1	14N	21W	136.86	10	Apr.	1907	Neva
Shatswell	Thomas		6	14N	20W	-	10	Apr.	1907	Neva
Shatswell	William		5	14N	20W	80.26	10	May	1893	Neva
Shatswell	William		5	14N	20W	80.51	31	Dec.	1889	Neva
Shatswell	William		5	14N	20W	-	31	Dec.	1889	Neva
Shatswell	William		5	14N	20W	-	10	May	1893	Neva
Shaver	George	W.	6	10S	32W	54.23	1	Sep.	1850	LRiv
Shaver	George	W.	6	10S	32W	74.6	1	Sep.	1850	LRiv
Shaw	Hugh	R.	20	16N	20W	160	10	Apr.	1907	Neva
Shaw	Hugh	R.	20	16N	20W	-	10	Apr.	1907	Neva
Shaw	Hugh	R.	20	16N	20W	-	10	Apr.	1907	Neva
Shaw	John	H.	3	8S	28W	160.6	22	Mar.	1906	Howa
Shaw	John		31	10S	23W	80	27	Jun.	1889	Hem
Shaw	Joseph	H.	26	13S	30W	144	1	May	1845	LRiv
Shaw	Joseph	H.	27	13S	30W	76.94	1	May	1845	LRiv

Last Name	First Name	Int.	Section No.	Twp.	Ran	Acres	Date			Co.
Shaw	Joseph	H.	34	13S	30W	95.25	1	May	1845	LRiv
Shaw	Joseph	K.	23	13S	30W	80	2	Jun.	1848	LRiv
Shaw	Robert		5	11S	23W	73.12	3	Feb.	1883	Hem
Shaw	William		13	12S	26W	80	15	Apr.	1837	Hem
Shaw	William		20	11S	25W	80	1	Apr.	1828	Hem
Shelton	Elijah	M.	13	7S	28W	-	3	Feb.	1883	Howa
Shelton	Elijah	M.	18	7S	27W	-	3	Feb.	1883	Howa
Shelton	Elijah	M.	24	7S	28W	160.55	3	Feb.	1883	Howa
Shelton	Jesse		21	11S	27W	40	1	Aug.	1837	Howa
Shelton	Riley	A.	14	14N	19W	-	8	Oct.	1901	Neva
Shelton	Riley	A.	15	14N	19W	160	8	Oct.	1901	Neva
Shelton	Robert		25	7S	28W	-	30	Jun.	1884	Howa
Shelton	Robert		36	7S	28W	160	30	Jun.	1884	Howa
Shely	Washington	F.	13	10S	27W	-	1	Aug.	1837	Howa
Shely	Washington	F.	13	10S	27W	-	1	Aug.	1837	Howa
Shely	Washington	F.	13	10S	27W	80	1	Aug.	1837	Howa
Shely	Washington	F.	14	10S	27W	-	1	Aug.	1837	Howa
Shely	Washington	F.	14	10S	27W	320	1	Aug.	1837	Howa
Shepard	William		2	12S	27W	81.86	1	Mar.	1843	Hem
Shepherd	John	R.	24	13S	29W	-	3	Mar.	1893	LRiv
Shepherd	John	R.	24	13S	29W	-	3	Mar.	1893	LRiv
Shepherd	John	R.	24	13S	29W	120	3	Mar.	1893	LRiv
Sheppard	Edward	N.	1	13S	32W	120	2	Jul.	1860	LRiv
Sheppard	William	M.	28	12S	28W	160	1	Jul.	1859	LRiv
Sheppard	William		2	12S	27W	80	1	May	1845	Hem
Shepperson	John		2	13S	24W	329.82	1	Mar.	1843	Hem
Shepperson	John		3	13S	24W	320.56	10	Aug.	1837	Hem
Shepperson	John		4	13S	24W	44.37	1	Nov.	1839	Hem
Shepperson	John		4	13S	24W	165.84	1	Nov.	1839	Hem
Shepperson	John		10	13S	24W	160	10	Aug.	1837	Hem
Shepperson	John		11	13S	24W	160	10	Aug.	1837	Hem
Shepperson	John		12	13S	25W	40	15	Apr.	1837	Hem
Shepperson	John		13	13S	25W	40	15	Apr.	1837	Hem
Shepperson	John		13	13S	25W	40	15	Apr.	1837	Hem
Shepperson	John		24	13S	25W	40	1	Aug.	1837	Hem
Shereve	Joshua	M.	1	14S	32W	80	1	Mar.	1843	LRiv
Shereve	Joshua	M.	1	14S	32W	80	1	Mar.	1843	LRiv
Shereve	Joshua	M.	2	14S	32W	21.04	1	Mar.	1843	LRiv
Shereve	Joshua	M.	2	14S	32W	80	1	Mar.	1843	LRiv
Shereve	Joshua	M.	2	14S	32W	80	1	Mar.	1843	LRiv
Shereve	Joshua	M.	2	14S	32W	80	1	Mar.	1843	LRiv
Shereve	Joshua	M.	2	14S	32W	80	1	Mar.	1843	LRiv
Shereve	Joshua	M.	2	14S	32W	149.07	1	Mar.	1843	LRiv
Shereve	Joshua	M.	3	14S	32W	89.03	1	Mar.	1843	LRiv
Shereve	Joshua	M.	3	14S	32W	146.93	1	Mar.	1843	LRiv
Shereve	Joshua	M.	3	14S	32W	157.54	1	Mar.	1843	LRiv
Shereve	Joshua	M.	3	14S	32W	158.65	1	Mar.	1843	LRiv
Shereve	Joshua	M.	4	14S	32W	22.86	1	Mar.	1843	LRiv
Shereve	Joshua	M.	4	14S	32W	23.27	1	Mar.	1843	LRiv
Shereve	Joshua	M.	4	14S	32W	84.81	1	Mar.	1843	LRiv
Shereve	Joshua	M.	4	14S	32W	130.39	1	Mar.	1843	LRiv
Shereve	Joshua	M.	9	14S	32W	19.6	1	Mar.	1843	LRiv
Shereve	Joshua	M.	10	14S	32W	65.72	1	Mar.	1843	LRiv
Shereve	Joshua	M.	12	14S	32W	112.64	1	Mar.	1843	LRiv
Shereve	Joshua	M.	13	14S	32W	54	1	Mar.	1843	LRiv
Shereve	Joshua	M.	14	14S	32W	12.1	1	Mar.	1843	LRiv

Last Name	First Name	Int.	Section No.	Twp.	Ran	Acres	Date			Co.
Shereve	Joshua	M.	14	14S	32W	82.81	1	Mar.	1843	LRiv
Sherfield	Raford	L.	23	15N	23W	-	1	Mar.	1904	Neva
Sherfield	Raford	L.	24	15N	23W	-	1	Mar.	1904	Neva
Sherfield	Raford	L.	25	15N	23W	120	1	Mar.	1904	Neva
Sherfield	Samuel	A.	26	15N	23W	160	1	Mar.	1904	Neva
Sherman	John	M.	25	7S	30W	-	10	Oct.	1894	Howa
Shields	Isaac	D.	19	11S	24W	39.55	20	Aug.	1875	Hem
Shields	Thomas		11	8S	29W	40	1	Feb.	1861	Howa
Shimpock	John	L.	9	11S	32W	160	1	Jun.	1888	LRiv
Shimpock	John	L.	10	11S	32W	-	1	Jun.	1888	LRiv
Shimpock	John	L.	10	11S	32W	-	1	Jun.	1888	LRiv
Shinn	James	M.	4	16N	19W	40.14	15	Nov.	1854	Neva
Shinn	James	M.	34	16N	20W	40	1	Jun.	1861	Neva
Shinn	Thomas	J.	5	16N	19W	-	28	May	1895	Neva
Shinn	Thomas	J.	33	17N	19W	40	16	Feb.	1888	Neva
Shinn	Thomas	J.	33	17N	19W	87.19	28	May	1895	Neva
Shipp	Francis	M.	25	7S	28W	-	2	Jul.	1860	Howa
Shipp	Francis	M.	25	7S	28W	80	2	Jul.	1860	Howa
Shirley	Aaron		23	14N	20W	40	1	Feb.	1860	Neva
Shirley	Aaron		23	14N	20W	-	1	Dec.	1857	Neva
Shirley	Aaron		27	14N	20W	80	1	Dec.	1857	Neva
Shirley	John	H.	24	11S	26W	40	1	May	1845	Hem
Shirley	John	H.	24	11S	26W	280	1	Jul.	1859	Hem
Shirley	John	H.	24	11S	26W	-	1	Jul.	1859	Hem
Shirley	John	H.	24	11S	26W	-	1	Jul.	1859	Hem
Shirley	John	H.	24	11S	26W	-	1	Jul.	1859	Hem
Shirley	John	H.	24	11S	26W	-	1	Jul.	1859	Hem
Shirley	Lewis		12	14N	20W	40	1	Jul.	1859	Neva
Shirley	Lewis		13	14N	20W	40	1	Aug.	1857	Neva
Shirley	Lewis		26	14N	20W	40	1	Feb.	1860	Neva
Shirley	Sarah		24	11S	26W	40	10	Oct.	1856	Hem
Shoffner	Wilson	B.	20	8S	27W	40	1	Mar.	1855	Howa
Shoffner	Wilson	B.	20	8S	27W	40	1	Mar.	1855	Howa
Shoffner	Wilson	B.	29	8S	27W	40	1	Mar.	1855	Howa
Shoffner	Wilson	B.	29	8S	27W	40	1	Mar.	1855	Howa
Shofner	Jeptha	N.	18	7S	27W	-	22	Nov.	1889	Howa
Shofner	Jeptha	N.	18	7S	27W	160	22	Nov.	1889	Howa
Shofner	William	T.	29	8S	27W	40	31	Jan.	1889	Howa
Shook	Jacob		8	11S	25W	40	15	Apr.	1837	Hem
Shook	Jacob		8	11S	25W	40	15	Apr.	1837	Hem
Shook	Jacob		8	11S	25W	80	10	May	1827	Hem
Shook	Jacob		8	11S	25W	80	10	May	1827	Hem
Shook	Jacob		8	11S	25W	80	1	Mar.	1843	Hem
Shook	Jacob		17	11S	25W	80	15	Apr.	1837	Hem
Shook	John		31	10S	24W	40	1	Aug.	1837	Hem
Shook	John		31	10S	24W	40	1	Mar.	1843	Hem
Shook	John		31	10S	24W	80	1	Aug.	1837	Hem
Shorer	George		24	13S	24W	80	10	Jul.	1848	Hem
Short	James	T.	25	13S	26W	80	11	Dec.	1891	Hem
Shouse	Calvin		26	15N	22W	160	17	Dec.	1894	Neva
Shouse	Calvin		26	15N	22W	-	17	Dec.	1894	Neva
Shouse	William	H.	36	17N	19W	160	31	Dec.	1889	Neva
Shover	George	W.	7	13S	23W	40	1	Sep.	1846	Hem
Shover	George	W.	13	13S	24W	80	1	Sep.	1846	Hem
Shreve	Joshua	M.	6	13S	32W	80	10	Jul.	1844	LRiv
Shreve	Joshua	M.	6	13S	32W	80	10	Jul.	1844	LRiv

Last Name	First Name	Int.	Section No.	Twp.	Ran	Acres	Date			Co.
Shreve	Joshua	M.	6	13S	32W	80.6	10	Jul.	1844	LRiv
Shreve	Joshua	M.	8	13S	32W	80	10	Jul.	1844	LRiv
Shreve	Joshua	M.	8	13S	32W	80	10	Jul.	1844	LRiv
Shreve	Joshua	M.	9	13S	32W	80	10	Jul.	1844	LRiv
Shreve	Joshua	M.	9	13S	32W	80	10	Jul.	1844	LRiv
Shreve	Joshua	M.	19	13S	32W	56.38	10	Jul.	1844	LRiv
Shreve	Joshua	M.	19	13S	32W	154.22	10	Jul.	1844	LRiv
Shreve	Joshua	M.	20	13S	32W	80	10	Jul.	1844	LRiv
Shreve	Joshua	M.	20	13S	32W	80	10	Jul.	1844	LRiv
Shreve	Joshua	M.	20	13S	32W	80	10	Jul.	1844	LRiv
Shreve	Joshua	M.	20	13S	32W	80	10	Jul.	1844	LRiv
Shreve	Joshua	M.	21	13S	32W	80	10	Jul.	1844	LRiv
Shreve	Joshua	M.	21	13S	32W	80	10	Jul.	1844	LRiv
Shreve	Joshua	M.	21	13S	32W	80	10	Jul.	1844	LRiv
Shreve	Joshua	M.	21	13S	32W	80	10	Jul.	1844	LRiv
Shreve	Joshua	M.	21	13S	32W	80	10	Jul.	1844	LRiv
Shreve	Joshua	M.	21	13S	32W	80	10	Jul.	1844	LRiv
Shreve	Joshua	M.	21	13S	32W	80	10	Jul.	1844	LRiv
Shreve	Joshua	M.	22	13S	32W	80	10	Jul.	1844	LRiv
Shreve	Joshua	M.	26	13S	32W	80	10	Jul.	1844	LRiv
Shreve	Joshua	M.	26	13S	32W	80	10	Jul.	1844	LRiv
Shreve	Joshua	M.	26	13S	32W	80	10	Jul.	1844	LRiv
Shreve	Joshua	M.	26	13S	32W	80	10	Jul.	1844	LRiv
Shreve	Joshua	M.	26	13S	32W	80	10	Jul.	1844	LRiv
Shreve	Joshua	M.	26	13S	32W	80	10	Jul.	1844	LRiv
Shreve	Joshua	M.	26	13S	32W	80	10	Jul.	1844	LRiv
Shreve	Joshua	M.	26	13S	32W	80	10	Jul.	1844	LRiv
Shreve	Joshua	M.	27	13S	32W	80	10	Jul.	1844	LRiv
Shreve	Joshua	M.	27	13S	32W	80	10	Jul.	1844	LRiv
Shreve	Joshua	M.	28	13S	27W	101.24	10	Jul.	1844	LRiv
Shreve	Joshua	M.	28	13S	32W	80	10	Jul.	1844	LRiv
Shreve	Joshua	M.	28	13S	32W	80	10	Jul.	1844	LRiv
Shreve	Joshua	M.	33	13S	32W	159.55	10	Jul.	1844	LRiv
Shreve	Joshua	M.	34	13S	32W	81.39	10	Jul.	1844	LRiv
Shreve	Joshua	M.	35	13S	32W	78.91	10	Jul.	1844	LRiv
Shreve	Joshua	M.	35	13S	32W	79.21	10	Jul.	1844	LRiv
Shreve	Joshua	M.	35	13S	32W	79.43	10	Jul.	1844	LRiv
Shreve	Joshua	M.	35	13S	32W	80	10	Jul.	1844	LRiv
Shreve	Joshua	M.	35	13S	32W	80	10	Jul.	1844	LRiv
Shreve	Joshua	M.	35	13S	32W	80	10	Jul.	1844	LRiv
Shreve	Joshua	M.	35	13S	32W	80	10	Jul.	1844	LRiv
Shreve	Joshua	M.	36	13S	32W	80.24	10	Jul.	1844	LRiv
Shreve	Joshua	M.	36	13S	32W	80.49	10	Jul.	1844	LRiv
Shuffield	Ross	G.	5	8S	28W	80	4	Aug.	1891	Howa
Shuler	Lucius	W.	11	14N	20W	80	11	Jun.	1897	Neva
Shuler	William	A.	26	14N	20W	-	1	Feb.	1901	Neva
Shuler	William	A.	27	14N	20W	120	1	Feb.	1901	Neva
Shuler	William	A.	27	14N	20W	-	1	Feb.	1901	Neva
Sides	James	C.	21	9S	27W	40	1	Mar.	1855	Howa
Sides	James	C.	28	9S	27W	-	10	Oct.	1856	Howa
Sides	James	C.	28	9S	27W	40	1	Mar.	1855	Howa
Sides	James	C.	29	9S	27W	40	1	Mar.	1855	Howa
Sides	James	C.	29	9S	27W	80	10	Oct.	1856	Howa
Signor	George	W.	25	13S	26W	80	1	Jun.	1882	Hem
Sillers	Walter		7	13S	25W	156.92	10	Apr.	1837	Hem
Sillers	Walter		12	13S	26W	160	10	Apr.	1837	Hem

Last Name	First Name	Int.	Section No.	Twp.	Ran	Acres	Date			Co.
Sillers	Walter		13	13S	26W	320	10	Apr.	1837	Hem
Sillers	Walter		18	13S	25W	310.37	10	Apr.	1837	Hem
Sillers	Walter		19	12S	25W	160	10	Apr.	1837	Hem
Sillers	Walter		20	12S	25W	80	10	Apr.	1837	Hem
Sillers	Walter		20	12S	25W	160	10	Apr.	1837	Hem
Silvey	Madison		21	12S	30W	40	2	Apr.	1860	LRiv
Silvey	Madison		21	12S	30W	40	2	Jul.	1860	LRiv
Simmons	Arthur	W.	3	9S	28W	80	10	Jul.	1844	Howa
Simmons	Arthur	W.	15	9S	28W	40	1	Mar.	1843	Howa
Simmons	Benjamin	G.	25	10S	27W	-	10	Nov.	1841	Howa
Simmons	Benjamin	G.	26	10S	27W	-	10	Nov.	1841	Howa
Simmons	Benjamin	G.	26	10S	27W	80	1	Aug.	1837	Howa
Simmons	Benjamin	G.	26	10S	27W	280	10	Nov.	1841	Howa
Simmons	Benjamin	G.	27	10S	27W	40	1	Aug.	1837	Howa
Simmons	Benjamin	G.	35	10S	27W	-	1	Aug.	1837	Howa
Simmons	Benjamin	G.	35	10S	27W	120	1	Aug.	1837	Howa
Simmons	Eli	G.	5	16N	22W	40	6	May	1907	Neva
Simmons	Eli	G.	8	16N	22W	-	6	May	1907	Neva
Simmons	Eli	G.	9	16N	22W	160	6	May	1907	Neva
Simmons	Frank		5	13S	26W	133.61	24	Jun.	1889	Hem
Simmons	Hiram	K.	27	14N	22W	160	31	Aug.	1905	Neva
Simmons	James	P.	34	14N	22W	120	1	Feb.	1901	Neva
Simmons	James	P.	34	14N	22W	-	1	Feb.	1901	Neva
Simmons	John	A.	34	14N	22W	160	18	Apr.	1898	Neva
Simmons	John	H.	25	10S	32W	40	1	Jul.	1861	LRiv
Simmons	Nicholas		7	11S	23W	49.75	30	Sep.	1876	Hem
Simmons	Parker		7	11S	23W	49.54	1	Jul.	1875	Hem
Simmons	Thomas	R.	25	11S	31W	40	16	Sep.	1904	LRiv
Simmons	Thomas		28	14S	25W	120	2	Apr.	1860	Hem
Simmons	Thomas		28	14S	25W	-	2	Apr.	1860	Hem
Simmons	William	F.	6	12S	30W	80	10	Aug.	1894	LRiv
Simms	Samuel	W.	28	12S	26W	40	1	Aug.	1837	Hem
Simms	William		27	12S	26W	40	10	Apr.	1837	Hem
Simms	William		27	12S	26W	80	1	Aug.	1837	Hem
Simms	William		28	12S	26W	40	10	Apr.	1837	Hem
Simpson	Daniel		1	13S	32W	-	2	Apr.	1860	LRiv
Simpson	Daniel		2	13S	32W	80	1	May	1856	LRiv
Simpson	Daniel		12	13S	32W	80	2	Apr.	1860	LRiv
Simpson	Daniel		13	12S	33W	40	1	Jul.	1859	LRiv
Simpson	Daniel		13	12S	33W	160	1	Mar.	1855	LRiv
Simpson	Daniel		14	12S	33W	63.88	1	May	1856	LRiv
Simpson	Daniel		24	12S	32W	-	2	Apr.	1860	LRiv
Simpson	Daniel		24	12S	33W	40	2	Apr.	1860	LRiv
Simpson	Daniel		25	12S	32W	120	2	Apr.	1860	LRiv
Simpson	Hiram	L.	13	8S	29W	40	2	Apr.	1860	Howa
Simpson	Hiram	L.	23	8S	29W	40	1	Mar.	1855	Howa
Simpson	Hiram	L.	23	8S	29W	40	1	May	1856	Howa
Simpson	Hiram	L.	23	8S	29W	40	1	Dec.	1857	Howa
Simpson	Hiram	S.	13	8S	29W	40	2	Jul.	1860	Howa
Simpson	James	S.	20	11S	26W	40	1	Aug.	1837	Hem
Simpson	Jasper		26	16N	19W	160	28	Jun.	1905	Neva
Simpson	Jasper		26	16N	19W	-	28	Jun.	1905	Neva
Simpson	Larkin	D.	28	16N	21W	160	20	Feb.	1901	Neva
Simpson	Larkin	D.	28	16N	21W	-	20	Feb.	1901	Neva
Simpson	Mary	A.	12	12S	33W	40	2	Sep.	1889	LRiv
Simpson	Peter		6	10S	26W	40	2	Apr.	1860	Hem

Last Name	First Name	Int.	Section No.	Twp.	Ran	Acres	Date		Co.
Simpson	Peter		6	10S	26W	81.91	2 Apr.	1860	Hem
Simpson	Sarah		25	16N	22W	80	28 May	1895	Neva
Sims	George	F.	22	17N	22W	-	31 Dec.	1889	Neva
Sims	George	F.	23	17N	22W	-	31 Dec.	1889	Neva
Sims	George	F.	26	17N	22W	160	31 Dec.	1889	Neva
Sims	Jacob	M.	22	8S	28W	40	2 Apr.	1860	Howa
Sims	James	H.	23	17N	19W	80	15 Nov.	1854	Neva
Sims	James	W.	34	12S	26W	80	1 Aug.	1837	Hem
Sims	John	E.	29	17N	22W	-	1 Feb.	1901	Neva
Sims	John	E.	32	17N	22W	80	1 Feb.	1901	Neva
Sims	Parish		31	17N	22W	-	27 Jan.	1900	Neva
Sims	Parish		32	17N	22W	160	27 Jan.	1900	Neva
Sims	Parish		32	17N	22W	-	27 Jan.	1900	Neva
Sims	Samuel	W.	28	12S	26W	40	1 Aug.	1837	Hem
Sims	Sarah		23	6S	28W	160	18 Oct.	1888	Howa
Sims	William	M.	20	14S	23W	40	2 Apr.	1860	Hem
Sims	William	M.	31	14S	25W	43.97	10 Oct.	1856	Hem
Sims	William	M.	31	14S	25W	57.42	10 Oct.	1856	Hem
Sims	William	P.	28	17N	22W	-	5 Jul.	1889	Neva
Sims	William	P.	29	17N	22W	-	5 Jul.	1889	Neva
Sims	William	P.	33	17N	22W	160	5 Jul.	1889	Neva
Sinclear	Walter	S.	36	14S	25W	40	15 Jan.	1885	Hem
Singleton	John	W.	26	9S	26W	40	2 Apr.	1860	Hem
Singleton	John	W.	26	9S	26W	80	2 Jul.	1860	Hem
Singleton	John	W.	26	9S	26W	160	2 Apr.	1860	Hem
Singleton	John	W.	26	9S	26W	-	2 Apr.	1860	Hem
Singleton	Richard		34	9S	25W	80	2 Apr.	1860	Hem
Sipes	Alexander	F.	27	10S	28W	40	2 Jul.	1860	Howa
Sipes	Alexander	F.	34	10S	28W	-	2 Apr.	1860	Howa
Sipes	Alexander	F.	34	10S	28W	120	2 Apr.	1860	Howa
Sipes	William	W.	34	10S	28W	40	2 Jul.	1860	Howa
Sipes	William	W.	34	10S	28W	160	2 Apr.	1860	Howa
Sirmon	James	T.	13	5S	29W	-	1 May	1906	Howa
Sirmon	James	T.	18	5S	28W	123.26	1 May	1906	Howa
Sirmon	Jonathan	L.	13	5S	29W	-	31 Dec.	1904	Howa
Sirmon	Jonathan	L.	13	5S	29W	-	31 Dec.	1904	Howa
Sirmon	Jonathan	L.	13	5S	29W	160	31 Dec.	1904	Howa
Sirmon	Martha	J.	13	5S	29W	-	31 Dec.	1904	Howa
Sirmon	Martha	J.	13	5S	29W	160	31 Dec.	1904	Howa
Sisco	Horace		5	11S	32W	160	18 Oct.	1888	LRiv
Sisco	Horace		8	11S	32W	-	18 Oct.	1888	LRiv
Sisco	Preston	M.	25	15N	21W	-	23 Oct.	1901	Neva
Sisco	Preston	M.	25	15N	21W	-	23 Oct.	1901	Neva
Sisco	Preston	M.	26	15N	21W	160	23 Oct.	1901	Neva
Sisco	Preston	M.	26	15N	21W	-	23 Oct.	1901	Neva
Sisk	Isabella		5	9S	27W	80.98	1 Dec.	1857	Howa
Sissell	John		4	12S	27W	40	1 Mar.	1843	Hem
Sissell	John		28	11S	27W	40	1 Aug.	1837	Howa
Sissell	John		28	11S	27W	40	1 Mar.	1843	Howa
Sithen	Charles	K.	15	13S	26W	240	20 Jan.	1885	Hem
Sithen	Charles	K.	15	13S	26W	-	20 Jan.	1885	Hem
Sitzer	Lawson		13	12S	25W	40	1 Jul.	1859	Hem
Sitzes	Lawson		12	12S	25W	40	1 Mar.	1855	Hem
Sivley	Sarah	F.	31	7S	27W	-	30 Dec.	1905	Howa
Sivley	Sarah	F.	31	7S	27W	-	30 Dec.	1905	Howa
Sivley	Sarah	F.	31	7S	27W	164.63	30 Dec.	1905	Howa

Last Name	First Name	Int.	Section No.	Twp.	Ran	Acres	Date			Co.
Skaggs	Emaline		18	16N	20W	43.1	5	Jul.	1889	Neva
Skaggs	Irvin	E.	17	8S	27W	160	4	Aug.	1891	Howa
Skaggs	James	M.	13	11S	27W	40	10	Apr.	1837	Howa
Skaggs	James	M.	23	11S	27W	40	10	Apr.	1837	Howa
Skaggs	John		21	16N	20W	80	6	Oct.	1894	Neva
Skaggs	Samuel		13	16N	21W	80	25	Jun.	1892	Neva
Skaggs	William	A.	18	16N	20W	-	30	Jul.	1875	Neva
Skaggs	William	A.	19	16N	20W	125.41	30	Jul.	1875	Neva
Skaggs	William	A.	19	16N	20W	-	30	Jul.	1875	Neva
Skaggs	William		5	13N	22W	-	28	Jun.	1905	Neva
Skaggs	William		8	13N	22W	160	28	Jun.	1905	Neva
Skaggs	Willis	G.	17	13N	22W	160	20	Oct.	1884	Neva
Skaggs	Willis	G.	17	13N	22W	-	20	Oct.	1884	Neva
Skaggs	Wrighter	L.	31	14N	22W	159.53	12	Mar.	1894	Neva
Skaggs	Wrighter	L.	31	14N	22W	-	12	Mar.	1894	Neva
Skaggs	Wrighter	L.	31	14N	22W	-	12	Mar.	1894	Neva
Skidmore	John		35	9S	26W	80	2	Apr.	1860	Hem
Skidmore	John		35	9S	26W	200	2	Apr.	1860	Hem
Skidmore	John		35	9S	26W	-	2	Apr.	1860	Hem
Skidmore	John		35	9S	26W	-	2	Apr.	1860	Hem
Skidmore	John		35	9S	26W	-	2	Apr.	1860	Hem
Skidmore	John		35	9S	26W	-	2	Apr.	1860	Hem
Skinner	Jesse		18	12S	29W	-	2	Apr.	1860	LRiv
Skinner	Jesse		19	12S	29W	-	2	Apr.	1860	LRiv
Skinner	Jesse		19	12S	29W	-	2	Apr.	1860	LRiv
Skinner	Jesse		19	12S	29W	-	2	Apr.	1860	LRiv
Skinner	Jesse		19	12S	29W	280.98	2	Apr.	1860	LRiv
Skinner	Jesse		22	10S	32W	40	2	Apr.	1860	LRiv
Skinner	Jessee		19	12S	29W	40	2	Apr.	1860	LRiv
Slagle	Charles	F.	27	6S	30W	160	11	Sep.	1905	Howa
Slape	Joseph	G.	25	13N	20W	160	8	Jun.	1901	Neva
Slape	Joseph	G.	26	13N	20W	-	8	Jun.	1901	Neva
Slape	Joseph	G.	26	13N	20W	-	8	Jun.	1901	Neva
Slater	John	N.	31	15N	22W	-	6	Oct.	1894	Neva
Slater	John	N.	31	15N	22W	-	6	Oct.	1894	Neva
Slater	John	N.	36	15N	23W	158.39	6	Oct.	1894	Neva
Slater	John	W.	36	15N	23W	160	25	Aug.	1903	Neva
Slater	John	W.	36	15N	23W	-	25	Aug.	1903	Neva
Sloan	Noah	M.	8	16N	21W	80	18	Feb.	1888	Neva
Sloan	Noah	M.	17	16N	21W	160	20	Aug.	1892	Neva
Sloan	Noah	M.	17	16N	21W	-	20	Aug.	1892	Neva
Sloan	Noah	M.	17	16N	21W	-	20	Aug.	1892	Neva
Sloan	Orson	M.	11	15N	21W	-	10	Apr.	1907	Neva
Sloan	Orson	M.	12	15N	21W	160	10	Apr.	1907	Neva
Sloan	Rolen	C.	17	16N	21W	-	10	May	1893	Neva
Sloan	Rolen	C.	17	16N	21W	-	10	May	1893	Neva
Sloan	Rolen	C.	18	16N	21W	160	10	May	1893	Neva
Sloan	Samuel		25	10S	27W	40	1	May	1845	Howa
Sloan	Sarah		32	16N	21W	160	6	Dec.	1890	Neva
Sloan	Sarah		32	16N	21W	-	6	Dec.	1890	Neva
Slone	Elonzo	C.	4	15N	19W	-	22	May	1895	Neva
Slone	Elonzo	C.	33	16N	19W	162.83	22	May	1895	Neva
Slone	Elonzo	C.	33	16N	19W	-	22	May	1895	Neva
Slusher	Francis	M.	26	15N	22W	-	25	Feb.	1899	Neva
Slusher	Francis	M.	26	15N	22W	-	25	Feb.	1899	Neva
Slusher	Francis	M.	35	15N	22W	160	25	Feb.	1899	Neva

Last Name	First Name	Int.	Section No.	Twp.	Ran	Acres	Date			Co.
Slusher	John	H.	11	13N	21W	160	8	Apr.	1903	Neva
Slusher	John	H.	11	13N	21W	-	8	Apr.	1903	Neva
Slusher	John	H.	11	13N	21W	-	8	Apr.	1903	Neva
Slusher	Sirene		18	14N	21W	151.79	19	Oct.	1893	Neva
Slusher	Sirene		18	14N	21W	-	19	Oct.	1893	Neva
Slusher	Sirene		18	14N	21W	-	19	Oct.	1893	Neva
Smalling	Allen	R.	31	7S	27W	-	19	Mar.	1904	Howa
Smalling	Allen	R.	32	7S	27W	-	19	Mar.	1904	Howa
Smalling	Allen	R.	32	7S	27W	160	19	Mar.	1904	Howa
Smalling	William	M.	29	7S	27W	-	1	Sep.	1893	Howa
Smalling	William	M.	32	7S	27W	-	1	Sep.	1893	Howa
Smalling	William	M.	32	7S	27W	160	1	Sep.	1893	Howa
Smart	Emeline		15	11S	32W	-	12	Oct.	1900	LRiv
Smart	Emeline		15	11S	32W	160	12	Oct.	1900	LRiv
Smith	Abraham		20	13S	28W	40	1	Mar.	1843	LRiv
Smith	Alexander	B.	14	10S	24W	120	1	Jun.	1875	Hem
Smith	Alfred		1	14N	21W	80	20	Jun.	1876	Neva
Smith	Alfred		5	15N	20W	-	15	Dec.	1897	Neva
Smith	Alfred		6	15N	20W	-	15	Dec.	1897	Neva
Smith	Alfred		6	15N	20W	-	15	Dec.	1897	Neva
Smith	Alfred		7	15N	20W	-	15	Dec.	1897	Neva
Smith	Alfred		7	15N	20W	-	15	Dec.	1897	Neva
Smith	Alfred		8	15N	20W	160	15	Dec.	1897	Neva
Smith	Alfred		8	15N	20W	160	15	Dec.	1897	Neva
Smith	Alfred		26	15N	20W	40	16	Feb.	1888	Neva
Smith	Allen	G.	28	15N	21W	160	8	May	1901	Neva
Smith	Andrew	J.	32	15N	21W	160	22	May	1895	Neva
Smith	Andrew	J.	32	15N	21W	-	22	May	1895	Neva
Smith	Benjamin	F.	2	11S	32W	-	10	Oct.	1894	LRiv
Smith	Benjamin	F.	2	11S	32W	38.14	31	Jan.	1890	LRiv
Smith	Benjamin	F.	2	11S	32W	156.86	10	Oct.	1894	LRiv
Smith	Benjamin	F.	5	11S	32W	157.5	3	Jul.	1897	LRiv
Smith	Benjamin	F.	32	10S	32W	-	3	Jul.	1897	LRiv
Smith	Benjamin	F.	32	10S	32W	-	3	Jul.	1897	LRiv
Smith	Benjamin	T.	6	13S	28W	90.74	8	Jun.	1896	LRiv
Smith	Berry		31	10S	23W	80	20	Apr.	1883	Hem
Smith	Blev		15	13N	23W	160	1	Mar.	1904	Neva
Smith	Blev		15	13N	23W	-	1	Mar.	1904	Neva
Smith	Blev		15	13N	23W	-	1	Mar.	1904	Neva
Smith	Caswell		2	11S	27W	40	1	May	1845	Howa
Smith	Caswell		2	11S	27W	40	1	May	1845	Howa
Smith	Clayborne	M.	1	14N	21W	80.2	12	Jan.	1898	Neva
Smith	Daniel	L.	26	17N	22W	-	8	Jan.	1895	Neva
Smith	Daniel	L.	35	17N	22W	160	8	Jan.	1895	Neva
Smith	David	B.	31	11S	30W	-	28	Jun.	1895	LRiv
Smith	David	B.	31	11S	30W	160	28	Jun.	1895	LRiv
Smith	David	B.	32	11S	30W	-	28	Jun.	1895	LRiv
Smith	David		13	14N	21W	153.05	19	Oct.	1905	Neva
Smith	David		13	14N	21W	-	19	Oct.	1905	Neva
Smith	David		18	14N	20W	-	19	Oct.	1905	Neva
Smith	Eason		21	15N	20W	80	19	Oct.	1905	Neva
Smith	Edward	Q.	22	5S	29W	160	19	May	1903	Howa
Smith	Elisha	L.	4	14N	21W	-	19	Oct.	1905	Neva
Smith	Elisha	L.	5	14N	21W	145.3	19	Oct.	1905	Neva
Smith	Emeline		28	15N	21W	-	8	May	1901	Neva
Smith	Emeline		29	15N	21W	120	8	May	1901	Neva

Last Name	First Name	Int.	Section No.	Twp.	Ran	Acres	Date	Co.
Smith	Enoch	J.	17	13S	26W	80	1 Aug. 1837	Hem
Smith	Enoch	J.	17	13S	26W	80	10 Apr. 1837	Hem
Smith	Enoch	J.	28	13S	26W	41.64	10 Apr. 1837	Hem
Smith	Enoch	J.	28	13S	26W	60.69	10 Apr. 1837	Hem
Smith	Enoch	J.	33	12S	26W	160	1 Nov. 1839	Hem
Smith	Enoch	J.	33	12S	26W	-	1 Nov. 1839	Hem
Smith	Enoch	J.	34	12S	26W	40	10 Apr. 1837	Hem
Smith	Enoch	J.	34	12S	26W	80	1 Aug. 1837	Hem
Smith	Enoch	J.	34	12S	26W	80	10 Aug. 1837	Hem
Smith	Enoch		20	13N	23W	-	17 Apr. 1899	Neva
Smith	Enoch		20	13N	23W	-	17 Apr. 1899	Neva
Smith	Enoch		21	13N	23W	160	17 Apr. 1899	Neva
Smith	George	E.	5	12S	25W	40	1 Oct. 1860	Hem
Smith	George	F.	12	12S	25W	80	1 Mar. 1843	Hem
Smith	George		21	9S	28W	80	1 Mar. 1843	Howa
Smith	George		22	9S	28W	80	1 May 1845	Howa
Smith	George		22	9S	28W	160	1 May 1845	Howa
Smith	George		28	9S	28W	80	1 Mar. 1843	Howa
Smith	George		33	12S	31W	-	30 Aug. 1882	LRiv
Smith	George		33	12S	31W	-	30 Aug. 1882	LRiv
Smith	George		33	12S	31W	160	30 Aug. 1882	LRiv
Smith	Gilbert	T.	8	15N	20W	-	8 May 1901	Neva
Smith	Gilbert	T.	9	15N	20W	160	8 May 1901	Neva
Smith	Gilbert	T.	26	15N	20W	-	20 Oct. 1882	Neva
Smith	Harriett		21	10S	23W	40	26 May 1890	Hem
Smith	Harvey	Y.	7	12S	25W	80	10 Aug. 1837	Hem
Smith	Harvey	Y.	12	12S	26W	80	10 Aug. 1837	Hem
Smith	Harvey	Y.	13	12S	26W	40	10 Aug. 1837	Hem
Smith	Harvey	Y.	13	12S	26W	80	10 Aug. 1837	Hem
Smith	Harvey	Y.	18	12S	25W	143.58	10 Aug. 1837	Hem
Smith	Harvey	Y.	28	13S	27W	91.26	10 Jul. 1844	LRiv
Smith	Harvey	Y.	28	13S	27W	110.92	10 Jul. 1844	LRiv
Smith	Harvey	Y.	28	13S	27W	133.73	10 Jul. 1844	LRiv
Smith	Harvey	Y.	32	13S	27W	16.6	10 Jul. 1844	LRiv
Smith	Harvey	Y.	32	13S	27W	137.74	10 Jul. 1844	LRiv
Smith	Henry	J.	27	13S	25W	80	1 Jun. 1888	Hem
Smith	Henry		13	15N	20W	80	1 Feb. 1901	Neva
Smith	Henry		13	15N	20W	-	1 Feb. 1901	Neva
Smith	Henry		22	15N	20W	80	25 Apr. 1877	Neva
Smith	Hezekiah	W.	1	12S	25W	80	1 Aug. 1837	Hem
Smith	Hezekiah	W.	2	12S	25W	40	15 Apr. 1837	Hem
Smith	Hezekiah	W.	13	12S	25W	40	1 Nov. 1839	Hem
Smith	Isaac	J.	33	15N	21W	-	8 Jun. 1901	Neva
Smith	Isaac	J.	33	15N	21W	-	8 Jun. 1901	Neva
Smith	Isaac	J.	34	15N	21W	160	8 Jun. 1901	Neva
Smith	Jabel		13	14N	24W	155.77	21 Feb. 1893	Neva
Smith	Jabel		13	14N	24W	-	21 Feb. 1893	Neva
Smith	Jabel		18	14N	23W	-	21 Feb. 1893	Neva
Smith	Jacob		7	13S	26W	40	30 Jun. 1884	Hem
Smith	James	H.	2	12S	30W	159.11	1 Sep. 1893	LRiv
Smith	James	H.	2	13N	23W	160.1	31 Aug. 1905	Neva
Smith	James	H.	2	13N	23W	-	31 Aug. 1905	Neva
Smith	James	H.	3	12S	30W	-	1 Sep. 1893	LRiv
Smith	James	J.	13	14N	24W	-	22 Apr. 1899	Neva
Smith	James	J.	24	14N	24W	160	22 Apr. 1899	Neva
Smith	James	M.	20	10S	32W	-	26 Jun. 1906	LRiv

Last Name	First Name	Int.	Section No.	Twp.	Ran	Acres	Date			Co.
Smith	James	M.	20	10S	32W	-	26	Jun.	1906	LRiv
Smith	James	M.	20	10S	32W	160	26	Jun.	1906	LRiv
Smith	James	P.	22	15N	20W	80	May	May	1904	Neva
Smith	James	T.	2	5S	29W	158.09	30	Jul.	1900	Howa
Smith	James	W.	21	12S	26W	40	1	Sep.	1850	Hem
Smith	James	W.	22	12S	26W	-	1	Aug.	1837	Hem
Smith	James	W.	27	12S	26W	40	15	Apr.	1837	Hem
Smith	James	W.	27	12S	26W	80	1	Aug.	1837	Hem
Smith	James		34	12S	26W	40	10	Apr.	1837	Hem
Smith	James		34	12S	26W	80	10	Apr.	1837	Hem
Smith	James		34	12S	26W	160	1	Apr.	1828	Hem
Smith	James		35	12S	26W	80	10	Apr.	1837	Hem
Smith	Jeremiah		3	15N	21W	39.25	15	Nov.	1854	Neva
Smith	Jeremiah		34	16N	21W	40	15	Nov.	1854	Neva
Smith	Jerry	M.	8	15N	20W	80	28	Jun.	1905	Neva
Smith	Jerry	M.	8	15N	20W	-	28	Jun.	1905	Neva
Smith	Joe		3	12S	32W	160.9	12	Aug.	1901	LRiv
Smith	Joel	J.	10	10S	27W	160	2	Apr.	1860	Howa
Smith	John	A.	10	13S	28W	-	2	May	1905	LRiv
Smith	John	A.	10	13S	28W	120	2	May	1905	LRiv
Smith	John	A.	14	12S	30W	-	19	Oct.	1888	LRiv
Smith	John	A.	14	12S	30W	-	19	Oct.	1888	LRiv
Smith	John	A.	15	12S	30W	160	19	Oct.	1888	LRiv
Smith	John	E.	23	9S	28W	80	1	May	1845	Howa
Smith	John	W.	26	13N	20W	160	22	Mar.	1906	Neva
Smith	John	W.	26	13N	20W	-	22	Mar.	1906	Neva
Smith	John	W.	36	17N	22W	160	20	Jan.	1886	Neva
Smith	John		22	15N	20W	80	1	Nov.	1884	Neva
Smith	Joseph		11	14N	21W	-	9	May	1905	Neva
Smith	Joseph		12	14N	21W	160	9	May	1905	Neva
Smith	Lawson		5	13S	26W	40	22	Nov.	1889	Hem
Smith	Lewis	P.	1	11S	28W	-	1	Jul.	1859	Howa
Smith	Lewis	P.	1	11S	28W	40	1	Oct.	1850	Howa
Smith	Lewis	P.	1	11S	28W	40	1	Mar.	1855	Howa
Smith	Lewis	P.	1	11S	28W	40.12	1	Nov.	1849	Howa
Smith	Lewis	P.	1	11S	28W	117.08	1	Jul.	1859	Howa
Smith	Lewis	P.	2	11S	28W	39.95	1	Nov.	1849	Howa
Smith	Lewis	P.	35	10S	28W	-	1	Jul.	1859	Howa
Smith	Lewis	P.	35	10S	28W	-	1	Jul.	1859	Howa
Smith	Lewis	P.	35	10S	28W	40	1	Nov.	1849	Howa
Smith	Lewis	P.	35	10S	28W	40	1	Nov.	1849	Howa
Smith	Lewis	P.	35	10S	28W	160	1	Jul.	1859	Howa
Smith	Lewis		36	14N	23W	80	19	Oct.	1905	Neva
Smith	Lewis		36	14N	23W	80	19	Oct.	1905	Neva
Smith	Manerva	S.	19	17N	19W	158.33	9	Aug.	1919	Neva
Smith	Manerva	S.	19	17N	19W	-	9	Aug.	1919	Neva
Smith	Manerva	S.	19	17N	19W	-	9	Aug.	1919	Neva
Smith	Marcellus	S.	13	16N	23W	-	28	Nov.	1894	Neva
Smith	Marcellus	S.	13	16N	23W	-	28	Nov.	1894	Neva
Smith	Marcellus	S.	14	16N	23W	160	28	Nov.	1894	Neva
Smith	Martin		21	15N	20W	80	11	Nov.	1892	Neva
Smith	Martin		21	15N	20W	80	4	Sep.	1895	Neva
Smith	Martin		21	15N	20W	-	11	Nov.	1892	Neva
Smith	Martin		21	15N	20W	-	4	Sep.	1895	Neva
Smith	Mary		1	14N	21W	-	1	Feb.	1901	Neva
Smith	Mary		2	14N	21W	-	1	Feb.	1901	Neva

Last Name	First Name	Int.	Section No.	Twp.	Ran	Acres	Date			Co.
Smith	Mary		11	14N	21W	160	1	Feb.	1901	Neva
Smith	Math	O.	15	14N	20W	-	30	Mar.	1905	Neva
Smith	Math	O.	15	14N	20W	-	30	Mar.	1905	Neva
Smith	Math	O.	15	14N	20W	-	30	Mar.	1905	Neva
Smith	Math	O.	15	14N	20W	-	30	Mar.	1905	Neva
Smith	Math	O.	22	14N	20W	160	30	Mar.	1905	Neva
Smith	Math	O.	22	14N	20W	160	30	Mar.	1905	Neva
Smith	Mollie		11	14N	21W	160	28	Jun.	1905	Neva
Smith	Mollie		14	14N	21W	-	28	Jun.	1905	Neva
Smith	Mollie		14	14N	21W	-	28	Jun.	1905	Neva
Smith	Nancy	J.	12	13S	29W	80	23	Jan.	1899	LRiv
Smith	Nathan	D.	5	11S	25W	80.76	15	Apr.	1837	Hem
Smith	Nathan	D.	7	11S	25W	40	15	Apr.	1837	Hem
Smith	Nathan	D.	7	11S	25W	40	15	Apr.	1837	Hem
Smith	Nathan	D.	7	11S	25W	80	10	May	1827	Hem
Smith	Nathan	D.	8	11S	25W	80	15	Apr.	1837	Hem
Smith	Nathan	D.	17	10S	27W	160	1	Aug.	1837	Howa
Smith	Nathan	D.	17	11S	25W	80	1	Aug.	1837	Hem
Smith	Nathan	D.	17	11S	25W	80	15	Apr.	1837	Hem
Smith	Nathan	D.	17	11S	25W	80	15	Apr.	1837	Hem
Smith	Nathan	D.	17	11S	27W	40	10	Apr.	1837	Howa
Smith	Nathan	D.	17	11S	27W	40	15	Apr.	1837	Howa
Smith	Nathan	D.	18	11S	25W	40	1	Mar.	1855	Hem
Smith	Nathan	D.	18	11S	25W	40	10	Apr.	1837	Hem
Smith	Nathan	D.	18	11S	25W	40	15	Apr.	1837	Hem
Smith	Nathan	D.	18	11S	27W	80	10	Apr.	1837	Howa
Smith	Nathan	D.	19	11S	27W	80	10	Apr.	1837	Howa
Smith	Nathan	D.	20	11S	27W	160	10	Apr.	1837	Howa
Smith	Nathan	D.	20	11S	27W	320	10	Apr.	1837	Howa
Smith	Nathan	D.	21	11S	27W	160	10	Apr.	1837	Howa
Smith	Nathan		34	9S	32W	-	25	Feb.	1890	LRiv
Smith	Orange		1	13S	26W	80	5	May	1899	Hem
Smith	Pascal		5	12S	25W	40	1	Jun.	1875	Hem
Smith	Richard	C.	20	5S	29W	-	10	Apr.	1907	Howa
Smith	Richard	C.	20	5S	29W	-	10	Apr.	1907	Howa
Smith	Richard	C.	20	5S	29W	160	10	Apr.	1907	Howa
Smith	Robert	E.	8	11S	32W	80	5	Aug.	1898	LRiv
Smith	Rufus	C.	1	14N	24W	40	15	Nov.	1854	Neva
Smith	Sophia	A.	9	15N	20W	80	30	Dec.	1905	Neva
Smith	Sophia	A.	9	15N	20W	80	22	Apr.	1919	Neva
Smith	Stephen		2	14N	21W	160.57	10	Apr.	1907	Neva
Smith	Thomas	C.	33	12S	23W	40	1	Mar.	1855	Hem
Smith	Thomas	C.	33	12S	23W	40	10	Jul.	1848	Hem
Smith	Thomas	E.	22	13N	22W	160	9	May	1905	Neva
Smith	Thomas	E.	22	13N	22W	-	9	May	1905	Neva
Smith	Thomas	J.	14	8S	28W	40	5	Apr.	1890	Howa
Smith	Thomas	R.	2	11S	32W	-	26	Aug.	1905	LRiv
Smith	Thomas	R.	2	11S	32W	78.18	26	Aug.	1905	LRiv
Smith	Thomas	S.	7	11S	32W	48.12	4	Apr.	1904	LRiv
Smith	Thomas		1	16N	21W	159.14	28	Jun.	1905	Neva
Smith	Tilman		27	10S	27W	80	1	Aug.	1837	Howa
Smith	William	A.	14	12S	30W	160	2	Apr.	1860	LRiv
Smith	William	D.	32	11S	32W	-	31	Jul.	1903	LRiv
Smith	William	D.	32	11S	32W	160	31	Jul.	1903	LRiv
Smith	William	E.	5	14N	22W	-	12	Aug.	1919	Neva
Smith	William	E.	32	15N	22W	160.09	12	Aug.	1919	Neva

Last Name	First Name	Int.	Section No.	Twp.	Ran	Acres	Date			Co.
Smith	William	J.	3	11S	32W	-	22	Apr.	1901	LRiv
Smith	William	J.	4	11S	32W	-	22	Apr.	1901	LRiv
Smith	William	J.	9	11S	32W	-	22	Apr.	1901	LRiv
Smith	William	J.	10	11S	32W	160	22	Apr.	1901	LRiv
Smith	William	J.	14	13N	23W	160	31	Dec.	1904	Neva
Smith	William	J.	14	13N	23W	-	31	Dec.	1904	Neva
Smith	William	L.	11	11S	25W	40	1	Aug.	1837	Hem
Smith	William	L.	15	11S	25W	40	15	Apr.	1837	Hem
Smither	Samuel	A.	24	11S	33W	-	12	Aug.	1901	LRiv
Smither	Samuel	A.	24	11S	33W	160	12	Aug.	1901	LRiv
Smither	William	G.	28	13S	24W	80	1	Jul.	1859	Hem
Smithson	John	G.	18	13S	28W	-	19	May	1903	LRiv
Smithson	John	G.	18	13S	28W	129.52	19	May	1903	LRiv
Sneed	Samuel		36	15N	21W	40	15	Nov.	1854	Neva
Snoddy	Charles	R.	10	8S	27W	80	10	May	1861	Howa
Snoddy	John	H.	1	8S	28W	161.38	27	Dec.	1905	Howa
Snoddy	John	H.	36	7S	28W	-	27	Dec.	1905	Howa
Snoddy	Robert	B.	12	8S	28W	-	15	Nov.	1894	Howa
Snoddy	Robert	B.	12	8S	28W	-	15	Nov.	1894	Howa
Snoddy	Robert	B.	12	8S	28W	160	15	Nov.	1894	Howa
Snodgrass	Amzella		35	8S	29W	-	15	Oct.	1906	Howa
Snodgrass	Amzella		36	8S	29W	120	15	Oct.	1906	Howa
Snodgrass	William		5	9S	28W	160	1	Jul.	1857	Howa
Snodgrass	William		6	9S	28W	40	2	Apr.	1860	Howa
Snow	Ahigha		1	14N	22W	159.98	9	Aug.	1919	Neva
Snow	Calvin	H.	6	13N	20W	157.49	20	Feb.	1901	Neva
Snow	Calvin	H.	6	13N	20W	-	20	Feb.	1901	Neva
Snow	Ebenezer		5	13N	22W	40	20	Oct.	1884	Neva
Snow	Ebenezer		19	14N	21W	80	1	Jun.	1860	Neva
Snow	Francis	M.	13	13N	23W	166.99	28	Jun.	1890	Neva
Snow	Francis	M.	13	13N	23W	-	28	Jun.	1890	Neva
Snow	Francis	M.	18	13N	22W	-	28	Jun.	1890	Neva
Snow	George	W.	5	13N	22W	-	28	Jun.	1890	Neva
Snow	George	W.	8	13N	22W	160	28	Jun.	1890	Neva
Snow	Henry	H.	27	15N	22W	80	10	Apr.	1885	Neva
Snow	James	H.	6	14N	21W	143.9	9	Aug.	1919	Neva
Snow	James	H.	6	14N	21W	-	9	Aug.	1919	Neva
Snow	James	H.	6	14N	21W	-	9	Aug.	1919	Neva
Snow	James	H.	26	15N	22W	-	25	Feb.	1899	Neva
Snow	James	H.	27	15N	22W	160	25	Feb.	1899	Neva
Snow	James	H.	27	15N	22W	-	25	Feb.	1899	Neva
Snow	James	R.	17	14N	21W	-	25	Aug.	1903	Neva
Snow	James	R.	18	14N	21W	160	25	Aug.	1903	Neva
Snow	Jasper		25	15N	22W	120	30	Aug.	1899	Neva
Snow	Jasper		36	15N	22W	-	30	Aug.	1899	Neva
Snow	John	M.	20	14N	21W	-	19	Oct.	1893	Neva
Snow	John	M.	20	14N	21W	-	19	Oct.	1893	Neva
Snow	John	M.	21	14N	21W	160	19	Oct.	1893	Neva
Snow	John	T.	33	17N	22W	80	28	Mar.	1906	Neva
Snow	Leroy		35	15N	22W	160	17	Dec.	1894	Neva
Snow	Margaret	C.	33	17N	22W	160	15	Dec.	1882	Neva
Snow	Margaret	C.	34	17N	22W	-	15	Dec.	1882	Neva
Snow	Margaret	C.	34	17N	22W	-	15	Dec.	1882	Neva
Snow	Samuel		24	14N	22W	160	19	Oct.	1893	Neva
Snow	Samuel		24	14N	22W	-	19	Oct.	1893	Neva
Snow	Samuel		24	14N	22W	-	19	Oct.	1893	Neva

Last Name	First Name	Int.	Section No.	Twp.	Ran	Acres	Date			Co.
Snow	William	W.	31	14N	20W	-	21	Feb.	1893	Neva
Snow	William	W.	36	14N	21W	158.27	21	Feb.	1893	Neva
Sooter	William	L.	9	14N	22W	160	23	Jun.	1898	Neva
Sooter	William	L.	9	14N	22W	-	23	Jun.	1898	Neva
Sorrel	Jacob		22	13S	31W	-	1	Mar.	1843	LRiv
Sorrel	Jacob		23	13S	31W	160	1	Mar.	1843	LRiv
Sorrell	Jacob		22	13S	31W	80	1	May	1845	LRiv
Sorrell	Jacob		26	13S	31W	80	10	Oct.	1856	LRiv
Sorrell	Jacob		33	12S	32W	80	1	May	1845	LRiv
Sorrells	Washington		1	10S	24W	40	1	Aug.	1837	Hem
Sorrells	Washington		1	10S	24W	40	1	Aug.	1837	Hem
Sossamon	Joseph	A.	8	11S	32W	-	5	Aug.	1885	LRiv
Sossamon	Joseph	A.	9	11S	32W	80	5	Aug.	1885	LRiv
Soulsby	Edward	J.	9	11S	32W	160	13	Jun.	1889	LRiv
Sparks	Balis	E.	36	13N	21W	80	23	Feb.	1888	Neva
Sparks	Balis	E.	36	13N	21W	80	10	Oct.	1894	Neva
Sparks	Dread	C.	27	16N	21W	160	8	Feb.	1897	Neva
Sparks	Dread	C.	27	16N	21W	-	8	Feb.	1897	Neva
Sparks	Dread	C.	27	16N	21W	-	8	Feb.	1897	Neva
Sparks	Elizabeth	W.	15	13N	21W	160	18	Apr.	1905	Neva
Sparks	Hiram		25	15N	23W	160	1	Mar.	1904	Neva
Sparks	Hiram		25	15N	23W	-	1	Mar.	1904	Neva
Sparks	Hiram		25	15N	23W	-	1	Mar.	1904	Neva
Sparks	Irvin	H.	35	14N	21W	160	May	May	1904	Neva
Sparks	Irvin	H.	35	14N	21W	-	5	May	1904	Neva
Sparks	James	B.	1	13N	21W	133.99	1	Mar.	1904	Neva
Sparks	John	E.	26	16N	23W	-	13	Aug.	1896	Neva
Sparks	John	E.	27	16N	23W	160	13	Aug.	1896	Neva
Sparks	John	M.	29	15N	22W	160	25	Feb.	1899	Neva
Sparks	John	M.	29	15N	22W	-	25	Feb.	1899	Neva
Sparks	John	P.	14	15N	23W	160	17	Apr.	1899	Neva
Sparks	John	P.	14	15N	23W	-	17	Apr.	1899	Neva
Sparks	John	P.	14	15N	23W	-	17	Apr.	1899	Neva
Sparks	John		13	11S	25W	40	2	Jul.	1860	Hem
Sparks	Joshua		22	15N	23W	120	1	Jul.	1875	Neva
Sparks	Joshua		22	15N	23W	-	1	Jul.	1875	Neva
Sparks	Lemuel	R.	36	13N	21W	160	28	Jun.	1905	Neva
Sparks	Lemuel	R.	36	13N	21W	-	28	Jun.	1905	Neva
Sparks	Samuel	L.	28	15N	22W	-	3	May	1897	Neva
Sparks	Samuel	L.	29	15N	22W	160	3	May	1897	Neva
Sparks	William	R.	22	15N	22W	160	10	Jan.	1896	Neva
Sparks	William	R.	22	15N	22W	-	10	Jan.	1896	Neva
Sparks	William	R.	27	15N	22W	-	10	Jan.	1896	Neva
Spears	Arastus		21	16N	19W	80	25	Mar.	1902	Neva
Spears	Christopher	C.	32	7S	27W	160	17	Aug.	1894	Howa
Spears	Christopher	C.	33	7S	27W	-	17	Aug.	1894	Howa
Spears	Christopher	C.	33	7S	27W	-	17	Aug.	1894	Howa
Spears	James	M.	2	16N	19W	160	25	Aug.	1903	Neva
Spears	James		3	11S	24W	40	13	Jun.	1889	Hem
Spears	James		3	11S	24W	40	30	Aug.	1882	Hem
Spears	John	R.	23	16N	19W	-	6	Dec.	1890	Neva
Spears	John	R.	23	16N	19W	-	6	Dec.	1890	Neva
Spears	John	R.	26	16N	19W	160	6	Dec.	1890	Neva
Spears	John	T.	10	16N	19W	80	30	Mar.	1882	Neva
Spears	John	T.	10	16N	19W	-	30	Mar.	1882	Neva
Spears	John	T.	15	16N	19W	40	30	Mar.	1882	Neva

Last Name	First Name	Int.	Section No.	Twp.	Ran	Acres	Date			Co.
Spears	John	T.	35	17N	19W	80	30	Dec.	1878	Neva
Spears	John	T.	36	17N	19W	40	17	Feb.	1881	Neva
Spears	Joseph	M.	11	16N	19W	160	9	Aug.	1919	Neva
Spears	Mack	M.	33	10S	24W	40	1	Oct.	1878	Hem
Spears	Nancy		3	11S	24W	40	1	Feb.	1876	Hem
Spears	Pleasant	H.	9	16N	19W	80	13	Jul.	1875	Neva
Spears	Pleasant	H.	9	16N	19W	80	13	Jun.	1878	Neva
Spears	Pleasant	H.	9	16N	19W	-	13	Jul.	1875	Neva
Spears	Samuel	H.	8	16N	19W	160	1	Feb.	1901	Neva
Spears	Samuel	H.	8	16N	19W	-	1	Feb.	1901	Neva
Spears	Samuel	H.	8	16N	19W	-	1	Feb.	1901	Neva
Spears	Samuel	H.	8	16N	19W	-	1	Feb.	1901	Neva
Spears	Seagle	A.	3	16N	19W	-	9	Aug.	1919	Neva
Spears	Seagle	A.	10	16N	19W	160	9	Aug.	1919	Neva
Spears	Thomas	J.	5	16N	19W	-	13	Jun.	1878	Neva
Spears	Thomas	J.	8	16N	19W	160	13	Jun.	1878	Neva
Spears	William	S.	9	16N	19W	40	30	Sep.	1884	Neva
Spears	William	S.	10	16N	19W	160	15	Aug.	1876	Neva
Spencer	Charles	L.	17	16N	21W	160	8	Apr.	1903	Neva
Spencer	Charles	L.	17	16N	21W	-	8	Apr.	1903	Neva
Spencer	Frank	W.	12	16N	21W	-	7	Apr.	1896	Neva
Spencer	Frank	W.	13	16N	21W	160	7	Apr.	1896	Neva
Spencer	Frank	W.	13	16N	21W	-	7	Apr.	1896	Neva
Spencer	Jesse		1	16N	21W	-	7	Sep.	1900	Neva
Spencer	Jesse		2	16N	21W	-	7	Sep.	1900	Neva
Spencer	Jesse		36	17N	21W	160.31	7	Sep.	1900	Neva
Spencer	John	L.	10	16N	23W	160	17	Apr.	1899	Neva
Spencer	John	L.	10	16N	23W	-	17	Apr.	1899	Neva
Spencer	John	L.	10	16N	23W	-	17	Apr.	1899	Neva
Spencer	John	R.	15	16N	21W	160	10	Jun.	1904	Neva
Spencer	John	R.	15	16N	21W	-	10	Jun.	1904	Neva
Spencer	John		15	16N	21W	80	30	Dec.	1901	Neva
Spier	William	B.	9	10S	23W	80	2	Jul.	1860	Hem
Spiva	Charles	W.	1	13N	24W	-	27	Dec.	1888	Neva
Spiva	Charles	W.	2	13N	24W	160	27	Dec.	1888	Neva
Spiva	Nathan	N.	19	13N	23W	-	27	Dec.	1888	Neva
Spiva	Nathan	N.	19	13N	23W	-	27	Dec.	1888	Neva
Spiva	Nathan	N.	20	13N	23W	160	27	Dec.	1888	Neva
Spiva	Susan	E.	19	13N	23W	160	11	Sep.	1905	Neva
Spragins	Samuel	T.	34	9S	24W	40	1	Oct.	1860	Hem
Spragins	Samuel	T.	34	9S	24W	80	2	Jul.	1860	Hem
Sprague	William		19	15N	19W	80	10	Oct.	1904	Neva
Spring	James	P.	1	15N	19W	40	15	Nov.	1854	Neva
Sprouse	Leroy	D.	19	15N	19W	-	25	Jun.	1889	Neva
Sprouse	Leroy	D.	20	15N	19W	-	25	Jun.	1889	Neva
Sprouse	Leroy	D.	29	15N	19W	-	25	Jun.	1889	Neva
Sprouse	Leroy	D.	30	15N	19W	160	25	Jun.	1889	Neva
Spurlock	George		2	15N	21W	38.83	1	Dec.	1891	Neva
Spurlock	George		35	16N	21W	40	30	Aug.	1888	Neva
Spurlock	George		35	16N	21W	40	1	Dec.	1891	Neva
Stacy	James		28	17N	20W	80	15	Jul.	1904	Neva
Stacy	James		28	17N	20W	-	15	Jul.	1904	Neva
Stacy	James		29	17N	20W	40	10	Apr.	1907	Neva
Stafford	Robert		3	7S	28W	165.75	8	Oct.	1901	Howa
Stafford	Robert		34	6S	28W	-	8	Oct.	1901	Howa
Stafford	Sidney	E.	13	6S	28W	-	19	May	1903	Howa

Last Name	First Name	Int.	Section No.	Twp.	Ran	Acres	Date			Co.
Stafford	Sidney	E.	24	6S	28W	160	19	May	1903	Howa
Staggers	George	W.	15	12S	26W	160	14	Aug.	1899	Hem
Staggers	George	W.	15	12S	26W	-	14	Aug.	1899	Hem
Stallcup	John		20	10S	27W	40	10	Jul.	1844	Howa
Stallings	Henry		7	11S	31W	-	1	Oct.	1860	LRiv
Stallings	Henry		7	11S	31W	40	2	Jul.	1860	LRiv
Stallings	Henry		7	11S	31W	160	1	Oct.	1860	LRiv
Stallions	Charley	E.	28	13N	21W	160	6	May	1907	Neva
Stamps	Addison	P.	11	6S	29W	40	2	Jul.	1860	Howa
Stamps	Addison	P.	11	6S	29W	40	20	Oct.	1882	Howa
Stamps	Addison	P.	11	6S	29W	40	20	Jan.	1883	Howa
Stamps	Adison	P.	2	6S	29W	66.34	1	Jun.	1875	Howa
Stamps	Elijah		22	17N	23W	40	1	Sep.	1849	Neva
Stamps	Elijah		22	17N	23W	40	15	Nov.	1854	Neva
Stamps	Elijah		22	17N	23W	40	1	Feb.	1860	Neva
Stamps	John	E.	35	5S	29W	-	19	Oct.	1888	Howa
Stamps	John	E.	36	5S	29W	160	19	Oct.	1888	Howa
Stamps	Lewis	S.	22	17N	23W	80	15	Dec.	1882	Neva
Stamps	Lewis	S.	22	17N	23W	-	15	Dec.	1882	Neva
Stamps	Moses		33	12S	26W	40	13	Dec.	1876	Hem
Stanberry	Henry	C.	2	14N	24W	-	6	Jun.	1890	Neva
Stanberry	James	P.	28	15N	23W	-	6	Jun.	1890	Neva
Stanberry	James	P.	29	15N	23W	160	6	Jun.	1890	Neva
Stanberry	James	P.	29	15N	23W	-	6	Jun.	1890	Neva
Stanberry	John	M.	7	14N	23W	160	6	Jun.	1890	Neva
Stanberry	John	M.	7	14N	23W	-	6	Jun.	1890	Neva
Stanberry	John	M.	8	14N	23W	40	5	Feb.	1884	Neva
Stanberry	William	F.	2	14N	24W	-	28	Mar.	1906	Neva
Stanbridge	Alexander		20	13N	19W	80	10	Mar.	1883	Neva
Stanbridge	Alexander		20	13N	19W	-	10	Mar.	1883	Neva
Standlee	Abraham		18	9S	26W	40	1	May	1845	Hem
Standlee	James		3	9S	28W	39.14	1	Mar.	1855	Howa
Standlee	James		4	9S	28W	40	1	Mar.	1855	Howa
Standlee	John	P.	12	8S	29W	40	1	Sep.	1850	Howa
Standlee	William		17	9S	27W	40	1	Nov.	1849	Howa
Standlee	William		17	9S	27W	40	1	Mar.	1855	Howa
Standlee	William		17	9S	27W	40	1	Jul.	1857	Howa
Standlee	William		17	9S	27W	80	1	Mar.	1855	Howa
Standler	James		4	9S	28W	37.36	2	Jul.	1860	Howa
Standler	James		33	8S	28W	40	2	Jul.	1860	Howa
Standridge	John		20	13N	19W	40	1	Jun.	1860	Neva
Standridge	John		30	13N	19W	40	1	Jun.	1860	Neva
Standridge	Lemuel		21	13N	19W	40	1	Feb.	1860	Neva
Standridge	Lemuel		35	13N	19W	160	27	Dec.	1888	Neva
Standridge	Martin		22	13N	19W	40	1	Jun.	1860	Neva
Standridge	Martin		30	13N	19W	40	1	Feb.	1860	Neva
Standridge	Martin		36	13N	20W	40	8	Aug.	1895	Neva
Standridge	Samuel	O.	25	13N	20W	40	1	Feb.	1860	Neva
Stanley	James		27	8S	28W	40	31	Dec.	1904	Howa
Stanley	Joseph		32	10S	32W	160	18	Feb.	1898	LRiv
Stapleton	Matilda	J.	22	15N	22W	80	25	Jun.	1901	Neva
Stapleton	Matilda	J.	22	15N	22W	-	25	Jun.	1901	Neva
Stapleton	Nancy	A.	1	14N	22W	-	6	May	1907	Neva
Stapleton	Nancy	A.	2	14N	22W	160.25	6	May	1907	Neva
Stard	Robert		8	13S	28W	160	14	Nov.	1905	LRiv
Stark	Sam		28	11S	29W	160	22	Apr.	1901	LRiv

Last Name	First Name	Int.	Section No.	Twp.	Ran	Acres	Date			Co.
Starr	John	S.	12	16N	21W	80	8	Jun.	1901	Neva
Starr	John	S.	12	16N	21W	-	8	Jun.	1901	Neva
Start	Benjamin		1	9S	27W	40.72	2	Jul.	1860	Howa
Start	Benjamin		18	10S	28W	80	1	Aug.	1837	Howa
Start	Benjamin		27	9S	26W	80	1	Mar.	1855	Hem
Start	Benjamin		34	5S	29W	40	1	Mar.	1855	Howa
Start	Benjamin		36	8S	27W	40	2	Apr.	1860	Howa
Start	Benjamin		36	8S	27W	40	2	Jul.	1860	Howa
Steagall	David	D.	28	17N	20W	-	18	Aug.	1891	Neva
Steagall	David	D.	29	17N	20W	160	18	Aug.	1891	Neva
Steagall	David	D.	29	17N	20W	-	18	Aug.	1891	Neva
Steagall	James	D.	12	15N	20W	160	31	Dec.	1889	Neva
Steagall	James	D.	12	15N	20W	-	31	Dec.	1889	Neva
Steel	James	M.	9	10S	26W	80	2	Apr.	1860	Hem
Steel	James	M.	9	10S	26W	80	2	Apr.	1860	Hem
Steel	James	M.	15	13N	21W	40	31	Dec.	1889	Neva
Steel	James		9	10S	26W	160	1	Jul.	1859	Hem
Steel	Thomas	G.	9	10S	27W	40	1	Mar.	1855	Howa
Steel	Thomas	T.	10	5S	28W	40	1	Mar.	1855	Howa
Steel	Thomas		5	10S	26W	80	1	Jul.	1859	Hem
Steel	Thomas		5	10S	26W	80	1	Jul.	1859	Hem
Steele	George	W.	17	16N	22W	40	15	Nov.	1854	Neva
Steele	George	W.	18	16N	22W	-	26	Sep.	1877	Neva
Steele	George	W.	18	16N	22W	-	26	Sep.	1877	Neva
Steele	George	W.	19	16N	22W	160	26	Sep.	1877	Neva
Steely	John	W.	8	16N	20W	160	28	Sep.	1893	Neva
Stembridge	Henry	G.	35	14N	20W	-	10	Aug.	1906	Neva
Stembridge	Henry	G.	36	14N	20W	160	10	Aug.	1906	Neva
Stembridge	Henry	G.	36	14N	20W	-	10	Aug.	1906	Neva
Stephens	Benjamin		5	7S	28W	159.71	24	Apr.	1890	Howa
Stephens	George	L.	1	6S	29W	-	30	Mar.	1905	Howa
Stephens	George	L.	2	7S	29W	162.23	30	Mar.	1905	Howa
Stephens	George	L.	35	6S	29W	-	30	Mar.	1905	Howa
Stephens	George	W.	13	9S	26W	-	2	Jul.	1860	Hem
Stephens	George	W.	24	9S	26W	160	2	Jul.	1860	Hem
Stephens	George	W.	24	9S	26W	-	2	Jul.	1860	Hem
Stephens	George	W.	25	9S	26W	40	2	Jul.	1860	Hem
Stephens	Henry	P.	31	9S	29W	40	1	Aug.	1837	Hem
Stephens	John	C.	1	7S	29W	120	14	Nov.	1905	Howa
Stephens	John	H.	1	7S	29W	158.58	10	Jul.	1883	Howa
Stephens	John	P.	1	10S	24W	40	1	Mar.	1855	Hem
Stephens	John	P.	6	10S	23W	40	2	Apr.	1860	Hem
Stephens	John	P.	6	10S	23W	40.3	2	Apr.	1860	Hem
Stephens	John	P.	6	10S	23W	203.01	1	Jul.	1859	Hem
Stephens	John	P.	6	10S	23W	-	1	Jul.	1859	Hem
Stephens	John	P.	6	10S	23W	-	1	Jul.	1859	Hem
Stephens	John	P.	36	9S	24W	40	1	Jul.	1859	Hem
Stephens	John	P.	36	9S	24W	40	1	Jul.	1859	Hem
Stephens	John	P.	36	9S	24W	40	2	Apr.	1860	Hem
Stephens	John	P.	36	9S	24W	40	2	Apr.	1860	Hem
Stephens	John	P.	36	9S	24W	80	1	Jul.	1859	Hem
Stephens	John		6	10S	23W	42.67	1	Nov.	1839	Hem
Stephens	Joseph	R.	22	15N	22W	160	23	Jan.	1897	Neva
Stephens	Joseph	R.	22	15N	22W	-	23	Jan.	1897	Neva
Stephens	Lawrence	H.	6	10S	27W	40	1	May	1845	Howa
Stephens	Samuel	D.	6	8S	28W	-	13	Oct.	1891	Howa

Last Name	First Name	Int.	Section No.	Twp.	Ran	Acres	Date			Co.
Stephens	Samuel	D.	6	8S	28W	120.05	13	Oct.	1891	Howa
Stephens	William	P.	2	8S	28W	42.06	1	Jul.	1859	Howa
Stephens	William	P.	2	8S	28W	42.14	2	Jul.	1860	Howa
Stephens	William	P.	2	8S	28W	42.15	2	Jul.	1860	Howa
Stephens	William	T.	6	7S	28W	61.9	21	Sep.	1905	Howa
Stephens	William	T.	6	7S	28W	67.1	10	Aug.	1906	Howa
Stephens	William		24	15N	22W	160	31	Dec.	1904	Neva
Stephens	William		24	15N	22W	-	31	Dec.	1904	Neva
Stephens	William		24	15N	22W	-	31	Dec.	1904	Neva
Stephenson	Benjamin	F.	14	7S	30W	-	2	Jan.	1895	Howa
Stephenson	Benjamin	F.	14	7S	30W	160	2	Jan.	1895	Howa
Stephenson	James	W.	4	13S	24W	160	1	May	1856	Hem
Stephenson	James		24	7S	28W	40	2	Apr.	1860	Howa
Stephenson	John		10	11S	25W	40	1	Aug.	1837	Hem
Stephenson	John		10	11S	25W	40	15	Apr.	1837	Hem
Stephenson	John		10	11S	25W	80	1	Aug.	1837	Hem
Stephenson	Thomas	W.	32	9S	25W	200	2	Apr.	1860	Hem
Stephenson	Thomas	W.	32	9S	25W	-	2	Apr.	1860	Hem
Stephenson	William	H.	10	11S	25W	40	1	Nov.	1839	Hem
Stepp	James	J.	11	13N	24W	160	1	Feb.	1901	Neva
Stepp	John	K.	20	17N	22W	160	12	Aug.	1919	Neva
Stepp	John	K.	20	17N	22W	-	12	Aug.	1919	Neva
Stepp	John	K.	20	17N	22W	-	12	Aug.	1919	Neva
Stepp	John	T.	23	13N	24W	-	28	Feb.	1906	Neva
Stepp	John	T.	24	13N	24W	160	28	Feb.	1906	Neva
Stepp	John	T.	24	13N	24W	160	28	Feb.	1906	Neva
Stepp	John	T.	24	13N	24W	-	28	Feb.	1906	Neva
Stepp	William		23	13N	24W	-	1	Feb.	1901	Neva
Stepp	William		26	13N	24W	160	1	Feb.	1901	Neva
Stepp	William		26	13N	24W	-	1	Feb.	1901	Neva
Sterling	John		23	12S	31W	40	2	Apr.	1860	LRiv
Stevens	Henry	P.	31	9S	23W	40	1	Mar.	1843	Hem
Stevens	John	A.	4	9S	26W	40	1	Mar.	1855	Hem
Stevens	Jonathan	W.	10	6S	28W	-	11	Sep.	1905	Howa
Stevens	Jonathan	W.	10	6S	28W	-	11	Sep.	1905	Howa
Stevens	Jonathan	W.	10	6S	28W	-	11	Sep.	1905	Howa
Stevens	Jonathan	W.	10	6S	28W	-	11	Sep.	1905	Howa
Stevens	Jonathan	W.	10	6S	28W	160	11	Sep.	1905	Howa
Stevens	Jonathan	W.	10	6S	28W	160	11	Sep.	1905	Howa
Stevens	Mollie	B.	23	7S	27W	-	30	Dec.	1905	Howa
Stevens	Mollie	B.	23	7S	27W	-	30	Dec.	1905	Howa
Stevens	Mollie	B.	23	7S	27W	160	30	Dec.	1905	Howa
Stevens	Robert	E.	17	6S	29W	-	7	Aug.	1906	Howa
Stevens	Robert	E.	18	6S	29W	160	7	Aug.	1906	Howa
Stevens	T	D.	25	7S	27W	40	1	Mar.	1855	Howa
Stevenson	John		3	11S	25W	80	10	May	1827	Hem
Stevenson	John		3	11S	25W	80	10	May	1827	Hem
Stevenson	Joseph		29	7S	28W	80	10	Apr.	1907	Howa
Stevenson	William	H.	10	11S	25W	40	10	Aug.	1837	Hem
Stewart	Albert	T.	20	6S	29W	-	2	May	1905	Howa
Stewart	Albert	T.	20	6S	29W	-	2	May	1905	Howa
Stewart	Albert	T.	21	6S	29W	160	2	May	1905	Howa
Stewart	Alfred		3	9S	27W	40.85	1	May	1856	Howa
Stewart	Alfred		3	9S	27W	80	1	Mar.	1855	Howa
Stewart	Anthony		3	11S	24W	40	13	Jun.	1889	Hem
Stewart	Benton	E.	13	6S	29W	160	10	Apr.	1907	Howa

Last Name	First Name	Int.	Section No.	Twp.	Ran	Acres	Date			Co.
Stewart	Cornelius		35	9S	27W	40	10	Apr.	1837	Howa
Stewart	James	F.	22	6S	29W	-	10	Apr.	1907	Howa
Stewart	James	F.	23	6S	29W	160	10	Apr.	1907	Howa
Stewart	James	H.	19	12S	23W	50.49	24	Apr.	1890	Hem
Stewart	James	H.	19	12S	23W	50.73	30	Jun.	1882	Hem
Stewart	James	M.	22	5S	30W	-	31	Jul.	1903	Howa
Stewart	James	M.	22	5S	30W	-	31	Jul.	1903	Howa
Stewart	James	M.	22	5S	30W	165.41	31	Jul.	1903	Howa
Stewart	Jeremiah		7	10S	27W	41.04	4	Jan.	1896	Howa
Stewart	Jeremiah		24	7S	28W	40	10	May	1861	Howa
Stewart	Jeremiah		27	5S	29W	40	1	Mar.	1855	Howa
Stewart	Jeremiah		27	5S	29W	40	1	Mar.	1855	Howa
Stewart	Jeremiah		27	5S	29W	40	2	Jul.	1860	Howa
Stewart	Jeremiah		34	5S	29W	-	2	Apr.	1860	Howa
Stewart	Jeremiah		34	5S	29W	40	2	Apr.	1860	Howa
Stewart	Jeremiah		34	5S	29W	80	2	Apr.	1860	Howa
Stewart	John	B.	13	9S	26W	-	1	Jul.	1859	Hem
Stewart	John	B.	14	9S	26W	240	1	Jul.	1859	Hem
Stewart	John		9	11S	24W	40	2	Jul.	1860	Hem
Stewart	John		17	11S	24W	40	2	Apr.	1860	Hem
Stewart	Levi		31	9S	26W	120	2	Jul.	1860	Hem
Stewart	Levi		31	9S	26W	-	2	Jul.	1860	Hem
Stewart	Margaret		28	17N	22W	-	18	Aug.	1891	Neva
Stewart	Margaret		29	17N	22W	160	18	Aug.	1891	Neva
Stewart	Moses		14	9S	26W	-	2	Apr.	1860	Hem
Stewart	Moses		14	9S	26W	-	2	Apr.	1860	Hem
Stewart	Moses		14	9S	26W	-	2	Apr.	1860	Hem
Stewart	Moses		15	9S	26W	200	2	Apr.	1860	Hem
Stewart	Moses		15	9S	26W	-	2	Apr.	1860	Hem
Stewart	Ninian	E.	25	11S	28W	160	21	Apr.	1840	Howa
Stewart	Ninian	E.	36	11S	28W	80	1	Apr.	1840	Howa
Stewart	Ninian	E.	36	11S	28W	80	21	Apr.	1840	Howa
Stewart	William	D.	21	10S	23W	80	3	Feb.	1883	Hem
Still	Aaron		32	11S	29W	80	19	Oct.	1905	LRiv
Still	Charles	G.	15	5S	28W	160	30	Dec.	1902	Howa
Stills	Josiah	W.	32	17N	23W	160	4	Jun.	1906	Neva
Stills	Josiah	W.	32	17N	23W	-	4	Jun.	1906	Neva
Stills	Josiah	W.	32	17N	23W	-	4	Jun.	1906	Neva
Stinchfield	Bartley		25	12S	24W	-	10	Aug.	1837	Hem
Stinchfield	Bartley		26	12S	24W	80	10	Aug.	1837	Hem
Stokes	James	H.	25	7S	28W	40	1	Feb.	1861	Howa
Stokes	James	H.	30	7S	27W	40.52	1	Feb.	1861	Howa
Stokes	James	H.	30	7S	27W	80.27	2	Apr.	1860	Howa
Stokes	John	T.	13	7S	28W	-	19	Oct.	1905	Howa
Stokes	John	T.	13	7S	28W	-	19	Oct.	1905	Howa
Stokes	John	T.	18	7S	28W	160.36	19	Oct.	1905	Howa
Stokes	Joseph	F.	10	5S	28W	-	9	Sep.	1882	Howa
Stokes	Joseph	F.	11	5S	28W	40	5	Apr.	1890	Howa
Stokes	Joseph	F.	11	5S	28W	160	9	Sep.	1882	Howa
Stokes	Manuel	R.	30	7S	27W	-	25	Jun.	1901	Howa
Stokes	Manuel	R.	30	7S	27W	-	25	Jun.	1901	Howa
Stokes	Manuel	R.	30	7S	27W	160.2	25	Jun.	1901	Howa
Stokes	Mary	A.	14	5S	28W	160	22	Mar.	1906	Howa
Stokes	Thomas	J.	15	5S	28W	80	7	May	1894	Howa
Stone	Adolphus		10	8S	28W	-	31	Jul.	1903	Howa
Stone	Adolphus		10	8S	28W	80	31	Jul.	1903	Howa

Last Name	First Name	Int.	Section No.	Twp.	Ran	Acres	Date			Co.
Stone	Ambrose	B.	23	6S	28W	160	18	Feb.	1898	Howa
Stone	Bradley	G.	31	8S	27W	43.26	2	Apr.	1860	Howa
Stone	Cary	M.	27	7S	27W	-	2	Apr.	1860	Howa
Stone	Cary	M.	28	7S	27W	80	2	Apr.	1860	Howa
Stone	James	F.	15	9S	27W	40	1	Mar.	1855	Howa
Stone	James	J.	32	9S	24W	40	2	Jul.	1860	Hem
Stone	James	J.	32	9S	24W	40	20	Apr.	1883	Hem
Stone	James	J.	32	9S	24W	40	26	Dec.	1891	Hem
Stone	James	J.	32	9S	24W	40	30	Jun.	1873	Hem
Stone	James	T.	15	9S	27W	40	1	Mar.	1855	Howa
Stone	James	T.	15	9S	27W	40	1	Mar.	1855	Howa
Stone	Uriah		27	7S	28W	40	2	Apr.	1860	Howa
Stone	Uriah		35	7S	28W	40	2	Apr.	1860	Howa
Stone	Uriah		35	7S	28W	40	2	Apr.	1860	Howa
Stone	Wesley		12	10S	25W	80	2	Apr.	1860	Hem
Stone	William	J.	36	14N	24W	160	14	Nov.	1905	Neva
Stoneham	Edward	J.	14	16N	23W	120	12	May	1905	Neva
Stoneham	Edward	J.	14	16N	23W	-	12	May	1905	Neva
Storm	James	M.	4	14N	23W	-	5	Mar.	1891	Neva
Storm	James	M.	5	14N	23W	160	5	Mar.	1891	Neva
Story	Joseph	B.	8	8S	27W	-	15	Feb.	1889	Howa
Story	Joseph	B.	8	8S	27W	-	15	Feb.	1889	Howa
Story	Joseph	B.	8	8S	27W	160	15	Feb.	1889	Howa
Story	Milton		5	8S	27W	40	10	May	1861	Howa
Stotts	John	W.	19	17N	21W	-	12	Aug.	1919	Neva
Stotts	John	W.	19	17N	21W	-	12	Aug.	1919	Neva
Stotts	John	W.	20	17N	21W	160	12	Aug.	1919	Neva
Stout	John	W.	25	11S	32W	-	19	Sep.	1898	LRiv
Stout	John	W.	25	11S	32W	-	19	Sep.	1898	LRiv
Stout	John	W.	36	11S	32W	-	19	Sep.	1898	LRiv
Stout	John	W.	36	11S	32W	160	19	Sep.	1898	LRiv
Stout	Thadeus		5	15N	21W	-	21	Feb.	1893	Neva
Stout	Thadeus		6	15N	21W	-	21	Feb.	1893	Neva
Stout	Thadeus		31	16N	21W	156.83	21	Feb.	1893	Neva
Stow	Derril	B.	14	13S	28W	40	1	Jul.	1859	LRiv
Stow	John	W.	14	13S	28W	-	1	Jul.	1859	LRiv
Stow	John	W.	14	13S	28W	40	1	Oct.	1860	LRiv
Stow	John	W.	14	13S	28W	80	1	Jul.	1859	LRiv
Strade	William	J.	17	14N	22W	-	30	Jul.	1875	Neva
Strade	William	J.	20	14N	22W	80	30	Jul.	1875	Neva
Strandlee	William		5	9S	28W	34.84	1	May	1856	Howa
Strange	Daniel		36	14S	25W	40	2	Apr.	1860	Hem
Strange	James	M.	28	11S	29W	-	12	Aug.	1901	LRiv
Strange	James	M.	29	11S	29W	-	12	Aug.	1901	LRiv
Strange	James	M.	29	11S	29W	160	12	Aug.	1901	LRiv
Strasner	Emley	A.	17	6S	28W	-	15	Jan.	1885	Howa
Strasner	Emley	A.	18	6S	28W	-	15	Jan.	1885	Howa
Strasner	Emley	A.	18	6S	28W	160	15	Jan.	1885	Howa
Strasner	Jefferson	F.	14	6S	28W	80	30	Mar.	1882	Howa
Strasner	Jefferson	F.	15	6S	28W	-	30	Mar.	1882	Howa
Strasner	Jefferson	F.	20	6S	28W	80	1	Jun.	1875	Howa
Strasner	Jefferson	F.	23	6S	28W	40	20	Apr.	1883	Howa
Strasner	Jefferson	S.	20	6S	28W	40	25	Jul.	1882	Howa
Strasner	Jefferson		20	6S	28W	40	1	Jun.	1875	Howa
Strasner	Jefferson		21	6S	28W	-	26	Dec.	1891	Howa
Strasner	Jefferson		21	6S	28W	80	26	Dec.	1891	Howa

Last Name	First Name	Int.	Section No.	Twp.	Ran	Acres	Date		Co.
Strasner	William	J.	28	6S	28W	-	24 Nov.	1903	Howa
Strasner	William	J.	29	6S	28W	160	24 Nov.	1903	Howa
Stratton	Joseph	M.	20	9S	25W	160	24 Mar.	1891	Hem
Straun	Virgil	P.	33	10S	32W	-	28 Jun.	1895	LRiv
Straun	Virgil	P.	34	10S	32W	160	28 Jun.	1895	LRiv
Strawn	Charles	A.	29	10S	32W	40	2 Apr.	1860	LRiv
Strawn	Charles	A.	29	10S	32W	80	31 Dec.	1904	LRiv
Strawn	Charles	A.	29	10S	32W	80	2 Apr.	1860	LRiv
Strawn	John	W.	20	10S	32W	-	21 Oct.	1898	LRiv
Strawn	John	W.	21	10S	32W	160	21 Oct.	1898	LRiv
Stricklen	Christopher	C.	9	16N	21W	160	10 Aug.	1906	Neva
Stricklen	Christopher	C.	9	16N	21W	-	10 Aug.	1906	Neva
Strode	James	M.	12	14N	23W	160	19 Oct.	1893	Neva
Strode	James	M.	12	14N	23W	-	19 Oct.	1893	Neva
Strom	Sylvester	A.	29	13N	20W	-	8 Apr.	1903	Neva
Strom	Sylvester	A.	32	13N	20W	160	8 Apr.	1903	Neva
Strong	John	R.	6	14N	19W	-	6 Dec.	1890	Neva
Strong	John	R.	7	14N	19W	157.06	6 Dec.	1890	Neva
Strong	Martin		15	13S	26W	40	1 Jun.	1888	Hem
Strong	William		7	13S	26W	74.5	2 Sep.	1889	Hem
Strow	Marlin	L.	23	12S	32W	160	1 Mar.	1877	LRiv
Stuart	Abraham		10	11S	26W	80	10 May	1827	Hem
Stuart	Abraham		11	11S	26W	80	1 Nov.	1839	Hem
Stuart	Abraham		11	11S	26W	-	1 Nov.	1839	Hem
Stuart	Abraham		14	11S	26W	80	10 Apr.	1837	Hem
Stuart	Abraham		14	11S	26W	320	10 May	1827	Hem
Stuart	Abram		20	11S	26W	80	1 Apr.	1828	Hem
Stuart	Alexander	M.	2	11S	32W	160	23 Jan.	1898	LRiv
Stuart	Elijah		20	11S	25W	40	1 Aug.	1837	Hem
Stuart	Elijah		20	11S	25W	40	1 Mar.	1843	Hem
Stuart	Elijah		20	11S	25W	80	1 Nov.	1833	Hem
Stuart	Elijah		20	11S	25W	80	10 May	1827	Hem
Stuart	Elijah		22	11S	25W	80	10 May	1827	Hem
Stuart	Emanuel	P.	5	11S	31W	160	17 Dec.	1900	LRiv
Stuart	George	W.	8	10S	26W	280	2 Apr.	1860	Hem
Stuart	George	W.	8	10S	26W	-	2 Apr.	1860	Hem
Stuart	George	W.	8	10S	26W	-	2 Apr.	1860	Hem
Stuart	George	W.	8	9S	27W	80	1 Mar.	1843	Howa
Stuart	George	W.	22	11S	26W	80	10 Apr.	1837	Hem
Stuart	George	W.	24	11S	27W	40	15 Apr.	1837	Howa
Stuart	George	W.	28	9S	27W	40	1 Nov.	1849	Howa
Stuart	George	W.	28	9S	27W	40	1 Mar.	1855	Howa
Stuart	George	W.	28	9S	27W	40	1 Mar.	1855	Howa
Stuart	George	W.	28	9S	27W	40	1 Mar.	1855	Howa
Stuart	George	W.	28	9S	27W	40	1 Mar.	1855	Howa
Stuart	George	W.	28	9S	27W	80	1 Mar.	1855	Howa
Stuart	George	W.	36	11S	27W	80	15 Apr.	1837	Howa
Stuart	James	D.	1	12S	33W	79.81	8 May	1901	LRiv
Stuart	James	D.	36	11S	33W	-	8 May	1901	LRiv
Stuart	John	B.	13	9S	26W	80	2 Apr.	1860	Hem
Stuart	John	C.	32	10S	26W	320	2 Apr.	1860	Hem
Stuart	John		23	11S	26W	80	15 Apr.	1837	Hem
Stuart	Joseph		13	11S	27W	320	26 Apr.	1889	Howa
Stuart	Joseph		15	12S	27W	160	10 Jul.	1844	Hem
Stuart	Joseph		17	11S	26W	80	1 Apr.	1828	Hem

Last Name	First Name	Int.	Section No.	Twp.	Ran	Acres	Date			Co.
Stuart	Joseph		17	11S	26W	-	26	Apr.	1889	Hem
Stuart	Joseph		17	11S	26W	-	26	Apr.	1889	Hem
Stuart	Joseph		19	11S	26W	80	10	Apr.	1837	Hem
Stuart	Joseph		20	11S	26W	40	10	Apr.	1837	Hem
Stuart	Joseph		20	11S	26W	40	10	Apr.	1837	Hem
Stuart	Joseph		20	11S	26W	40	15	Apr.	1837	Hem
Stuart	Joseph		20	11S	26W	40	15	Apr.	1837	Hem
Stuart	Joseph		20	11S	26W	80	10	Apr.	1837	Hem
Stuart	Joseph		29	11S	26W	80	1	Aug.	1837	Hem
Stuart	Joseph		29	11S	26W	80	15	Apr.	1837	Hem
Stuart	Moses		14	9S	26W	40	2	Jul.	1860	Hem
Stuart	Moses		14	9S	26W	120	1	Jul.	1859	Hem
Stuart	Moses		14	9S	26W	-	1	Jul.	1859	Hem
Stuart	Moses		14	9S	26W	-	1	Jul.	1859	Hem
Stuart	Ninean	E.	23	11S	28W	40	1	Nov.	1849	Howa
Stuart	Samuel	H.	1	12S	26W	40	2	Apr.	1860	Hem
Stuart	Samuel	H.	1	12S	26W	160	2	Apr.	1860	Hem
Stuart	William	H.	1	12S	33W	-	17	Mar.	1888	LRiv
Stuart	William	H.	1	12S	33W	160	17	Mar.	1888	LRiv
Stuart	William		9	12S	26W	80	25	Apr.	1898	Hem
Studyvin	George		4	16N	22W	-	12	Feb.	1902	Neva
Studyvin	George		34	17N	22W	137.64	12	Feb.	1902	Neva
Studyvin	George		34	17N	22W	-	12	Feb.	1902	Neva
Studyvin	John	H.	3	16N	22W	-	23	Oct.	1901	Neva
Studyvin	John	H.	35	17N	22W	148	23	Oct.	1901	Neva
Sturgill	Martin	D.	33	14N	20W	160	28	Jun.	1905	Neva
Sturgill	Martin	D.	33	14N	20W	-	28	Jun.	1905	Neva
Suddarth	Joseph	B.	8	12S	31W	40	1	May	1906	LRiv
Sullivan	Daniel	A.	20	13S	24W	40	10	Jul.	1844	Hem
Sullivan	Margaret	A.	36	6S	30W	160	16	Sep.	1904	Howa
Sullivan	Richard	F.	19	13S	24W	38.62	1	Nov.	1839	Hem
Sullivan	Richard	F.	29	13S	24W	160	1	Nov.	1839	Hem
Sullivan	Richard	F.	29	13S	24W	160	1	Nov.	1839	Hem
Sullivan	Richard	F.	29	13S	24W	160	1	Nov.	1839	Hem
Sullivan	Richard	F.	30	13S	24W	80	1	Nov.	1839	Hem
Sullivan	Zachariah		3	9S	27W	41.03	1	Mar.	1855	Howa
Sullivan	Zachariah		33	8S	27W	40	1	Mar.	1855	Howa
Sullivan	Zachariah		33	8S	27W	40	1	Mar.	1855	Howa
Sullivan	Zachariah		33	8S	27W	80	2	Jul.	1860	Howa
Sullivan	Zachariah		34	8S	27W	-	2	Jul.	1860	Howa
Sullivan	Zachariah		34	8S	27W	40	1	Mar.	1855	Howa
Sullivan	Zachariah		34	8S	27W	40	2	Apr.	1860	Howa
Sullivan	Zackariah		34	8S	27W	40	1	Mar.	1855	Howa
Sulzer	Alexander	A.	6	10S	24W	156.26	14	Jul.	1891	Hem
Summerow	Michael		18	11S	25W	51.64	1	Mar.	1843	Hem
Summerraw	Michael		13	11S	26W	80	10	Aug.	1837	Hem
Summerrow	Michael		18	11S	25W	51.64	1	Aug.	1837	Hem
Summers	Joseph	T.	23	14S	26W	141.37	25	Feb.	1890	Hem
Summers	Joseph	T.	26	14S	26W	-	25	Feb.	1890	Hem
Summers	Joseph	T.	26	14S	26W	-	25	Feb.	1890	Hem
Summers	Zachariah	W.	26	14S	26W	171.93	28	Feb.	1890	Hem
Sumner	White		35	13S	31W	40	7	May	1894	LRiv
Surber	John		29	13S	25W	80	23	Jan.	1899	Hem
Surritte	James		23	14N	21W	-	10	Feb.	1897	Neva
Surritte	James		24	14N	21W	160	10	Feb.	1897	Neva
Surritte	James		24	14N	21W	-	10	Feb.	1897	Neva

Last Name	First Name	Int.	Section No.	Twp.	Ran	Acres	Date			Co.
Sutherlan	James		3	13N	23W	160.06	3	May	1897	Neva
Sutherlan	John	C.	7	13N	23W	-	16	Jun.	1905	Neva
Sutherlan	John	C.	17	13N	23W	-	16	Jun.	1905	Neva
Sutherlan	John	C.	18	13N	23W	160	16	Jun.	1905	Neva
Sutton	Asbury		18	11S	24W	160	1	May	1856	Hem
Sutton	Asel	H.	29	11S	24W	40	1	Jun.	1875	Hem
Sutton	Berry		24	10S	26W	160	2	Apr.	1860	Hem
Sutton	George	W.	34	16N	19W	80	24	Jun.	1878	Neva
Sutton	George	W.	34	16N	19W	-	24	Jun.	1878	Neva
Sutton	James	H.	21	11S	24W	40	15	Jun.	1875	Hem
Sutton	John	C.	32	15N	20W	120	May	May	1904	Neva
Sutton	John	C.	33	15N	20W	-	5	May	1904	Neva
Sutton	John	R.	15	9S	28W	40	1	Mar.	1855	Howa
Sutton	John	R.	22	9S	28W	40	1	Mar.	1855	Howa
Sutton	John	R.	22	9S	28W	40	1	Mar.	1855	Howa
Sutton	Jonathan	K.	21	11S	24W	40	15	Jun.	1875	Hem
Sutton	Martha		23	9S	28W	80	1	Mar.	1855	Howa
Sutton	Maston	E.	29	11S	24W	40	30	Jun.	1873	Hem
Sutton	Simon	S.	32	15N	20W	160	23	Jun.	1898	Neva
Sutton	Simon	S.	32	15N	20W	-	23	Jun.	1898	Neva
Sutton	Simon	S.	32	15N	20W	-	23	Jun.	1898	Neva
Sutton	William	R.	4	14N	20W	-	8	Apr.	1903	Neva
Sutton	William	R.	5	14N	20W	160	8	Apr.	1903	Neva
Swain	James		20	14N	22W	160	13	Feb.	1891	Neva
Swain	James		20	14N	22W	-	13	Feb.	1891	Neva
Swain	James		20	14N	22W	-	13	Feb.	1891	Neva
Swain	James		20	14N	22W	-	13	Feb.	1891	Neva
Swain	John		21	14N	22W	-	11	Jun.	1897	Neva
Swain	John		28	14N	22W	160	11	Jun.	1897	Neva
Swain	John		28	14N	22W	-	11	Jun.	1897	Neva
Swain	Reuben	W.	8	14N	22W	-	6	Oct.	1894	Neva
Swain	Reuben	W.	17	14N	22W	160	6	Oct.	1894	Neva
Swain	Reuben	W.	17	14N	22W	-	6	Oct.	1894	Neva
Swain	Robert	L.	28	14N	22W	160	11	Oct.	1902	Neva
Swain	Robert	L.	28	14N	22W	-	11	Oct.	1902	Neva
Swain	Robert	L.	28	14N	22W	-	11	Oct.	1902	Neva
Sweet	Gary	C.	32	10S	32W	-	25	Apr.	1898	LRiv
Sweet	Gary	C.	32	10S	32W	160	25	Apr.	1898	LRiv
Swindle	Caleb		27	12S	24W	80	15	Apr.	1837	Hem
Swindle	Caleb		27	12S	24W	80	15	Apr.	1837	Hem
Swindle	Caleb		34	12S	24W	80	15	Apr.	1837	Hem
Swindle	Caleb		35	11S	25W	80	1	Aug.	1837	Hem
Swindle	Caleb		35	11S	25W	80	1	Aug.	1837	Hem
Sykes	William	O.	20	16N	23W	-	31	Aug.	1905	Neva
Sykes	William	O.	29	16N	23W	-	31	Aug.	1905	Neva
Sypert	William	C.	3	9S	27W	40	1	Mar.	1855	Howa
Sypert	William	C.	4	10S	28W	40	1	Mar.	1855	Howa
Sypert	William	C.	24	9S	27W	40	1	Mar.	1855	Howa
Taaffe	George		20	13S	30W	80	1	May	1845	LRiv
Taaffe	George		20	13S	30W	80	1	May	1845	LRiv
Taaffe	George		27	12S	32W	80	1	Mar.	1843	LRiv
Taaffe	George		28	13S	32W	80	10	Jul.	1844	LRiv
Taaffe	George		28	13S	32W	80	10	Jul.	1844	LRiv
Taaffe	George		29	13S	32W	10.67	10	Jul.	1844	LRiv
Taaffe	George		29	13S	32W	80	10	Jul.	1844	LRiv
Taaffe	George		32	13S	32W	21.22	10	Jul.	1844	LRiv

Last Name	First Name	Int.	Section No.	Twp.	Ran	Acres	Date			Co.
Taaffe	George		32	13S	32W	80	10	Jul.	1844	LRiv
Taaffe	George		33	13S	32W	80	10	Jul.	1844	LRiv
Taaffe	George		33	13S	32W	80	10	Jul.	1844	LRiv
Taaffe	James		32	12S	31W	-	18	Dec.	1897	LRiv
Taaffe	James		32	12S	31W	-	2	Apr.	1860	LRiv
Taaffe	James		32	12S	31W	-	2	Apr.	1860	LRiv
Taaffe	James		32	12S	31W	80	18	Dec.	1897	LRiv
Taaffe	James		32	12S	31W	160	2	Apr.	1860	LRiv
Taaffe	Joseph	J.	25	12S	32W	160	3	Oct.	1892	LRiv
Tackitt	Martin		24	17N	19W	80	1	May	1845	Neva
Tadlock	Frank	S.	4	12S	32W	121.94	9	Feb.	1901	LRiv
Taffe	James		5	13S	31W	80	10	Oct.	1856	LRiv
Talbert	Gilbert	H.	7	13S	26W	79.8	21	Jun.	1892	Hem
Talbert	Rebecca	J.	23	11S	31W	160	27	Jan.	1894	LRiv
Talbot	Jesse	W.	35	8S	28W	40	1	Nov.	1848	Howa
Talbot	Nelson		2	12S	30W	160.12	15	Mar.	1894	LRiv
Talbott	Jesse	W.	35	8S	28W	80	1	May	1845	Howa
Talbott	John	W.	23	8S	28W	-	5	Aug.	1885	Howa
Talbott	John	W.	23	8S	28W	-	5	Aug.	1885	Howa
Talbott	John	W.	24	8S	28W	120	5	Aug.	1885	Howa
Talbott	William	J.	19	8S	27W	-	21	Jun.	1892	Howa
Talbott	William	J.	19	8S	27W	86.44	21	Jun.	1892	Howa
Talkington	Edward	P.	19	11S	26W	2.24	1	Aug.	1837	Hem
Talkington	Edward	P.	19	11S	26W	2.24	1	Mar.	1843	Hem
Talkington	Edward	P.	29	11S	27W	40	10	Apr.	1837	Howa
Talkington	Stephen		13	11S	27W	40	10	Apr.	1837	Howa
Talkington	Stephen		13	11S	27W	80	1	Aug.	1837	Howa
Talkington	Stephen		13	11S	27W	80	1	Mar.	1843	Howa
Tallett	Emmis	H.	13	7S	28W	160	18	Mar.	1905	Howa
Tallett	Emmis	H.	14	7S	28W	-	18	Mar.	1905	Howa
Tallett	Emmis	H.	14	7S	28W	-	18	Mar.	1905	Howa
Talley	William	H.	4	14S	23W	160.5	10	Apr.	1886	Hem
Tally	Elijah	H.	12	12S	30W	80	15	Nov.	1894	LRiv
Tanner	Logan	M.	12	14S	24W	320	1	Jul.	1859	Hem
Tapp	John	W.	25	10S	32W	-	8	Oct.	1901	LRiv
Tapp	John	W.	25	10S	32W	160	8	Oct.	1901	LRiv
Tarpley	Henry		20	12S	25W	-	1	Aug.	1837	Hem
Tarpley	Henry		21	12S	25W	320	1	Aug.	1837	Hem
Tarpley	Henry		21	12S	25W	-	1	Aug.	1837	Hem
Tate	Benton		26	5S	28W	-	17	Mar.	1888	Howa
Tate	Benton		26	5S	28W	-	17	Mar.	1888	Howa
Tate	Benton		35	5S	28W	160	17	Mar.	1888	Howa
Tate	James	J.	29	12S	25W	120	2	Jul.	1860	Hem
Tate	James	J.	29	12S	25W	-	2	Jul.	1860	Hem
Tate	Jeremiah		14	11S	25W	80	10	May	1827	Hem
Tate	John	A.	25	14N	21W	160	8	Oct.	1901	Neva
Tate	John	A.	25	14N	21W	-	8	Oct.	1901	Neva
Tate	Jonathan	M.	15	8S	29W	80	1	Feb.	1861	Howa
Tate	Joseph	A.	3	14N	23W	-	3	May	1897	Neva
Tate	Joseph	A.	10	14N	23W	160	3	May	1897	Neva
Tate	Joseph		3	8S	28W	40	2	Apr.	1860	Howa
Tate	Joseph		3	8S	28W	40	9	May	1896	Howa
Tate	Mary	M.	11	15N	19W	80	26	Sep.	1890	Neva
Tate	Mary	M.	11	15N	19W	-	26	Sep.	1890	Neva
Tate	Ulrich		14	14N	23W	160	9	Feb.	1898	Neva
Tate	Ulrich		14	14N	23W	-	9	Feb.	1898	Neva

Last Name	First Name	Int.	Section No.	Twp.	Ran	Acres	Date			Co.
Taylor	Alexander		15	10S	28W	40	10	Jul.	1844	Howa
Taylor	Archillus	L.	4	13S	30W	80	1	Jul.	1859	LRiv
Taylor	Archillus	L.	5	13S	30W	40	1	Jul.	1859	LRiv
Taylor	Caroline		29	6S	30W	-	10	Aug.	1904	Howa
Taylor	Caroline		32	6S	30W	160	10	Aug.	1904	Howa
Taylor	David	F.	22	13S	24W	160	1	Jul.	1859	Hem
Taylor	David		1	12S	32W	39.83	2	Jul.	1860	LRiv
Taylor	David		1	12S	32W	40	2	Jul.	1860	LRiv
Taylor	David		2	12S	32W	-	1	May	1861	LRiv
Taylor	David		2	12S	32W	40	2	Jul.	1860	LRiv
Taylor	David		2	12S	32W	40	2	Jul.	1860	LRiv
Taylor	David		3	12S	32W	40.02	2	Jul.	1860	LRiv
Taylor	David		3	12S	32W	279.82	1	May	1861	LRiv
Taylor	David		4	13S	32W	80	1	May	1861	LRiv
Taylor	David		27	12S	32W	40	1	Mar.	1855	LRiv
Taylor	David		28	12S	32W	40	10	May	1861	LRiv
Taylor	David		28	12S	32W	40	1	Nov.	1848	LRiv
Taylor	David		28	12S	32W	40	1	Nov.	1849	LRiv
Taylor	David		28	12S	32W	40	1	Mar.	1855	LRiv
Taylor	David		28	12S	32W	40	1	May	1856	LRiv
Taylor	David		32	12S	32W	40	2	Jul.	1860	LRiv
Taylor	David		32	12S	32W	40	2	Jul.	1860	LRiv
Taylor	David		32	12S	32W	40	1	May	1856	LRiv
Taylor	Elias		20	11S	32W	-	17	Dec.	1900	LRiv
Taylor	Elias		29	11S	32W	160	17	Dec.	1900	LRiv
Taylor	Frederick	E.	30	11S	32W	80	21	Feb.	1902	LRiv
Taylor	George	W.	14	16N	21W	160	1	Jun.	1875	Neva
Taylor	George	W.	14	16N	21W	-	1	Jun.	1875	Neva
Taylor	George	W.	29	9S	26W	-	2	Apr.	1860	Hem
Taylor	George	W.	32	9S	26W	120	2	Apr.	1860	Hem
Taylor	Gideon	P.	14	14N	22W	160	19	Oct.	1893	Neva
Taylor	Gideon	P.	14	14N	22W	160	19	Oct.	1893	Neva
Taylor	Gideon	P.	14	14N	22W	-	19	Oct.	1893	Neva
Taylor	Gideon	P.	14	14N	22W	-	19	Oct.	1893	Neva
Taylor	Gideon	P.	14	14N	22W	-	19	Oct.	1893	Neva
Taylor	Jesse	G.	22	14N	19W	-	5	Jul.	1889	Neva
Taylor	Jesse	G.	23	14N	19W	160	5	Jul.	1889	Neva
Taylor	Jesse	G.	23	14N	19W	-	5	Jul.	1889	Neva
Taylor	Jesse	R.	11	14N	19W	40	22	May	1895	Neva
Taylor	Jesse	R.	11	14N	19W	120	15	Aug.	1876	Neva
Taylor	Jesse	R.	11	14N	19W	-	15	Aug.	1876	Neva
Taylor	John	H.	12	14S	25W	80	2	Jul.	1860	Hem
Taylor	John	H.	30	14N	23W	158.5	1	Mar.	1904	Neva
Taylor	John	H.	30	14N	23W	-	1	Mar.	1904	Neva
Taylor	John	H.	30	14N	23W	-	1	Mar.	1904	Neva
Taylor	John		2	10S	24W	40	22	Sep.	1897	Hem
Taylor	John		22	12S	24W	160	2	Apr.	1860	Hem
Taylor	John		22	12S	24W	-	2	Apr.	1860	Hem
Taylor	Lemuel	C.	26	12S	32W	-	2	Jul.	1860	LRiv
Taylor	Lemuel	C.	26	12S	32W	160	2	Jul.	1860	LRiv
Taylor	Pleas	M.	3	15N	22W	-	30	Dec.	1901	Neva
Taylor	Pleas	M.	10	15N	22W	160	30	Dec.	1901	Neva
Taylor	Pleas	M.	10	15N	22W	-	30	Dec.	1901	Neva
Taylor	Rederick	P.	8	14N	19W	80	20	Jul.	1875	Neva
Taylor	Rufus	L.	5	5S	28W	157.04	19	Oct.	1905	Howa
Taylor	Sam	J.	34	15N	22W	-	9	Aug.	1919	Neva

Last Name	First Name	Int.	Section No.	Twp.	Ran	Acres	Date			Co.
Taylor	Sam	J.	35	15N	22W	120	9	Aug.	1919	Neva
Taylor	Tempa		22	14N	19W	-	19	Sep.	1898	Neva
Taylor	Tempa		23	14N	19W	120	19	Sep.	1898	Neva
Taylor	Thomas	B.	11	14N	19W	160	4	Aug.	1890	Neva
Taylor	Walter	F.	4	16N	20W	-	26	Mar.	1890	Neva
Taylor	Walter	F.	5	16N	20W	140	26	Mar.	1890	Neva
Taylor	William	D.	14	16N	21W	-	26	Aug.	1904	Neva
Taylor	William	D.	15	16N	21W	120	26	Aug.	1904	Neva
Taylor	William	H.	7	13N	20W	160.6	1	Mar.	1904	Neva
Taylor	William	H.	7	13N	20W	-	1	Mar.	1904	Neva
Taylor	William	H.	7	13N	20W	-	1	Mar.	1904	Neva
Taylor	William	R.	22	14N	19W	160	19	Sep.	1898	Neva
Taylor	William	R.	22	14N	19W	-	19	Sep.	1898	Neva
Taylor	William	R.	22	14N	19W	-	19	Sep.	1898	Neva
Taylor	William	R.	28	9S	26W	40	2	Apr.	1860	Hem
Taylor	Young	A.	7	14N	19W	-	27	Jan.	1900	Neva
Taylor	Young	A.	8	14N	19W	80	27	Jan.	1900	Neva
Taylor	Young	E.	2	14N	19W	-	17	Dec.	1898	Neva
Taylor	Young	E.	11	14N	19W	160	17	Dec.	1898	Neva
Taylor	Young	L.	11	14N	19W	-	15	Aug.	1876	Neva
Taylor	Young	L.	14	14N	19W	160	15	Aug.	1876	Neva
Teal	John		27	13S	32W	-	28	Apr.	1838	LRiv
Teal	John		27	13S	32W	320	28	Apr.	1838	LRiv
Teaver	James		30	12S	28W	140	2	Jul.	1860	LRiv
Teaver	John	C.	8	14S	25W	80	1	Feb.	1893	Hem
Tedeton	Jesse		12	12S	31W	40	2	Jul.	1860	LRiv
Tedford	John	S.	21	17N	20W	40	15	Nov.	1854	Neva
Tedford	John		21	17N	20W	40	15	Nov.	1854	Neva
Tedford	William	H.	27	17N	20W	40	15	Nov.	1854	Neva
Temple	Soloman	A.	5	10S	28W	120	2	Apr.	1860	Howa
Templeton	John		1	14S	25W	646.12	1	Mar.	1843	Hem
Templeton	John		33	11S	25W	80	10	Aug.	1837	Hem
Templeton	John		34	11S	25W	80	10	Aug.	1837	Hem
Tenfel	Adam		36	10S	32W	80	31	Dec.	1904	LRiv
Tenison	J	M.	17	15N	19W	-	10	Jun.	1904	Neva
Tenison	J	M.	20	15N	19W	-	10	Jun.	1904	Neva
Tenison	J	M.	21	15N	19W	160	10	Jun.	1904	Neva
Tenison	Thomas	J.	12	15N	20W	40	1	Jul.	1859	Neva
Tennant	Thomas	H.	12	11S	26W	80	10	Sep.	1827	Hem
Tennison	Allen		33	16N	20W	160	11	Jun.	1897	Neva
Tennison	Allen		33	16N	20W	-	11	Jun.	1897	Neva
Tennison	Allen		33	16N	20W	-	11	Jun.	1897	Neva
Tennison	Joseph		4	16N	19W	120	6	Oct.	1894	Neva
Tennison	William	G.	9	14N	20W	160	8	Oct.	1901	Neva
Terry	George	B.	35	11S	24W	80	24	Jun.	1889	Hem
Thaddox	Frederick	E.	6	16N	20W	-	1	Oct.	1875	Neva
Thaddox	Frederick	E.	32	17N	20W	81.68	1	Oct.	1875	Neva
Thawson	Emanuel		36	14S	25W	80	13	Jul.	1885	Hem
Thawson	Emanuel		36	14S	25W	-	13	Jul.	1885	Hem
Thomas	Arnold		36	14N	22W	160	15	May	1876	Neva
Thomas	Arnold		36	14N	22W	-	15	May	1876	Neva
Thomas	Arnold		36	14N	22W	-	15	May	1876	Neva
Thomas	Edward	D.	22	16N	21W	-	31	Aug.	1905	Neva
Thomas	Edward	D.	27	16N	21W	160	31	Aug.	1905	Neva
Thomas	Edward	D.	27	16N	21W	-	31	Aug.	1905	Neva
Thomas	Elizabeth		36	14N	22W	80	7	Jun.	1883	Neva

Last Name	First Name	Int.	Section No.	Twp.	Ran	Acres	Date			Co.
Thomas	George		22	10S	28W	40	1	Mar.	1843	Howa
Thomas	George		22	10S	28W	80	1	Mar.	1843	Howa
Thomas	Howard		30	5S	30W	-	18	Apr.	1905	Howa
Thomas	Howard		31	5S	30W	-	18	Apr.	1905	Howa
Thomas	Howard		31	5S	30W	160	18	Apr.	1905	Howa
Thomas	Jackson		8	14N	22W	-	15	May	1876	Neva
Thomas	Jackson		17	14N	22W	160	15	May	1876	Neva
Thomas	Jackson		17	14N	22W	-	15	May	1876	Neva
Thomas	James	M.	30	14N	22W	-	20	Feb.	1901	Neva
Thomas	James	M.	30	14N	22W	-	20	Feb.	1901	Neva
Thomas	James	M.	31	14N	22W	158.75	20	Feb.	1901	Neva
Thomas	James	R.	27	14N	21W	-	10	Feb.	1897	Neva
Thomas	James	R.	28	14N	21W	160	10	Feb.	1897	Neva
Thomas	James		9	12S	26W	40	21	Mar.	1893	Hem
Thomas	John	H.	19	13S	23W	47.23	1	May	1845	Hem
Thomas	John	H.	28	14N	21W	-	20	Feb.	1900	Neva
Thomas	John	H.	29	14N	21W	-	20	Feb.	1900	Neva
Thomas	John	H.	32	14N	21W	-	20	Feb.	1900	Neva
Thomas	John	H.	33	14N	21W	160	20	Feb.	1900	Neva
Thomas	John	W.	20	16N	23W	-	10	Apr.	1894	Neva
Thomas	Kimber	A.	7	14N	22W	159.95	14	Dec.	1895	Neva
Thomas	Kimber	A.	7	14N	22W	-	14	Dec.	1895	Neva
Thomas	Kimber	A.	7	14N	22W	-	14	Dec.	1895	Neva
Thomas	Marion		25	14N	23W	80	1	Feb.	1901	Neva
Thomas	Moses	S.	1	15N	23W	160	27	Jun.	1904	Neva
Thomas	Richard		6	14N	22W	159.64	13	Aug.	1896	Neva
Thomas	Richard		6	14N	22W	-	13	Aug.	1896	Neva
Thomas	Richard		6	14N	22W	-	13	Aug.	1896	Neva
Thomas	Robert	P.	33	9S	27W	80	1	Mar.	1855	Howa
Thomas	Samuel	C.	8	16N	23W	-	21	Feb.	1893	Neva
Thomas	Samuel	C.	17	16N	23W	160	21	Feb.	1893	Neva
Thomas	Samuel	S.	25	9S	27W	40	1	Mar.	1855	Howa
Thomas	Samuel	S.	26	9S	27W	40	1	Mar.	1855	Howa
Thomas	Samuel	S.	26	9S	27W	40	1	Mar.	1855	Howa
Thomas	Sarah	E.	31	5S	30W	-	30	Dec.	1905	Howa
Thomas	Sarah	E.	31	5S	30W	165.95	30	Dec.	1905	Howa
Thomas	Sidney		18	14N	22W	120	11	Apr.	1898	Neva
Thomas	Sidney		18	14N	22W	-	11	Apr.	1898	Neva
Thomas	Vincent		30	14N	22W	159	15	May	1876	Neva
Thomas	Vincent		30	14N	22W	-	15	May	1876	Neva
Thomas	Willie		30	11S	29W	40	31	Dec.	1904	LRiv
Thomason	Richmond	D.	26	8S	27W	80	1	Mar.	1855	Howa
Thomasson	Richmond	D.	23	9S	28W	40	1	May	1845	Howa
Thompkins	Thomas	J.	31	12S	25W	80	25	Feb.	1890	Hem
Thompkins	Thomas	J.	31	12S	25W	-	25	Feb.	1890	Hem
Thompson	Asa		5	11S	25W	39.86	1	Aug.	1837	Hem
Thompson	Asa		5	11S	25W	160	15	Apr.	1837	Hem
Thompson	Asa		8	13S	26W	80	15	Apr.	1837	Hem
Thompson	Asa		9	13S	26W	320	15	Apr.	1837	Hem
Thompson	Asa		17	13S	26W	40	15	Apr.	1837	Hem
Thompson	Asa		17	13S	26W	80	1	Aug.	1837	Hem
Thompson	Asa		18	13S	26W	39.09	15	Apr.	1837	Hem
Thompson	Asa		18	13S	26W	69.8	15	Apr.	1837	Hem
Thompson	Calvin		21	15N	19W	-	13	Nov.	1895	Neva
Thompson	Calvin		22	15N	19W	160	13	Nov.	1895	Neva
Thompson	Charles		2	9S	29W	287.6	2	Apr.	1860	Howa

Last Name	First Name	Int.	Section No.	Twp.	Ran	Acres	Date			Co.
Thompson	Chatlin	P.	21	13S	25W	160	28	Nov.	1894	Hem
Thompson	David		25	11S	25W	240	1	Aug.	1837	Hem
Thompson	David		26	11S	25W	-	1	Aug.	1837	Hem
Thompson	Elizabeth		17	13N	21W	-	23	Feb.	1892	Neva
Thompson	Elizabeth		19	13N	21W	-	23	Feb.	1892	Neva
Thompson	Elizabeth		20	13N	21W	120	23	Feb.	1892	Neva
Thompson	George	W.	3	15N	21W	37.77	1	Sep.	1848	Neva
Thompson	George	W.	26	16N	21W	40	15	Nov.	1854	Neva
Thompson	George	W.	26	16N	21W	40	15	Nov.	1854	Neva
Thompson	George	W.	34	16N	21W	40	15	Nov.	1854	Neva
Thompson	Granville	W.	27	15N	19W	80	12	Feb.	1902	Neva
Thompson	James	E.	33	7S	28W	40	15	Mar.	1888	Howa
Thompson	James	S.	27	15N	19W	40	15	Nov.	1854	Neva
Thompson	James	S.	27	15N	19W	160	3	Feb.	1883	Neva
Thompson	James	S.	27	15N	19W	-	3	Feb.	1883	Neva
Thompson	James	S.	27	15N	19W	-	3	Feb.	1883	Neva
Thompson	James	T.	30	6S	29W	-	28	Sep.	1893	Howa
Thompson	James	T.	30	6S	29W	-	28	Sep.	1893	Howa
Thompson	James	T.	30	6S	29W	180.15	28	Sep.	1893	Howa
Thompson	James		15	10S	27W	-	1	Jul.	1859	Howa
Thompson	James		15	10S	27W	-	2	Apr.	1860	Howa
Thompson	James		15	10S	27W	80	2	Apr.	1860	Howa
Thompson	James		21	10S	27W	240	1	Jul.	1859	Howa
Thompson	James		22	10S	27W	-	1	Jul.	1859	Howa
Thompson	James		25	10S	24W	80	13	Dec.	1876	Hem
Thompson	Jess	F.	1	16N	22W	99.26	19	Nov.	1906	Neva
Thompson	Jess	F.	6	16N	21W	-	19	Nov.	1906	Neva
Thompson	John	A.	6	12S	32W	40	2	May	1905	LRiv
Thompson	John	R.	34	17N	20W	80	3	Nov.	1891	Neva
Thompson	John	R.	34	17N	20W	-	3	Nov.	1891	Neva
Thompson	John	W.	6	12S	29W	-	28	Feb.	1890	LRiv
Thompson	John	W.	6	12S	29W	44.89	28	Feb.	1890	LRiv
Thompson	John	W.	6	14S	23W	160	1	Apr.	1875	Hem
Thompson	John	W.	8	5S	28W	-	10	Aug.	1906	Howa
Thompson	John	W.	8	5S	28W	-	10	Aug.	1906	Howa
Thompson	John	W.	8	5S	28W	160	10	Aug.	1906	Howa
Thompson	John	W.	33	11S	23W	40	1	Feb.	1861	Hem
Thompson	John	W.	33	11S	23W	40	2	Jul.	1860	Hem
Thompson	John		13	16N	21W	160	6	May	1907	Neva
Thompson	John		13	16N	21W	-	6	May	1907	Neva
Thompson	John		13	16N	21W	-	6	May	1907	Neva
Thompson	Joseph		14	8S	29W	160	2	Apr.	1860	Howa
Thompson	Joseph		15	8S	29W	-	1	Jul.	1859	Howa
Thompson	Joseph		15	8S	29W	-	1	Jul.	1859	Howa
Thompson	Joseph		15	8S	29W	-	24	Mar.	1887	Howa
Thompson	Joseph		15	8S	29W	160	24	Mar.	1887	Howa
Thompson	Joseph		22	8S	29W	-	1	Jul.	1859	Howa
Thompson	Joseph		22	8S	29W	-	24	Mar.	1887	Howa
Thompson	Joseph		22	8S	29W	-	24	Mar.	1887	Howa
Thompson	Joseph		22	8S	29W	40	1	May	1856	Howa
Thompson	Joseph		22	8S	29W	160	1	Jul.	1859	Howa
Thompson	Macajah		19	14S	24W	80	1	Mar.	1843	Hem
Thompson	Patrick	C.	3	5S	30W	162.2	25	Jun.	1901	Howa
Thompson	Paul	C.	17	15N	19W	-	1	Feb.	1901	Neva
Thompson	Paul	C.	18	15N	19W	-	1	Feb.	1901	Neva
Thompson	Paul	C.	19	15N	19W	-	1	Feb.	1901	Neva

Last Name	First Name	Int.	Section No.	Twp.	Ran	Acres	Date			Co.
Thompson	Paul	C.	20	15N	19W	160	1	Feb.	1901	Neva
Thompson	Thomas	H.	26	13S	24W	120	2	Apr.	1860	Hem
Thompson	Thomas	H.	26	13S	24W	-	2	Apr.	1860	Hem
Thompson	Thomas		23	8S	29W	40	2	Jul.	1860	Howa
Thompson	Wade	B.	27	5S	28W	-	28	Dec.	1893	Howa
Thompson	Wade	B.	27	5S	28W	160	28	Dec.	1893	Howa
Thompson	William	F.	24	7S	27W	40	1	Mar.	1855	Howa
Thompson	William	F.	26	7S	27W	40	1	Mar.	1855	Howa
Thompson	William	F.	26	7S	27W	40	1	Mar.	1855	Howa
Thomson	Duncan		12	14S	25W	40	1	Jul.	1859	Hem
Thomson	George	E.	17	9S	25W	40	8	May	1901	Hem
Thornton	Alexander	H.	32	5S	29W	160	13	Oct.	1891	Howa
Thornton	Emily	M.	15	9S	28W	40	1	Mar.	1855	Howa
Thornton	Emily	M.	15	9S	28W	40	1	May	1856	Howa
Thrall	Rachel		23	17N	22W	-	17	Dec.	1901	Neva
Thrall	Rachel		26	17N	22W	160	17	Dec.	1901	Neva
Thrall	Rachel		26	17N	22W	-	17	Dec.	1901	Neva
Thrall	Rufus	S.	27	17N	22W	-	28	Jun.	1905	Neva
Thrall	Rufus	S.	27	17N	22W	-	28	Jun.	1905	Neva
Thrall	Rufus	S.	28	17N	22W	160	28	Jun.	1905	Neva
Tice	Edward	L.	30	11S	31W	40	31	Jul.	1903	LRiv
Tidwell	Andrew	J.	2	7S	28W	159.8	30	Dec.	1902	Howa
Tidwell	Benjamin	H.	24	7S	27W	-	28	Feb.	1890	Howa
Tidwell	Peter	B.	2	7S	28W	-	26	Sep.	1902	Howa
Tidwell	Peter	B.	3	7S	28W	161	26	Sep.	1902	Howa
Tidwell	William	H.	13	7S	27W	76.34	18	Apr.	1905	Howa
Tidwell	William	H.	13	7S	27W	80	18	Apr.	1905	Howa
Timmons	Daniel	B.	13	10S	28W	-	2	Apr.	1860	Howa
Timmons	Daniel	B.	13	10S	28W	-	2	Apr.	1860	Howa
Timmons	Daniel	B.	13	10S	28W	200	2	Apr.	1860	Howa
Timmons	Jesse	J.	9	10S	28W	160	2	Apr.	1860	Howa
Timmons	Samuel	R.	21	10S	28W	-	2	Apr.	1860	Howa
Timmons	Samuel	R.	21	10S	28W	-	2	Apr.	1860	Howa
Timmons	Samuel	R.	21	10S	28W	-	2	Jul.	1860	Howa
Timmons	Samuel	R.	21	10S	28W	200	2	Apr.	1860	Howa
Timmons	Samuel	R.	22	10S	28W	80	2	Jul.	1860	Howa
Timmons	Samuel	R.	28	10S	28W	40	2	Jul.	1860	Howa
Timmons	Silas	W.	9	12S	32W	-	12	Aug.	1901	LRiv
Timmons	Silas	W.	9	12S	32W	160	12	Aug.	1901	LRiv
Tinsley	Abram	J.	27	7S	30W	40	2	Jul.	1860	Howa
Tinsley	David	C.	35	17N	21W	160	30	Jun.	1882	Neva
Tinsley	David	C.	35	17N	21W	-	30	Jun.	1882	Neva
Tinsley	David	F.	17	8S	27W	160	12	Dec.	1904	Howa
Tinsley	David	F.	20	8S	27W	-	12	Dec.	1904	Howa
Tinsley	David	F.	21	8S	27W	-	12	Dec.	1904	Howa
Tinsley	Eugene	C.	8	7S	27W	-	15	Aug.	1904	Howa
Tinsley	Eugene	C.	8	7S	27W	-	15	Aug.	1904	Howa
Tinsley	Eugene	C.	8	7S	27W	160.07	15	Aug.	1904	Howa
Tinsley	William	A.	7	7S	27W	-	15	Aug.	1904	Howa
Tinsley	William	A.	7	7S	27W	160.65	15	Aug.	1904	Howa
Tipton	Affey		21	5S	28W	-	24	Jun.	1889	Howa
Tipton	Affey		21	5S	28W	160	24	Jun.	1889	Howa
Tipton	William	H.	20	5S	28W	-	4	Jun.	1906	Howa
Tipton	William	H.	20	5S	28W	-	4	Jun.	1906	Howa
Tipton	William	H.	20	5S	28W	160	4	Jun.	1906	Howa
Todd	Charles	M.	18	14S	23W	159.86	9	Jan.	1886	Hem

Last Name	First Name	Int.	Section No.	Twp.	Ran	Acres	Date			Co.
Toland	John		25	8S	27W	40	2	Apr.	1860	Howa
Toland	Thomas	L.	25	8S	27W	80	2	Jul.	1860	Howa
Toliver	Daniel		33	10S	23W	40	3	May	1895	Hem
Tollet	Eunis		32	7S	28W	40	31	Jan.	1890	Howa
Tollett	Daniel	L.	15	7S	28W	-	12	Aug.	1901	Howa
Tollett	Daniel	L.	15	7S	28W	-	15	Oct.	1906	Howa
Tollett	Daniel	L.	15	7S	28W	80	15	Oct.	1906	Howa
Tollett	Daniel	L.	22	7S	28W	80	12	Aug.	1901	Howa
Tollett	Daniel		10	8S	28W	40	1	Mar.	1855	Howa
Tollett	Daniel		10	8S	28W	40	1	Mar.	1855	Howa
Tollett	Daniel		25	7S	28W	40	1	Nov.	1849	Howa
Tollett	Daniel		25	7S	28W	40	1	Mar.	1855	Howa
Tollett	Daniel		25	7S	28W	40	1	Mar.	1855	Howa
Tollett	Daniel		25	7S	28W	80	1	Mar.	1855	Howa
Tollett	Daniel		26	7S	28W	40	1	Mar.	1855	Howa
Tollett	Daniel		36	7S	28W	80	2	Jul.	1860	Howa
Tollett	David	S.	23	7S	28W	-	10	Sep.	1890	Howa
Tollett	David	S.	23	7S	28W	-	10	Sep.	1890	Howa
Tollett	David	S.	23	7S	28W	160	10	Sep.	1890	Howa
Tollett	David		6	11S	27W	157.22	10	Sep.	1827	Howa
Tollett	Elijah		11	11S	28W	40	1	Jul.	1859	Howa
Tollett	Elijah		11	11S	28W	40	2	Apr.	1860	Howa
Tollett	Elijah		11	11S	28W	40	2	Jul.	1860	Howa
Tollett	Ennis		10	8S	28W	40	1	Mar.	1855	Howa
Tollett	Ennis		11	8S	28W	40	2	Jul.	1860	Howa
Tollett	Ennis		11	8S	28W	80	2	Apr.	1860	Howa
Tollett	James		18	10S	26W	80.23	1	Jul.	1859	Hem
Tollett	James		18	10S	26W	120	1	Jul.	1859	Hem
Tollett	James		18	10S	26W	-	1	Jul.	1859	Hem
Tollett	James		18	10S	26W	-	1	Jul.	1859	Hem
Tollett	Lou	E.	15	7S	28W	160	22	Apr.	1901	Howa
Tollett	Thomas		5	8S	28W	-	10	Apr.	1886	Howa
Tollett	Thomas		5	8S	28W	163.28	10	Apr.	1886	Howa
Tollette	John	B.	2	7S	27W	161.11	2	Jun.	1904	Howa
Tollette	John	B.	2	7S	27W	161.61	2	Jun.	1904	Howa
Tomlin	Isom		19	15N	23W	-	25	Jun.	1900	Neva
Tomlin	Isom		20	15N	23W	160	25	Jun.	1900	Neva
Tomlin	Isom		20	15N	23W	-	25	Jun.	1900	Neva
Tong	Carey	V.	23	11S	31W	-	8	Oct.	1901	LRiv
Tong	Carey	V.	23	11S	31W	-	8	Oct.	1901	LRiv
Tong	Carey	V.	26	11S	31W	160	8	Oct.	1901	LRiv
Tong	William	H.	25	11S	31W	-	8	Jul.	1895	LRiv
Tong	William	H.	26	11S	31W	-	8	Jul.	1895	LRiv
Tong	William	H.	26	11S	31W	160	8	Jul.	1895	LRiv
Tool	Asbert	T.	19	12S	31W	80	11	Sep.	1905	LRiv
Tool	Asbert	T.	19	12S	31W	80	11	Sep.	1905	LRiv
Toombs	Willis		11	13S	26W	80	26	May	1890	Hem
Totlett	David		6	11S	27W	40.08	1	Mar.	1843	Howa
Totten	James	L.	10	11S	24W	40	1	Nov.	1839	Hem
Totten	James	L.	10	11S	24W	80	1	Nov.	1839	Hem
Totten	James	L.	11	11S	24W	40	1	Nov.	1839	Hem
Totten	James	L.	11	11S	24W	240	1	Nov.	1839	Hem
Totten	James	L.	11	11S	24W	-	1	Nov.	1839	Hem
Totten	James	L.	15	11S	25W	40	1	Nov.	1839	Hem
Tow	Mary		31	13N	22W	-	31	Oct.	1906	Neva
Tow	Mary		32	13N	22W	160	31	Oct.	1906	Neva

Last Name	First Name	Int.	Section No.	Twp.	Ran	Acres	Date		Co.
Tow	Mary		32	13N	22W	-	31	Oct. 1906	Neva
Townsand	Obediah		12	6S	29W	40	2	Apr. 1860	Howa
Townsand	Obediah		12	6S	29W	40	18	Aug. 1897	Howa
Townsend	Alexander	C.	11	6S	29W	80	2	Apr. 1860	Howa
Townsend	Andrew	J.	33	6S	28W	40	10	Apr. 1882	Howa
Townsend	Emily	F.	7	6S	28W	-	10	Jun. 1896	Howa
Townsend	Emily	F.	7	6S	28W	-	10	Jun. 1896	Howa
Townsend	Emily	F.	7	6S	28W	159.16	10	Jun. 1896	Howa
Townsend	George	R.	3	7S	28W	-	7	May 1907	Howa
Townsend	George	R.	3	7S	28W	120	7	May 1907	Howa
Townsend	Martha	C.	4	7S	28W	159.96	3	Jul. 1897	Howa
Townsend	Martha	C.	5	7S	28W	-	3	Jul. 1897	Howa
Townsend	Obadiah		12	6S	29W	40	2	Jul. 1860	Howa
Townsend	Obediah		12	6S	29W	40	1	Jul. 1859	Howa
Townsend	Obediah		12	6S	29W	80	1	Jul. 1859	Howa
Townsend	Thomas	J.	34	7S	28W	40	15	Mar. 1888	Howa
Townsend	William	S.	19	6S	28W	80	1	Jun. 1875	Howa
Townsley	William	L.	2	14N	24W	130.25	8	Apr. 1903	Neva
Trammell	Christopher	C.	31	12S	31W	86.31	21	Oct. 1898	LRiv
Trammell	James	J.	1	13S	32W	-	25	Feb. 1890	LRiv
Trammell	James	J.	6	13S	31W	77.5	25	Feb. 1890	LRiv
Trammell	James	M.	9	10S	27W	40	1	Aug. 1837	Howa
Trammell	James	M.	23	10S	27W	40	10	Aug. 1837	Howa
Trammell	John		25	10S	27W	40	1	Aug. 1837	Howa
Trammell	John		25	10S	27W	40	1	Mar. 1843	Howa
Trammell	John		26	10S	27W	40	1	Aug. 1837	Howa
Trammell	John		26	10S	27W	40	1	Aug. 1837	Howa
Trammell	John		26	10S	27W	40	1	Mar. 1843	Howa
Trammell	Newton		17	12S	30W	-	10	Aug. 1894	LRiv
Trammell	Newton		17	12S	30W	160	10	Aug. 1894	LRiv
Trammell	Newton		18	12S	30W	-	10	Aug. 1894	LRiv
Trammell	Thomas	M.	1	13S	32W	160.75	10	Apr. 1897	LRiv
Trammell	Thomas	M.	6	13S	31W	-	10	Apr. 1897	LRiv
Trammell	Thomas	M.	6	13S	31W	-	10	Apr. 1897	LRiv
Trammell	Thomas		1	13S	32W	40	10	Oct. 1856	LRiv
Trammell	Thomas		1	13S	32W	40	1	Dec. 1857	LRiv
Trammell	Thomas		6	13S	31W	40	2	Apr. 1860	LRiv
Trammell	Thomas		12	13S	32W	40	10	Oct. 1856	LRiv
Trammell	Willis		21	12S	26W	80	10	Mar. 1883	Hem
Traweek	Othniel		35	7S	30W	80	10	Dec. 1874	Howa
Treadway	Iverson	B.	20	11S	32W	160	22	Nov. 1889	LRiv
Treadway	Sidney	S.	8	13N	20W	-	26	Aug. 1904	Neva
Treadway	Sidney	S.	9	13N	20W	160	26	Aug. 1904	Neva
Treadway	Sidney	S.	9	13N	20W	-	26	Aug. 1904	Neva
Treadway	William	L.	21	11S	32W	-	16	Jul. 1890	LRiv
Treadway	William	L.	28	11S	32W	160	16	Jul. 1890	LRiv
Treat	Hiram		29	14N	21W	-	22	Apr. 1899	Neva
Treat	Hiram		30	14N	21W	160	22	Apr. 1899	Neva
Treat	Hiram		30	14N	21W	-	22	Apr. 1899	Neva
Treat	James	H.	31	14N	21W	159.56	22	Apr. 1899	Neva
Treat	James	H.	31	14N	21W	-	22	Apr. 1899	Neva
Treat	James	H.	31	14N	21W	-	22	Apr. 1899	Neva
Treat	William	W.	10	15N	23W	80	1	Sep. 1848	Neva
Treat	Wm.	W.	10	15N	23W	40	1	Sep. 1848	Neva
Trent	Thomas		17	11S	27W	320	1	Dec. 1830	Howa
Trent	Thomas		20	11S	27W	-	1	Dec. 1830	Howa

Last Name	First Name	Int.	Section No.	Twp.	Ran	Acres	Date		Co.
Tribble	James	P.	34	9S	24W	80	4 Dec.	1896	Hem
Tribble	James	W.	17	9S	27W	80	1 Mar.	1855	Howa
Tribble	John	M.	7	9S	26W	80	2 Apr.	1860	Hem
Tribble	John	W.	9	10S	23W	80	18 Oct.	1888	Hem
Tribble	Michael	D.	4	9S	26W	40	4 Aug.	1891	Hem
Trible	James	W.	20	9S	27W	40	1 Jul.	1859	Howa
Trice	Charles	H.	19	17N	20W	-	1 Jun.	1882	Neva
Trice	Charles	H.	24	17N	21W	159.92	1 Jun.	1882	Neva
Trimble	James	E.	19	17N	22W	160.83	25 Jun.	1889	Neva
Trimble	James	E.	19	17N	22W	-	25 Jun.	1889	Neva
Trimble	John	D.	14	8S	29W	40	1 Jul.	1859	Howa
Trimble	John	D.	22	8S	29W	80	10 Dec.	1861	Howa
Trimble	William		17	11S	26W	80	1 Mar.	1843	Hem
Triplett	George	R.	14	6S	29W	-	9 Mar.	1896	Howa
Triplett	George	R.	14	6S	29W	160	9 Mar.	1896	Howa
Trist	Nicholas	P.	29	13S	32W	110.25	10 Jul.	1844	LRiv
Trist	Nicholas	P.	30	13S	32W	255.63	10 Jul.	1844	LRiv
Trist	Nicholas	P.	36	13S	28W	39.66	1 Mar.	1843	LRiv
Troess	George		36	6S	30W	-	1 Feb.	1893	Howa
Troglen	David	C.	12	14N	20W	160	17 Oct.	1904	Neva
Troglen	David	C.	12	14N	20W	-	17 Oct.	1904	Neva
Troglen	David	C.	12	14N	20W	-	17 Oct.	1904	Neva
Trumble	William		20	11S	26W	80	1 Mar.	1843	Hem
Trummell	James	M.	12	9S	27W	40	1 Nov.	1849	Howa
Trummell	James	M.	12	9S	27W	40	1 Nov.	1849	Howa
Trummell	Thomas		6	13S	31W	40	1 Mar.	1855	LRiv
Tucker	William		10	14S	25W	120	10 May	1861	Hem
Tucker	William		10	14S	25W	-	10 May	1861	Hem
Tuggle	Thomas		32	14N	22W	80	25 Jun.	1892	Neva
Tullock	Magness	H.	11	5S	28W	40	2 Apr.	1860	Howa
Tune	John	T.	36	8S	28W	40	1 Mar.	1855	Howa
Tupper	Isaac	C.	1	12S	26W	80	1 May	1845	Hem
Turk	Claudia	E.	31	11S	32W	-	27 Aug.	1901	LRiv
Turk	Claudia	E.	31	11S	32W	159.78	27 Aug.	1901	LRiv
Turley	Independence		5	10S	28W	40	27 Apr.	1885	Howa
Turley	Thomas	J.	28	10S	28W	160	1 Jul.	1857	Howa
Turley	Thomas	J.	28	10S	28W	160	2 Apr.	1860	Howa
Turner	Allen		18	11S	27W	-	13 Nov.	1901	Howa
Turner	Allen		18	11S	27W	80	13 Nov.	1901	Howa
Turner	Edmond		8	13S	29W	160	10 Mar.	1883	LRiv
Turner	Loranzy	D.	32	11S	32W	-	10 Jan.	1901	LRiv
Turner	Loranzy	D.	32	11S	32W	160	10 Jan.	1901	LRiv
Turner	Mary	V.	7	6S	28W	-	27 Jun.	1889	Howa
Turner	Mary	V.	7	6S	28W	-	27 Jun.	1889	Howa
Turner	Mary	V.	18	6S	28W	163.52	27 Jun.	1889	Howa
Turner	Robert		18	13S	28W	-	20 Sep.	1897	LRiv
Turner	Robert		18	13S	28W	139.55	20 Sep.	1897	LRiv
Turner	Sidney	J.	35	16N	22W	80	26 Mar.	1900	Neva
Turner	Taylor	T.	28	14N	23W	160	8 Jun.	1901	Neva
Turney	Clauton		19	16N	22W	80	13 Aug.	1896	Neva
Turney	William	H.	20	16N	19W	-	13 Feb.	1891	Neva
Turney	William	H.	21	16N	19W	160	13 Feb.	1891	Neva
Turney	William	H.	21	16N	19W	-	13 Feb.	1891	Neva
Turrentine	Archelaus		19	9S	28W	161.16	1 Mar.	1843	Howa
Turrentine	Charles	P.	30	9S	28W	-	1 Dec.	1857	Howa
Turrentine	Charles	P.	30	9S	28W	-	1 Dec.	1857	Howa

Last Name	First Name	Int.	Section No.	Twp.	Ran	Acres	Date		Co.
Turrentine	Charles	P.	30	9S	28W	174.92	1 Dec.	1857	Howa
Turrentine	Charles	P.	36	9S	29W	40	2 Jul.	1860	Howa
Turrentine	Daniel		12	9S	29W	240	1 Dec.	1857	Howa
Turrentine	Henry		17	12S	25W	160	16 Oct.	1896	Hem
Turrentine	Henry		17	12S	25W	-	16 Oct.	1896	Hem
Turrentine	Henry		17	12S	25W	-	16 Oct.	1896	Hem
Turrentine	James		12	9S	29W	-	1 Jul.	1859	Howa
Turrentine	James		12	9S	29W	320	1 Jul.	1859	Howa
Turrentine	James		13	9S	29W	-	1 Mar.	1843	Howa
Turrentine	James		13	9S	29W	-	1 Jul.	1859	Howa
Turrentine	James		13	9S	29W	-	1 Jul.	1859	Howa
Turrentine	James		13	9S	29W	160	1 Mar.	1843	Howa
Turrentine	Joseph		1	10S	29W	119.86	1 Dec.	1857	Howa
Turrentine	Joseph		1	10S	29W	119.88	1 Dec.	1857	Howa
Turrentine	Joseph		25	9S	29W	-	1 Dec.	1857	Howa
Turrentine	Joseph		36	9S	29W	80	1 Dec.	1857	Howa
Tutt	Belle		17	11S	31W	40	10 Jan.	1901	LRiv
Tuttle	Wiley	G.	19	14N	22W	160.07	8 Apr.	1903	Neva
Tyler	Henry		34	13S	24W	160	1 Jul.	1859	Hem
Tyler	Henry		34	13S	24W	160	1 Jul.	1859	Hem
Tyler	Isaac		31	11S	24W	317	1 Dec.	1830	Hem
Tyler	Joshua	C.	2	14S	24W	155.58	1 May	1856	Hem
Tyler	Joshua	C.	2	14S	24W	160	1 Jul.	1859	Hem
Tyree	Ann		33	11S	24W	80	1 Nov.	1839	Hem
Tyree	Daniel		26	11S	24W	40	1 Nov.	1848	Hem
Tyree	Daniel		26	11S	24W	80	1 Aug.	1837	Hem
Tyree	Daniel		27	11S	24W	40	1 Nov.	1849	Hem
Tyree	Daniel		35	11S	24W	120	1 Aug.	1837	Hem
Tyree	Daniel		35	11S	24W	-	1 Aug.	1837	Hem
Tyree	John		29	11S	23W	40	15 Apr.	1837	Hem
Tyree	John		29	11S	23W	80	1 Mar.	1843	Hem
Tyree	John		32	11S	23W	40	15 Apr.	1837	Hem
Tyree	John		32	11S	23W	80	15 Apr.	1837	Hem
Tyree	Josiah		28	11S	24W	40	1 Aug.	1837	Hem
Tyree	Josiah		28	11S	24W	80	1 Nov.	1839	Hem
Tyree	Robert		28	11S	24W	80	1 Aug.	1837	Hem
Tyree	Robert		28	11S	24W	-	1 Aug.	1837	Hem
Tyree	Robert		31	11S	23W	80	15 Apr.	1837	Hem
Tyree	Stephen	I.	26	11S	24W	40	1 Nov.	1848	Hem
Tyson	Jason		6	11S	31W	177.55	2 Apr.	1860	LRiv
Tyson	Justin		1	11S	32W	154.75	2 Apr.	1860	LRiv
Umphflet	Mary	S.	24	17N	22W	160	15 Feb.	1884	Neva
Underdown	William	R.	27	17N	21W	80	10 Apr.	1907	Neva
Upton	Mary		30	16N	20W	-	19 Oct.	1905	Neva
Upton	Mary		31	16N	20W	-	19 Oct.	1905	Neva
Upton	Mary		32	16N	20W	160	19 Oct.	1905	Neva
Upton	Walter	W.	14	14N	21W	160	26 Aug.	1904	Neva
Valiquet	Octave	P.	19	16N	22W	-	16 Mar.	1906	Neva
Valiquet	Octave	P.	30	16N	22W	80	16 Mar.	1906	Neva
Van Etten	Augusta	E.	23	13S	26W	160	1 Jun.	1882	Hem
Van Etten	Augusta	E.	23	13S	26W	-	1 Jun.	1882	Hem
Van Etten	Augusta	E.	27	13S	26W	440	1 Jun.	1882	Hem
Van Etten	Augusta	E.	27	13S	26W	-	1 Jun.	1882	Hem
Vance	Leonidas	S.	25	12S	25W	40	30 Jun.	1882	Hem
Vance	Nancy		1	15N	21W	40.01	10 Apr.	1907	Neva
Vanderpool	James	R.	12	15N	21W	160	30 Dec.	1878	Neva

Last Name	First Name	Int.	Section No.	Twp.	Ran	Acres	Date			Co.
Vandiver	James		29	11S	32W	160	12	Aug.	1901	LRiv
Vann	Augustus	M.	36	10S	33W	40	2	Jul.	1860	LRiv
Varnell	William	M.	4	10S	27W	40	10	Jul.	1844	Howa
Varnell	William	M.	10	10S	27W	80	10	Jul.	1844	Howa
Vaughan	Frances	E.	8	12S	28W	113.67	7	May	1907	LRiv
Vaughan	Green		1	13S	26W	40.11	30	Jun.	1882	Hem
Vaughan	Harrison		36	11S	27W	80	9	Sep.	1882	Howa
Vaughan	John		4	13S	26W	38.92	10	Aug.	1837	Hem
Vaughan	John		4	13S	26W	44.07	15	Apr.	1837	Hem
Vaughan	John		7	15N	20W	160	28	Jun.	1890	Neva
Vaughan	John		7	15N	20W	-	28	Jun.	1890	Neva
Vaughan	John		7	15N	20W	-	28	Jun.	1890	Neva
Vaughan	John		13	13S	27W	80	1	May	1845	Hem
Vaughan	John		13	13S	27W	80	1	May	1845	Hem
Vaughan	John		13	13S	27W	160	1	Mar.	1843	Hem
Vaughan	John		14	12S	27W	320	1	Mar.	1843	Hem
Vaughan	John		18	13S	26W	39.09	1	Aug.	1837	Hem
Vaughan	John		32	12S	26W	40	1	Mar.	1843	Hem
Vaughan	Josiah	B.	1	13S	27W	40	1	Jul.	1859	Hem
Vaughan	William		5	13S	26W	80	10	Apr.	1837	Hem
Vaughan	Willis		18	13S	28W	160	18	Jan.	1894	LRiv
Vaughn	Eugenious	A.	10	12S	30W	-	25	Feb.	1899	LRiv
Vaughn	Eugenious	A.	11	12S	30W	160	25	Feb.	1899	LRiv
Vaughn	George	W.	30	11S	26W	40	10	Apr.	1837	Hem
Vaughn	John		24	13S	27W	13.08	10	Jul.	1844	LRiv
Vaughn	John		24	13S	27W	66.5	10	Jul.	1844	LRiv
Vaughn	Joseph	L.	34	15N	22W	-	8	May	1901	Neva
Vaughn	Joseph	L.	35	15N	22W	120	8	May	1901	Neva
Vaughn	William	W.	23	9S	28W	40	1	Mar.	1855	Howa
Vaughn	William	W.	23	9S	28W	200	1	Jul.	1859	Howa
Vaughn	William	W.	24	9S	28W	-	1	Jul.	1859	Howa
Vaughn	William	W.	24	9S	28W	80	1	Mar.	1855	Howa
Vaughn	William	W.	24	9S	28W	80	1	Mar.	1855	Howa
Vaughn	William	W.	33	9S	27W	40	1	Mar.	1855	Howa
Vaughn	William	W.	33	9S	27W	80	1	Mar.	1855	Howa
Vaughn	William	W.	33	9S	27W	80	1	Mar.	1855	Howa
Veal	John		9	11S	24W	80	3	Mar.	1893	Hem
Venerable	Enoch	T.	2	15N	22W	-	7	Sep.	1900	Neva
Venerable	Enoch	T.	2	15N	22W	-	7	Sep.	1900	Neva
Venerable	Enoch	T.	3	15N	22W	160	7	Sep.	1900	Neva
Vessel	William	H.	20	8S	27W	40	15	Oct.	1906	Howa
Vickers	James	J.	5	12S	23W	40	1	Jul.	1859	Hem
Vickers	James	J.	9	12S	23W	40	1	Oct.	1860	Hem
Vilines	Hosea		9	16N	22W	-	21	Mar.	1896	Neva
Vilines	Hosea		10	16N	22W	160	21	Mar.	1896	Neva
Vilines	Hosea		10	16N	22W	-	21	Mar.	1896	Neva
Vilines	Abraham		15	16N	21W	-	13	Aug.	1883	Neva
Vilines	Abraham		22	16N	21W	80	13	Aug.	1883	Neva
Vilines	Addison		24	16N	23W	160	15	Jul.	1875	Neva
Vilines	Albert		20	16N	22W	-	13	Feb.	1891	Neva
Vilines	Albert		20	16N	22W	-	13	Feb.	1891	Neva
Vilines	Albert		20	16N	22W	-	13	Feb.	1891	Neva
Vilines	Albert		21	16N	22W	160	13	Feb.	1891	Neva
Vilines	Copeland		36	16N	23W	40	1	Feb.	1860	Neva
Vilines	Elizabeth		35	16N	23W	40	15	Nov.	1854	Neva
Vilines	Frank		17	16N	22W	-	5	Sep.	1906	Neva

Last Name	First Name	Int.	Section No.	Twp.	Ran	Acres	Date			Co.
Villines	Frank		20	16N	22W	160	May	Sep.	1906	Neva
Villines	George	W.	15	16N	22W	160	30	Dec.	1902	Neva
Villines	George	W.	32	17N	21W	80	17	Jul.	1895	Neva
Villines	Hosea		25	16N	23W	80	15	Dec.	1882	Neva
Villines	Hosea		25	16N	23W	-	15	Dec.	1882	Neva
Villines	Hosea		36	16N	23W	40	15	Nov.	1854	Neva
Villines	James	A.	19	16N	22W	160.06	19	Sep.	1898	Neva
Villines	James	A.	19	16N	22W	-	19	Sep.	1898	Neva
Villines	James	A.	21	16N	22W	40	16	Mar.	1906	Neva
Villines	James	A.	30	16N	22W	-	19	Sep.	1898	Neva
Villines	James	A.	30	16N	22W	-	19	Sep.	1898	Neva
Villines	James	A.	33	16N	22W	160	27	Jul.	1904	Neva
Villines	James	A.	33	16N	22W	-	27	Jul.	1904	Neva
Villines	James	A.	33	16N	22W	-	27	Jul.	1904	Neva
Villines	Jefferson		36	16N	23W	80	1	Jun.	1875	Neva
Villines	Jefferson		36	16N	23W	-	1	Jun.	1875	Neva
Villines	Joe	S.	1	15N	23W	80.45	8	Mar.	1907	Neva
Villines	Joe	S.	1	15N	23W	-	31	Dec.	1904	Neva
Villines	Joe	S.	36	16N	23W	80.46	31	Dec.	1904	Neva
Villines	John		27	16N	22W	-	1	Mar.	1904	Neva
Villines	John		28	16N	22W	160	1	Mar.	1904	Neva
Villines	Joseph		3	15N	23W	-	15	Dec.	1882	Neva
Villines	Joseph		9	16N	21W	40	16	Feb.	1888	Neva
Villines	Joseph		10	15N	23W	160	15	Dec.	1882	Neva
Villines	Joseph		10	15N	23W	-	15	Dec.	1882	Neva
Villines	Mary	L.	32	17N	21W	80	30	Nov.	1875	Neva
Villines	Mary	L.	33	17N	21W	160	28	Jun.	1890	Neva
Villines	Nathaniel		5	16N	21W	42.93	1	Jul.	1859	Neva
Villines	Robert		3	15N	23W	161.43	30	Jul.	1875	Neva
Villines	Timothy		34	16N	23W	120	12	Aug.	1919	Neva
Villines	Timothy		34	16N	23W	-	12	Aug.	1919	Neva
Villines	William		17	16N	22W	40	1	Feb.	1876	Neva
Villines	William		25	16N	23W	40	24	Nov.	1890	Neva
Villinis	Elizabeth		35	16N	23W	40	3	May	1858	Neva
Vincent	James	E.	7	14N	21W	-	21	Sep.	1905	Neva
Vincent	James	E.	12	14N	22W	153.62	21	Sep.	1905	Neva
Vincent	James	E.	12	14N	22W	-	21	Sep.	1905	Neva
Vines	Alfred	M.	35	11S	32W	-	8	May	1901	LRiv
Vines	Alfred	M.	35	11S	32W	160	8	May	1901	LRiv
Vinson	Andrew		27	8S	29W	80	17	Apr.	1905	Howa
Vinson	Joseph	W.	28	17N	20W	-	26	Mar.	1890	Neva
Vinson	Joseph	W.	33	17N	20W	160	26	Mar.	1890	Neva
Vinson	Joseph	W.	33	17N	20W	-	26	Mar.	1890	Neva
Vinson	Seborn	B.	28	17N	20W	-	8	Feb.	1897	Neva
Vinson	Seborn	B.	29	17N	20W	-	8	Feb.	1897	Neva
Vinson	Seborn	B.	32	17N	20W	160	8	Feb.	1897	Neva
Vire	Randolph		32	15N	22W	160	13	Aug.	1896	Neva
Vizard	Joseph		23	6S	30W	160	2	Jan.	1895	Howa
Voelker	George		5	15N	22W	159.85	7	Aug.	1906	Neva
Voiles	William	C.	12	5S	28W	40	1	May	1856	Howa
Waddell	George	W.	12	13S	29W	-	13	Oct.	1891	LRiv
Waddell	George	W.	12	13S	29W	-	13	Oct.	1891	LRiv
Waddell	George	W.	12	13S	29W	160	13	Oct.	1891	LRiv
Waddell	William	T.	32	12S	29W	-	24	Apr.	1890	LRiv
Waddell	William	T.	32	12S	29W	40	10	Sep.	1890	LRiv
Waddell	William	T.	32	12S	29W	80	24	Apr.	1890	LRiv

Last Name	First Name	Int.	Section No.	Twp.	Ran	Acres	Date			Co.
Waddill	John	W.	27	10S	32W	-	30	Mar.	1905	LRiv
Waddill	John	W.	27	10S	32W	160	30	Mar.	1905	LRiv
Waddle	Robert		30	12S	28W	40	31	Jan.	1889	LRiv
Wade	James	S.	8	9S	27W	40	1	May	1856	Howa
Wade	James	S.	32	8S	27W	40	1	Mar.	1855	Howa
Wade	James	T.	8	9S	27W	80	1	Mar.	1855	Howa
Wade	James	T.	8	9S	27W	80	10	Oct.	1856	Howa
Wadkins	Joseph	A.	4	5S	30W	-	31	Jul.	1903	Howa
Wadkins	Joseph	A.	9	5S	30W	-	31	Jul.	1903	Howa
Wadkins	Joseph	A.	10	5S	30W	160.82	31	Jul.	1903	Howa
Wages	Ashley		1	14N	24W	-	8	Jan.	1895	Neva
Wages	Ashley		12	14N	24W	160	8	Jan.	1895	Neva
Wages	Ashley		12	14N	24W	-	8	Jan.	1895	Neva
Wages	Columbus	H.	11	14N	24W	160	17	Jun.	1895	Neva
Wages	Columbus	H.	11	14N	24W	-	17	Jun.	1895	Neva
Wages	Columbus	H.	11	14N	24W	-	17	Jun.	1895	Neva
Wages	Henry	C.	1	13N	24W	-	22	May	1895	Neva
Wages	Henry	C.	2	13N	24W	136.55	22	May	1895	Neva
Waggoner	Amanda		4	10S	26W	40.25	2	Apr.	1860	Hem
Waggoner	Emily		24	5S	29W	80	27	Jun.	1889	Howa
Waggoner	Robert	H.	19	5S	28W	-	1	May	1906	Howa
Waggoner	Robert	H.	19	5S	28W	84.9	1	May	1906	Howa
Wagner	George	W.	23	10S	28W	-	1	Jul.	1857	Howa
Wagner	George	W.	23	10S	28W	120	1	Jul.	1857	Howa
Wagner	George	W.	30	10S	27W	40	1	Nov.	1849	Howa
Wagner	John		12	11S	33W	80	1	May	1856	LRiv
Wagoner	George	W.	30	10S	27W	40	1	Mar.	1855	Howa
Waits	Jabers	E.	22	13N	20W	160	11	Apr.	1898	Neva
Waits	Silas	W.	14	13N	20W	160	10	Aug.	1906	Neva
Waits	Silas	W.	14	13N	20W	-	10	Aug.	1906	Neva
Waits	Silas	W.	14	13N	20W	-	10	Aug.	1906	Neva
Wakefield	James		20	13S	28W	80	28	Feb.	1890	LRiv
Wakefield	James		20	13S	28W	80	21	Mar.	1893	LRiv
Wakeley	James	R.	26	5S	29W	-	23	Jun.	1889	Howa
Wakeley	James	R.	35	5S	29W	160	23	Jun.	1889	Howa
Wakely	James		7	5S	28W	40	1	Mar.	1855	Howa
Wakely	Lemuel		7	5S	28W	-	1	Jun.	1875	Howa
Wakely	Lemuel		18	5S	28W	80	1	Jun.	1875	Howa
Waklee	James		7	5S	28W	-	2	Apr.	1860	Howa
Waklee	James		7	5S	28W	80	2	Apr.	1860	Howa
Waklee	Lemuel		7	5S	28W	82.27	2	Apr.	1860	Howa
Waklee	Lemuel		9	9S	27W	40	1	Nov.	1849	Howa
Wakles	James		10	10S	27W	40	10	Apr.	1837	Howa
Wakley	Benton		5	7S	28W	-	10	Jul.	1883	Howa
Wakley	Benton		6	7S	28W	159.5	10	Jul.	1883	Howa
Wakley	James	F.	5	7S	28W	-	7	May	1907	Howa
Wakley	James	F.	6	7S	28W	80	7	May	1907	Howa
Wakley	William	W.	29	6S	28W	-	7	May	1907	Howa
Wakley	William	W.	30	6S	28W	160	7	May	1907	Howa
Walden	Elisha		24	9S	27W	40	10	Jul.	1844	Howa
Walden	James		27	16N	19W	-	30	Dec.	1905	Neva
Walden	James		27	16N	19W	-	30	Dec.	1905	Neva
Walden	James		28	16N	19W	160	30	Dec.	1905	Neva
Walden	Jeremiah		19	6S	28W	-	27	Jun.	1889	Howa
Walden	Jeremiah		19	6S	28W	173.02	27	Jun.	1889	Howa
Walden	Jeremiah		24	6S	29W	-	27	Jun.	1889	Howa

Last Name	First Name	Int.	Section No.	Twp.	Ran	Acres	Date		Co.
Walden	Jeremiah		25	6S	29W	-	27	Jun. 1889	Howa
Walden	John		11	6S	29W	40	2	Apr. 1860	Howa
Walden	Richard	E.	14	10S	27W	-	1	Jul. 1859	Howa
Walden	Richard	E.	14	10S	27W	160	1	Jul. 1859	Howa
Walden	Richard	E.	23	10S	27W	80	1	Jul. 1859	Howa
Walden	Richard	E.	23	10S	27W	80	1	Jul. 1859	Howa
Waldo	Wiley		5	11S	23W	80	27	Apr. 1885	Hem
Waldron	Ella		18	13N	19W	157.6	23	Jun. 1898	Neva
Waldron	Ella		18	13N	19W	-	23	Jun. 1898	Neva
Waldron	Ella		18	13N	19W	-	23	Jun. 1898	Neva
Waldron	James	E.	14	13N	20W	-	6	Oct. 1894	Neva
Waldron	James	E.	23	13N	20W	160	6	Oct. 1894	Neva
Wale	William	C.	1	15N	19W	-	1	Jul. 1875	Neva
Wale	William	C.	36	16N	19W	122.35	1	Jul. 1875	Neva
Walker	Aaron		17	12S	26W	40	1	Dec. 1882	Hem
Walker	Alexander		2	12S	31W	40.01	10	Oct. 1856	LRiv
Walker	Alexander		3	12S	31W	40.07	2	Apr. 1860	LRiv
Walker	Alexander		26	11S	31W	-	17	Feb. 1897	LRiv
Walker	Alexander		34	11S	31W	40	10	Oct. 1856	LRiv
Walker	Alexander		35	11S	31W	40	1	Mar. 1855	LRiv
Walker	Alexander		35	11S	31W	40	1	Mar. 1855	LRiv
Walker	Alexander		35	11S	31W	120	17	Feb. 1897	LRiv
Walker	Amos	V.	24	11S	29W	40	1	Jul. 1859	LRiv
Walker	David		23	14N	20W	157.6	2	Apr. 1857	Neva
Walker	David		23	14N	20W	-	2	Apr. 1857	Neva
Walker	Eldridge		13	15N	23W	160	17	Jul. 1895	Neva
Walker	Eli	T.	8	12S	26W	320	1	Jul. 1859	Hem
Walker	Eli	T.	8	12S	26W	-	1	Jul. 1859	Hem
Walker	Eliza		24	11S	29W	40	1	Nov. 1849	LRiv
Walker	Emerit	E.	33	13S	25W	80	10	Sep. 1890	Hem
Walker	George	W.	10	12S	25W	40	1	Aug. 1837	Hem
Walker	George	W.	14	14S	25W	80	1	Jul. 1859	Hem
Walker	George	W.	14	14S	25W	160	1	Jul. 1859	Hem
Walker	George	W.	14	14S	25W	-	1	Jul. 1859	Hem
Walker	George	W.	14	14S	25W	-	1	Jul. 1859	Hem
Walker	George	W.	14	14S	25W	-	1	Jul. 1859	Hem
Walker	George	W.	15	12S	25W	40	1	Aug. 1837	Hem
Walker	George	W.	28	12S	25W	40	10	Jul. 1844	Hem
Walker	George	W.	28	12S	25W	80	10	Aug. 1837	Hem
Walker	Harriett		9	12S	26W	40	15	Jan. 1883	Hem
Walker	James	H.	9	11S	26W	320	1	Mar. 1855	Hem
Walker	James	H.	10	11S	26W	80	1	Mar. 1855	Hem
Walker	James	H.	13	10S	27W	40	1	Nov. 1849	Howa
Walker	James	H.	13	10S	27W	40	1	Nov. 1849	Howa
Walker	James	H.	17	8S	28W	40	1	Mar. 1855	Howa
Walker	James	H.	18	12S	25W	40	1	Mar. 1843	Hem
Walker	James	H.	25	11S	29W	160	1	Mar. 1843	LRiv
Walker	James	H.	33	11S	25W	80	1	Nov. 1839	Hem
Walker	James	L.	12	12S	27W	80	2	Apr. 1860	Hem
Walker	James	R.	19	17N	21W	-	10	Mar. 1886	Neva
Walker	James	R.	24	17N	22W	118.76	10	Mar. 1886	Neva
Walker	James	W.	24	11S	29W	80	1	Mar. 1843	LRiv
Walker	Jesse		10	10S	32W	40.65	21	Sep. 1905	LRiv
Walker	John	C.	18	12S	29W	-	16	Jul. 1890	LRiv
Walker	John	C.	18	12S	29W	99.64	16	Jul. 1890	LRiv
Walker	John	J.	20	14N	23W	80	8	Jun. 1901	Neva

Last Name	First Name	Int.	Section No.	Twp.	Ran	Acres	Date			Co.
Walker	John		36	10S	26W	160	13	Jun.	1889	Hem
Walker	Joseph	S.	25	11S	29W	40	1	Mar.	1843	LRiv
Walker	Joseph	S.	25	11S	29W	40	1	Jul.	1859	LRiv
Walker	Nathan		3	12S	31W	80	30	Jun.	1882	LRiv
Walker	Peter		1	12S	26W	80	10	Mar.	1883	Hem
Walker	Peter		2	12S	31W	-	30	Jun.	1882	LRiv
Walker	Peter		3	12S	31W	80	30	Jun.	1882	LRiv
Walker	Robert	D.	9	13S	26W	40	1	Jul.	1859	Hem
Walker	Robert	L.	14	15N	23W	160	10	Apr.	1907	Neva
Walker	Robert	L.	14	15N	23W	-	10	Apr.	1907	Neva
Walker	Robert	L.	14	15N	23W	-	10	Apr.	1907	Neva
Walker	Robert	W.	25	11S	29W	80	1	Mar.	1843	LRiv
Walker	Robert		36	10S	26W	80	13	Jun.	1889	Hem
Walker	Solomon		4	12S	31W	79.1	30	Jun.	1882	LRiv
Walker	Solomon		33	11S	31W	-	30	Jun.	1882	LRiv
Walker	Sterling		21	12S	26W	160	25	Apr.	1898	Hem
Walker	Sterling		21	12S	26W	-	25	Apr.	1898	Hem
Walker	Virgil	A.	22	12S	32W	-	10	Mar.	1883	LRiv
Walker	Virgil	A.	22	12S	32W	120	10	Mar.	1883	LRiv
Walker	William	G.	18	14N	23W	160	28	Jun.	1890	Neva
Walker	William	S.	30	10S	31W	40	2	Apr.	1860	LRiv
Walker	William		4	12S	31W	40	1	Mar.	1855	LRiv
Walker	William		4	12S	31W	40	1	Mar.	1855	LRiv
Wallace	Andrew		27	10S	26W	40	10	Apr.	1837	Hem
Wallace	Andrew		27	10S	26W	80	10	May	1827	Hem
Wallace	Franklin		13	8S	29W	40	1	Mar.	1855	Howa
Wallace	Isham		24	8S	29W	40	1	Mar.	1855	Howa
Wallace	James	A.	4	8S	28W	81.21	10	Jul.	1883	Howa
Wallace	James	A.	33	7S	28W	-	10	Jul.	1883	Howa
Wallace	John	H.	33	9S	26W	160	1	Jul.	1859	Hem
Wallace	John	H.	33	9S	26W	160	2	Apr.	1860	Hem
Wallace	Lucy		27	10S	26W	80	11	Mar.	1859	Hem
Wallace	Lucy		27	10S	26W	80	1	Aug.	1837	Hem
Wallace	Marcus	J.	13	10S	24W	40	2	Apr.	1874	Hem
Wallace	Marcus	J.	13	10S	24W	40	20	Feb.	1875	Hem
Wallace	Mary		1	13S	33W	80	10	Jul.	1848	LRiv
Wallace	Nathaniel		17	8S	28W	40	1	Mar.	1855	Howa
Wallace	Stephanus		10	10S	24W	80	15	May	1875	Hem
Wallace	Wesley		6	10S	25W	40	1	Mar.	1855	Hem
Wallace	William	P.	31	14S	23W	80	10	Dec.	1861	Hem
Wallace	William	P.	31	14S	23W	-	10	Dec.	1861	Hem
Wallas	Malisa	A.	9	8S	28W	80	2	Jul.	1860	Howa
Wallas	Malisa	A.	10	8S	28W	-	2	Jul.	1860	Howa
Wallen	James		28	7S	28W	40	1	Nov.	1848	Howa
Wallis	Edward	H.	28	17N	19W	-	15	May	1876	Neva
Wallis	Edward	H.	29	17N	19W	160	15	May	1876	Neva
Wallis	George	W.	1	16N	19W	-	4	Aug.	1890	Neva
Wallis	George	W.	36	17N	19W	120.45	4	Aug.	1890	Neva
Wallis	Hiram	G.	20	17N	19W	160	1	Feb.	1901	Neva
Wallis	James	F.	20	17N	19W	160	31	Dec.	1889	Neva
Wallis	Joseph	S.	28	17N	19W	-	12	Feb.	1902	Neva
Wallis	Joseph	S.	29	17N	19W	80	12	Feb.	1902	Neva
Wallis	Thomas	J.	15	16N	19W	40	8	Aug.	1919	Neva
Wallis	Thomas	J.	20	17N	19W	-	20	Oct.	1884	Neva
Wallis	Thomas	J.	21	17N	19W	160	20	Oct.	1884	Neva
Wallis	William	R.	19	17N	19W	-	10	Oct.	1894	Neva

Last Name	First Name	Int.	Section No.	Twp.	Ran	Acres	Date			Co.
Wallis	William	R.	19	17N	19W	-	10	Oct.	1894	Neva
Wallis	William	R.	20	17N	19W	160	10	Oct.	1894	Neva
Wallis	William	R.	20	17N	19W	-	10	Oct.	1894	Neva
Walston	Robert		29	7S	28W	40	2	Jun.	1860	Howa
Walston	Robert		32	7S	28W	40	17	Apr.	1905	Howa
Walston	Robert		32	7S	28W	40	2	Apr.	1860	Howa
Walston	Robert		32	7S	28W	80	2	Apr.	1860	Howa
Walton	John	W.	17	13N	20W	-	8	May	1901	Neva
Ward	David	C.	20	12S	31W	-	30	Jun.	1882	LRiv
Ward	David	C.	20	12S	31W	-	30	Jun.	1882	LRiv
Ward	David	C.	20	12S	31W	-	30	Jun.	1882	LRiv
Ward	David	C.	20	12S	31W	160	30	Jun.	1882	LRiv
Ward	George	G.	32	12S	32W	40	1	Dec.	1857	LRiv
Ward	James		33	12S	23W	80	1	Aug.	1837	Hem
Ward	John	C.	35	11S	31W	-	28	Dec.	1893	LRiv
Ward	John	C.	35	11S	31W	160	28	Dec.	1893	LRiv
Ward	John	M.	26	12S	28W	40	1	Oct.	1860	LRiv
Ward	John	V.	5	10S	23W	160	1	Jul.	1859	Hem
Ward	John	W.	13	5S	29W	-	4	Apr.	1904	Howa
Ward	John	W.	14	5S	29W	-	4	Apr.	1904	Howa
Ward	John	W.	14	5S	29W	160	4	Apr.	1904	Howa
Ward	John		26	12S	28W	74.57	1	Sep.	1846	LRiv
Ward	Larry	P.	31	6S	30W	-	16	Sep.	1904	Howa
Ward	Neal	S.	10	14N	19W	-	18	Apr.	1898	Neva
Ward	Neal	S.	14	14N	19W	-	18	Apr.	1898	Neva
Ward	Neal	S.	15	14N	19W	160	18	Apr.	1898	Neva
Ward	Robert	D.	30	6S	30W	160	25	Apr.	1898	Howa
Ward	Sampson		5	14N	23W	-	21	Dec.	1889	Neva
Ward	Sampson		6	14N	23W	159.78	21	Dec.	1889	Neva
Ward	Sampson		6	14N	23W	-	21	Dec.	1889	Neva
Ward	Thomas	T.	6	14N	23W	171.36	26	Aug.	1904	Neva
Ward	Thomas	T.	6	14N	23W	-	26	Aug.	1904	Neva
Ward	Thomas	T.	6	14N	23W	-	26	Aug.	1904	Neva
Ward	Wells		5	14N	23W	-	24	Nov.	1890	Neva
Ward	Wells		8	14N	23W	160	24	Nov.	1890	Neva
Ward	William	D.	19	11S	26W	40	1	Aug.	1837	Hem
Ward	William	D.	19	11S	26W	40	10	Apr.	1837	Hem
Ward	William	D.	19	11S	26W	40	1	Mar.	1843	Hem
Ward	William	D.	19	11S	26W	80	10	Apr.	1837	Hem
Ward	William	D.	29	11S	26W	40	15	Apr.	1837	Hem
Ward	William	D.	32	6S	30W	40	15	Mar.	1888	Howa
Ward	William	F.	20	13S	23W	80	1	Jul.	1859	Hem
Warfield	Doctor		17	11S	24W	40	1	Jun.	1875	Hem
Warner	Franklin	S.	7	13S	32W	80	10	Jul.	1844	LRiv
Warner	Franklin	S.	7	13S	32W	80	10	Jul.	1844	LRiv
Warner	Franklin	S.	7	13S	32W	80	10	Jul.	1844	LRiv
Warner	Franklin	S.	7	13S	32W	80	10	Jul.	1844	LRiv
Warner	Franklin	S.	7	13S	32W	102.57	10	Jul.	1844	LRiv
Warner	Franklin	S.	18	13S	32W	80.04	10	Jul.	1844	LRiv
Warner	Franklin	S.	18	13S	32W	138.57	10	Jul.	1844	LRiv
Warner	Franklin	S.	23	13S	27W	79.81	10	Jul.	1844	LRiv
Warner	Franklin	S.	23	13S	27W	80	10	Jul.	1844	LRiv
Warner	Franklin	S.	23	13S	27W	106.87	10	Jul.	1844	LRiv
Warner	Uriah		35	5S	28W	-	28	Dec.	1893	Howa
Warner	Uriah		35	5S	28W	160	28	Dec.	1893	Howa
Warren	Bynam		7	11S	23W	80	23	Jun.	1889	Hem

Last Name	First Name	Int.	Section No.	Twp.	Ran	Acres	Date			Co.
Warren	Bynam		7	11S	23W	-	23	Jun.	1889	Hem
Warren	George	N.	26	13N	23W	-	4	Jun.	1906	Neva
Warren	George	N.	35	13N	23W	160	4	Jun.	1906	Neva
Warren	Isaac	J.	31	14N	22W	40	15	Dec.	1882	Neva
Warren	Isaac	J.	31	14N	22W	40	15	Jan.	1883	Neva
Warren	James		35	13N	23W	80	1	Nov.	1897	Neva
Warren	Rosa		29	10S	23W	80	20	Apr.	1883	Hem
Warren	Theodore		7	11S	23W	40	1	Apr.	1876	Hem
Warrick	John		25	6S	30W	160	1	Dec.	1898	Howa
Warrik	John		25	6S	30W	160	1	Dec.	1898	Howa
Warwick	Thomas		28	9S	27W	-	10	Oct.	1856	Howa
Warwick	Thomas		29	9S	27W	-	10	Oct.	1856	Howa
Warwick	Thomas		33	9S	27W	40	1	Mar.	1855	Howa
Warwick	Thomas		33	9S	27W	120	10	Oct.	1856	Howa
Wascisko	George		36	6S	30W	160	22	Apr.	1901	Howa
Wasdin	Augustus	W.	28	13S	29W	80	2	Jul.	1860	LRiv
Washington	Albert		20	13S	28W	160	19	Oct.	1888	LRiv
Washington	George		5	11S	23W	73.92	16	Feb.	1887	Hem
Washington	George		23	13S	26W	40	1	Apr.	1875	Hem
Washington	Zack		5	11S	23W	76.56	10	Mar.	1883	Hem
Waters	David		28	16N	20W	160	31	Aug.	1905	Neva
Waters	John	E.	3	15N	22W	-	19	Jul.	1897	Neva
Waters	John	E.	4	15N	22W	159.76	19	Jul.	1897	Neva
Waters	John	J.	26	16N	21W	160	3	Feb.	1883	Neva
Waters	John		6	14S	28W	142.39	1	May	1845	LRiv
Waters	Joseph	R.	26	13N	20W	-	15	Dec.	1897	Neva
Waters	Joseph	R.	27	13N	20W	160	15	Dec.	1897	Neva
Waters	Joseph	R.	27	13N	20W	-	15	Dec.	1897	Neva
Waters	Thomas	J.	5	15N	20W	-	1	Feb.	1901	Neva
Waters	Thomas	J.	32	16N	20W	159.79	1	Feb.	1901	Neva
Waters	William	A.	19	12S	28W	40	1	Mar.	1855	LRiv
Watkins	Dock	E.	17	5S	28W	160	26	Aug.	1905	Neva
Watkins	John		21	12S	23W	80	30	Aug.	1882	Hem
Watkins	Joseph		14	5S	28W	-	18	Oct.	1888	Howa
Watkins	Joseph		15	5S	28W	160	18	Oct.	1888	Howa
Watkins	Martha		10	5S	28W	-	20	Jul.	1881	Howa
Watkins	Martha		11	5S	28W	120	20	Jul.	1881	Howa
Watkins	Toby		21	12S	23W	80	1	Jul.	1875	Hem
Watkins	William	H.	13	5S	30W	160	19	Sep.	1898	Howa
Watson	Alexander	C.	21	14N	22W	160	13	Feb.	1899	Neva
Watson	Alexander	C.	21	14N	22W	160	13	Feb.	1899	Neva
Watson	Alexander	C.	21	14N	22W	-	13	Feb.	1899	Neva
Watson	Alexander		29	8S	28W	160	13	Jun.	1889	Howa
Watson	Charles	R.	34	8S	27W	80	1	Mar.	1855	Howa
Watson	Finis	E.	35	8S	29W	-	1	Feb.	1893	Howa
Watson	Finis	E.	35	8S	29W	120	1	Feb.	1893	Howa
Watson	Frederick	D.	30	8S	28W	-	1	Apr.	1876	Howa
Watson	Frederick	D.	30	8S	28W	160	1	Apr.	1876	Howa
Watson	George	W.	11	14N	23W	160	1	Mar.	1904	Neva
Watson	George	W.	11	14N	23W	-	1	Mar.	1904	Neva
Watson	James	F.	5	13N	22W	80.18	28	Jun.	1905	Neva
Watson	Jerry		9	14N	19W	80	15	Feb.	1884	Neva
Watson	Jerry		9	14N	19W	-	15	Feb.	1884	Neva
Watson	John	F.	17	14N	22W	160	13	Feb.	1899	Neva
Watson	John		25	12S	24W	40	1	Aug.	1837	Hem
Watson	Saml.		6	14N	22W	-	17	Apr.	1899	Neva

Last Name	First Name	Int.	Section No.	Twp.	Ran	Acres	Date		Co.
Watson	Samuel	T.	21	14N	22W	160	13 Feb.	1899	Neva
Watson	Samuel	T.	21	14N	22W	-	13 Feb.	1899	Neva
Watson	Samuel		6	14N	22W	158.24	17 Apr.	1899	Neva
Watson	W.		15	12S	27W	80	1 Mar.	1843	Hem
Watson	William	M.	19	14N	22W	-	10 Apr.	1907	Neva
Watson	William	M.	19	14N	22W	-	10 Apr.	1907	Neva
Watson	William	M.	20	14N	22W	160	10 Apr.	1907	Neva
Watson	William	T.	9	6S	29W	-	10 Aug.	1904	Howa
Watson	William	T.	10	6S	29W	160	10 Aug.	1904	Howa
Watson	William		15	12S	27W	80	1 Mar.	1843	Hem
Watson	William		19	11S	26W	40	1 Aug.	1837	Hem
Watson	William		19	11S	26W	40	1 Mar.	1843	Hem
Watson	William		32	11S	26W	40	1 Aug.	1837	Hem
Watson	William		32	11S	26W	80	10 Aug.	1837	Hem
Watson	Wimberly		29	8S	28W	-	19 Feb.	1890	Howa
Watson	Wimberly		30	8S	28W	120	19 Feb.	1890	Howa
Watson	Wm.		32	11S	26W	40	1 Aug.	1837	Hem
Watt	Dudley		27	10S	24W	40	1 Apr.	1875	Hem
Watters	John	J.	15	13N	19W	80	1 Dec.	1891	Neva
Watters	John	J.	15	13N	19W	-	1 Dec.	1891	Neva
Weathers	Reason		25	8S	28W	40	1 Nov.	1849	Howa
Weaver	Aaron	N.	28	7S	28W	40	20 Jan.	1883	Howa
Weaver	Aaron	N.	33	7S	28W	160	1 Mar.	1877	Howa
Weaver	Andrew	J.	20	8S	28W	-	30 Jun.	1882	Howa
Weaver	Andrew	J.	20	8S	28W	-	30 Jun.	1882	Howa
Weaver	Andrew	J.	20	8S	28W	160	30 Jun.	1882	Howa
Weaver	Charles	H.	7	8S	28W	-	27 Jun.	1889	Howa
Weaver	Charles	H.	18	8S	28W	80	27 Jun.	1889	Howa
Weaver	Harry	M.	24	12S	30W	-	28 Aug.	1893	LRiv
Weaver	Harry	M.	24	12S	30W	-	28 Aug.	1893	LRiv
Weaver	Harry	M.	24	12S	30W	120	28 Aug.	1893	LRiv
Weaver	Jeremiah		25	9S	25W	40	1 May	1845	Hem
Weaver	Jeremiah		36	9S	25W	40	1 Nov.	1848	Hem
Webb	Allen		12	10S	26W	80	2 Jul.	1860	Hem
Webb	Benjamin	F.	8	16N	21W	160	30 Aug.	1899	Neva
Webb	George	W.	25	7S	27W	80	30 Dec.	1902	Howa
Webb	James		21	17N	19W	-	15 Dec.	1882	Neva
Webb	James		22	17N	19W	160	15 Dec.	1882	Neva
Webb	John	W.	21	7S	27W	-	8 Oct.	1901	Howa
Webb	John	W.	21	7S	27W	160	8 Oct.	1901	Howa
Weems	Daniel	L.	2	8S	29W	-	9 Sep.	1882	Howa
Weems	Daniel	L.	11	8S	29W	80	2 Apr.	1860	Howa
Weems	Daniel		23	8S	29W	-	10 May	1861	Howa
Weems	Daniel		24	8S	29W	-	10 May	1861	Howa
Weems	Daniel		26	8S	29W	160	10 May	1861	Howa
Weems	Eugenia		21	11S	32W	-	30 Dec.	1902	LRiv
Weems	Eugenia		21	11S	32W	160	31 Dec.	1902	LRiv
Weems	James	R.	28	11S	32W	-	7 May	1894	LRiv
Weems	James	R.	28	11S	32W	-	7 May	1894	LRiv
Weems	James	R.	28	11S	32W	160	7 May	1894	LRiv
Weems	Thomas		14	8S	29W	-	2 Jul.	1860	Howa
Weems	Thomas		23	8S	29W	80	2 Jul.	1860	Howa
Welch	Cintha		36	11S	32W	-	24 Jun.	1889	LRiv
Welch	Cintha		36	11S	32W	160	24 Jun.	1889	LRiv
Welch	George	B.	20	12S	29W	40	17 Apr.	1899	LRiv
Welch	George	N.	20	12S	29W	-	3 Feb.	1883	LRiv

Last Name	First Name	Int.	Section No.	Twp.	Ran	Acres	Date			Co.
Welch	George	N.	20	12S	29W	-	3	Feb.	1883	LRiv
Welch	George	N.	20	12S	29W	160	3	Feb.	1883	LRiv
Welch	Joseph	P.	20	12S	29W	80	17	Mar.	1888	LRiv
Welch	Lawrence		5	16N	20W	80	3	Feb.	1883	Neva
Welch	Phillip	G.	28	12S	29W	-	19	Oct.	1888	LRiv
Welch	Phillip	G.	28	12S	29W	-	19	Oct.	1888	LRiv
Welch	Phillip	G.	28	12S	29W	160	19	Oct.	1888	LRiv
Welch	Thomas	B.	4	13N	23W	159.91	19	Apr.	1894	Neva
Welch	Thomas	C.	22	12S	29W	80	31	Jan.	1889	LRiv
Wellborn	Joseph	E.	6	11S	31W	40	22	Apr.	1901	LRiv
Wells	Asa	P.	5	16N	23W	150.55	22	Mar.	1906	Neva
Wells	Asa	P.	5	16N	23W	-	22	Mar.	1906	Neva
Wells	Donnie	M.	23	6S	29W	-	8	May	1901	Howa
Wells	Donnie	M.	24	6S	29W	160	8	May	1901	Howa
Wells	Frank		29	12S	26W	40	20	Dec.	1890	Hem
Wells	Frank		29	12S	26W	80	25	Feb.	1890	Hem
Wells	James	H.	33	9S	27W	160	1	May	1845	Howa
Wells	James	H.	33	9S	27W	240	1	Aug.	1837	Howa
Wells	James	H.	34	9S	27W	-	1	Aug.	1837	Howa
Wells	James	H.	34	9S	27W	-	1	Aug.	1837	Howa
Wells	James	H.	34	9S	27W	-	1	May	1845	Howa
Wells	John	H.	32	8S	28W	-	16	Sep.	1904	Howa
Wells	John	H.	32	8S	28W	-	16	Sep.	1904	Howa
Wells	John	H.	32	8S	28W	160	16	Sep.	1904	Howa
Wells	Joseph		10	16N	20W	160	8	Apr.	1903	Neva
Wells	Robert	A.	2	15N	23W	-	25	Feb.	1907	Neva
Wells	Robert	A.	11	15N	23W	159.94	25	Feb.	1907	Neva
Wells	Robert	F.	2	13N	20W	160.38	18	Apr.	1898	Neva
Wells	Thomas	C.	25	16N	19W	-	13	Feb.	1891	Neva
Wells	Thomas	C.	25	16N	19W	-	13	Feb.	1891	Neva
Wells	Thomas	C.	26	16N	19W	160	13	Feb.	1891	Neva
Wells	Thomas		25	11S	33W	134.44	22	Apr.	1901	LRiv
Wells	Thomas		30	11S	32W	-	22	Apr.	1901	LRiv
Wells	Violet		29	12S	26W	40	27	Apr.	1896	Hem
Wells	William	B.	19	15N	19W	-	16	Jan.	1889	Neva
Wells	William	B.	20	15N	19W	160	16	Jan.	1889	Neva
Wells	William	B.	20	15N	19W	-	16	Jan.	1889	Neva
Wells	William	F.	35	14N	20W	80	21	Feb.	1893	Neva
Wesson	Edward		20	9S	26W	80	2	Apr.	1860	Hem
Wesson	Edward		20	9S	26W	-	2	Apr.	1860	Hem
Wesson	Edward		21	9S	26W	240	2	Apr.	1860	Hem
West	Berry	B.	8	14N	23W	-	14	Aug.	1899	Neva
West	Berry	B.	9	14N	23W	160	14	Aug.	1899	Neva
West	Cornelius		29	11S	23W	120	10	Sep.	1883	Hem
West	Jonathan	R.	26	16N	23W	40	1	Jun.	1860	Neva
West	Pleasant	R.	26	16N	23W	-	1	Feb.	1860	Neva
West	Pleasant	R.	35	16N	23W	40	1	Jun.	1860	Neva
West	Pleasant	R.	35	16N	23W	80	1	Feb.	1860	Neva
West	Thomas	M.	36	16N	23W	40	1	Jun.	1860	Neva
Westbrook	Hardy	J.	9	8S	28W	40	14	Feb.	1900	Howa
Westbrook	James	A.	8	8S	28W	-	23	Jun.	1889	Howa
Westbrook	James	A.	17	8S	28W	-	23	Jun.	1889	Howa
Westbrook	James	A.	17	8S	28W	160	23	Jun.	1889	Howa
Westbrook	John	K.	10	13S	29W	-	32	Dec.	1901	LRiv
Westbrook	John	K.	10	13S	29W	160	33	Dec.	1901	LRiv
Westbrook	Stephen	W.	17	9S	26W	40	10	Aug.	1837	Hem

Last Name	First Name	Int.	Section No.	Twp.	Ran	Acres	Date			Co.
Westbrook	Stephen	W.	17	9S	26W	160	10	Aug.	1837	Hem
Westbrook	Stephen	W.	17	9S	26W	160	10	Aug.	1837	Hem
Westbrook	William	H.	9	8S	28W	-	22	Nov.	1889	Howa
Westbrook	William	H.	9	8S	28W	-	22	Nov.	1889	Howa
Westbrook	William	H.	9	8S	28W	160	22	Nov.	1889	Howa
Westbrooks	Hardy	J.	9	8S	28W	40	2	Jul.	1860	Howa
Wheat	Samuel	C.	21	11S	25W	40	15	Apr.	1837	Hem
Wheeler	Alfred	S.	28	17N	19W	160	13	Aug.	1897	Neva
Wheeler	Joham		1	14N	21W	80.05	30	Jul.	1875	Neva
Wheeler	Robert	S.	1	16N	19W	-	30	Mar.	1905	Neva
Wheeler	Wiley	P.	17	16N	19W	160	9	May	1905	Neva
Wheeler	Wiley	P.	17	16N	19W	-	9	May	1905	Neva
Wheeler	Wiley	P.	17	16N	19W	-	9	May	1905	Neva
Wheeler	William	C.	20	13N	21W	-	28	Nov.	1894	Neva
Wheeler	William	C.	21	13N	21W	160	28	Nov.	1894	Neva
Wheeler	William	C.	21	13N	21W	-	28	Nov.	1894	Neva
Wheelis	Thomas	B.	10	13S	29W	-	27	Jun.	1889	LRiv
Wheelis	Thomas	B.	10	13S	29W	120	27	Jun.	1889	LRiv
Whipple	Henry	W.	23	11S	24W	160	20	Jan.	1892	Hem
Whipple	Henry	W.	23	11S	24W	-	20	Jan.	1892	Hem
Whisenhunt	Adam		15	8S	27W	80	2	Jul.	1860	Howa
Whisenhunt	Adam		22	8S	27W	80	2	Apr.	1860	Howa
Whisenhunt	Joseph	B.	3	7S	27W	-	31	Dec.	1904	Howa
Whisenhunt	Joseph	B.	10	7S	27W	160	31	Dec.	1904	Howa
Whisenhunt	Joseph	W.	5	7S	27W	153.44	9	Jan.	1886	Howa
Whisenhunt	Noah		14	8S	27W	-	2	Jul.	1860	Howa
Whisenhunt	Noah		14	8S	27W	160	2	Jul.	1860	Howa
Whisenhunt	Noah		23	8S	27W	40	2	Apr.	1860	Howa
Whisenhunt	William	I.	5	7S	27W	160	24	Nov.	1903	Howa
Whisenhunt	William	J.	5	7S	27W	160	24	Nov.	1903	Howa
Whistenhunt	Adam		4	7S	27W	155.67	20	Apr.	1883	Howa
Whistenhunt	Adam		5	7S	27W	-	20	Apr.	1883	Howa
Whitaker	Charles	W.	1	12S	30W	160.45	7	May	1894	LRiv
Whitaker	Charles	W.	36	11S	30W	-	7	May	1894	LRiv
Whitaker	Charles	W.	36	11S	30W	-	7	May	1894	LRiv
White	Alpheus	D.	29	10S	25W	40	1	Aug.	1837	Hem
White	Andrew	J.	33	14N	19W	160	25	Jun.	1892	Neva
White	Andrew	J.	33	14N	19W	-	25	Jun.	1892	Neva
White	Andrew	J.	33	14N	19W	-	25	Jun.	1892	Neva
White	Andrew	J.	33	14N	19W	-	25	Jun.	1892	Neva
White	Andrew	J.	35	16N	23W	120	20	Feb.	1901	Neva
White	Andrew	J.	35	16N	23W	-	20	Feb.	1901	Neva
White	Asa		13	10S	26W	40	1	Aug.	1837	Hem
White	Asa		13	10S	26W	80	1	Aug.	1837	Hem
White	Benjamin	B.	27	9S	26W	-	1	Jul.	1859	Hem
White	Benjamin	B.	28	9S	26W	240	1	Jul.	1859	Hem
White	Daniel	P.	6	13S	32W	80	10	Jul.	1844	LRiv
White	Daniel	P.	6	13S	32W	160	10	Jul.	1844	LRiv
White	Daniel	P.	8	13S	32W	160	10	Jul.	1844	LRiv
White	Daniel	P.	15	13S	32W	160	10	Jul.	1844	LRiv
White	Daniel	P.	23	13S	32W	80	10	Jul.	1844	LRiv
White	Daniel	P.	23	13S	32W	80	10	Jul.	1844	LRiv
White	Daniel	P.	23	13S	32W	160	10	Jul.	1844	LRiv
White	Daniel	P.	28	13S	32W	80	10	Jul.	1844	LRiv
White	David		14	12S	30W	160	13	Jun.	1889	LRiv
White	Frederick		5	12S	27W	80	1	Mar.	1843	Hem

Last Name	First Name	Int.	Section No.	Twp.	Ran	Acres	Date		Co.
White	George	W.	19	12S	23W	160	2	Jul. 1860	Hem
White	Horrace		18	12S	32W	51.27	20	Apr. 1883	LRiv
White	Iven		19	15N	22W	40	5	Sep. 1895	Neva
White	Ivens		28	15N	23W	120	27	Jul. 1904	Neva
White	Jacob	D.	27	9S	26W	120	2	Apr. 1860	Hem
White	Jacob	D.	27	9S	26W	160	1	May 1856	Hem
White	Jacob	D.	27	9S	26W	-	2	Apr. 1860	Hem
White	James	A.	5	15N	21W	80.25	24	Aug. 1891	Neva
White	James	A.	5	15N	21W	-	24	Aug. 1891	Neva
White	Jasper	F.	15	8S	27W	-	8	Feb. 1900	Howa
White	Jasper	F.	15	8S	27W	160	8	Feb. 1900	Howa
White	John		6	11S	27W	40	1	May 1845	Howa
White	John		17	13N	22W	80	12	Mar. 1894	Neva
White	John		36	7S	27W	40	1	Mar. 1855	Howa
White	John		36	7S	27W	40	1	Mar. 1855	Howa
White	Joseph		29	10S	25W	40	1	Aug. 1837	Hem
White	Joshua		22	7S	27W	160	13	Jun. 1889	Howa
White	Lawson		15	7S	27W	-	10	Jun. 1876	Howa
White	Lawson		22	7S	27W	160	10	Jun. 1876	Howa
White	Pinckney	P.	11	12S	31W	120	2	Apr. 1860	LRiv
White	Pinckney	P.	12	12S	31W	-	2	Apr. 1860	LRiv
White	Pinckney	P.	12	12S	31W	-	2	Apr. 1860	LRiv
White	Pleasant	T.	14	7S	27W	-	30	Mar. 1904	Howa
White	Pleasant	T.	14	7S	27W	-	30	Mar. 1904	Howa
White	Pleasant	T.	14	7S	27W	160	30	Mar. 1904	Howa
White	Reece		12	14N	23W	160	4	Dec. 1896	Neva
White	Thomas	J.	20	13N	22W	80	9	Aug. 1897	Neva
White	Thomas	J.	20	13N	22W	80	9	May 1905	Neva
White	Thomas	J.	20	13N	22W	-	9	Aug. 1897	Neva
White	Thomas	J.	20	13N	22W	-	9	May 1905	Neva
White	Wiley	N.	2	8S	27W	80	2	Jun. 1904	Neva
White	William	P.	36	8S	27W	120	2	Jul. 1860	Howa
White	William		28	15N	23W	160	5	May 1904	Neva
Whiteaker	Jesse		7	14N	23W	149.55	19	Apr. 1894	Neva
Whiteaker	Joseph	H.	7	14N	23W	-	25	Mar. 1902	Neva
Whiteaker	Joseph	H.	18	14N	23W	158.14	25	Mar. 1902	Neva
Whiteaker	Joseph	H.	18	14N	23W	-	25	Mar. 1902	Neva
Whiteley	Andrew	J.	21	16N	23W	-	1	Feb. 1901	Neva
Whiteley	Andrew	J.	28	16N	23W	160	1	Feb. 1901	Neva
Whiteley	Andrew	J.	28	16N	23W	-	1	Feb. 1901	Neva
Whiteley	Edmond	S.	19	15N	22W	-	20	Jul. 1891	Neva
Whiteley	Edmond	S.	19	15N	22W	-	20	Jul. 1891	Neva
Whiteley	Edmond	S.	20	15N	22W	160	20	Jul. 1891	Neva
Whiteley	Isaac	J.	23	15N	23W	120	1	Jul. 1875	Neva
Whiteley	Isaac	J.	23	15N	23W	-	1	Jul. 1875	Neva
Whiteley	James	R.	35	15N	23W	160	10	May 1893	Neva
Whiteley	James	R.	35	15N	23W	-	10	May 1893	Neva
Whiteley	James	R.	35	15N	23W	-	10	May 1893	Neva
Whiteley	James	T.	1	15N	23W	160.94	4	Dec. 1896	Neva
Whiteley	James	T.	14	15N	23W	-	15	Dec. 1882	Neva
Whiteley	James	T.	15	15N	23W	80	15	Dec. 1882	Neva
Whiteley	James	T.	15	15N	23W	-	20	Aug. 1875	Neva
Whiteley	James	T.	22	15N	23W	80	20	Aug. 1875	Neva
Whiteley	John	A.	23	15N	23W	160	6	Oct. 1894	Neva
Whiteley	John	A.	23	15N	23W	-	6	Oct. 1894	Neva
Whiteley	John	A.	23	15N	23W	-	6	Oct. 1894	Neva

Last Name	First Name	Int.	Section No.	Twp.	Ran	Acres	Date		Co.
Whiteley	Nathaniel	B.	14	15N	23W	160	21	Sep. 1905	Neva
Whiteley	Nathaniel	B.	23	15N	23W	-	21	Sep. 1905	Neva
Whiteley	Nathaniel	B.	23	15N	23W	-	21	Sep. 1905	Neva
Whiteley	Samuel		15	15N	23W	40	1	Sep. 1848	Neva
Whiteley	Samuel		22	15N	23W	40	1	Sep. 1848	Neva
Whiteley	Samuel		22	15N	23W	40	1	Sep. 1849	Neva
Whiteley	Suleita		23	15N	23W	-	5	Jul. 1889	Neva
Whiteley	Suleita		24	15N	23W	160	5	Jul. 1889	Neva
Whitely	Andrew	J.	15	15N	23W	40	15	Nov. 1854	Neva
Whitely	Sam	J.	12	15N	23W	160	15	Jul. 1904	Neva
Whitely	Sam	J.	12	15N	23W	-	15	Jul. 1904	Neva
Whitely	Sam	J.	12	15N	23W	-	15	Jul. 1904	Neva
Whitely	Samuel		2	15N	23W	40.49	1	Jun. 1860	Neva
Whitely	Samuel		19	17N	23W	39.43	1	Jun. 1860	Neva
Whitely	Samuel		19	17N	23W	40	1	Jun. 1860	Neva
Whitely	Samuel		23	15N	23W	40	15	Nov. 1854	Neva
Whitemore	John		25	8S	28W	40	1	Mar. 1855	Howa
Whitenton	Kinion		6	11S	31W	40	2	Jul. 1860	LRiv
Whitenton	Kinion		7	11S	31W	47.35	2	Jul. 1860	LRiv
Whitenton	Kinion		7	11S	31W	79.62	2	Jul. 1860	LRiv
Whitenton	Kinion		7	11S	31W	87.47	2	Jul. 1860	LRiv
Whitenton	Kinion		12	11S	32W	40	2	Jul. 1860	LRiv
Whitfield	George	T.	30	12S	28W	-	1	Jul. 1859	LRiv
Whitfield	George	T.	30	12S	28W	129.54	1	Jul. 1859	LRiv
Whitmon	Nathan	W.	31	9S	26W	-	2	Apr. 1860	Hem
Whitmon	Nathan	W.	32	9S	26W	120	2	Apr. 1860	Hem
Whitmore	Fannie		28	8S	28W	80	24	Aug. 1901	Howa
Whitmore	John		2	9S	29W	200	2	Apr. 1860	Howa
Whitmore	Moses		6	13S	29W	-	5	Aug. 1885	LRiv
Whitmore	Moses		6	13S	29W	120	5	Aug. 1885	LRiv
Whitmore	Noah		22	8S	28W	-	21	Jun. 1892	Howa
Whitmore	Noah		22	8S	28W	120	21	Jun. 1892	Howa
Whitmore	Thomas	K.	5	9S	27W	40.05	2	Apr. 1860	Howa
Whitmore	Thomas	K.	5	9S	27W	120.33	18	Dec. 1897	Howa
Whitmore	Thomas	K.	6	9S	27W	-	18	Dec. 1897	Howa
Whitmore	Thomas	K.	6	9S	27W	160	1	May 1856	Howa
Whitmore	Thomas	K.	25	8S	28W	40	1	Mar. 1855	Howa
Whitmore	Wm.		21	8S	28W	120	31	Dec. 1904	Howa
Whitney	William		12	12S	33W	40	2	Apr. 1860	LRiv
Whitson	William	H.	23	11S	24W	160	1	Aug. 1837	Hem
Whitson	William	H.	26	11S	25W	80	10	Aug. 1837	Hem
Whittenton	Henderson		1	11S	32W	79.56	2	Apr. 1860	LRiv
Whittey	John	C.	14	14S	24W	160	2	Apr. 1860	Hem
Whittington	Kinion		1	11S	32W	254.78	2	Apr. 1860	LRiv
Whittington	Kinion		6	11S	31W	-	2	Apr. 1860	LRiv
Whitton	John	A.	5	10S	28W	80	1	Jul. 1857	Howa
Whitton	Mark	L.	34	9S	28W	80	1	Jul. 1859	Howa
Whitton	Mark	L.	34	9S	28W	160	1	Jul. 1857	Howa
Wicker	Lewis		7	10S	25W	80	1	Aug. 1837	Hem
Wicker	Lewis		8	10S	25W	80	1	Aug. 1837	Hem
Wicker	Lewis		8	10S	25W	80	1	Nov. 1839	Hem
Wicker	Lewis		8	10S	25W	80	2	Apr. 1860	Hem
Wicker	Lewis		8	10S	25W	160	2	Apr. 1860	Hem
Wicker	Lewis		22	10S	25W	80	1	Aug. 1837	Hem
Wilcockson	Samuel		20	17N	20W	-	30	Jun. 1876	Neva
Wilcockson	Samuel		29	17N	20W	160	30	Jun. 1876	Neva

Last Name	First Name	Int.	Section No.	Twp.	Ran	Acres	Date			Co.
Wilcockson	Samuel		29	17N	20W	-	30	Jun.	1876	Neva
Wilder	Luke		12	12S	31W	40	20	Dec.	1890	LRiv
Wilkerson	Simeon		36	14S	24W	160	1	Jul.	1859	Hem
Wilkerson	Simeon		36	14S	24W	-	1	Jul.	1859	Hem
Wilkerson	Theophilus		36	14S	24W	320	1	Jul.	1859	Hem
Wilkins	Joseph	J.	36	14N	21W	160	25	Jun.	1889	Neva
Wilkins	Joseph	J.	36	14N	21W	-	25	Jun.	1889	Neva
Wilkins	Joseph	J.	36	14N	21W	-	25	Jun.	1889	Neva
Wilkinson	Henry	C.	4	9S	28W	-	3	May	1895	Howa
Wilkinson	Henry	C.	33	8S	28W	-	3	May	1895	Howa
Wilkinson	Henry	C.	33	8S	28W	154.14	3	May	1895	Howa
William	Delony	P.	30	9S	28W	40	1	Mar.	1855	Howa
Williams	Albert		3	16N	22W	92.75	14	Jun.	1904	Neva
Williams	Amelia	C.	33	13S	25W	80	10	Apr.	1899	Hem
Williams	Cokely	P.	4	5S	28W	38.47	1	Nov.	1849	Howa
Williams	Cokely	P.	4	5S	28W	40.24	1	Nov.	1849	Howa
Williams	Cokely	P.	19	10S	27W	-	1	Jul.	1859	Howa
Williams	Cokely	P.	19	10S	27W	-	1	Jul.	1859	Howa
Williams	Cokely	P.	19	10S	27W	40	1	Mar.	1855	Howa
Williams	Cokely	P.	23	10S	28W	80	1	May	1845	Howa
Williams	Cokely	P.	23	10S	28W	80	1	May	1845	Howa
Williams	Cokely	P.	26	10S	28W	-	10	Jul.	1844	Howa
Williams	Cokely	P.	26	10S	28W	160	10	Jul.	1844	Howa
Williams	Cokely	P.	30	10S	27W	-	1	Jul.	1859	Howa
Williams	Cokely	P.	30	10S	27W	40	1	Sep.	1850	Howa
Williams	Cokely	P.	30	10S	27W	40	1	Mar.	1855	Howa
Williams	Cokely	P.	30	10S	27W	40	1	Mar.	1855	Howa
Williams	Cokely	P.	30	10S	27W	240	1	Jul.	1859	Howa
Williams	Columbus		27	14N	23W	-	30	Mar.	1905	Neva
Williams	Columbus		33	14N	23W	160	30	Mar.	1905	Neva
Williams	Columbus		34	14N	23W	-	30	Mar.	1905	Neva
Williams	Daniel	E.	3	12S	24W	160	1	Mar.	1855	Hem
Williams	Daniel	E.	7	14S	31W	41.33	1	Mar.	1855	LRiv
Williams	Daniel	E.	12	11S	25W	80	1	Aug.	1837	Hem
Williams	Daniel	E.	12	11S	25W	80	1	Nov.	1839	Hem
Williams	Daniel	E.	12	13S	27W	160	1	Mar.	1843	Hem
Williams	Daniel	E.	12	13S	27W	160	1	Mar.	1843	Hem
Williams	Daniel	E.	13	11S	25W	80	1	Aug.	1837	Hem
Williams	Daniel	E.	13	13S	26W	40	10	Apr.	1837	Hem
Williams	Daniel	E.	14	13S	26W	80	10	Apr.	1837	Hem
Williams	Daniel	E.	15	11S	25W	40	1	Nov.	1839	Hem
Williams	Daniel	E.	23	11S	27W	80	1	Mar.	1855	Howa
Williams	Daniel	E.	31	11S	23W	80	1	Aug.	1837	Hem
Williams	Daniel	E.	31	11S	23W	80	10	Jul.	1848	Hem
Williams	Daniel	E.	32	11S	23W	80	1	Aug.	1837	Hem
Williams	Daniel	E.	35	11S	24W	80	1	Jul.	1859	Hem
Williams	Dennis	C.	18	10S	24W	40	10	Apr.	1837	Hem
Williams	Emanuel	D.	2	11S	28W	160	20	Apr.	1883	Howa
Williams	George	O.	24	11S	31W	-	16	Oct.	1895	LRiv
Williams	George	O.	24	11S	31W	-	16	Oct.	1895	LRiv
Williams	George	O.	25	11S	31W	120	16	Oct.	1895	LRiv
Williams	Green		20	13S	29W	-	10	Jul.	1883	LRiv
Williams	Green		20	13S	29W	160	10	Jul.	1883	LRiv
Williams	Isabell		31	15N	20W	80	23	Feb.	1888	Neva
Williams	Isabell		31	15N	20W	-	23	Feb.	1888	Neva
Williams	James	H.	28	14S	24W	80	1	Jul.	1859	Hem

Last Name	First Name	Int.	Section No.	Twp.	Ran	Acres	Date			Co.
Williams	James	H.	28	14S	24W	160	1	Jul.	1859	Hem
Williams	James	H.	29	13S	32W	78.5	30	Jun.	1882	LRiv
Williams	James	M.	14	14S	25W	40	20	Apr.	1883	Hem
Williams	James	M.	14	14S	25W	80	1	Jul.	1859	Hem
Williams	Jerry		36	14S	25W	160	28	Feb.	1890	Hem
Williams	John	C.	27	10S	24W	40	16	May	1888	Hem
Williams	John	D.	31	12S	26W	80	28	Feb.	1890	Hem
Williams	John	H.	14	7S	27W	-	1	May	1906	Howa
Williams	John	H.	14	7S	27W	80	1	May	1906	Howa
Williams	John	T.	4	14N	22W	160.04	20	Oct.	1884	Neva
Williams	John	W.	10	13S	26W	80	10	Apr.	1837	Hem
Williams	John	W.	17	13S	26W	40	1	Aug.	1837	Hem
Williams	John	W.	17	13S	26W	80	1	Aug.	1837	Hem
Williams	John	W.	19	10S	24W	39.76	15	Apr.	1837	Hem
Williams	John	W.	19	10S	24W	79.51	15	Apr.	1837	Hem
Williams	John	W.	19	10S	24W	80	10	Apr.	1837	Hem
Williams	John	W.	21	10S	24W	40	1	Aug.	1837	Hem
Williams	John	W.	27	13S	26W	40	1	Aug.	1837	Hem
Williams	John	W.	27	13S	26W	40	10	Apr.	1837	Hem
Williams	John	W.	28	13S	26W	67.14	10	Apr.	1837	Hem
Williams	John	W.	28	13S	26W	80	10	Apr.	1837	Hem
Williams	John	W.	29	10S	24W	40	1	Nov.	1839	Hem
Williams	John	W.	30	10S	24W	40.19	15	Apr.	1837	Hem
Williams	John	W.	31	10S	24W	40	10	Aug.	1837	Hem
Williams	John	W.	32	10S	24W	80	1	Aug.	1837	Hem
Williams	John		3	15N	23W	-	1	Aug.	1849	Neva
Williams	John		10	15N	23W	-	1	Aug.	1849	Neva
Williams	Joseph	T.	15	13N	19W	160	30	Aug.	1899	Neva
Williams	Joseph	T.	15	13N	19W	-	30	Aug.	1899	Neva
Williams	Joseph	T.	15	13N	19W	-	30	Aug.	1899	Neva
Williams	Lee		33	12S	26W	80	1	Apr.	1876	Hem
Williams	Nathaniel		4	9S	27W	41.16	1	Mar.	1855	Howa
Williams	Nathaniel		29	8S	27W	40	2	Apr.	1860	Howa
Williams	Nathaniel		33	8S	27W	40	1	Mar.	1855	Howa
Williams	Nathaniel		33	8S	27W	40	1	Jul.	1859	Howa
Williams	Paul		3	11S	27W	37.86	1	May	1845	Howa
Williams	Paul		15	10S	28W	40	1	May	1845	Howa
Williams	Paul		19	10S	27W	40	1	Mar.	1855	Howa
Williams	Paul		23	10S	28W	40	1	Sep.	1850	Howa
Williams	Paul		23	10S	28W	80	10	Jul.	1844	Howa
Williams	Paul		24	10S	28W	80	10	Jul.	1844	Howa
Williams	Phebe		20	14S	24W	160	1	Jul.	1859	Hem
Williams	Phebe		20	14S	24W	-	1	Jul.	1859	Hem
Williams	Retis	J.	28	14S	25W	-	1	Aug.	1837	Hem
Williams	Retis	J.	33	14S	25W	40	1	Aug.	1837	Hem
Williams	Retis	J.	33	14S	25W	40	10	Apr.	1837	Hem
Williams	Retis	J.	33	14S	25W	80	10	Apr.	1837	Hem
Williams	Retis	J.	33	14S	25W	240	1	Aug.	1837	Hem
Williams	Rhoda		1	15N	19W	-	28	Mar.	1906	Neva
Williams	Rhoda		2	15N	19W	-	28	Mar.	1906	Neva
Williams	Rhoda		35	16N	19W	122.91	28	Mar.	1906	Neva
Williams	Richard	P.	25	11S	25W	40	2	Apr.	1860	Hem
Williams	Richard	P.	25	11S	25W	80	2	Apr.	1860	Hem
Williams	Richard	P.	29	11S	25W	80	1	Mar.	1855	Hem
Williams	Rites	J.	33	14S	25W	80	15	Apr.	1837	Hem
Williams	Roten		31	13N	20W	-	31	Dec.	1904	Neva

Last Name	First Name	Int.	Section No.	Twp.	Ran	Acres	Date			Co.
Williams	Roten		32	13N	20W	80	31	Dec.	1904	Neva
Williams	Sarah	I.	26	14N	23W	80	23	Nov.	1891	Neva
Williams	Sheridan	W.	26	14S	25W	80	1	Jul.	1859	Hem
Williams	Stephen	D.	31	6S	30W	-	31	Dec.	1904	Howa
Williams	Stephen	D.	31	6S	30W	-	31	Dec.	1904	Howa
Williams	Stephen	D.	31	6S	30W	160	31	Dec.	1904	Howa
Williams	Susana		11	14N	24W	-	20	Feb.	1901	Neva
Williams	Susana		14	14N	24W	-	20	Feb.	1901	Neva
Williams	Susanna		14	14N	24W	160	20	Feb.	1901	Neva
Williams	Thomas	B.	14	11S	28W	80	10	Sep.	1890	Howa
Williams	Thomas	F.	15	9S	26W	80	1	Jul.	1859	Hem
Williams	Walker	P.	1	10S	26W	40	1	Mar.	1855	Hem
Williams	Wiley		19	13N	20W	-	25	Jun.	1889	Neva
Williams	Wiley		20	13N	20W	80	25	Jun.	1889	Neva
Williams	Wiley		32	9S	26W	40	16	Aug.	1899	Hem
Williams	William	M.	2	10S	26W	-	1	Jul.	1859	Hem
Williams	William	M.	3	10S	26W	240	1	Jul.	1859	Hem
Williams	William	M.	9	10S	24W	40	15	Apr.	1837	Hem
Williams	William	M.	33	8S	27W	40	1	Mar.	1855	Howa
Williams	William	P.	22	5S	30W	-	18	Apr.	1905	Howa
Williams	William	P.	22	5S	30W	165.6	18	Apr.	1905	Howa
Williams	William		8	10S	24W	40	15	Apr.	1837	Hem
Williams	William		9	10S	24W	40	1	Nov.	1839	Hem
Williams	William		17	10S	24W	40	15	Apr.	1837	Hem
Williams	William		33	8S	27W	40	1	Mar.	1855	Howa
Williamson	Daniel		27	10S	24W	80	25	Feb.	1890	Hem
Williamson	Ed		15	13S	26W	80	16	Aug.	1899	Hem
Williamson	Erasmus	H.	25	11S	25W	40	2	Apr.	1860	Hem
Williamson	Erasmus	K.	25	11S	25W	40	2	Apr.	1860	Hem
Williamson	Erasmus	K.	25	11S	25W	40	2	Jul.	1860	Hem
Williamson	Henry	A.	14	5S	30W	-	21	Sep.	1905	Howa
Williamson	Henry	A.	14	5S	30W	-	21	Sep.	1905	Howa
Williamson	Henry	A.	14	5S	30W	160	21	Sep.	1905	Howa
Williamson	James	P.	22	13S	28W	-	13	Jun.	1889	LRiv
Williamson	James	P.	22	13S	28W	160	13	Jun.	1889	LRiv
Williamson	John	C.	19	12S	31W	86.31	2	Jun.	1904	LRiv
Williamson	John	C.	29	11S	24W	80	15	Jun.	1875	Hem
Williamson	Martha		33	10S	24W	80	3	Feb.	1883	Hem
Williamson	Tho.		32	11S	24W	320	1	Aug.	1837	Hem
Williamson	Thomas		20	7S	27W	40	1	Mar.	1855	Howa
Williamson	Thomas		29	7S	27W	40	1	Mar.	1855	Howa
Williamson	Thomas		32	11S	24W	200	1	Aug.	1837	Hem
Williamson	Thomas		33	11S	24W	160	1	Aug.	1837	Hem
Willingham	Cooper	B.	10	8S	29W	-	2	Apr.	1860	Howa
Willingham	Lycurgus	W.	3	11S	32W	160	9	Sep.	1882	LRiv
Willingham	Martha	A.	29	7S	28W	-	9	Sep.	1882	Howa
Willingham	Martha	A.	30	7S	28W	160	9	Sep.	1882	Howa
Willis	Anderson	T.	20	9S	28W	-	1	Jul.	1859	Howa
Willis	Anderson	T.	29	9S	28W	-	1	Jul.	1859	Howa
Willis	Anderson	T.	29	9S	28W	120	1	Jul.	1859	Howa
Willis	Anderson		21	7S	27W	-	10	Jul.	1883	Howa
Willis	Anderson		21	7S	27W	160	10	Jul.	1883	Howa
Willis	David	A.	20	9S	28W	40	1	Mar.	1855	Howa
Willis	James	C.	34	15N	22W	160	25	Aug.	1903	Neva
Willis	John		14	14N	22W	-	19	Oct.	1893	Neva
Willis	John		14	14N	22W	-	19	Oct.	1893	Neva

Last Name	First Name	Int.	Section No.	Twp.	Ran	Acres	Date			Co.
Willis	John		23	14N	22W	160	19	Oct.	1893	Neva
Willis	Owen		17	15N	22W	160	20	Feb.	1900	Neva
Willis	Peter	C.	20	9S	27W	40	1	Sep.	1846	Howa
Willis	Peter	C.	20	9S	28W	40	1	Mar.	1855	Howa
Willis	Peter	C.	20	9S	28W	40	1	Mar.	1855	Howa
Willis	Peter	C.	20	9S	28W	40	1	Mar.	1855	Howa
Willis	Peter	C.	20	9S	28W	40	1	Mar.	1855	Howa
Willis	Peter	C.	29	9S	27W	40	1	Sep.	1846	Howa
Willis	Thomas	T.	23	17N	20W	80	27	May	1901	Neva
Willis	Thomas	T.	23	17N	20W	-	27	May	1901	Neva
Willis	Thomas	V.	10	14N	22W	160	19	Oct.	1905	Neva
Willis	Thomas	V.	10	14N	22W	-	19	Oct.	1905	Neva
Willyard	Manda	E.	35	11S	30W	160	34	Dec.	1901	LRiv
Wilson	Albert	E.	34	14N	22W	160	12	Aug.	1919	Neva
Wilson	Albert	E.	34	14N	22W	-	12	Aug.	1919	Neva
Wilson	Amos	E.	10	13N	23W	160	10	Apr.	1907	Neva
Wilson	Amos	E.	10	13N	23W	-	10	Apr.	1907	Neva
Wilson	Benjamin		23	11S	24W	160	1	May	1856	Hem
Wilson	Charles		3	11S	24W	120	18	Oct.	1888	Hem
Wilson	Collatinus		26	12S	31W	40	2	Jul.	1860	LRiv
Wilson	George	L.	33	12S	25W	40	10	Aug.	1837	Hem
Wilson	James	A.	1	15N	21W	79.54	23	Feb.	1892	Neva
Wilson	James	A.	1	15N	21W	-	31	Dec.	1889	Neva
Wilson	James	A.	1	15N	21W	-	23	Feb.	1892	Neva
Wilson	James	A.	36	16N	21W	79.67	31	Dec.	1889	Neva
Wilson	James	E.	21	12S	30W	-	13	Jun.	1889	LRiv
Wilson	James	E.	21	12S	30W	-	13	Jun.	1889	LRiv
Wilson	James	E.	21	12S	30W	160	13	Jun.	1889	LRiv
Wilson	James	W.	1	15N	21W	-	1	Feb.	1901	Neva
Wilson	James	W.	36	16N	21W	79.92	1	Feb.	1901	Neva
Wilson	James		22	9S	27W	40	1	Mar.	1855	Howa
Wilson	John	D.	15	16N	20W	40	1	Dec.	1891	Neva
Wilson	John	D.	26	16N	20W	40	15	Jan.	1883	Neva
Wilson	John	M.	29	11S	31W	40	2	Jul.	1860	LRiv
Wilson	John	S.	11	15N	23W	80	20	Oct.	1882	Neva
Wilson	John	S.	11	15N	23W	-	20	Oct.	1882	Neva
Wilson	John	S.	21	15N	23W	-	3	May	1897	Neva
Wilson	John	S.	28	15N	23W	80	3	May	1897	Neva
Wilson	John		4	13S	25W	78.3	1	Aug.	1837	Hem
Wilson	John		4	13S	25W	78.81	10	Jul.	1844	Hem
Wilson	John		14	13S	30W	40	1	Mar.	1855	LRiv
Wilson	John		19	10S	24W	80	10	May	1827	Hem
Wilson	John		19	10S	24W	80	10	May	1827	Hem
Wilson	John		21	15N	23W	40	1	Nov.	1884	Neva
Wilson	John		21	9S	28W	80	10	Aug.	1837	Howa
Wilson	John		28	9S	28W	160	10	Aug.	1837	Howa
Wilson	John		29	10S	24W	80	10	May	1827	Hem
Wilson	John		29	10S	24W	160	10	May	1827	Hem
Wilson	John		29	11S	30W	80	10	Oct.	1856	LRiv
Wilson	John		33	12S	25W	40	15	Apr.	1837	Hem
Wilson	John		34	12S	25W	40	1	Aug.	1837	Hem
Wilson	John		34	12S	25W	40	15	Apr.	1837	Hem
Wilson	Leonard		19	10S	24W	80.79	10	Apr.	1837	Hem
Wilson	Leonard		21	11S	23W	80	10	May	1827	Hem
Wilson	Matthew		27	8S	29W	-	1	Jul.	1859	Howa
Wilson	Richard		33	11S	23W	40	1	Nov.	1839	Hem

Last Name	First Name	Int.	Section No.	Twp.	Ran	Acres	Date			Co.
Wilson	Robert	L.	26	8S	29W	-	1	May	1906	Howa
Wilson	Robert	L.	27	8S	29W	80	1	May	1906	Howa
Wilson	Thomas	B.	5	8S	27W	39.18	10	May	1861	Howa
Wilson	Thomas	B.	9	12S	30W	-	21	Jun.	1892	LRiv
Wilson	Thomas	B.	9	12S	30W	-	21	Jun.	1892	LRiv
Wilson	Thomas	B.	9	12S	30W	160	21	Jun.	1892	LRiv
Wilson	Thomas	F.	27	11S	24W	40	1	Nov.	1839	Hem
Wilson	Thomas	F.	28	11S	24W	40	1	Nov.	1839	Hem
Wilson	Thomas	R.	13	13S	27W	160	1	Mar.	1843	Hem
Wilson	Thomas	W.	21	10S	23W	80	4	Aug.	1891	Hem
Wilson	Thomas		22	17N	23W	40	15	Nov.	1854	Neva
Wilson	Thomas		35	12S	31W	80	18	Oct.	1888	LRiv
Wilson	Victor	L.	26	14N	22W	160	28	Mar.	1906	Neva
Wilson	Victor	L.	26	14N	22W	-	28	Mar.	1906	Neva
Wilson	Victor	L.	26	14N	22W	-	28	Mar.	1906	Neva
Wilson	Walker		4	13S	26W	80	1	Nov.	1839	Hem
Wilson	Walker		4	13S	26W	80	10	Jul.	1844	Hem
Wilson	Walker		5	13S	26W	80	10	Jul.	1844	Hem
Wilson	Walker		11	11S	24W	80	1	Aug.	1837	Hem
Wilson	Walker		14	11S	24W	-	1	Aug.	1837	Hem
Wilson	Walker		17	11S	23W	40	1	Aug.	1837	Hem
Wilson	Walker		17	11S	23W	40	10	Aug.	1837	Hem
Wilson	Washington	H.	17	13N	19W	-	31	Dec.	1904	Neva
Wilson	Washington	H.	18	13N	19W	160	31	Dec.	1904	Neva
Wilson	Washington	H.	18	13N	19W	-	31	Dec.	1904	Neva
Wilson	William	J.	4	14N	23W	-	28	Jun.	1905	Neva
Wilson	William	J.	33	15N	23W	166.71	28	Jun.	1905	Neva
Wilson	William	J.	33	15N	23W	-	28	Jun.	1905	Neva
Wilson	Willis	R.	21	10S	23W	80	7	Mar.	1892	Hem
Wilson	Willis		18	11S	23W	80	1	May	1845	Hem
Wilson	Willis		21	11S	23W	40	1	Aug.	1837	Hem
Wilson	Willis		21	11S	23W	40	1	Aug.	1837	Hem
Wimmer	Isaac	J.	1	14N	22W	-	25	Aug.	1903	Neva
Wimmer	Isaac	J.	2	14N	22W	-	25	Aug.	1903	Neva
Wimmer	Isaac	J.	12	14N	22W	160	25	Aug.	1903	Neva
Wineinger	Jonathan		17	11S	32W	160	1	Jun.	1888	LRiv
Winfield	James	J.	28	5S	30W	-	22	Mar.	1906	Howa
Winfield	James	J.	28	5S	30W	-	22	Mar.	1906	Howa
Winfield	James	J.	33	5S	30W	160	22	Mar.	1906	Howa
Wingfield	Thomas		31	9S	24W	40	10	Oct.	1856	Hem
Wingfield	William		14	10S	24W	40	1	Aug.	1837	Hem
Wingfield	William		14	10S	24W	80	1	Aug.	1837	Hem
Winn	Daniel	R.	32	11S	25W	40	1	Mar.	1855	Hem
Wishon	Isaac	C.	28	16N	22W	-	6	Jun.	1890	Neva
Wishon	Isaac	C.	29	16N	22W	160	6	Jun.	1890	Neva
Wishon	Isaac	C.	29	16N	22W	-	6	Jun.	1890	Neva
Witherspoon	Duncan		14	11S	27W	80	20	Jun.	1885	Howa
Witherspoon	Samuel	G.	14	15N	22W	80	1	Sep.	1849	Neva
Witherspoon	Samuel	W.	11	13S	26W	80	20	Jan.	1882	Hem
Witt	Andrew	D.	28	10S	32W	-	13	Jun.	1889	LRiv
Witt	Andrew	D.	28	10S	32W	160	13	Jun.	1889	LRiv
Witt	Andrew	D.	33	10S	32W	-	13	Jun.	1889	LRiv
Witten	Daniel	T.	27	11S	25W	160	15	Apr.	1837	Hem
Witter	Daniel	T.	4	12S	27W	240	2	Jul.	1860	Hem
Witter	Daniel	T.	5	12S	27W	82.5	1	Nov.	1848	Hem
Witter	Daniel	T.	6	13S	26W	40	10	Aug.	1837	Hem

Last Name	First Name	Int.	Section No.	Twp.	Ran	Acres	Date			Co.
Witter	Daniel	T.	6	13S	26W	40	1	Aug.	1837	Hem
Witter	Daniel	T.	28	12S	28W	40	1	Nov.	1849	LRiv
Witter	Daniel	T.	28	12S	28W	80	1	Nov.	1849	LRiv
Witter	Daniel	T.	32	11S	27W	80	1	Aug.	1837	Howa
Womack	David	D.	33	8S	27W	40	1	Mar.	1855	Howa
Womack	David	D.	34	8S	27W	40	2	Apr.	1860	Howa
Womack	David	L.	9	9S	25W	40	10	May	1861	Hem
Womack	Michael		2	9S	27W	39.94	2	Apr.	1860	Howa
Womack	Michial		2	9S	27W	40.54	1	Jul.	1857	Howa
Womack	Stephen		30	9S	25W	120	2	Apr.	1860	Hem
Womack	Stephen		30	9S	25W	-	2	Apr.	1860	Hem
Wonnington	William		11	12S	32W	160	27	Apr.	1885	LRiv
Wonnington	Wm.		11	12S	32W	-	27	Apr.	1885	LRiv
Wood	Charles		21	11S	29W	80	1	Mar.	1843	LRiv
Wood	George	W.	3	12S	25W	45.33	1	Mar.	1855	Hem
Wood	James		10	10S	24W	160	1	May	1856	Hem
Woodfolk	Samuel		23	12S	26W	40	20	Jul.	1892	Hem
Woodruff	Elmer	E.	30	16N	21W	160	23	Oct.	1901	Neva
Woodruff	Frank	D.	4	16N	21W	-	7	Mar.	1902	Neva
Woodruff	Frank	D.	4	16N	21W	-	7	Mar.	1902	Neva
Woodruff	Frank	D.	9	16N	21W	160	7	Mar.	1902	Neva
Woodruff	William	F.	32	16N	21W	160	5	Apr.	1895	Neva
Woodside	Benjamin	W.	3	11S	28W	40	2	Jul.	1860	Howa
Woodward	Ephraim	M.	6	13N	19W	131.25	10	Aug.	1906	Neva
Woodward	Ephraim	M.	6	13N	19W	-	10	Aug.	1906	Neva
Woodward	James		12	13N	22W	40	1	Jun.	1860	Neva
Woolsey	Joana		27	10S	27W	40	1	Aug.	1837	Howa
Woolsey	Joana		27	10S	27W	40	1	Mar.	1843	Howa
Woolsey	Samuel		2	11S	25W	80	10	May	1827	Hem
Woolsey	Samuel		2	11S	27W	80	10	May	1827	Howa
Wootten	Hiram	H.	23	9S	26W	160	1	Jul.	1859	Hem
Wootton	Hiram	H.	17	9S	25W	80	2	Jul.	1860	Hem
Wootton	Hiram	H.	23	9S	26W	80	2	Apr.	1860	Hem
Word	James	M.	4	11S	27W	80	10	Aug.	1837	Howa
Word	John		8	11S	25W	80	10	May	1827	Hem
Word	John		12	11S	26W	80	1	Aug.	1837	Hem
Word	John		12	11S	26W	80	1	Mar.	1843	Hem
Word	John		12	11S	26W	-	1	Aug.	1837	Hem
Word	John		12	11S	26W	-	1	Mar.	1843	Hem
Word	Samuel	H.	5	10S	26W	161.23	1	Dec.	1857	Hem
Wormack	Michael		2	9S	27W	80.62	1	Jul.	1857	Howa
Wright	Amos		8	12S	29W	80	2	Apr.	1860	LRiv
Wright	Amos		8	12S	29W	80	1	Feb.	1861	LRiv
Wright	Amos		21	12S	29W	-	2	Apr.	1860	LRiv
Wright	Amos		29	12S	29W	40	1	Jul.	1859	LRiv
Wright	Amos		29	12S	29W	160	2	Apr.	1860	LRiv
Wright	Benjamin	F.	30	15N	19W	80	26	Aug.	1904	Neva
Wright	Benjamin	L.	13	9S	27W	40	1	Mar.	1855	Howa
Wright	Benjamin	L.	24	9S	27W	40	1	Mar.	1855	Howa
Wright	Benjamin	L.	25	9S	27W	40	1	Mar.	1855	Howa
Wright	Benjamin	L.	25	9S	27W	40	1	Jul.	1859	Howa
Wright	Columbus	B.	15	11S	31W	-	30	Jun.	1882	LRiv
Wright	Columbus	B.	15	11S	31W	-	25	Jul.	1882	LRiv
Wright	Columbus	B.	15	11S	31W	160	30	Jun.	1882	LRiv
Wright	Columbus	B.	22	11S	31W	80	25	Jul.	1882	LRiv
Wright	Columbus	B.	28	11S	31W	-	1	Dec.	1897	LRiv

Last Name	First Name	Int.	Section No.	Twp.	Ran	Acres	Date			Co.
Wright	Columbus	B.	28	11S	31W	40	2	Jul.	1860	LRiv
Wright	Columbus	B.	28	11S	31W	80	1	Dec.	1897	LRiv
Wright	Ellen	R.	14	11S	31W	-	4	Dec.	1901	LRiv
Wright	Ellen	R.	23	11S	31W	120.22	4	Dec.	1901	LRiv
Wright	Ellen	R.	24	11S	31W	-	4	Dec.	1901	LRiv
Wright	George	W.	33	11S	31W	-	24	Apr.	1890	LRiv
Wright	George	W.	33	11S	31W	160	24	Apr.	1890	LRiv
Wright	Hugh	S.	19	15N	22W	-	15	Jul.	1904	Neva
Wright	Hugh	S.	24	15N	23W	158.16	15	Jul.	1904	Neva
Wright	Hugh	S.	24	15N	23W	-	15	Jul.	1904	Neva
Wright	Ira	B.	21	11S	31W	160	9	Jan.	1896	LRiv
Wright	James	M.	26	11S	30W	40	2	Apr.	1860	LRiv
Wright	James	M.	35	11S	30W	40	2	Jul.	1860	LRiv
Wright	James	M.	35	11S	30W	40	1	Oct.	1860	LRiv
Wright	James	M.	35	11S	30W	80	2	Apr.	1860	LRiv
Wright	James	M.	35	12S	24W	40	25	Feb.	1890	Hem
Wright	James	W.	3	12S	31W	-	15	Jan.	1883	LRiv
Wright	James	W.	3	12S	31W	40	2	Apr.	1860	LRiv
Wright	James	W.	3	12S	31W	40.41	26	Aug.	1896	LRiv
Wright	James	W.	3	12S	31W	80.1	15	Jan.	1883	LRiv
Wright	James	W.	8	12S	29W	40	2	Apr.	1860	LRiv
Wright	James	W.	17	12S	29W	-	1	Jul.	1859	LRiv
Wright	James	W.	17	12S	29W	40	2	Apr.	1860	LRiv
Wright	James	W.	17	12S	29W	40	1	May	1861	LRiv
Wright	James	W.	17	12S	29W	80	1	Jul.	1859	LRiv
Wright	James	W.	17	12S	29W	120	1	Jul.	1859	LRiv
Wright	James	W.	34	12S	32W	40	1	Mar.	1855	LRiv
Wright	James		26	11S	30W	40	1	May	1856	LRiv
Wright	James		30	11S	29W	52.17	1	Mar.	1843	LRiv
Wright	James		35	11S	30W	80	1	May	1845	LRiv
Wright	John	C.	6	12S	29W	40	1	Jul.	1860	LRiv
Wright	John	C.	6	12S	29W	120	1	Jul.	1859	LRiv
Wright	Jonathan	W.	19	15N	22W	157.69	26	Mar.	1890	Neva
Wright	Jonathan	W.	19	15N	22W	-	26	Mar.	1890	Neva
Wright	Jonathan	W.	19	15N	22W	-	26	Mar.	1890	Neva
Wright	Joseph	S.	19	11S	32W	-	7	May	1894	LRiv
Wright	Joseph	S.	19	11S	32W	-	7	May	1894	LRiv
Wright	Joseph	S.	20	11S	32W	-	7	May	1894	LRiv
Wright	Joseph	S.	20	11S	32W	-	7	May	1894	LRiv
Wright	Joseph	S.	20	11S	32W	101.6	7	May	1894	LRiv
Wright	Joseph	S.	20	11S	32W	160	7	May	1894	LRiv
Wright	Levi		17	12S	29W	40	2	Jul.	1860	LRiv
Wright	Levi		17	12S	29W	40	1	Jul.	1859	LRiv
Wright	Levi		20	12S	29W	-	1	Jul.	1861	LRiv
Wright	Levi		21	12S	29W	40	2	Apr.	1860	LRiv
Wright	Levi		21	12S	29W	120	1	Jul.	1861	LRiv
Wright	Marcellus	W.	26	11S	31W	-	15	Aug.	1898	LRiv
Wright	Marcellus	W.	26	11S	31W	80	15	Aug.	1898	LRiv
Wright	Marcellus		26	11S	31W	40	2	Jul.	1860	LRiv
Wright	Martha	J.	17	11S	31W	-	27	Apr.	1885	LRiv
Wright	Martha	J.	17	11S	31W	-	27	Apr.	1885	LRiv
Wright	Martha	J.	17	11S	31W	160	27	Apr.	1885	LRiv
Wright	Orvill	L.	24	11S	31W	40	4	Oct.	1898	LRiv
Wright	Richard	F.	4	12S	31W	40	15	Mar.	1888	LRiv
Wright	Richard	F.	4	12S	31W	40	15	Mar.	1888	LRiv
Wright	Richard	F.	5	12S	31W	40	29	Jan.	1890	LRiv

Last Name	First Name	Int.	Section No.	Twp.	Ran	Acres	Date		Co.
Wright	Robert		4	12S	31W	79.87	19 Mar.	1904	LRiv
Wright	Robert		33	11S	31W	-	19 Mar.	1904	LRiv
Wright	Silvester	H.	2	11S	25W	160	1 Jul.	1859	Hem
Wright	Thomas	B.	3	5S	28W	-	7 May	1894	Howa
Wright	Thomas	B.	3	5S	28W	160	7 May	1894	Howa
Wright	Thomas	B.	10	5S	28W	-	7 May	1894	Howa
Wright	Thomas		3	13S	32W	40	10 Oct.	1856	LRiv
Wright	Thomas		3	13S	32W	40	1 Mar.	1855	LRiv
Wright	Thomas		4	12S	29W	80	2 Apr.	1860	LRiv
Wright	Thomas		5	12S	29W	-	1 Jul.	1859	LRiv
Wright	Thomas		5	12S	29W	39.9	2 Apr.	1860	LRiv
Wright	Thomas		5	12S	29W	40	1 Jul.	1859	LRiv
Wright	Thomas		5	12S	29W	40.45	1 Jul.	1859	LRiv
Wright	Thomas		5	12S	29W	120	1 Jul.	1859	LRiv
Wright	Thomas		6	12S	29W	40	1 Jul.	1859	LRiv
Wright	Thomas		34	11S	31W	-	30 Jun.	1882	LRiv
Wright	Thomas		34	11S	31W	-	2 Apr.	1860	LRiv
Wright	Thomas		34	11S	31W	80	30 Jun.	1882	LRiv
Wright	Thomas		34	11S	31W	120	2 Apr.	1860	LRiv
Wright	William	J.	6	12S	30W	38.24	1 Jul.	1859	LRiv
Wright	William	J.	31	11S	30W	40	2 Apr.	1860	LRiv
Wright	William	J.	34	9S	25W	120	1 Jul.	1859	Hem
Wright	William	J.	34	9S	25W	-	1 Jul.	1859	Hem
Wright	William		5	12S	30W	37.93	3 Feb.	1898	LRiv
Wright	William		25	11S	30W	80	1 May	1845	LRiv
Wright	Willis	W.	19	6S	30W	160	2 Jun.	1904	Howa
Wright	Winfield		27	12S	32W	-	2 Apr.	1860	LRiv
Wright	Winfield		28	12S	32W	80	2 Apr.	1860	LRiv
Wyatt	James	C.	19	11S	31W	-	12 Jul.	1898	LRiv
Wyatt	James	C.	20	11S	31W	240	12 Jul.	1898	LRiv
Wyatt	Joseph		34	12S	32W	40	1 May	1845	LRiv
Wyatt	Joseph		34	12S	32W	80	1 May	1845	LRiv
Wyatt	Robert		36	14S	25W	40	30 Nov.	1885	Hem
Wyatt	William	S.	6	14N	23W	-	28 Jun.	1890	Neva
Wyatt	William	S.	7	14N	23W	160	28 Jun.	1890	Neva
Wyatt	Wm.	W.	20	11S	31W	200	4 Oct.	1898	LRiv
Wyett	Manuel		36	14S	25W	80	23 Jun.	1889	Hem
Wylie	James	M.	35	12S	24W	40	1 Oct.	1878	Hem
Wynn	John		7	8S	28W	40	2 Apr.	1860	Howa
Wynn	John		8	8S	28W	40	2 Apr.	1860	Howa
Wynn	John		17	8S	28W	80	2 Apr.	1860	Howa
Wynn	John		18	8S	28W	-	2 Apr.	1860	Howa
Wynne	Eli		9	8S	28W	40	2 Jul.	1860	Howa
Wynne	James	M.	30	17N	20W	160.36	20 Oct.	1882	Neva
Wynne	Jesse	B.	32	17N	20W	40	30 Jul.	1875	Neva
Wynne	Jones		32	17N	20W	120	1 Jun.	1875	Neva
Wynne	Lorenzo	D.	34	17N	21W	80	May May	1905	Neva
Wynne	Lorenzo	D.	34	17N	21W	-	5 May	1905	Neva
Yarberry	Elizabeth		19	10S	23W	80	30 Jun.	1884	Hem
Yarberry	John	N.	19	10S	23W	160	1 Aug.	1889	Hem
Yarberry	Thomas	J.	12	10S	24W	40	2 Apr.	1860	Hem
Yarberry	Thomas	J.	12	10S	24W	120	2 Apr.	1860	Hem
Yarberry	Thomas	J.	12	10S	24W	-	2 Apr.	1860	Hem
Yarberry	Thomas		2	10S	24W	40	10 Oct.	1856	Hem
Yarborough	Jesse	H.	1	13S	31W	40.17	2 Jul.	1860	LRiv
Yarborough	Jessee	H.	36	12S	31W	80	2 Apr.	1860	LRiv

Last Name	First Name	Int.	Section No.	Twp.	Ran	Acres	Date			Co.
Yarborough	Jessee	W.	5	13S	30W	40	2	Apr.	1890	LRiv
Yarborough	Jessee	W.	5	13S	30W	80	2	Apr.	1860	LRiv
Yarborough	John	H.	36	12S	31W	80	2	Apr.	1860	LRiv
Yarborough	Micajah	P.	31	12S	30W	-	2	Apr.	1860	LRiv
Yarborough	Micajah	P.	31	12S	30W	80	2	Apr.	1860	LRiv
Yarbrough	Charles		12	9S	26W	80	2	Apr.	1860	Hem
Yarbrough	Charles		13	9S	26W	40	1	Jul.	1859	Hem
Yarbrough	Charles		13	9S	26W	40	2	Apr.	1860	Hem
Yarbrough	Joshua	T.	10	9S	26W	320	2	Apr.	1860	Hem
Yarbrough	Joshua	T.	11	9S	26W	-	2	Apr.	1860	Hem
Yarbrough	Joshua	T.	11	9S	26W	-	2	Apr.	1860	Hem
Yarbrough	Joshua	T.	11	9S	26W	-	2	Apr.	1860	Hem
Yarburry	Thomas		14	10S	24W	160	1	Jul.	1859	Hem
Yates	Alexander		5	14N	19W	160	13	Jun.	1878	Neva
Yates	George	W.	5	14N	19W	159.77	1	Mar.	1904	Neva
Yates	George	W.	15	14N	19W	160	26	Mar.	1890	Neva
Yates	George	W.	15	14N	19W	-	26	Mar.	1890	Neva
Yates	George	W.	15	14N	19W	-	26	Mar.	1890	Neva
Yates	George		11	10S	26W	40	1	Aug.	1837	Hem
Yates	George		12	10S	26W	40	10	Apr.	1837	Hem
Yates	George		12	10S	26W	40	10	Apr.	1837	Hem
Yates	George		12	10S	26W	80	10	Nov.	1841	Hem
Yates	Nancy		25	8S	28W	40	1	Mar.	1855	Howa
Yates	William		26	10S	25W	40	10	Apr.	1837	Hem
Yates	William		35	10S	25W	80	10	May	1827	Hem
Yates	William		36	10S	25W	40	1	May	1845	Hem
Yates	William		36	10S	25W	80	10	May	1827	Hem
Yates	William		36	10S	25W	160	10	May	1827	Hem
Yeargan	William	W.	32	7S	28W	80	2	Apr.	1860	Howa
Yeates	Irewine		25	13N	20W	160	17	Dec.	1906	Neva
Yeates	Irewine		25	13N	20W	-	17	Dec.	1906	Neva
Yeats	Charles	W.	6	9S	27W	40.68	13	Mar.	1895	Howa
Yocum	William	N.	18	13S	23W	87.62	24	Apr.	1890	Hem
York	Levi		14	14S	24W	160	1	Jul.	1859	Hem
York	Levi		14	14S	24W	160	1	Jul.	1859	Hem
Yother	Jarrett	C.	3	12S	32W	-	17	Apr.	1899	LRiv
Yother	Jarrett	C.	4	12S	32W	161.4	17	Apr.	1899	LRiv
Yother	Jarrett	C.	33	11S	32W	-	17	Apr.	1899	LRiv
Yother	Jarrett	C.	34	11S	32W	-	17	Apr.	1899	LRiv
Young	Alfred	M.	36	5S	29W	40	1	Dec.	1857	Howa
Young	Anderson		10	6S	29W	-	19	Feb.	1890	Howa
Young	Anderson		10	6S	29W	120	19	Feb.	1890	Howa
Young	Anderson		15	5S	28W	80	20	Jan.	1883	Howa
Young	Andrew	J.	21	15N	21W	-	1	Jun.	1860	Neva
Young	Busey		27	14N	22W	-	1	Feb.	1901	Neva
Young	Busey		28	14N	22W	160	1	Feb.	1901	Neva
Young	Butler		10	7S	27W	-	25	Jun.	1901	Howa
Young	Butler		15	7S	27W	160	25	Jun.	1901	Howa
Young	Daniel		30	14S	23W	40	1	Sep.	1856	Hem
Young	Daniel		31	14S	23W	39.65	1	Sep.	1856	Hem
Young	David		34	5S	29W	160	11	Feb.	1895	Howa
Young	Elizabeth		9	12S	25W	80	1	Aug.	1837	Hem
Young	Ezekiel		17	16N	20W	120	11	Jun.	1897	Neva
Young	Francis	M.	26	16N	23W	80	8	Jun.	1906	Neva
Young	Francis	M.	26	16N	23W	-	8	Jun.	1906	Neva
Young	George		21	5S	29W	40	1	Mar.	1855	Howa

Last Name	First Name	Int.	Section No.	Twp.	Ran	Acres	Date			Co.
Young	George		21	5S	29W	40	1	Mar.	1855	Howa
Young	George		28	5S	29W	40	1	Mar.	1855	Howa
Young	George		28	5S	29W	40	1	Mar.	1855	Howa
Young	Gimima		33	17N	21W	80	8	Jun.	1901	Neva
Young	Harvey		8	12S	25W	80	1	Aug.	1837	Hem
Young	Henry	L.	22	14N	22W	160	19	Oct.	1905	Neva
Young	Henry	L.	22	14N	22W	-	19	Oct.	1905	Neva
Young	James	K.	23	10S	24W	80	15	Apr.	1875	Hem
Young	James	W.	2	15N	23W	160.06	3	May	1897	Neva
Young	Jesse		34	9S	25W	80	10	Apr.	1897	Hem
Young	John	L.	19	14N	22W	-	22	Apr.	1899	Neva
Young	John	L.	24	14N	22W	-	22	Apr.	1899	Neva
Young	John	L.	24	14N	23W	159.14	22	Apr.	1899	Neva
Young	John		2	6S	29W	64.59	1	Mar.	1855	Howa
Young	John		3	6S	29W	69.42	1	May	1856	Howa
Young	John		10	6S	29W	40	1	Mar.	1855	Howa
Young	John		10	6S	29W	40	1	May	1856	Howa
Young	John		11	6S	29W	40	1	May	1856	Howa
Young	John		21	5S	29W	40	1	Oct.	1850	Howa
Young	John		29	5S	29W	40	1	Mar.	1855	Howa
Young	Lillie		30	16N	22W	80.06	5	May	1905	Neva
Young	Malica		25	16N	21W	160	1	Jul.	1890	Neva
Young	Marion		9	15N	21W	120	20	Jun.	1878	Neva
Young	Martha		7	6S	28W	160	9	Sep.	1882	Howa
Young	Matilda		29	17N	20W	40	1	Feb.	1901	Neva
Young	Micipsa		9	12S	25W	40	1	Aug.	1837	Hem
Young	Olympas		9	12S	25W	80	1	Aug.	1837	Hem
Young	Parker		27	14N	22W	160	4	May	1894	Neva
Young	Richard	A.	12	7S	27W	160	21	Sep.	1905	Howa
Young	Robert	F.	24	8S	29W	40	25	Feb.	1890	Howa
Young	Samuel	H.	26	13N	19W	-	19	Sep.	1898	Neva
Young	Samuel	H.	35	13N	19W	160	19	Sep.	1898	Neva
Young	Samuel		9	12S	25W	80	15	Apr.	1837	Hem
Young	Shelton		15	7S	27W	-	15	Oct.	1906	Howa
Young	Shelton		22	7S	27W	160	15	Oct.	1906	Howa
Young	Thomas	J.	14	7S	27W	-	1	Oct.	1901	Howa
Young	Thomas	J.	14	7S	27W	-	1	Oct.	1901	Howa
Young	Thomas	J.	15	7S	27W	-	1	Oct.	1901	Howa
Young	Thomas	J.	15	7S	27W	160	1	Oct.	1901	Howa
Young	Ulyses	A.	9	12S	25W	40	10	Aug.	1837	Hem
Young	William	T.	10	13N	22W	160	10	Apr.	1907	Neva
Young	William		14	10S	26W	160	1	Aug.	1837	Hem
Young	William		15	10S	26W	80	1	Aug.	1837	Hem
Young	William		23	10S	26W	80	1	Aug.	1837	Hem
Young	William		23	10S	26W	160	1	Aug.	1837	Hem
Youngblood	William	J.	26	15N	22W	160	18	Apr.	1905	Neva
Younge	Julius		13	12S	31W	40	2	Apr.	1860	LRiv
Younge	Julius		13	12S	31W	40	2	Jul.	1860	LRiv
Younse	James	D.	12	12S	31W	-	2	Jul.	1860	LRiv
Younse	James	D.	12	12S	31W	40	2	Jul.	1860	LRiv
Younse	James	D.	12	12S	31W	80	2	Jul.	1860	LRiv
Younse	Julius		13	12S	31W	-	1	Feb.	1861	LRiv
Younse	Julius		13	12S	31W	40	2	Apr.	1860	LRiv
Younse	Julius		13	12S	31W	40	1	Oct.	1860	LRiv
Younse	Julius		13	12S	31W	80	1	Feb.	1861	LRiv
Younse	Thomas	M.	13	12S	31W	80	2	Jul.	1860	LRiv

Last Name	First Name	Int.	Section No.	Twp.	Ran	Acres	Date			Co.
Zachary	Bartlett		1	11S	26W	40	10	Apr.	1837	Hem
Zachary	Bartlett		2	11S	25W	80	15	Apr.	1837	Hem
Zachary	Bartlett		3	11S	25W	72.73	1	Aug.	1837	Hem
Zachary	Bartlett		3	11S	25W	72.735	1	Mar.	1843	Hem
Zachary	Bartlett		11	11S	26W	40	10	Apr.	1837	Hem
Zackary	Bartlett		10	11S	25W	80	10	Aug.	1837	Hem

Other Heritage Books by Sherida K. Eddlemon:

Missouri Genealogical Records and Abstracts:
Volume 1: 1766-1839
Volume 2: 1752-1839
Volume 3: 1787-1839
Volume 4: 1741-1839
Volume 5: 1755-1839
Volume 6: 1621-1839
Volume 7: 1535-1839

Missouri Genealogical Gleanings 1840 and Beyond, Volumes 1-9

1890 Genealogical Census Reconstruction: Mississippi, Volumes 1 and 2

1890 Genealogical Census Reconstruction: Missouri, Volumes 1-3

1890 Genealogical Census Reconstruction: Ohio, Volume 1
(with Patricia P. Nelson)

1890 Genealogical Census Reconstruction: Tennessee, Volume 1

A Genealogical Collection of Kentucky Birth and Death Records

Callaway County, Missouri Marriage Records: 1821 to 1871

Cumberland Presbyterian Church, Volume One: 1836 and Beyond

Dickson County, Tennessee Marriage Records, 1817-1879

Genealogical Abstracts from Missouri Church Records and Other Religious Sources, Volume 1

Genealogical Abstracts from Tennessee Newspapers, 1791-1808

Genealogical Abstracts from Tennessee Newspapers, 1803-1812

Genealogical Abstracts from Tennessee Newspapers, 1821-1828

Tennessee Genealogical Records and Abstracts, Volume 1: 1787-1839

Genealogical Gleanings from New York Fraternal Organizations Volumes 1 and 2

Index to the Arkansas General Land Office, 1820-1907 Volumes 1-10

Kentucky Genealogical Records and Abstracts, Volume 1: 1781-1839

Kentucky Genealogical Records and Abstracts, Volume 2: 1796-1839

Lewis County, Missouri Index to Circuit Court Records, Volume 1, 1833-1841

Missouri Birth and Death Records, Volumes 1-4

Morgan County, Missouri Marriage Records, 1833-1893

Our Ancestors of Albany County, New York, Volumes 1 and 2

Our Ancestors of Cuyahoga County, Ohio, Volume 1
(with Patricia P. Nelson)

Ralls County, Missouri Settlement Records, 1832-1853

Records of Randolph County, Missouri, 1833-1964

Ten Thousand Missouri Taxpayers

The "Show-Me" Guide to Missouri: Sources for Genealogical and Historical Research

CD: Dickson County, Tennessee Marriage Records, 1817-1879

CD: Index to the Arkansas General Land Office, 1820-1907 Volumes 1-10

CD: Missouri, Volume 3

CD: Tennessee Genealogical Records

CD: Tennessee Genealogical Records, Volumes 1-3

www.ingramcontent.com/pod-product-compliance
Lightning Source LLC
Chambersburg PA
CBHW070730160426
43192CB00009B/1380